国家社会科学基金一般项目（立项号11BGJ002）

赵磊 著

国际视野中的民族冲突与管理

Ethnic Conflict Management
in International Perspective

社会科学文献出版社

SOCIAL SCIENCES ACADEMIC PRESS (CHINA)

贾庆国　北京大学国际关系学院副院长、教授

唐小松　察哈尔学会高级研究员，广州外贸外语大学外交学系教授

郭惠民　国际关系学院副院长、教授

黄友义　中国外文出版发行事业局副局长兼总编辑

韩方明　全国政协外事委员会副主任，察哈尔学会主席

熊　炜　察哈尔学会高级研究员，外交学院副教授

《察哈尔外交与国际关系丛书》总序

　　中国共产党的十八大报告强调，全党要坚定"道路自信、理论自信、制度自信"。"三个自信"既是中国执政党自我认知的跃升，同时也是经济持续发展和国力提升背景下中国对外政策走向自信的标志。"道路、理论、制度"方面的自信，只能在特定的国际大背景下才能得以体现，只有民众对国内外的道路、理论、制度有较客观、全面的认知后才能被认可。

　　在国际格局和中国社会结构发生深刻变化的当下，外交与国际关系问题研究的重要性日益凸显。首先，中国在国际事务中的重要性空前提高，受到的尊重和指责同时增多。2010年中国成为全球第二大经济体之后，与很多国家的外交活动都迎来"阵痛期"。朝鲜局势、领土争端等国际热点问题不断考验中国的民众理性和外交智慧。其次，国内问题与国际问题联动，国际问题对策影响世界局势和国内稳定。受国际局势变化和突发事件影响而引发国内动乱的例子不胜枚举，足以为鉴。对决策者来说，提高应对国际局势和处理国际事务的能力十分迫切，其中，外交与国际关系问题的学术研究不可或缺。再次，社会化媒体的快速发展史无前例地提高了民众对公共事务、国际事务的参与度，无序快速的内容传播模糊了国家界线、文化差异和价值观区别。从此，外交与国际关系不只是政治家、外交官、学者等少数精英参与的"专业学问"，而是呈现明显的"平民化"特征。

　　所以，民众的国际问题素养的提升十分迫切。2012年因"钓鱼岛问题"而引发的反日游行中，许多过激行为导致无关人员的个人财产和公共利益受损。"砸车事件"等过激行为爆发有媒体报道、媒体引导、暴力泄愤等诸多复杂的背景，但民众的国际问题素养问题引人关注。应当看到，在因国际问题而引发的抗议活动中，绝大多数人是怀有爱国热情的，非理性的暴力行为的主要原因是对国际问题全貌和本质的不了解。当前国内民众对国际问题的偏见和非理性关注影响、牵制了国家层面的外交决策，甚至影响国家利益。国际问题往往盘根错节，十分复杂。而在关系到本国国家利益的国际问题上，普通民众往往只看到问题的一方面，难以理性对待。在这种背景下，尽最大努力提升民众的国际问题素养显得十分迫切，尽最大可能让民众情绪与国家整体外交方针基本吻合，而不是相反。

国际问题与国内问题的联动效应在满足民众国际问题信息需求方面，媒体的国际报道迈出可贵一步。近两年，细心的观众会发现一个有趣的现象：无论是中央电视台还是地方电视台，节目中国际问题评论员明显增多。在网络世界，越来越多的外交官和国际关系学者走入人们视野，为大家分析国际局势和中国作为。这一方面反映了国内民众对国际局势信息的巨大需求，同时是中国加强民众国际素养教育工作的表现之一。

相应地，外交与国际关系学者的研究成果的出版、普及也显得十分重要。由于时效性的要求，媒体的国际报道往往注重现象描述而缺乏背景解读，甚至不乏"不实消息"。外交与国际关系学者长期观察、深入研究所得的研究成果恰好可以弥补这个不足。在这个意义上说，外交与国际关系学者研究成果的出版和普及显得十分迫切。新中国成立尤其是改革开放后，中国大陆成长起一批优秀的外交与国际关系学者，他们精通国际规则、知晓中国国情，很多成果在国际学术舞台上很受关注，国内民众却知之甚少。向国内民众普及国际关系知识、提高民众的国际问题素养，已经成为国际关系学者和相关机构社会责任之一。"道路自信、理论自信、制度自信"需要外交与国际关系学者拿出更多更好的研究成果。

察哈尔学会是一家非官方、无党派的独立思想库，自 2009 年 10 月成立以来，汇聚了一批优秀的外交和国际关系问题专家，组建了一支具专业精神、本土情怀和国际视野的国际问题研究团队。目前，学会与全国政协外事委员会共同创办了中国第一本公共外交杂志《公共外交季刊》，邀请外交与国际关系领域具有深入研究的知名专家学者作为学会的高级研究员，每年主办察哈尔公共外交年会，还推出了我国第一本公共外交教科书——《公共外交概论》（第一、二版），编辑出版了我国第一套公共外交丛书——"察哈尔公共外交丛书"（已出版 7 部专著）。

今后，察哈尔学会将继续秉承"前瞻性、影响力、合作共进"的理念和原则，为政府、研究机构、企业、社会公众之间构建一个沟通、交流的平台，主办、协办一些外交与国际关系研究、传播与实践活动。

此次推出的"察哈尔外交与国际关系丛书"就是这种努力的重要一环，也是继"察哈尔公共外交丛书"后的第二项丛书计划。

察哈尔学会将继续努力，推出中国外交与国际关系学者最新成果，同时激励中国社会各界对国际问题展开理性的建设性辩论，不断推陈出新，把中国的外交与国际关系研究推向一个更高的水平。

欢迎国内外有识之士与我们合作，为中国和国际社会的和平、稳定和和谐发展作出贡献。

韩方明

全国政协外事委员会副主任

察哈尔学会主席

2013 年 6 月

序　一

韩方明[*]

　　赵磊博士是我担任主席的察哈尔学会高级研究员，我怀着极大的兴趣认真研读了他的《国际视野中的民族冲突与管理》书稿。这是他承担的2011年国家社会科学基金项目的结项成果，也是他在英国、瑞士、科索沃等国家和地区进行实地调研的理论思考，是迄今为止我见到的以国际视野研究全球民族冲突管理的最为专深的学术著作。

　　冷战结束后，国际冲突的形式发生了巨大变化，其变化之一就是由国家间战争转变为一国内部冲突，而民族冲突是国内冲突的重要起因，全世界依然有众多国家存在民族冲突甚至分裂的问题。我赞同赵磊博士的观点，即民族冲突管理应包括源头预防、过程控制、事后化解的全过程；民族冲突事件的发生，不仅有内因，也有外因；应对民族冲突事件，不仅对内要做好工作，而且对外也有许多工作要做。

　　书稿指出，"中国处于社会主义初级阶段，民族关系要兼顾群体平等与个体平等，但最终的趋势应实现从群体平等到个体平等的转换，即从以民族为单位的平等转为以公民个人为单位的平等，群体平等是将优惠政策建立在'民族身份'的特性上，而实现个体平等则要将国家政策建立在'公民身份'的基础之上。"这样的观点值得进一步研究和推敲，但其学术起点显然是出于对中国民族事务的关切与责任。在欧美各国民族冲突管理的经验比较中，可以发现欧美各国普遍把本国少数族群视为"文化群体"，对于这些族群成员作为本国公民所应当拥有的各项权利，政府从"公民身份"和"文化群体"的角度予以保障，而尽可能不把他们视为具有某种独

　　* 韩方明，全国政协外事委员会副主任、察哈尔学会主席。

立性的政治群体。因此，面对世界民族议题的风云变化，中国的民族工作和理论研究必须要有前瞻性，要有战略思维、世界眼光。在具体问题的研究中，要广泛且深入地进行国际调研，不仅要调研美欧等西方发达国家，也要调研同中国边疆民族有密切关系的周边国家。进行实地调研，不仅有利于我们在国际比较中发现自身的不足与差距，也可以使我们在深刻反思中找寻中华民族对内凝聚、对外影响的持久动力。

关注中国民族关系的细节问题是本书的一大亮点，如"民族"的翻译问题，赵磊博士建议"中华民族就用 NATION，五十六个民族用汉语拼音 MINZU"，"学术分析上可以使用与国际接轨的族群或族群冲突管理（ethnic conflict management）概念"。的确，民族工作可能比其他工作更需要注重细节，但在一些具体事情上我们到目前做得还不够理想。

该书以丰富的史料、翔实的数据对世界主要国家的民族冲突管理类型进行了整体性描述和系统性分析，并对中国民族问题的解决与应对提出了相关政策建议。其研究成果必将在学术界引起热烈讨论，所有关心中国民族问题的学者、官员和广大读者都会从这本书中有所受益。

察哈尔学会成立于 2009 年 10 月，是一家非官方、无党派的独立思想库。自成立以来，学会始终致力于成为国际社会中有影响力的智库，主动参与国际社会的学术对话，发出中国民间的声音，希望在文明的对话中，成为不同国家、不同民族、不同信仰的人们之间交流与合作的平台。同时，察哈尔学会高度关注国际社会的民族冲突与管理问题，对中国的民族冲突管理工作与研究尤其重视，于 2013 年 4 月成立了"冲突与和解研究中心"，并聘请赵磊博士担任中心副主任，我极期待他在此领域有所作为。

最后需要指出的是，融洽的民族关系是中国国家崛起与民族复兴的战略基石，希望有更多的学者参与这一领域的研究，并能贡献出国家切实需要的、有利于民族团结的思想火花和智慧结晶。

是为序。

序　二

秦亚青[*]

　　赵磊博士的《国际视野中的民族冲突与管理》是我国学者运用国际视野探索民族问题与国际关系以及社会整合的复杂性互动和规律性特征的第一部实证性专著。这部著作凝结了作者多年的心血和不倦的探索精神，相信它的出版会唤起国内外学界对民族冲突管理的关注以及学术共鸣。

　　选定民族冲突管理这一研究主题具有重要的学术意义，同时也颇具挑战性。当今世界上，绝大多数的国家都不是单一民族的国家。对于一个主权国家来说，内部民族关系是否和谐是考察其社会整合程度的一项重要指标。虽然历史上不乏民族之间和睦相处、共同发展的案例，但民族冲突也是频繁发生的现象。民族冲突是民族关系的一种极端形态，如果把历史截成不同的时间断面，可以发现不同的民族在任何一个时间点上都处在不对称的发展水平中，不同民族群体为稀缺性资源而展开持续的争夺，如土地人口、宗教信仰、血缘融合、经济发展以及政治升迁空间等。这就凸显了对民族关系进行有效管理的必要性和可行性。

　　进入 21 世纪，中国的民族关系正处于一种全新的、深刻的、复杂的内部结构与外部环境的互动进程中，在民族问题上面临的压力越来越大。因此，我们的研究视野需要进一步拓宽，我们的研究议程需要建立在跨学科的基础之上。一旦发生民族问题，需要邀请民族专家、宗教专家建言献策，也需要从国际视角审视这类问题的复杂性。因此，民族冲突管理不仅对内，而且对外，民族冲突管理本身就包括对国际干预的有效预见和理性

---

　　[*]　秦亚青，外交学院党委书记、常务副院长。

应对。当今世界，国际国内密不可分，许多民族问题具有国际背景和国际影响，甚至转化为国际问题。反之亦然。这就需要我们具有国际视野，在更加广阔的视野中观察民族问题。

赵磊博士的著作正是在这些方面做出了富有意义的努力和探索。他在书中首次明确了民族冲突管理具有国内、国际两个维度，将民族关系、冲突管理和国际关系有机地结合起来。他不仅对正常情境下的冲突管理进行了详尽的阐述，而且对遭遇威胁情境的冲突管理更是做了潜心的研究和细致的分析。他对国际干预的新进展和新特征也进行了深入剖析，并对国际干预的发展趋势进行了前瞻性研究。《国际视野中的民族冲突与管理》一书至少在三个方面为我们提供了富有意义的启示。

第一，力求实现学术创新。研究内容既涉及世界民族冲突与中国国家安全的重大现实问题，又涉及国际干预、民族冲突管理等一些深层次的学术前沿问题，研究视野广阔，分析框架清晰。诚然，做学问不是为了追求时髦或者标新立异，但是，墨守成规必然导致学术精神的死灭。从国际视野对民族冲突进行学术研究，为人们理解民族冲突以及冲突管理开拓了新的视野。

第二，强调民族冲突管理。作者运用于中国民族关系与民族事务研究，并对民族冲突管理的主要内容和表现形式进行了细致分析，这是具有创新意义的。作者不仅分析了四类国家的民族关系：移民类国家的民族关系，如美国、加拿大等；西方工业化国家的民族关系，如英国、法国等；传统多民族国家的民族关系，如俄罗斯、印度等；世界小国的民族关系，如新加坡、瑞士等，还具体研究了上述国家的民族政策选择、模式选择和认同管理，比较深刻地讨论了它们的经验异同以及对中国民族冲突管理的借鉴意义。

第三，精选实证案例。作者在书中采用了很多针对性的案例，严谨的实证研究加强了学术研究的信度和效度。在分析积极的国际干预时，选取了国际联盟对芬兰奥兰自治区的干预、联合国对东帝汶独立的干预、欧洲联盟对土耳其库尔德人问题的干预等案例；在论述消极的国际干预时，重点对科索沃独立以及卢旺达大屠杀进行反思；在消除威胁情境研究中，对印度尼西亚和斯里兰卡解决民族冲突的灾难管理、马来西亚如何为民族接触创造良好的社会规范与接触情境、印度地方性政党如何发挥民族冲突管理作用以及北爱尔兰萨福克－列拿度沟通组织如何通过草根路径化解民族冲突的案例进行了系统分析。这种细致、严谨、遵循科学精神、恪守学术规范的实证性研究正是当前国际政治研究所需要的。

《国际视野中的民族冲突与管理》具有很高的学术意义和现实意义。这一成果将有利于增强中国民族工作的预见性，有助于更好地理解和把握民族问题，也有助于从比较研究的角度进行民族冲突管理。

序 三

马 戎 *

中央党校的赵磊老师完成了一部书稿《国际视野中的民族冲突与管理》，希望我为这本书写个序言。这本书的内容涵盖范围很宽，不仅讨论了"民族"这个重要的核心概念和世界各地"民族主义"运动的演变历史，介绍了各国在近代推动的"民族构建"进程，介绍了世界各国政府在民族（族群）关系方面设立的各种制度与法律，详细介绍了历史上各国"民族"构成演变和"民族冲突"的许多案例，介绍了许多国家的族群优惠政策如语言政策等，同时还汇集了当前国内外学术界在涉及"民族"概念和相关制度、政策问题等的许多不同观点，这部书稿是一个涉及多学科文献、跨越历史与现实、结合抽象理论与政策实践的综合型研究。在各类知识信息的综合梳理方面，这一研究无疑是一个有益的尝试。

近些年来，在中国一些地区出现了与民族和宗教因素相关的群体冲突、治安事件和暴力恐怖活动，引发了中央政府和全社会的广泛关注。发生了这些事件后，国内国外都有一些人盼望中国会像苏联那样解体和分裂。尽管中国与苏联的发展历史与基本国情不同，但是我想我们不能完全排除这种政治风险，特别是在我们还没有对导致苏联解体的各种原因和影响因素进行系统和深入的研究之前，我们必须保持高度警惕和具有危机意识。试问世界各国有那么多的苏联研究机构，苏联自己内部也有那么多的研究机构，但是在苏联解体之前，有谁曾经明确地指出这个超级大国即将以"加盟共和国"为单元发生解体？我一直在讲："一个没有忧患意识的民族是没有前途的民族"。自建党之日直至建国后的执政，斯大林民族理

---

* 马戎，北京大学教授，北京大学社会学系前任系主任，社会学人类学研究所前任所长。

论和苏联制度对于中国共产党的民族理论、制度和政策具有很大的影响，今天我们的"民族理论"教科书仍然在大量重复列宁和斯大林的经典论述，如果不承认这一点，就是没有勇气面对现实。因此，在苏联解体后，我国政府和学术界非常有必要在实证调查研究的基础上认真反思我国实践了 60 多年的民族理论、制度与政策，坚持"实践是检验真理的唯一标准"，积极探索适应今后中国社会发展现实情况的民族理论、制度和政策。有一点是毋庸置疑的，那就是在 21 世纪，维护民族团结和国家统一已经成为中华民族最最重要的核心利益。

在今天的中国，当我们思考民族关系的引导思路和设计民族冲突的管理机制时，我觉得有几个方面是需要特别关注的。

第一，必须拓展我们的视野。世界各国的国情特点和历史发展道路各不相同，但是自近代以来，各国之间的政治、经济、文化交流不断发展，彼此之间相互影响，譬如发源于西欧的"民族主义"理念对各国"民族国家"构建就发挥了重要影响。所以，在各国的民族（族群）关系发展特点和管理方法方面，各国既存在各自特性，但同时也必然存在一定的共性。其他国家在对待国内"民族"认同、"族群"关系方面提出的理论、指导思想和政策实践，不论是成功经验还是失败教训，我们都需要借鉴和参考，而不能以"中国国情特殊"为理由简单地排斥必要的比较研究。从这个角度来看，这本书的选题具有特殊的重要意义。

第二，20 世纪中叶以来，人类社会各方面的发展速度越来越快，科技发明日新月异，经济全球化已是不可阻挡的时代大潮，随之出现了许多新的社会现象和新的社会矛盾。例如，新的通信技术（手机和互联网）使信息传播模式和速度进入一个全新的历史时期。在这样的新形势下，每个国家曾经行之有效的传统管理思路和方法都必须根据时代的发展态势进行调整，努力与时俱进。为此，我们首先需要解放思想，坚持实事求是，放弃"凡是"类的教条主义思维习惯，广开言路，在开放式的讨论中探索社会发展的新规律，逐步达成共识，推动我国的相关制度和政策进行必要的改革和调整。回顾我们在结束了"文化大革命"的经济体制改革之路，也正是在"解放思想、实事求是"的科学精神指导下闯出来的。因此，今天我们面临中国国内在民族关系方面出现的各种新现象、新问题，也必须采用这样一种"解放思想、实事求是"的科学态度来进行思考和讨论。

第三，由于汉族在我国总人口中占90%以上，汉族地区在科技与经济发展等各方面占据优势，汉族干部在各级政府中占据主导地位。因此，调整我国民族关系的主动权、改善我国民族关系的钥匙掌握在汉族手里。在调整我国民族关系的过程中，最核心的一点就是必须在我们的内心时刻反省"大汉族主义"的余毒，对于这一点，老一辈革命家已经强调过多次。我们必须持续、坚决地反对一切事务以汉族为中心、反对以汉族地区经济模式和文化作为标准来衡量少数民族聚居区的经济发展水平和少数民族传统文化，各级政府要真正尊重少数民族的文化传统、宗教信仰和他们对于自己如何参与社会经济发展的意愿。如果我们的干部和民众以汉族的"标准"来评价少数民族，认为他们"落后"、"迷信"，看不起少数民族，这种偏见和歧视的态度必然伤害少数民族的自尊心并导致民族隔阂。如果有些汉族干部把当地少数民族视为"不可信赖"的人群，那么以汉族为主导的政府也就不可能获得少数民族精英和民众的信赖，我国民族关系的调整就无从谈起。因此，任何地方的民族关系如果出现了问题，我们的汉族干部首先要检讨和反省自己的观念、言行和工作作风，而不是简单地指责当地的少数民族民众。

第四，我们今天依靠什么来团结、凝聚中华民族的各个群体？

近些年中央在西藏、新疆工作中一直强调"发展经济"和"关注民生"。发展经济可以改善当地民众的就业和收入，这个道理无疑是正确的。但是，我们不妨回顾一下历史，在共产党夺得全国政权之前，国民党政权和军队是何等强势，当时的红军、八路军在财政上非常困难，自己节衣缩食，也没有多少资金去帮助民众，但是我军所到之处仍然争取到少数民族群众的支持。建国初期，新的人民政权在财政上同样极为困难，但是我们在西部新解放的少数民族聚居区开展的工作仍然取得了很好的效果，争取了支持国家统一的部分政治和宗教上层人士，得到了少数民族大多数贫困民众的支持，摧毁了当地的反动势力，迅速建立起新的人民政权。今天，政府的财政能力、建设能力绝非昔日可比，但是一些地区的民族关系反而在不断恶化。由此可见，发展经济和提高收入固然重要，但这并不是解决民族问题的真正关键，在思考民族问题时的"经济决定论"很可能会误导我们的努力方向。

民族、族群关系的核心是认同问题，我认为这些年我国民族关系出现问题的深层次原因是人们在认同意识方面出现了问题。人类学常用的一个词是与"我们"对应的"他者"，人与人之间，人群与人群之间，是把彼此视为"自己"还是"他者"，这是在群体关系中理解认同意识的核心与关键。那么在什么条件下，一个人群不把另一个人群视作"他者"呢？毫无疑问，体质特征、语言、宗教、传统文化方面的差异，都是人们辨识"我们"与"他者"的标志和重要因素。但是，如果把这种传统观点进行绝对和僵化的解读，那么不同的人群之间就是绝对不可能彼此认同的，只能是"非我族类，其心必异"，我们民族之间的认同问题似乎就陷入"无解"的困境。

再来回顾一下中国共产党自己走过的历史。在中国共产党夺取全国政权之前和50年代，当时以汉族为主、不懂少数民族语言、自己不信仰宗教的解放军和新政府的基层干部，是如何赢得各地少数民族广大民众的欢迎和爱戴的呢？因为国民党和帝国主义者一直在宣扬共产党"消灭宗教"、"共产共妻"，少数民族当中有许多人一开始对共产党充满疑虑，所以在解放军刚刚进入西部少数民族聚居区时，当地群众一度与解放军保持距离，不相信我们关于"民族平等"、"尊重宗教"的宣传。但是他们亲眼看到解放军战士们在积极学习当地民族语言，尊重寺庙和宗教人士，尊重地方民情风俗，积极为民众治病救灾，帮助民众进行生产，通过战士们的这些实际行动，最后逐渐打消了当地少数民族民众的疑虑，为随后的土地改革工作和政权建设打下了群众基础。可见是否存在语言障碍、我们自己是否信仰宗教并不是决定性因素，关键的是我们要在心里把这些少数民族民众真正当作自己的同胞兄弟姐妹来关心、尊重和爱护。话听不懂可以打手势，心中的真诚通过眼神和手势是完全可以被对方感受到的，我们所做的事，对方都是看得见的，只要我们抱着这样一种心态去少数民族地区开展工作，群众就会接受我们、认同我们，发现了问题会及时告诉我们，遇到难题会帮助我们出主意，支持政府推动的各项工作。我们把少数民族群众的事看作是"自己的事"，群众也就会把我们的政府看作是"自己的政府"。

尽管不同民族之间在语言、宗教信仰、生活习俗等方面存在差异，但人们心灵之间的沟通能够克服这些障碍，能够跨越"民族"、"族群"的界限，实现彼此之间的相互认同。将心比心，就能心心相印。对于这一点，我是坚信不疑的。我在北京大学指导过的学生来自十几个民族，他们之间关系非常好，在相互学习和彼此帮助中共同完成学业并建立起友谊。

我们必须大力发展经济和改善民生，这没有疑问，我们应当防止经济和民生因素与政治认同因素重叠在一起，使民族关系的恶化程度加剧，但是我们不能迷信 GDP 和经济发展项目，而且目前许多政府推动的经济项目（如对口支援）对于当地少数民族民众的就业和收入改善的贡献有限。同时，在发生了一些恶性恐怖事件后，当地政府采取适当的加强防范也是必要的，这是对人民的生命财产负责。但是我们必须认识到，这类威慑活动（如"提高见警率"）对于当地民众也是有压力和副作用的，因此持续的时间不宜太长。从根本上来看，我们依靠什么来防范和打击恐怖暴力犯罪？还是必须依靠当地广大人民群众的支持。

如果我们希望少数民族民众把我们的政府看作是"自己的政府"，那么我们就要问问自己，我们的干部是否把这些民众看作是"自己的兄弟姐妹"？这个问题甚至跨越了"民族问题"，因为即使在汉族地区，如果政府干部没有把当地民众看作是"自己的兄弟姐妹"，汉族民众同样会与政府离心离德。我们总讲"为人民服务"，说我们是代表全国人民的政党和政府。这些话是需要落实在行动上的，而广大各族民众对待政府的态度，就是检验这些口号是否真正落实的试金石。

我们可以从本书介绍的文献中读到各个国家在思考民族关系和管理民族冲突的许多案例，也可以从中努力借鉴他们的许多规章制度政策和具体的操作方法，这些知识都是我们需要了解和参考的，本书在这方面做出的努力无疑在学术上和应用方面都很有意义。但是在我看来，这些大致还是些技术性问题，在处理民族关系时，关键的核心问题还是中国主流社会和主体民族在对待少数民族时的立场和态度。当年的红军和八路军、解放军在民族、宗教方面并没有太多的知识，但是他们在许多问题上虚心地倾听当地民族精英和民众的意见，把大多数群众是否能够接受和拥护作为政府判断事务的依据，这样做出的决策是有群众基础的，也以此赢得了少数民族民众的拥护。今天我们面临的形势无疑比 60 年前要复杂得多，但是政府手里拥有的资源和条件也要多得多。面对新形势和新问题，我们不仅要解放思想、拓展视野，同时还必须端正立场，依靠群众，通过我们的努力工作排除民族群体之间的隔阂，逐步解决民众中的认同问题，争取早日把我国的民族关系和冲突管理工作纳入到一个良性互动的正确轨道上来。面对21 世纪国际社会中激烈的相互竞争与风云变幻，一个国家内部的团结和全体国民的同心协力，才是这个国家最核心、最可靠的软实力。

目　录

绪　论

> 正是这种民族主义强迫民族和民族之间相互疏远。它们很像森林中的树木，都想傲然独立，但在地下深处，它们的根却盘结交错，在地面上空，它们的枝叶却相互依偎。
>
> ——茨威格

从公元 1500 年前后至今，先后诞生了 9 个成功崛起的世界性大国，即葡萄牙、西班牙、荷兰、英国、法国、德国、日本、俄罗斯、美国。它们崛起的要素各不相同，但有一个规律性的通则，即没有一个国家的崛起是建立在民族分裂的基础上的。可见，民族团结、国家统一是世界大国崛起的重要基石。

20 世纪最后 10 年，有很多人认为中国也将迅速步苏联的后尘，这正是许多西方学者所预言的，也正是许多西方政治家所期待的。在苏联和南斯拉夫相继解体之后，中国能不能维护多民族国家的统一？这是每个中国人都必须认真思考和严肃对待的重大问题。进入 21 世纪，随着世情、国情、党情的深刻变化，中国的民族关系也正处在一种全新的、深刻的、复杂的内部结构与外部环境的互动进程中，研究国际关系、研究民族问题的中国学者必须进行国内外学术资源的充分整合，以有效应对在民族问题上可能对中国核心利益造成的潜在挑战。

一　研究思路与研究现状

冷战后，国际冲突的形式发生了巨大变化，由国家间战争转变为一国内部冲突，而民族冲突是国内冲突的重要起因。据统计，在冷战后已发生的世界冲突中，种族、宗教冲突约占 60%，而且从存在于世界各地的 180 多个潜在热点的形势来看，种族和宗教冲突的比例只会不断上升。① 20 世纪 90 年代的 10 年间，世界上有 53 个国家和地区发生了民族冲突，149 个国家和地区中有 112 个存在民族问题隐患。② 有人甚至得出结论："当今人类社会的冲突诱因主要归结于民族宗教冲突。"在此背景下，民族冲突管理不仅成为国内政治的核心议题，也成为当今国际关系以及全球治理的核心议题。

本课题试图对全球民族冲突的根源以及世界上主要国家的民族冲突管理类型进行整体性描述和系统性分析，从中探索民族问题与国际关系以及社会整合的复杂性互动和规律性特征，同时也试图为中国的民族冲突管理实践提供一定的理论化支持和政策性建议。

（一）研究思路

阅读中外文献，可以充分了解前人的观点和学术的高点，它们是后人进行学术研究所必须仰仗的"巨人的肩膀"，可以据此发掘现实存在的问题和发现有待填补的学术空白。本课题关注的问题主要包括以下几个方面。

（1）"民族"只是多种社会组织形式之一，但它为什么会有超过其他社会组织的生命力和动员力？为什么它会占有其他社会组织所不能比拟的时间空间、情感以及生命？冷战后，世界民族冲突的原因、特征及其对中国的影响为何？

（2）对于一个多民族国家的长远发展来说，怎样才是比较理想的民族关系？设定民族关系发展目标的基本思路与评价标准是什么？当今世界主要国家的民族冲突的根源是否具有规律性，在民族冲突管理问题上是否有可供中国学习与借鉴的经验？

（3）冷战后，国际干预成为解决国内民族冲突的主要方式，那么民族冲突管理与国际干预的复杂关系如何界定？解决民族问题的国际干预方式有哪些，其未来走向及前景如何？如何避免一国内部民族问题的"国际化"和防范消极的国际干预？

---

① 潘忠歧、谭晓梅：《论未来世界冲突趋势》，《欧洲》1997 年第 5 期，第 25 页。
② Ted Robert Gurr and Michael Haxton, *Peoples Versus States: Ethnopolitical Conflict and Accommodation at the End of the* 20*th Century*, Washington, D. C. : US Institute of Peace Press, 2000, pp. 1 – 10.

探索解决上述问题的办法和出路，成为本课题研究的主题。需要强调的是，在借鉴成功经验的同时，也要清楚地看到并不是所有的做法都适合中国，特别是要避免相关国家在民族问题上失败教训的重演。

（二）研究现状

目前，西方学界关于民族冲突管理的宏观理论，主要集中在多民族国家如何设定民族关系的社会目标，如戈登（Milton M. Gordon）关于美国族群关系发展的"三阶段理论"和赫克特（Michael Hechter）的著作《内部殖民主义》等。欧洲学者也在结合对于来自前殖民地的异族人口和外籍工人发展状况的研究，努力探讨族群关系的社会目标和政策框架。这些工业化国家的族群问题、国家建构问题，与现代化社会的产业结构、社会组织、政治制度、文化演变等密切相关。其中比较有代表性的著作是 1964 年戈登出版的《美国人生活中的同化》（*Assimilation in American Life*），这本书系统地回顾了美国建国 200 多年来处理族群关系社会目标的演变阶段和每个阶段的特点。他把美国处理族群关系社会目标的演变过程划分为三个历史阶段。

（1）第一阶段叫"盎格鲁-撒克逊化"（Anglo - conformity），目标是以早期移民主体盎格鲁-撒克逊民族的传统文化为核心来同化其他族群：$A + B + C + \cdots\cdots = A$；

（2）第二阶段叫"熔炉主义"（Melting - pot），目标是主张族群之间的充分融合：$A + B + C + \cdots\cdots = E$；

（3）第三阶段叫"文化多元主义"（Cultural Pluralism），目标是承认并尊重"亚文化群体"的存在及权利：$A + B + C + \cdots\cdots = EA + EB + EC + \cdots\cdots$。[1]

在这些讨论中，贯穿了作者对于民族关系的宏观理论分析，以及对于民族融合-同化模式与衡量变量的讨论。许多西方社会学家认为，在一定程度上民族矛盾的实质是社会阶层之间的利益冲突，但是由于民族成员之间的体质差别、文化认同很容易使民族成为社会动员的单位，所以这些利益冲突有时以民族矛盾的形式表现出来。[2] 如果民族之间没有明显的社会

---

① 马戎：《社会学的族群关系研究》，《中南民族大学学报》（人文社会科学版）2004 年第 3 期，第 8 页。

② Nathan Glazer and Daniel P. Moynihan, eds., *Ethnicity: Theory and Experience*, Cambridge, Mass.: Harvard University Press, 1975, p. 7.

结构差异，民族矛盾就有可能被控制在文化领域而不会危及整体性的社会结构。

1985 年，美国普林斯顿大学出版社出版了康纳（Walker Connor）的著作《马列主义理论与战略中的民族问题》（*The National Question in Marxist - Leninist Theory and Strategy*）。书中以苏联、中国、南斯拉夫、捷克斯洛伐克、罗马尼亚、越南 6 国为例，论述执政的各国共产党是如何制定其民族政策、处理民族关系的。苏联解体两年后，美国密执安大学的萨尼（Ronald G. Suny）教授出版了《历史的报复：民族主义、革命和苏联的崩溃》（*The Revenge of the Past：Nationalism，Revolution，and the Collapse of the Soviet Union*），全书主要内容分为四章。在这本书中，这位美国学者从民族主义的角度剖析苏联解体的原因，对苏联的民族理论、民族制度进行了系统的分析，讨论了在苏联解体过程中暴露出来的各种民族问题。①

由于诸多原因，我国的民族理论和民族政策很大程度上受到苏联的影响。苏联关于民族问题最关键的两个理论：一是以民族为主体实行区域自治，一是在民族相互关系方面从"形式上的平等"过渡到"事实上的平等"。上述理论与实践对中国的民族关系影响深刻。在国内，北京大学的马戎教授是当今中国少数民族研究的"重镇"和思想"锋刃"。"重镇"是说他在引领主流社会思考和关注少数民族问题方面具有一言九鼎的地位。"锋刃"是说他作为思想旗舰敢于直言不讳地发表成果。中国主流学人多认为少数民族研究乏力或乏味，马戎教授的成就颇能颠覆这种印象。② 马戎教授从民族社会学的视角系统地建构了中国视域下的民族冲突管理研究，即注重运用社会学的理论和方法去研究民族现象和民族关系。

在国外，许多学者在对待民族冲突管理的理论问题上，受到后现代主义的影响，认为解决现实问题，完全可以不用任何理论作为指导，更无须什么高层次的抽象思维和范畴。例如，20 世纪末期，在俄罗斯中央级学术刊物上先后发表了 B. 蒂什科夫的两篇文章：《论民族和民族主义》（载《自由思想》杂志 1996 年第 3 期）和《忘掉民族》（载《哲学问题》杂志 1998 年第 9 期）以及 A. 兹德拉沃梅斯洛夫的文章：《民族相对论》（载

① 马戎：《对苏联民族政策实践效果的反思——读萨尼教授（Ronald G. Suny）的〈历史的报复：民族主义、革命和苏联的崩溃〉》，《西北民族研究》2010 年第 4 期，第 5 页。
② 张海洋：《汉语"民族"的语境中性与皮格马利翁效应——马戎教授"21 世纪的中国是否存在国家分裂的风险"述评》，《思想战线》2011 年第 4 期，第 17 页。

《自由思想》杂志 1999 年第 1 期）。这三篇文章都是论述民族问题的，两位作者可谓同属"后现代派"的代表人物。蒂什科夫的观点可以概括为"忘掉民族论"，兹德拉沃梅斯洛夫的观点可以概括为"超越民族论"。"忘掉民族论"，即所谓的"零方案"，以后现代派的精神，拒绝正在争论的民族定义，也不再提出新的定义，让民族自生自灭。"超越民族论"，要摈弃历史主义，建议施加"心理影响"来改变民族成员心目中的他者形象，通过采取以"合理沟通"优先的"反应政策"来解决民族冲突。[①]

在欧洲，欧洲联盟这种超国家形态的出现及其所带来的欧洲民族国家地位弱化和主权让渡，使构建更大范围的"想象的共同体"成为一种现实的可能。另外，相对于新的"欧洲人"（欧盟民族）而言的西欧各民族（nations）的"地方化"和"族群化"，也成为新的话题，同时也出现了"后族裔"（Post - Ethnic）这样的概念。欧洲联盟这种超国家形态及其所引起的欧洲民族的演变，或许会像近代西欧的"民族国家"模式一样对全球产生新一轮影响。不过，就整个世界而言，欧美国家的后现代社会和欧盟超国家形态的出现只代表了发达资本主义的现实，对于广大发展中国家来说实现国家或民族现代化理想的道路依然任重道远（更不要说进入所谓后现代），所以适合于西方发达国家的理论未必都具有普世主义或全球化的意义。[②]

目前，国内学界在民族冲突管理议题上的研究特点如下：第一，观察和研究国内民族问题缺乏一定的世界眼光、战略思维。但是，研究中国民族问题没有对国际视野和全球经验的关照是不行的。第二，民族冲突管理并未引起政府和学界的足够重视，研究缺乏创新性。作为一个少数民族人口超过 1 亿、民族自治地方面积占全国面积 64% 的大国，民族研究在全国综合性大学中没有得到应有的重视，这是十分反常的现象。[③]

反观国际社会，从 20 世纪 70 年代开始，族群政治（ethnic politics）开始成为西方比较政治学的一个重要研究内容。有学者统计，自 1970 年《超越多元主义的美国民族政治》一书出版以来，已有近 20 本民族政治的专著

① 解建群：《俄罗斯学者关于民族概念的争论》，《国外理论动态》2000 年第 9 期，第 4 页。
② 郝时远：《对西方学界有关族群（ethnic group）释义的辨析》，《广西民族学院学报》（哲学社会科学版）2002 年第 4 期，第 17 页。
③ 马戎：《当前中国民族问题研究的选题与思路》，《中央民族大学学报》（哲学社会科学版）2007 年第 3 期，第 14 页。

和近 3000 篇论文问世，并形成了较为完整的关于民族冲突的民族政治理论，如脆弱性理论、现实主义理论以及民族纽带与族群政治竞争理论，等等。[1] 目前，西方学者进行民族冲突管理研究的关注点集中在以下几个方面。

（1）民族冲突的缘由（Sources of Ethnic Conflicts）；

（2）民族冲突的参与者以及相关事件（Participants and Issues at Stake）；

（3）民族冲突管理的政策和制度设计（Policy and Institutions Used to Manage the Conflicts）；

（4）进行复杂冲突管理的替代机制（Need for Alternative Mechanisms for Managing Complex Conflicts）。

西方学者进行民族冲突管理研究的关键词是：身份（identity）、认同（recognition）、平等（equality）、尊严（dignity）、参与（participation）、自治（autonomy）、共识建设（consensus building）、民主转换（transition to democracy）、民族和解（ethnic reconciliation）、国际干预（international intervention），等等。

与此形成鲜明的对比，有国内学者进行"民族区域危机管理"研究，但其主要关注的是民族自治区内的公共危机管理，分析视角仍然集中在国内，而且关注的焦点是一般性的公共危机事件，而非严格意义的"民族冲突管理"本身。

二　本课题的选题价值和意义

关于中国发展进程中面对的主要问题和主要威胁，中国政府领导人和学术界的主要关注点长期集中在经济体制改革、政治体制改革、经济增长速度、外交、自然灾害、社会稳定以及反腐败等问题上，对改革开放以来我国民族关系发生的"静悄悄的演变"较少察觉。[2] 拉萨"3·14"事件和

---

[1]　严庆、青觉：《"民族牌"背后的理论透析》，《广西民族研究》2009 年第 1 期，第 23 页。

[2]　戈尔巴乔夫在 1987 年 11 月出版的《改革与新思维》中写道："在连世界上最发达的国家也没有消除族际怨仇这个背景衬托下，苏联是人类文明史上真正独一无二的典范。……我到过苏联的一些共和国和民族地区，在同当地人会见时，每一次都使我进一步相信，他们珍视并感到自豪的是，他们的民族属于一个多民族大家庭，他们是一个在人类进步中十分重要的、幅员辽阔的伟大强国的不可分割的一部分。"仅仅四年后，苏联解体。相关论述参见马戎《对苏联民族政策实践效果的反思——读萨尼教授（Ronald G. Suny）的〈历史的报复：民族主义、革命和苏联的崩溃〉》，《西北民族研究》2010 年第 4 期，第 8 页。

乌鲁木齐"7·5"事件对中国政府和主流社会无疑是清晰的预警信号，应当引起政府领导人、学术界和社会各界对我国民族关系问题的充分重视，中国除了加快民族地区经济发展和民生改善之外，还需要对深层次的民族认同问题和相关理论进行反思。①

本课题在对国际关系中民族冲突兴起的背景、特征和影响等问题进行全面分析的基础上，探讨民族冲突管理的具体路径，最后对中国民族问题的解决与应对提出相关政策建议。具体来说，本课题的理论价值和现实意义主要体现在以下几个方面。

第一，本课题首次将民族冲突管理理念运用于中国的民族问题，同时明确指出民族冲突管理具有国内、国际两个维度。民族冲突管理不仅包括国内管理，也包括国际管理。其中，国际层面的冲突管理主要包括两点，一是指国际社会对一国内部民族问题的介入或干涉，二是指主权国家在民族问题上对国际社会介入或干涉的有效预见与理性应对（见图1）。该分析框架将民族关系、冲突管理和国际关系有机地结合起来，表明研究民族问题必须实现多学科联动——跨越学科界限，聚结学科合力，破解冲突难题。

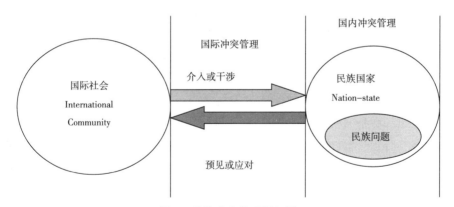

图1　民族冲突管理框架图

第二，在我国当前，加强民族冲突管理研究，具有重要的理论、实践，甚至战略意义。从理论意义上讲，本课题研究有利于构建中国民族冲突管理的长效机制。构建民族冲突管理的长效机制有上、中、下三策：上策是体系/结构层面的稳定（价值体系的稳定），中策是体制/政策层面的稳定

---

① 马戎：《对苏联民族政策实践效果的反思——读萨尼教授（Ronald G. Suny）的〈历史的报复：民族主义、革命和苏联的崩溃〉》，《西北民族研究》2010年第4期，第8页。

（利益关系的稳定），下策是警力/暴力层面的稳定（强力制约的稳定）。我们应取其上策，用其中策，而慎用、勿用下策。

从实践意义上讲，本课题研究有利于增强中国民族工作的预见性，同时为中国的民族事务创造良好的国际舆论环境。近年来，世界民族冲突呈上升趋势，而我国政府在处理相关摩擦与矛盾时，往往表现出处理手段的单一化、滞后性。因此，加强民族冲突管理研究，有利于深入认识民族问题以及民族工作的特殊性，提升各级政府应对与处理危机的能力，增强中国政府在国际社会的话语权和主动性。

从战略意义上说，本课题研究有利于确保西部大开发战略的顺利实施。中央实施西部大开发战略主要考虑两个方面的原因：其一是民族因素，因为西部地区集中了全国80%以上的少数民族；其二是边疆因素，中国2.1万公里的陆地边界线大部分在西部。现实中，广大民族地区依然是中国最贫困落后的地区，国际反华势力极易利用这一点，推动中国民族问题的国际化，从而引发民族矛盾甚至大规模民族冲突。因此，加强国际视野下的民族冲突管理研究，有利于化解矛盾，增进民族团结，维护边疆稳定。

第三，从应用价值而言，本课题对防范消极的国际干预提出了相关政策建议，并为国际社会深入了解中国的民族政策提供了分析平台。民族问题的国际干预是指国际社会通过政治、经济、司法、军事等各种手段，对某一主权国家的民族问题进行过问或介入。国际干预不仅指军事干预，也指观念、文化的侵入以及国际组织、国际规范的介入。国际干预基本分为两类：第一类是直接干预，如军事入侵、人道主义干预、联合国维和行动、建设和平行动、冲突后的刑事审判等；第二类是间接干预，消极的间接干预如对一国分裂势力的支持以及在国际舞台制造对一国"应该或必然"分裂的舆论等，积极的间接干预如支持国家主权原则，反对制造任何分裂主权国家的舆论等。需要强调的是，对待国际干预不应一概而论，而应趋利避害。

三　本课题的分析视角和研究方法

党的十六届三中全会提出，"要建立健全各种预警和应急机制，提高政府应对突发事件和风险的能力。"然而，与一般性公共危机管理不同，民族冲突管理在表现形式、应对措施等方面都具有鲜明的独特性，更加需要将国内国际两个大局结合起来，统筹安排、通盘考虑。历史的观点、动态的观点、普遍联系的观点和比较分析的观点是研究民族关系时需要予以特别注意的四个分析视角，本课题采取的具体研究方法主要包括以下几个。

第一，采取跨学科交叉研究的方法。从学科领域归属来看，民族冲突管理既可以被视为政治学、社会学的研究分支，也被视为国际关系研究的一个分支，跨学科的特征十分突出。罗杰斯·布鲁巴克（Rogers Brubaker）在《种族、民族主义暴力》一文中曾感慨："研究种族和民族冲突离不开两方面——民族理论和冲突理论；但回顾人类学、民族学、政治学、社会学的研究文献，却没有构建起具体而持续的民族冲突研究范式和框架，甚至没有统一的范畴界定。"[①] 民族冲突研究尚未形成独立的范式和范畴，作为一个跨学科研究，目前其研究范畴主要集中在民族关系的冲突性和集体暴力的民族性两个方面。[②] 所以，鉴于民族冲突管理的特殊学科背景，本课题将结合民族学、社会学、政治学、国际法和国际关系学等多学科知识体系，运用跨学科研究方法，试图对民族冲突及其管理问题进行深层次分析和系统性研究。

第二，采取比较分析与案例分析相结合的研究方法。要想真正建立和发展以中国社会史、民族关系史和当前国情为基础，同时也能与国际学术界接轨的民族理论，需要对与我国民族问题密切相关的三个理论与实践来源进行深入和系统的分析：中国历史传统上处理民族关系的理论和方法、欧美各国关于族群和族群关系的理论、苏联的民族和民族关系理论。本课题着力对世界相关国家进行民族冲突管理的主要做法和相关经验进行比较研究，并在不同类型的比较分析中讨论国际民族冲突管理与国内民族冲突管理的复杂互动。同时，在比较研究的基础上进行民族冲突管理的类型分析。此外，本课题会具体对科索沃、南苏丹、东帝汶等民族问题、国际干预形式以及民族冲突管理效果进行案例分析。

第三，本课题采取实地调研的技术路线。实地调研是解放思想的基础，目前有关民族的基本理论主要还是来自"经典著作"和传统教科书，而不是来自对中国社会以及国际社会的实际调查研究。即使我们愿意去基层做调查，但是如果头脑仍然停留在传统的思维框架中，看不出新现象的本质，

---

① Rogers Brubaker, David D. Laitin, "Ethnic and Nationalist Violence", *Annual Review of Sociology*, Vol. 24, No. 1, 1998, pp. 423 – 452.

② 严庆、青觉：《从概念厘定到理论运用：西方民族冲突研究述评》，《民族研究》2009 年第 4 期，第 97 页。

就难以提出新的思路和观点。[①] 因此，本课题根据研究需求选取相关地区和部门进行实地调研。目前，课题负责人先后赴美国、加拿大、英国、比利时、瑞士、科索沃、以色列、中国台湾等国家和地区访学交流，采访了相关外国学者和官员。此外，自 2010 年 11 月至 2011 年 11 月，课题负责人参加中组部、团中央第 11 批"博士服务团"赴中共宁夏回族自治区党校，挂任校长助理一职，利用宁夏的地理优势，对新疆、西藏、广西、内蒙古、青海等地区进行了持续的国内学术调研和观点交流。

四　本课题的研究目的和创新之处

本课题的研究目的是：如何正确看待国际视野中的民族问题，如何增强中国民族冲突管理的有效性、科学性，防止负面的国际干预，如何吸收借鉴全球治理进程中先进的民族冲突管理理念和做法，并以此提升中国在相关领域的话语权。本课题力求实现学术创新，研究内容既涉及世界民族冲突与中国国家安全的重大现实问题，又涉及国际干预、民族冲突管理等一些深层次的前沿理论问题，因此在研究过程中十分重视理论与实践相结合的重要意义。具体来说，本课题的主要创新之处在于以下几个方面。

（1）本课题综合运用多学科研究方法，系统剖析中国民族冲突管理长效机制建设的要素、结构、功能。

（2）本课题对国际干预的新进展、新特征进行深入分析，以期对国际干预的发展趋势进行前瞻性研究，增强中国在该领域的话语权。

（3）本课题将民族冲突管理理念运用于中国民族问题研究，并对民族冲突管理的主要内容和表现形式进行了细致分析。

当然，民族冲突管理如同"迷踪拳"，不仅千古无同局，各国也无同局。目前，在世界范围内，还没有哪一个国家能够声称很好地解决了民族问题，但这并不意味着不存在可资借鉴的国际经验。这些经验（甚至教训）是中国促进自身民族关系的国际参照系。因此我们要立足这样一个基本立场，既深刻总结我国民族问题的经验，也积极借鉴世界上相关国家处理民族问题的经验教训，在兼收并蓄、博采众长的基础上，坚定不移地把我国的民族事业推向前进。

---

① 马戎：《创新中国民族问题研究的三个前提》，《中国民族报》2007 年 8 月 3 日。

第一章

民族冲突管理的概念与要素分析

> 一个健康的民族不会意识到自己的民族性，就像一个健康的人不会意识到自己的身体一样。但是，一旦你破坏了一个民族的民族性，那么这个民族所考虑的唯一事情就是如何恢复它。
>
> ——萧伯纳

"民族"这一概念本为社会学概念，是对具有特定的语言、地域与文化（宗教）认同的社会群体的概念化，本身就是一种安德森所谓的"想象的共同体"（imagined communities）。但是，当"民族"概念与"自决权"或"国家"联合使用时，其就由一个描述性的社会学概念上升为一个规范性的政治学概念。①

民族多样性是人类社会最显著的特征之一。当今世界，绝大多数的国家都不是单一民族的国家。在国家内部，不同的民族在人口规模、资源占有、居住区域以及历史沿革等方面存在不同程度的差异性。通常情况是，在一个国家里，由一个或少数几个民族群体占主导地位，被称为主体民族，而其他的民族则处于从属地位，被称为少数民族。今天，对于大多数国家来说，民族关系主要是主体民族与少数民族之间的关系，或被称之为社会主流群体与次群体（subsidiarity）、"主导文化"群体与"亚文化"群体之间的关系。对于一个主权国家来说，内部民族关系是否和谐是考察其社会

---

① 田飞龙：《瑞士族群治理模式评说——基于"宪法爱国主义"的公民联邦制》，《法学》2010年第10期，第98~99页。

整合程度的一项重要指标。①

民族冲突是民族关系的一种极端形态。如果把历史截成不同的时间断面，可以发现不同的民族在任何一个时间点上都处在不对称的发展水平中，不同民族群体为稀缺性资源而展开持续的争夺，如土地人口、宗教信仰、血缘融合等。伴随着西方的殖民扩张，"民族国家"这一"全球规范"在世界扩散。民族矛盾的内涵与表征进入新的历史阶段，以"民族国家"为主体的国际政治秩序的构建充满了冲突。

第一节　民族概念辨析

在大多数社会中，民族作为一个共同体，可以是政治的、经济的，也可以是文化的，也可以是血缘和地域的，或者是这几种要素的交叉混合。民族冲突管理的复杂性首先在于，"不少学者准确界定'民族'含义的尝试都无功而返，学术界亦难以达成共识。"②

一　"民族"概念的三个维度

有人说，"人"的概念有多复杂，"民族"的概念就有多复杂。的确，"民族"是一个十分复杂的社会现象，无论是从它的历史过程来说，还是从现实生活中的具体活动而言，都很难用比较简练的文字概括出来。在这个意义上，"民族"在描述人类群体的有关概念中成为最为宽泛因而也最难以把握的定义，民族也许"根本不可能具有恒久不变、放之四海而皆准的客观定义"③。

宁骚在《民族与国家》一书中指出，"无论是已经形成的国族还是正在形成的国族，都有几个、十几个、数十个、一百多个甚至数百个组成部分，这些组成部分就是民族（nationality，ethnicity）。……在各个不同的国家里，对这层含义上的民族有不同的提法，如在美国把它称作族体（ethnic

① 关凯：《民族关系的社会整合与民族政策的类型——民族政策国际经验分析（上）》，《西北民族研究》2003 年第 2 期，第 118 页。

② 韩轶：《从"民族认同"到"宪法认同"——立宪主义视角下民族与国家关系之反思与重构》，《法学评论》2011 年第 3 期，第 5 页。

③ 〔英〕埃里克·霍布斯鲍姆：《民族与民族主义》，李金梅译，上海世纪出版集团，2006，第 5 页。

group），在中国称作民族（nationality 或 ethnicity），在撒哈拉以南非洲称作部族（tribe 或 ethnicity）。"① 有学者以国家角度为出发点，认为"民族"可以被大致划分为三个层次，见图 1-1。

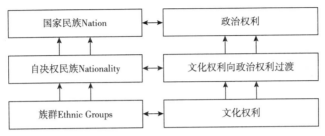

图 1-1　民族三层次示意图

（1）第一个层面是国家层面上的民族，亦有学者将其称为"享有国家主权的民族"②。"国族"（国家民族），对应英文"nation"一词。它既是建立国家的主体（国家民族），又是被国家塑造出来的客体（民族国家）。

（2）第二个层面是"尚未建立国家的民族"，有研究者将其称为"自决权民族"，对应英文"nationality"一词。③ 它们在属于纯粹政治实体的"国家民族"与尚属于纯粹文化实体的"族群"之间游移，也可以被认为是"族群"向"国家民族"的过渡阶段。

（3）第三个层面是"族群"，对应英文"ethnic groups"或"ethnicity"一词。"族群"现今多表现为民族国家建立后，作为国家内构成单位存在某种历史或文化传统认同的群体。④

可以通过一个同心、交叉圆的结构图来认知西方国家有关 Nation、Nationality、Ethnic Group 三个术语的关系。在图 1-2 中，四个同心圆的核心圆是"种族"（race），其次是"民族"（nation），再次是"族体"（nationality），最外圈是"族群"（ethnic group），而与除种族外的三个同

① 宁骚：《民族与国家》，北京大学出版社，1995，第 15 页。
② 李占荣：《宪法的民族观——兼论"中华民族"入宪》，《浙江大学学报》（人文社会科学版）2009 年第 3 期，第 36 页。
③ 这种自决权民族只存在于联邦制国家，即国家主权是该联邦内所有自决权民族行使主权的统一形式。相关论述参见李占荣《宪法的民族观——兼论"中华民族"入宪》，《浙江大学学报》（人文社会科学版）2009 年第 3 期，第 37 页。
④ 韩轶：《从"民族认同"到"宪法认同"——立宪主义视角下民族与国家关系之反思与重构》，《法学评论》2011 年第 3 期，第 5~6 页。

心圆结构相交的四个圆，则分别代表语言、宗教、历史和文化这几个基本要素。

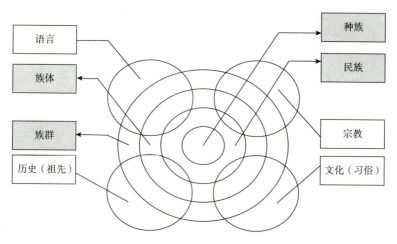

图 1 - 2　"民族共同体"同心圆结构

资料来源：郝时远《对西方学界有关族群（ethnic group）释义的辨析》，《广西民族学院学报》（哲学社会科学版）2002 年第 4 期，第 15 页。

上述结构图想要表达的意思包括以下几点。

（1）种族是对人类群体的自然区分，其价值仅体现在生物学意义上。种族本身并不与语言、历史、宗教和文化这些要素产生交互影响，因此对人类群体进行"种族族群"的划分是毫无意义的，种族区分为民族、族体和族群后才与相关的要素发生关系；

（2）民族（nation）特指民族国家层面上的现代民族，是政治构建的国民共同体。国家层面上的现代民族，是对基于历史、文化、语言、宗教等异质性要素的族类群体进行国民特性均质化整合的共同体，它与国家归属、公民身份及其权利紧密地联系在一起，它属于一个国家范围的社会整体而非一部分或少数；

（3）几乎每一个现代民族（nation）内部都存在不同的族体（nationalities），就是那些不具有国家层面民族地位的，得到社会承认和特殊待遇的，或受到排斥或压迫的，人口在其所处的国家中处于少数的群体（包括土著人）；

（4）几乎在每一个族体（nationality）中，都包括了表现出历史、文化、语言、宗教等要素差异的分支群体，也就是韦伯所说的"族群分支"，属于"族群"范畴。①

可见，族群既可以理解为构成民族和族体（nation & nationality）的内部分支基础，又可以理解为民族和族体的分化或碎片化的结果。为了更清楚地表达这种理解，将上述平面图立体化，以金字塔结构来进一步加以说明，见图1－3。

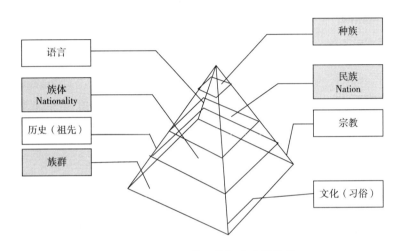

图1－3　"民族共同体"金字塔结构

资料来源：郝时远《对西方学界有关族群（ethnic group）释义的辨析》，《广西民族学院学报》（哲学社会科学版）2002年第4期，第16页。

在上面金字塔结构图中，其塔身的四棱分别代表了语言、历史、宗教和文化要素，而其四个级层则自上而下地分别代表了种族（race）、民族（nation）、族体（nationality）和族群（ethnic group）。从这个立体结构中，最显见的是一种量化的启示，也就是说族群数量多于族体（nationality），而族体的数量多于现代民族（nation），现代民族的数量多于种族。另外，上述结构图表示，族群（ethnic group）可以是民族（nation）的一部分，也是族体（nationality）的一部分。因此，有关对族群（ethnic group）的应用范围要比"民族"更加广泛的理解是正确的。因为它既包

————————

① 具有国家和历史归属（包含历史、文化、语言、宗教等要素甚至种族特征）的现代民族或族体中的那些背井离乡而置身于异域他乡的移民群体（即脱离其族属母体、规模不一的"碎片"），也统称为"族群"。相关论述参见郝时远《对西方学界有关族群（ethnic group）释义的辨析》，《广西民族学院学报》（哲学社会科学版）2002年第4期，第15～16页。

括"前族体"（former - nationality）阶段的氏族、部落群体，又涵盖族体（nationality）本身及其内部分支，同时它还涉及"后族体和后民族"（post - nationality & post - nation）的群体，即日益增多的从族体和民族中分离出来的移民群体。[①]

汉语中的"民族"有两个层面：第一个层面是政治学意义上的人类群体，即主权国家层面的"nation"，如"中华民族"、"美利坚民族"；第二个层面是社会学意义上的人类群体，如56个"民族"（Minzu），与美国等国家内部的"族群"（ethnic group）概念比较相近。本课题在学术分析上使用与国际接轨的族群或"族群冲突管理"（ethnic conflict management）概念，在政策建议上使用国内民众广泛接受的，有利于展现中国话语特征的"民族"（Minzu）。[②] 见表 1 - 1。

表1-1   中文"民族"使用界限和范围

国际学术话语层面 Ethnic group	以族群（ethnic group）为平台，进行话语资源整合与学术观点对接，从而确保大家谈论的是同一问题
国内民族冲突管理层面 Minzu	以56个民族（Minzu）为对象，进行合理的政策制定和模式选择，确保民族团结、国家统一
国际民族冲突管理层面 Nation	以中华民族（Nation）为前提，有效应对可能的国际干预，同时维护以主权原则为基础的现存国际秩序

本文认为理解和分析中国"民族"问题有三个维度，见图 1 - 4。

---

① ethnic group 这一术语在美国等西方国家流行开来的原因是与移民现象直接相关的。就移民而言，任何脱离其族体（nationality）或民族（nation）母体的群体，也就不再是族体或民族，而成为西方的 ethnic group。例如，分布于世界各地的华人（指入籍他国的华人），他们的族体（nationality）归属就不再是汉族或其他少数民族，民族（nation）归属当然也不再是"中华民族"，而是他们所享有的所在国的国籍和公民身份所确定的民族（nation）归属。但是，他们的 ethnic（族裔）背景却无法改变，即"华人"或者是文化性的"炎黄子孙"、感情化的"中华民族海外子孙"等，在"族裔"意义上他们属于其所在国的一个 ethnic group（族群）。相关论述参见郝时远《对西方学界有关族群（ethnic group）释义的辨析》，《广西民族学院学报》（哲学社会科学版）2002 年第 4 期，第 16 页。

② 马戎教授曾建议把我国的 56 个"民族"改称为"族群"（ethnic group），同时保留"中华民族"（Chinese nation）的提法，以避免在两个层面（国家与族体上）使用同一称谓"民族"所可能引发的逻辑混乱和误导。考虑到目前读者仍普遍习惯于"56 个民族"、"少数民族"的提法，很多学术研究中仍沿用传统提法——民族。

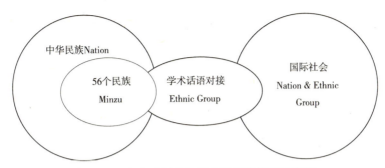

图1-4　中文"民族"使用界限和范围示意图

一说到民族冲突管理，大家想到的往往是对"少数民族"的管理，这种理解是有偏差的，民族冲突管理不仅是对少数民族的管理，也包括对主体民族的管理。

（一）作为国族的"民族"（Nation）

"民族"（nation）在一般意义上通常与政治实体"国家"（state）相匹配，基本指向"国家民族"，强调的是其与国家主权相关的政治性，而不是某一个具体的"族群"（ethnic group）。因此，"Nation"强调具有整体国民特征的民族，如"中华民族"、"美利坚民族"、"加拿大民族"等。以美国为例，在其以"公民权利"（civil rights）为界定的"民族政策"文本中，"民族"（nation）仅指国家或国民，所有的内部群体都被称作"族群"（ethnic group），如土著人（Native Americans）、非洲裔美国人（African Americans）、亚裔美国人（Asian Americans）等，这些名称的背后都隐藏着一个统一的"民族"（nation），即"美国人"（Americans）。[1]

当今世界上存在众多的"跨境"居住的民族群体，这些群体在不同的国家建构下具有不同的身份，某个民族群体可能在以其为主体的民族国家中具有"民族"（nation）的身份，但在其他国家可能仅仅是"族群"（ethnic group）。如德意志人（German/Deutsche）在德国是"民族"（nation），而在匈牙利、罗马尼亚等国就是"族群"（ethnic group）。[2]

关于中文"国族"的提法，最早见于孙中山先生1924年的《民族主义

---

① Steffen W. Schmidt et al. , *American Government and Politics Today*, 1997 - 1998 Edition, Washington：West/Wadsworth, 1998.

② 关凯：《民族关系的社会整合与民族政策的类型——民族政策国际经验分析（上）》，《西北民族研究》2003年第2期，第120页。

第一讲》，把"nation"表述为"国族"，称"民族主义就是国族主义"。宁骚据此提出与国家概念密切相关的"国族"（nation）和作为国族组成部分的"民族"（nationality，cthnic group）两个相互区别的概念，认为"中华民族"因此可以定义为"国族"。

目前，Nation 成为现代"民族国家"的核心词汇。资本主义产生之前在人类历史上出现过的各种群体认同，应当说与现代社会政治理念中的"民族"（nation）没有关系。人们在进行历史追溯时，有时可能把古代的群体或部族也称之为"民族"（"古代民族"、"资本主义前的民族"等），但他们只是把现代政治概念和话语体系简单地套用到历史场景而已。① 安东尼·史密斯认为西欧发展进程中出现的"市民的民族模式"（civic model of the nation）包括以下四个要素。

（1）历史形成的领土：它首先是一个空间的或领土的概念，一个"nation"必须具有明确的地理边界，人群与其传统居住的土地（也许并不是其最初的发源地）之间有着密不可分的关系。

（2）法律与政治共同体：它是具有单一政治意愿的法律与政治的共同体（a community of laws and of institutions with a single political will）。

（3）成员享有法律上的平等权利：共同体成员在法律上具有平等地位，如公共事务和法律权利、政治权利与义务、社会经济权利等各类型的"公民权"（citizenship）。

（4）共同的文化和意识形态：共同体成员必须具有共同的文化（价值观和传统）和公民的意识形态（civil ideology）。②

"一个民族，一个国家"，是民族主义的基本宗旨。"民族"理念一旦在群体中萌生并传播，就必然会推动这一群体产生追求以"民族"为单元建立独立"民族国家"的政治运动。从全球范围看，"民族国家"化的政治运动经历了以下四个阶段。

（1）19 世纪，资本主义工业革命在欧洲造就了第一批"民族国家"。

（2）20 世纪初，第一次世界大战及之后的国际政治发展使欧洲的几个

---

① 马戎：《21 世纪的中国是否存在国家分裂的风险》，《领导者》2011 年第 2 期，第 90 页。
② 西方"民族"（nation）标准的组成要件：（1）历史形成的领土；（2）法律和政治共同体；（3）成员在法律和政治上的平等权利；（4）共同的文化和意识形态。相关论述参见马戎《评安东尼·史密斯关于"nation"（民族）的论述》，《中国社会科学》2001 年第 1 期，第 144 页。

多民族帝国解体并造就了第二批"民族国家"。

（3）第二次世界大战后，原殖民地的独立运动造就了第三批"民族国家"。

（4）20世纪80年代，社会主义国家的"体制改革"又使苏联、南斯拉夫等国在政治上解体而造就了第四批"民族国家"。[①]

可见，构建民族这种"想象的共同体"的实践是近代西欧民族主义运动的产物，是同"民族国家"模式联系在一起的结果，并且在西方理念的国际性扩张中影响了全球。

政治属性是民族（nation）的核心属性，即民族与国家的内在联系。在一定意义上，民族和国家是同一社会现象不同的两个侧面，如果说国家（state）是一种政治实体，表现为一定的政府功能，而民族（nation）则是表现构成这一实体的语言、文化和社会等民族性的聚合体。也就是说，前者强调的是构成国家的机构，即所谓的国家机器，而后者强调的则是构成国家的具有族源和文化等共性的人和人民。[②]

随着近代"民族国家"这一政治模式从西欧向其他地区的不断扩散和传播，各传统国家（如中国、印度）、各原殖民地等都在各自社会结构基础上努力构建符合"国际标准"的民族国家认同，而在这一进程中，民族认同与国家认同之间的张力有扩大之势。所以，必须承认，在西欧的"民族国家"理念中，"国家"（state）与"民族"（nation）两者基本上是重合的，所以把欧洲的概念应用于中国这样历史悠久的多民族国家，很容易引起概念上的混乱和观念上的失序。

（二）作为中华民族各组成部分的民族（Minzu）

作为典型的多民族国家，中国的"民族"概念有一个双层结构：国家层面的"中华民族"，国内族群层面的"56个民族"。由于在两个层面同时使用"民族"这个中文词汇，人们对这个概念的内涵和外延的理解很容易产生歧义。

"民族"（Minzu）是目前最常用的中文词汇之一，有学者认为，"中国古汉语里既有'民'也有'族'，唯独两个词没有联系，是日本人将二者

---

① 马戎：《社会学的族群关系研究》，《中南民族大学学报》（人文社会科学版）2004年第3期，第7页。

② 李红杰：《论民族概念的政治属性——从欧洲委员会的相关文件看"民族"与"族群"》，《民族研究》2002年第4期，第19~20页。

连在一起的。亚洲第一个现代民族国家就是中华民国。"① 但有学者考证中文"民族"一词最早出现于《南齐书》（约为公元 8 世纪），用于表示中原的汉人，与"夷狄"相对应，似乎并不是对各个群体的统称。之后"民族"一词便很少见诸于历代文献。② 今天，"Minzu"层面的"民族"可以定位为组成中华民族的各群体，强调的是中国民族关系（而不是中华民族）的历史与现实独特性。西方把民族国家的起点定位于 17 世纪中期，而中华民族内部各民族之间的交往与联系显然要远远早于这一时期。

中国民族关系与认同意识的演变，可以大致划分为以下三个历史阶段。

（1）自有文字可考历史以来直至 1840 年的"鸦片战争"，中国逐步形成了一个具有自身文化传统与认同特色的"天下体系"和"有教无类"的文化主义民族观，这是费孝通教授总结的"中华民族多元一体格局"的形成时期。

（2）1840 年"鸦片战争"到 1949 年新中国成立，西方文化强力进入中国，冲击原来的清帝国统治体制并鼓动部分边疆族群脱离中国，这是"中华民族多元一体格局"的危机期。

（3）1949 年以来，是"中华民族多元一体格局"的重建期，但是重建的理论指导和制度建设追随的是斯大林的苏联模式。③

在第一个历史阶段，中国古代《二十四史》中各朝正史对于同边疆少数民族的交往情况都有一定介绍。费孝通在 1989 年发表了《中华民族的多元一体格局》，从地理环境、考古发现、迁移历史、政治整合等方面对中国民族史做了一个权威宏观的描述。

在研究当代中国民族关系时，需要特别关注的是对第二个历史阶段的系统研究，此时中国面临"几千年未有之大变局"，当西方列强的军舰大炮在"鸦片战争"中轰开"天朝"大门时，中国传统的"天下体系"和"文化主义民族观"随即黯然失色，而西方的"民族国家"、"种族"、"民族主义"等观念则直接或经由日本间接传进中国，中国人不得不接受西方关于"民族国家"、"民主共和"等观念，并从初期的"驱除鞑虏，恢复中华"转变到"五族共和"。

---

① 关凯：《当代中国社会的民族想象》，《中国民族报》2010 年 7 月 9 日。
② 熊彦清、马戎：《"文化化"民族关系》，《中华读书报》2007 年 10 月 24 日。
③ 马戎：《重建中华民族多元一体格局的新的历史条件》，《北京大学学报》1989 年第 4 期，第 20～21 页。

　　中国共产党于 1921 年正式成立。在共产国际的指导下，我们党提出了关于中国民族问题的基本纲领，历次党代会的文件都有涉及民族问题的内容，在不同历史时期提出在少数民族地区开展工作的具体意见。新中国成立后，中国的民族理论与实践深受苏联的影响。如斯大林的"民族"定义曾经是新中国成立以来最流行的、最具权威性的定义。1913 年，斯大林在题为《马克思主义和民族问题》的文章中指出，"民族首先是一个共同体，是由人们组成的确定的共同体。……民族是人们在历史上形成的一个有着共同语言、共同地域、共同经济生活以及表现于共同文化上的共同心理素质的稳定的共同体。"① 斯大林强调，要成为或被"定义"为一个"民族"，上述 4 条标准缺一不可。由此，他不承认犹太人是一个民族，因为犹太人"在经济上彼此隔离，生活在不同的地域，操着不同的语言"。也是基于同一理由，他坚持说中国的回族因为没有独立的语言，不能算是民族，而只能算是一种宗教集团。

　　2008 年 12 月 8 日，中央民族大学发布一则《中央民族大学关于启用新英文校名的通知》。《通知》称，经中央民族大学 2008 年 11 月 20 日校长办公会议研究通过，自 2008 年 11 月 20 日开始，学校启用新英文校名"Minzu University of China"（之前是"Central University for Nationalities"），其目的是，在日常工作和对外宣传、联系时规范使用新英文校名，以维护学校英文校名的严肃性。

　　目前，国内除贵州民族大学和中央民族大学在校名翻译中用"Minzu"之外，其他多所高校均未用汉语拼音直译。2012 年 5 月 21 日，贵州民族大学在官网发布消息称，贵州民族大学的英文名称由"Guizhou University for Nationalities"更改为"Guizhou Minzu University"。同时，该校发布了更改理由：一是顺应当今中国发展的趋势。由于中国的崛起和强大，很多大学和大企业都在自己的英语名称里加入中国元素。二是用"Nationality"概念比较含混。根据《牛津高阶英汉双解词典》，"Nationality"的中文意思解释顺序是：国籍、国家、民族、部落。因此，在日常生活中，University for Nationalities 或 University of Nationalities，更容易被外国人想到：为独立建国的大学或不同国籍学生攻读的大学，等等。但上述翻译引来不少的社会争议，其不同意见主要集中在以下两个方面。

---

① 斯大林：《马克思主义和民族问题》，《斯大林选集》上卷，人民出版社，1979，第 64 页。

（1）把学校名称译成英文不就是为了国际化，让世界更多的国家、更多的地区来认识和了解学校吗，如此这般修改，当真会让全世界人民看懂吗？

（2）这种用汉语拼音来替代英语词语的做法可能会给对外交流带来诸多不便，甚至造成尴尬或误会。

本课题认为将中国的各组成（汉族及少数民族）民族译成"Minzu"是可行的，这里面涉及的不是翻译准确的问题，而是要凸显中国五千年民族关系演进的独特性，就是要明确告诉国际社会：中国的民族演变历史和互动现实同西方的那套话语体系与经验截然不同。这一翻译最开始可能会造成理解的困惑，但说得久了，这个话语就形成了，相似的翻译如"麻将"（Majiang）、"豆腐"（Tofu，而不一定非要译成 bean curd）等。

（三）作为国际话语对接的族群（Ethnic Group）

"ethnic group"层面的"民族"，可以定位为"族群"，强调的是国际话语对接的学术性，它是沟通外国民族概念和中国各组成民族的学术桥梁。在西方学术界，族群（ethnic group）一词是随着 20 世纪 60 年代非洲去殖民化和亚洲众多民族国家的独立而产生的，反殖民主义和反种族主义的需要成就了该词的出现，它是对人们厌烦的"种族"（race）一词的替代。同时，该术语的流行与当时美国等西方国家社会裂变的历史背景直接相关；该术语也是多元文化主义的产物，反映了西方社会"后现代主义"思潮中"认同政治"的"族类政治化"特征。① 同时，族群的盛行是西方话语权的内部转换，即由西欧主导的"民族国家"话语转换为美国主导的"族群政治"话语。

对"族群"这个术语的应用领域，国内学界长期存在争论，其中不同观点的核心焦点主要在于这个概念本身的描述准确性问题以及不同语言间的互译问题。郝时远在其研究成果中详细解释了"族群"的语词来源与实际应用，指出这一术语因其"本身含义的多样性、含义的不确定性、内涵与外延的流动性"而无法成为规范的概念。② 马戎则认为，"族群"作为具

---

① 郝时远：《美国等西方国家社会裂变中的"认同群体"与 ethnic group》，《世界民族》2002年第 4 期，第 1 页。

② 郝时远：《Ethnos（民族）和 Ethnic group（族群）的早期含义与应用》，《民族研究》2002年第 4 期，第 10 页。

有一定文化传统与历史的群体，与作为与固定领土相联系的政治实体的"民族"（nation）之间存在重要的差别。但同时也必须注意到，在这两者之间并没有一道不可逾越的鸿沟，有些"族群"在历史上也曾经具有自己长期居住的土地并建立过独立的政权。

我国学者使用的"族群"一词基本上是在 20 世纪 80 年代从西方学术界引进的。目前，国内学者对"族群"概念的态度，大体分成以下三种情况。

（1）第一种是持完全否定"族群"的态度："族群"概念不能适用于现在通用的"民族"，也不适用于中国的实际情况。在我国，只能提民族或民族内部各支系，但用"族群"指称国内民族，不利于民族团结，容易在现实中引起混乱。因此，"将'ethnic group'同时翻译为'族群'和'民族'，或者用'族群'取代'民族'，甚至将'族群'概念随意运用于各类社会群体，都不是明智和科学的态度。"①

（2）第二种是约定俗成的主张："我们不应当拘泥于现有名词概念和定义的束缚"，因为"在面对世界各地纷杂变化的各类族群形态时，也许根本不需要一个如自然科学研究那样抽象、统一的'民族'定义。由此，'民族'和'族群'根据需要可以交替使用。族群与民族"之间的关系简言之，即族群可能是民族，也可能不是一个民族；而民族不仅可以称之为族群，还可以包含若干不同的族群"②。

（3）第三种是要求以"族群"取代"民族"：在我国，"这些国内民族群体，实际上是族群'ethnic group'"，"现代中华民族是处于上位的统一国家民族，由处于下位的 56 个国内族群平等组成，是包括汉族在内的国内各个族群在更高层次上的统一体。"③

对于族群的研究，20 世纪 80 年代以前，主要认为族群是一个文化共同体，侧重于对社会组织的族群性研究。20 世纪 80 年代之后，族群研究开始更大程度地关注于族群的政治性研究，将族群视为政治、经济利益群体。有学者认为，"族群政治"的原型是"民族政治"。"民族"这个概念已经被政治化，不仅与"民族自决权"相联系，还与"民族国家"相联系，成

---

① 沙力克：《"族群"与"民族"的国际对话》，《人民日报》2001 年 11 月 2 日。
② 徐杰舜：《从磨合到整合》，广西民族出版社，2001，第 19 页。
③ 王实：《"族群理论与族际交流"国际学术研讨会综述》，《中南民族学院学报》2001 年第 6 期，第 64～65 页。

为多民族国家政治治理的普遍难题。①

就学术定义而言，"ethnic group"是按照某种"族的"（ethnic）特点结成的"群体"（group）。在西方学者有关 ethnic group 多种定义的研究中，曾列出五种使用频率最高的属性：①共同的祖先；②共同的文化；③宗教；④人种；⑤语言。在本课题研究中，使用"族群"（ethnic group）概念，能够将中文的"民族"（Minzu）概念同国外学术界通用的概念进行学术研究的话语衔接。此外，英文"Ethnicity"（族性），通常并不是用来指某一个具体的族群，而是用来表示某一族群的性质或特征。② 族性存在的意义在于，它提供了族群间互动的可识别性，是体验和认知族群差异的基础。概括起来，族性具有如下几个特点。

（1）族性是一个族类群体的普遍特质：它蕴藏于族类群体文化与传统中，它可以通过客观的族类特征外显出来，也可以抽象为主观的民族精神、民族气质、民族特点等。

（2）族性是可以被感知的：民族成员对族性的共同感知和彼此认可形成了民族认同和民族一致性。当族性作为外显特征被明确，作为抽象的民族精神、民族气质和民族特点被渲染时，族性的凝聚功能就会越强烈。

（3）族性只有在一个族际联系的框架中才有意义：族性需要有对应的他者来感知和界定，没有他者存在，一致性的需要就会消失。群体接触、交往和比较是族性被认知的条件。

（4）族性可转化为政治力量：族性平时蛰伏于广义的民族文化之中，当民族成员和群体面对陌生的、富有威胁性的外部竞争者时，它才会被激活，并成为内部力量聚集和群体一致性形成的纽带。③

有学者认为，民族是"政治化"了的族群。④ 但实际情况是，族群概念本身是学术性的，但其实际运用往往被严重政治化了。族性能够将个体的、分散的力量汇集成群体的、集中的力量，而这恰恰是政治精英所希望

---

① 田飞龙：《瑞士族群治理模式评说——基于"宪法爱国主义"的公民联邦制》，《法学》2010 年第 10 期，第 107 页。

② E. Ellis Cashmore et al. , *Dictionary of Race and Ethnic Relations*, 2nd ed. , London：Rutledge，1988, p. 97.

③ 严庆：《族群动员：一个化族裔认同为工具的族际政治理论》，《广西民族研究》2010 年第 3 期，第 38~39 页。

④ 熊彦清、马戎：《"文化化"民族关系》，《中华读书报》2007 年 10 月 24 日。

得到的"动员法宝"和"廉价成本"。① 因此，欧洲委员会在使用"少数族体"（ethnic minorities）概念时非常慎重，强调它的文化性，强调它的非政治性，即不具有与"民族"相同的政治地位。②

在国内，对族群一词的使用问题充满了争议。马戎认为，中国各"少数民族"的族源状况、政治地位、文化意义与美国的黑人、亚裔、印第安人等少数族群（ethnic groups）大致相似，为了避免与"中华民族"（Chinese nation）在中文、英文使用中造成混淆和误解，倾向于用"族群"来称呼中国的少数民族。③ 但与此同时，很多学者反对上述建议。

总之，在国际学术界，族群是不能忽视的话语和现实，也是有用的学术分析工具。同时，族群还是一场话语运动，过去，那些美苏以外的国家与美国的对话产生了美式"族群"，与苏联对话产生了俄式"民族"。现在，英语世界中的"族群"正在成为支配性话语，迫使人们谈论它，批评它，与它对话，向它校准。族群在各种各样的对话中不断调整自己，在认同与排斥中保持着顽强的生命。族群概念将长期是一场不平等的权力对话。④ 这就是为什么，本课题用"Minzu"来表述中华民族的 56 个组成部分，而用 ethnic group 与国际话语对接，如此能够充分强调国际共性基础之上的中国特征，并在话语互动中增强中国的话语影响力。

二 "民族"概念的衍生

民族主义、族群主义等概念同"民族"有着天然的联系，是民族概念的衍生。民族主义（nationalism）是指以"民族"（nation）为中心的意识形态、政治纲领和行动，"一般被界定为一种以民族意识为基础的纲领或理想"⑤，其最终意愿通常为建立独立的民族国家（nation - state）。族群主义（ethnosism）不以独立建国为目标，但其思想和行动以积极维护本族群各项权益为准则，如政治参与、资源分享、文化保护等。

---

① 严庆：《族群动员：一个化族裔认同为工具的族际政治理论》，《广西民族研究》2010 年第 3 期，第 39 页。
② 李红杰：《论民族概念的政治属性——从欧洲委员会的相关文件看"民族"与"族群"》，《民族研究》2002 年第 4 期，第 17 页。
③ 马戎：《民族与社会发展》，民族出版社，2001，第 156 页。
④ 纳日碧力戈：《全球场景下的"族群"对话》，《世界民族》2001 年第 1 期，第 12 页。
⑤ 〔美〕爱·麦·伯恩斯：《当代世界政治理论》，曾炳钧译，商务印书馆，1990，第 423 页。

（一）民族主义：追求国家边界与民族边界的一致性

民族主义（nationalism）的奋斗目标往往是政治性的，即要建立独立的民族国家（nation - state）。民族主义首先是一条政治原则，它认为政治的和民族的单元应当是一致的。① 民族主义认为人类自然地分成不同的民族，这些不同的民族是而且必须是政治组织的严格单位，"各民族是由上帝所安排的相互分离的自然实体，因此最佳的政治安排的获得是当每一个民族形成了独立国家的时候。"②

民族主义思想，在特定历史条件下是反帝国主义、反殖民主义、反教会主义、反封建主义的，因此，它具有进步的意义。但它设计的一族一国之"民族国家"方案，则是违背民族流动、民族互动实际的。所以，民族与国家的结合，不可能按照民族主义的理想设计发展。③ 因此，有西方学者曾言："民族主义是现代社会的癌症。"

民族主义理论的核心观念是"民族自决"，它在实践中代表了民族政治诉求的顶点。民族主义运动在 20 世纪彻底改变了世界秩序和国际关系格局，大量新的民族国家出现在国际政治地图上。然而，现代民族国家间的边界仍然不是族群之间的边界，而后者，即使是仅在地理意义上，通常也是模糊不清的。④

在许多现代民族国家的建构过程中，随着殖民主义和帝国主义所特有的以"外族欺侮"为特征的外部压力渐渐消失后，民族主义逐渐成为主权国家的分裂威胁。在主权国家内部，民族主义诉求，通常成为破坏社会稳定的因素。从 20 世纪 80 年代末开始，随着冷战时代的结束，民族国家的外部压力减轻，国内族群的民族主义倾向再次泛滥，在全球范围内制造出一个民族冲突的新高潮，并导致国家构建和部分地区秩序的瓦解与重构，如高加索和巴尔干等地的持续冲突。

民族主义追求的是国家边界与民族边界的一致性，但这种一致性往往是以强势民族的边界为依据的。当两个强势民族相遇，那么存在于两个强

---

① 〔英〕厄内斯特·盖尔纳：《民族与民族主义》，韩红译，中央编译出版社，2002，第1 页。

② 〔英〕埃里·凯杜里：《民族主义》，张明明译，中央编译出版社，2002，第 7～8、52 页。

③ 朱伦、关凯：《政治因素依然是民族问题的首要原因》，《中国民族报》2007 年 6 月22 日。

④ 关凯：《民族关系的社会整合与民族政策的类型——民族政策国际经验分析（上）》，《西北民族研究》2003 年第 2 期，第 122 页。

势民族之间的小民族往往就会被分割。举例来说，西班牙和法国之间的巴斯克人和加泰罗尼亚人，与法兰西人和卡斯蒂利亚人一样，是具有自己独特文化认同的人民，但在法兰西人和卡斯蒂利亚人构建自己的民族国家时，他们则被分裂和整合到法国和西班牙之中了。从理论上说，巴斯克民族主义者和加泰罗尼亚民族主义者都认为自己有权建立自己的民族国家，但事实上很难办到。法国以法兰西人所到之处划定自己的边界，西班牙以卡斯蒂利亚人的影响范围划定自己的边界，二者的汇合点在巴斯克人和加泰罗尼亚人的传统地域上。巴斯克人和加泰罗尼亚人要建立自己的民族国家，那就要把法兰西人和卡斯蒂利亚人驱逐出去，对此，法国和西班牙是不可能同意的。[1]

相同的案例如库尔德民族主义运动。库尔德民族是世界上最大的没有建立自己国家的民族群体之一，被称为"无国家民族"。库尔德人是中东地区除阿拉伯人和土耳其人之外的最大民族，人口近 3000 万，主要分布在土耳其、伊拉克、叙利亚和伊朗。其中，土耳其境内库尔德人的数量最多，有 1800 多万，约占该国总人口的 20%，绝大多数居住在该国东南部各省。[2] 库尔德问题是中东众多热点问题之一，对上述四国以及地区安全具有重大的潜在性影响。尤其是在土耳其，自 1923 年起，库尔德人就为反对政府的宗教改革和民族同化政策而不断起义，甚至谋求在库尔德地区建立独立的库尔德民族国家。

凯末尔的建国思想从根源上注定了土耳其库尔德问题近乎是一个无解的难题。土耳其共和国创立者凯末尔在立国之初就认为：土耳其只有成为单一民族的同质国家才能保证国家的安全和领土完整。为了实现单一民族国家的目的，土耳其政府采取了强制同化政策，将库尔德人"融入"土耳其人种。[3] 凯末尔主义的本质是抛弃多民族帝国的思想，目标是建立同质的民族国家，而这同库尔德民族主义思想形成尖锐的碰撞。

---

① 朱伦、关凯：《政治因素依然是民族问题的首要原因》，《中国民族报》2007 年 6 月 22 日。
② 这里地处安纳托利亚高原东部，东北紧靠亚美尼亚，东部和伊朗接壤，南邻伊拉克，西南与叙利亚相连。境内多高山深谷，拥有丰富的水力、矿产资源，但自古以来交通闭塞，经济落后。文化上，这里同邻国的库尔德人之间有着千丝万缕的联系，民间交往十分频繁。这些因素客观上为各国库尔德民族主义者提供了广阔的活动空间，同时也给各国打击分离主义的行动增加了困难。相关论述参见敏敬《土耳其库尔德民族主义的起落》，《世界民族》2004 年第 6 期，第 17 页。
③ 肖宪、伍庆玲、吴磊：《土耳其与美国关系研究》，时事出版社，2006，第 202 页。

　　在土耳其国内，库尔德人的权利没有得到保证。土耳其共和国第一部宪法第八十八条规定："凡土耳其公民，不分种族、宗教，皆称为土耳其人。凡土耳其人，必须进土耳其学校，习土耳其语，不悖于土耳其的礼俗文化。"① 除受到土耳其民族同化政策外，土耳其库尔德人少数民族的地位得不到承认。根据《洛桑条约》的规定，在土耳其境内只有诸如非穆斯林的希腊人、亚美尼亚人和犹太人是少数民族，而信仰伊斯兰教的库尔德人则不被视为土耳其的少数民族。② 曾经在土耳其的人口调查中，政府不准任何人把自己归为库尔德人，身份证上也不允许"库尔德人"字样出现。

　　土耳其还在移民和恐怖活动方面对库尔德人进行打压。1927 年，土耳其大国民议会通过了《移民法》，1932 年土耳其大国民议会又通过一项移民法令，将东部地区部分库尔德人迁往他乡，1936 年土耳其政府将约 3000 户库尔德人强行迁徙到小亚细亚的西部定居，③ 致使很多库尔德人背井离乡。同时，土耳其把库尔德人的反抗活动视为分离活动和恐怖活动，对其进行武力镇压。

　　土耳其人为何如此对待居住在同一块国土上的库尔德人呢？这里面有深刻的复杂原因。首先，土耳其库尔德人有建立库尔德人国家的愿望，在土耳其看来，这不仅仅是丧失领土的问题，还意味着在土耳其周边又出现了一个与自己为敌的邻国，这将对土耳其的地缘政治构成很大威胁。其次，土耳其反对库尔德人的自治、独立，还有更深层次的想法，这关乎现代土耳其国家的合法性。土耳其认为，土耳其公民认同的标准是超越民族认同基础之上的，只要生活在土耳其境内的人就是土耳其公民，而没有民族之别。土耳其将这种质疑官方认同标准的行为视为对国家的一种威胁。④

　　促进民族关系改善的最好机会就是土耳其申请加入欧盟。尽管土耳其与欧盟在对库尔德问题的认知上有分歧，但土耳其为早日加入欧盟不得不

---

① 黄维民：《中东国家通史——土耳其卷》，商务印书馆，2002，第 212 页。
② Michael M. Gunter, "Turkey's Floundering EU Candidacy and its Kurdish Problem", *Middle East Policy*, Vol. 14, No. 1, 2007, p. 120.
③ 黄维民：《中东国家通史——土耳其卷》，商务印书馆，2002，第 213 ~ 214 页。
④ 郑东超：《土耳其申请加入欧盟视角下的库尔德问题》，《西亚非洲》2011 年第 9 期，第 70 页。

在此问题上有所让步。土耳其政府开始注重采用以政治和民主权利为基础、结合军事手段的方法，寻求解决库尔德问题，呼吁尊重库尔德人的文化权利，提出把库尔德语作为土耳其第二大语言。土耳其官方不再宣称土耳其不存在库尔德人，也不再宣称库尔德人是真正的土耳其人。[①] 1991 年初，土耳其议会决定取消 20 世纪 30 年代制定的禁止土耳其境内的库尔德人使用其母语的决议案，允许库尔德人印刷出版本民族语言的报纸和书籍，土耳其在一定程度上开始承认和尊重库尔德人的文化权利。但改革的目的是抑制库尔德人的民族主义情绪，而不是与之相反。

（二）族群主义：追求族群存在与族群利益的一致性

"族群主义"（ethnosism）是指多民族国家内部的族群"要求争取和保护本族群利益的思潮和活动"[②]，不具备以建立独立国家为最终目标的合法性。[③]

将"民族"（nation）与"族群"（ethnic group）在政策系统里明确区分开来，其目的无疑是界定各自的"权利边界"：如果说"民族"（nation）具有合法性理据，可以响应"民族主义"（nationalism）的感召而追求"民族独立"，最终诉求是建立独立的"民族国家"的话，民族国家内部的"族群"（ethnic group）则显然没有这种理据。"族群"（ethnic group）追求自身权益的政治运动不再被定义为民族主义（nationalism），而只可能是"族群主义"（ethnosism）。族群的"民族主义"（nationalism）情感与"爱国主义"（patriotism）是同一的。[④]

在主权国家内部，由于所处地位不同以及所掌握资源的情况各异，各群体的族群主义表现各不相同，族群主义产生的根源也千差万别。

首先，严重的社会排斥政策导致族群主义抬头。如果一个族群拥有政治权力，而其他族群却被排斥在外，或者一个地位较高的族群明显地剥削或压制另一个阶层较低的族群，从而导致特定族群被排斥在国家治理体制之外，如不能获得必要的经济资产、教育卫生等公共服务以及基本的公民

---

① Hale William, "Human Rights, the European Union and the Turkish Accession Process", *Turkish Studies*, Vol. 4, No. 1, 2003, p. 107.
② 马戎：《民族与社会发展》，民族出版社，2001，第 11 页。
③ 关凯：《民族关系的社会整合与民族政策的类型——民族政策国际经验分析（上）》，《西北民族研究》2003 年第 2 期，第 117 页。
④ 关凯：《民族关系的社会整合与民族政策的类型——民族政策国际经验分析（上）》，《西北民族研究》2003 年第 2 期，第 120 页。

地位和政治身份，就有可能导致族群冲突。

延续至今的科特迪瓦内战是这一类型冲突的典型事例。冷战之后，科特迪瓦的繁荣吸引很多西非人，如布基纳法索人，移居到此，从而引发选举投票权之争。1995 年，大量布基纳法索人在塔布省（Tabou）的族群冲突中被杀害，因为他们被看作非洲裔的"外国人"。当时，冲突的导火线是政府强行通过的《血统论法案》，即要求总统候选人父母都要出生在科特迪瓦，从而导致北方的总统候选人瓦塔拉（Alassane Ouattara）被直接取消参选资格。瓦塔拉代表北方的穆斯林，尤其是从马里和布基纳法索地区来的贫苦移民。2002 年 9 月 19 日，来自北方的武装力量进行集结，开始攻击大城市。他们的主要诉求不是要求政治独立，而是要求政府明确定义"科特迪瓦公民"、总统投票权等基本的政治权利。2005 年 5 月 18 日，联合国进行直接干预，通过建立"非军事区"的方式进行冲突管理，以分隔冲突双方，从而将科特迪瓦全国划分成面积相等的北南两块，其中北部为反政府军所控制，而南部则为政府所控制。2010 年 12 月 2 日大选后，巴博和瓦塔拉分别宣誓就任总统，科特迪瓦陷入"一国两主"政治僵局，对立阵营最终爆发大规模武装冲突。2011 年 4 月 11 日，巴博被抓，科特迪瓦国内冲突暂时告一段落。①

其次，环境、资源问题诱发族群主义情绪日益高涨。今天，环境变化、资源稀缺和族群冲突之间的联系越来越明显。例如，在萨赫勒地区和非洲之角，争夺资源的战争不断扩大，有时冲突跨越了国界，部分原因是因为全球气候变化导致的荒漠化以及牧场面积不断缩小。在非洲中部，乍得湖面积在近 40 年中减少了 90%。研究预测，如果以目前的速度继续消退，乍得湖将在 20 年后从地球上消失。② 目前，乍得湖周边国家——喀麦隆、乍得、尼日尔和尼日利亚等国，对水资源的争夺不断引发新的族群冲突。

在某些情况下，争夺资源不只是维持冲突的手段，往往也是冲突发生的主要动机。例如，在刚果（金），由图西族人组成的"全国保卫人民大会"反政府武装主要控制刚果（金）北基伍省地区，靠矿产资源的非法贸

---

① 赵磊：《非洲族群冲突的最新进展及冲突管理》，《当代世界与社会主义》2011 年第 3 期，第 78 页。

② 《粮农组织：如不采取措施，乍得湖将在 20 年后消失》，联合国电台网站，2009 年 10 月 15 日，http://www.unmultimedia.org/radio/chinese/detail/130858.html。

易获利，并常因争夺资源而与"解放卢旺达民主力量"、"刚果爱国抵抗联盟"等多个武装派别冲突不断。在尼日利亚，信奉伊斯兰教的豪萨族（Hausa）、富拉尼族（Fulani）与信奉基督教的伊博族（Ibo）为争夺土地和水资源而经常发生冲突。在苏丹达尔富尔，黑人部落富尔族（Fur）虽然同阿拉伯人一样都信仰伊斯兰教，但因为水资源争端而同札哈瓦族（Zaghawa）、马萨里特族（Massalit）等黑人部落组成"苏丹解放军"、"正义平等运动"等反抗武装组织，与武装民兵进行军事对抗。

因此，在对族群主义与族群冲突进行评价时，必须系统地考虑到环境和资源因素的作用，如土地使用权和保有权、木材砍伐、水资源短缺、矿产资源贸易以及开发自然资源导致的收益分配不均等问题。

最后，民主化激化"分裂社会"的族群冲突。任何过早、过急的民主化则可能导致族群主义、族群冲突因政党活动而复活。[1] 的确，肇始于20世纪70年代的第三波民主化让人们看到，民主不仅会带来公民自由与政治平等，而且也造成了大范围的冲突，这些冲突不是国家与国家之间的冲突，而是国家内部的冲突。[2] 特别是，在由传统部族社会向现代民族国家的过渡期内，"分裂社会"在民主化的影响下，导致族群冲突较前一时期更加频发。"分裂社会"（divided society），即由不同的宗教、意识形态、语言文化或族群等团体组成的社会，各团体之间的差异造成了政治认同的分歧。[3] 当民主到来的时候，分裂社会中的团体一般都会组建自己的政党，拥有为自身利益服务的政治集团、传媒机构，甚至武装组织。为了赢得选票，各政党候选人采取的策略往往是打"族群"牌，煽动族群主义，从而激化社会矛盾和族群冲突。其结果是，严重的社会分裂，尤其是族群分裂，不仅让国家的民主转型付出了高昂的代价，而且也使转型之后的民主政体始终无法正常运行。据统计，从1989年到2002年，世界上发生了116起主要的武装冲突，其中仅有7起是传统的国家间冲突，其余109起几乎都是与民主化有关的国内族群冲突。[4]

---

① 张宏明：《多维视野中的非洲政治发展》，社会科学文献出版社，1999，第83页。

② Benjamin Reilly, *Democracy and Diversity: Political Engineering in the Asia - Pacific*, Oxford: Oxford University Press, 2006, p. 27.

③ 严海兵：《民主化引发政治冲突的原因及解决方案》，《学海》2010年第2期，第116页。

④ Mikael Eriksson, Peter Wallensteen, and Margareta Sollenberg, "Armed Conflict: 1989 - 2002", *Journal of Peace Research*, Vol. 40, 2003, pp. 593 - 607.

例如，2007 年，肯尼亚就因民主选举问题而引发了严重的族群冲突。12 月 30 日，肯尼亚选举委员会宣布现任总统齐贝吉（Mwai Kibaki）在大选中狄胜。反对党"橙色民主运动"领导人奥廷加（Raila Odinga）指责齐贝吉在选举中严重舞弊。在肯尼亚的政治生态中，有按族群划分政治阵营的传统，历任总统都比较"照顾"自己族群聚居的地区。肯尼亚第一大族群基库尤族（Kikuyu）是肯尼亚总统齐贝吉的坚定支持者，奥廷加则属于肯尼亚第三大族群卢奥族（Luo）。因此，在大选过后，基库尤族和卢奥族相互攻击，并由此演变为持续长达两个多月的族群冲突和暴力骚乱。因此，在今天的非洲等地，基本上是"逢选必乱"！

第二节　民族冲突管理的框架及要素

本课题的研究假设是，民族冲突管理包括两种类型：（1）正常状况下的冲突管理；（2）遭遇威胁情境的冲突管理。在正常状况下，民族认同、国家认同等不同认同形态可能同时存在（或两种认同都不被强化，或国家认同超越民族认同），民族认同与国家认同进行良性互动；但当现实遭遇或主观感受到"威胁情境"时，民族认同会得到强化并在一定程度上超越国家认同，此时主权国家必须进行必要的民族冲突管理，选择合理的管理策略，如身份延伸启动（双重身份认同、上位身份认同）等，以防止排斥性身份认同的形成。见图 1 - 5、图 1 - 6。

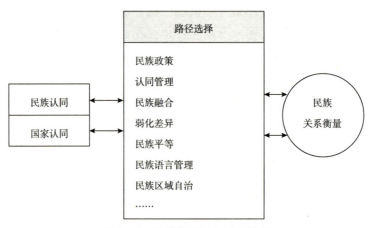

图 1 - 5　正常状况下的冲突管理

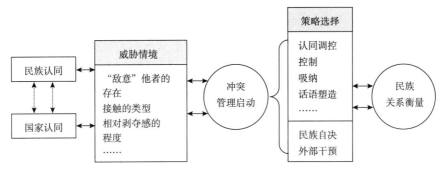

图 1 - 6 遭遇威胁情境的冲突管理

上述研究假设的核心要素是：民族认同管理、威胁情境管理以及常态下的路径选择和威胁情境下的策略选择。

一 民族认同管理

所谓"认同群体"（Identity Group），即一个人可以坚定地"归属"于某种"族类"。而且，认同所系者，一般以族裔、民族或宗教为主。[1] 在民族冲突管理研究中，最核心的问题就是：民族精英和普通民众心目中最核心的身份认同是"国家"（自己最重要的身份是"国民"或"公民"），还是自己所属的"民族"（即具体某个"民族成员"身份）？是否把国家认同的重要性放在自己民族认同之上？还是与之相反？

如果是前者，人们就会以宪法和公民权利为立足点来争取自己个体及相关群体的利益；如果是后者，人们就有可能通过在强化民族认同的基础上，通过政治动员的方式来争取独立建国，以维护自己群体的利益——民族主义运动，通过"民族自决"来分裂现有的政治实体，以成为新的民族国家。

因此，民族冲突管理的第一项工作，就是要研究核心认同的形成与演变，研究什么样的自变量，如历史条件、政治体制、民族理论、民族政策、社会分层、文化宗教差异、国际干预等，会导致人们选择前者；又是在什么样的条件下，人们会选择后者。

民族认同（Ethnic Identity）虽然是多种要素的产物，但是这些要素并

---

[1] 〔英〕艾瑞克·霍布斯鲍姆：《极端的年代》（下），郑明萱译，江苏人民出版社，1999，第 639 页。

不是并列的成分。有的要素属于最基本的，甚至难以改变的要素，如西方移民国家中的种族问题。如果一个美国白人和一个美国黑人在没有任何语言、行为交流的情况下进行心理认同，其结果只能是按照体貌肤色在心理上来相互确认对方是白人和黑人（即身份归属），即便是在双方互动交流的情况下，尽管他们都讲美国英语、都信仰基督教新教，甚至都属于中产阶级的成员和具有相同的生活方式，但是由于肤色的特征而不可能"自我"或"他识"为同一个族群归属。[①] 因此，在美国等西方国家通常有"种族族群"（race ethnic group）的表达方式。

对民族认同进行管理的前提是：民族认同不是一劳永逸和永恒不变的。具体来说，一个民族的自我认同是多要素的，往往同时包括民族归属感、语言同一、宗教信仰一致和习俗相同等，只是在不同的境遇、利益关系和威胁情境中可能突出或强调某一要素而已，而这正反映了民族认同在实践中的"可管理"属性。例如，前南斯拉夫波斯尼亚 - 黑塞哥维那的穆斯林群体是理解"民族认同管理"的典型案例。就身份而言，波黑穆斯林群体可能同时享有以下六种身份。

（1）享有历史源流记忆的南部斯拉夫人；

（2）联邦国家公民身份的南斯拉夫人；

（3）联邦单位波黑共和国的波黑人；

（4）享有共同民族渊源的塞尔维亚人或克罗地亚人；

（5）操塞尔维亚 - 克罗地亚语或克罗地亚 - 塞尔维亚语的人；

（6）信仰伊斯兰教的人、国家确定的"穆斯林族"。

在这六种身份中，他们与波黑共和国的塞尔维亚人、克罗地亚人共享五种可以认同的身份因素。因此，在南斯拉夫各民族和睦相处的时期，这三个群体之间能够和平共处、相互通婚。但是，在民主政治所引发的族际冲突和联盟解体的过程中，这三个群体却在各自的"族群精英"的左右下，在以"族属"（塞尔维亚族、克罗地亚族和"穆斯林族"）和宗教（东正教、天主教和伊斯兰教）为由的、内向与排他同步发生的"集体认同"或"认同政治"中进行了你死我活的残酷内战。[②]

---

① 郝时远：《对西方学界有关族群（ethnic group）释义的辨析》，《广西民族学院学报》（哲学社会科学版）2002 年第 4 期，第 12 页。

② 郝时远：《美国等西方国家社会裂变中的"认同群体"与 ethnic group》，《世界民族》2002 年第 4 期，第 8~9 页。

（一）民族认同的原生论

"原生论"强调民族身份是生来具有的，而"建构论"则认为民族身份是可以被主观建构的。民族有先天的成分，如客观的血缘基因、体质等特征，也有主观的要素，如民族成员对自己民族特性的认知和情感。詹姆斯·凯勒斯（James G. Kellas）认为，"（民族是）一群人觉得他们自己是一个被历史、文化和共同祖先所联结起来的共同体。民族有'客观'的特质，这些特质可能包括地域、语言、宗教或共同祖先，也包括'主观'的特质，特别是人们对其民族性（nationality）的认知和感情。"①

原生论认定民族是自古以来已经存在的自然现象，而非社会建构的产物。原生论不一定只以语言文字或文化作为认定"民族身份"的方法，还包括（但不限于）宗教信仰、世系或血统、地域、习俗，等等。马库斯·班克斯（Marcus Banks）强调，研究民族认同的着眼点不同，得出的结论也会有所不同。相对于观察者来说，存在以下三种立场。

（1）"心中的族群"（ethnicity in heart），即观察者认为族群性是生来具有的、原生的。

（2）"头脑中的族群"（ethnicity in head），即观察者对于族群性采取实用主义的态度，有用的时候它就存在，没有用的时候它就不存在。

（3）"研究者头脑中的族群"（ethnicity in analyst's head），即"族群"不过是研究者做学问的工具，是一种概念，不一定是现实。②

在学术研究中，心理认同一直是民族冲突管理所关注的核心变量，心理认同是引发群体性行为的核心因素之一，尤其对于民族这种显著性社会类别而言，该效应更加突出。近年来，社会心理学家提出了心理本质论（psychological essentialism）概念，从本体论、原生论的角度来探讨群体认同的发生机制。心理本质论是指普通人关于许多社会类别具有"本质"特征的信念。如果人们将民族表征视为具有"本质"特征，则认为民族的划分依据其先赋性，完全不可改变，民族之间的界限是清晰的，类别内成员具有同质性，且与外群体成员具有本质的不同。

这一学派的学者通过研究发现，民族、种族、性别和生理残障等是高

---

① James G. Kellas, *The Politics of Nationalism and Ethnicity*, New York: St. Martin's Press, 1991, p. 117.

② M. Banks, *Ethnology: Anthropological Constructions*, London and New York: Rutledge, 1996, pp. 185 – 187.

度本质化的社会类别，而兴趣、政治理念、外表和社会阶层是最低本质化的社会类别。[①] 例如，布鲁姆（Paul Bloom）和杰尔曼（Susan A. Gelman）认为，活佛转世是中国藏传佛教特有的传承方式，它往往是通过寻访转世灵童来实现，这种相信"灵童"和一般儿童具有"本质"差别的习俗，是典型的心理本质论事例。[②]

关于心理本质论的社会影响，许多研究探讨了心理本质论与群际认知、群际态度之间的关系，有研究表明，多数成员关于性别、种族等社会类别的心理本质论越强，越倾向于对外群体成员进行特质性归因；[③] 当人们的判断与外群体不同时，也不愿意纠正其判断，[④] 对外群体的刻板印象的支持和偏见也越强。

民族认同的原生论认为，民族特性是形成集体行动、集体情感的基础，表现为一系列与生俱来的特征。在探究族性的来源方面，原生主义认为族性是一种深深根植于历史经验的集体认同，应被视为一种附加的基本的人类基因。持这一观点的学者认为，当人类个体一出生就会坠入"婴儿民族陷阱"，通过父母、亲属、家族和社区被"社会化"入一个民族共同体，一个人会从自身的早期成长经历中，汲取关于自己所属群体的独特认同、集体记忆、习得语言和群体习俗。每个人与生俱来的权利和义务是学习区别于他者的群体文化。他们将自身和群体成员的安全、幸福和信任寄予他们共同所属的共同体，识别谁与自己不同，谁对自己持有敌意。这样，个体早早地将自己的生活与民族共同体联结为一体，而且这种"联结"会在民族共同体的代际传递。在必要时，民族共同体还会利用认同的功能改变环境，如在外部强力干预下改变群体的宗教信仰。持有原生主义观点的学者趋向于强调群体族性的历史连续性、群体成员之间的互动和群体成员思想与行为的一致性。[⑤]

---

① N. Haslam, L. Rothschild, & D. Ernst, "Essentialist Beliefs about Social Categories", *British Journal of Social Psychology*, Vol. 39, No. 1, 2000, pp. 113 – 127.

② P. Bloom, S. Gelman, "Psychological Essentialism in Selecting the 14th Dalai Lama", *Trends in Cognitive Science*, Vol. 12, No. 7, 2008, p. 243.

③ D. A. Prentice, D. T. Miller, "Psychological Essentialism of Human Categories", *Current Directions in Psychological Science*, Vol. 16, No. 4, 2007, pp. 202 – 206.

④ D. A. Prentice, D. T. Miller, "Essentializing Differences between Women and Men", *Psychological Science*, Vol. 17, No. 2, 2006, pp. 129 – 135.

⑤ 严庆：《族群动员：一个化族裔认同为工具的族际政治理论》，《广西民族研究》2010 年第 3 期，第 37 页。

与心理本质论一脉相承的是，民族群体成员具有共同的喜好，有着与众不同的共同点（不仅包括习俗，还包括行为、相处模式和内部政策等方面），这些共同点会成为进一步影响人们相互依存的"场"，会引起和促进群体成员的情绪攀升和行为取向的一致性。① 挪威人类学家巴斯（Fredrik Barth）的沟通主义理论认为，族群必须是依据边界被划定的，族际边界的存在是确保族群长期存在的前提。在巴斯看来，"边界卫士"（语言、服饰、食物等）等族性因子能够悄无声息地延续民族的特点和边界。② 总之，原生论认为，民族在概念上象征的是对于特定联系与忠诚的一种信念，这种联系与忠诚把一个民族的成员牢固地结合在一起。这种群体感是一种集体命运，是一种对于共同文化信念的自然结果，强调民族是"关怀的共同体"。在这里，个体能够克服他们的自我中心主义倾向，为了共同的繁荣而精诚合作。

（二）民族认同的建构论

原生论的对立面是建构论，即民族认同是"社会建构"（social constructionism）的产物，民族只是划分不同群体的一个标签，并不具有本质特征，是可以改变的。建构论认为，各民族不是一种自然现象，而是可塑造、可打碎的，③ 即民族认同是人为建构的。建构论学者认为民族之间的界限不是固定不变的，民族只是一种地域或文化的"不稳定的联盟"，其内部关系受价值观念与实际利益的影响会产生分裂或重组。

马克斯·韦伯 1911 年发表的著作《经济与社会》强调，族群是主观上相信他们有共同的祖先，有没有血缘关系并不重要。事实上，有没有共同基因不重要，认知体系认为有，那就有了。④ 建构论的高潮期是 1983 年《想象的共同体——民族主义的起源与散布》一书的发表。作者安德森（Benedict Anderson）指出，不是有了民族才有民族主义，而是反过来的。

---

① T. Kuran, "Ethnic Dissimilation and Its International Diffusion", in DA. Lake, D. Rothchild ed., *Ethnic Conflict: Fear, Diffusion, and Escalation*, Princeton, NJ: Princeton University Press, 1998, pp. 35 - 60.

② 严庆：《族群动员：一个化族裔认同为工具的族际政治理论》，《广西民族研究》2010 年第 3 期，第 38 页。

③ 〔西〕胡安·诺格：《民族主义与领土》，徐鹤林、朱伦译，中央民族大学出版社，2009，第 11 页。

④ 关凯：《当代中国社会的民族想象》，《中国民族报》2010 年 7 月 9 日。

盖尔纳也提出，"正是民族主义造就了民族。"① 总之，民族并不是天生不变的社会实体。

有学者认为，最早的认知文化是强调血缘与基因的想象。另外一种生产民族的力量是政治，是现代民族体系创造的民族群体。现代国家治理不能仅仅靠理性制度，必须有一套感性的东西来增强凝聚力，进行社会动员。这套东西是什么？就是民族主义。后来经过 20 世纪 60 年代美国社会的种族冲突后，渐渐有一个认知，开始去除民族中关于基因和政治的叙述，把它变成一个文化群体，变成一个基于文化差异的群体。这就是今天我们说的"族群"。共同祖先的想象、共同的历史记忆、共同的文化特质、共同的归属意识，可见识别民族的主要指标全部都是主观性指标。②

建构论的核心观点是：超越血缘关系、传统宗教、地域文化等相对自然的族群纽带关系，而由于复杂的政治、经济、文化、地理、历史因素导致各种自然的族群不断融合和相互认可，逐渐形成共同的历史、共同的文化和共同的命运，③ 这是民族不断建构的具体表现。的确，在国际社会中，绝大多数民族都有多元族群性。

与建构论相关，工具主义论者认为族性具有高度的适应性和伸缩性。为了适应生存，民族边界可以扩展或缩小，民族成员个体也可以移入或移出认同圈，甚至同时作为多个共同体的成员。一个特定集体认同的范畴、象征和意义可以进化。族性是动态的、建构的，不是固定的、具有不可改变的社会、历史联系。工具主义论者强调，族性首要的是个人和群体寻找机会、提高安全系数和经济收益的资源，为了获得更好的回报，有时也许会抛弃它；族性只有在对个体获得更多的安全、威望、物质回报比其他选择有利时才有价值。④

在人类历史长河中，民族本身就倾向于重新塑造它们的过去，重新阐释它们的文化，遗忘不同的文化，把握共同的特征以便创造一个拥有长久

---

① 〔英〕厄内斯特·盖尔纳：《民族和民族主义》，韩红译，中央编译出版社，2002，第74页。

② 关凯：《当代中国社会的民族想象》，《中国民族报》2010 年 7 月 9 日。

③ 庞中英：《中华民族和中国境内各"民族"的矛盾与统一》，转引自刘中民、左彩金、骆素青《民族主义与当代国际政治》，世界知识出版社，2006，第 28 页。

④ 严庆：《族群动员：一个化族裔认同为工具的族际政治理论》，《广西民族研究》2010 年第3 期，第 37～38 页。

的、最辉煌的民族历史与前景。因此，民族的出现既依赖于"共同拥有丰富的记忆遗产"，也依赖于"共同的记忆缺失，集体的健忘"①。黑格尔则将之做了精湛的概括：一个民族的法律、习惯、制度及道德评价准则，反映了它的精神禀赋，但也塑造了该民族的精神禀赋，并在发展过程中不断进行再塑造。②

在建构论的大框架下，出现了"生成文化论"和"碰撞/一体化理论"等诸多衍生的子理论。前者表示在多元文化的环境中，人们会"生成"一种新的文化形态，如一个中国人移民美国后会逐渐成为一个华裔美国人，这时他已不再是一个中国人，他在美国出生的孩子与中国人的距离就更大，他们加入了生成的"华裔美国人"的族群。后者认为通过与其他族群交叉作用（碰撞）的结果，各文化集团逐渐改变着自身并逐步融合进国家的主体文化。③

在民族建构过程中，"想象"是形成群体认同不可或缺的认知过程。一般来说，"比成员之间有着面对面接触的原始村落更大（或许连这种村落也包括在内）的一切共同体都是想象的"④，即民族和国家都是社会与文化建构的产物。对民族共同体的想象通常被认为仅仅是对共同体共享要素的想象，包括共同的血缘、历史记忆、语言、文化传统（通常是把地方性传统想象成国家性的传统）乃至共同的法律与社会制度，以培育共同体成员的民族意识和一体感。在这种想象中，共同体内部族群、阶级、性别和地区之间的差异被一种共享的同一性（oneness）所掩盖。显然，这一想象过程强调的是共同体成员内在的共性。但是，另一方面，民族共同体的想象过程其实还包括对异域，即"他者"（other）的想象。⑤ 心理学家认为，"个人和团体通常都是通过把自己与他人进行区分或通过把自己置于与他人的

① 〔以〕耶尔·塔米尔：《自由主义的民族主义》，陶东风译，上海译文出版社，2005，第60~61页。
② 〔美〕乔治·霍兰·萨拜因：《政治学说史》（下册），刘山等译，商务印书馆，1986，第716页。
③ 杨国美、黄兆群：《中美学术界关于美利坚民族性质的研究》，《世界史研究动态》1991年第7期，第6~7页。
④ Benedict Anderson, *Imagined Communities: Reflections on the Origin and Spread of Nationalism*, London and New York: Verso, 1991, p.6.
⑤ 王立新：《在龙的映衬下：对中国的想象与美国国家身份的建构》，《中国社会科学》2008年第3期，第156页。

对立面来界定自己的身份。"① 共同体的内在同一性是在与外物的比较中才被确知的，必须有一个外物或他者的存在，才能形成对共同体的同一性即特性的认知。

因此，民族认同既包括共性意识，也包括差异性意识。这意味着，民族身份本身是无意义的，而只有在与其他国家的对比中才有意义。② 民族身份内在地具有双重特性和双重功能：一方面是要求共同体成员"向内看"，产生一种共同体的自我意识，界定谁是共同体的成员；另一方面"向外看"，识别自己与外部世界的不同，界定谁不属于本民族。所以，"一个民族的身份通常是在'有意义的他者'的影响下被界定和重新界定的。"③ 琳达·科利（Linda Colley）通过研究发现，不列颠作为一个"被发明的民族"（invented nation）而出现，她说："与法国的战争一次又一次地把不列颠人，不论他们来自威尔士、苏格兰还是英格兰，带入与一个明显对立的他者的对抗之中，鼓励他们按照这一他者的对立面来集体界定自己。他们把自己界定成新教徒，为捍卫自己的生存，反对世界上最主要的天主教力量而战。他们把法国人想象成迷信的、黩武的、堕落的和受奴役的，而他们自己是法国的对立面。一旦面对一个明显异己的'他们'，一个本来松散多样的共同体就会成为一个安定的、不顾一切的'我们'。"④

总之，在民族冲突管理研究中，长期存在原生论和建构论的争论。如果分析各民族国家的实际发展历程，可以发现两者都在起作用。如果没有族源的历史记忆和共同文化特征，就没有"民族"构建的客观基础和素材；而在一个现代"民族"的地理、人口边界的确立和型塑过程中，无疑也存在内外因素影响和作用下的具体"建构"现象。⑤

---

① Samuel P. Huntington, "The Erosion of American National Interests", *Foreign Affairs*, Vol. 76, No. 5, 1997, pp. 30 – 31.

② Anna Triandafyllidou, "National Identity and the 'other'", *Ethnic and Racial Studies*, Vol. 21, No. 4, 1998, p. 599.

③ Anna Triandafyllidou, "National Identity and the 'other'", *Ethnic and Racial Studies*, Vol. 21, No. 4, 1998, p. 594.

④ Linda Colley, *Britons: Forging the Nation* 1707 – 1837, New Haven: Yale University Press, 1992, pp. 5 – 6.

⑤ 马戎：《21 世纪的中国是否存在国家分裂的风险》，《领导者》2011 年第 2 期，第90 页。

二　威胁情境管理

民族冲突管理理论认为，民族差异是被强化还是被弱化或放弃，取决于多数群体或少数群体所追求的目标，以及追求目标、分享利益的情境。支持建构论的学者认为，心理本质论可能是一种动机性的认知（motivated social cognition）变量，它会随着社会情境而改变，那么，心理本质论与群际态度之间的关系完全取决于本质化信念被运用的情境，即特定情境因素可能会引起心理本质论的改变，进而影响民族冲突的参与意向。从这个意义上来说，民族冲突管理的核心就是情境管理，即创造良好情境，同时避免威胁情境的产生。

（一）威胁情境产生的原因

社会生态系统理论（Society Ecosystems Theory）强调人类行为与社会环境相互影响和相互作用。这一理论认为，人类的生存环境是一个完整的生态系统，这个系统是由个体、群体和社会环境三个子系统构成的一种功能性整体，因此，应该从这三个子系统的互动出发去研究和解决实际问题。[①]

心理本质论与社会建构论是民族态度同一维度的两极，共存于民族成员的主观意识之中。虽然民族是高度本质化的社会类别，但是通过对社会情境的管理和控制，会激发对民族差异的不同认知，威胁情境会加剧民族的心理本质论，良好情境会强化民族的社会建构论。研究发现，当情境改变时，心理本质论的程度也会改变，且少数群体在威胁情境下本质论会加强。有学者根据群际威胁的理论来源和内容把威胁归纳为现实威胁、文化威胁和认同威胁三大类。[②]

本课题认为，从社会生态系统理论的视角出发，需要加强对社会情境与民族冲突的互动关系研究，探讨社会威胁情境因素如何激发社会类别的心理本质论或社会建构论，从而激发族群动员或促进民族融合。具体来说，有效的情境管理，能够创造良好的情境氛围，发挥建构论对民族认同与国家认同的调节作用，最终导致族群参与意愿的增强以及合作倾向的维持；

① Charles Zastrow，Karen Kay Kirst - Ashman ed.，*Understanding Human Behavior and the Social Environment*，7th，Brooks/Cole Publishing Company，2007，p. 27.
② 张婍、冯江平、王二平：《群际威胁的分类及其对群体偏见的影响》，《心理科学进展》2009 年第 17 期，第 473 页。

无效的情境管理，必然产生或激化威胁情境，加剧民族认同与国家认同的二元对立，最终导致族群的报复意愿或分离倾向，见图 1 - 7。

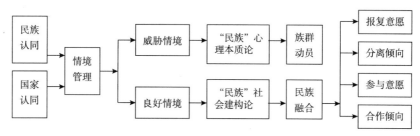

图 1 - 7　民族与国家认同的情境管理

就生成原因而言，威胁情境的产生可以粗略地分为三类：（1）"敌意"他者的存在；（2）接触的类型；（3）相对剥夺感的程度。其结果是导致民族间现存利益及价值格局的破坏或情感的疏离，等等。

首先，"威胁情境"的产生与"敌意"他者的存在密切相关。"他者"是指"另一个民族或族群集团，它在领土上邻近或处于民族共同体内部，威胁或被认为威胁自己的族群和/或文化纯洁性以及/或威胁其独立"。前者是"外部他者"（external other），后者属于"内部他者"（internal other）。[①]"他者"可能是威胁性的，也可能是对照性的；可能是实际存在的，也可能是人为建构的。成为"他者"的关键在于某一民族是否进入到另一个民族成员的认知和想象世界，从而成为后者衡量自身特性、价值和地位的参照或标尺。[②]

一般来说，"内部他者"可能是一个少数民族，也可能是一个移民共同体。当一个少数民族或移民群体迥异的语言、宗教和习俗被认为威胁了主体民族的文化和种族纯洁性的时候，它也就成了一个他者，主体民族会通过重申民族共同体的身份来把本民族共同体与新来者区别开来。[③] 反之，当少数民族感觉到自身独特的语言、宗教和习俗遭受主体民族的侵犯时，少数民族的内部团结性会提升到高度政治化的水平。

---

①　Anna Triandafyllidou, "National Identity and the 'other'", *Ethnic and Racial Studies*, Vol. 21, No. 4, July 1998, p. 594.

②　王立新：《在龙的映衬下：对中国的想象与美国国家身份的建构》，《中国社会科学》2008 年第 3 期，第 158 页。

③　王立新：《在龙的映衬下：对中国的想象与美国国家身份的建构》，《中国社会科学》2008 年第 3 期，第 158 页。

典型的"外部他者"有三种：其一，如果某一民族处于形成阶段，正在寻求从一个多民族国家中分离出来，或寻求与主体民族相分离，该民族共同体的成员通常会把原来的主体民族或国家视为他者。如美国在建国过程中就把英国视为他者。其二，与自己民族敌对或被视为敌对的民族是当然的他者。其三，被认为具有与本民族迥异甚至低劣特性的异邦通常会被当作他者，对这类异邦的描述往往是为了突出本民族共同体的优越特性，并鼓吹通过对低劣他者的改造来证明本民族的先进。① 在民族身份建构的过程中，对他者的想象不仅仅是出于人我分别的心理原因，还可能与国家政府和知识精英实施的"民族建设"战略有关，即通过"制造一个共同的敌人，无论是眼前的、现在的还是杜撰的"，"来追求一种单一的国家身份以团结其国民"②。

其次，"威胁情境"的产生同接触的类型密切相关。"接触理论"认为，两个民族的成员接触越多，冲突就越少；而相反的观点则指出，在接触与冲突之间存在某种正相关，更多的接触产生了更多的冲突。显然，这是两种截然对立的观点，问题的关键是接触的类型，即民族群体是在何种情境下进行接触。

最后，"威胁情境"的产生同"相对剥夺感"的程度密切相关。一个民族的相对剥夺感可以从两个角度产生：一是该民族与其他民族横向比较的结果，即本群体及其成员理应享有的物质、文化和政治利益与其他民族之间的差距。二是该民族的期望与现实之间的差距，即群体目前的地位和境况与应该达到的、合理的地位和境况之间的差距。因而，即使没有出现民族排外和族群边缘化等问题，民族群体为了改善自身的社会环境也会发生族群动员。此外，民族活动家、有感召力的民族精英的出现、民族遭受的不公正对待和苦难的事件都能引发族群动员。总体而言，族群动员是由一个民族所遭受的被相对剥夺的程度和这个民族追求政治利益的迫切程度所决定的。

经验表明，被剥夺感最强的和社会最底层的群体最容易进行族群动员，而大多数运动通常都是由中产阶级领导的，因为他们的相对剥夺感最强。

---

① 王立新：《在龙的映衬下：对中国的想象与美国国家身份的建构》，《中国社会科学》2008年第3期，第158页。

② Montserrat Guibernau, "Anthony D. Smith on Nations and National Identity: A Critical Assessment", *Nation and Nationalism*, Vol. 10, No. 1/ 2, 2004, p. 140.

在初期，社会底层群体缺乏行动动力和主动性，但当边缘族群人口被领导和组织起来的时候，他们获得政治、经济权利的要求就会被提高，而民族运动的结局就是政治民族化。① 唐纳德·霍洛维茨（Donald L. Horowitz）将从民族运动到政治民族化的过程可以分为以下三个阶段。

（1）第一阶段，以族性为基础的民族认同被强化，和其他民族之间"你们－我们"的边界感尖锐化；

（2）第二阶段，具备政治行动的条件，如财力来源、组织者、媒体保证等，通过分享共同的思想，参与活动个体的认知和行动一致性提高；

（3）第三阶段，通过实际行动达到民族利益要求，参与者通过和平的（请愿、选举动员等）或暴力的（骚乱、武力冲突等）方式向政府提出要求。②

威胁情境一旦产生，就会形成族际交往的刻板印象。所谓刻板印象，就是人们有关某一群体成员的特征及其原因的比较固定的观念或想法以及特定的社会认知图式。③ 1922 年，美国记者李普曼将这一词汇从印刷界引用过来，用以描述那些被固定化、习俗化且被群体所共享的特质。比如，我们常常认为日本人是勤奋的，中国人是好客的，美国人是乐观的。还有一些关于性别的刻板印象，如男性比女性更具有暴力冲动，女性比男性更含蓄和内敛等。这些看上去是"常识"的"事实"，已经变成了人们的一种预先判断，具体化在认知过程中，锚定在情感结构中。

20 世纪 80 年代末期，克劳德·斯蒂尔（Claude Steele）和约书亚·阿伦森（Joshua Aronson）首先在学习成绩方面验证了刻板印象对当事人的影响。在美国，黑人和女性是刻板印象的受害者，他们被普遍认为学习成绩和数学能力相对较低。当时，斯蒂尔和阿伦森将这种现象命名为"刻板印象威胁"。也就是说，当个体置身于消极的情境性困境中，当外在包裹了各种负面而消极的评价时，个体的行为表现"果然"会验证这些负面印象。

---

① 严庆：《族群动员：一个化族裔认同为工具的族际政治理论》，《广西民族研究》2010 年第 3 期，第 40 页。

② Donald L. Horowitz, " Ethnic Groups in Conflict", *Journal of Democratic*, Vol. 14, No. 2, 2003, pp. 83 – 89.

③ 管健：《刻板印象威胁研究开启全新审视视角》，《中国社会科学报》2012 年 7 月 25 日。

刻板印象威胁的效应会出现外溢，也就是说，刻板印象威胁效应的影响可能是潜在的和巨大的，当个体离开了负面评价的情境后，对自我的低评价和消极自尊可能已经内化到个体的内心中了。同时，刻板印象威胁不仅影响受到威胁的一方，同时也影响施加威胁的一方，知觉者和行为者之间存在作用力和反作用力。例如，少数民族怕被主体民族歧视，会主动选择远离和回避。有趣的是，主体民族在和少数民族接触的过程中也有担心和焦虑，担心由于自己做得不好而背负"仗势欺人"的帽子。这就好比面对艾滋病患者群体，当事人会处处小心，担心被其他人所歧视；其他健康的人也会处处留意，防止自己的行为或语言伤害了患者的自尊。

对威胁情境进行管理的目的，就是要使刻板印象威胁发挥促进效应，而不是窒息效应。新近研究发现，刻板印象威胁同时存在一些积极和消极的方面：由所属群体直接相关的刻板印象导致表现上升的现象被称为刻板印象威胁的促进效应。反之，这种刻板印象威胁就会造成损害作用，即刻板印象威胁的窒息效应。尽管刻板印象威胁效应也有些许的激励作用，但是绝大成分上还是损伤和损害性的心理效应。如何有效降低其损害性呢？比较典型的是，在个体层面上，采用转换认同群体的方式；在群体层面上，采用弱化群体边界的方式。对于拥有多重群体认同的个体而言，消除刻板印象威胁的有效策略是转换群体认同，即从消极的群体认同转换为积极的群体认同。在群体层面，群体边界意味着群体差异、群体区隔或群体界限，因此任何能够缩小群体边界、降低群体间分化程度的策略都可以用来应对群体间的歧视和偏见。①

威胁情境常常导致"族裔复兴"现象的发生。在后现代社会中，由于身份认同的碎化，多重社会认同的现象比以往更加普遍。因此，普遍存在"族裔复兴"（Ethnic Revitalization）现象，即"人们在抵制生活方式全面变化而试图使传统秩序得以恢复时，或者当人们为适应一种强势的外国文化而感到失望和沮丧时"，就会出现"族裔复兴"。②

在美国等西方国家中，"族裔复兴"的确导致所谓后现代市民社会的分裂，如"飞地意识"（或"飞地文化"）的取向。在这种社会裂变中，"在商品拜物教同质化影响的同时，我们可以看到表现为种族、民族，以及文

① 管健：《刻板印象威胁研究开启全新审视视角》，《中国社会科学报》2012 年 7 月 25 日。
② 郝时远：《美国等西方国家社会裂变中的"认同群体"与 ethnic group》，《世界民族》2002 年第 4 期，第 7 页。

化身份的'本质'回归。"① 正如美国各大城市的白人中产阶级普遍从城市中心移居于郊区一样，黑人进入白人社区仍旧备受排斥。这种新类型的隔离现象，被称为"族裔飞地"（ethnic cnclaves）。

这种归属感所产生的"飞地意识"，源于两种原因：一是由于受到主流社会（主体民族）的排斥而使充满不平等感受的群体（少数民族）回到隔离的社区（民族共同体），以保护自己不受侵害；二是"也可以因为族裔优越感（ethnic superiority）或族裔中心主义（ethnocentrism）而产生"②。就民族关系而言，对两种飞地意识产生的原因——威胁情绪、优越感，都要进行必要的管理。因为，"族裔飞地"意识将凸显群体间的文化"边界"，往往"很少共享任何除了对群体忠诚之外的忠诚"，造成群体间的隔离状况或疏离感。尤其对于那些因受歧视而处于主流社会边缘的"族类"群体来说，"这种争取社区空间和认同斗争的典型模式通常是内向性的和保护性的。"③

（二）情境管理的两种假设：接触理论、冲突理论

相互间存在偏见与歧视行为的不同民族群体之间是否存在群体成员个人的接触？如果这种个体接触存在，将会出现何种结果？接触理论假设的基本观点是：在对抗的社会群体中（文化认同、语言、信念、肤色、国籍等），个人之间若存在更多的接触，则倾向于削弱他们相互间所具有的消极刻板印象，并减少其相互反感与不相容，从而通过人们相互间的平等交往来改善群体间的关系。简言之，更多的接触意味着更少的民族或文化冲突。④

早在 20 世纪 50 年代，社会心理学家罗宾·威廉姆斯（Robin Williams）对美国不同地区四个城镇的社会接触与群体态度做了调查。研究表明，不同群体成员的接触越多，表达歧视性意见的几率会越少；通过鼓励更多的跨

---

① 〔美〕卡尔·博格斯：《政治的终结》，陈家刚译，社会科学文献出版社，2001，第295页。

② 郝时远：《美国等西方国家社会裂变中的"认同群体"与 ethnic group》，《世界民族》2002年第4期，第9页。

③ 〔美〕卡尔·博格斯：《政治的终结》，陈家刚译，社会科学文献出版社，2001，第240页。

④ Brewer M B, Gaertner S L, "Toward Reduction of Prejudice: Intergroup Contact and Social Categorization", in A. Tesser, N. Schwarz, eds., *Blackwell Hanbook of Social Psychology: Intergroup Processes*, Oxford: Basil Blackwell, 2001. pp. 451 - 472.

越群体界限的接触，偏见就可以得到减少，群体间的关系也可能得到改善。

但国际关系的现实残酷地告诉我们，民族接触最为频繁的地区未必就是民族关系和谐的地区，而且有时同上述判断恰恰相反，即高水平接触常常与高水平的偏见、歧视相联系，往往是频繁接触导致了高水平的冲突。例如，法国与德国，或者印度与巴基斯坦似乎在融洽相处方面存在着巨大的麻烦。这些人生活居住并不像墨西哥人与巴勒斯坦人，或者泰米尔人与土耳其人那么遥远，但更多的接触似乎导致他们之间产生了更多的冲突。[①]由此可见，更多的接触意味着更少的民族冲突这一结论过于简单化。

近年来，接触理论和冲突理论分别从学理的角度对上述现象做出了各自的解说。其中，接触理论的主要观点可以归纳为以下几个方面。

（1）群体间的接触对偏见态度、歧视行为等刻板印象有直接的影响作用；

（2）敌意性的刻板印象源于社会性隔离以及群体成员之间的陌生和疏离；

（3）在正常情境下，接触就会倾向于减少偏见和消除歧视；

（4）在威胁情境下，接触对族群关系的改善可能是无效的，甚至具有消极效果，如促进敌意性刻板印象的发展。[②]

由此，接触理论就将问题的核心定位于影响"接触效果"的情境类型，即群体成员之间频繁的交流是否存在友好的接触情境。

表 1 - 2　影响接触效果的情境类型

变 量	目标管理	地位管理	规范管理
内 容	在追求共同目标方面，是合作群体还是竞争群体	在接触过程中，群体间是否拥有平等地位；当地位不平等时，群体接触就容易产生消极印象	是否存在支持群体接触的社会规范；是否存在倡导并支持群体间平等接触的社会规范

资料来源：E. Aronson, T. D. Wilson, R. M. Akert, *Social Psychology*, Fifth Edition, New Jersey: Person Education, 2005, pp. 466 - 467。

---

①　H. D. Forbes, "Ethnic Conflict and the Contact Hypothesis", in Y. T. Lee, C. McCauley, F. Moghaddam, S. Worchel eds., *The psychology of ethnic and cultural conflict*, Westport, CT: Praeger Publishers, 2004, pp. 69 - 82.

②　刘毅：《化解民族冲突的策略——民族接触与相互依存》，《心理科学进展》2007 年第 1 期，第 179 ~ 184 页。

接触理论告诉我们，更多接触要么加剧群体间的敌意，要么减少群体间的敌意；更多接触有可能加剧彼此的疏离，也可能促成和解。"依据其发生的情境，更多民族间的接触可能导致更多的偏见与对抗，或者更多的尊重与接纳。然而，基本问题是在接触过程中导致不信任的情境类型与那些导致信任的情境类型。"① 例如，在美国南方的种族关系中，就一直存在大量接触，但是由于这种接触一直是在一种不平等情境中进行的，因而也一直存在大量的偏见与歧视。因此，接触恰恰强化了先前就存在的偏见，并且加深了群体间的冲突。可见，情境不同直接影响接触理论所预期的良好结果。

冲突理论认为，因为在群体间存在文化差异，所以就其相互交往而言，这些不同群体在如何准确地遵循共同的文化或社会规范方面，就可能出现因接触而引起利益冲突的现象。

假定有两个在不同语言环境中成长起来的个体，由于某些原因而保持着相互联系：可能是经济方面的原因，他们之间存在某种经济贸易或者雇佣关系；他们可能是一次海难后逃生到热带岛屿上的两个幸存者……。此刻，我们所关心的是他们联合的结果而非原因。最初，他们之间可能会存在某些误解、挫折及相互指责。然而一段时间之后，假定为了使合作能持续下去，他们中每个人都必须学会与对方沟通的有效方式，如可能会学习对方的语言，或者混杂使用两种语言，以便于合作。如此的接触导致对语言同质化的鼓励——语言的不同妨碍了轻松自如的合作，即为保证合作的利益，他们必须享有共同的语言。

然而，由于接触潜在地成为同化的原因之一，所以它也是冲突的原因之一，因为每个群体都努力使自己的群体成员坚定地抵制同化。在冲突理论学者所考虑的接触情境中，最终不在于哪个群体采用了哪种语言，或两种语言怎样融合，而在于在群体之间是否产生了更多的相似性；同质化过程发生的同时，有助于所有群体产生更多相互间的理解，而这种理解又将部分地依赖于他们是否做出必要的适应——如此增加了"被同化"的几率。

冲突理论学者认为，一方面，接触有助于通过同化与交融来减少群体间的差异；另一方面，接触也可以产生对差异的保护，或者增加保持差异

---

① Brewer M B, Gaertner S L, "Toward Reduction of Prejudice: Intergroup Contact and Social Categorization", in A. Tesser, N. Schwarz, eds., *Blackwell Hanbook of Social Psychology: Intergroup Processes*, Oxford: Basil Blackwell, 2001, pp. 451 – 472.

的努力。假定在某种外部因素影响下产生了"接触"与"文化差异"之间的相互作用，假定这种相互作用引起了不同水平的民族中心主义，那么因接触而可能产生的民族中心主义倾向将会抵制这种接触；此外，一些未知的外部变量对三个相互独立的变量特点与水平也有重要影响。见图1-8。

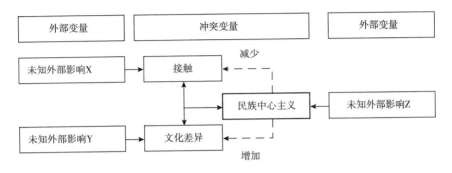

图1-8　民族冲突三变量模式

资料来源：刘毅、吴宇驹著《接触抑或冲突——两种民族关系的心理学假说》，《西北师大学报》（社会科学版）2009年第1期，第100页。

具体讲，民族冲突三变量模式具有如下含义。

（1）民族中心主义依赖于并随任何两个群体之间的接触程度以及文化差异的大小而增加。这两个因素相互作用以确定每个群体的民族中心主义水平。如果某个群体的成员或者与其他群体没有接触，或者两个相互接触的群体在习俗与价值观方面没有差异，那么该群体将不会对另一个群体显示出民族中心主义。

（2）任何两个群体之间的接触程度依赖于他们之间的亲近性以及对接触的鼓励，还依赖于两个群体的民族中心主义的水平。在其他要素相同的情况下，民族中心主义水平越高，对群体接触的抵制就越强。

（3）任何两个群体之间的文化差异将会受到群体接触以及由这种接触而产生的相互排斥作用的影响。在其他要素相同的情况下，频繁接触将会加速文化的同化。相反，假定在其他要素仍然不变的情况下，某种程度的民族中心主义的增加将减少同化的比率，或者增强文化差异发展的比率。[1]

综上所述，接触理论与冲突理论从不同的层面与角度，对两种似乎矛

---

[1]　刘毅、吴宇驹：《接触抑或冲突——两种民族关系的心理学假说》，《西北师大学报》（社会科学版）2009年第1期，第100页。

盾着的民族关系做出了各自的解释。接触理论坚持以平等接触为政策基础，不是通过官方或权威的强制去推行某个新的社会规范或文化价值，而是要为打破敌意的刻板印象创造条件。冲突理论则认为，为了减少民族间的利益冲突，减少由于民族优越感而导致的冲突，在消极情境下，应减少接触，而非增加接触。对我们的启发是，具体问题具体分析，是对接触情境进行有效管理与控制的前提，是实现民族关系由冲突到和谐转换的关键变量。

三　民族关系衡量

从理论上分析民族关系的基本状态，大致可以分为三种类型：一是彼此完全隔绝的状态，二是相互交往、相互影响的状态，三是完全融合、彼此不存在实质性区别的状态。

（一）衡量民族关系的指标

美国社会学家戈登（Milton Gordon）在他1964年出版的《美国人生活中的同化》这本书中提出了衡量民族关系的7个变量，这是在社会学领域中第一次比较系统地提出了衡量民族关系的指标体系。以下为7个变量。

（1）文化同化（Acculturation），即文化移入或文化融合；

（2）结构同化（Structural assimilation），即实质性的社会交往或社会结构的相互渗入；

（3）婚姻同化（Amalgamation & Intermarriage），即族际通婚；

（4）身份认同同化（Identificational assimilation），即族群意识的认同；

（5）意识中族群偏见的消除（Absence of prejudice）；

（6）族群间歧视行为的消除（Absence of discrimination）；

（7）社会同化（Civic assimilation），即价值及权力冲突的消除（Absence of value and power conflict）。[1]

美国学者辛普森（George Eaton Simpson）在1968年提出了"把群体的互动结果视为一条连续的直线，完全隔离与完全同化可视为处于这条直线的两端"的观点。他还指出，"在这两端之间存在着下列情况：程度不同的非完全隔离状态；美国、加拿大、瑞士诸国随处可见的多种文化共存现象，表面提倡机会均等，但实际上不同民族群体间仍存在着文化与社会结构差

---

[1]　参见马戎主编《西方民族社会学的理论与方法》，天津人民出版社，1997，第14~15页。

别的虚假整合；部分同化、个体同化和群体同化。"① 按照上述思路，在分析民族关系时，可以抽象地把民族关系可能出现的各种状况看作是分布在一个连续统（continuum）上的许多个点。在这个连续统的一端是两个民族之间完全的融合，连各自独立的族群意识也完全消失；另一端则是两个民族之间完全的隔绝与对立，不仅相互界限分明，而且彼此的基本利益也处于严重冲突之中。而在这两个端点之间则分布着各种程度不同的民族互动状态，见图1－9。

图1－9中采用直观的方式来显示这些作用，长的虚线就是民族关系"连续统"，也可看作是一个可以双向移动的轨道，左端表示"完全融合"状态，右端表示"完全隔绝"状态。线上中间的圆点表示甲民族和乙民族目前关系的现状，这个点可能会向左移动，也可能会向右移动。坐标轴上面和下面的这些箭头表示各个影响因素的作用方向，箭头的长短表示作用力的强弱，这些因素又可以大致区分为外部因素和内部因素两大类。在诸多因素的共同作用过程中，有些因素的作用可能会相互抵消，有些因素的作用可能会形成更强的合力；有的因素除了自身的直接作用外，还可以通过对其他因素的作用而间接影响民族关系，如图中的因素C，既有直接的作用，也通过因素D而间接影响民族关系。而象征民族关系状态的圆点最终朝向哪个方向并以什么样的速度移动，完全取决于这些因素共同合力作用的结果。

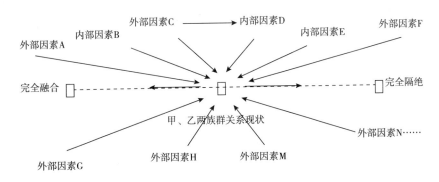

图1－9 影响族群关系因素作用分析

资料来源：马戎编著《民族社会学导论》，北京大学出版社，2011，第194页。

---

① 辛普森所开列的影响民族同化过程的因素包括人口、生态、种族、结构、心理和文化这六种。相关论述参见 George E. Simpson, "Assimilation", *International Encyclopedia of the Social Sciences*, Vol. 1, 1968, New York: Macmillan and Free Press, pp. 438 – 444。

如果两个民族交往互动的最后结果是"完全融合",即在"连续统"上移动到左端,那么这样的"完全融合"还可以进一步区分为以下两种情况。

(1)单向同化(unilateral assimilation),指一个民族完全放弃自己的信仰、文化和行为方式而接受另一个民族的文化,消融在另一个民族之中;

(2)相互融合(reciprocal fusion 或 integration),指两个或更多的民族在它们的文化互动和交融的基础上,最后形成了一个全新的文化和全新的群体。[①]

借用美国社会学家戈登的公式,第一种情况可以表述为 A + B = A,第二种情况可以表述为 A + B = C。可以把"完全融合"这两种理想的类型用图 1 - 10 来表示。在左图里,A、B 两个民族相互接受、相互学习、相互接近,两者之间的距离从 d1 缩短为 d2,最后减少为零;在右图里,B 民族并没有向 A 民族接近,而是保持不变,A 民族主动向 B 民族靠拢,在各方面接受学习 B 民族,同样两者之间的距离从 d1 缩短为 d2,最后减少为零。

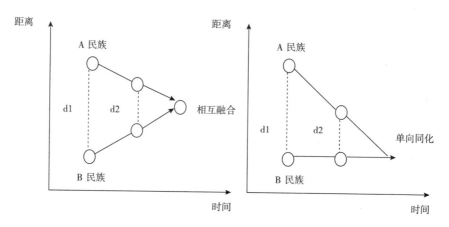

图 1 - 10 族群的相互融合与单向同化

资料来源:马戎编著《民族社会学导论》,北京大学出版社,2011,第 194 页。

现实社会的实际情况远比上述图示要复杂得多。首先,在一个社会里可能不止有两个民族;其次,两者相互接近的轨迹也不会是直线,甚至有可能出现反复;再次,在两个民族之间的文化交流往往是相互的,而不是

① Vander Zanden, James, *American Minority Relations*: *The Sociology of Race and Ethnic Groups*, New York: Ronald Press, 1963, p. 269.

单方面的。理论上，"单向同化"表示一个民族在文化等方面大幅度向另一个民族靠拢，自己原来的文化传统可能最后所剩无几，但在实际交流过程中，主导民族也不可避免地或多或少会吸收一些弱势民族的文化。① 总之，民族冲突管理的复杂性就在于民族关系难以衡量，所谓的指标体系只具有一定的借鉴作用，但其实际操作性的确较差。

（二）民族关系的影响因素

在人类社会漫长的制度变迁、经济发展、文化交流的过程中，民族关系也在不断发生变化，有的日益改善，有的渐趋恶化，民族之间有时逐步融合，有时彼此仇杀。那么都有哪些因素能够影响民族关系的发展呢？

1986 年，针对美国的族群状况，英格尔提出了分析族群关系的变量体系，其中包括了影响族群认同程度的 14 个自变量（见表 1-3）。这个体系直接涉及的因变量是族群成员的身份认同，它随着其他因素的影响而强化或弱化。这 14 个变量大致归纳为六大类：1. 人口因素（包括相对规模、移民比例、迁移方式 3 个变量）；2. 体质差异（种族因素）；3. 文化差异（包括文化、语言、宗教 3 个变量）；4. 社会总体特征（包括阶级构成、社会流动、教育水平 3 个变量）；5. 社会的族群关系与政策（包括族群歧视、居住格局）；6. 与母国关系（与母国之间的情感和各种具体联系）。②

表 1-3　影响族群成员身份认同的变量

使族群成员身份认同强化	使族群成员身份认同弱化	变量概括
1. 人口规模很大（在总人口中的比重）	1. 人口规模相对很小	人口规模
2. 在地区和基层社区中集中居住	2. 在地区和基层社区中分散居住	居住格局
3. 居住时间短（新移民比例大）	3. 居住时间长（新移民比例小）	移民比例
4. 回访母国既方便又频繁	4. 回访母国非常困难，因而很少回访	母国关系
5. 与本地其他族群的语言不同	5. 与本地其他族群的语言相同	语言差别
6. 信仰与本地主要族群不同的宗教	6. 信仰与本地主要族群相同的宗教	宗教差异
7. 属于不同的种族（明显体质差异）	7. 属于一个种族（没有明显体质差异）	种族差异
8. 通过外界强力或征服行为进入这一社会	8. 自愿地进入这一社会	迁移方式
9. 来自具有不同文化传统的其他社会	9. 来自具有相似文化传统的其他社会	文化差异

---

① 马戎：《族群关系变迁影响因素的分析》，《西北民族研究》2003 年第 4 期，第 9 页。
② 马戎：《族群关系变迁影响因素的分析》，《西北民族研究》2003 年第 4 期，第 10 页。

		续表
使族群成员身份认同强化	使族群成员身份认同弱化	变量概括
10. 母国的政治与经济发展对其具有吸引力	10. 被母国的政治和经济发展所驱除出来	母国情感
11. 在阶级和职业方面的同质性	11. 在阶级和职业方面的多样性	阶级构成
12. 平均受教育水平比较低	12. 平均受教育水平比较高	教育水平
13. 经历了许多族群歧视	13. 没有经历过什么族群歧视	歧视经历
14. 所生活的社会没有社会流动	14. 所生活的社会阶层是开放的	社会流动

资料来源：J. Milton Yinger, "Intersecting Strands in the Theorisation of Race and Ethnic Relations", in John Rex and David Mason eds. , *Theories of Race and Ethnic Relations*, New York: Cambridge University Press, 1986, p. 31. 转引自马戎《族群关系变迁影响因素的分析》，《西北民族研究》2003 年第 4 期，第 10 页。

英格尔还讨论了族群凝聚力的源泉（sources of ethnic strength）。他首先总结了以往文献提出的"原生的"（primordial）和"利益的"（interest）两类因素。前者代表"纯粹的文化"（genuine culture），它使族群作为具有共同祖先的"文化集合体"而凝聚起来，族群成为"文化抗争"的力量；后者代表"社会分层现象"（stratification phenomena），当一个族群在社会分层中整体上处于劣势时，共同的社会地位与共同的利益追求也可以使他们凝聚起来，成为"政治抗争"或"经济抗争"的力量。在主权国家里，当出现下列三种情况时，一个族群的身份认同感会达到最大化。

（1）基本归属感（primordial attachments）：当祖先文化的真实性和反映族群起源的神话被人们强烈地感受到的时候；

（2）分享的利益（Shared interests）：当成员们普遍认为强化族群意识会使他们得到更多共享的个人利益的时候；

（3）与政府的"疏离感"（alienation from state）：当族群中有相当数量的成员感到被政府"疏远化"的时候，即感到自己在这个国家没有权力，不信任政府，也不愿接受其价值观和政策。[①]

这三种情况使族群的认同意识得以强化，族群抗争的力量得到加强，族群之间的关系变得疏远甚至相互对抗。下面的三维坐标图（见图 1 - 11）

① 这个思路所考虑的对象是少数族群，而不是控制政府的占主导地位的主体民族，所以才存在其成员与政府"疏离"这个问题。相关论述参见 J. M. Yinger, "Intersecting Strands in the Theorisation of Race and Ethnic Relations", in John Rex and David Mason eds. , *Theories of Race and Ethnic Relations*, New York: Cambridge University Press, 1986, pp. 28 - 29。

详细描述了三个要素之间的关系。① 在位于图中的 A 点时，所有三个要素在三个坐标轴上得到最大值；而在位于 B 点时，所有三个要素在三个坐标轴上的数值均为零，它们之和为最小值。前两个是内在因素，即"文化因素"和"利益因素"，第三个是一个外在因素，即这个族群与政府之间的距离，这个距离是这个族群与社会主导族群之间长期互动的结果。

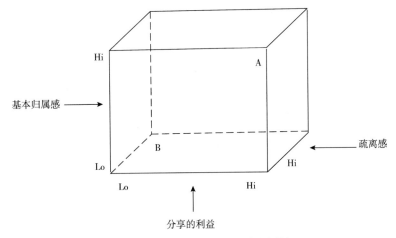

（在A点时所有三个因素为最大值，在B点时为最小值）

图 1 - 11　英格尔衡量城市社会族群力量的三个维度

资料来源：J. Milton Yinger, "Intersecting Strands in the Theorisation of Race and Ethnic Relations", in John Rex and David Mason eds. , *Theories of Race and Ethnic Relations*, New York：Cambridge University Press, 1986, p. 29. 转引自马戎《族群关系变迁影响因素的分析》，《西北民族研究》2003 年第 4 期，第 13 页。

马戎教授认为，影响民族关系的主要因素大致划分为 14 类：（1）体质因素；（2）人口因素；（3）社会制度因素；（4）经济结构因素；（5）社会结构因素；（6）文化因素；（7）宗教因素；（8）心理因素；（9）人文生态因素；（10）历史因素；（11）偶发事件；（12）政策因素；（13）传媒作用因素；（14）外部势力的影响。② 本课题将上述因素归纳为 3 个层面、13 大因素，即民族层面因素、国家层面因素、国际关系层面因素，见图 1 - 12。

---

① 马戎：《族群关系变迁影响因素的分析》，《西北民族研究》2003 年第 4 期，第 12 页。
② 马戎：《族群关系变迁影响因素的分析》，《西北民族研究》2003 年第 4 期，第 14 ~ 24 页。

图 1 - 12　民族关系的影响层次与因素

在民族层面的因素包括体质因素、人口因素、文化因素、心理因素、人文生态因素、历史因素和主导民族因素。

第一，体质因素，即"种族变量"（Racial variable）。人种是世界人类种族的简称，是指人类在一定的区域内，历史上所形成的，在体质上具有某些共同遗传性状（包括肤色、眼色、发色和发型、身高、面型、头型、鼻型、血型、遗传性疾病等）的人群。不同方面差异程度的大小，会影响各族群之间的距离感和认同程度。

最早的人种分类，是 3000 多年前古埃及第十八王朝西提一世坟墓的壁画，它以不同的颜色区别人类，将人类分为四种：第一，将埃及人涂以赤色；第二，亚洲人涂以黄色；第三，南方尼格罗人涂以黑色；第四，西方人及北方人涂以白色。被誉为"西方人类学鼻祖"的德国格丁根大学教授布鲁门巴赫，是第一个用科学方法进行人种分类的，他根据肤色、发色和发型、眼色、身高、头型等体质特征，以及原住居民地，把现有人类划为五大人种：高加索人种（白种）、蒙古人种（黄种）、非洲人种（黑种）、美洲人种（红种）和马来人种（棕种）。1961 年，美国科学家 S. M. 加恩，在经过长达 10 年的酝酿和调查之后，认为全世界有九大地理人种：美洲印第安人种；波利尼西亚人种；美拉尼西亚 - 巴布亚人种；澳大利亚人种；

亚洲地理人种；印度地理人种；欧洲人种；非洲人种；密克罗尼西亚
人种。①

　　人们之间在体质上的差异很容易辨识。在相互接触中，人们在态度上
是否愿意接受对方、在感情上是否与对方认同、在心理上与对方的距离感
等，都会受到彼此体征差异程度的影响，他们会十分自然地考虑：对方是
不是"异类"？对方和自己在体质差别之外的其他方面（价值观念、行为
规范等）是否有可能存在共识？体质差异越大，带来的距离感也就越强；
体质差别越小，相互间的异类感也就越低。②

　　第二，人口因素。在与人口相关的因素中，最重要的一个指标是各族
群人口规模之间的比例，也就是人口的"相对规模"。在一个地区各族群人
口规模大致接近还是相差悬殊，对于当地主体文化的形成（公共场合使用
的语言）和政治权力的分配（无论是通过武力还是通过选举）无疑会起到
重要的作用。

　　在族群相互交往的概率方面，相对规模会导致不同的交往模式。彼
得·布劳（Peter Blau）在分析群际交往时指出，"两个群体在规模上的差
异越大，那么它们彼此的群际交往率的不一致性也就越大。"③ 如果一个村
落或社区中 A 族群有 1000 人，而 B 族群仅有 100 人，如果不考虑具体邻里
居住格局这个因素的话，那么整体来说，A 族群成员与 B 族群成员交往的
概率将大致比 B 族群成员与 A 族群成员交往的概率小十分之一。④

　　其他一些人口因素会直接或间接影响族群绝对数量的变化，从而影
响人口相对规模。如生育率和死亡率分别影响着人口数量的增多与减少；
人口的迁出与迁入也会影响一个地区族群人口的数量变化。据统计，
1949 年新疆总人口为 433.34 万人，至 2000 年第五次人口普查时已达到
1845.95 万人。其中汉族人口从 1949 年的 29.1 万人（占自治区总人口的
比例为 6.71%），增至 2000 年的 748.99 万人（占 40.57%），主要原因

---

①　段景春、李章启：《世界人种分布与地理环境》，《淮阳职业技术学院学报》2007 年第 4
　　期，第 24～25 页。
②　马戎：《族群关系变迁影响因素的分析》，《西北民族研究》2003 年第 4 期，第 14 页。
③　〔美〕彼得·布劳：《不平等和异质性》，王春光等译，中国社会科学出版社，1991，第
　　35 页。
④　马戎：《族群关系变迁影响因素的分析》，《西北民族研究》2003 年第 4 期，第 15 页。

是移民。① 移民有国家计划性移民和自发性移民两大类型，其中计划性移民主要包括由于分配、支边和随迁等原因迁入的人口。

人口迁移会影响族群之间的感情。例如，在自己的传统居住地上，外来的移民很可能被本地族群视为"闯入者"而在感情上产生排斥心理。人口迁移使过去保持地理距离的族群之间得以相互接触，在接触中也不可避免地会出现各族群在自然资源、经济利益、政治权力等方面的相互竞争。

第三，文化因素。文化因素主要指各族群在文化、语言、风俗习惯等方面的差异，包括在族群之间是否存在语言不通、生活习俗不同、价值观念不同、行为规范不同等现象。两个族群如果在这些方面存在重大而且十分显著的差别，对于族群成员之间的交往与融合也就会造成程度不同的障碍。

有些族群在生活习俗如饮食方面有比较严格的限制，这就限制了他们与其他族群的交往，并有可能造成族群交往中的文化距离。有些习俗与宗教戒律密切相关。宗教也是文化的重要内容。在有些信奉宗教的历史比较悠久、宗教势力比较强大的国家，宗教不仅渗透到广大民众的思想观念和日常行为中去，甚至渗透到国家或社区的行政系统之中，渗透到政府的一些政策法规之中。例如，美国学者在族际通婚研究中也发现，美国白人各族群中又以宗教为边界分为罗马天主教、新教、犹太教三个彼此隔离的通婚范围。②

在许多情况下，宗教因素在民族认同、民族融合方面的作用要超出语言因素。例如，目前在中东地区，伊朗支持的对象包括叙利亚阿萨德政权、黎巴嫩真主党、巴勒斯坦吉哈德。其宗教动因就是他们都信奉伊斯兰教的什叶派。叙利亚国内冲突在某种程度上是逊尼派同什叶派之间的冲突。阿拉维派是一个神秘主义的宗教群体，属于什叶派分支，人口

---

① 改革开放以前，新疆的汉族移民以青壮年为主，以国家有计划、有组织的迁移为主要形式，其目的是开发新疆，而大部分移民的目的则是营生。移民的迁出地主要有：以输出劳动力为主的人口稠密的山东、河南等省；以输出技术人员、知识分子为主的沿海较发达地区的上海、江苏等省；邻近新疆的交通便利的甘肃等省。改革开放后至今，迁移人口的主体是劳动年龄人口，自发性迁移已取代国家计划性移民，这已成为新疆汉族移民的主要形式，生存型移民与发展型移民交织在一起，移民的迁出地已遍布全国各地。相关论述参见李洁、徐黎丽《试论1949年以后新疆汉族移民的类型与功效》，《北方民族大学学报》2009年第2期，第53页。

② F. E. Kobrin and C. Goldscheider, *The Ethnic Factor in Family Structure and Mobility*, Cambridge：Ballinger Publishing Company，1978，p. 205.

主要集中于叙利亚。阿拉维派占叙利亚人口的少数。叙利亚总统巴沙尔·阿萨德领导的政府由阿拉维派主导，而全国 2300 万人口中逊尼派约占 3/4。对巴沙尔·阿萨德本人而言，自身命运关涉阿拉维派整个民族的存亡。

在宗教强烈干预世俗社会的一些国家，民族冲突的实质是宗教关系。例如，埃及科普特人是信仰基督教的少数民族，也是目前中东最大的基督教社团，约占埃及总人口的 10%。科普特人不仅受到来自埃及政府的一定限制，也遭到民间普通穆斯林的歧视，而且他们还成为极端伊斯兰组织发动的暴力袭击的主要受害者。"穆斯林兄弟会"反对科普特人建造新的教堂，也反对他们在政府和军队中担任高级职务，声称如果有一个科普特人被选为总统，他们将拒绝接受。[①]

第四，心理因素。族群之间的体质差异、语言差异、宗教差异、习俗差异以及历史上发生过的冲突都可能会给各族成员带来彼此在心理上的距离感，使人们把其他族群成员看作是"异类"。人们在成长和社会化的过程中，会从自己父母、其他家庭成员、邻居和社区成员、公共媒体宣传、小说戏剧、影视节目等不同的来源获得并建立起自己对于其他族群的认识和对于族群距离的观念。[②]而在这些信息当中，有的就可能包括对待其他族群的偏见。这些信息的流传与共享会进一步加大族群之间的心理距离。

第五，人文生态因素。人文生态因素是指各个族群在地理分布和居住格局方面的特点。自然生态有时也会影响人文生态。例如，在大草原上游牧的蒙古族牧民居住非常分散，蒙古包之间一般要相隔几里地，人们之间接触很少、交通不便这样的居住特点，形成了蒙古族好客、爽朗的性格，这使他们在与其他族群成员交往时也容易结交朋友。居住在城市里的犹太人由于主要从事经常与人打交道的职业（如商业、金融、法律等），所以给人们留下了犹太人言辞谨慎、斤斤计较的印象。而居住在人迹罕至的偏远山区的狩猎采集族群，由于极少与外人和外部文化接触，而且接触的那些有限的外族人往往是某种职业的人员（官兵、商人），这些接触通常给他们留下很不愉快的回忆，所以当他们再遇到外族人时就十分谨慎

---

① 李福泉：《埃及科普特人问题探析》，《世界民族》2007 年第 5 期，第 25 页。

② 马戎：《族群关系变迁影响因素的分析》，《西北民族研究》2003 年第 4 期，第 19 页。

并容易多疑。① 另外，不同族群的社会组织也具有不同特点，有的凝聚性很强，有的很松散，有的在一个多族群的大社会中形成本族相对封闭的"文化岛"现象，例如"唐人街"，等等。

第六，历史因素。民族之间过去是否长期融洽或争战，历史上各族之间在政治、军事、经济、文化、人员的交往方面是什么情况，对现今的民族关系可能依然有着明显的影响。在具体研究中，要注意区分整个族群的"全局性记忆"与成员内部的"局部性记忆"之间可能存在差别，A族整体与B族整体可能在历史上长期冲突，但A族中有一个支系可能一直与B族保持良好关系。

第七，主导民族因素。占据主导地位的民族在政策的制定、主流媒体的态度以及"民族分层"发展趋势的导向等方面，通常都占据着主动权。所以，主导民族的民族观和对待其他民族的宽容度，对于现实的民族关系往往有着重要的影响。②

在国家层面的因素包括政策因素、社会制度因素、社会结构因素、经济结构因素、传媒因素。

第一，政策因素。国家的法律和政府制定的政策可以对族群关系带来直接的影响。影响族群关系的法律和政策大致可分为两大类：一类是明确以民族为对象而制定的，直接影响民族关系的法律和政策。如1964年美国废除种族隔离制度的《民权法案》等。另一类法规政策并不直接以少数族群为对象，但是在实际执行过程中可能会间接影响到某些族群的利益和族群关系。如我国近年来实行了提高畜产品价格的政策，由于从事畜牧业生产的主要是少数族群（蒙古族、哈萨克族、鄂温克族等），这项政策明显地提高了这些少数族群民众的收入。美国学者举的一个例子是纽约市招收消防队员有身高要求，这个表面上不含种族意义的规定实际上把大部分波多黎各裔排除在外。③ 由于政策因素所发挥的作用是全国性的和带有强制性的，并有法律和政府为后盾，所以这个因素对于一个国家内部的族群关系影响很大，在一定条件下可能成为最重要的因素。

---

① 马戎：《族群关系变迁影响因素的分析》，《西北民族研究》2003年第4期，第19～20页。
② 马戎：《社会学的族群关系研究》，《中南民族大学学报》（人文社会科学版）2004年第3期，第14页。
③ 〔美〕戴维·波普诺：《社会学》，李强等译，中国人民大学出版社，1999，第313页。

　　第二，社会制度因素。在不同的社会制度下，各国政府机构的运行、社会集团之间的互动、族群争取自身利益的表述方式与渠道、社会冲突的协调机制等，都存在许多重要的差异。

　　第三，社会结构因素。社会结构主要指社会的阶级结构或阶层结构，各个族群在社会结构中的位置可能存在制度性或结构性的差别。在一个社会里是否存在界限明显的、悬殊的"族群分层"，对民族关系具有整体性的影响。严重的"族群分层"会导致一个族群的成员有可能把其他族群的成员视为利益和资源的竞争对手。如果在一个国家内部，社会分层与族群分层高度重合，那么这个国家就极易产生民族冲突。

　　第四，经济结构因素。这一因素主要指经济活动类型的异同，如汉族的传统经济活动是农业，蒙古族是草原畜牧业，回族善于经商，当他们相遇共处时，这种差异在土地和其他资源的利用等方面无疑是有影响的，并进而影响民族关系。这种在一定行业或职业上的民族集中或倾斜，甚至形成某种意义上的经济结构中的"民族分工"。①

　　经济结构反映出不同族群在生产力发展水平上的差异。例如，在英国殖民统治马来西亚期间，马来人和华人在居住区域、职业以及经济地位方面存在显著差异。华人多居住在城镇，从事商业活动，拥有较强的经济实力，而马来人多居住在乡村，从事农业劳动，经济实力较弱。马来西亚独立后，在多民族国家的建构过程中，这种经济上的巨大差异（经济失衡）最终导致了民族流血冲突——"5·13"事件。

　　第五，传媒因素。传媒因素既包括本国传媒的民族议题设置，也包括外国传媒的民族议题塑造。本国传媒的作用，能够教育大众，通过大众传播系统以文字、声音、图像等形式向国内民众传播民族政策，潜移默化地影响社会成员。对族群和睦、民族团结的正面报道，会在各族民众中引起十分积极的效果。当然，传媒也有负面作用。有些媒体对于民族冲突具体情节的渲染和族群背景的强调很可能挑动和引发族群之间的仇视与冲突。例如，"书籍、杂志和其他形式的传媒对美国人民传播（种族）偏见、制度化的种族主义，成为美国生活方式的组成部分。"② 美国学者的一项研究

---

① 马戎：《社会学的族群关系研究》，《中南民族大学学报》（人文社会科学版）2004 年第 3 期，第 13 页。

② 〔美〕弗·斯卡皮蒂：《美国社会问题》，刘泰星、张世灏译，中国社会科学出版社，1986，第 86 页。

表明，从 20 世纪 50 年代到 90 年代初期，电视节目中出现的黑人角色从 0.05％ 增加到 17％，但是这些黑人角色不成比例地有很大部分是罪犯；黑人角色的半数属于各类通缉罪犯等，而白人角色中属于罪犯的仅为 10％。①

外国传媒的作用则十分复杂。例如，CNN 等西方主流媒体长期关注中国的民族问题，并极力渲染中国政府对西藏和新疆进行"打压"，突出当地人民反抗的"英雄事迹"，对达赖喇嘛等分裂分子给予同情和支持，歪曲甚至妖魔化中国的现象十分严重。西方媒体报道策略的巧妙性，间接影响了国外民众对中国民族问题的印象。美国等西方新闻报道讲究事实和评论分开，让事实说话，一般不推崇记者掺杂本人的评论，但是从对消息源的分析中可以看出记者的偏好。从消息的来源看，媒体在选取消息源时即使是中性倾向的报道，但其选材绝大多数仍然来自负面新闻，这种状况多反映在民族关系等社会领域的报道中，读者长期在这种基调的报道下了解中国，不可能对中国产生好感或信任感。

国际社会的认知体系是知识与想象、虚幻与真实相交织的认知体系。中国民族关系形象的构成要素有内外两大层面：现实中国和镜像中国。新形势下，国际舆论环境对中国民族关系的影响越来越大，媒体在影响公众认同方面发挥着重大作用。因此，需要充分发挥我国媒体的作用，构建对我有利的国内外民族舆论环境。

最后，是外界因素（国际关系层面的影响因素）。由于利益以及意识形态之争，一些国家认为削弱可能成为"潜在敌手"的国家的竞争力，符合本国的利益。这样，一些国家就可能动用自己的政治影响、外交压力、宣传机器、财政支持甚至武装干涉来直接或间接、公开或暗中支持其他国家的民族冲突。其结果：一是可以通过族群冲突来破坏他国的社会稳定，干扰其正常的经济发展；二是可以鼓动他国少数族群的"民族自决"运动，破坏其国家统一，用内乱和内战来削弱这些国家；三是可以利用以上的机会使这些国家的政府让步，从而在这些国家获取经济利益（获取资源、出售军火、建立公司、推销商品）和政治利益（扶植政治代理人和组织，扩大本国影响），等等。对于任何一个主权国家而言，外部势力如果介入本国政治、经济和族群关系当中，其结果就可能是非

---

① Joe R. Feagin and Clairece B. Feagin, *Racial and Ethnic Relations 5th*, New Jersey: Prentice Hall, 1996, p. 244.

常严重的。①

四　路径选择和策略选择

正常状况下的冲突管理路径包括：（1）民族政策制定；（2）认同管理；（3）民族融合；（4）弱化差异；（5）民族平等；（6）民族语言管理；（7）民族区域自治，等等。

遭遇威胁情境的冲突管理策略包括：（1）认同调控；（2）控制；（3）吸纳；（4）话语塑造；（5）民族自决；（6）外部干预，等等。其中，民族自决、外部干预常常是主权国家不得已而为之的"无奈之举"，虽然表面上避免了冲突，却为国家分裂"埋下伏笔"或使民族问题"国际化"。

（一）冲突管理路径

冲突管理路径是在未遭遇威胁情境下，常态化的政策设计或制度安排。路径选择的结果是路径依赖（Path - Dependence），即人们一旦适应或习惯于某种体制，由于学习效应（Learning Effect）、协调效应（Coordination Effect）、适应性预期（Adaptive Effect）以及既得利益约束等因素的存在，会导致相关群体的认同与行为会沿着既定的政策方向不断得以强化。

民族政策是政府为处理民族关系问题而制定的方针政策。具体来说，民族政策是在一个由不同民族构成的国家中，政府针对少数民族在政治、经济、文化、宗教、教育等方面所制定的制度性安排，即在这个领域所采取的公共政策。② 建构性民族政策、解构性民族政策是两种基本的政策选择，文化化民族关系以及政治化民族关系是两种基本的模式选择。

认同管理的目标是确保民族认同和国家认同之间不出现二元对立的矛盾，为此要避免任何"压服"现象的存在。其中，族群参与是制定目标的最高原则，即民族成员必须明确民族认同与国家认同是不矛盾的，民族成员与国家成员有明确的奋斗目标。认同管理的过程，就是要民族成员就共同目标达成一致、形成共识。总之，认同管理的核心问题就是目标系统能否获得全体成员（包括各民族成员）一致认同的问题。

---

① 马戎：《族群关系变迁影响因素的分析》，《西北民族研究》2003 年第 4 期，第 24～25 页。
② 关凯：《民族关系的社会整合与民族政策的类型——民族政策国际经验分析（上）》，《西北民族研究》2003 年第 2 期，第 117 页。

　　民族融合，即结合、一体化和同化。① 其中，结合就是"几个语言和文化相近的族体融合为一个族类共同体的过程"；一体化就是"语言和文化上根本不同的各个族体之间的导致某些共同特征出现的互相影响"；同化就是"一个族的一些不大的集团（或个别代表）在另一个族当中溶化的过程"②。如何区别民族融合与民族同化，有两种区别方法：一种是把民族的自然同化称为民族融合，强制同化则称为民族同化；③ 一种是把两个以上的民族取长补短创造了更丰富发展的经济文化称为民族融合，一个民族其一部分丧失了本民族特性，接受他民族的特性称为民族同化，它包括自然同化和强制同化。④

　　弱化差异是民族冲突管理的基本路径。差异是自我认同的基础，过分强化差异容易导致冲突。以消极态度来对待民族差异，不断强化民族自我意识、宣扬本民族至高思想、排斥一切外来民族、抵制任何形式的民族文化交融，都会加深民族矛盾。民族矛盾处理得不好，就会成为民族冲突、社会骚动甚至国家动乱、战争爆发的起因，尤其当它被别有用心的本国民族主义狂热分子和境外挑衅势力所夸大之时。因此，对民族差异过分强调、民族情结的过分彰显，人为地扩大民族差异，都是不可取的。⑤

　　实现民族平等，不但要坚持各民族在法律上的平等，而且要努力创造条件以实现各民族在事实上的平等。在实践中，如何理解"事实上的平等"，是落实民族平等理念的核心问题。对此，主流的理论解释是，各民族在法律上的平等是指"机会平等"或"形式平等"，在事实上的平等是指"结果平等"，机会平等是结果平等的前提，而通过针对少数民族实施的各种优惠政策努力消除历史上遗留下来的或者竞争发展中形成的各民族间的差距，则是落实各民族"事实上的平等"或"结果平等"的

---

① 孙进己：《论民族融合的不同类型及中华民族融合的不同状况》，《史学集刊》2003 年第 1 期，第 10 页。
② 〔俄〕IO·B·勃罗姆列伊：《族体和族体过程》，《民族译丛》1983 年第 2 期，第 12 页。
③ 刘锡淦：《试论民族融合与同化》，载翁独健主编《中国民族关系史研究》，中国社会科学出版社，1984，第 180 页。
④ 孙进己：《我国历史上民族关系的几个问题》，载翁独健主编《中国民族关系史研究》，中国社会科学出版社，1984，第 119 页。
⑤ 莫岳云：《马克思主义民族合理论的当代思考——兼论李维汉对民族融合的理论贡献》，《广东社会科学》2011 年第 6 期，第 137 页。

必要措施。①

民族语言管理的核心任务是：在尊重语言具有情感上"文化象征"作用的同时，增进语言所具有的族际之间"交流工具"作用。就国际经验而言，语言政策的目标可以根据光谱的分布，细分为消减、容忍以及推动。见图 1 – 13。

消减　　　　　　容忍　　　　　　推动

图 1 – 13　语言政策的基本目标

（1）消减性的语言政策：就是以处罚的方式禁止某一语言在公开场合甚至私下使用，用意是让使用者觉得该语言是一种负担，转而采取被认可的语言，最后达到语言转移（language shift），即"语言同化"。

（2）容忍性的语言政策：就是保持现状，不刻意去扶助弱势民族的语言，也不刻意扭转跟语言相伴的社会结构性不平等，用意是令其自生自灭。

（3）推动性的语言政策：就是通过积极的方式避免任何语言的消失或处于弱势，包括鼓励私下使用或是确保公开使用而不被歧视。②

民族区域自治是一种协调多民族国家内部民族关系的政策理念。在主权国家内部，自治作为一种群体权利，包含着"自我管辖"（Self – governance）的政治定义，因此，它存在的前提是针对在一定的地理区域内一定的社会群体（Community）。也就是说，区域自治是自治的基本形式，标明了自治的地理界限，而一定的群体是自治的行为主体。在当今世界上，对民族区域自治的"自治权"（Autonomy）界定还缺少一种严格的规范化的概念表述和通用的国际标准。在国际法体系中，少数民族并不天然享有"法定"的自治权利。在国际关系实践中，各国政府都是基于本国民族关系的实际情况而采取了不同形式的"自治"制度安排和权力界限。

（二）冲突管理策略

认同调控、控制、吸纳、话语塑造、民族自决、外部干预，是民族

---

① 李文祥：《我国少数民族农村社区的社会保障统筹研究——以哈尔滨鄂伦春族为例》，《社会科学战线》2010 年第 2 期，第 201 页。

② E. Annamalai，"Language Policy for Multilingualism"，Paper presented at the World Congress on Language Policies，Barcelona，18 – 20 April 2002，http：// www. linguapax. org/congres/plenaries/annamali. html.

冲突管理策略的一般选择。[①] 其中，认同调控是指通过多重身份启动以及削弱类型显著性等方式，消除社会威胁情境，以缓和民族认同与国家认同之间的二元对立状况。社会威胁情境可以引起民族的心理本质论的提升，进而加强民族冲突的参与意向。为此，多重身份启动对于民族的心理本质论与民族冲突意向之间的关系具有调节作用。

控制被视为抑制和缓解民族冲突的基础。"控制"一词本身就意味着当民族冲突发生后为了保持和平使用武力是必要的。在民族冲突发生后，需要运用某些形式的控制来消除安全困境、限制统治其他民族的野心、阻止潜在的民族主义精英。控制实质上是通过胁迫来阻止极端的政治行动，可以分为以下四类。

（1）警力调控：通过对使用暴力行为的惩罚为国家提供安全；

（2）选择性调控：主动地对民族阵线的领导和组织进行惩罚或镇压；

（3）强力调控：通过广泛和系统地使用武力镇压民族行动，不管是暴力的还是非暴力的；

（4）分而治之：通过推行民族内部分化，阻止民族主义运动进一步发展。[②]

毋庸讳言，面对大量的民族间纠纷与冲突，国家专制工具的介入有时是不可避免的。在运用国家专制工具的过程中，既包含法律框架内的针对个体的惩戒，也包含对分裂主义、民族极端主义分子暴力活动、分裂行为的大规模镇压。由于民族问题的敏感性和跨国性，目前国家在处理民族问题上的暴力行为受到了政治、安全以及国际因素等多方面的影响，这种影响很大程度上困扰着国家专政机关和暴力工具施用的合法性。[③]

吸纳是通过一系列的诱惑或安抚使民族的领导人成为和平的支持者而不是反叛的煽动者。吸纳的主要缺陷是其作用的有限性，因为吸纳不能消除冲突产生的根本原因，吸纳的作用通常是减小暴力的范围和程度而不能根本制止暴力。但是，成功的吸纳可以导致组织之间的分歧、降低广泛暴

---

① 相关论述参见严庆《冲突与整合：民族政治关系模式研究》，社会科学文献出版社，2011，第 177～257 页。

② 严庆、青觉：《从概念厘定到理论运用：西方民族冲突研究述评》，《民族研究》2009 年第 4 期，第 99～100 页。

③ 于海洋：《良性治理：维护民族国家体制和化解民族冲突的前提》，《中国民族报》2012 年 1 月 6 日。

力发生的可能性、消减冲突强度。

话语塑造的关键是通过积极的话语引导民族关系。例如，在中国，我们常描述汉族与少数民族的关系是"你中有我，我中有你"；之后，有一种新的表述是"汉族离不开少数民族，少数民族离不开汉族"。就表达的效果而言，前一种描述强调"合二为一"，后一种则突出了"类型显著性"，即在强调两者不同特性的基础上呼吁要"顾全大局"（潜台词是有人想要"离开"）。显然，前一种表述是积极的话语引导，后一种表述则未必产生好的效果。当然，最好的话语描述是"不分你我"。

民族自决是冲突管理的无奈之举。民族自决曾经是特定历史时期的特定现象，有一定的进步意义，但在当代这一原则有被滥用的趋势，其结果是侵犯国家主权这一国际法基本准则。目前，西方有很多学者利用全球化的开放性宣扬民族冲突外部干涉的合法性。这种说法的核心不过是包装过的民族自决权，它用把一个民族的分离权神圣化的方法把其他民族的权利消解了。[1] 宣布独立后的科索沃大规模驱逐罗姆人（吉普赛人）就说明了民族自决原则无限细分后在逻辑与实践当中的不可操作性。

外部干预也是冲突管理的无奈之举。对于力量微弱难以实现冲突管理的政府来讲，外部干预可起到三方面的作用：保护和援助受政府迫害者；改变力量的平衡，使一个民族能够实现自我保护（如分治）；更换政府，按照自己的意愿在多个民族之间实现和平。[2] 有积极的外部干预，如联合国维和行动对冲突地区民族问题的处置，也有消极的外部干预，如北约等军事组织对利比亚、叙利亚等国反对派的公开偏袒与支持。

以上抑制或消除民族冲突的策略既有单独使用的价值，也通常会被组合起来，发挥综合效力。但整体来看，这些措施着眼于如何抑制民族冲突，而没有切中解决民族冲突的实质。解决民族冲突的实质在于实现民族的真正平等，即以民主的方式解决民族问题，建立真正地有利于促进民族关系的民族共同体认同。民族冲突管理技巧性和技术性的改进并不能换取真正的、积极的民族和解，只有将管理的技巧与民族平等、共同发展的治理价

---

[1]　于海洋：《良性治理：维护民族国家体制和化解民族冲突的前提》，《中国民族报》2012年1月6日。

[2]　严庆、青觉：《从概念厘定到理论运用：西方民族冲突研究述评》，《民族研究》2009年第4期，第100页。

值结合起来，才会有效地化解民族冲突。① 此外，有学者系统地梳理了 28 个国家针对 31 种民族分裂势力的主要做法，做法如下。

（1）严打。28 个国家里面有 21 个国家对民族分裂活动动用了军队，还有 5 个国家使用了警察。当然，严打可以削弱分裂势头，但不能从根本上解决问题。另外，严打取得好效果，需要具备以下三个条件。第一，要准确判断各种状况，包括外部势力的介入方式、内部分裂势力的能力、分裂势力在国内外的种种权利等。第二，要顶住国外各种干预势力的压力。第三，要师出有名，有理有节。

（2）谈判。谈判是严打难以奏效后，政府所采取的无奈的选择。谈判的效果难以持久的原因主要在于：第一，难以就原则问题达成共识，分歧依旧。一个要分裂，一个要统一，这样的原则问题很难找到一个中间的契合点。第二，达成的协议很容易被搁浅或者发生变动。第三，政府和分裂势力之间缺少制约机制。第四，分裂势力本身发生分化。政府同主要的分裂力量谈判后签订协议，但是，这一结果往往会遭到极端分裂势力的抵制。

（3）加强立法。在多数国家和地区，立法方式很难奏效，因为分裂势力的最终目标是要分裂国家，他们对于政府通过的法律和法令，根本不会放在眼里。西方国家更注重通过法律问题解决民族问题，如美国《反脱离联邦法》、加拿大《清晰法案》等。

（4）国际合作和周边合作。加强国际合作、强化与周边邻国的地区合作是相辅相成的。在接壤地区，跨界民族、跨界宗教等因素使发生分裂活动的国家和邻国的关系非常密切，要充分利用外交途径促进民族问题的解决。

（5）引导国际舆论。要掌握在民族问题上的国际话语权。

（6）加强存在分裂问题地区的综合治理。这一条实际上有两点：第一，"综合"是关键。加快经济社会发展、提高居民生活水平只是条件之一，并不能从根本上解决分裂问题。所以，不能指望用经济援助等方式来彻底解决民族问题。第二，"综合治理"是根本。在发展经济的同时，必须强化公民意识和国家意识。社会发展不仅包括经济发展也包括人意识的发展，这

---

① 严庆、青觉：《从概念厘定到理论运用：西方民族冲突研究述评》，《民族研究》2009 年第 4 期，第 100 ~ 101 页。

往往需要几代人的不懈努力。

（7）利用分裂势力的内部矛盾。

其结论是：发生民族分裂问题的国家基本上是多民族国家，而多民族国家对于民族分裂问题的做法无非就是打、拉、挤、压，但是不同国家采取类似措施的收效是不一样的，而且差别很大，关键原因是国力强弱所起的作用不同。

（三）身份延伸与削弱类别显著性

"身份"标志着一定的社会地位、社会阶层、社会归属。一个特定社会身份的形成，不仅是基于共同利益，还包括深植于成员内部的文化联结和组织联结。人类社会的个体无一幸免地被冠以某种"身份"符号。民族身份是身份的一种特殊形式。民族身份的特殊力量在于它具有使人们成为整体的潜能——它能超越其他种种忠诚和责任而成为身份的唯一基础。

对于"民族"持有本质化的信念是民族冲突发生的最根本因素，社会威胁情境因素则对民族冲突的发生起到了导火索的作用，而民族身份延伸则能对心理本质论与民族冲突参与意向起到一定的缓冲效应。见图1-14。

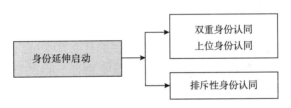

图1-14　身份延伸战略

民族的心理表征是个体层面的变量，身份延伸是群体认知层面的变量，而情境因素是社会环境层面的变量。身份延伸启动的目的是，从个体水平、群体水平和社会环境水平的整合视角来协调民族冲突管理的内在机制，进而从个体、群体和社会情境的多水平变量来促进民族关系的发展与融合。[①]

身份延伸的理论基础是"多样认同"的存在。"多样认同"（multiple identities），理论认为，认同选择不只是平行的现象，而是一种复合存在的多层次结构，彼此并不必然会在认同选择的过程中出现冲突。尤其，在异族通婚现象普遍发生的社会事实背景下，"多样性认同"、"复合性身份"都是客观存在的事实。

---

① 刘力、杨晓莉：《民族冲突的社会心理机制》，《心理科学进展》2011年第6期，第807页。

　　1998 年的诺贝尔经济学奖获得者阿玛蒂亚·森（Amartya Sen）指出，当代世界冲突或潜在冲突的一个主要来源就是人们认为只能按照宗教或文化对人类进行单一分类，如果他们能够进行多重再分类，冲突将会大大减少。[①]

　　阿玛蒂亚·森 1933 年出生于印度桑蒂尼喀坦的一个教育世家。森的教育观念正式成型于维斯瓦巴拉蒂大学（由罗宾德拉纳特·泰戈尔创建）。这所学校注重激发和培养学生的求知欲。另一方面，该学校开设的课程既保留了印度自身文化与科学方面的优秀遗产，同时也包容了世界上其他国家的优秀文化。在森的青少年时期，即整个 20 世纪 40 年代，印度遭受了一场由宗教政治家煽动的大屠杀。人们的身份突然之间从印度人转变为印度教徒、穆斯林和锡克教徒，并伴随着大规模的屠杀和非理性的行为。这种由民族分裂造成的不安记忆使森对身份的理解有了最初的感性认识。而一位闯入森家中求救的穆斯林男子给年幼的森留下的记忆不仅是惊慌，更有关于身份与暴力的最初的理性思考。

　　这名穆斯林男子虽然一再受到其妻的告诫，在公众骚乱期间不要去动乱的地方，但是，由于家人已经没有任何可以吃的，他不得不到印度教徒居住的地区寻找工作以赚取收入，但不幸遇刺并最终身亡。这一深刻的亲身经历使森意识到狭隘定义的身份所具有的危害。极端贫困下的经济不自由可以使一个人成为其他形式不自由的无助的牺牲者：如果那名穆斯林男子的家计能够维持的话，他就不必为了寻求收入而在骚乱的日子去动乱地区。

　　特殊的成长经历以及对民族冲突的独特理解，使阿玛蒂亚·森提出了"再分类策略"，这一策略正是通过延伸类别身份来削弱类别显著性的方式。其中，"共同内群体认同模型"（Common Ingroup Identity Model）认为，当个体将原来的两个分离群体的认知表征改变为一个包摄水平更高的上位群体时（例如，由印度教徒、穆斯林和锡克教徒的认知表征改变为"印度人"的认知表征；由"藏族人"与"汉族人"这样的认知表征改变为"中国人"的认知表征），原来内群体的积极评价和对外群体的消极评价就会在更抽象而不是更具体的水平上理解加工，从而有助于减少偏见与冲突。

　　[①]　Amartya Sen, *Identity and Violence: The Illusion of Destiny*, New York: W. W. Norton & Company, 2006. 转引自刘力、杨晓莉《民族冲突的社会心理机制》，《心理科学进展》2011 年第 6 期，第 804 页。

但当类别对于某群体来说非常重要时，这些群体会因为身份的削弱而知觉到身份威胁。[①] 因此，这时应该建立双重认同。双重认同模型（Dual Identity Model）认为，个体形成把两个亚群体再分类为"上位群体 + 亚群体"的这种双重认同的表征时（如加拿大魁北克人、中国藏族人等），最有可能减少族群间偏见与冲突。[②] 但是，并不是所有个体都能成功地实现身份的框架转换或身份延伸。藏族人和汉族人共属于中华民族大家庭，具有共同的上位身份，即"中国人"。但是，当启动了"中国人"或者"中国藏族人"这一上位身份和双重身份时，不总能够有效缓解心理本质论对民族冲突的影响作用。[③]

以往研究发现，高度本质化的民族，不太可能采用新的国家认同作为其自我概念的一个重要部分。例如，有学者考察了澳大利亚土著人对亚裔移民的态度。他们发现，对于持心理本质论的个体来说，往往难以实现对外群体的心理表征转换到包摄水平更高的上位群体表征（澳大利亚人）的认知重组，他们往往在排斥性认同（澳大利亚土著人与亚裔人）水平上来看待群际关系。因此，群际关系更消极；同时，相比持社会建构论的个体，持有本质论的个体不太可能采用上位的国家认同作为其自我概念的一个重要部分。[④] 可见，身份延伸是民族冲突管理的路径之一，而不是唯一。

身份延伸也有其现实的合理性和操作性。例如，美国十年一次的人口普查在 2000 年发生了变化，人们第一次可以在调查表中填上其所有种族/民族归属，即对多重种族/民族归属的认可。这样，美国人口普查局（Census Bureau）就能够更好地了解美国异族通婚的程度，而且可以就此弱化任何僵化和功利化的族群选择。事实上，早在 1997 年，美国管理与预算办公

① Samuel L. Gaertner, John F. Dovidio, *Reducing Intergroup Bias: The Common Ingroup Identity Model*, Philadelphia: Psychology Press, 2000; R. Gonzalez, R. Brown, "Dual Identities in Intergroup Contact: Group Status and Size Moderate the Generalization of Positive Attitude Change", *Journal of Experimental Social Psychology*, Vol. 42, No. 6, 2006, pp. 753 – 767.

② K. Dach – Gruschow, Y. Hong, "The Racial Divide in Response to the Aftermath of Katrina: A Boundary Condition for Common Ingroup Identity Model", *Analyses of Social Issues and Public Policy*, Vol. 6, No. 1, 2006, pp. 125 – 141.

③ 刘力、杨晓莉:《民族冲突的社会心理机制》,《心理科学进展》2011 年第 6 期, 第803 ~ 808 页。

④ B. Bastian, N. Haslam, "Immigration from the Perspective of Hosts and Immigrants: Roles of Psychological Essentialism and Social Identity", *Asian Journal of Social Psychology*, Vol. 11, No. 2, 2008, pp. 127 – 140.

室（Office of Management and Budget）批准一项指令，即人们可以填上自己所有的种族/民族归属。

有学者提出了"类别区分模型"（Model of Category Differentiation）。他们认为，对人的分类会使知觉者夸大社会类别之间的差异性，即"群际加重效应"（Accentuation of Interclass Effect），也会使其夸大类别内的相似性，即"群内加重效应"（Accentuation of Intarclass Effect）。[①]"类别区分模型"蕴含的一个假设是：在任一维度上的分类都会加强群际差别，分类差别又会导致群际偏见。见图 1 – 15。

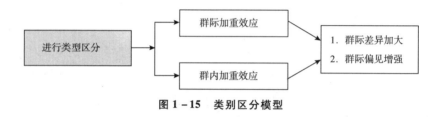

图 1 – 15　类别区分模型

既然加强类别显著性（salience）可以加强偏见，那么，削弱类别显著性应该也会改善群际关系。两分法的这种逆效应形成了群际关系改善的逻辑基础。对我们的启示是，在民族冲突管理中，不要人为地进行或强化类型区分，不要总是习惯性地强调"你我"，在话语表述和政策制定上，"我们"比"你我"更能够削弱类型显著性。

---

① W. Doise, J. C. Deschamps, G. Meyer, "The Accentuation of Intra – category Similarities", in H. Tajfel, ed., *Differentiation between Social Groups Studies in the Social Psychology of Intergroup Relations*, London: Academic Press, 1978, pp. 159 – 168.

第二章
民族冲突的类型与原因分析

> 无产阶级不能支持任何巩固民族主义的做法，相反的，它支持一切有助于消灭民族差别、消除民族隔阂的做法，支持一切促使各民族之间的联系日益紧密和促使各民族融合的做法。
>
> ——列宁

秩序和冲突是民族关系的两大特征，犹如天平的两端。但是，冲突似乎总是占据明显的位置。① 因此，如何消除民族间的冲突或者把冲突降至最低是每个国家不可回避的话题，也是国际社会的核心议题。冷战结束后，各种民族主义纷纷复兴，寻求着民族的认同和尊严。② 据统计，仅 20 世纪 90 年代的 10 年间，世界上就有 53 个国家和地区发生了民族冲突，149 个国家和地区中有 112 个存在民族问题隐患。目前有 233 个不安分的民族或族群正在要求自决。③ 对此，安东尼·史密斯指出，"一种'狭隘'的、有分裂倾向的民族主义成为当代最大的政治危险源，而族裔（ethnic）与民族

---

① 〔美〕马丁·N. 麦格：《族群社会学》，祖力亚提·司马义译，华夏出版社，2007，第 91 页。

② 〔英〕爱德华·莫迪默、罗伯特·法恩：《人民·民族·国家——族性与民族主义的含义》，刘泓、黄海慧译，中央民族大学出版社，2009，第 144~159 页。

③ 〔英〕爱德华·莫迪默、罗伯特·法恩：《人民·民族·国家——族性与民族主义的含义》，刘泓、黄海慧译，中央民族大学出版社，2009，第 144~159 页。

认同仍然是各地高度紧张敏感的政治话题。"①

第一节　民族冲突的类型分析

　　根据其激烈或公开程度，民族矛盾可以区分为民族隔阂、民族不和、民族纠纷、民族冲突、民族对立、民族战争等。在有民族隔阂的状态下，不同民族的成员相互之间对对方思想和行为方式的状况不了解，彼此抱有偏见甚至相互歧视，在日常社会生活中互不往来或在彼此交往中存有很强的戒心，不能相互信任。民族隔阂与民族不和是紧密相连的，一定程度的民族隔阂必然造成民族不和，而民族不和反过来又会加深民族隔阂。在民族不和的情况下，不同的民族不能和睦相处，民族之间经常发生争执即纠纷。民族纠纷有可能围绕政治权力、统治地位而展开，也有可能为了经济资源、物质利益而进行，还有可能因信仰不同、风俗各异而发生。严重的民族纠纷常常伴随着民族之间激烈的争斗，也就是民族冲突。长时间、高烈度的民族冲突（民族械斗、民族骚乱等）的结果是民族对立，甚至民族战争。由民族隔阂、民族不和到民族纠纷，再到民族冲突及民族战争，构成了一个民族矛盾逐步升级的序列。② 见图 2 - 1。

| 民族隔阂 | 民族不和 | 民族纠纷 | 民族冲突 | 民族对立 | 民族战争 |

图 2 - 1　民族矛盾逐步升级的序列

　　需要强调的是，国内外学术界对于"民族矛盾"与"民族冲突"的关系有不同的看法。西方学者对"冲突"概念既有作限制解释的，也有作宽泛解释的。根据限制的解释，"冲突是一方企图剥夺、控制、伤害或者消灭另一方并与另一方的意志相对抗的互动；真正的冲突是一场战斗，其目标是限制、压制、消灭，否则将受到对方的伤害。"③ 在此意义上，民族冲突是民族矛盾发展的结果或激烈的表现。按照宽泛的解释，冲突是表示"有

　　① 〔英〕安东尼·史密斯：《全球化时代的民族与民族主义》，龚维斌、良警宇译，中央编译出版社，2002，第 2 页。
　　② 唐鸣：《民族矛盾概念分析》，《高等函授学报》（哲学社会科学版）2000 年第 4 期，第 3 页。
　　③ 〔美〕罗宾·M. 威廉：《社会秩序和社会冲突》，转引自〔美〕乔纳森·H. 特纳《社会学理论的结构》，吴曲辉等译，浙江人民出版社，1987，第 212 页。

明显抵触的社会力量之间的争夺、竞争、争执和紧张状态"①。因此，很多学者把民族冲突作为民族矛盾的同义语。

一　民族冲突的基本特征

按照俄罗斯学者 B. A. 季什科夫的说法，"民族冲突是一定程度上的社会抵抗，是有组织的政治行为、社会运动、群众性的骚动、分离主义行动，甚至是内战，其对抗是发生在民族的一致性范围内。"② 从解决现实问题的需要出发，西方学者对于民族冲突概念的关注主要集中于民族性、群体性、敏感性和暴力性四个方面。

（1）民族性：民族冲突必须发生在民族与民族之间或民族与主权政府之间，民族冲突中至少有一方是民族。③

（2）群体性：民族冲突是一种群体冲突或集体暴力，冲突方个体数量必须累加到一定的规模，而且冲突牵扯到相关民族的整体行动，民族成员或是直接参加，或是间接支援。

（3）敏感性：在族际交往中，每个民族的成员都特别在乎或关注自己民族的民族身份、社会地位和各项权利，尤其在乎别的民族如何看待自己民族的语言文字、风俗习惯、宗教信仰等涉及自身民族情感方面的问题。实际生活中，常常因这些问题得不到别的民族成员的尊重而引发矛盾冲突，有的甚至直接上升为族际间的战争。究其原因，就是因为这些问题对于一个民族来说，过于敏感。

（4）暴力性：相关的民族或民族成员往往通过极端甚至恐怖暴力的方式寻求国际关注、寻求相关问题的解决。尽管有学者将民族冲突具体划分为暴力冲突和非暴力冲突，但令人关注的还是民族冲突的极端性，即暴力冲突。

较早的人类学、社会学研究并没有着意关注民族冲突以及民族冲突管理研究，到了 20 世纪 90 年代末，民族关系冲突研究才成为比较政治学关

---

① 〔德〕拉尔夫·达伦多夫：《工业社会中的阶级和阶级冲突》，斯坦福大学出版社，1957，第 135 页。转引自唐鸣《民族矛盾概念分析》，《高等函授学报》（哲学社会科学版）2000 年第 4 期，第 3 页。

② 张俊杰：《俄罗斯避免民族纠纷与冲突的法律机制》，《辽宁大学学报》（哲学社会科学版）2008 年第 1 期，第 147 页。

③ Daniel L. Byman, *Keeping the Peace, Lasting Solutions to Ethnic Conflicts*, Baltimore and London: The Johns Hopkins University Press, 2001, p. 3.

注的主题。这些研究主要关注的是种族灭绝（主要涉及欧洲的排犹主义、纳粹主义），种族骚乱（美国 20 世纪 60 年代的民权运动、非洲裔美国人的种族骚乱等）和非洲国家的部落、民族冲突（从 20 世纪 60 年代非洲独立运动开始，一直持续的部落冲突和民族冲突），民族分离主义引发的与政府的冲突以及民族复国主义等。这些研究的个案性特征非常明显。① 当时的学者主要是想从已经发生的民族冲突中总结经验教训，以探求进行民族冲突管理的有效方法和政策。

　　冷战之后，民族冲突才真正开始进入国际关系、安全研究领域。此类研究关注的重点是对集体暴力的研究，主要围绕冲突中的情感、认同等因素。其中，集体暴力的控制是比较新的研究领域。霍洛维兹（Donald Horowitz）对 40 多个非洲国家自 1965 年以来发生的致命民族冲突进行了动态和静态研究，提出了民族致命暴力的概念。他将民族致命暴力界定为民族之间的大规模暴力，以民族为界限判定进攻对象，形式有种族灭绝、私刑、帮派攻击、暴力打斗、恐怖主义和内部战争；特征是时间、空间上的不确定性，相对的自发性，按民族身份划分对立方，民族之间的反感和仇视极其强烈，经常无端杀害对方，双方采用大致相同的手法。②

二　民族冲突的主要类型

　　丹尼尔·拜曼（Daniel L. Byman）认为，民族冲突主要有两种类型：民族与民族的冲突，民族与政府的冲突。他还认为，国内冲突，尤其是民族和派系冲突，是世界上暴力的主要形式，比国家之间的战争还血腥。而且民族冲突比国家之间的战争更加难以用谈判的方式解决。③ 同样，威尔玛·多纳威（Wilma A. Dunaway）在《现代世界体系中的民族冲突》中将民族冲突描述为两个方面：民族与民族之间的暴力对抗；民族与政府之间

---

①　严庆、青觉：《从概念厘定到理论运用：西方民族冲突研究述评》，《民族研究》2009 年第 4 期，第 97 页。

②　Donald Horowitz, *Ethnic Groups in Conflict*, Berkeley: University of California Press, 1985. 转引自严庆、青觉《从概念厘定到理论运用：西方民族冲突研究述评》，《民族研究》2009 年第 4 期，第 96 页。

③　Daniel L. Byman, *Keeping the Peace*, *Lasting Solutions to Ethnic Conflicts*, Baltimore and London: The Johns Hopkins University Press, 2001, p. 2.

的政治性、集体性对抗。①

　　由此可见，民族冲突具有两种不同的表现形式（范畴），第一类概念强调民族冲突发生在民族与民族之间，即民族冲突是发生在两个或多个民族之间关于政治、经济、文化、社会或领土等问题的争执或冲突。② 第二类概念强调民族冲突发生在民族与国家之间。在当今国际关系体系中，民族冲突的发生、发展与解决都离不开主权国家这一具有现代合法性的政治单元。

　　以"是否整体性对抗"为标准，可以把民族冲突的类型分为整体性民族冲突和非整体性民族冲突两大类。所谓整体性民族冲突是指民族多数成员介入民族矛盾关系，斗争对象不是指向对方少数人，而是指向对方全体人员，因此整体性民族冲突不易化解，其中部分民族成员之间的和解是无效的，必须实现整个民族之间的和解才能从根本上化解冲突。例如，在中南半岛，缅甸若开邦"罗兴伽"穆斯林（缅甸官方称之为孟加拉裔人）与信奉佛教的若开族人的民族冲突，有从非整体性民族冲突向整体性民族冲突演进的趋势。2012 年 6 月，若开邦发生了"罗兴伽"穆斯林与信奉佛教的若开族人的暴力冲突，并于同年 10 月再次爆发冲突，共造成了数百人死伤。2013 年 3 月 20 日，缅甸中部的密铁拉市再次引发穆斯林与佛教徒的暴力事件，造成 40 人死亡。此外，在不受管制的网络媒体上，充斥着互相指责对方进行"民族清洗"的阴谋论，以及对方侮辱自己宗教的各类信息。这些未经核实的信息，助长了缅甸若开邦两个民族间的怀疑与仇恨，最后导致了全国性的穆斯林与佛教徒之间的暴力冲突。

　　2013 年 4 月 22 日，人权观察组织发布了《你能做的只有祈祷：缅甸若开邦针对罗兴伽穆斯林的危害人类与种族清洗罪行》的报告，指责缅甸政府纵容及参与对若开邦"罗兴伽"人进行的包括杀害 28 名儿童的罪行。缅甸官方立即进行了驳斥，表示绝不接受这份报告。根据若开邦骚乱调查委员会的报告，2012 年的两次冲突共造成了 192 人死亡（若开族 58 人、"罗兴伽" 134 人）、265 人受伤（若开族 148 人、"罗兴伽" 117 人）、8614 栋

---

① Wilma A. Dunaway, "Ethnic Conflict in the Modern World – System: The Dialectics of Counter – Hegemonic Resistance in an Age of Transition", *Journal of World – Systems Research*, Vol. 9, No. 1, 2003, pp. 3 – 34.

② Montserrat Guibernau, John Rex, *The Ethnicity Reader*: *Nationalism, Multiculturalism and Migration*, Cambridge: Polity press, 1997, p. 81.

房屋被烧毁（若开族 2055 栋、"罗兴伽" 6559 栋），还有 32 座清真寺及 22 座佛寺被烧毁、超过 10 万人无家可归。

穆斯林与佛教徒之间的冲突在缅甸有复杂的历史、政治等原因。若开邦位于缅甸西部，根据 2011 年的统计，共有人口 330 万；除有若开族以及若开族的 6 个分支外，也有大量的孟加拉裔（即"罗兴伽"人）居住；以宗教信仰区分，有佛教徒 2333670 人（占 69.9％）、伊斯兰教徒 968218 人（占 29％）、基督教徒 25206 人（占 0.75％）、印度教徒 8670 人（占 0.26％）以及多神信仰 2905 人（占 0.09％）。若开邦在历史上曾是独立国家，经历了四个朝代。历史上与孟加拉等南亚地区交流频繁。所谓"罗兴伽"人就是来自孟加拉地区的穆斯林，是缅甸目前最大的一个穆斯林群体，也是一个无国籍、无民族身份的特殊群体。①

1942 年，当日本进攻缅甸、英国向印度败退时，在英国的示意下，"罗兴伽"人在若开进行了大规模的民族屠杀活动。难以计数的若开族人被屠杀。从此，两个民族之间结下了"深仇大恨"。自缅甸于 1948 年获得独立以来，"罗兴伽"人曾多次努力加入缅甸民族行列之中，但未获得承认。1978 年 4 月，时任缅甸领导人奈温将军发动代号为"龙王"的军事行动，对若开邦的"罗兴伽"人进行打击和驱逐，迫使 20 多万"罗兴伽"人逃往孟加拉国。但由于孟加拉国的抗议，以及联合国的干预，迫于压力，同年 10 月缅甸又召回逃至孟加拉的"罗兴伽"人。不过，其公民身份始终未有明确认定，被联合国定为"难民"。

穆斯林与佛教徒的冲突，不仅对缅甸的社会稳定造成了破坏，对国内的政治及外交也形成了较大的影响。昂山素季 2012 年 6 月首次出访泰国时，正值若开邦冲突爆发。她随即在泰国接见了穆斯林代表，并提出了"多数人应照顾少数人"的言论，但受到国内极端民族主义者的批评。这也是她首次受到来自"前军政府"以外的、民间的批评。2012 年 10 月，伊斯兰会议组织提出在缅甸成立联络处。消息传出后，缅甸各地出

---

① 缅甸政府并不承认有"罗兴伽"这个民族，也不承认该族群是缅甸"原住民"，而是认为该族群是孟加拉裔人。根据缅甸 1982 年的公民法规定，自 1823 年前即生活在缅甸的民族被认为是"原住民"，原住民可自动获得缅甸公民身份。关于罗兴伽人进入缅甸的时间，有很大的争论：西方主流意见认为，罗兴伽人在缅甸居住已有 1300 多年的历史。但缅甸学界和政府认为，所谓的罗兴伽人是在 1826 英国通过第一次侵略战争占领了若开邦后，迁移至缅甸的孟加拉穆斯林。缅甸官方认为，"罗兴伽"在孟加拉语里只是指"去若开居住的人"，因此不能算是民族的称谓。

现多起佛教僧侣与民众的抗议游行，随后总统宣布拒绝伊斯兰会议组织建立联络处的要求。与穆斯林的冲突影响到了缅甸外交人员的安全。一些激进的伊斯兰组织曾宣布要对缅甸进行"圣战"。2013 年 5 月 8 日，印尼反恐警方获得消息，有 3 名男子企图袭击缅甸驻印尼大使馆，印尼警方提前包围了嫌犯藏身的民房，并爆发 7 小时激烈枪战后，将 3 人击毙，并逮捕了 1 名嫌犯。

以"是否主体民族参与"为标准，可以把当代民族冲突类型划分为主体性民族冲突和非主体性民族冲突两大类。前者的参加者是主体民族，后者则是非主体民族。所谓主体性民族冲突是指卷入冲突的是相关国家的主体民族，不仅其人数比例占多数甚至是绝大多数，而且对国家各项政策具有重要影响。所谓非主体性民族冲突是指传统所说的少数民族参与的冲突。由于当今世界多数国家是多民族国家，两个国家之间的主体性民族冲突并不意味着两国公民的整体冲突。当今世界，很少发生两国国民的整体冲突。因此，主体性民族冲突是当今世界表现力最强的民族冲突。见表 2 - 1。

表 2 - 1　民族冲突类型与严重程度

	主体性民族冲突	非主体性民族冲突
整体性民族冲突	+ + +	+ +
非整体性民族冲突	+ +	+

注："＋"号的数量表述冲突的烈度。

也有学者把民族冲突划分为如下三种类型：主体性民族冲突、分割性（或跨界性）民族冲突、移民性民族冲突。

第一种类型是主体性民族冲突。有两种情形，一种是双方均为主体民族的冲突，另一种是单方为主体民族的冲突。前一种是指那些两个或两个以上国家或地区的主体民族之间形成的民族冲突。中东地区巴以冲突、克什米尔地区的印巴冲突（实际上是信仰印度教的印度人和信仰伊斯兰教的巴基斯坦人在克什米尔地区的冲突）等都属于这种类型。另一种情形是，冲突中只有一方是主体民族，其他方则是非主体民族。斯里兰卡的僧泰冲突属于这一种，僧伽罗族是斯里兰卡的主体民族，泰米尔族则不是斯里兰卡的主体民族。在主体性民族冲突中，由于参加者是双边或一边国家中的主体民族，所以此类民族冲突多数具有整体性对抗的性质。

第二类型是分割性（或跨界性）民族冲突。跨界民族并不必然酿造跨界民族冲突，导致跨界民族问题的重要根源还在于国家民族政策的失误，从而造成（跨界）民族的向心力大于或高于国家的向心力的局面。① 分割性民族冲突多数属于非整体性对抗类型，极少数才在一定时期内具有一定程度的整体对抗性。比较典型的分割性或跨界性民族冲突是库尔德人问题，跨界于土耳其、伊拉克、伊朗和叙利亚四国。② 具体来说，跨界民族可以划分为下述三种类型。

（1）双边主体跨界民族：指原来疆域连成一片的同一民族由于后来被国家政治分隔，虽然分属于不同国家，但其在双边依然是两国的主体民族或占多数的民族，如曾经的东西德国和今天的朝鲜、韩国。

（2）单边主体跨界民族：指那些分属不同国家的同一民族在某一国是主体民族，在其他国家是非主体民族。如中朝两边的朝鲜民族、爱尔兰和英国之间的北爱尔兰人、巴基斯坦和阿富汗的普什图人、肯尼亚和索马里的索马里人，等等。

（3）双边均非主体的跨界民族：指在双边国家都不是主体民族的同一民族群体。如中缅的拉祜民族，非洲尼日利亚、尼日尔、喀麦隆和乍得的卡努里人，等等。③

第三种类型是移民性民族冲突。这种类型一般是非整体对抗性的，属于局部性冲突。民族移民与原居民的关系至少有两种情形：一种是散居移民与原居民的关系，这种类型移民的主要任务是融入所在国的主流社会，所以其民族关系主要表现为如何和睦相处，而不是怎样冲突对立。第二种情形是移民聚居在一起，在所在国形成新的民族集团。第二种情形远比第一种情形容易发生民族摩擦，但不必然导致民族冲突。④

三　民族冲突的极端类型：民族分离主义

民族分裂的结果包括民族分离和民族分立。其中，民族分离主义是民族冲突的极端类型。民族分离主义旨在"使一个族类或文化集体实现政治团结、通过获得这种团结为这个集体争取到一种合法的主权和自治

---

① 曹兴：《跨界民族问题及其对地缘政治的影响》，《民族研究》1999 年第 6 期，第 8 页。
② 王志平：《硝烟中的沉思》，中国社会科学出版社，2003，第 80 页。
③ 曹兴：《跨界民族问题及其对地缘政治的影响》，《民族研究》1999 年第 6 期，第 7 页。
④ 曹兴：《全球化中最严重族教冲突的根源与出路解析》，《河北师范大学学报》（哲学社会科学版）2009 年第 1 期，第 39~40 页。

地位"①，一味想要创造一种族群、语言与国家领土一致重合的民族国家。②
民族分离主义的目标是：从现存的主权国家中分离出一部分领土建立自己
独立的国家。民族分离成功的标志：新政权为国际社会大多数国家正式承
认并成为联合国正式会员国。③ 见表 2 - 2。

表 2 - 2　民族分离主义的基本内容

具体表现形式	产生原因	危害性
1. 通过恐怖主义方式寻求独立或国际关注、国际干预； 2. 在其主导地区的全民公决后宣布独立； 3. 主张分离主义的政治力量经过选举执政后宣布独立。	1. 少数民族感觉受到不同形式和不同程度的歧视，在最极端的情况下甚至有种族灭绝的遭遇； 2. 对统治民族以国家主体建设为由推行的同化政策有强烈的抵触，或者对保持本民族的文化传统和共同体认同的前景忧虑重重； 3. 境外因素，如邻国中生活着相同的民族因而追求共同的民族统一，或是得到其他国家出于特别政治目的的鼓动与支持； 4. 少数民族群众受到具有政治野心的民族主义领导人的煽动。	1. 直接挑战国家主权与领土完整原则，而这些原则至今仍是国际关系的基本准则； 2. 分离主义导致的冲突有可能引起外部干涉，特别是人道主义干涉，从而导致国家间战争； 3. 分离主义挑战的是现存的主权国家，当事国政府一般都视分离要求为非法行为，从而在当事国内部引发多种形式的社会冲突。

　　就国际关系而言，民族分离的结果涉及国际社会对国家的承认。国家
产生的场合也是多种多样的，归纳起来，在下列几种情况下发生对国家的
承认问题。

　　（1）独立：在那些原来处于殖民地或附属国地位的民族，为求得民
族解放，根据国际法的民族自决原则，通过武装斗争或其他方式，推翻
殖民统治，摆脱宗主国的束缚，取得独立，成为新国家时，出现对新国
家的承认问题。这种场合多发生在第二次世界大战后，特别是 20 世纪
60、70 年代。

　　（2）合并：指两个及两个以上的独立国家通过协议合并为一个新国家。

---

① 〔西〕胡安·诺格：《民族主义与领土》，徐鹤林、朱伦译，中央民族大学出版社，2009，
第 2 页。

② 〔英〕埃里克·霍布斯鲍姆：《民族与民族主义》，李金梅译，上海人民出版社，2006，第
165 页。

③ 朱毓朝：《国际法和国际政治中的分离主义》，《国际政治科学》2005 年第 2 期，第 72
页。

（3）分离：指一个主权国家的一部分与母国脱离，成为一个新国家。现存国家对这种场合产生的新国家的承认往往都十分慎重，无论是过急的承认还是过迟的承认都可能造成困难的局面。在分离的场合，一般认为只要母国对新国家的存在已给予明示或默示的承认，现存国家就不必再为承认的时机担心了。

（4）分立：分立或解体是指一国的几部分分别独立成为几个新国家。与分离不同，分立后，原来的国家不复存在。① 见图 2 - 2。

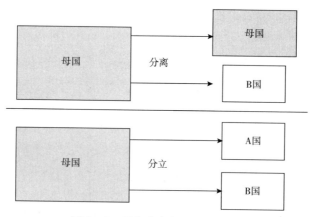

图 2 - 2　民族分离与分立示意图

在当今国际法框架内，分离权利不是绝对的单方面权利，而应该是"共识权利"。分离权利也是一种"补救权利"。这种权利是一种在当事国政府违背或破坏民众利益、人民基本权利被强行剥夺的情况下，对民众来说作为最后补救行为的权利。使用这种权利的前提条件是：当事国政权是引起分离问题的罪魁祸首，并且没有任何改正的迹象，而且其他和平协商解决问题的方式都已经穷尽。

显然，分离权利是一种严格限制的特别权利，是一种"万不得已"的选择。对于当事国政府来说，如果其在法律制度和政治安排上有维护民族平等、保护少数民族基本权利的政策，就没有理由援引分离权利。即使少数民族以全民公决的方式表达了分离的集体愿望，在法律上当事国政府也可以拒绝承认分离主义的要求。例如，面对魁北克公投独立的意愿，加拿大前总理克雷蒂安坚定地说："加拿大人民过去太谦让了。我们已让魁省进

① 　王铁崖主编《国际法》，法律出版社，1999，第82~83页。

行了两次公民投票，我们绝不会让他们再搞下去了"，"百分之五十加一票就可以分裂一个国家？这不是民主。"[①] 当然，所有这些原则的前提条件必须是当事国政府不是殖民主义政权，不是外国占领政权，不是种族主义政权。一般认为，任何来自外界鼓励和支持一国民族分离的行为，是对该国内政的干涉，是不合法的。但如果一个国家之内出现种族仇杀，特别是种族灭绝，国际社会有可能考虑进行人道主义干涉。就全球经验而言，国际社会对待分离主义的态度可以概括为以下四种。

（1）国际法不支持单方面的分离行为。

（2）在绝大多数情况下，外界干涉力量对分离主义的支持一般小于当事国政府对分离主义运动的管理力量。

（3）分离成功的历史经验表明，外界干涉几乎是必要条件。主权国家拒绝少数民族分离要求的政府行为，并不构成外界干涉的法理基础。

（4）从国际惯例来看，如果必须在分离主义和主权国家的领土完整两者之间选择其一，国际惯例总是选择支持国家主权与领土完整，而且承认当事国政府在代表全体民众利益的条件下拥有反对分离主义的政治合法性。

民族分离主义的主要危害是造成国家分裂以及持续的民族冲突。一个政治实体如发生国土分裂而成为两个或多个新国家，其原因主要来自两个方面：一是外敌军事入侵的结果，敌国使用武力强制分裂一个国家，吞并它的部分国土或在其部分国土上建立一个服从自己的傀儡政权；二是国家内部一些地区（民族聚居区、民族自治区等）要求自决独立，通过内战（通常有国际干预或支持）或引入国际干预来达到分裂国家的目的。大致归纳起来，民族分离需要以下三个必要的前提条件。

第一个条件，就是主张民族自决独立的国民认为自己不从属于这个国家。他们甚至认为自己的群体从来不属于这个国家（只是历史上因外在强制力使本群体被迫接受这一地位），他们在政治从属观念上和文化认同观念上（语言、宗教、历史族源等方面）不承认是这个国家的主流群体，自认为是一个具有特质并相对独立的群体。在"民族国家"语境下的现代社会，这部分国民认为本群体是一个可以独立建国的"民族"（nation）。正是这种具有独立和排他意识的政治与文化认同观念，使这一群体在内外条件适

---

① 廉思、潘维：《民族自决原则的演变与困境——以全民公决制度为视角的分析》，《社会科学》2008 年第 6 期，第 36 页。

宜时努力争取政治的自决独立。

第二个条件，就是这个群体的聚居地在国家体制中形成了相对独立的行政区划单元。也许是历史延续下来的传统居住地，也许是集体迁移后逐步形成的聚居地，在一个群体和一个地区之间发展出相互对应的关系，这个群体已把这个地区认作是本民族的"固有土地"，在条件适宜时便以这个聚居地作为争取政治独立的地理空间。一个不断迁徙流浪的群体，即使本族的独立意识再强，也不可能以某个无直接关联的地域作为未来"民族国家"的"领土"来发动"独立运动"。

第三个条件，就是在群体中已经形成自己的族群精英。这些人积极构建本民族的政治历史，总结归纳本民族的共同祖先和文化特点，强调本群体成员与其他群体成员的差别和族群边界，发掘和讴歌本民族的历史英雄人物，强调本群体与聚居地之间久远和牢固的历史联系。这些精英人物通过以上步骤逐步构建和加强本群体民众的政治与文化认同，逐步把本群体民众凝聚和组织起来，联络境外势力使本群体的"民族自决"国际化，与执政当局开展政治谈判或组织游击战争，创造条件推动独立建国的社会运动。假如没有明确政治诉求的族群精英在领导和组织，具有群众基础和真正有影响的族群动员是无法形成的。①

英国学者赫拉克利德斯（Alexis Heraclides）在对民族冲突进行研究时，认为民族分离主义需要符合三个要件：将自身定位为无法同中央政府融合的民族；本民族感受到在一国内遭受不平等待遇；本民族占据一定面积的领土。② 因此，对民族分离主义进行冲突管理的要旨有三个，见图 2 - 3。

（1）培养共同体认同意识：建立对国家的政治认同与忠诚，削弱任何具有独立倾向的民族意识，为此要创造平等的民族交流与族群融合情境；

（2）避免民族领土和人口的边界清晰：避免形成一个民族群体同一个固有地域之间的"一一对应"且具"排他性"的存在关系；

（3）加强对民族精英的管理：同民族精英进行流畅的沟通与交流，以察觉任何潜在或可能的分离意识；充分发挥民族精英促进民族团结的作用。

---

① 马戎：《21 世纪的中国是否存在国家分裂的风险》，《领导者》2011 年第 2 期，第 88 ~ 89页。

② Alexis Heraclides，"Janus or Sisyphus: the Southern Problem of the Sudan"，*Journal of Modern African Studies*，Vol. 25，June 1987，p. 215.

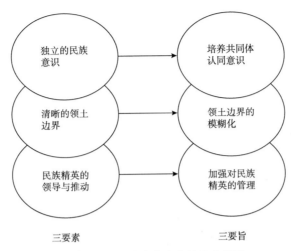

图 2-3　对民族分离主义的冲突管理

第二节　民族关系的类型分析

民族关系的类型会直接影响民族政策的制定、民族交往的程度以及民族冲突管理的模式。宁骚教授对一国内部民族关系的类型进行了细致的划分，如一元主导型、双主体民族结构、多元平等共存型、对立统一型，等等。见表 2-3。

表 2-3　一国内部民族关系的主要类型

类型	主要特点	包含国家	其他要素
一元主导型	在"单一民族国家"中，虽然存在少数民族或外来移民，但是他们在全国总人口中所占的比例很小；再加上国家在政策上明确地保障人权、反对民族和种族歧视，可以把这个类型称作"一元主导型"	属于这一类型的国家，主要分布在"旧大陆"，其中欧洲有丹麦、挪威、瑞典、冰岛、爱尔兰、德国、波兰、匈牙利、奥地利、葡萄牙、意大利、希腊、斯洛文尼亚、阿尔巴尼亚、芬兰等 15 国；亚洲有日本、韩国、朝鲜、蒙古、孟加拉国、亚美尼亚、马尔代夫、约旦、也门等 9 国；非洲有埃及、突尼斯、利比亚、阿尔及利亚、摩洛哥、斯威士兰、毛里塔尼亚、莱索托、塞舌尔、索马里、马达加斯加、科摩罗等 12 国。在南、北美洲和大洋洲，除了个别岛国外，属于这个类型的国家几乎是不存在的	在这 30 多个国家，内部的民族关系比较简单。但是，外来移民数量的增多会导致民族构成的改变，从而使民族关系变得复杂起来

续表

类型	主要特点	包含国家	其他要素
双主体民族结构	当今世界有一部分国家在民族成分上基本上是由两个主要民族构成的，从而形成双主体民族结构	这样的国家在欧洲有 8 国，即比利时（弗拉芒族、瓦隆族分别占 58.6% 和 40.8%）、爱沙尼亚（爱沙尼亚族、俄罗斯族分别占 61.5% 和 30.3%）、拉脱维亚（拉脱维亚族、俄罗斯族分别占 52% 和 35%）、乌克兰（乌克兰族、俄罗斯族分别占 72.7% 和 22.1%）、克罗地亚（克罗地亚族、塞尔维亚族分别占 80% 和 15%）、波黑（波什尼亚克族、塞尔维亚族分别占 44% 和 32%）、塞尔维亚（塞尔维亚族、阿尔巴尼亚族分别占 66.3% 和 17.3%）、黑山（黑山族、塞尔维亚族分别占 45% 和 29%）；在亚洲有 8 国，即斯里兰卡（僧伽罗族、泰米尔族分别占 72% 和 20.5%）、伊拉克（阿拉伯人、库尔德人分别占 79% 和 20%）、塞浦路斯（希腊族、土耳其族分别占 79.4% 和 18.6%）、哈萨克斯坦（哈萨克族、俄罗斯族分别占 39.7% 和 37.8%）、吉尔吉斯斯坦（吉尔吉斯族、俄罗斯族分别占 52.4% 和 21.5%）、塔吉克斯坦（塔吉克族、乌兹别克族分别占 62.3% 和 23.5%）、以色列（犹太人、阿拉伯人分别占 81.6% 和 14.2%）、土耳其（土耳其族、库尔德族分别占 81% 和 11%）；在非洲有 10 国，即吉布提（伊萨族、阿法尔族分别占 50% 和 40%）、埃塞俄比亚（奥罗莫族、阿姆哈拉族分别占 45% 和 38%）、卢旺达（胡图人、图西人分别占 85% 和 14%）、布隆迪（胡图人、图西人分别占 85% 和 13%）、尼日尔（豪萨族、哲尔马 - 桑海族分别占 55.7% 和 22%）、毛里求斯（克里奥尔人、印度和巴基斯坦裔分别占 27% 和 68.4%）、博茨瓦纳（茨瓦纳人、绍纳人分别占 72.3% 和 13.7%）、赤道几内亚（芳族、布比族分别占 70% 和 15%）、圣多美和普林西比（圣多美人、克里奥尔人分别占 86.5% 和 12%）、津巴布韦（绍纳族、恩德贝莱族分别占 69% 和 15%）；在美洲和大洋洲有 5 国，即加拿大（英裔加拿大人、法裔加拿大人分别占 40% 和 27%）、伯利兹（混血种人和克里奥尔人分别占 48.7% 和 24.9%）、危地马拉（危地马拉人、印第安人分别占 47.6% 和 51.5%）、特立尼达和多巴哥（印度裔人和黑人分别占 40% 和 37.5%）、斐济（斐济族人、印度族人分别占 46% 和 50%）。以上总共 31 个国家	这种二元民族结构，相当普遍地存在导致民族关系紧张的因素，甚至呈现两极对抗的局面，其中已经爆发过大规模的流血冲突并长期处于战争状态的国家有波黑、斯里兰卡、伊拉克、土耳其、以色列、塞浦路斯、卢旺达、布隆迪，占这一类国家总数的近 1/3

续表

类型	主要特点	包含国家	其他要素
多元平等共存型	当今世界约70%的国家都是由几个（两个以上）、几十个、几百个民族构成的	这样的国家在欧洲以瑞士为典范，在非洲以坦桑尼亚为典范，在亚洲以新加坡为典范。瑞士是世界上最富裕、最发达的一个国家，新加坡是一个新兴工业国家，坦桑尼亚是世界上最贫穷、最不发达的一个国家，但是这三个国家各自内部的民族关系都成为和睦相处的典范	在这些多民族国家里，有些有主体民族，有些没有主体民族。由于历史的原因和政府的政策比较适当，这些国家中有相当大的一部分，历史上很少出现比较严重的民族对立和民族摩擦
对立统一型	属于这个类型的国家在民族构成上比较复杂，在民族结构上呈现多元互动	这个类型的国家以美国、英国、西班牙、俄罗斯、印度为代表	由于某些历史和现实因素影响，在某个时候、某个地方、某个领域形成族际对立和对抗，有时甚至爆发大规模流血冲突。由于国内各族在整体上存在强大的凝聚力，所以这样的对立和对抗对整个国家的统一和发展不会产生根本的威胁

资料来源：宁骚《当代世界国内民族关系的类型与成因分析》，《民族团结》1999 年第 7 期，第 11~13 页。

就全球民族关系而言，宁骚教授在《民族与国家》中曾用"类型学"的视角对"民族国家"进行了分类，一共归纳出五大类：（1）欧洲民族国家；（2）美洲民族国家；（3）奥斯曼、奥地利、俄罗斯三大帝国解体后版图上形成的民族国家；（4）亚非民族国家；（5）苏联、南斯拉夫、捷克斯洛伐克三国解体后形成的民族国家。[①] 宁骚划分的依据主要是：（1）民族国家形成的不同时间段；（2）民族统治阶级的不同阶级属性。

马戎教授在政治学基础上引入了社会学分析视角，认为在以"民族国家"为单元进行分析时，不妨再引入两个新的变量，一个是人口迁移状况

---

① 宁骚：《民族与国家》，北京大学出版社，1995，第 282~314 页。

与聚居程度，另一个是族际通婚的特点。① 他将当代各国民族关系的类型划分为七大类：（1）西欧工业化创始国的民族关系；（2）欧洲人在海外建立的以白人为主体的新移民国家；（3）在殖民时期由大规模移民造成的新型混血国家；（4）殖民地基础上形成的非洲国家；（5）有古代文明历史的亚洲原殖民地国家；（6）北非、中东和西亚的伊斯兰国家；（7）受到殖民主义冲击但保持了独立的多民族国家。② 见表 2－4。

表 2－4　世界民族关系的主要类型

	代表国家	形成原因	主要特点、主要矛盾
西欧工业化创始国的民族关系	英国、法国、德国等	反对封建割据和贵族统治；通过"民族主义"运动推翻王权	民族构建（Nation build-ing）是自发的，目前面临人口输入的潜在危机
欧洲人在海外建立的以白人为主体的新移民国家	美国、加拿大、澳大利亚、新西兰等	土著人被殖民者所隔离、消灭或被完全边缘化	努力淡化血缘和族源的意义，特别强调公民权以及公民对国家的政治认同
在殖民时期由大规模移民造成的新型混血国家	拉丁美洲各国	殖民者与当地土著的大量混血	普遍混血使各族群边界变得模糊
殖民地基础上形成的非洲国家	撒哈拉沙漠以南的非洲国家	殖民者基本上没有与当地土著发生混血，且黑人是人口主体	政治认同与部族认同的矛盾与冲突
有古代文明历史的亚洲原殖民地国家	印度、印度尼西亚等	殖民者帮助其实现最终统一	深厚的文化底蕴、宗教纽带便于独立后的国家整合
北非、中东和西亚的伊斯兰国家	埃及、伊朗等伊斯兰国家	宗教战争、殖民战争	主流社会和人口主体具有很强的伊斯兰教宗教信仰
受到殖民主义冲击但保持了独立的多民族国家	中国、沙皇俄国（俄罗斯）	受到殖民主义、帝国主义冲击，但保持了独立	具有较强的内部凝聚力和对外抗御能力

资料来源：马戎《世界各国民族关系类型特征浅析》，《社会科学战线》2008 年第 1 期，第 18 页。

---

① 马戎：《世界各国民族关系类型特征浅析》，《社会科学战线》2008 年第 1 期，第 183 页。
② 从第二大类到第五大类，前身都是殖民地国家，但是根据人口迁移历史、当地人口规模、族际通婚程度和文化底蕴，发展出来完全不同的国家形态和民族关系的类型。相关论述见马戎《世界各国民族关系类型特征浅析》，《社会科学战线》2008 年第 1 期，第 182～192 页。

本课题从民族冲突管理的视角，主要分析四类国家的民族关系：（1）移民类国家的民族关系，如美国、加拿大、澳大利亚等；（2）西方工业化国家的民族关系，如英国、法国、德国等；（3）传统多民族国家的民族关系，如俄罗斯、印度等；（4）世界小国的民族关系，如新加坡、瑞士等。

一　移民类国家的民族关系

这类国家主要是西欧人在海外建立的新移民国家，如美国、加拿大、澳大利亚、新西兰等。当西欧人作为强大的殖民力量来到海外时，其所征服的土著部落人口较少、力量分散、组织松懈、武器落后，在白人优势武器打击下不堪一击，最后退居到殖民地的边缘地区，成为国家的弱势群体。来自欧洲的白人移民从来没有将美洲印第安人等土著居民的社会视为"历史"的产物加以承认，因为当时"欧洲的人类学并不把古老种族视为'善良的野蛮人'，而是把他们当作幼稚的'原始人'"①，从而将其纳入了"自然"的范畴，更不要说那些具有深刻"奴隶身份"烙印的黑人。在这种情况下，由白人殖民者为人口主体建立了一批新的移民类国家，当地原有的土著群体人口在殖民过程中几乎被消灭，保存下来的人口很少并完全被边缘化。

美国的印第安人最多时据说曾达到1500万人，20世纪初人口最少时只剩下几十万人，澳大利亚的土著人和新西兰的毛利人也所剩无几。现在，土著群体在上述国家只具有某种象征意义，在该国民族关系的框架中已经退居到很次要的地位。作为新兴的移民国家，这些国家吸收了大量不同来源的外来移民人口。以美国为例，开始的移民主要来自西欧，然后来自北欧、东欧、南欧和中东，后来还有掠自非洲的黑奴和亚洲的苦力。由于人口中的移民结构特点和来源的多样性，这些国家成为新兴的白人国家，其民族关系主要是各类移民之间的关系。在建国初期，美国人谈论的民主、自由和平等，仅限于白人移民内部，并借此迅速地把这些白人移民凝聚并同化，在他们当中建立了"美国人"的新认同，在发展经济和开拓疆土中起到很好的效果。20世纪60年代的"民权运动"以后，美国基本上把这套理念普及到了每一个公民，而不分其种族、肤色、语言和宗教。

---

① 〔法〕埃德加·莫林、安娜·布里吉特·凯恩：《地球祖国》，马胜利译，三联书店，1997，第8页。

这类国家处理民族关系时有一个显著的特点，即努力淡化血缘和族源的意义，特别强调公民权以及"国民"意识的培养。"文化多元主义"是移民类国家处理民族关系的基本国策。多样化的移民来源，导致不同的认同和归属，因此只能通过《宪法》规定和公民制度才能构建统一的核心身份认同，即"国家民族"认同，只能通过不断强化公民权和对国家的效忠，把各民族（种族）之间在语言、宗教、习俗等方面的差异视为文化差异，不把它提升到政治层面，国家才能保持社会稳定和政治统一。

美国的族群治理主要包括种族治理和移民治理，但其进程充满了艰辛。仅就种族骚乱来看，1963～1968年的6年间，美国发生种族骚乱的城市从1963年的8个逐年递增至16个、20个、77个、71个和106个；种族骚乱的次数累计为341次、时间累计为703天、被捕人数累计为53409人、受伤人数累计为8459人、死亡人数累计为221人。① 在日益尖锐的种族冲突中，60年代中期在美国还出现了黑人激进组织"黑豹党"（Black Panther Party）这样的准军事力量，并实施了一系列针对白人的暴力恐怖活动。② 与此同时，在"黑人权力"和"黑人国家"这一政治理念的影响下，出现了"黑人国家主义"（Black Nationalism）③，其政治主张是"将来在美国内部建立一个分离的黑人国家"④。黑人的民权运动不仅唤醒了黑人群体，而且也影响到了美国的其他所谓"有色人种"，如美国印第安人民族意识的觉醒就导致他们称自己是一个"民族"（nation）。⑤

今天，作为世界上最大的移民国家，美国的族裔结构又在悄然发生变化。2012年6月19日，美国皮尤研究中心公布了《美国亚裔的兴起》的报告，该报告显示，进入美国的亚裔移民在2010年达到了43万人，占当年移民总数的36%，首次超越拉美裔移民（31%）。2011年，美国的亚裔

---

① 邓蜀生：《世代悲欢"美国梦"——美国的移民历程及种族矛盾（1607～2000）》，中国社会科学出版社，2001，第179页。

② 美国黑豹党是一个美国黑人社团，1966年由Huey Newton和Bobby Seale在加利福尼亚州的奥克兰创建。黑豹党是60年代美国一个活跃的黑人左翼激进政党，坚持武装自卫和社区自治（实际上就是在黑人聚居区建立黑人革命政权）的原则。

③ 通常也可译为"黑人民族主义"。相关论述参见金哲等主编《当代新术语》，上海人民出版社，1988，第668页。

④ 邓蜀生：《世代悲欢"美国梦"——美国的移民历程及种族矛盾（1607～2000）》，中国社会科学出版社，2001，第175页。

⑤ 〔美〕威尔科姆·E.沃什伯恩：《美国印第安人》，陆毅译，商务印书馆，1997，第264页。

人口约为 1820 万人，约占美国总人口的 5.8%。亚裔的崛起必然反映在美国政治中。2012 年 6 月 18 日，美国众议院通过议案，对包括 1882 年《排华法案》在内的美国历史上通过的一系列排华法案道歉。这不仅是对历史上为美国崛起作出重大贡献的华人华侨的尊重，也体现了包括华裔在内的亚裔已成为美国政治中不可忽视的群体。

相较于亚裔移民的高素质，拉美裔移民受教育程度较低，社会竞争力也低。部分有天赋的人才，可以在体育和娱乐等方面打入主流社会，而无专长的人，则从事贩毒、娼妓等职业，成为美国诸多社会问题的源头。2000~2010 年，18 岁以下非拉美裔白人儿童人口比例有所下降（除了北卡罗来纳州、南卡罗来纳州、爱达荷州及犹他州），而拉美裔儿童人口比例在所有 50 个州都有增长。拉美裔人口增长数的 2/3 来自新生人口，而非移民。拉美裔在美国选举中的影响不容小视。为了争取他们的选票，美国总统奥巴马于 2012 年宣布，允许给在年幼时被带进美国、年龄不满 30 岁的 140 万年轻无证人颁发工作许可证，同时停止将他们遣返出境。这一政策的效果立竿见影，民调显示，奥巴马在亚利桑那和科罗拉多等 5 个拉美裔人数众多的州人气飙升。[①]

另外，大量的族际通婚使这类国家的民族冲突管理相对容易。1980~2008 年，美国白人和黑人的通婚率急剧增长，甚至超过了白人和其他种族的通婚率。1980 年，只有 5% 的黑人男性和白人女性结婚；2008 年达到 14%。尽管如此，黑人和白人通婚的总数仍然比白人和其他种族通婚的总数少。例如，美国亚裔男性和拉丁裔男性 2008 年与白人结婚的比率都是 38%。

如今，美国的人口组成已越过了一个里程碑，少数族裔群体的新生儿出生率历史上首次达到总数的一半以上。数据显示，2010 年 7 月至 2011 年 7 月间出生的婴儿中多数属于少数族裔，其中拉美裔家庭主导着人口的增长。在上述的一年间，共有 198 万非拉美裔的白种婴儿出生，略低于 400 万总出生人口数的一半。而之前，自欧洲移民大规模进入美国以来，白种婴儿的比例从未跌至半数以下。

在加利福尼亚、夏威夷、新墨西哥以及得克萨斯等州，超过 50% 的人口数量来自少数族裔，已经称得上是"少数族裔占多数"了。目前，新老

---

① 毕振山：《亚裔移民在美国崛起》，《工人日报》2012 年 6 月 21 日。

美国人的差异越来越大，老的绝大多数都是白人，年轻的却越来越多是拉美裔、黑人和亚裔，而人口分裂可能导致稀缺资源如何合理分配的紧张局势。① 因此，美国面临的最大的族群治理问题，是移民导致美国的"非美国化"。对此，亨廷顿认为，造成今日美国日益混乱和分裂因素增多的主要原因，是外来移民的大量增加以及多元文化影响的增强，削弱了国家认同，因此需要：（1）控制来自非西方社会的移民，并确保承认西方文化的移民融入西方文化；（2）制定公营和私营部门的美国化计划，以对抗那些促使移民社群效忠于原籍国的因素，促进移民的同化。②

全球化以及高度城市化的进程，使整个国家的经济社会同质化增强；然而，美国等西方国家高度工业化和城市化的进程虽然在相当大的程度上"消化"了农民，但未能"溶解"那些聚居在一起的移民群体。尤其是在20世纪60年代以后进入这些国家的移民，利用西方国家的民主制度表现出"族类政治化"的"自我认同"倾向，作为对主流社会压力的回应。③ 因此，高度城市化的进程虽然"增加了整合性群际交往的机会和可能性，但也增加了来自不同群体的人们之间发生冲突的场合和可能性"④。

二　西欧工业化国家的民族关系

英、法、德等国是典型的西欧工业化国家。在工业化早期，"民族国家"这一新的政体形式被视为发展和推行工业化的最好的国家形式。"民族国家"成为欧洲各封建王国的"第三等级"反对封建割据和贵族统治以及传播启蒙思想的利器。在此背景下，法国把原来处在边缘地带的布列塔尼人、科西嘉人、马赛人等都整合在一起，这些群体在历史上可能有不同的

---

① 除美国、加拿大等传统的移民国家外，移民问题在俄罗斯也很严重。俄罗斯是世界第二大移民国家。苏联解体时有2500万俄罗斯族人生活在俄罗斯联邦之外，苏联解体后有大约1000万人返回了俄罗斯。同时也有其他民族的居民因战争、冲突移至俄罗斯的。近10年来随着俄罗斯经济的发展，俄罗斯移民的性质也发生了变化，回归性移民被经济性移民所代替，许多人为了工作而来到了俄罗斯，2010年达到了500多万人。相关论述参见左凤荣《现今俄罗斯的民族问题与民族政策》，《学习时报》2011年3月7日。

② 亨廷顿：《美国国家利益受到忽视》，美国《外交》1997年10月号；转引自孙代尧《解释民族冲突的三种理论图式》，《贵州民族研究》1999年第3期，第24页。

③ 郝时远：《美国等西方国家社会裂变中的"认同群体"与ethnic group》，《世界民族》2002年第4期，第9页。

④ 〔美〕彼得·布劳：《不平等和异质性》，王春光等译，中国社会科学出版社，1991，第236页。

族源，讲不同的方言，也曾经被不同的领主统治过，但在"共和国"的创建过程中，在他们当中产生了一个新的认同，即是对"法兰西民族"的认同，对新生的"民族国家"（Nation – state）的政治认同。① 英国则把英伦三岛的英格兰、威尔士、苏格兰以及北爱尔兰等整合在一个主权国家框架内。俾斯麦统一了德国，虽然他的统一打着神圣罗马帝国的旗号，但他的政治目标，就是要把全体日耳曼人统一到一个"民族国家"中。

上述西欧工业化国家是"民族"概念、民族主义运动和民族国家的创始者和发源地。这些国家在民族国家的创立过程中对本国境内各群体进行了政治、经济、文化以及语言的全面整合。各群体认同了新建立的"民族"（nation），并在这个框架下来处理各群体之间的关系。由此，它们拥有了其他传统国家无法抵抗的生产力和军事力量——打下了向外扩张的基础。此后，这一模式向北欧、南欧、东欧各国以及世界各地扩散。

但需要强调的是，欧洲国家很难说是纯粹的单一民族国家。欧洲自古是多民族地区，随着19世纪欧洲民族主义兴起，民族国家成为欧洲的主要政治体制形式。即便如此，"一个民族，一个国家"在严格意义上并不是欧洲现状，许多民族国家内部依然存在众多的少数民族。即便被认为是民族构成高度单一的德国，新教徒与天主教徒的冲突以及德语方言之间的巨大差距所带来的政治冲突一直困扰着德国。在英国，英格兰人对爱尔兰人的盎格鲁化（Anglicisation）由来已久，1831年，英国将爱尔兰语从教育体系中连根拔除，在学校说爱尔兰语的孩子被同学和老师嘲笑和惩罚。即便1921年北爱尔兰建立后，50年内爱尔兰语都未能进入广播电视系统。

第二次世界大战后，英国的少数民族政策大幅宽松，如20世纪90年代后，分别给予威尔士语及苏格兰盖尔语在威尔士和苏格兰与英语的同等

---

① "法兰克人本身就是一个民族联盟，他们通过征服其他日耳曼人，例如勃艮第人和阿勒曼尼人等，并逐渐同他们融合在一起。他们还统治着罗马化的高卢人、意大利人、从不列颠逃亡出来的凯尔特人以及若干斯拉夫人。显然，这样一种统治区不能算是一个种族的统一体，更不能算是一个文化的统一体，其中有多种方言、多种语言、不同的习惯，而且每个群体通常有不同的法律。即使在地理上也是如此，因为每个统治地区只是一个大致上划分的地理单位。它可能有一个核心，却难以确定自己的边界——到处都有争夺的区域和松散地依附的、或多或少自主的群体（例如依附于法兰克人的阿基丹人和依附于盎格鲁－撒克逊人的威尔士人）。"相关论述参见〔美〕西里尔·E. 布莱克主编《比较现代化》，杨豫、陈祖洲译，上海译文出版社，1996，第159页。

地位，最终 1998 年《贝尔法斯特协议》承认爱尔兰语在英国的合法地位。2000 年，英国签署《欧洲区域或少数民族语言宪章》，承认"语言多样性是英国人民的共同财富"。2006 年，英国政府在和爱尔兰政府签订的《圣安德鲁斯协议》中承诺，要促进旨在保护爱尔兰语的立法工作。但是，长期的同化政策，使如今北爱尔兰会讲爱尔兰语的人所剩寥寥无几。

总体而言，英、法、德等国家在工业化和殖民主义时期曾经是人口的输出大国。但是在第二次世界大战之后，由于人口、就业等问题，西欧国家变成了人口输入大国，引进了大量来自南亚、中东、北非的劳动力，使本国的民族构成发生了新变化。西欧工业化国家的民族关系出现了新的迹象，即它们开始面临新的移民问题。

为此，西欧国家以多元文化主义政策来应对民族构成的变化。1983 年，英国种族平等委员会发布报告，鼓励媒体体现英国社会的"多种族特征"。英国广播公司（BBC）承诺"节目要反应英国社会的多元化，要走进民族、文化、宗教以及非宗教的团体，促使英国人了解他们的风俗和想法"。2009年，英国政府承诺到 2011 年 11% 的政府雇员将会是少数民族。如今，在英国、法国等国的政府文献上已经较少见到"黑人"、"阿拉伯人"、"亚洲人"这样的称呼，身份证上不会标注种族信息，而只有出生地信息，其目的是尽量避免民族识别。

然而，2005 年的伦敦地铁爆炸，以及穆斯林移民的"荣誉谋杀事件"，终于使一些欧洲国家开始反思自己的民族政策。德国、英国以及法国的领导人先后宣布多元文化主义政策在本国的实施已经彻底失败，并着手开始他们的一元文化政策。

目前，西欧国家的移民状况呈现出两个重要的趋势：越来越多的移民来自不发达国家，而且他们的数量呈直线上升；穆斯林人口的增速极快。例如，西班牙 1998 年时在国外出生的人口只占其总人口的 3.2%，而到了2007 年，这个数字已升至 13.4%。欧洲的穆斯林人口在过去的 30 年间增长了一倍以上，并将于 2015 年前再增长一倍。最近在布鲁塞尔出现频率最高的七个男婴名字分别是：穆罕默德、阿达姆、拉扬、阿尤布、迈赫迪、阿米内和哈姆扎。① 据美国移民政策协会称，穆斯林人口占欧盟总人口的比

---

① 《穆斯林的欧洲：人口定时炸弹将改变欧洲》，英国《每日电讯报》，http：//www. ce-tin. net. cn/cetin2/servlet/cetin/action/HtmlDocumentAction？baseid = 1&docno = 392647。

例到 2050 年时将超过 20%。到 2026 年，白人在伯明翰将变为少数群体，而在莱斯特这种情况甚至会更早出现。另一项预测显示，到 21 世纪中叶，法国甚至整个西欧的穆斯林人口可能将超过非穆斯林人口。

总体而言，新移民的就业率要低于本土国民，这就阻碍了经济发展和族群融合的进程。语言技能的缺乏是造成这种现象的一个重要原因。构成穆斯林群体的人多种多样，而这个群体目前并没有显示出因族属及宗教的相似性而在政治上团结起来的倾向。有迹象表明，第二代及第三代穆斯林移民比其父母更难融入当地社会。英国智库研究发现，55 岁以上的穆斯林移民人口中有超过 70% 的人认为自己和非穆斯林没什么区别。但是在 16 岁至 24 岁的穆斯林移民人口中只有 62% 的人这样认为。由于这些移民的第二代、第三代不满于自己在西欧发达国家中被歧视的社会地位，这些国家不断出现新形式的民族与宗教冲突。

西欧国家出现的这种移民问题和美国的移民问题是不一样的。美国是传统的移民国家，主流社会对此是有思想准备的，也有很多制度、政策和措施来消化和凝聚这些新移民。而西欧社会在战后接受外国移民是解决本国劳动力短缺的短期政策，主流社会实际上并没有把这些新移民和他们的后代看成与自己平等的公民，有的国家不给这些移民及其后代公民权，[①] 这种歧视态度必然引发移民的反弹，引发尖锐的民族冲突。

三　传统多民族国家的民族关系

俄罗斯、印度等国家是历史悠久、幅员辽阔并具有深厚文明基础的多民族国家。这些国家都可谓是"民族博物馆"，它们同中国的民族关系有很大的相似性。因此，认真思考和分析俄罗斯、印度等多民族大国在民族问题上的经验教训，对中国人理解和改进自身的民族理论与实践极其重要。

据俄罗斯国家统计委员会公布的 2004 年人口普查数据，俄罗斯联邦共有 130 多个民族，其中俄罗斯族占 82.95%，其他主要少数民族有鞑靼、乌克兰、楚瓦什、巴什基尔、白俄罗斯、摩尔多瓦、日耳曼、乌德穆尔特、亚美尼亚、阿瓦尔、马里、哈萨克、奥塞梯、布里亚特、雅库特、卡巴尔

---

① 例如，德国到今天都不给土耳其移民国民待遇。因为德国的国籍认定原则是语言和血统，移民的子女即使出生在德国，也不能成为德国公民。

达、犹太、科米、列兹根、库梅克、印古什、图瓦等族。这些民族现分布于俄罗斯联邦的 83 个联邦主体中，处于大民族与小民族混杂而居、个别民族聚集而居的状态。

历史上，俄罗斯多民族国家是沙俄帝国通过武力扩张形成的。俄罗斯民族刚刚统一时领土只有 280 万平方公里，是一个单一民族国家，经过历代沙皇的扩张，到 20 世纪初俄国已成为一个横跨欧亚两大洲、濒临三大洋的帝国，其领土扩大了近 2000 万平方公里。沙皇实行分而治之的政策，只占总人口 43% 的俄罗斯族享有种种特权，广大非俄罗斯民族却被当成"异族人"，政治上处于无权地位；经济上，少数民族地区变成了俄罗斯的原料产地和销售市场。沙皇强制推行民族同化政策，提出"一个民族、一个国家、一个皇帝、一个宗教、一种语言"的口号，禁止少数民族使用本民族语言，强迫他们改信东正教。列宁把沙皇俄国称为"各族人民的监狱"。但是，在整个 19 世纪，沙皇俄国政府都在努力构建"俄国民族"（Russian nation），为此采取了以下各项措施。

第一，积极在各边疆民族民众中建立对"俄国民族"的政治与文化认同。沙皇政府在各族臣民中宣扬"斯拉夫民族"的理念和政治文化认同，用以凝聚乌克兰、白俄罗斯等斯拉夫群体，同时把"俄罗斯民族"描绘成一个极具包容性的"超级民族"，具有多元的族源。"古罗斯民族至少是斯拉夫民族、巴尔茨基民族和芬诺-乌戈尔民族三种民族融合而成的，这些民族还带有明显的日耳曼、突厥和北高加索人的特征。……多民族是造成俄罗斯民族'超级民族'心理的主要原因。所谓'超级民族'，就是特别的、一种与众不同的强大民族。"[1]

沙俄政府认为全俄国都属于一个"民族"（nation），"沙俄当局为了消除非俄罗斯民族的独立存在，否定他们的民族地位，19 世纪 30 年代，尼古拉一世通过他的教育大臣乌瓦罗夫抛出一个所谓'正统国民精神论'，企图用'专制、正教和民族'三原则，在俄国建立沙皇、东正教和俄罗斯民族的绝对统治，强制实行一体化。"[2] 同时政府强力推行俄语和现代学校教育，毫无疑问，这些做法属于强制同化，激起非俄罗斯民族的强烈不满和抵制，但是这些措施的目的非常明确，就是通过构建共同的社会组织和推

---

①　郭小丽：《俄罗斯的弥赛亚意识》，人民出版社，2009，第 148 页。

②　赵常庆等：《苏联民族问题研究》，社会科学文献出版社，2007，第 10 页。

行通用的语言文化，建立各群体对"俄国"的政治和文化认同，推进"管理系统化和一体化，把所有民族联合为统一的俄罗斯民族"①。

第二，努力淡化各民族对其传统聚居地的"领土"观念。沙皇政府在各少数民族的传统聚居地设立行省，在设立行省时刻意把各族聚居地分割在不同的行省中②。例如，在今天的乌克兰和白俄罗斯地域上，沙皇俄国时期分别设有 9 个和 5 个行省。现在俄罗斯联邦欧洲部分有 13 个自治共和国，约占俄罗斯联邦欧洲部分领土的 1/3，这些自治共和国在沙皇俄国治下都是行省，不存在民族自治问题。同时，对高加索、中亚和西伯利亚的移民也明显改变了当地人口的民族构成，这些做法在一定程度上淡化了边疆各民族与自己传统聚居地之间曾经存在的排他性的"领土认同"。

第三，积极吸收各族精英分子加入俄国统治集团，使这些民族精英转变为"帝国精英"。"俄国的政治、军事、文化和学术精英是多民族的"，"1730 年时，非俄罗斯族官员占 30%，直到 1917 年，对君权的忠诚、职业技能和贵族出身远比种族和宗教信仰更受到重视"③。到 1897 年，贵族约占帝国人口的 1.5%，其中差不多有 2/3 是世袭贵族。贵族中差不多有一半是非俄罗斯族人。④ 沙皇政府制定了各种政策，淡化各民族与俄罗斯族在族源、语言、宗教等方面的差异，努力拉拢和培养边疆民族精英分子，争取他们对帝国的政治忠诚和文化认同。

上述措施说明沙皇俄国曾经努力使下辖各少数民族融合进俄国的统一行政体制中，使俄国成为一个现代"民族国家"。但这些"转型"措施尚未完成，就被俄国的社会革命所打断。20 世纪初的俄国是一个无产阶级非常弱小、经济落后的农业国。为了早日推翻沙皇俄国统治，俄国布尔什维克党从革命动员和夺取政权的现实需要出发，采用了一个非常重要的夺权策略，这就是把沙皇俄国统治下的各民族都称为可以独立建国的"民族"

---

① 〔俄〕鲍里斯·尼古拉耶维奇·米罗诺夫：《俄国社会史》，张广翔等译，山东大学出版社，2006，第 23 页。

② 1775 年叶卡捷琳娜二世，"把全国划分为 50 省。省县按人口划分，每省 30 万～40 万人，每县 2 万～3 万人。这主要是从防范和镇压农民起义考虑，而没有照顾民族的特点。"相关论述参见刘祖熙《改革与革命——俄罗斯现代化研究》，北京大学出版社，2001，第 169 页。

③ 〔俄〕鲍里斯·尼古拉耶维奇·米罗诺夫：《俄国社会史》，张广翔等译，山东大学出版社，2006，第 14～15 页。

④ 〔美〕沃尔特·G. 莫斯：《俄国史》（1855～1996），张冰译，海南出版社，2008，第 127 页。

（nation），宣称俄国工人阶级支持他们从反动的沙皇俄国统治下独立出去。而镇压这些民族的反叛，必然造成沙皇俄国统治集团内斗、兵力分散和财政空虚，这样俄国工人起义成功的可能性就会大增。列宁和斯大林的民族理论，包括"民族"定义、"民族平等"、"民族自决权"等，即是在这样一个历史背景下产生的。此后，布尔什维克党夺取全国政权后的"民族构建"，是要努力把俄国转型为一个"多民族联合体"。但是，"沿着族群边缘的断层裂痕正在加深，与许多更为人熟知和著名的问题相比较，民族主义也许更是苏联的'阿基里斯的脚踵'。"①

以俄罗斯化为核心的苏维埃化，其目的即在于打破文化、血缘本质的族群民族主义，将之转化成政治性的国家认同。在形塑的过程中，俄罗斯族被赋予老大哥的角色与责任，共同的语言是俄语，共同的地域是苏联的领土范围，各加盟共和国在社会主义计划经济体系下各有分工的角色与功能，马克思列宁主义则是苏联建构过程中政治意识形态的核心与多民族人民的社会文化根据。②

赫鲁晓夫曾提出建立"新的历史性共同体——苏联人民"这一概念，作为比"民族"更高一层的认同单元。但是在各族群的现代民族意识不断强化的苏联各共和国，"苏联人民"这一概念主要体现为官方的政治话语，缺乏文化基础，没有真正扎根于各族民众的认同意识之中。③ 总之，苏联解体的民族因素是复杂的，核心问题可以概括为："民族化"政策的错误导向。被列宁鼓励并得到斯大林支持的"民族化"政策，在三个重要的方面使民族意识得到了强化：支持民族语言（的使用），创建了一个民族知识分子和政治精英群体，并正式地使族群以国家形态进行了组织化。④

第一，支持并强化民族语言的使用。苏联的"民族化"政策提升了民族语言的地位，并使非俄罗斯族人"政治化"。为没有文字的民族创造文

---

① Robert Conquest ed. , *The Last Empire – Nationality and the Soviet Future*, Stanford: Hoover Institution Press, 1986, p. 259.

② 赵竹成：《认同的选择——以"境外俄罗斯人"为案例的分析》，《问题与研究》2007 年第 2 期，转引自中国民族宗教网，http://www.mzb.com.cn/html/Home/report/312854 - 1. htm。

③ 马戎：《21 世纪的中国是否存在国家分裂的风险》，《领导者》2011 年第 2 期，第 96 页。

④ Ronald Grigor Suny, *the Revenge of the Past: Nationalism, Revolution, and the Collapse of the Soviet Union*, Stanford: Stanford University Press, 1993, p. 102.

字，提升少数民族语言和少数民族干部的政治地位，这些政策对于落实民族平等，无疑具有积极意义，但同时导致"非俄罗斯人"更加从民族政治权利的角度来看待自己群体的身份和利益。[1]

第二，系统地培养了各民族的族群精英集团。列宁和斯大林非常强调少数民族干部的重要作用，并为培养和任用少数民族干部制定了相应的制度和政策。[2] 1923 年，俄共（布）十二大决议要求，"各民族共和国和各民族区域的机关主要应由熟悉各该民族的语言、生活方式和风俗习惯的当地人组成。"[3]"民族化"政策要求由"命名民族"成员担任所在共和国的主要领导。由此，各族民众的"民族意识"得到持续强化，各民族精英也就随之明确了自己的发展空间和升迁渠道，为权力与资源同其他民族群体展开争夺。[4]

第三，为各"民族"组建了各自的"共和国"，把每个主要"民族"都与一定的行政地域联系起来。苏联开创了对本国行政区划根据民族来划分同时又以民族来命名的历史先河。每个单元都以"民族"来命名，拥有自决权和独立建国的权利，从此苏联的每个"民族"都有了自己的法定"领土"。按民族划分区域、实行自治的做法并没有达到使各民族相互接近和融为一体的目的，反而导致了少数民族自我意识的觉醒和民族主义的增强。

通过"民族化"政策和民族"区隔化"制度安排，苏联各族群接受了现代"民族"理念及其政治含义，"民族意识"不断加强。在苏联成立后几十年的时间里，正是苏联政府的民族理论和制度政策逐步把沙俄时代的

---

[1]　也有学者提出完全不同的看法，如"1936 年宣布苏联建成社会主义后，苏共便开始实行实质上的民族同化政策，鼓励异族通婚，在语言文化上推行俄罗斯化政策等。30 年代哈萨克人通常使用的阿拉伯字母被拉丁字母所取代，后来又被基里尔字母所代替；摩尔达维亚文也遭到了同样的命运"。相关论述参见左凤荣《苏联处理民族问题的方法值得借鉴吗》，《同舟共进》2011 年第 8 期，第 58 页。

[2]　在这个问题上，学界存在截然不同的看法，如有学者认为，大俄罗斯主义的盛行引发了其他民族的离心力。苏共高层，如斯大林、赫鲁晓夫、勃列日涅夫时代推行的大俄罗斯民族主义，以及国家干部的俄罗斯化，抹杀少数民族的历史功绩等，使俄罗斯民族日益处于特权地位，使少数民族对国家的民族政策倍感失望，加剧了这些民族与俄罗斯民族由来已久的民族矛盾。

[3]　赵常庆、陈联璧主编《苏联民族问题文献选编》，社会科学文献出版社，1987，第 88 页。

[4]　马戎：《关于苏联的民族政策——读萨尼〈历史的报复：民族主义、革命和苏联的崩溃〉》，《中国民族报》2010 年 10 月 15 日。

传统部族赋予现代政治色彩（"政治化"）并引导成为现代"民族"（na-
tion），这就为苏联日后的分裂准备了所有的必要条件。① 同时，苏联宪法
也为这些"民族"脱离苏联并成立独立国家提供了法律依据。

"对'民族'原则的这些让步将会导致'族群性'的强化而不是消亡。
这种预期对于那些（人口）较大的民族而言已经得到了证明：苏联并没有
成为'民族熔炉'，而是成为'新民族'的孵化器。"② 当然也要注意到，
在苏联时期，民族融合的趋势也在发展，形成了许多由不同民族成员组成
的家庭。据统计，不同民族成员组合成的家庭在 1979 年占家庭总数的
14.9%，1989 年占 17.5%（在 7710 万家庭中合成家庭有 1280 万）。用俄
语作为交际语言的非俄罗斯族人在 1926 年是 640 万人，而到 1989 年已经
达到 1870 万人。③

但是，总体而言，国家层面的"民族化"政策却导致各民族共和国出
现了"去同化"的现象。萨尼指出，"在每个民族共和国中，民族身份已
经以新的形式转型和加强。例如，在乌克兰，乌克兰农民在革命前曾很容
易地被同化进俄罗斯化的工人阶级中，而 20 年代新的政治环境和民族意识
的转换则反映在城镇中'乌克兰人'数量的增长上。"这个过程中有两个
方面："第一个是已经被同化的乌克兰人重新接受乌克兰人的身份认同"，
（第二个方面）"确保当乌克兰人来到城市时，他不会被俄罗斯化"④。

此外，错误以及极端的民族事务的处理方法，点燃了苏联民族冲突的
导火线。20 世纪 20 年代末 30 年代初，斯大林不顾各民族的意愿和经济发
展水平，强制推行农业全盘集体化，给乌克兰和哈萨克斯坦等民族地区带
来严重灾难。乌克兰这个"粮仓"有 300 万 ~ 400 万人饿死，哈萨克斯坦
有 230 多万人死亡；哈萨克斯坦这个落后的游牧地区的游牧民被强行定居，
有 90 多万人不堪忍受而迁居他国，苏联用武力镇压反抗，严重伤害了民族

① 马戎：《前苏联在民族问题上出了什么错？》，《南方周末》2008 年 10 月 23 日。
② Ronald Grigor Suny, the Revenge of the Past: Nationalism, Revolution, and the Collapse of the So-
　viet Union, Stanford: Stanford University Press, 1993, p. 87.
③ Барсенков А. С., Вдовин А. И. История России. 1938 – 2002. М.: Аспект Пресс. 2003. С.
　307. 转引自左凤荣《民族政策与苏联解体》，《当代世界与社会主义》2010 年第 2 期，第
　144 页。
④ 马戎：《关于苏联的民族政策——读萨尼〈历史的报复：民族主义、革命和苏联的崩
　溃〉》，《中国民族报》2010 年 10 月 15 日。

感情。① 第二次世界大战前，出于对少数民族的不信任，斯大林把居住在苏联西部的众多民族从其居住地强行迁至中亚和西伯利亚。这些民族问题的后遗症成为苏联解体的导火索。

1993 年 12 月 12 日，俄罗斯联邦宪法通过后，新俄罗斯再次开始构建多民族国家统一的进程。新宪法确立了各联邦主体权利平等的原则，去掉了原来民族共和国的特殊权利，民族自治更多地表现为民族文化自治。同时，俄罗斯理论界与政界对苏联时期的民族政策进行了反思，并在此基础上提出一系列民族政策。

（1）在民族平等的基础上，强调俄罗斯民族在俄罗斯联邦国家中的重要地位。同时强调俄罗斯国家的统一性，如 1993 年俄罗斯联邦宪法取消了民族自治共和国退出联邦的权力。

（2）主张人权和公民权利高于民族权利。1991 年俄罗斯联邦颁布了《公民法》，规定各民族公民一律平等，每个公民在俄罗斯联邦领土上都享有宪法规定的一切权利与自由，并承担相同的义务。

（3）弱化民族差异，不要求公民确定自己的民族归属，废除了 1934 年开始的在证件上登记居民民族成分的做法，证件只有证明国籍的使命。

（4）推行民族文化自治。但是，民族文化自治权利并不等同于民族区域自决权，实施民族文化自治权利不应损害其他民族共同体的利益。②

（5）反对极端民族主义。宪法及其相关法律对煽动民族仇视情绪，挑起民族冲突制定了严厉的打击条款。1996 年颁布的《俄罗斯联邦国家民族政策构想》规定：禁止从事破坏国家安全，挑起社会、种族、民族和宗教冲突的活动。③

今天，俄罗斯仍然保留了民族自治共和国、自治州、自治区的做法，仍以主体民族冠名，其行政首脑也称总统。但在民族自治区内，大多数冠名民族并不占多数，只有 6 个共和国——车臣、印古什、楚瓦什、图瓦、卡巴尔达 - 巴尔卡尔、北奥塞梯的主体民族占多数，有 9 个共和国的主体民族人数不超过该共和国总人数的 1/3。《俄罗斯联邦国家民族政策构想》

---

① 左凤荣：《民族政策与苏联解体》，《当代世界与社会主义》2010 年第 2 期，第 145 页。
② 张俊杰：《俄罗斯避免民族纠纷与冲突的法律机制》，《辽宁大学学报》（哲学社会科学版）2008 年第 1 期，第 149 页。
③ 熊坤新、贺金瑞：《现代国际民族冲突与民族和解案例分析》，《黑龙江民族丛刊》2007 年第 6 期，第 19 ~ 21 页。

规定：俄罗斯继续奉行公民平等和民族平等的原则。为了巩固多民族国家的统一，俄罗斯联邦用地方自治代替民族自治（尽管保留了原来以民族冠名的行政区），限制因民族歧视而导致的地方民族主义和违反人权的行为，各共和国决定自己的经济、政治和语言文化生活，但共和国的国家体制不属于某个民族，共和国是相应区域内所有公民的共和国。民族区域自治更大的意义在于为这些冠名民族提供一种心理上的归属地。

　　未来俄罗斯的民族政策仍将朝着培养公民社会和塑造"俄国民族"的方向发展。① 1994 年，俄罗斯联邦通过的《俄罗斯公民和睦协定》，旨在推动各民族之间和平共处。2004 年，修改后的劳动法典增加人民团结日——11 月 4 日，并作为法定假日。

四　世界小国的民族关系

　　就人口、规模而言，瑞士、新加坡等国家无疑是世界小国，但它们在民族冲突管理问题上却贡献了先进的理念与做法。对中国等多民族大国来说，瑞士等国的民族冲突管理经验的技术性启发或许比其整体性意义更为重要。

　　瑞士是民族多样化较为突出但又是民族和谐程度非常高的国家。长久以来，在这个文化与民族差异性相当显著的国度，从未出现过严重的民族冲突。在瑞士，很少发现人们在使用"民族"或"少数民族"这样的词语，他们只称自己为"瑞士人"。那么，"瑞士人"是个什么样的"民族"呢？用他们自己的话说，是由"不愿意生活在德国的德国人，不愿意生活在法国的法国人，不愿意生活在意大利的意大利人"组成的。换句话说，从传统的民族概念上看，并不存在"瑞士族"；但由不同民族组成的瑞士人，又成为一个新的"国家民族"（Nation）。这种状态源于瑞士人对自己国家的高度认同。

　　瑞士的多元文化体现在社会生活的各个方面：瑞士是世界上唯一将所有民族语言都提升为"国语"的国家，包括德语（占总人口 63.9% 左右，主要在北部地区）、法语（占总人口 19.5% 左右，主要在西部地区）、意大利语（占总人口 6.6%，主要在南部地区）和罗曼什语（Romanche，总人口的 0.5%，主要在东部少数地区）。四者共同成为官方语言。在语言教育

上，历时悠久的多语教育体制使几乎所有的瑞士人都可以同时讲包括英语在内的四种以上的语言，使语言完全不再具有"民族识别"的意义。不同地区的瑞士人在文化与宗教上具有相当大的差异性，但社会成员对这种差异的宽容和制度上对这种差异一视同仁的立场使其始终处于互不干扰、平等尊重的状态中，不会产生结构性的社会冲突。①

一般来说，族群治理模式可以归纳为三种"理想类型"：集权控制型、平等融合型以及族群联邦制。张千帆将瑞士族群治理模式归于一种"族群联邦制"（ethnic federalism）。关于"族群联邦制"，主要有以下三种界定或判断。

（1）族群联邦制是为了解决族群冲突而采取联邦制的宪法结构；

（2）族群联邦制是以族群而非地域作为划分单元标准的联邦国家，也可以说是联邦制的族群区域自治；

（3）族群联邦制成功的关键，在于它能够促进政治共同体内成员分享的认同感，维护文化多元的核心价值。②

族群联邦制国家的政治基础是"族群"而非"地域"，其成功的主要经验在于政治认同感和文化多元主义。根据上述定义，很难将瑞士模式归于一种"族群联邦制"，因为瑞士联邦制的政治基础并不在于"族群"，而在于"公民"。在瑞士的族群治理模式中，"公民身份"具有优先性，"族群身份"在瑞士的宪法体制中是一个很重要的社会基础，但不是一个重要的政治单位。瑞士公民不能因为特殊的"族群身份"而要求任何性质的特殊待遇。因此，有学者认为瑞士模式是"公民联邦制"的典型代表。③

联邦制处理的是宪法中的纵向分权主题，以宪法性分权和地方自治为制度要点，但其政治基础可能有所不同。根据联邦制政治基础的差异，可以分为三种类型：区域联邦制、族群联邦制和公民联邦制。

（1）"区域联邦制"：是联邦制的主流模式，以美国为代表，将政治基础建立在相对独立的各州之上。最严格的区域联邦制是美国内战之前的制

---

① 关凯：《多元文化主义与民族区域自治——民族政策国际经验分析（下）》，《西北民族研究》2004年第2期，第41~42页。

② 张千帆：《从权利保障视角看族群自治与国家统一（上）》，《国家检察官学院学报》2009年第5期，第82~89页。

③ 田飞龙：《瑞士族群治理模式评说——基于"宪法爱国主义"的公民联邦制》，《法学》2010年第10期，第98~107页。

度状况，以"州权理论"或"双重主权"理论为支撑，宪法主要用于防范联邦权力对各州的干预，公民主要归属于各州，联邦宪法层次上的"公民身份"并不具有优先性。严格的区域联邦制接近于欧洲古代的封建制，个体意义上的"公民"对各州的归属和效忠优先于对联邦国家的归属与效忠，联邦宪法对各州与公民的关系缺乏调控权力。美国内战之后通过宪法第14、第15修正案建立的明确而具体的"联邦公民权"逐步削弱了严格的区域联邦制，增加了更加符合现代宪法要求的"公民联邦制"的要素，但仍以"区域联邦制"为主。

（2）"族群联邦制"：将族群视作国家的政治基础，族群在一定意义上连接着国家与个人。"族群"的宪法地位相当于"区域联邦制"中的"区域"，成为一种封建性质的制度中介。"族群联邦制"在保护族群基本权利的同时容易固化族群界限，不利于促进公民认同与国家统一，且在实践上确实造成了长期的纷争与动荡，因而主张在完全取消族群宪法空间与族群权利宪法化之间寻求一种中间模式，以达致一种国家统一、族群自治和个人自由的理想结合。①

（3）"公民联邦制"：是"区域联邦制"或"族群联邦制"在现代宪法框架内进一步发展演化而呈现出的一种结构性趋势，这种趋势倾向于在联邦和个体公民之间建立更强的直接联系，相对弱化作为制度中介的"区域"或"族群"的政治代理功能，建构一种淡化多元文化背景的"宪法爱国主义"。可以说，"公民联邦制"作为传统联邦制的一种现代性补充，其指向就是一种强调"公民身份"优先性的"宪法爱国主义"。②

瑞士模式将制度重点置于"公民"，著名国际公法学家托马斯·弗莱纳（Thomas Fleiner）教授将瑞士族群治理的制度经验归纳为八个方面：（1）"非民族"的国家概念；（2）责任化的权力配置；（3）直接参与的民主；（4）政治中立；（5）多元主义；（6）社会均衡与社会团结；（7）人的尊严；（8）自主与自治。下文将择其要点进行论述。

第一，"非民族"的国家（non - nation state）概念。"瑞士是一个自我界定的'非民族'国家。瑞士联邦统一性的唯一合法性在于一种特定的政

① 张千帆：《从权利保障视角看族群自治与国家统一（下）》，《国家检察官学院学报》2009年第6期，第95页。
② 田飞龙：《瑞士族群治理模式评说——基于"宪法爱国主义"的公民联邦制》，《法学》2010年第10期，第101页。

治概念：直接民主、联邦制、特定的政府体系、宗教自由以及四种官方语言之间的平等权利。"① 弗莱纳教授从四个方面阐明了瑞士联邦的"非民族"性。

（1）一个政治的"民族"："瑞士是除美国之外唯一将自身认同建立在一种特定的政治概念之上而非语言、宗教或族性之上的国家。"② 瑞士宪法的政治基础是公民，而非族群。瑞士的 26 个州不得建立针对本州的"特殊公民权"。瑞士也不存在针对特定族群的特殊制度安排。在宪法上凸显"公民身份"的优先性，强化公民平等及政治参与。

（2）联邦国家的世俗化：瑞士的宗教具有多样性，并和语言一起成为族群多样性的社会文化基础。具体而言，瑞士有接近 1∶1 的天主教徒和新教徒，新教内部又区分信义宗和加尔文宗。瑞士长期以来在罗马的梵蒂冈教廷没有宗教代表，主要是为了回避天主教代表的不充分性；同时，瑞士实行严格的政教分离原则，奉行世俗主义和宗教自由。③

（3）决策中心主义：瑞士民主的重要特点是"决策中心主义"而非"选举中心主义"。在民主决策程序中，重要议题不能依赖简单多数，而需要重要的多数群体和少数群体的一致同意（最大共识原则）。决策中心主义（共识主义）的程序设计，使瑞士不同族群的成员有着丰富的机会参与不同治理层次的决策，通过个体公民权的经常行使，超越本族群的利益与政治限制，成为一名成熟理智的"联邦公民"。

（4）多重忠诚和多重公民权。瑞士联邦制尽管具有强烈的"公民"导向，但并不强制公民只服从联邦一个层次。瑞士宪法倡导公民权利平等，但宪法并不否认一个瑞士人表达"我是日内瓦人"的正当性，宪法确保的是，即使你不是"日内瓦"人，你也具有和"日内瓦"人同等的公民权。瑞士也承认双重国籍或多重国籍，体现了对政治忠诚多元化的宽容，但

---

① Thomas Fleiner, "Legal Instruments and Procedures to Prevent and Solve Ethnic Conflicts: Experiences of the Swiss Constitution", in Lidija R. Basta Fleiner, Thomas Fleiner eds., *Federalism and Multiethnic States: The Case of Switzerland*, Munich: Helbing et Lichtenhahn, 2000, p. 149.

② Thomas Fleiner, "Legal Instruments and Procedures to Prevent and Solve Ethnic Conflicts: Experiences of the Swiss Constitution", in Lidija R. Basta Fleiner, Thomas Fleiner eds., *Federalism and Multiethnic States: The Case of Switzerland*, Munich: Helbing et Lichtenhahn, 2000, p. 149.

③ Thomas Fleiner, "Legal Instruments and Procedures to Prevent and Solve Ethnic Conflicts: Experiences of the Swiss Constitution", in Lidija R. Basta Fleiner, Thomas Fleiner eds., *Federalism and Multiethnic States: The Case of Switzerland*, Munich: Helbing et Lichtenhahn, 2000, p. 150.

"公民身份"在瑞士具有明确的优先属性。

第二,直接参与的民主。1874 年,瑞士宪法规定了"直接民主"在联邦的宪法地位。在联邦层面,重要的国家政策,如修宪、缔结国际条约等,都需要经过全民公决。在州及州以下的层面,地方政策也都需要经过全民公决。直接民主有助于解决族群冲突:首先,它使较小族群能够在自身占多数地位的地方政治单位中进行自主决策;其次,它允许在较低的治理层次上通过一致同意而非多数表决来寻求共识方案;最后,有利于发展宽容和相互尊重的社会氛围。瑞士从不给予特定的少数群体以特权,而是普遍给予较低的治理层次以自治权。这种制度设计使瑞士公民获得了最为宽域的民主实践空间,并在交往互动中形成关于公共利益和公民责任的共识。同时,直接民主减少了瑞士公民对政党代表的依赖,在其他国家,后者往往具有族群、语言和宗教界限。

第三,政治中立。政治中立原则源于内部冲突,即 17 世纪的瑞士议会首次形成中立原则,以回避欧洲的新教同天主教之争。这是很高明的小国生存之道,否则身处列强环伺之地,瑞士早就四分五裂了。20 世纪,中立原则仍然必要,有利于支持法语区居民和德语区居民的统一性,回避卷入德法冲突。弗莱纳教授基于瑞士经验反复告诫:一国之族群存在外部联系时,采取中立原则很有必要,否则易卷入跨国族群冲突之中。[1]

第四,宗教宽容与宗教自由基础上的多元主义。瑞士在历史上出现过"加尔文暴政",近代宪法确立了政教分离的原则,实行宗教自由。瑞士宪法坚持世俗化的公民取向,政治对不同宗教族群保持"中立",但也严格限制"宗教政治化"的倾向,通过法律保护公民免受教会压制。多元主义是瑞士社会的根本价值,瑞士 1999 年宪法将其表达为"多样性",瑞士没有一项制度是建立在语言或宗教基础上的;强调"公民身份"和"平等原则",从"多样性"中提取"统一性"(unity in diversity)。[2]

---

[1]　Thomas Fleiner, "Legal Instruments and Procedures to Prevent and Solve Ethnic Conflicts: Experiences of the Swiss Constitution", in Lidija R. Basta Fleiner, Thomas Fleiner eds., *Federalism and Multiethnic States: The Case of Switzerland*, Munich: Helbing et Lichtenhahn, 2000, pp. 155 – 156.

[2]　Thomas Fleiner, "Legal Instruments and Procedures to Prevent and Solve Ethnic Conflicts: Experiences of the Swiss Constitution", in Lidija R. Basta Fleiner, Thomas Fleiner eds., *Federalism and Multiethnic States: The Case of Switzerland*, Munich: Helbing et Lichtenhahn, 2000, pp. 156 – 158.

第五，社会均衡与社会团结。瑞士 1999 年宪法之序言指出，"一个国家力量的衡量尺度在于其最弱成员的福利程度。"联邦政府有责任促进联邦内部不同单元之间的社会与经济发展，从而弥合不同族群间的差距和不平等感。"公民联邦制"的要义在于提供公民身份认同与宪法平等资格，具有形式平等的倾向，那么合作联邦主义则具有实质平等的诉求。但需要强调的是，合作联邦主义或财政均衡政策的适用对象不是特定的"族群"，宪法关注的焦点始终是"去族群化"的"区域"和公民。

总之，瑞士族群治理的"公民联邦制"框架，大大弱化了传统联邦制在国家统一与民族自治之间的张力关系，将"爱国主义"的基础由"民族"转换为"宪法"，建构作为公民间"最大公约数"的"宪法共识"。由此，瑞士没有"民族特权"与"民族分裂"，只有"公民自治"和"宪法平等"。[①]

当然，尽管瑞士以其完善的民族政策而堪称"世界榜样"，但其民族政策的代表性较低，因为瑞士的社会条件是世界上大多数国家所不具备的。首先是经济实力，瑞士是当今世界上人均收入最高的国家之一，拥有全世界最高的生活质量。长期稳定的社会和高度发达的经济条件对其民族整合产生了积极影响。其次是较小的社会结构性差异，瑞士各民族群体在价值观、经济与文化发展水平、历史恩怨等方面没有根本差异，彼此认同感强，社会整合难度低。[②] 最后是地理区域与人口规模有限。尽管瑞士是欧洲人口密度最大的国家，但人口总量不过 800 多万，领土面积仅有 4.1 万平方公里。故"小国经验"有其天然的局限性。

第三节　民族冲突的原因分析

20 世纪 90 年代以来，随着苏联东欧剧变以及政治全球化、经济一体化、文化多元化的推进，引起了包括中国在内的广大发展中国家内部民族关系的深刻变化。第一，被美苏冷战所掩盖的民族差别、民族分歧，变得凸显。第二，国家认同与民族认同的一致性开始削弱。民族主义不断发展，

---

① 田飞龙：《瑞士族群治理模式评说——基于"宪法爱国主义"的公民联邦制》，《法学》2010 年第 10 期，第 98 ~ 107 页。

② 关凯：《多元文化主义与民族区域自治——民族政策国际经验分析（下）》，《西北民族研究》2004 年第 2 期，第 42 页。

政治机制中少数民族的权利保障机制薄弱以及参政机制的空泛引起的问题开始显现。少数民族政治权利要求提高和合作意识增强呈普遍态势。① 这种态势暗示了，认为依靠经济、文化发展以及优惠、宽容政策便可以解决民族问题的认识是不全面的。第三，"发展是硬道理"的理念被广泛接受。一个民族，贫困、落后便会丧失话语权。所以，多民族国家内部在经济利益方面的冲突，时常借助民族矛盾的形式体现出来。第四，面对激烈变动中的世界，面对传统信念的被质疑和动摇，人们内心的惶惑与精神状态的浮躁是难以避免的。人们相信如果作为一个群体提出自己的要求便会更有力量。因此，现代化、全球化的演进，引发了新一轮的民族认同，并且强化了认同选择的重要性。②

民族冲突的原因十分复杂，有学者将其归因为国际体系的无政府状态、民族间利益分配不公，归咎为民族之间政治地位的不平等，归结为民族的文化权益没有受到应有的保护等。也有学者将民族冲突的原因解释归纳为以下三种。

第一种是系统化解释，这种解释聚焦于民族出于对本民族安全的担忧而想建立安全的系统。两个或多个民族居住地接近，阻止民族冲突的国家、宗教和国际力量太弱，不能提供安全保障，各个民族便采取自我保护。这一解释适用于在国家控制力弱，民族异质性强的多民族国家发生的民族冲突。

第二种是民主性解释，即在国家的民主化进程中，民主民族化所引发的冲突。在多民族社会，政客为赢得机会往往借助民族动员大造声势，其结果往往损害民族关系。如果军队只对民族效忠而不是国家，那么民族冲突不可避免。

第三种是感知解释，即将很多民族冲突归因于族群精英编造本民族或他民族的历史。③ 然而，这些历史不是客观公正的、学术考证的，这些故事是民族传说的一部分，他们所描述的事件具有较高的选择性，并不忠实于

---

① 民族政治权利，一是民族集体对自身政治的自治权；一是民族代表对国家政治的参与权。相关论述参见朱伦《浅议当代资本主义多民族国家的民族政治建设》，《世界民族》1996年第 2 期，第 10 页。

② 何群：《论民族认同性与多民族国家民族政策的成功调整》，《内蒙古大学学报》（人文社会科学版）2001 年第 1 期，第 80 页。

③ Montserrat Guibernau, John Rex, *The Ethnicity Reader: Nationalism, Multiculturalism and Migration*, Cambridge: Polity press, 1997, pp. 82 – 89.

事件本身。①

此外，丹尼尔·拜曼（Daniel L. Byman）认为，引发民族冲突的原因主要有四个方面：民族安全困境、民族地位忧虑、民族统治愿望和民族精英竞争。② 见表 2 - 5。

表 2 - 5 民族冲突的原因

冲突原因	民族安全困境	民族地位忧虑	民族统治愿望	民族精英竞争
具体内容	从民族个体和群体的安全需要出发，民族为了实现自我保护，面对潜在威胁和危险，时刻做好反击（包括武力）的准备	当一个民族阻挠另一个民族要求获得承认或者取得社会合法性时，民族地位问题将引发冲突	某些民族努力将自己的语言定义为官方语言，将自己的宗教确立为全民信奉，将自己的制度推崇为政府和社会规范	民族精英为了攫取和巩固自己的权力和地位，通常会采取弱化国家认同，而强化自己民族认同的策略
适用对象	容易发生在相互戒备、防范和惧怕（历史上发生过节、民族压迫）的民族之间	为了获得群体权利、地位或尊重，捍卫合法性和存在价值的民族	为确保本民族的安全和地位，相关民族极力将其他民族置于从属地位	利用民族集体力量实现自己利益或整个民族利益的民族精英
应对方法	关注与尊重彼此的安全	关注与尊重彼此的价值	限制野心和抱负（民族群体）	限制野心和抱负（个人）

具体来说，民族安全关注与民族价值关注的两难体现在，民族不仅担忧自身的生存问题，还关心自身的社会地位和文化影响。然而，一旦冲突发生，两者将会相互交织。民族文化灭绝的恐惧会因实际冲突所产生的安全恐惧而强化。很多传统民族尤为惧怕文化灭绝或被统治。③ 民族精英竞争成为引发民族冲突的个体因素。对政治领导人而言，族群动员成为能够用来获取和巩固权力极为重要的资本。在与对手的竞争中，政治精英常常会打"民族牌"。他们强化民族认同、制造敏感话题、激化民族矛盾，利用民

① Montserrat Guibernau, John Rex, *The Ethnicity Reader: Nationalism, Multiculturalism and Migration*, Cambridge: Polity press, 1997, p. 88.

② Daniel L. Byman, *Keeping the Peace, Lasting Solutions to Ethnic Conflicts*, Baltimore and London: The Johns Hopkins University Press, 2001, pp. 13 - 44.

③ Donald Horowitz, *Ethnic Groups in Conflict*, Berkeley: Universit y of California Press, 1985, p. 176.

族集体力量实现自身的利益或整个民族的利益。①

总体来看，丹尼尔·拜曼所归纳的民族冲突的原因，有三个方面是群体性的，有一个方面是个体性的；有两个方面是防御性的，有两个方面是进攻性的。但四个方面几乎都涉及主观因素（安全需要、地位忧虑、统治欲望、精英抱负），其明显的缺点是对民族社会结构、经济利益、资源保护等客观因素考虑不够。②

霍洛维兹认为，引发民族冲突的原因主要是政治原因和经济原因。霍洛维兹秉承"权力是达到目的的手段"这一西方政治的核心理念，认为政治权力为民族提供两方面的保障：一是承认民族的价值和社会地位；二是为民族的生存和发展提供合法性，获取较多的社会公共资源。因此，为了获取政治权力，民族精英要进行政治动员，激活民族群体的内聚性，张扬民族政治诉求。同时，经济利益是引发族际冲突和导致民族分离运动的重要原因。现代化导致了激烈的竞争和人口流动，竞争导致了一些民族成员难以得到较好的就业机会，出现民族结构化，从而激发了民族成员通过集体努力改善境遇的诉求，引发了民族利益与现有社会资源分配制度之间的矛盾和冲突。③

一　民族冲突的社会因素

影响民族关系的系统变量很多，具体包括外部因素、个人因素、心理因素、个别因素（偶发因素），也包括社会因素。同社会因素相关的民族理论包括"民族国家构建"理论、"族教冲突"理论、"民族分层"理论、"世代结构"理论，等等。

---

① 严庆、青觉：《从概念厘定到理论运用：西方民族冲突研究述评》，《民族研究》2009 年第 4 期，第 98~99 页。

② 严庆、青觉：《从概念厘定到理论运用：西方民族冲突研究述评》，《民族研究》2009 年第 4 期，第 99 页。

③ 例如，在现代欧洲，大量外来移民导致原有就业格局的改变，影响到了东道国部分人员的经济利益，于是产生了排外主义。在民族居住格局相对集中的多民族国家，民族和地区之间的贫富差距加大，导致"先进民族"和"落后民族"之间负面族裔印象作用放大："先进民族"成员认为"落后民族"愚昧、无知、不思进取，是国家的负担；"落后民族"成员认为"先进民族"贪婪、自私、欲望无边，是自己生存的大敌。于是，国家认同遭到肢解，国家面临民族冲突和民族分离主义的危险。相关论述参见严庆、青觉《从概念厘定到理论运用：西方民族冲突研究述评》，《民族研究》2009 年第 4 期，第 99 页。

（一）"民族国家构建"理论

当代世界的国内民族冲突，实质上是民族国家构建（nation - building）过程中发生的一种普遍现象。按照西方的话语体系，所谓民族国家构建是世界现代化进程的一项根本要求和本质内容，其内涵是从各方面打破国内各个地区、各个族体间的壁垒，建立和健全全国集中、统一的国家权力系统，建立和发展统一的国民经济体系和商品流通市场，在全国范围内推行和传播统一的语言以及能够促进社会、经济现代化的统一的文化模式。

在民族国家构建过程中，处于非主体地位的民族可能做出的选择主要有两种：一种是与前资本主义生产关系有密切联系的传统势力所做的选择，即以民族特性、宗教信仰、文化传统、乡梓利益为号召，谋求维持或恢复割据式的自由和自立；另一种是与国内处于非主体地位民族的普通群众有密切联系的现代精英人物所做的选择，即谋求在发展统一的现代国民经济体系的同时实现本族地区的发展目标，谋求在增进对统一的民族国家的认同和忠诚的同时保持对本族体的认同或忠诚，谋求在发展国民文化的同质性的同时弘扬本族的传统文化。[①]

从学理上看，后一种选择对民族国家构建是一种增强而不是削弱。然而从实践上看，由于民族国家的统治阶级总是急于实现民族国家构建的目标，由于绝大多数民族国家的现行社会、经济和政治体制在具体决策过程中总是被国内处于主体、优势和支配地位的民族的自我中心主义所左右，也由于处于非主体地位民族的传统势力的要求和现代精英人物的要求时常混杂在一起，所以民族国家构建与族体自我发展要求之间总是存在对立。这种对立往往由于受到不可预知的突发事件的激发而演化成大规模的流血冲突。由此，宁骚教授提出有关当代民族国家内部族际冲突的根源的核心命题：国内族际冲突导源于民族国家构建与族体发展之间的矛盾过程。依据这一核心命题构建的理论图式如下。

第一，民族国家构建的现实选择越是拒绝偏颇模式而接近理想模式，爆发国内族际冲突的可能性就越小；民族国家构建的现实选择越是偏离理想模式而接近偏颇模式，爆发国内族际冲突的可能性就越大。民族国家构建的理想模式是：在实施民族国家构建的目标体系的过程中，不仅在形式

---

① 孙代尧：《解释民族冲突的三种理论图式》，《贵州民族研究》1999 年第 3 期，第 24～25 页。

上而且在事实上视民族国家为国内各族共同缔造、共同拥有的国家；不仅在形式上而且在事实上坚持国内各族各方面一律平等，随时注意解决现代化过程中产生的新的族际不平等；在承认与尊重国内一切非主体民族的族体发展要求（如语言地位平等，尊重和弘扬本族的历史和文化传统；实行本族自治，分享国家权力及其他资源；按照本族意愿规划与实施自己的发展目标等）的基础上推进国族整合（national - integration）；只要非主体民族不坚持以暴力手段谋求从所属民族国家里分离出去，就始终以民主方式解决族际矛盾。民族国家构建的偏颇模式是：在实施民族国家构建的目标体系的过程中，按照国内主体民族的偏颇要求（如将本族传统文化特别是宗教提升为国民文化，对"非我族类"者实行强迫同化；由本族垄断性地占有国家权力及其他可用于分配的资源和价值）去规划或实施民族国家构建；国内非主体民族排斥国族整合，要求从所属民族国家中分离出去。①

第二，民族国家构建过程中往往由于以下五对矛盾的展开而导致国内族际冲突。

（1）民族国家构建越是以强制手段提升某一民族语言为国族语言并贬抑其他民族语言的地位，就越有可能爆发族际冲突。

（2）民族国家构建越是以强制手段提升某一民族文化为国民文化并以这一民族文化去同化其他民族文化，就越有可能爆发族际冲突。

（3）单一族体对国家权力垄断程度越高而其他族体被排挤到权力体系的边缘地位，其他族体对民族国家的认同感和忠诚度就越低。

（4）经济现代化过程中的国土开发越是加剧族际社会、经济、文化上的不平等和利益结构上的不平衡，爆发族际冲突的可能性就越大。

（4）经济现代化越是以牺牲非主体民族的发展为代价，民族国家体制上的缺陷和政策上的失误就越有可能以族际冲突的方式予以清算。②

"民族国家构建"理论，明确地把民族国家和族体作为分析单位来揭示民族冲突的丰富内涵。研究假设是：利益失衡是民族冲突的根源。研究依据是：当代世界的国内民族冲突，大都发生在发展中国家以及政治、经济体制正在转型的国家里，而这些国家面临的基本课题就是发展。因此，缩小地区差距、走共同富裕的道路是民族国家构建必须要解决的重

---

① 孙代尧：《解释民族冲突的三种理论图式》，《贵州民族研究》1999 年第 3 期，第 25 页。

② 孙代尧：《解释民族冲突的三种理论图式》，《贵州民族研究》1999 年第 3 期，第 25 ~ 26 页。

要问题。

（二）"族教冲突"理论

有学者将民族与宗教的关系及其冲突简称为"族教关系"和"族教冲突"。① 由于民族冲突与宗教冲突的合力在当今世界政治舞台上炮制出一幅幅人间惨剧，使其成为最凸显、最严重的世界热点问题，因此，"民族问题与宗教问题的交织，将仍然是 21 世纪世界应当关注的热点和难点问题。"② 一个典型的案例是：印度曾经从宗教宽松政策转变到宗教歧视政策，从而导致严重的族教冲突。

莫卧儿帝国阿克巴时期改变德里苏丹时期的宗教压迫、歧视政策，实行宽容、平等的宗教政策。但是随着苏菲派发生分化（出现了苏菲自由派和苏菲保守派），随着伊斯兰正统派帮助奥朗则布（1658～1707）登上皇位，奥朗则布的宗教政策发生了彻底变化，使阿克巴以来提倡的穆斯林与印度教徒之间相互理解、融合的精神受到了致命的打击。皇帝奥朗则布"是第一个全面改变阿克巴的宗教政策、非常坚决和顽强地把帝国变成伊斯兰国家，结果使帝国衰落的君主"③。后来印度发生的印度教徒与穆斯林冲突都可以在这里找到历史文化根源。

纵观穆斯林入主印度次大陆以来的历史，可以发现伊斯兰国家为巩固穆斯林在印度统治，在如何对待非穆斯林的问题上，一直存在两种思想、两种观点和两条道路的斗争：一是把非穆斯林当作异族，把非穆斯林领土伊斯兰化，通过宗教压迫、不平等政策，来巩固作为印度上层的穆斯林统治。主要表现在德里苏丹时期和莫卧儿帝国后期奥朗则布时期。二是把非穆斯林和穆斯林当作平等的成员，穆斯林要适合印度本身的特点，不是印度伊斯兰化，而是伊斯兰印度化，打破狭隘的宗教偏见。主要表现在莫卧儿帝国大部分时期。④

莫卧儿帝国初期，阿克巴在吸收德里苏丹灭亡的经验教训后，开创了一条与德里苏丹巩固政权统治的不同道路——改变穆斯林作为外族统治的

---

① 曹兴：《全球化中最严重族教冲突的根源与出路解析》，《河北师范大学学报》（哲学社会科学版）2009 年第 1 期，第 38 页。
② 李凭晖：《对世界宗教发展趋势的展望》，载卓新平主编《宗教比较与对话》（第 3 辑），社会科学文献出版社，2000，第 24 页。
③ 吴于廑：《世界史·近代史编》，高等教育出版社，1992，第 250 页。
④ 韩建萍：《试论奥朗则布宗教政策的改变》，《喀什师范学院学报》2007 年第 1 期，第 45页。

形象，联合印度教徒，实行宗教平等、宽容政策。为巩固统治，阿克巴依据伊斯兰教苏菲派的思想实行了改革。阿克巴梦寐以求的新印度，"一个民族国家而不是一个穆斯林主人和印度教臣民组成的分裂的国家也就开始出现了。"①

在宗教上，阿克巴鼓励各宗教学者自由讨论宗教信仰问题，强调理性是探讨宗教问题的基础；废除了对异教徒的不合理税收，允许被迫改信伊斯兰教的印度教徒恢复先前的宗教信仰。阿克巴晚年还自创了一种杂糅各种宗教的"神圣信仰"，自任教长。其后的皇帝贾汉吉尔、沙杰汗基本继承了阿克巴的宗教政策。这一政策到莫卧儿帝国后期发生了转变，奥朗则布以隔离而不是融合的思想把阿克巴所开创的道路完全改变，要把印度伊斯兰化。

奥朗则布在伊斯兰教封建贵族为代表的正统派帮助下打败了他的哥哥达拉，达拉提倡宗教平等，代表着自阿克巴以来与印度教联合的自由派。登上皇位的奥朗则布抛弃了苏菲自由派思想，采纳了阿克巴以来受到压制的伊斯兰教保守正统派思想，宣称自己的使命就是纠正偏离伊斯兰教正统教义的种种错误，恢复伊斯兰教的纯洁性。

奥朗则布一生完全按照严格正统的伊斯兰教义，生活俭朴且工作勤勉。为提高社会道德，他发布了一系列法规。他下达了禁酒令，禁止淫秽等。他遵奉伊斯兰教逊尼派教义，推行伊斯兰教法，主持编纂有《奥朗则布教法汇编》，广建清真寺和宗教学校，赞助伊斯兰学术文化。曾下令禁止穆斯林采用印度教的习俗，不准在钱币上铸造"清真言"，宣布恢复使用伊斯兰教历。②

奥朗则布于1665年颁布了歧视性税收法令，穆斯林商人缴纳关卡税为商品总值的2.5%，印度教商人应缴纳5%。1667年，下令免除穆斯林商人的关税，印度教商人照收；1669年下令各省省督普遍拆毁异教徒的寺庙和学校。1671年，下令将皇室领地税务机关的印度教工作人员进行裁减。1688年，禁止印度教徒（除拉其普特外）骑马坐轿，这一年还禁止庆祝酒红节等印度教节庆，并对印度教徒征朝圣税。1679年，下令对异教徒重征人头税。这一年4月，奥朗则布镇压了集合在德里抗议的印度教徒。

---

① 〔美〕斯塔夫里阿诺斯：《全球通史》，董书慧等译，北京大学出版社，2005，第351页。
② 韩建萍：《试论奥朗则布宗教政策的改变》，《喀什师范学院学报》2007年第1期，第45～47页。

奥朗则布的宗教政策完全体现了伊斯兰教保守正统派的要求，把非穆斯林当作异族，把非穆斯林领土伊斯兰化，在政治、经济等方面压制、迫害印度教徒，来达到维护穆斯林上层统治的目的。他的宗教政策越来越极端，结果却事与愿违，激化了国内矛盾。更为严重的是，奥朗则布的宗教政策，使阿克巴以来提倡的穆斯林与印度教徒之间相互理解、融合的精神受到了致命的打击，以至于在英国殖民统治时期，英国殖民统治利用二者的矛盾，实行"分而治之"的统治政策，造成1947年印巴分治的严重后果。① 分治之后，族教冲突仍有增无减。

（三）"民族分层"理论

"民族分层"理论主要研究民族之间的"结构性差异"，这是从社会学的"社会分层"（social stratification）概念转借过来的。"社会分层"研究的是社会成员内部的分化与流动，社会分层是各类人结构性的不平等，人们由于在社会等级制度中的地位不同而有着不同的获得社会报酬的机会。"民族分层"（ethnic stratification）即是民族在社会分层方面的结构性差异，如果两个民族从整体上存在明显的"民族分层"倾斜，即一个民族基本上属于社会地位和收入较低的阶层，而另一个民族基本上属于社会地位和收入较高的阶层，那么民族关系在一定程度上就可能带有阶级关系的色彩。② 民族分层的目的在于通过族群间的结构性比较，分析民族不平等"有多大程度上应当属于'社会分层'带来的贫富矛盾，即弱势群体与强势群体之间的矛盾"③。具有明显结构性差异的民族集团如果生活在各自相对隔绝的区域里，这些差异对他们之间关系的影响可能较小。但如果几个不同的民族集团共同生活在一个地区，各集团的社会地位、经济收入差别很大，由实际落差导致的心理失衡感就极易引发冲突。许多民族之间的爆发性冲突都是由于结构性差异而扩大成群体性冲突的。

考察近些年来民族冲突的四种类型或者是四种类型的混合——为争夺国家资源、土著民族维护自己的权利、各少数民族权利的竞争及政治分离

---

① 韩建萍：《试论奥朗则布宗教政策的改变》，《喀什师范学院学报》2007年第1期，第47页。
② 马戎：《社会学的族群关系研究》，《中南民族大学学报》（人文社会科学版）2004年第3期，第13页。
③ 杨圣敏：《普遍的利益诉求还是少数人的诉求——新疆维汉民族关系的调查与研究》，《民族社会学研究通讯》2008年第46期，第19~21页。

主义,① 均来源于当事国内部"民族分层"的存在。"民族分层"的产生有可能是历史的原因,也有可能是政策倾斜或政策失误的结果,更有可能是各族劳动力现有实际竞争能力的差距。但无论如何,"民族分层"是一种社会不平等的结构化状态,一方面,通过对各个公民进行等级安排,某个民族确立其支配地位,并拥有塑造民族关系的最大权力;另一方面,处于从属地位的民族只能根据他们在等级中的相应地位行使较小的权力。由于占有支配地位的民族享有其他民族不可享有的特权,并占据着绝大部分的社会资源,所以民族分层容易致使民族间产生较大的经济以及社会差距,从而引发族群动员与民族冲突。②

虽然在当今世界,美国被视为"民族融合"的样板,但依然存在"民族分层"问题。2010 年,美国人口普查结果显示"少数族裔"人口迅速增加,拉美裔取代黑人成为"少数族裔"中的人口第一位,"黑白分明"特色已成为历史,开始转向以欧洲裔为主的拉美裔、非裔、亚裔混合化模式。美国的"民族分层"问题随着这种人口构成变化也在加剧。见表 2 - 6。

表 2 - 6　2010 年美国的种族、族裔构成

	人数(亿)	百分比(%)
白　人	1.96	63.7
拉美裔	0.505	16
黑　人	0.389	13
亚　裔	0.147	4.8
其　他	0.079	2.5
总　计	3.08	100

资料来源:U. S. Census Bureau, "Overview of Race and Hispanic Origin: 2010, 2010 Census Briefs", March 2011, http://www. census. gov \ prod \ cen2010 \ briefs \ c2010br - 02. pdf。

大多数美国学者认为民族因素与阶层因素之间存在既相互联系又相互独立的复杂关系。民族不同于政治、经济、声望等分层维度,它是分析单位而不是分层标准,却与分层维度有着紧密的联系。所有的多民族社会,

---

① 联合国社会发展研究所:《全球化背景下的社会问题》,北京大学出版社,1997,第 84 ~ 85 页。
② 胡春艳:《民族社会学视角:制度规约下的马来西亚族群关系》,《世界民族》2009 年第 5 期,第 19 ~ 20 页。

人们的民族分层是决定社会资源分配的重要因素之一，人们得到有价值的资源如工作、教育、财富等的总量不同，其部分原因是他们属于不同的民族或族群。[①] 美国社会的分配体系就具有此类典型性，美国的族群体系是从属于其他阶级体系的，在美国现代整体分配体系中，民族分层事实上有多种类型的分层体现，如收入分层、职业分层、教育分层、就业分层、产业分层，等等。见表2-7。

表2-7　美国社会的阶层体系

政治阶级体系	财富阶级体系	职业阶级体系	族群阶级体系
精英	上层阶级	资本家	盎格鲁血统的美国人
官僚	中上层阶级	专业人员 管理人员 企业家	其他欧洲裔美国人
选民	中产阶级	熟练工人技师	
	工人阶级		
不关心政治的平民	穷人	无技术工人	亚裔美国人
			西班牙裔美国人
	底层阶级		非洲裔美国人
		失业者	美国印第安人

资料来源：〔美〕马丁·N.麦格著《族群社会学》，祖力亚提·司马义译，华夏出版社，2007，第34页。

因此，下文试图从美国产业的民族格局、城市化程度、教育的民族格局、就业的民族格局、职业的民族格局、收入的民族格局等几个方面来解读美国的"民族分层"。

第一，产业的民族格局。现代化的进程，通常是社会劳动力大量地从农业向制造业，再向服务业转移的过程。从社会地位、经济收入来说，特别是在发展中国家，农民收入往往最低，产业工人收入高于农民，在城市里从事服务业的就业人员收入最高。从20世纪20年代开始，美国黑人从

[①] 陈晶：《民族分层抑或民族社会分层——当前中国民族社会结构的解读视角》，《西北民族大学学报》（哲学社会科学版）2012年第1期，第153页。

事农业的人数在逐年下降。见图 2-4。墨西哥人逐渐成为美国农业廉价劳动力的首要来源。印第安人作为土著居民,其人口主体依然居住在美国政府为他们选定的 280 个"保留地"(占美国土地的 2.3%)内,从事农业和畜牧业。① 这就使印第安人离开土地十分困难同时又难以摆脱贫困。其他移民族群如亚洲移民及后裔(日本裔、中国裔、印度裔、朝鲜裔、越南裔等)、南美洲人(波多黎各裔、巴西裔、古巴裔等)大多居住在城镇,主要在制造业和服务业寻找就业机会,极少从事农业经营。②

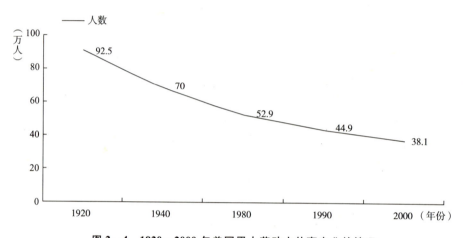

图 2-4 1920~2000 年美国黑人劳动力从事农业的情况

资料来源:Simpson,G. E and J. M. Yinger,*Racial and Cultural Minorities*:*An Analysis of Prejudice and Discrimination*,New York:Plenum Press,1985,pp. 71-172。

第二,城市化程度。一个民族的城市化程度与其人口的产业结构密切相连。由于在城市可以得到较高的收入,近几十年来美国黑人人口不断从农村向城镇迁移,从小城市向大城市迁移。第二次世界大战后到 20 世纪 50、60 年代,美国黑人开始大规模迁移,主要迁移方向是北部城市,形成了黑人城市化高潮,这一过程被美国社会学家称之为"黑人城镇化"

---

① 这些"保留地"是最贫瘠的土地,但是随着矿产资源的发现,其中一些有价值的土地又被政府征用。印第安人要想承租或转租任何土地都必须得到政府农业局的批准,而农业局规定的批准率通常低于地区其他土地的批准率。相关论述参见 Simpson,G. E and J. M. Yinger,*Racial and Cultural Minorities*:*An Analysis of Prejudice and Discrimination*,New York:Plenum Press,1985,p. 195。

② 马戎:《美国的种族与少数民族问题》,《北京大学学报》(哲学社会科学版)1997 年第 1 期,第 129 页。

（Black Urbanization）。在黑人快速城市化的同时，大部分白人迁往郊区，形成“黑色城市，白色郊区”的现象，① 这使种族冲突主要发生在城市地区。见表2-8。在1940年，美国说西班牙语的墨西哥裔居民中的多数居住在农村。1985年，4/5的墨西哥裔住在城镇，而且主要集中在加州城镇，洛杉矶市成了除墨西哥城之外世界上最大的墨西哥裔居住地。在1950年，印第安人主要居住在农业社区。1970年，在印第安人口超过1万的9个州里，印第安人中的城镇人口占印第安人总人口中的比例为13.3%~39.6%。但是总的来说，印第安人的城镇化水平依然较低。从亚洲、南美洲来的移民族群绝大多数居住在城镇。②

表2-8　1940~1990年美国黑人人口城乡分布

年　份	黑人总人口（人）	城市人口		乡村人口	
		人数（人）	比例（%）	人数（人）	比例（%）
1940	12865518	6253588	48.61	6611930	51.39
1950	15042286	9392608	62.44	5649678	37.56
1960	18870831	13807640	73.17	5064191	26.83
1970	22580289	18367318	81.34	4212971	18.66
1980	26495025	22594016	85.28	3901009	14.72
1990	29986060	26153444	87.22	3832616	12.78

资料来源：Susan B. Carter etc. ed. , *Historical Statistics of the United States*：*Earliest Times to the Present*, *Volume* 1：*Population*, New York：Cambridge University Press, 2006, p. 105.

第三，教育的民族格局。教育对一个民族社会地位的影响是非常根本的，标志着一个民族的劳动力素质和竞争能力。1930年，美国南部黑人入学率为58.5%，白人为67%；在80年代，黑人与白人的入学率达到了同等水平。1940年，25岁以上的黑人与同龄白人所受教育年限相比，差距超过3年。在80年代早期，两者之间的差距减到半年。③ 在美国，种族隔离政策长期在各级学校中实行。1965年，80%的白人学生在学生总数90%~

① 陈奕平：《二战后美国黑人人口演变及其影响》，《世界民族》2010年第5期，第83页。
② 马戎：《美国的种族与少数民族问题》，《北京大学学报》（哲学社会科学版）1997年第1期，第129~130页。
③ 〔美〕丹尼斯·吉尔伯特、约瑟夫·卡尔：《美国阶级结构》，彭华民、齐善鸿等译，中国社会科学出版社，1992，第92页。

100%为白人的学校读书，65%的黑人学生在学生总数 65% ~100% 为黑人的学校读书。由于黑人学校的教学条件、师资水平、教学质量都比较低，对学生毕业后的就业和发展都有不利的影响。1965 年，美国通过《中小学教育法令》促进了各地区的学校废除种族隔离制度。[①] 墨西哥裔对于教育的重视程度不但比不上亚洲裔，也不如黑人。1979 年，在 25 岁以上的墨西哥裔人口中，只有 34.9% 读完四年小学；波多黎各裔也只有 38.6% 读完四年小学。[②] 1994 年《美国教育改革法》的实施，使所有学生都能接受机会均等的高质量教育，一定程度上缓和了这种教育分层。[③] 见表 2 - 9。

表 2 - 9　1940 ~2000 年美国 25 岁及以上各族裔受教育情况

单位:%

		1940 年	1950 年	1960 年	1970 年	1980 年	1990 年	2000 年
获得高中及以上学位	白人	26.1	36.4	43.2	54.5	68.8	77.9	83.6
	黑人	7.7	13.7	21.7	31.4	51.2	63.1	72.3
	亚太裔	22.6	40.8	48.8	62.2	74.8	77.5	80.4
	印第安人和阿拉斯加土著	7.8	12.8	18.5	33.3	55.5	65.5	70.9
获得学士及以上学位	白人	4.9	6.6	8.1	11.3	17.1	21.5	26.1
	黑人	1.3	2.2	3.5	4.4	8.4	11.4	14.3
	亚太裔	4.0	7.5	11.3	20.4	32.9	36.6	44.1
	印第安人和阿拉斯加土著	0.8	1.3	1.9	3.8	7.7	9.3	11.5

资料来源：U. S. Census Bureau, Decennial Census of Population, "A Half - Century of Learning: Historical Statistics on Educational Attainment in the United States, 1940 to 2000", table 3 and table 4, April 6, 2006, http://www.census.gov/population/www/socdemo/education/phct41html。

第四，就业的民族格局。在 1981 年，美国 16 岁以上白人男性就业率为 72%，而非白人男性就业率为 61%。图 2 - 5 是 1970 年 10 个族群男性、女性就业情况。印第安人、黑人男性就业率最低，印第安人、波多黎各裔和墨西哥裔妇女就业率最低。男性就业率最高的是古巴裔（83.7%），女性就业率最高的是菲律宾裔（55.2%）。总体而言，非洲裔等劳动力的就业状况呈逐渐改善的趋势。例如，2011 年，非洲裔美国人占美国劳动力的

① 〔美〕约翰·富兰克林:《美国黑人史》，张冰姿等译，商务印书馆，1988，第 567 页。
② Simpson, G. E and J. M. Yinger, *Racial and Cultural Minorities: An Analysis of Prejudice and Discrimination*, New York: Plenum Press, 1985, p. 342.
③ 刘绪贻、杨生茂主编《美国通史》（第六卷·下），人民出版社，2005，第 635 ~636 页。

11.6%,同 1991 年的 10.9% 相比略有增长。这一年,有 1800 万非洲裔美国人被雇佣,16 岁以上的非洲裔劳动力中有 50% 拥有全职或者兼职工作。被雇佣在联邦、州、地方政府部门工作的黑人占 20%,白人占 14.2%,西班牙裔占 10.4%。黑人和白人一样,在私营部门工作的人比西班牙裔人少。2011 年只有 3.8% 的黑人是自由职业者。[①]

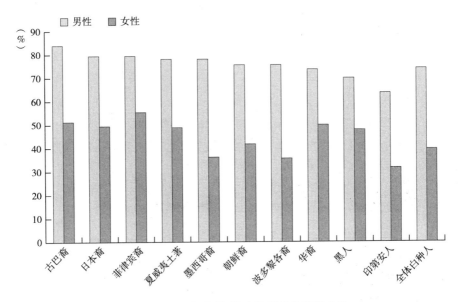

图 2 - 5 1970 年美国 10 个族群分性别就业率

资料来源: T. Sullivan, "Racial – ethnic Differences in Labor Force Participation", in F. Dean and W. Frisbie eds., *The Demography of Racial and Ethnic Groups*, New York: Academic Press, 1978, p. 167。

预计,非拉丁裔白人(Non – Hispanic Whites)在美国劳动力人口中的比重,会由 2000 年的 73% 降到 2050 年的 53%,拉丁裔美国人则从 2000 年的 11% 增长到 2050 年的 24%,黑人会从 2000 年的 12% 增长到 2050 年的 14%。亚裔美国人会从 2000 年的 5% 增长到 2050 年的 10%。其中,非拉丁裔白人劳动力人口的变化最引人关注,在 1980 ~ 1990 年,非拉丁裔白人的劳动力人口增长了 1.1%;在 1990 ~ 2000 年,增长 0.5%;在 2000 年以后,其增长率仅

① The U. S. Department of Labor, "the African – American Labor Force in the Recovery", Feb. 2012, http://www.dol.gov/_ Sec/media/reports/blacklaborforce/。

为 0.5% 左右，在 2015 年后的增长速度将明显放缓。①

第五，职业的民族格局。职业与社会地位和收入密切相关。美国黑人的大多数始终处于低工资的各个职业。由于教育状况的改善及种族歧视的缓解，黑人的从业情况也有了改善，即从事管理、技术类和行政支持等职业的黑人明显增加，而从事农业和体力劳动的黑人所占比例下降。见表 2 - 10。1970 年，全美工程师人数中，黑人、波多黎各裔、印第安人、墨西哥裔占总数的 2.8%，而他们占美国总人口的 14.4%。在 1870 ~ 1930 年，华裔就业人员中有 41% ~ 58% 从事个体服务业（其中 8% ~ 24% 是洗衣业），1970 年仅剩 7.1%。从事采矿业的在 1870 年占 36.9%，到 1900 年只剩 3.1%，1970 年仅有 0.2%。从事商业、餐馆业的人员在 1870 年只占 2.1%，1970 年上升到 34.6%，成为华裔的第一大职业。专业技术人员在 1870 年只占 0.7%，1970 年占 21.2%，成为第二大职业。1870 年制造业工人只占华裔就业人员的 8.2%，1970 年占 17.3%，成为第三大职业。②

表 2 - 10　美国 16 岁以上黑人就业者的职业构成变化

单位:%

	1980 年	1990 年	2000 年
16 岁以上黑人就业者	100.0	100.0	100.0
管理与专业技术工作者	14.1	18.1	21.8
技术员、销售和行政支持工作者	25.2	29.4	29.3
服务业工作者	23.1	22.1	21.5
精细加工、工艺和修理工作者	8.9	8.2	7.8
机器操作工、装配工和劳力者	26.7	20.8	18.5
农、渔、林业工作者	2.0	1.5	1.1

资料来源：Douglas L. Anderton, Richard E. Barrett, Donald J. Bogue, *The Population of the United States*, p. 597; U. S. Census Bureau, "Current Population Survey, Employed white, black, and Hispanic origin workers by sex, occupation, class of worker, and full - or part - time status", http://www. Bls. gov/cps/home. htm#tables; "Major Occupation Group of the Employed Civilian Population 16 Years and Over by Sex, and Race and Hispanic Origin: March 2000", June 28, 2001, http://www. census. gov/ftp/pub/population/www/socdemo/race/ppl - 146. html。

---

①　Mitra Tossisan, "A Century of Change: the U. S. Labor Force, 1950 - 2050", *Monthly Labor Review*, May 2012, http://www. bls. gov/opub/mlr/2002/05/art2full. pdf.

②　King, H. and F. B. Locke, "Chinese in the U. S. : A Century of Occupational Transition", *International Migration Review*, Vol. 14, No. 1, 1980, p. 19.

第六，收入的民族格局。收入的绝对水平和相对差距是社会分层的重要指标。1959 年，黑人家庭收入的中位数是 5837 美元，[1] 白人家庭是 10885 美元，为黑人家庭的 1.86 倍；1975 年，黑人家庭收入的中位数是 8779 美元，白人家庭是 14268 美元，为黑人家庭的 1.63 倍。从表 2 - 11 可以看出，除了黑人家庭收入中位数在 1976 年出现短暂的减少情况外，其他少数族裔均呈上升趋势，如 1959 年墨西哥裔家庭收入中位数为 3811 美元，1976 年上升到 9546 美元；1970 年波多黎各裔家庭收入中位数为 5879 美元，1976 年升到 7291 美元。而白人始终保持着绝对优势的收入。美国经济衰退期间，白人与少数族裔之间的财富差距再次扩大，白人不但取代亚裔成为最富庶族裔，其平均家庭资产分别是亚裔的 1.4 倍、非洲裔的 20 倍和西班牙裔的 18 倍。2009 年，白人家庭平均财富净值为 113149 美元，亚裔家庭平均财富净值为 78066 美元，拉丁裔为 6325 美元，黑人为 5677 美元。[2]

表 2 - 11　美国一些族群家庭年收入的中位数

单位：美元

	1959 年	1970 年	1975 年	1976 年
白人	10885	—	14268	—
黑人	5837	—	8779	8200
城镇黑人	—	6822	—	—
墨西哥裔	3811	6002	—	9546
波多黎各裔	—	5879	—	7291
城镇印第安人	—	7566	—	—
"保留地"印第安人	—	4088	—	—

资料来源：Simpson, G. E and J. M. Yinger, *Racial and Cultural Minorities: An Analysis of Prejudice and Discrimination*, New York: Plenum Press, 1985, pp. 189 - 190。

收入指数是分析各民族收入差距的另一个指标。在图 2 - 6 中，以全体美国人的收入为 100（收入指数）的基准，犹太裔、日本裔、波兰裔、华裔和意大利裔是 5 个高收入的族群。波多黎各裔、黑人和印第安人是收入最低的 3 个族群。[3]

---

[1]　在计算"平均收入"时，少数收入极高的人可以对"平均值"有很大的影响，而"中位数"在表现群体中等收入水平时更有意义。

[2]　徐步：《美国 2010 年人口普查反映出的一些重要动向》，《国际观察》2012 年第 3 期，第 47 页。

[3]　马戎：《美国的种族与少数民族问题》，《北京大学学报》（哲学社会科学版）1997 年第 1 期，第 126~137 页。

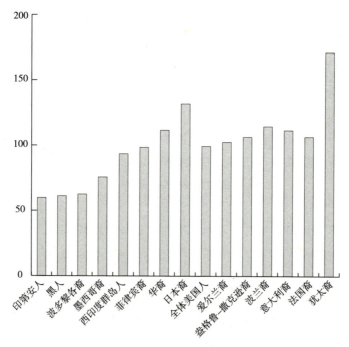

图 2 - 6　1970 年美国各族群家庭收入指数（以平均水准为 100）

资料来源：〔美〕托马斯·索威尔：《美国种族简史》，沈宗美译，南京大学出版社，1993，第 235 页。

根据美国人口普查局公布的数据显示，2008 年全美人均收入是 26964 美元。非拉丁裔白人的人均收入是 31313 美元，黑人的人均收入是 18406 美元，亚裔美国人的人均收入是 30292 美元，西班牙裔美国人的人均收入是 15674 美元。2011 年，全职雇佣的黑人每周收入为 653 美元，而白人收获了全部收入的 76.3%。相比较而言，黑人女性每周平均工资是 595 美元，是白人女性平均收入的 84.6%。① 可见，"民族分层"是美国等西方发达国家面临的重要顽疾。当然，一定程度的分层结构有利于社会进步，但严重的分层结构必然导致族群间矛盾的加剧以及社会治理成本的攀升。

（四）"世代结构"理论

所谓"世代结构"，是指大约每 20 年出现在人口结构中的由青年、中

---

① The U. S. Department of Labor, "the African - American Labor Force in the Recovery", Feb. 2012, http：//www. dol. gov/_ Sec/media/reports/blacklaborforce/.

年和老年构成的新世代角色层。"世代结构"理论致力于研究作为一种社会、文化、心理群体的世代（generation）的形成原因、发展规律以及代际关系性质、代际互动模式、世代在社会变迁中的作用等问题。"世代结构"同"代际更替"紧密相关，在剧烈变迁的年代，儿女一代人的成长环境、价值观可能同自己的父辈完全不一样。

德国学者霍尔马特·斯区特（Hellmut Schutte）最早对中国进行世代划分，他将中国世代划分为三代：1945年以前出生的是社会主义信仰者一代（the Socialist Generation）；1945～1960年出生的是失落的一代（the Lost Generation）；1960年以后出生的是关注生活方式的一代（the Lifestyle Generation）。[①] 但1960年后中国发生了很多重大事件，因此不能简单地将1960年后出生的人划分为一代人，因此国内学者刘世雄、周志民将中国世代划分为五代。

（1）1945年以前出生的"传统的一代"（Tradition Generation），经历了抗日战争、解放战争、共产主义思潮，集体主义意识高；

（2）1945～1960年出生的"文革的一代"（Culture Revolution Generation），经历了"大跃进"、人民公社、"文化大革命"，集体主义意识居中；

（3）1960～1970年出生的"幸运的一代"（Lucky Generation），经历了恢复高考、国家包分配、经济体制改革，个体主义与集体主义意识均呈中性；

（4）1970～1980年出生的"转型的一代"（Transform Generation），经历了计划经济向市场经济转型、高考扩招，个人主义意识呈中性；

（5）1980年后出生的"e一代"，经历了互联网快速普及、电子商务高速发展、数码产品应接不暇，个人主义意识高。[②]

阳翼、卢泰宏基本赞同五分法，不同的是把1979年以后出生的一代界定为"独生代"（the Only Child Generation），关注重点在计划生育实施后，生活在父母溺爱、没有兄弟姐妹等家庭环境下的一代人。[③] 随后，阳翼、关

---

① Hellmut Schutte, Deanna Ciarlante, *Consumer Behavior in Asian*, New York: New York University Press, 1998.

② 刘世雄、周志民：《从世代标准谈中国消费者市场细分》，《商业经济文荟》2002年第5期，第20页。

③ 阳翼、卢泰宏：《中国独生代消费形态实证研究：意义与方法》，《商业经济与管理》2004年第8期，第11页。

昱进一步研究提出，1980 年以后出生的新生代已经跨越 30 年，仅用"独生代"概括显得过于粗糙，因此把"独生代"细分为"80 后"与"90 后"。① 目前，我们现在面临的少数民族青年有相当一部分是"80 后"和"90 后"，他们已经不是他们父辈那一代人了。他们听到的大多是"文革"时期的冤假错案、阅读的是"伤痕文学"，共产党的威望在批判"文化大革命""极左"错误时受到严重损害。而在改革开放中，他们必然面临升学、就业的激烈市场竞争和生存压力，对外开放又使境外各种宗教势力、政治势力渗透到国内，并通过现代通信工具广泛传播。所以，中国少数民族群体的"代际更替"是我们目前面对的非常关键的社会结构变迁。②

这种文化价值观上的"代际传承"和"代际嬗变"在美国表现得非常明显。上一代对下一代的价值观和行为产生的影响可以称之为"代际传承"，下一代形成新的价值取向对上一代的价值观和行为产生的影响可以称之为"代际嬗变"。回顾美国社会史，世代的划分标准已比较成熟，有三个主流"世代结构"受到广泛认可："成熟世代"（又称"老兵世代"）、"婴儿潮世代"、"X 世代"。具体的划分标准，见表 2 - 12。

表 2 - 12　美国"世代结构"划分标准

世代名称	出生年代	经历的主要历史事件	核心价值观与生活态度
成熟世代	1930 ~ 1945 年	第二次世界大战、经济大萧条	人生是一种责任；工作是一种义务；成功来自拼搏；休闲是对辛勤工作的奖励；对明天未雨绸缪；理财就是储蓄
婴儿潮世代	1946 ~ 1964 年	经济与教育高速发展、经济全面复苏	人生体现个人价值；工作是刺激和探险；成功理所当然；休闲是生命意义所在；今天比明天更重要；理财就是花钱
X 世代	1965 ~ 1976 年	后越战时期，军事、政治、外交与经济各方面的低潮期，社会问题不断	人生是多样化的；工作是对困难的挑战；成功来自两份工作；休闲让心放松；对明天不确定但可处理；财务是个障碍

资料来源：王海忠《中国消费者世代及其民族中心主义轮廓研究》，《管理科学学报》2005 年第 6 期，第 89 页。

---

① 阳翼、关昱：《"80 后"与"90 后"消费者行为的比较研究》，《广告大观》（理论版）2010 年第 4 期，第 16 ~ 23 页。

② 马戎：《如何看待当前中国的民族关系问题》，《理论视野》2011 年第 3 期，第 44 ~ 45 页。

"成熟世代"的人在经历了经济大萧条和第二次世界大战之后，表现出对安全的高度关心和避开年轻时所经历危险和灾难的渴望，这代人勤劳独立，支持重视忠诚、义务、遵从和安全的保守价值观。"婴儿潮"的定义来自1980年琼斯的《宏大期望》一书，"婴儿潮世代"是指1946~1964年出生的人。[①]"婴儿潮世代"成长于美国经济社会发展的高涨期（1946~1964年），这一代人积极参与社会变革，通过个人发展获得个人满足，表现出很强的职业道德和工作参与感。不过，"熔炉"（Melting Pot）理论及其实践，并没有改变20世纪40年代业已彰显并仅限于"白人"内部以新教、天主教、犹太教为基础的"三元熔炉"的族际通婚现象，[②]反而使在迅速城市化进程中日益处于边缘状态的黑人、印第安人、亚洲裔、墨西哥裔、波多黎各裔等群体的政治意识不断高涨。[③]

"X世代"在成长时期历经了经济的繁荣和低谷（20世纪80年代初期的经济倒退和下降）以及家庭问题（父母的高离婚率），他们高度重视个人主义，经济上自立，不重视工作安全和工作地位，更重视个人自由和具有挑战性的工作。[④]校园政治、流行歌曲、T恤衫、牛仔裤、嬉皮士与吸食大麻、同性恋、青年暴力犯罪等"异类"行为交织在一起，从不同的角度向"成熟世代"建立起来的社会权威提出了挑战。在1965~1970年，美国人在对自己的社会进行"人性化"改造的过程中，性别、种族、宗教、民族、职业、工作地、住地、婚姻状况、政治倾向、国籍、语言等类别参数"将人口划分成有着不同界限的亚群体"；而教育、收入、财富、声望、权力、社会经济背景、年龄、行政权威、智力等因素构成的等级参数，则成为定义社会地位的级序范畴。[⑤]其中，种族、民族等类别在所谓后现代主义思潮中成为"身份认同"的重要归宿。[⑥]而建立在种族、民族基础上的

① 邓勇、陈倩、叶生洪：《消费者世代划分标准研究综述》，《中国商贸》2012年第35期，第246页。
② 〔美〕米尔顿·M.戈登：《在美国的同化：理论与现实》，吴晓钢译，载马戎主编《西方民族社会学的理论与方法》，天津人民出版社，1997，第65页。
③ 戴超武：《美国移民政策与亚洲移民》，中国社会科学出版社，1999，第166页。
④ 〔美〕卡洛琳·艾歌丽、大卫·若斯顿：《世代和个人价值观：中美对比》，李宁、吴爱虹译，《南大商学评论》2005年第4期，第24页。
⑤ 〔美〕彼得·布劳：《不平等和异质性》，王春光等译，中国社会科学出版社，1991，第14页。
⑥ 〔英〕安吉拉·默克罗比：《后现代主义与大众文化》，田晓菲译，中央编译出版社，2001，第82页。

"认同政治"（identity politics）也构成了美国政治的焦点。[①]

这一时期，后现代主义的"认同政治"、"差异政治"促使各种局部群体竞相斗争，构成了整个社会中分散的、非中心化的权力形式。承认个性、差异的社会政治取向使超越"熔炉"的多元文化主义也流行开来，这种社会裂变，"是由于一个团体觉得自己未获得大社会的肯定，于是便不愿依循大多数人的共同理解来运作，因而产生脱离的要求。"[②] 为此他们甚至喜欢借用民族主义式的话语来强调自我的地位，如同性恋捍卫者爱用"同性恋国度"（the queer nation）一语。甚至在女权主义运动中也出现了称自己为美国"最大少数民族"的口号。[③]

美国三个主流世代的个人价值观差异是"世代结构"内部冲突的根源，我们通过表 2-13 来进一步了解其差异。很明显，在美国世代价值观中，在接受变革方面：X 世代＞婴儿潮世代＞成熟世代；在保守主义方面，成熟世代＞婴儿潮世代＞X 世代；在自我提升方面，X 世代＞婴儿潮世代＞成熟世代；在自我超越方面，婴儿潮世代＝成熟世代＝X 世代。在美国世代结构中出现了一个和年龄有关的价值取向模式，和前几代的美国人相比，当代的美国人更能接受变革，自我提升意识更强，保守程度更低。

表 2-13 美国世代的个人价值：标准中位数和标准偏差

变量	接受变革		保守主义		自我提升		自我超越	
	中位数	标准差	中位数	标准差	中位数	标准差	中位数	标准差
成熟世代	-0.16	0.44	0.66	0.32	-0.29	0.34	0.27	0.28
婴儿潮世代	-0.00	0.43	-0.08	0.32	-0.17	0.35	0.28	0.24
X 世代	0.11	0.39	-0.18	0.28	-0.03	0.37	0.25	0.31

资料来源：〔美〕卡洛琳·艾歌丽、大卫·若斯顿著《世代和个人价值观：中美对比》，李宁、吴爱虹译，《南大商学评论》2005 年第 4 期，第 27 页。

在"X 世代"之后的一代人一般统称为"Y 世代"，也有学者用千禧世代（Millennials）、网络世代（Generation Net、The Net Generation、Dot

---

① 〔英〕艾瑞克·霍布斯鲍姆：《认同政治与左翼》，周红云编译，载杨雪冬等主编《"第三条道路"与新的理论》，社会科学文献出版社，2000，第 105 页。

② 〔美〕查尔斯·泰勒：《公民与国家之间的距离》，李保宗译，载王晖、陈燕谷主编《文化与公共性》，三联书店，1998，第 211 页。

③ 郝时远：《美国等西方国家社会裂变中的"认同群体"与 ethnic group》，载《世界民族》2002 年第 4 期，第 9 页。

Nets）、回声潮（Echo Boomers）、我世代（I Generation）等术语来指代"X世代"之后的那一代人，见表 2 – 14。

表 2 – 14　美国 Y 世代相关概念

世代名称	出生年代（年）	划分依据	核心特质
Y 世代	1977 ~ 1995	代　群	独立、主动
千禧世代	1980 ~ 2001	代　群	自信、团队
网络世代	1993 ~ 2000	历史生成	独立、自主性
回声潮	1989 ~ 1993	人口统计	乐观、自信

资料来源：余双好、陶莎莎、马小玲《美国"Y 一代"价值观念发展变化特点的研究状况》，《中国青年研究》2010 年第 4 期，第 91 ~ 95 页。

目前，"Y 世代"是组成美国"世代结构"的最年轻一支，其主要特征是：价值自主性和独立性，喜欢开放式交流，以行动取向为视角看待工作，为问题寻求答案，追求技巧和专业知识的获取，忠于个体且对群体没有长期的忠诚，主张工作与生活目标的平衡，不愿意担当领导角色，等等。"Y 世代"的价值观念总体上更为积极、乐观，表现出更多向美国传统价值观念和"婴儿潮世代"的回归。"Y 世代"更具有乐观主义、团队合作精神，在青春期自杀、怀孕和堕胎、暴力犯罪以及吸毒等方面大大减少。"Y 世代"的文化与"婴儿潮世代"和"X 世代"不同，他们"期望团队合作而不是做自由人；渴望政治参与而不是冷淡；穿学校颜色的 T 恤而不是文化衫。他们有像中年的'婴儿潮世代'的自恋、不耐烦，反对偶像崇拜，专注于谈话（通常是争论）的行为"[1]。

可见，美国的社会发展突出了"世代结构"的影响。不同世代在价值观上差异明显，对美国族际关系必然造成深刻影响，未来世代的"代际传承"越来越困难，因此有学者提出"现实的跨代共同体"（actual trans - generational community）概念，[2] 希望通过"道德共识"的延伸来凝聚人心，从而消除"世代结构"造成的隔阂，建构起"道德与文化的共同体"。

---

[1]　余双好、陶莎莎、马小玲：《美国"Y 一代"价值观念发展变化特点的研究状况》，《中国青年研究》2010 年第 4 期，第 91 ~ 95 页。

[2]　王韬洋：《正义的共同体与未来世代——代际正义的可能性及其限度》，《华东师范大学学报》（哲学社会科学版）2010 年第 5 期，第 65 ~ 67 页。

二　民族冲突的外部因素

民族始终是国际社会的一种主要的政治力量，只有民族问题才能普遍而深刻地搅动世界格局。因而，在国际事务和国际关系中，打"民族牌"是常见而有效的手段。据美国学者格尔（Ted Robert Gurr）和哈克斯通（Michael Haxton）统计，在20世纪90年代的10年间，世界上有53个国家存在分离主义运动，占国家总数的36%，149个国家中有112个（占75%）存在民族问题隐患，71%的发达国家存在民族问题隐患。① 由此可见，世界民族问题是普遍存在的，对世界政治格局的影响也是广泛的，拿"民族问题"做文章无疑会深刻影响到国家之间的关系。

奥斯陆国际和平研究所2007年的《全球武装冲突》报告显示，1976年至2006年的30年间世界武装冲突保持在平均每年30次以上，高于1946年至1976年的30年间的平均每年20次。其中亚洲、非洲和中东的冲突比例最高，涉及37个国家，而这些冲突大多都与民族问题和宗教问题有关。② 在国际关系中，民族动员是最为廉价而又最为有效的政治动员手段。安东尼·史密斯认为，民族动员是比其他社会团体动员更有力、更有效的手段。民族认同和种族认同都可以被当作社会动员的工具。③

进入21世纪，所有主权国家面临的最大的外部因素就是经济全球化和政治民主化进程的加剧，但是这一进程只会加强民族合作和宗教对话，不会从根本上削弱民族的冲突性，人们的民族性（特别是弱势民族）和宗教性（尤其是在信仰曾被压制或缺失的地区）反而会产生某种增强的态势，以弥补现代性的不足。④

对于一个多民族国家来讲，必须高度重视民族冲突和民族分裂活动，一个多民族国家如果允许部分民族独立，其他民族就会效仿。如果A允许

①　Ted Robert Gurr and Michael Haxton, *Peoples Versus States: Ethnopolitical Conflict and Accommodation at the End of the 20th Century*, Washington, DC: US Institute of Peace Press, 2000, pp. 1 – 10.

②　Halvard Buhaug, Scott Gates, Harvard Hegre and Harvard Strand, Centre for the study of civil war, International Peace Research Institute, *Global trends In Armed Conflict*, Oslo（PRIO）, 2007, http://www. regjeringen. no/nb/dep/ud/kampanjer/refleks/innspill/engasjement/prio. html? id =492941.

③　Anthony D. Smith, *National Identity*, London: University of Nevada Press, 1991, pp. 15 – 17.

④　曹兴：《全球化中最严重宗教冲突的根源与出路解析》，《河北师范大学学报》（哲学社会科学版）2009年第1期，第38~44页。

B 独立，那么 B 中的 A 族人可能要求回到 A；B 中的 C 也可能要求独立。比如，科索沃宣布独立后，其辖境内的塞尔维亚族试图脱离科索沃而同塞尔维亚保持联系。当格鲁吉亚脱离苏联后，南奥塞梯想脱离格鲁吉亚与自己的同胞一起留在俄罗斯。摩尔多瓦脱离苏联后，格格乌人想脱离摩尔多瓦建立自己的国家。这些连锁反应都伴随着不同程度的暴力与冲突。① 成功的分离运动还会鼓励其他国家的民族主义运动，发挥"示范效用"和"连锁反应"。

（一）势力均衡理论

在以无政府状态为基本特征的国际关系中寻求和保持安全是现实主义视角下主权国家的根本利益追求，而其基本路径就是保持国家间的势力均衡。民族冲突有可能因为影响国家之间力量的消长进而变革国际秩序。

赛德曼（Stephen M. Saideman）在《关系的鸿沟》一书中指出，与传统的平衡方法不同，面对威胁自己的国家，通过制造和支持其内部的民族分裂可以达到削弱对方的目的，这样，也能够实现相对的力量平衡。他进一步指出，根据势力均衡这一现实主义原则，为了保持"民族分裂"的长期性，当发生民族冲突的当事国国家力量为弱势时应当支持国家，当国家力量强大时又应当支持分离分子。② 在上述模式中，民族冲突成为国家之间进行利益零和博弈的成本。

根据势力均衡和安全最大化原则，一个国家将根据另一个国家对自己的威胁程度决定对其境内民族分裂活动的态度。华尔兹·肯尼特将国家的威胁因素划分为地理临近性、整体力量、攻击力量和侵略意图四个方面。

（1）地理临近性：现实主义原则决定了一个国家支持邻国民族分裂活动比支持其他地区分裂活动的可能性大，因为身边的强者就是对自己最大的威胁。

（2）整体力量：一个国家越强大，其他国家支持这个国家民族分裂活动的可能性就大，因为通过支持和激化该国的民族分裂活动，可以改变这个国家的人口、资源等力量格局，从而达到弱化强国的目的。

---

① 严庆、青觉：《"民族牌"背后的理论透析》，《广西民族研究》2009 年第 1 期，第 23 页。

② Stephen M. Saideman, *The Ties That Divide: Ethnic Politics, Foreign Policy, and International Conflict*, New York: Columbia University Press, 2001, p. 18.

（3）攻击力量：一个激进的支持别国民族分裂活动的攻击性国家也会受到同样的威胁，其他的国家会支持这个国家的民族分裂活动。

（4）侵略意图：一个被认为想使用力量破坏其他国家领土完整的国家会引发其他国家对发生在该国的民族分裂活动的支持，因为其他国家认为该国具有较强的侵略意图，对自己是潜在的威胁。[①]

根据势力均衡和安全最大化原则，由于弱国不会对强国构成威胁，强国会支持弱国的民族分裂运动，甚至会故意制造和挑拨民族事端，使自己强者恒强，使弱者恒弱。个案研究的结果显示，世界主要强国几乎都介入大的民族冲突之中，而它们的介入往往直接影响到谁胜谁负。赛德曼认为大国介入的原因主要有以下三方面。

（1）殖民地因素：民族冲突发生在前殖民地或殖民地的邻近地区。例如，比利时、英国、法国是刚果危机的主要介入者；英国、法国、葡萄牙影响到尼日利亚内战。

（2）民族纽带或历史过节：干预国家与冲突一方或双方，有民族纽带关系或是历史过节。例如，德国在南斯拉夫内战中支持克罗地亚和斯洛文尼亚是因为宗教相同、血统相同；俄罗斯支持塞尔维亚是因为同属斯拉夫人、同信仰东正教。

（3）国际影响：大国力量介入是为了获得及扩展国际影响。例如，苏联利用刚果危机是为了挑战联合国和美国在非洲的影响。[②]

从国家之间势力均衡和利益博弈的视角看待民族冲突，能够更深刻地体会民族冲突影响的重要性，也不难判定有些民族冲突的发生的确是别有用心、蓄意制造的结果。回顾历史，运用现实主义的势力均衡原则打"民族牌"的例子比比皆是。当前，世界上一些主要反华势力支持"藏独"、"疆独"等分裂活动，制造"中国威胁论"等舆论，就是现实主义原则的具体运用，目的在于阻滞中国全面发展，削弱中国的综合国力。[③] 在国外，笔者有一次遇到一位乌克兰公安部的朋友，我问他："俄罗斯同西方同种（白种人），宗教信仰类似（基督教），而且苏联解体后俄罗斯一段时期执

[①] Stephen Walt, *The Origins of Alliances*, Ithaca, NY: Cornel University Press, 1987, p. 22.

[②] Stephen M. Saideman, *The Ties That Divide*: *Ethnic Politics*, *Foreign Policy*, *and International Conflict*, New York: Columbia University Press, 2001, pp. 206 – 208.

[③] 严庆、青觉:《"民族牌"背后的理论透析》,《广西民族研究》2009 年第 1 期, 第 25 页。

行‘倒向’西方的政策，为什么西方国家不接纳俄罗斯？始终把俄罗斯作为‘敌人’？”他回答：“原因很简单，因为俄罗斯太大了。这同样是西方不喜欢中国的原因。”简言之，国际上的反华力量需要以中国的弱化或“碎片化”，来换取自身的安全与信心。

（二）文明冲突理论

1993 年以来，亨廷顿在美国《外交》杂志连续发表《文明的冲突？》《如果不是文明，还会是什么？——后冷战世界的各种范式》《西方文明：是特有的，不是普遍适用的》等文章，系统地构建了其“文明冲突理论”范式。

由于历史、语言、风俗习惯、宗教差异，各文明相互区别。不同文明体系的人对于神与人、个人与社会、公民与国家、父母与子女等关系有不同的理解，对权利和义务、自由和权威、平等和尊卑也有不同的看法。这些差异是千百年来历史沉淀的结果，不会很快消失，而且比意识形态和政权体制的差异更深刻。世界越来越小，归属不同文明体系的人们之间的交往日益频繁，不仅强化了民族意识，而且使人们更清醒地意识到不同文明的差异和各自文明内的共性。[1]

亨廷顿在“文明冲突理论”中提出，“全球政治开始沿着文化线被重构”，“对于那些正在寻求认同和重新创造种族性的人们来说，敌人是必不可少的，而潜在的最危险的敌人会出现在世界主要文明的断层线上”，“文化共性促进人们之间的合作和凝聚力，而文化的差异却加剧分裂与冲突”。亨廷顿指出，“冷战后，世界格局的决定因素表现为七大或八大文明，即中华文明、日本文明、印度文明、伊斯兰文明、西方文明、东正教文明、拉美文明，还有可能存在的非洲文明”，“文化之间或文明之间的冲突，主要是目前世界七种文明的冲突，而伊斯兰文明和儒家文明可能共同对西方文明进行威胁或提出挑战”[2]。

在全球场景中，的确可以随时感知亨廷顿所言的“文明的冲突”。例

---

① 孙代尧：《解释民族冲突的三种理论图式》，《贵州民族研究》1999 年第 3 期，第 20～26 页。

② 在亨廷顿看来，儒教国家同伊斯兰国家的结合，将是西方面临的头号威胁。从威斯特伐利亚和约签订直至冷战结束之前，世界冲突的主线相继发生在君主之间、民族国家之间、意识形态之间，这些冲突基本上是西方文明的“内部冲突”；在不久的将来，冲突的中心点可能发生在西方世界与几个伊斯兰教－儒教传统国家之间。相关论述参见孙代尧《解释民族冲突的三种理论图式》，《贵州民族研究》1999 年第 3 期，第 20～26 页。

如，尼日利亚有 250 多个民族，其中最大的 3 个民族是豪萨－富拉族、约鲁巴族和伊博族。居民中 50% 信奉伊斯兰教，40% 信奉基督教，10% 信仰其他宗教。近年来，民族和教派的大规模冲突时有发生。2010 年 3 月 7 日，尼日利亚中部高原州首府乔斯附近一个村庄发生穆斯林和基督徒之间的冲突，造成 500 余人丧生。2013 年 3 月，尼日利亚东南部塔拉巴州武卡里（Wukari）地区发生豪萨族与祖库姆族之间的武装冲突，造成 30 余人死亡，大批公共设施被毁。

此次冲突由两名不同民族的队员在参加一场足球训练赛时发生口角而引起。现场目击证人称，2013 年 2 月 23 日，一名豪萨族青年与一名祖库姆族青年在武卡里足球场踢球时发生争执，其中一位觉得受了委屈，回家取枪并再次回到球场，将对方及其同伙 4 人当场打死。由此引发该地区两个民族之间的大规模武装冲突。暴力冲突迅速蔓延，数百间民房和商铺被烧毁，一些清真寺和教堂也成为攻击的目标。地方警察局官员于 2 月 27 日表示，事发当天有 10 余人被杀。之后几天，在被烧毁的房屋内又陆续发现一些尸体，死亡人员为 31 人，有数名警察及其子女也在此次冲突中遇难。

亨廷顿所言的"伊斯兰文明和儒家文明"的结合地带，涵盖了从南部欧洲、北部非洲、中东地区、南亚次大陆、东南亚的一条狭长地带（在美洲大陆，没有伊斯兰国家）。公元 632 年穆罕默德去世后，伊斯兰教进行了两次大的扩张，先后占领了北非和西班牙半岛南部、巴尔干、西亚、中亚和北部印度，这些宗教战争与军事征服伴随着阿拉伯人和奥斯曼土耳其人的大规模迁移以及与当地人的混血。17 世纪初，穆斯林退出了西班牙。今天，在巴尔干，天主教和东正教成为社会主流宗教，但依然存在阿尔巴尼亚、波黑等穆斯林占人口多数的国家。

北非曾经是法国、英国和意大利的殖民地，第二次世界大战后陆续独立。中东曾经是奥斯曼帝国的属地，第一次世界大战后在中东和西亚形成了一系列独立国家。中亚地区除阿富汗外，曾先后被沙皇俄国和苏联所管辖，并在意识形态、制度、文化习俗等许多方面打上了苏联时代的烙印。如果我们把从苏联独立出来的信仰伊斯兰教的中亚国家排除在外，这一类伊斯兰国家中包括了从摩洛哥到埃及的北非国家、阿拉伯半岛各国、土耳其、伊朗、阿富汗、巴基斯坦和孟加拉国。东南亚的马来西亚和印度尼西亚虽然也是穆斯林占主导的国家，但是与以上这些伊斯兰国家相比，它们在文化传统及对待非穆斯林人口的态度上，存在一定的区别。

亨廷顿认为，"在整个伊斯兰世界，小集团和大信仰，即部落和伊斯兰信仰，一直是忠诚和义务的中心，而民族国家则一直不太重要。"[1] 所以在这一类国家中，伊斯兰教和非伊斯兰教信仰者（如埃及对基督徒的态度）之间的矛盾是主要矛盾，而且时常是难以调和的，在穆斯林占据人口绝大多数的国家，不同教派之间的矛盾则成为主要矛盾（如伊拉克、叙利亚等）。宗教因素特别是伊斯兰教的基本性质，使这一类国家的国内民族关系和与其他国家的外交关系都具有鲜明的特殊性。

因此，文明冲突理论的核心是宗教冲突。宗教既有祭司的功能（维护既有秩序），又有先知的功能（重建新秩序），当然也有宗教战争的毁坏。亨德森（Errol A. Henderson）发现，自 1820 年以来，存在宗教差异的国家之间，容易发生冲突和战争。[2] 功利性的信仰是巫术，意义性的信仰才是宗教。宗教产生于人类的神话思维阶段，神话思维简单偏执的特点，决定了宗教中极端主义基因的存在。[3] 但是据此就认为宗教构成复杂的地区从古至今都充满了民族仇恨与教派暴力则是荒诞的。例如，南亚这个古老的大陆曾经和谐地生活着无数大大小小的民族与多如繁星的宗教派别，尽管在这里彼此之间的征战也时有发生，但同其他地方一样，那时彼此的征战主要是出于人们对敌方阵营的牲口与女人的贪欲。殖民主义才是民族冲突与教派暴力的罪魁祸首。[4]

著名的印度人类学家、历史学家阿米塔夫（Amitav Ghosh）将民族与宗教冲突的产生与殖民主义联系起来，即认为南亚的民族与宗教冲突是由于殖民当局采取"分而治之"的政策，在各种势力之间煽动彼此的仇恨情绪而导致的——这只是问题的表面。阿米塔夫认为殖民主义带入的认识世界的方式才是南亚混乱局面的根源。[5] 这种认识方式最直观的表现形式就是"文化相对主义"。可以说，在南亚，"文化相对主义"释放了宗教中固有

---

① 〔美〕塞缪尔·亨廷顿：《文明的冲突与世界秩序的重建》，周琪等译，新华出版社，1999，第 190 页。

② Errol A. Henderson, "Culture or Contiguity: Ethnic Conflict, the Similarity of States, and the Onset of War, 1820 – 1989", *Journal of Conflict Resolution*, Vol. 41, No. 5, 1997, pp. 649 – 668.

③ Amitav Ghosh, "The Fundamentalist Challenge", *Wilson Quarterly*, Vol. 19, No. 2, 1995, pp. 19 – 31.

④ Amitav Ghosh, *The Shadow Lines*, New Delhi: Ravi Dayal Publisher, 1988, p. 213.

⑤ Amitav Ghosh, "The Fundamentalist Challenge", *Wilson Quarterly*, Vol. 19, No. 2, 1995, pp. 21 – 25.

的极端主义基因并使之生根发芽。

　　文化相对主义是殖民者建构殖民统治合法性的基本逻辑:"非西方"民族野蛮无知,需要高度文明的西方来拯救,行使"文明使命"的职责。殖民者在行使所谓"文明使命"来"教化"东方的同时,也播下了仇恨的种子:殖民者的兽欲、嗜血的暴力以及文化与道德相对主义泯灭了西方自文艺复兴以来数百年培育起来的人类的良知与正义。在东西方的接触中,殖民者在东方播下了种族仇恨、民族冲突与教派暴力的种子。①

　　殖民主义者的傲慢与狂妄来自他们对于自己认识与把握世界的方式——"后启蒙理性"的过度自信。而众多民族冲突地区,殖民者带入的文化相对主义让人们偏执地认为自己的宗教对于世界的阐释才是唯一正确的,而无法认识到,他们的宗教也只是理解世界的方式之一,一样充满了主观想象。文化相对主义让这里的各个民族与宗教派别失去了对于对方文化最起码的包容与尊重,并试图模仿殖民暴力,用武力让对方认可、接受自己宗教的"真理"。

　　在南亚,殖民主义者所塑造的"刻板印象"如"极端的穆斯林"、"好斗的锡克教徒"与"狡诈的印度教徒"使人们失去了应有的判断力。对于穆斯林与"恐怖主义"关联的想象占据了人们的大脑。宗教的狂热使人们如同被无形的手操控的木偶,完全失去了理性思考的能力,群体之间彼此的偏执想象根深蒂固,双方完全按照自己的偏见来处理民族关系。

　　最终的结果是,在当今世界,西方国家何尝不是带着偏见与想象在建构伊斯兰世界;而伊斯兰激进分子,又何尝不是在用同样的方式在看待西方世界呢? 如果人们认为自己所看到的世界就是世界的全部,如果人们认为他们的文明是唯一具有合法性的文明,如果人们不承认其他思考世界的方式也有合理之处,自己的思考方式也有不合理的地方,那么冲突就永远不会停息,民族之间更是永远不会拥有和平。②

　　需要强调的是文明冲突理论是一种负面导向的描述,而此种描述有可能验证"敌人是自我实现的预言"。另外,不同文明之间的差异性只是相对的。英国哲学家罗素 1922 年曾写过一篇题为《中西文化比较》的文章,其中有如下一段:"不同文明之间的交流过去已经多次证明是人类文明发展的

---

① Amitav Ghosh, "The Fundamentalist Challenge", *Wilson Quarterly*, Vol. 19, No. 2, 1995, pp. 23 - 24.

② Amitav Ghosh, *The Shadow Lines*, New Delhi: Ravi Dayal Publisher, 1988, p. 239.

里程碑，希腊学习埃及，罗马借鉴希腊，阿拉伯参照罗马帝国，中世纪的欧洲又模仿阿拉伯，而文艺复兴时期的欧洲则仿效拜占庭帝国。"[1] 可见，不同文明之间实现和平相处的基础是彼此尊重、相互欣赏，如此才能相互借鉴、共同进步。

三　民族冲突的个人因素

每场激烈的民族冲突都离不开族群精英以及族群动员的煽动，因为民族主义具有较强的神秘感和超感情、非理性的品质。如果说民族主义不是完全为了社会动员的目的，由政治领导人或知识分子所发明的，至少也和特定的社会和政治目标相联系。[2] 这句话揭示了民族冲突或民族分裂活动的依靠力量，而这种动员效果与冲突的激烈程度正相关。

在民族动员过程中，民族精英、政客等个人因素往往通过事件的歪曲、将民族怨恨掺杂在关键的事件之中，夸大本民族的英雄主义，其他民族则被妖魔化。因而，群体的口述历史将彼此视为对手的现象不足为奇。例如，塞尔维亚人将自己描述为欧洲的保护者，而视克罗地亚人为好斗的暴徒。克罗地亚人则视自己为反对压迫的勇敢的受害者，视塞尔维亚人为天生的侵略者。如此境况下，轻微的挑衅都会深深触及民族的信仰系统，从而产生强烈的反应以及冲突。而这些注入民族感情的神话一旦被政客利用，其动员效果非同寻常。

西方人类学家格尔茨（Clifford Geertz）认为，"族群"内含两类社会关系：一类是从血族、共同语言、宗教信仰和习俗中产生的社会关系；另一类基于"个人魅力、战术需要、共同利益、道德义务"而形成的社会关系。格尔茨将第一类社会关系描述为"被给予"的社会关系，即我们一生下来就居于其中的那个群体。[3] 后一类社会关系则突出个人因素对民族冲突的影响，其中族群精英的角色和作用尤为重要。

---

① 罗素：《一个自由人的崇拜》，胡品清译，时代文艺出版社，1988；转引自汤一介《"文明的冲突"与"文明的共存"》，《北京大学学报》2004年第6期，第9页。

② Clifford Geertz, *Old Societies and New States: The Quest for Modernity in Asia and Africa*, New York: Free Press of Glencoe, 1963. 转引自严庆、青觉《"民族牌"背后的理论透析》，《广西民族研究》2009年第1期，第23页。

③ 何群：《论民族认同性与多民族国家民族政策的成功调整》，《内蒙古大学学报》（人文社会科学版）2001年第1期，第77~78页。

（一）族群精英——政治动员的领袖

精英主义理论认为，基于知识、经验、技能和效率的不对称性，在社会、政治、经济、文化各领域处于统治地位的总是社会精英；不管是在一个权力自上而下授予的专制社会，还是在自下而上授予的民主社会，总是精英在统治着。米歇尔斯将这种权力统治的精英化趋势称为"寡头统治铁律"。他认为，相互协调、专业技能与效率的要求迫使任何组织都需要领导者，而对这些领导者的管理与控制却并非易事。

以色列社会学家艾森斯塔德（S. N. Eisenstadt）认为，族群精英主要有三类：第一类是政治精英，直接致力于社会上的权力调节。第二类是文化精英，主要创造文化秩序。第三类则调解主要群体之间的团结关系，致力于信任的构建。精英人物和集团在各国民族主义运动中都扮演着重要角色。

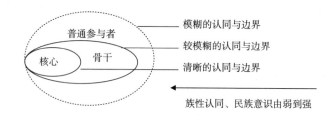

图 2 - 7　族体成员构成与族性认同、民族意识强弱关系示意图

资料来源：严庆《冲突与整合：民族政治关系模式研究》，社会科学文献出版社，2011，第32页。

根据工具主义理论，族群精英出于机会主义目的而建构或解构的意识形态，是用来说服和动员民族群众获得政治或经济目标的一套神话。有学者依据对非洲后独立时代的民族自治研究，认为群体领导人可以"跨越时空"，创造或"发明"边界。见图 2 - 7。族群精英可以为了斗争或竞争需要创设历史和符号，创造民族，建构族性。工具主义的一个中心理念是认为族性的本质是社会建构，是个体从各种民族遗产和文化中"取舍和混合"所锻造出的群体的认同基础。①

在研究族群精英的类型时有一个值得思考的现象，即一些成为一个族群化身的代表人物，常常是外来者（outsiders）或来自支系，而不是来自这个族群的"正脉"。如法兰西皇帝拿破仑是科西嘉人，南斯拉夫总统铁托是

① 严庆：《族群动员：一个化族裔认同为工具的族际政治理论》，《广西民族研究》2010 年第3 期，第 38 页。

克罗地亚人，在这些人的性格中体现出自身所属小群体所受困扰的经历，而这在更大社会群体的许多成员当中得到共鸣，他们被拥护为领袖。① 的确，在各国民族主义运动中确实存在这样的现象，即一个民族在争取独立或积极对外扩张方面的领袖人物是外来者或来自属国。如对于扩张沙皇俄国版图最为热衷的叶卡捷琳娜二世是日耳曼人，嫁到俄国后才开始学习俄语；第二次世界大战中法国民族英雄戴高乐将军的祖先，是来自比利时的弗拉芒族；希特勒在推行他的侵略扩张计划时，第一个猎取对象就是他的祖国奥地利；粉碎纳粹法西斯，将苏联转变成一个工业超级强国的斯大林，则是格鲁吉亚人。这些现象从另一个侧面充分体现出族群问题的复杂性以及在族群关系中，个人对群体关系的深刻影响。

如果再进行细分的话，在"公民国家"和"部族国家"这两类社会制度下，民众会表现出完全不同的效忠模式：在"公民国家"中，民众要始终保持对国家宪法的尊重与忠诚；在"部族国家"中，民众首先是对本族首领、族群精英效忠。当然"公民国家"也有族群精英，如美国的黑人政治家、华人政治家在竞选时，强调的是本选区"全体选民"的利益，从来不敢公开宣称要如何加强本族群的利益和权利。有时黑人政治家也呼吁要关注本地黑人贫困和失业问题，但强调的是要保障这些人员的公民权利，强调如果黑人的贫困和失业问题不能很好解决，将威胁美国整个社会的稳定与和谐。这样讲时，代表的不是一个族群，而是整个社会。否则，他就不可能被主体的政治文化（公民国家）所容纳。

在美国等西方国家，公务员的选用由上级官员任命，公务员的选择标准只能是个人的工作资历、经验和能力，而不是族群代表性。在美国，黑人公务员从政时，需要对公务员队伍的整体利益负责，工作需要遵循宪法，每项具体工作必须服从上级安排，完全不应考虑自己是"黑人的代表"，应为黑人群体的利益奋斗。如果一个高级官员在任命、提拔下级时明显地偏向某个种族或族群，就会招致激烈的批评，公众就会指责他的做法违反了社会公正和公务员的选择标准，质疑公务员的基本素质和合法性。与之相反，在"部族国家"，国会议员、高级官员等族群精英必须时刻强调自身的民族归属，在政治舞台上必须要积极维护本族利益。如果不这样做，他们

---

① J. M. Yinger, "Intersecting Strands in the Theorisation of Race and Ethnic Relations", in John Rex and David Mason eds., *Theories of Race and Ethnic Relations*, New York: Cambridge University Press, 1986, p. 27.

反而会失去作为"民族代表"、"族群领袖"的资格和合法性。[①]

族群精英的"特征因素"（character logical factor）强调，每个人的经历与倾向会影响族群成员之间的凝聚力和民族的整体力量。[②] "特征因素"的意义在于，群体是由个人组成的，个人的态度将会对周围的人群产生影响并可能引发连锁反应。[③] 当然，真正能够有效地影响族群凝聚力的个人，绝不是族群的普通成员，而只能是族群的领袖人物或具有社会影响力的精英分子。

在分析"特征因素"时，英格尔提出要关注两种情况：第一种是一部分人感到自己与所属的族群出现"边缘化"的时候，第二种是一部分人感到自己对于国家和整体社会出现"边缘化"或"疏远化"的时候。这两种情况会导致以下两种不同的后果。

（1）当一部分成员在族群中明显感到"边缘化"，而且这一感受呈蔓延趋势时，这个族群的内部凝聚力就会开始瓦解。如一个印第安部落里有部分印第安青年接受了白人文化，开始游离于本族文化传统时，这个部落的凝聚力就会下降。

（2）当一部分成员在国家和整体社会中感到"疏远化"，该民族的族群意识就有可能得到强化。例如，一国内某一少数民族成员感到本群体在主流社会里属于"被抛弃"的状况时，他们内部的凝聚力就会得到加强。[④]

有专家认为，对民族精英政策的失误是苏联解体的主要原因："中央

---

① 我国现在的制度，如政协、人大中所吸收的少数民族委员和代表，在最初的制度设计上就是要求和期望他们在这些机构中代表少数民族说话，反映少数民族民众的意见。在政府部门中任命的少数民族干部，在选拔时就考虑到了他们的民族身份，自治地方行政部门的主要官员还规定必须由当地少数民族人士出任，在主要干部中各民族还有一定的比例。所以，我国现行制度在政策设计上保留了某些"部族集合体"的特点。相关论述参见马戎《当前中国民族问题研究的选题与思路》，《中央民族大学学报》2007 年第 3 期，第 21～22 页。

② J. M. Yinger, "Intersecting Strands in the Theorisation of Race and Ethnic Relations", in John Rex and David Mason eds., *Theories of Race and Ethnic Relations*, New York: Cambridge University Press, 1986, pp. 26 – 27.

③ 英格尔实际上是在前面两个"群体因素"之外，又提出了一个解释和分析个体行为差异的"个体因素"，这是一个在个体与群体之间的互动中使微观层面的因素转变为宏观层面的因素，促进或阻碍族群凝聚力的因素。相关论述参见马戎《族群关系变迁影响因素的分析》，《西北民族研究》2003 年第 4 期，第 11 页。

④ 马戎：《族群关系变迁影响因素的分析》，《西北民族研究》2003 年第 4 期，第 12 页。

（政府）大肆收买地方精英，一些加盟共和国的文化普及程度甚至超过了俄罗斯地区，以为讨好了地方精英就可以保证苏联各民族的团结，尤其是后期由于培养了大批民族官僚和民族知识分子，实行干部本土化，并且处处迎合这些群体的利益。这些人后来都成为推动苏联解体的强大力量源泉，正是苏联培养的这些貌似'没有民族倾向的政治家'的合力'成功地埋葬了'苏联。"①

一些资料显示，"至后斯大林时代初期（1955~1972年），在全部14个非俄罗斯（加盟）共和国中的11个当中，在共和国一级的党、政管理职位中，当地民族化都导致了命名民族的超比例代表。至1980年代，当地民族化的影响已经扩展到了那些最可见的职位（如各共和国的共产党第一书记、常委会和部长会议主席、作家协会第一书记、科学协会主席、主要大学的校长，以及贸易联盟委员会主席）之外的职位。……它同样深入到如国内安全这样一些敏感但并不显眼的领域，包括各共和国的内部事务部、国家安全委员会，以及党的行政机关。它同样触及低层管理职位。"②

"在苏维埃联邦政治的制度环境下，这些肯定性行动政策（民族优惠政策）使命名民族（titular nationalities）在其民族区域内部获得了在高等教育和专业职位上的特权地位。例如，1970年虽然格鲁吉亚人仅占格鲁吉亚共和国人口的67%，但他们在全国高等教育机构在校学生中的比例达到了83%。"③ 培养少数民族干部是非常必要的，但是如果出现当地少数民族在党政职位上的"超比例"和"特权"现象，这样的政策肯定会加强当地各民族的"民族"意识和族群间的隔阂。④

（二）族群动员——理性选择的工具

族群动员是以理性选择为基础的。理性选择视角下的国内进程，将国内制度看作是国内行为主体追求自身利益最大化所需遵循的外部规则，国

---

① 金雁：《后苏联民族问题的症结》，《东方早报》2010年1月22日。
② 〔美〕菲利普·罗德：《苏维埃联邦政治与族群动员》，《民族社会学研究通讯》2010年第61期，第18页；转引自马戎《21世纪的中国是否存在国家分裂的风险》，《领导者》2011年第2期，第95页。
③ 〔美〕菲利普·罗德：《苏维埃联邦政治与族群动员》，美国《民族社会学研究通讯》2010年第61期，第19页；转引自马戎《21世纪的中国是否存在国家分裂的风险》，《领导者》2011年第2期，第95页。
④ 马戎：《21世纪的中国是否存在国家分裂的风险》，《领导者》2011年第2期，第95页。

家则是由追求利益最大化的众多个体组成的集合体。理性选择理论（rational - choice theory）认为，理性行动者趋向于采取最优策略，以最小代价取得最大收益。民族事象的普遍性、复杂性、重要性、特殊性以及时常因血缘情结迁移而形成的非理智性都决定了引发和利用民族冲突有可能成为理性行动者最为热衷的选择。① 因此，族群动员是比其他社会团体动员更有力、更有效的手段。民族认同既可以被当作社会动员的工具，② 也可以被当作追求特殊利益或扩大价值的可能工具。③

族群动员理论（Ethnic mobilization theory）是指为了追求族群集体目标，由族群精英和族群组织、政党围绕肤色、语言、习俗等民族认同特征将整个族群组织起来的行动和过程。在这一政治动员行动和过程中，族群成员由个体消极状态被激励和组织起来，参与有目的的公共生活或政治行动。族群动员是一个为了达到明确目标，而有意识采取的群体行动，动员以族性为基础，把族群成员对群体的情感、态度和忠诚转化为看得见的族群行动或族群运动。④

民族存在的普遍性使无论多么复杂的社会关系和利益冲突都能简单化地放置于民族关系的网络之中。政治家们往往会利用娴熟的政治策略和雄辩的动员能力鼓噪民族认同，制造民族差异与分歧，以期达到自己的政治目的。美国学者康纳认为，只有民族问题才能普遍而深刻地搅动世界格局。对于有政治野心的政客来讲，民族问题对其来说是一笔重要的"财富"和"资源"，政治精英可以通过激活某一国家或地区的民族问题造成局部动乱，从而坐收渔翁之利，达到自己的政治目的。⑤

在民族冲突中，族群动员可以使模糊的"族群边界"清晰起来。因此，现代国家的民族政策一方面要因应民族融合所带来的族际边界"模糊化"

---

① 作为心理学领域的范畴，情结迁移对于理解情感因素对民族群体行为的影响具有重要的意义。而血缘情结迁移则反映了民族成员以真实的和想象的血缘关系为认同纽带，视民族群体成员为家庭成员，而这种亲情认同往往又导致群体行动中的非理性，产生"亲情战胜理智"、"向亲不向理"的认知和判断。

② Anthony Smith, *National Identity*, London: University of Nevada Press, 1991, pp. 15 - 17.

③ Eugeen E. Roosens, *Creating Ethnicity: The Process of Ethnogenesis*, London: Sage Publications, 1989, p. 13.

④ 严庆:《族群动员：一个化族裔认同为工具的族际政治理论》,《广西民族研究》2010 年第 3 期，第 39 页。

⑤ 严庆、青觉:《"民族牌"背后的理论透析》,《广西民族研究》2009 年第 1 期，第 23 页。

的趋势，另一方面要面对族群动员试图使族际边界重新"清晰化"的态势，在这种矛盾中，力求寻找促进社会整合的政策方案。① 安东尼·吉登斯指出，"把民族从政治领域中分离出来，然后把它放回到产生它的市民社会与文化领域里，好像这样（民族主义）恶魔就能再次被封存在上帝之瓶里。不幸的是，这样的思想说明了它对民族主义本质存在严重的曲解，它假定文化民族主义和政治民族主义不仅是分开的现象，而且它们之间互不相干。可是这个思想忽略了民族主义力量中一个基本的因素，即变色龙一样的能力，它能够根据不同群体的感觉和需要，根据相互竞争阶层、团体及其个人的感觉和需要，做出相应调整。"②

在解释为何民族冲突会遵循族裔边界发生时，安娜·西蒙斯（Anna Simons）认为有以下两方面的因素。

（1）精英政治领导人或有组织的武装歹徒首领（或者两者合二为一）通过强化集体认同中的族裔象征，可以从中获得帮助，他们同时也可以通过编造或挑起种族暴行来巩固族裔效忠。

（2）个人在面对任何情况时，对亲属效忠，或者在更广泛的意义上说，对"族性"的效忠，成为"明智的"选择，或者在艰难、绝望的情况下成为唯一的选择。③

族群动员理论以族类群体的共性——族性的存在为认同基础，将民族认同或族裔认同视为政治动员的工具，以此唤醒民族群体意识，通过启动群体运动达到政治精英的个人目的或族类群体的共同目标。④ 在20世纪90年代初曾任俄罗斯国家民族事务委员会主席（俄罗斯联邦部长），兼任俄罗斯科学院民族学与人类学研究所所长的瓦列里·季什科夫认为，"近几十年来，全世界的学者已经开始更加注意某个集体用来当作一种手段（或一种工具）的族性（Ethnicity），该集体借此试图在社会舞台上获得物质上或政治上的好处。这种工具主义的方式把某一集体对族性和族裔地位提出的主

① 关凯：《多元文化主义与民族区域自治——民族政策国际经验分析（下）》，《西北民族研究》2004年第2期，第52页。
② 〔英〕安东尼·吉登斯：《民族 - 国家与暴力》，胡宗泽、赵力涛译，三联书店，1998，第13～14页。
③ Anna Simons, "Democratization and Ethnic Conflict: The Kin Connection", *Nations and Nationalism*, Vol. 3, No. 2, 1997, p. 278.
④ 严庆：《族群动员：一个化族裔认同为工具的族际政治理论》，《广西民族研究》2010年第3期，第35页。

张，当作创造学术神话及政治神话的基础，而且常常是由寻求承认和权力的精英们操纵的。族性正日益被人们看成全套表演技能的一部分，某个人或某一群人有意识地算计和选择这部分技能，以便满足某些利益，达到某些目的。"①

整体而言，族群动员的目标通常是实现族群利益诉求，终止族群所遭受的政治、经济或文化歧视，改善群体的生活条件或社会地位，维系族群的生存以及扩大群体的影响等。目前，发展理论、内部殖民主义理论、劳动力市场分化理论和族群竞争理论是解释族群动员的权威理论。

第一，发展理论。这一理论倾向将族群动员视为民族国家建构初期不可避免的现象，并普遍地发生在不发达国家：在将群体重组入更大的国家治理范围的过程中，或是在诸如国家税收等集权化的体制建设中，族性被激活，族群传统的、最初的情感和忠诚感作为国家的对立面复燃。持该理论的学者认为，族群动员是政治发展的障碍。比较研究表明，当具备下列结构性条件时，族群动员容易发生：不同的族群人口居住在相应的地理边界内；发达地区与不发达地区之间存在族群差异；处于主导地位的族群倡导过强的民族主义引起相应的处于边缘地位的族群民族主义的反应。②

第二，内部殖民主义理论。国家发展的不均衡性必然创造了相对发展的民族和相对落后的民族。发达地区在获取资源和权力方面取得了优势，形成一种阶层化系统，这一系统造成了不同民族之间在劳动力分层等方面存在差距。内部殖民主义理论认为，在工业社会中，民族地区之间的关系就像是殖民国家与殖民地国家之间的关系，发达的民族地区从不发达的民族地区输入廉价劳动力、原材料，并向不发达民族地区输出产品，这样不发达民族地区成了"二类公民区"。③ 因此，不同民族地区的发展差距越小，族际间的政治对抗性越低。④

第三，劳动力市场分化理论。这一理论可以细分为劳动力市场的分层

---

① 〔俄〕瓦列里·季什科夫：《苏联及其解体后的族性、民族主义及冲突——炽热的头脑》，姜德顺译，中央民族大学出版社，2009，第25页。

② 严庆：《族群动员：一个化族裔认同为工具的族际政治理论》，《广西民族研究》2010年第3期，第40页。

③ Irving Louis Horowitz, *Three Worlds of Development: The Theory and Practice of International Stratification*, New York: Oxford University Press, 1972, p. 19.

④ 严庆：《族群动员：一个化族裔认同为工具的族际政治理论》，《广西民族研究》2010年第3期，第40页。

与劳动力市场的分离。劳动力市场的分层是指劳动力市场按照文化和族群边界分化，当一些族群成员被迫集中于收入低的职业层位时就会强化族群的一致性。比如，劳工移民大范围地从贫穷、劳动力过剩的国家流向富裕但缺乏劳动力的国家后，因为他们的教育水平和技术水平低，处于东道国的社会职业底层，在教育、住房、福利和公共服务方面受到歧视，他们需要组织起来维护自己的利益。而劳动力市场的分离以研究早期日本裔移民在美国西海岸大多从事小型商业经营为基础，试图提出东道国对移民群体的从业限制、东道国成员的歧视都会使某些移民群体在劳动力市场的一定领域内从业。这样，来自就业圈外部的压力、同业同族成员的组织活动等都会强化相应族群的族性，并就地位改观、待遇改善等问题施以族群动员。①

第四，族群竞争理论。这一理论认为不同族群为了获得政治、经济和社会资源，往往采取族群动员的形式。市场经济的高度发展强化了个体和群体的利益意识，民主政治的发展培养了社会成员的权利意识，因而，面对无孔不入的市场经济所带来的各种竞争，共同的文化、共同的族性感知、共同的目标，往往将同一族群的个体聚集在一起，为了获得公共资源和稀缺资源而采取集体行动。族群竞争理论的基本内涵是以下几个方面。

（1）在国内政治中，族群精英主要关心如何获得和维持最大化的利益。

（2）族群精英为了获取和维持最大化的利益，需要别人的支持，其支持者形成了族群精英的选民。

（3）在此背景下，民族纽带或民族认同影响潜在的和现在的选民的偏好。

（4）族群精英和选民均认为民族纽带系统地影响着他们在国家或社会政治、经济结构中的处境和命运。②

族群动员理论启示我们：族性既是维系族类群体存续的基础，也可以化身为族群动员的工具；而以维护群体利益为目标的族群动员，又会反过来强化和提升群体成员的族性认知，而族性的极端工具化和族群动员的过度功利化都会引发不同程度和范围的民族冲突。③

---

① 严庆：《族群动员：一个化族裔认同为工具的族际政治理论》，《广西民族研究》2010 年第 3 期，第 40 页。

② 严庆、青觉：《"民族牌"背后的理论透析》，《广西民族研究》2009 年第 1 期，第 26 页。

③ 严庆：《族群动员：一个化族裔认同为工具的族际政治理论》，《广西民族研究》2010 年第 3 期，第 41 页。

四 民族冲突的心理因素

民族之间的体质差异、语言差异、宗教差异、习俗差异等都可能会带来彼此在心理上的距离感，使人们把其他民族成员看作"异类"。人们对于其他民族的"社会距离排序"，实际上反映的是心理距离。

（一）思维方式

在认识世界的过程中，人们往往把主体的经验世界当作是客观物质世界本身。阿米塔夫（Amitav Ghosh）从认识论的视角探究民族问题产生的根源。① 阿米塔夫的小说《阴暗的界限》（*The Shadow Lines*）1988 年出版的时候，正是南亚次大陆民族冲突与教派暴力活动最猖獗的时期。

《阴暗的界限》讲述了印度加尔各答一家人在南亚民族宗教冲突中的遭遇，以及各个家庭成员对于民族宗教问题的态度。小说直观地传达了南亚社会政治生活给普通民众的感受：高度分裂与不确定感。

阿米塔夫表明，经验与想象都可以成为认识外部物质世界的一种方式，但是它们所把握的世界又不等同于物质世界本身。小说中叙事者的祖母虽然不是小说的主人公，但是她的故事对于理解小说的主旨十分重要：对于移民异国他乡的人来说，想象可以确立一种建立在民族、宗教与地域等基础之上的归属感。1964 年，祖母要回到达卡——在印巴分治前她居住过的地方。她对这个城市的一切包括生活细节生动地讲述过很多次了，因此在叙事者的心中，这个城市的面貌是清晰的，生活是宁静安详的。几十年过去了，祖母一直住在加尔各答。但是在想象中，她童年居住过的地方，依然是那么真实与祥和。而这个持久的记忆能够给她提供一种归属感。但是这种归属感一旦被本质化而忽略了其本身的建构性，就很容易演变成某种形式的极端主义。

正如叙事者所说：我可以看到，对于像祖母这样没有现实归属感而只有记忆中的家园的人们来说，想象就是他们的精神家园。但是达卡已经是一个不同的城市。由于严重的教派冲突，这个城市原来的印度教徒纷纷逃离，许多设施被毁。曾经"我们"的城市变成了"他们"的城市。祖母听

---

① 阿米塔夫 1956 年出生于加尔各答，在孟加拉、斯里兰卡、伊朗、印度的颠沛流离中长大，是南亚民族与宗教冲突的亲历者，因此对民族冲突与教派暴力的思考贯穿了他的大部分作品。

到这个消息的第一反应就是该"采用暴力赶走可恶的穆斯林"①。她没有认识到这种局面正是对方同她一样，固执于自己对于本质文化身份的想象与膜拜而造成的，也没有认识到自己的思维方式只会形成暴力的循环而丝毫无助于问题的解决。

经验世界与想象世界都同外部物质世界之间存在一条界线。这条界线既是人们认识事物永远也无法克服的障碍，也是造成人与人之间、群体与群体之间隔阂以及人们各种偏见产生的最主要的根源。

阿米塔夫的小说再现了在印度次大陆人们偏执的理解方式所造成的个体之间的冲突与隔阂。祖母生活在殖民时代，当时是一个胆小怕事的小姑娘。但是由于部分民族主义者宣扬只有使用暴力才能将殖民主义者赶出次大陆，获得民族独立与尊严，使她确信民族独立与自由只有通过流血才能够获得。在学生时代，祖母就协助民族极端分子，杀死了英国殖民当局的地方官。阿米塔夫表明，在南亚，暴力不仅仅是宗教极端分子表达观点的手段，甚至也是许多普通人的人生哲学。

阿米塔夫再现了南亚复杂的政治现实：民族问题、宗教问题与各种暴力纠缠在一起。采用暴力表达政治诉求显然不是祖母一个人的主张。作者再现了暴力每天上演，杀戮每天发生的南亚——"在他们杀死我们之前，我们必须要将他们消灭"，每个人都在为了自己所理解的正义在相互厮杀。②在民族冲突中的任何一方都认为自己代表最高正义，人与人之间根本无法沟通。如果片面、偏执的思考问题的方式不加以克服的话，悲剧就会反复上演。

思考问题的方式不同，必然造成人与人之间的隔阂。如果都坚持自己的理想与生活态度才是正确的，这就必然造成彼此之间无休止的争吵，甚至反目成仇。"世界是多面的，无限的。无论我们是用手去触摸它，还是用脑子去想象它，或者我们用心去感受它，我们都没有办法触及世界的全部"③，拥有这样的思考方式，才不会或很少同别人产生冲突。④

群体之间的关系实际上是人际关系的延伸，当人人以为世界就是如此

①　Amitav Ghosh, *The Shadow Lines*, New Delhi: Ravi Dayal Publisher, 1988, p. 203.

②　Amitav Ghosh, *The Shadow Lines*, New Delhi: Ravi Dayal Publisher, 1988, p. 246.

③　Amitav Ghosh, *The Shadow Lines*, New Delhi: Ravi Dayal Publisher, 1988, pp. 89 – 90.

④　陈义华：《民族与宗教冲突的根源思考——解读阿米塔夫的小说〈阴暗的界限〉》，《三峡大学学报》（人文社会科学版）2009 年第 3 期，第 53 ~ 57 页。

而且只能如此的时候，人与人之间的隔阂产生了；当一个群体偏执于自己认识世界的方式并试图强迫另外一个群体理解并接受的时候，群体之间的冲突也就不可避免地产生了。① 在南亚甚至全世界，思维方式是民族冲突的重要根源。

（二）信任缺失

信任是国际关系的稀缺资源，而资源稀缺一定导致冲突。目前，信任还没有一个共同认可的定义，但就信任的内涵已达成了大体上一致的意见，认为信任应包含以下五个方面的内容。

（1）信任是正向的价值判断，信任是合作的前提条件，也是成功合作的产物。

（2）信任有两个基本的组成要素：信心和承诺。

（3）信任隐含着对潜在利益的关注，也涉及对对方行为的预测。

（4）信任与不确定性、风险性等概念紧密相关。

（5）信任强度是能够变化的。

无论是在国家交往还是在民族交往进程中，大家普遍认为，"怀疑值得信任的人固然不好，但信任值得怀疑的人则更糟。"而且，信任是民族文化基因的组成部分，会像基因一样世代相传。福山认为信任来自"遗传的伦理习惯"，是本社会共享的道德规范的产物。

信任缺失会导致民族冲突。在一个新独立的国家中，一个民族处于支配地位，同时又至少存在一个与支配民族具有同样或相似力量的民族时，问题就会产生。处于被支配地位的、有力量的民族通常不会等待支配民族对其的信任承诺，反而会立即通过暴力冲突的方式寻求本民族的利益。而战争一旦爆发，就很难解决，因为双方都不会在没有安全保障的前提下放下武器，相互信任的缺乏将维持长久的敌意与对立。②

在缺乏信任的情形下，民族个体及其领导人都会认识到如果放下武器，就有可能成为对手灭绝的对象，在族际信任没有建立之前，最好的方法就是保持实力，实力能够确立自信、保障安全，甚至成为民族谈判的资本。

① Shormishtha Panja, *Many Indias, Many Literatures*, London: Oxford University Press, 1999, pp. 138 - 140.

② James D. Fearon, "Ethnic and Cultural Diversity by Country", *Journal of Economic Growth*, Vol. 8, No. 2, 2003. 转引自严庆、青觉《从概念厘定到理论运用：西方民族冲突研究述评》，《民族研究》2009 年第 4 期，第 102 ~ 103 页。

民族冲突在实现一个时期的停火之后往往战火再燃，这与缺乏信任、质疑承诺有关。①

　　民族之间的冲突是民族间缺乏信任的结果，然而民族内部的团结则是高水平内部交流的结果。民族内部成员通过经常性的互动和信息交流，能够增进信任、避免摩擦，形成行动的一致性。但由于民族之间缺乏这种经常性的互动与信息交流，对对方的过去、现在的情况不甚了解，因而在民族群体内部与外部信息不对称的情况下，民族内部基于相互了解会形成正合力，而对外部成员由于不了解，因而往往将对方往"坏处"想，并时刻做好"最坏"的准备。②

　　最新的例子如缅甸的民族冲突。缅甸是一个多民族国家，5700 多万人口中有 135 个民族。民族地方武装组织是缅甸民族政治的一个"特色"。据官方资料，目前有 11 个民族地方武装组织。连年的政府军与少数民族武装冲突，已严重影响到缅甸的经济发展。在掸邦、克钦邦等少数民族地区，道路崎岖、交通闭塞，当地居民生活依然十分贫穷。地区经济发展落后，进一步加剧了少数民族地区的离心倾向。民族地区冲突也严重影响外国投资者对缅甸整体环境的信心，对缅甸政局不稳的担忧使不少投资者望而却步。

　　虽然缅甸新政府积极致力于国内政治改革和民族和解，同包括掸邦军、克钦民族阵线、克伦民族联盟在内等多支少数民族武装签署停火协议，但签订的停火协议只是原则性协议，缺少具体实施细节。不断的冲突进一步加深了彼此的不信任：少数民族和中央政府之间的相互不信任，造成双方打打停停，内战无休无止；除了中央政府与少数民族武装之间缺乏互信外，缅甸不同民族之间尤其是主体民族缅族与少数民族之间的猜疑和不信任感也非常深。少数民族普遍认为缅族有着"大缅族主义倾向"，缅族通过控制当地政治、经济，逐渐从下缅甸开始向上缅甸地区"殖民"，并逐渐占领少数民族原先生存的空间。

　　谎言不利于信任，只有事实和真相才有利于培育信任。如何彻底清算历史问题，解除历史包袱，重建民族和解和团结，绝非单纯的政治转

①　B. Weingast, "Constructing Trust: the Politics and Economics of Ethnic and Regional Conflict", in V. Haufler, K. Soltan, E. Uslaner, ed., *Institutions and Social Order*, Ann Arbor: University of Michigan Press, 1998.

②　K. Deutsch, *Nationalism and Social Communication*, Cambridge, MA: MIT Press, 1954; R. Axelrod, *The Evolution of Cooperation*, New York: Basic Books, 1984, pp. 93 – 95.

型即可实现，这必然涉及更为广泛的社会改革和信任建设。在现代史上，南非曾经是世界上运用立法与行政手段把种族隔离作为一种"国策"来推行的唯一国家。同时，南非所建立的"真相与和解"（Truth and Reconciliation）制度，为创造性地解决因信任缺失所导致的民族冲突开辟了一条道路。

自1652年荷兰殖民者入侵南非以来，白人殖民者对土著黑人的奴役就开始了。从1911年到1948年，白人统治者制定了近50项种族隔离法律。1948年，右翼的南非国民党（National Party）上台，它打着"维护白种人纯洁性"的旗号，以极端的种族主义和狭隘的阿非利加（荷裔白人）民族主义为指导思想，从1950年起，陆续颁布了《人口登记法》《集团住区法》《公共场所隔离保留法》《土地法》，由此构成了种族隔离制度的四大支柱。1959年，又推出"黑人家园计划"，将占全国人口73%的黑人驱赶到12.7%的土地上居住。黑人的基本人权——居住、迁徙、工作、生活等项权利均被剥夺或限制，选举和被选举等政治权利更无从谈起。

在南非为终止种族隔离制度的斗争中，国际社会给予南非黑人以巨大的支持。早在1962年，联合国就专门针对南非的种族隔离制度成立了"反对种族隔离特别委员会"，在其后的20年间，联合国通过了许多重要决议，对南非实行经济制裁和武器禁运，连续进行了"动员制裁南非种族主义政权国际年"和"反对种族主义和种族歧视的十年行动计划"，由此促使许多西方国家也加入这个行列之中。1986年10月，美国国会通过了《全面反对种族隔离法案》，对同南非做生意的美国公司实行严格限制，美国银行带头制裁南非政府并终止了对南非的全部贷款，从而引发国际社会多个国家宣布对南非实行制裁。到20世纪80年代末，全世界140多个国家与南非断绝了外交和经贸关系。

在国内外的巨大压力之下，南非白人政权不得不面对现实，郑重考虑终止种族隔离制度，但他们的最大担忧是，在清除了种族隔离制度和把政权交还给黑人之后，他们会不会面临黑人的清算和报复。在如此的担忧之下，许多白人选择离开他们已生存了几代人的南非，重新返回欧洲。这种状况如果持续出现，对于南非的经济发展和社会稳定无疑是一个重大隐患。1989年，德克勒克（Frederik de Klerk）上台，开始民族和解进程。1990年2月2日，德克勒克在南非议会开幕讲话中宣布解除对非国大等33个反种族主义统治政党和组织的禁令；同月，不顾议会内右翼集团的反对，宣布释放入狱达 27 年的曼德拉及其他政治犯；1991 年 6 月 30 日，宣布废除四大支柱的有关法令，正式宣告南非种族隔离制度终结。1994 年，南非举行大选，曼德拉就任总统，新南非正式诞生。

作为世界上种族冲突最为激烈的国家，南非新政府面临的头等大事就是如何治愈种族创伤。新政者认为，如果通过国际审判方式来惩罚造恶者，可能会撕裂国家的族群关系，造成新的人道主义灾难。正是在以德克勒克为代表的白人力量和以曼德拉为代表的黑人力量，共同认识到历史妥协与和解的重要性，并将这一精神真正贯彻于政治转型之中，才共同主导了南非从一个种族政权向一个宪政国家的和平过渡，避免了大规模的流血冲突，并为后来的"真相与和解"运动奠定了重要的制度基础和信任基础。1995年，南非政府公布《促进民族团结与和解法案》，根据此法案，宣布由 17名独立人士组成"真相与和解委员会"（Truth and Reconciliation Commission），由图图大主教担任委员会主席。① 委员会宗旨为"在弄清过去事实真相的基础上，促进全国团结与民族和解"，具体任务如下。

（1）全面调查自 1960 年 3 月 1 日至 1994 年 5 月 10 日这段历史时期内各种严重侵犯人权事件的真相；

（2）让受害者讲出真相以恢复他们的公民尊严，并提出如何对这些受害者给予救助；

（3）考虑对那些服从政治指令严重侵犯人权但已向真相委员会讲出所有事实真相的犯罪者实施大赦。

为完成上述任务，"真相与和解委员会"成立了相应的专门机构，在此后的数年时间里，听取了 21000 余名证人的陈述，这些人中有种族隔离制度的受害者，也有当年推行种族歧视和种族隔离政策的作恶者。听证的重点是，由受害人讲述他们遭遇迫害的经历和受到伤害的程度，指控施害者的各种侵犯人权的行为，要求他们做出道歉和赔偿；同时，对侵犯人权的施害者，坦白所有的犯罪事实，采取相关的手段来修复双方的关系，赔偿被害人所受到的损害，以及恢复被害人作为一个人和公民的尊严与人权，在全国范围内报道这种侵犯行为，对如何防止再次发生此类情况提出建议。只要双方能够达到上述的谅解，均可算实现了和解的目的。这项工作一直

---

① 1931 年 10 月 7 日，德斯蒙德·图图（Desmond Mpilo Tutu）出生。他在 20 世纪 80 年代时由于坚决反对种族隔离制度而赢得世界的赞誉。他是南非开普敦第一位黑人圣公会和南非圣公会省的大主教。1984 年他赢得诺贝尔和平奖。

持续到 2003 年，"真相与和解委员会"将所有听证记录编写为厚厚的 7 卷报告递交给南非总统姆贝基。至此，南非历史上最黑暗的一页才真正翻过去了。①

南非的"真相与和解"运动，以信任建立为原则，化解了黑人和白人之间持续数百年来的民族怨恨，让受害者得到补偿，同时让他们宽恕过去，让施害者受到谴责，同时赦免他们。通过这种方式，实现了民族和解，也为世界其他冲突地区的民族和解提供了一个可资借鉴的范例。由此，南非的经验告诉我们：

（1）信任以还原真相为前提：寻求真相是迈向和解的第一步。真相也是一种正义，整个社会必须通过真相与和解，重新建立理性与互信，才能扩大社会共识的范围。

（2）信任与宽恕为基础：从本质来说，"真相与和解委员会"不是法庭，而是一个舞台，让受害者当众讲出痛苦与屈辱，也让当年的官员、警察、打手与告密者供出所犯罪行，求得人民的宽恕。

---

① 荣剑：《民主转型中的历史问题处理》，《炎黄春秋》2012 年第 12 期，第 69~71 页。

第三章
民族冲突的国内管理

如果每个种族、宗教或语言集团都要求建立国家，那么世界将会出现一种完全支离破碎的情景，全人类的和平、安全与经济利益都将受到损害。

——加利

民族冲突产生的原因有两点：一个是自然因素，另一个是社会因素。[①]也可以认为，民族冲突产生的原因，一个是客观因素，一个是主观因素。但是具备了民族问题产生的原因和一定会产生民族冲突是两回事，关键就要看主权国家政府能否对民族问题进行有效的冲突管理。民族冲突的国内管理主要处理"国内民族关系"，即主权政府与国内各民族之间的关系；国内民族之间的关系，包括主体民族（如果存在的话）与少数民族之间的关系以及各少数民族相互间的关系。

第一节　民族政策

民族政策是"政治主体为规范国家范围内的民族事务而采取的策略、准则和措施"[②]。民族政策的目标，有三个层次：（1）以国家为单

---

① 金炳镐：《民族理论通论》，中央民族大学出版社，1994，第 295 页。
② 沈桂萍、石亚洲：《民族政策科学导论：当代中国民族政策理论研究》，中央民族大学出版社，1998，第 20 页。

元的政治整合；（2）以民族为单元的文化多元；（3）政府和主流社会对弱势群体的优惠与扶助。宁骚在《民族与国家》中将民族政策定义为：是国家为了维护和增进统治阶级的利益而对一定的民族采取的措施、办法和制度，它的实施直接规定着民族关系的性质及其发展前景。民族政策按类型可分为民族等级制度与民族歧视政策、间接统治制度、二元或多元政治体制、土著保留地制度、种族隔离制度、民族灭绝、民族同化政策、立法代表与行政职务的民族比例制、民族文化自治和多元文化政策、民族整合政策、民族区域自治、民族自决和民族联邦等 12种类型。[①]

　　民族政策具有动态的属性，在具体化的过程中实际面临着不断调整的问题。现代多民族国家，几乎共同面对这样一种矛盾，即如何让文化多元与政治统一和内部秩序并存。世界上许多国家并不专门使用"民族政策"这个概念，而是把针对民族或族群的政策纳入国家公共政策体系中的公民权利（Civil Rights）、少数群体事务（Minorities'Affairs，不单指少数民族事务）、文化政策（Cultural Policy）或土著人事务（Indigenous Affairs）等领域中。[②]

　　有学者认为，民族政策的类型主要有如下几种：一是"民族联邦制"政策，如苏联和南斯拉夫；二是"民族问题地方化"政策，也就是行政单位的设置基本不考虑民族因素，而是以自然地理或经济地理为据，尽管也有历史文化地理的背景；三是"民族区域自治"政策；四是"土著人保留地"政策，这在美洲、大洋洲都可以看到；五是"民族一体化"政策，如拉美和非洲一些国家；六是"多元文化主义"政策；七是"民族政党化"政策，民族以政党的形式参与政治；八是"民族社团化"政策，不同民族组成社团组织或联合会，参与和影响公共管理；九是"公民化"政策，也就是把民族平等转化为公民权利平等。上述 9 种类型，实际上可以归并为以下三大类。

　　（1）承认少数民族政治权利并有制度设计的是一类，包括民族联邦制、民族区域自治、土著人保留地政策；

　　（2）不承认的为另一类，包括民族问题地方化、民族一体化政策、公

①　宁骚：《民族与国家》，北京大学出版社，1995，第 318 页。
②　关凯：《民族关系的社会整合与民族政策的类型——民族政策国际经验分析（上）》，《西北民族研究》2003 年第 2 期，第 117 页。

民化政策；

（3）介于二者之间的，包括多元文化主义、民族政党化和民族社团化。[①]

从政策研究的角度出发，以主权国家为行为主体的民族政策，在类型区分上可主要分为排斥、同化、间接统治制度、区域分割、多元文化主义以及民族区域自治等模式。

（1）排斥政策：种族清洗、种族隔离、强制种族迁徙以及其他由国家垄断暴力介入的排斥性民族政策公开维护了不平等的民族或族群关系，种族优越论则为这种不平等的民族关系提供了理论支持。"地域分割"也是一种排斥性的民族政策，它经由国家外部强制力量的干预得以实施，强行为不同的民族或族群划分地域界线，并通常由此导致灾难性的结果。

（2）同化政策：这一政策支持民族或族群间相互的接受与融合。由国家强制或至少制度化实施的同化政策要求少数民族经过适应成为主体民族中的一员，它仍然反映出一种不平等的民族关系。但人类不同的民族和族群之间一直存在自然融合的过程。拉丁美洲国家"温和"的同化政策则将来自不同族群的国民共同视为一个"国族"，淡化其族群身份，从而提升了社会整合程度。

（3）间接统治制度：以"羁縻"政策为代表的间接统治制度体现出中国在民族政策方面与众不同的古典经验。这种经验强调文化的传播与宽容，以"有教无类"的文化中心主义观点看待民族问题，客观上促进了中华民族"多元一体化"格局的形成和发展。

（4）文化多元主义：加拿大是世界上第一个将多元文化主义奉为"国策"的国家，这种政策不仅实现了法律地位上的民族平等，也为各个民族或族群保持自己的文化特殊性铺平了道路，而文化多样性也被描述成"完美"社会所不可或缺的特点。

（5）民族区域自治制度：这一制度将"民族自治"与"区域自治"有机地结合起来，在"国家意志"与"民族诉求"之间以"分权"的方式做出制度安排。由于民族区域自治将"民族"与"地域"直接联系起来，其

[①]　朱伦、关凯：《政治因素依然是民族问题的首要原因》，《中国民族报》2007 年 6 月 22日。

优势与风险也是一体化的。①

当今世界各国政府制定和实施的民族政策，从根本上说，是在国内各民族之间进行的价值或利益分配。这种分配对有关国家内部民族关系的走向，产生着更直接、更重要的影响。具体来说，影响当今国内民族关系的政策性因素主要包括关于语言地位的政策、关于权力分配的政策、关于资源开发的政策、关于民族发展的政策。

综合考察当代世界各国的情况，可以得出这样的结论：民族政策直接规定着族际互动的性质和民族关系的走向，只要政策适当，民族的团结、国家的统一就能得到维持和发展。② 需要强调的是，在现实中，民族政策的实施环境与实际效果都是极为复杂的，同一种政策在不同国家或不同的历史阶段可能产生截然不同的政策后果。不能说哪种类型的民族政策绝对好或绝对坏，每个国家都有自己的国情和"族情"。③ 无论以什么样的政策手段协调民族关系，民族政策的核心无疑是"国家利益"。对民族政策成效的评估，最重要的是考察它对内部民族关系的实际影响，即在相对较长的一段历史时期内，它是促进民族之间保持相对稳定与和谐的关系还是与之相反。在民族政策上寻求一种"全面解决方案"或达到某种"完美"境界都是不切实际的想象，它只能是在不断的妥协与平衡之中锁定"社会和谐"作为自己的政策目标。④

一　政策选择

民族政策的目标取向有两种选择：建构性的民族政策、解构性的民族政策。检验民族政策的实施效果，就是看在长期的具体实践中，这些

---

① 其中，排斥、同化、间接统治制度、区域分割这四类是民族政策的"传统模式"。因为在这些类型中，民族关系基本上是不平等的，这些政策强调了主导民族的核心地位和利益优先原则。多元文化主义和民族区域自治两种模式被视为"具有现代性"的民族政策，原因在于这两种政策都强调法律基础上的民族平等原则。相关论述参见关凯《民族关系的社会整合与民族政策的类型——民族政策国际经验分析（上）》，《西北民族研究》2003 年第 2 期，第 123 ~ 124 页。

② 宁骚：《当代世界国内民族关系的类型与成因分析》，《民族团结》1999 年第 7 期，第 13 页。

③ 朱伦、关凯：《政治因素依然是民族问题的首要原因》，《中国民族报》2007 年 6 月 22 日。

④ 关凯：《民族关系的社会整合与民族政策的类型——民族政策国际经验分析（上）》，《西北民族研究》2003 年第 2 期，第 125 页。

政策是否推动民族关系走向一个自我设定的政治目标。安东尼·史密斯区分了国家建构的两种模式，一种是存在于西方的"民族的公民模式"，另一种是存在于亚洲和东欧的"民族的族群模式"。对第一种模式，安东尼·史密斯概括了民族的四条标准：（1）历史形成的领土；（2）法律和政治共同体；（3）成员在政治和法律上的平等权利；（4）共同的文化和意识形态。第二种模式强调的是人们生存的共同体、本土文化和血缘关系，因此民族的标准包括：（1）对血统和谱系的重视超过基于领土的认同；（2）在情感上具有强大的感召力和动员效果，对本土文化如语言、价值观、习俗和传统的重视超过了对法律的重视。① 就本质而言，第一种模式属于建构性的民族政策，第二种模式属于解构性的民族政策。

（一）建构性的民族政策

建构性的民族政策是从普遍公民权意义上的选择，即强调公民意识、国家认同、民族共同体认同，强化国家建构。典型的案例是美国：不同移民到了美国之后，都强调要塑造一个全新的民族认同——美利坚民族（American Nation）。这样就把民族概念中暗含的民族自决的功能去掉了，这也是为什么美国总体来说有种族冲突但没有民族分裂。

在进行政治整合时，建构性的民族政策要求国内各族民众把国家利益放到本族利益之上，加强对国家的政治认同并使之成为自己心目中的核心认同，使他们在意识理念上从各种传统组织（家族、部落、部族、民族、种姓）的成员转变为"国民"与"公民"，这已成为国际社会主流民族政策的一个核心内容。因此，民族国家构建是世界现代化进程的一项根本要求和本质内容，其内涵是从各个方面打破国内各个地区、各个民族间的壁垒，建立和健全全国集中、统一的国家权力系统，建立和发展统一的国民经济体系和商品流通市场，在全国范围内推行和传播统一的语言以及能够促进社会、经济现代化的统一的文化模式。②

建构性的民族政策的核心是不刻意强化差别。一个经典的故事是"巴别塔理想"。巴别塔，或称巴比伦塔、通天塔。《圣经·旧约·创世纪》第11章记载，上帝创造天地之后，人类说的是同一种语言。有一天，人类想要联合起来兴建能通往天堂的高塔；为了阻止人类的计划，上帝让人类说

---

① 〔英〕安东尼·史密斯：《全球化时代的民族与民族主义》，龚维斌、良警宇译，中央编译出版社，2002，第122页。
② 宁骚：《民族与国家》，北京大学出版社，1995，第204页。

不同的语言，使人类相互之间不能有效沟通，计划因此失败，人类自此各散东西。从此人类有了语言差异，自然也就有了民族冲突。刻意强调民族与民族之间的差异，造不出通向天堂的高塔。①

自人类有历史以来，民族关系即成为最重要的政治问题和社会问题之一。而工业革命后的全球化，使不同人群之间的交往迁移互相渗透，以加速度增长，它带来的矛盾和挑战比任何时代都多。与之相伴的，是人类社会对异质文化理解、尊重的宽容。但是，如果政府刻意强调不同文化的独立性，貌似政治正确，实际上是阻断了不同文化之间的互相融合，加速或人为地制造了社会的分化。②

建构性的民族政策的基础是建立宪法认同。自由主义的思路将民族与国家关系的建立视为历史的偶然，拒斥族群因素，强调一个人只应当以普遍主义式的宪政认同为获得公民身份之条件，并力求以人权、民主宪政为国民凝聚向心力的焦点。这样的国家认同需要的不是特定民族历史文化的支撑，而是所有足以培养公民德性的政治文化，譬如理性、妥协、沟通、宽容，等等。③ 建构性的民族政策强调，国家以个别公民为单元，并保障个体相对于其所属族群的优先性。

宪法认同要求国家成员内心具有两种自觉与敬畏：（1）对公民身份的认可；（2）对国家政治体制的尊重和捍卫。相对于宪政这一公民共有的事业，民族只是文化群体"多重认同"中的一种。正如哈贝马斯所言，"宪法认同可以取代民族认同为国家提供内在的凝聚力和成员的忠诚感。"公民之所以遵从宪法，是因为宪法代表某种普遍的原则，而不是某一民族的精神。宪法之所以获得普遍认同，根本原因在于宪法或政治体制对于全体公民之所有合理诉求的考虑和容纳。④

建构性的民族政策的目标是要建立"公民国家"。根据哈贝马斯的"新型归属感"理论，"新型归属感"不是基于共同体内人们的族裔世系的一致性，而是通过对公民个人权利和自由的法理建构而营造出公民对国家

---

① 叶寒：《西方民族政策与多元文化检讨》，《凤凰周刊》2012 年第 9 期，第 41 ~ 45 页。
② 叶寒：《西方民族政策与多元文化检讨》，《凤凰周刊》2012 年第 9 期，第 41 ~ 45 页。
③ 韩轶：《从"民族认同"到"宪法认同"——立宪主义视角下民族与国家关系之反思与重构》，《法学评论》2011 年第 3 期，第 7 页。
④ 韩轶：《从"民族认同"到"宪法认同"——立宪主义视角下民族与国家关系之反思与重构》，《法学评论》2011 年第 3 期，第 8 页。

共同体的认可。这种"公民国家"模式不是以族属特征而是以公民资格作为对共同体成员角色定位的核心依据。[①] 在实现从"民族国家"向"公民国家"的创造性转换中，人们的"民族"意识逐步转变，不再只注重血缘、文化属性，而是强调公民共同实践政治权利的公民意志。

美国学者菲利克斯·格罗斯（Feliks Gross）在1998年出版了《公民与国家——民族、部族和族属身份》。格罗斯在该书中提出了两种类型的国家："公民国家"（Civic State）和"部族国家"（Tribal State）。他指出，由于"民族主义部族国家是一个与现代社会基本人权和政治权利持久冲突的政治信念和制度"[②]，因此以公民权为基础的现代公民国家体制必然是世界各国的发展趋势。

"公民国家是自由公民的联合体，所以，在同一地域里居住的所有具备资格的居民，不论其出身、宗教、族性（ethnicity）或文化背景如何，都是国家的公民。"[③] 公民国家建立在政治纽带之上，其核心制度是公民权，"公民权提供了一种将种族/民族上的亲族认同（文化民族）与和国家相联系的政治认同（国家民族）相分离的方法。"[④] 例如，在美国这样的现代公民国家，由于迁徙、通婚、同化，各族群之间的边界逐渐模糊，各群体的内部认同意识逐渐淡化，国民认同逐渐成为最核心的认同单元。在这种情境下，人们对周围其他族群的宗教信仰、语言、生活习俗采取比较宽容、平等对待的态度。为了共同组成一个有效运作的社会，族群意识逐渐淡化，建立在平等公民权基础之上的公民国家意识最终成为最核心的群体认同。

一般认为，美国等西方国家的民族政策是典型的建构性选择。美国的民族关系经历了从激烈冲突到相对稳定的变化过程。在这一过程中，政策的制定和调整起到了关键性作用，以下三条原则是美国建构性民族政策的核心。

（1）任何种族、民族成员享有宪法规定的平等的个人权利。

（2）任何种族、民族群体不能要求特殊权利（印第安人除外）。

---

① 任军锋：《地域本位与国族认同：美国政治发展中的区域结构分析》，天津人民出版社，2004，第3页。

② 〔美〕菲利克斯·格罗斯：《公民与国家》，王建娥、魏强译，新华出版社，2003，第37页。

③ Feliks Gross, *The Civic and the Tribal State: The State, Ethnicity, and the Multiethnic State*, Westport: Greenwood Press, 1998.

④ 〔美〕菲利克斯·格罗斯：《公民与国家》，王建娥、魏强译，新华出版社，2003，第26~37页。

（3）各民族文化可以在统一的美利坚国家认同下得到保护，但各民族成员对其权利的要求不能违背建构美国公民国家的目标。

在美国，居住在国家领土上的所有合法居民，都是建构"美利坚民族"的平等成员（"公民民族主义"典型模式）。在这样的模式中，"民族"（Nation）主要显示出作为一个稳定的政治实体的特征，相比之下，体现语言、种族、宗教等差异的各个群体如黑人、华裔、西班牙裔等被称为"族群"（Ethnic groups），这些群体的成员自加入了美国社会后，在美国的政治框架和建构性民族政策的引领下逐渐淡化了本群体的政治色彩，而成为"亚文化群体"。而且，随着族群之间的交流日益频繁和相互通婚，各族群成员之间的界限也在模糊化，每个族群都有部分成员处于被其他族群同化的过程中。

在美国，所有族群的成员都被视作平等的国家公民，对少数族群成员作为国家公民所应当拥有的各项权利，政府从"公民"角度予以保障，针对每个成员的具体情况采取个案处理，尽可能不把他们视为整体性的具有特权的政治群体。对于一些少数族群成员在社会发展中面临的不利状况（如英语水平差的新移民或受教育程度低的黑人），美国主要不是通过优惠政策来保护其群体的"政治权益"，而是通过民间和半民间的各种社会福利项目，对需要帮助的个人或小群体（而不是"族群"）予以救助和支持。这就使与族群相关的各种问题，主要以个体成员和个案的社会问题形式表现出来，而不表现为以整体族群为单位的政治问题。[①]

（二）解构性的民族政策

解构性的民族政策的实质是，不断强调和强化民族差异性，而不是要真正实现各民族的融合以及培养共同意识。其目标取向是中央政府和主流社会要求对本国少数民族的文化传统、宗教信仰、生活习惯等给予充分的尊重，以使本国的少数民族在社会地位和经济收入上逐步赶上主流群体，并通过制定政策给予上述成员相当的优惠待遇。

"部族国家"是典型的解构性民族政策的代表。"部族国家"往往把宗教、族群和政治制度混同为一个单一的原则和属性，因此，它是一种与平等权利不相容，甚至不能容忍少数群体（minorities）存在的高度排他性的制度。[②]"部族国家"把政治认同与种族起源和民族身份联系在一起，"是

---

① 马戎：《美国如何处理"民族问题"》，《南方周末》2009 年 7 月 16 日。

② Feliks Gross, *The Civic and the Tribal State: The State, Ethnicity, and the Multiethnic State*, Westport: Greenwood Press, 1998.

一个与现代社会基本人权和政治权利持久冲突的政治信念和制度。"①

　　在社会传统保存得比较多的非移民国家，包括一些老牌资本主义国家
（如英国），国内有些群体（如苏格兰人）自近代以来就很少迁移，原来的
中世纪"部族"群体意识在一定程度上依然存留，重视血缘、族属和语言
文化差异的心理依然存在，强调族群边界政治含义（在多民族国家的政治
权力结构中，各民族具有清晰的社会地位和群体独立性）的意识依然存在，
把民族群体领袖看作是政治领袖的意识依然存在，把本族传统居住地看作
自己的"世袭领地"并要求一定程度"自治"的观念依然存在，要求本族
"代表人物"在国家权力机构中有一席之地并为本族谋福利的企望依然存
在。这样，在现代国家的结构中还会保留一些传统"部族集合体"的遗迹，
可能体现在组织形式上，也可能体现在族群领袖人物的意识中。②

　　由于苏联的解体，所以将结果归因于苏联实行解构性的民族政策，但
如此的分析颇有"胜者为王败者寇"的意味。因为从目标而言，在多元民
族文化背景下，苏联民族政策的目标在于创造一个能将各民族逐步同化与
融合的环境与过程。③ 而被视为解决此问题的有效方法，也就是以俄罗斯人
为中心，通过俄罗斯化（russifikatsiia）最终出现一个与"苏联"相对应的
民族（历史共同体）——"苏维埃人"（Sovetskijnarod）。④ 由于俄罗斯人
在建构"苏维埃人"的过程中扮演了核心的角色，因此，苏联的解体也被
归因为"大俄罗斯主义"的作祟。

---

① 〔美〕菲利克斯·格罗斯：《公民与国家》，王建娥、魏强译，新华出版社，2003，第 26 ~
37 页。

② 马戎：《当前中国民族问题研究的选题与思路》，《中央民族大学学报》（哲学社会科学版）
2007 年 3 期，第 20 ~ 21 页。

③ A. S. Barsenkov, A. I. Vdovin, V. A. Koretskii, *Russki jvoprosvnatsional' nojpolitike XXveka*,
Moskva: Moskovskijrabochij, 1993, p. 16. 转引自赵竹成《认同的选择——以"境外俄罗斯
人"为案例的分析》，《问题与研究》2007 年第 2 期，中国民族宗教网，http://
www. mzb. com. cn/html/Home/report/312854 - 1. htm。

④ "苏维埃人"的概念在苏共第二十二次大会上由赫鲁晓夫借着"清除民族差异性"以及
"各民族结合"而第一次被正式提出来。苏维埃人概念具有下列几个重要特征：（1）是经
济生活的共同体（在同一个经济领域内）；（2）社会阶级的一致性（指工人、农人及知识
分子在工人阶级的领导下成为社会结构的一部分）；（3）政治生活的共同体（以马克思列
宁主义、共产主义为基础而形成的多元民族文化）；（4）所有民族、族群的一致性（以社
会国际主义而结合成的兄弟般联盟）；（5）苏维埃生活的共同体（透过苏联建立之后所形
成的传统、习惯及价值）；（6）使用共同语言（俄语成为各民族间的共同语言）。转引自
赵竹成《认同的选择——以"境外俄罗斯人"为案例的分析》，《问题与研究》2007 年第 2
期，中国民族宗教网，http://www. mzb. com. cn/html/Home/report/312854 - 1. htm。

　　虽然在形式上这些批评并没有偏离我们所看到的外在现象，但这种批评也忽略了苏联社会（也包括当代的俄罗斯社会）长久以来的三个特征：多元民族、多元文化以及俄罗斯人在人口数量、工业技术、文学艺术、政治组织等各个层面上的相对优势性。以这些条件来看，俄罗斯人扮演核心老大哥的角色一事，不能被视为是一种原罪。例如，俄语的使用就是一个明显的例子。当一个统一的政治体中，包含着 128 个不同民族的情形下要如何选择族际的沟通语时，应该主要是一个理性的工具性问题，而非感情上的意识形态的坚持问题。[①]

　　具体来说，苏联的民族政策建立在十月革命时列宁所提出的两项重要原则之上：一个是民族自决，另一个是大民族要补偿小民族曾经受到的不公正待遇（第一项原则的目的正是为了维护第二项原则，即民族自决是大民族对小民族的"补偿"）。这一政策在十月革命后具体体现在苏联按民族划分行政区域，实行以主体民族冠名加盟共和国和行政区域，实行民族 – 国家联邦制上。列宁坚决主张俄国各民族都有自决权，明确表示"'自决'一词曾多次引起曲解，因此我改用了一个十分确切的概念'自由分离的权利'"，"我们尤其必须承认分离的自由，因为沙皇制度和大俄罗斯资产阶级的压迫在邻近的民族里留下了对所有大俄罗斯人极深的仇恨和不信任；必须用行动而不是用言论来消除这种不信任"。这一政策在十月革命前后有其合理性，但把它绝对化则带来了很多问题，并不利于国家的统一。

　　在成立联盟国家的问题上，列宁强调在自愿的原则上建立新的联盟，办法是俄罗斯民族向少数民族作出让步，认为要取得异族人的信任，"应该不仅表现在遵守形式上的民族平等，而且表现在压迫民族即大民族要处于不平等地位，以抵偿在生活中事实上形成的不平等。"列宁还反对斯大林把联盟建成中央高度集权的单一制国家，主张首先要同大俄罗斯沙文主义传统决裂。列宁主张，"重要的是我们不去助长'独立分子'，也不取消他们的独立性，而是再建一层新楼——平等的共和国联邦。"

　　1922 年 12 月 30 日，苏联成立，并得到各民族的接受与认同，其主要原因在于：虽然当时存在独立的民族国家，但这些国家都是由布尔什维克领导的，布尔什维克党是统一的；乌克兰等少数民族为能与大俄罗斯民族

　　① 赵竹成：《认同的选择——以"境外俄罗斯人"为案例的分析》，《问题与研究》2007 年第 2 期，中国民族宗教网，http：//www.mzb.com.cn/html/Home/report/312854 – 1.htm。

在联盟中拥有平等的权利而感到满足；各国面临着共同的来自资本主义方面的外部压力。然而，在列宁去世后，苏联的领导人在执行列宁的民族政策过程中出现了许多偏差，在理论上宣传民族自治，在形式上成立了形形色色的按民族划分的行政实体。加盟共和国是组成苏联的各个共和国，全称是"苏维埃社会主义加盟共和国"，15个加盟共和国是苏联的行政主体，见表3-1。

表 3 - 1　苏联的各加盟共和国

东斯拉夫民族为主体的三国	俄罗斯苏维埃联邦社会主义共和国、白俄罗斯苏维埃社会主义共和国、乌克兰苏维埃社会主义共和国
波罗的海三国	爱沙尼亚苏维埃社会主义共和国、拉脱维亚苏维埃社会主义共和国、立陶宛苏维埃社会主义共和国
外高加索三国	格鲁吉亚苏维埃社会主义共和国、亚美尼亚苏维埃社会主义共和国、阿塞拜疆苏维埃社会主义共和国
中亚五国	哈萨克苏维埃社会主义共和国、吉尔吉斯苏维埃社会主义共和国、土库曼苏维埃社会主义共和国、乌兹别克苏维埃社会主义共和国、塔吉克苏维埃社会主义共和国
东南欧一国	摩尔达维亚苏维埃社会主义共和国

在加盟共和国境内，有众多的以民族为单位划分的民族自治地区，俄罗斯联邦有16个自治共和国、5个自治州、6个边疆区、49个州、10个自治区，冠有"自治"字样的都是以民族划分的。乌兹别克有卡拉卡尔帕克自治共和国；格鲁吉亚有阿布哈兹自治共和国、阿扎尔自治共和国和南奥塞梯自治州；阿塞拜疆有纳西切万自治共和国和纳戈尔诺-卡拉巴赫自治州；塔吉克有戈尔诺巴达赫什自治州。苏联最终由15个加盟共和国、20个自治共和国、8个自治州、10个民族自治区和129个边疆区或州所组成。

值得注意的是，并不是所有的冠名民族在其构成体内都占有多数，如在哈萨克就是俄罗斯族人占多数，如1981年其1505.3万人口中，哈萨克族只有528.9万人，而俄罗斯族则有599.1万人。据1989年的调查，在俄罗斯联邦16个自治共和国中，多数的冠名民族都不占多数，如巴什基尔自治共和国，巴什基尔人只占21.9%，俄罗斯族人占30.3%；布里亚特自治共和国，布里亚特人只占24%，俄罗斯族人占70%；卡累利阿自治共和国，卡累利阿人占 10.0%，俄罗斯族人占到了 73.6%；科米自治共和国，科米人占 23.3%，俄罗斯族人占 57.7%。民族人口占多数的自治共和国只有：北奥塞梯苏维埃社会主义自治共和国，奥塞梯人占 53.0%；鞑靼苏维埃社会主义自治共和国，鞑靼人占 48.5%，俄罗斯族人占 43.3%；卡尔梅克自治共和国，卡尔梅克人占 45.4%，俄罗斯族人占 37.7%；图瓦苏维埃社会主义自治共和国，图瓦人占 64.3%；楚瓦什苏维埃社会主义自治共和国，楚瓦什人占 67.8%。由两个民族共治的自治共和国，力量也不均衡：车臣－印古什苏维埃社会主义自治共和国，车臣人占 57.8%，印古什人只占 12.9%，俄罗斯族人占 26.7%；卡巴尔达－巴尔卡尔苏维埃社会主义自治共和国，卡巴尔达人占 48.2%，巴尔卡尔人只占 9.4%，俄罗斯族人占 32%。在 5 个民族自治州中，没有一个冠名民族人口占多数的，如犹太自治州犹太人只占 4.2%，俄罗斯族人的比例则高达 83.2%。在 10 个民族自治区中，只有阿加布里亚特自治区、科米－彼尔米亚克自治区的冠名民族的人口占了多数，其余都是俄罗斯族人居多，超过半数。[①]

这种以民族划分行政区域的体制，带来了以下 4 个严重的消极后果。

（1）没有建立起各民族间的平等关系：没被冠名的民族感到不平等，为什么有的民族建立的是加盟共和国，有的却是自治共和国或者自治州，有的甚至没有建立自己民族构成体的权利，没有明确的标准。

（2）人为制造民族区别，不利于民族团结和民族融合：按民族划分区域、实行所谓自治的做法并没有达到使各民族相互接近和融为一体的目的，反而导致了少数民族自我意识的觉醒和民族主义的增强。这种做法使苏联居民首先认同的是自己的民族属性，然后才是国家属性。

（3）造成联邦体制的不对称：俄罗斯联邦无论是人口、面积还是经济实力都居绝对优势，最后的结果是苏联只是名义上的联邦制国家。

（4）宪法与实际相矛盾，为民族分离提供了法律依据：随着斯大林体制模式的形成，苏联实际上是单一制国家，但在宪法上是联邦制国家，每个加盟共和国都有除了军队和外交机构外的所有设置。[②]

在苏联，1924 年、1936 年、1977 年宪法中都明文规定各加盟共和国有退出联盟的权利，为民族地区脱离联盟提供了法律依据，甚至成为一种消

---

① 沈志华主编《苏联历史档案选编》第 30 卷，社会科学文献出版社，2002，第 522 页。

② 左凤荣：《苏联处理民族问题的经验与教训（中）》，《中国民族报》2011 年 8 月 19 日。

极的"心理暗示"。英国前首相撒切尔夫人 1991 年谈如何瓦解苏联时说:"我们的政策的另一重要方面是利用苏联宪法上的漏洞。苏联宪法在形式上允许任何一个加盟共和国(只需凭着共和国最高苏维埃的简单多数)只要有意即可迅速脱离苏联。当然,由于共产党和强力部门的凝聚作用,长时间里这一权利实际上很难实现。但这一宪法漏洞还是给实施我们的政策留下了未来的可能。"①

苏联解构性的民族政策,即按民族划分区域、实行所谓自治的做法并没有达到使各民族相互接近和融为一体的目的,反而导致了少数民族自我意识的觉醒和民族主义的增强。这种做法使苏联居民首先认同的是自己的民族属性,首先想到自己是乌克兰族人、俄罗斯族人,或是格鲁吉亚族人,然后才是苏联人。在民族地区,主体民族之外的少数民族,感觉处于一种不平等的地位。从赫鲁晓夫时期开始,民族地区的第一把手必须是来自主体民族的,不管此人是不是胜任,人们认同的首先是民族归属。1986 年 12 月 16 日,苏共中央在未与哈萨克斯坦当地领导人商量的情况下,解职哈萨克斯坦党中央第一书记库纳耶夫,任命俄罗斯族人科尔宾接任,引发了民族骚乱。

解构性的民族政策导致了新的民族不平等。少数民族享受许多优惠政策,但也引起了俄罗斯人的不满。据 1990 年的统计,在每千人中受过高等教育的人数:摩尔多瓦人是 125,车臣人是 151,乌克兰人是 163,阿塞拜疆人是 172,拉脱维亚人是 182,吉尔吉斯人是 188,俄罗斯人是 190,亚美尼亚人是 207,立陶宛人是 208,爱沙尼亚人是 213,哈萨克人是 230,格鲁吉亚人是 274。② 可见,俄罗斯人的受教育水平并不高。在苏联解体过程中,俄罗斯这块本应最稳固的基石首先坍塌,俄罗斯民族主义之所以迅速发展,并要求独立,一个重要原因就是他们认为联盟并不代表其利益,一些俄罗斯人并没有把苏联看成是自己的民族国家。

在经济发展方面,苏联强调"拉平"地区差距,搞"劫富济贫"。其结果是,落后地区觉得做了牺牲,如土库曼斯坦总统尼亚佐夫曾说过:"土库曼斯坦不能根据自己的倡议独立地解决任何一个问题","在土库曼斯坦谁都不知道销售 700 亿立方米天然气、1500 万吨石油、50 多万吨棉花的利

① 张树华:《英国前首相撒切尔夫人谈瓦解苏联》,《红旗文稿》2010 年第 11 期,第 37 页。
② 〔哈萨克斯坦〕努·纳扎尔巴耶夫:《时代、命运、个人》,陆兵、王沛译,人民文学出版社,2003,第 130 页。

润究竟用在何处。与此同时，共和国一直置身于落后者的行列，我们实际上完全没有正常的经济基础设施，也没有加工工业部门。"① 与此同时，俄罗斯等富裕地区觉得它们成了"奶牛"，认为自己长期帮助落后地区，处于不平等地位，导致俄罗斯民族主义兴起，它们要甩掉包袱；波罗的海三国、乌克兰都认为联盟使它们落后了，对俄罗斯人不满，对统一国家的认同感在减弱。在苏联解体的过程中，经济水平相对较高的波罗的海三国和格鲁吉亚就起了急先锋作用，认为自己利益得不到保障而谋求独立的俄罗斯联邦的民主派们则起了决定性的作用。②

当然，解构性的民族政策并不是完全"碎片化"民族关系，也有建构的要素，但建构的措施过于机械、极端，甚至简单粗暴（强迫同化实质上是"政治化民族关系"以及解构性的民族政策的另一种表现）。1936年苏联宣布建成社会主义后，苏共便否认苏联存在民族问题，开始实行实质上的民族同化政策，鼓励异族通婚，在语言文化上推行俄罗斯化政策等。例如，20 世纪 30 年代哈萨克人通常使用的阿拉伯字母被拉丁字母所取代，后来又被基里尔字母所代替。纳扎尔巴耶夫深有体会地说："苏联的民族政策是从俄罗斯帝国那里继承下来的。在对待民族边区方面都推行一种强硬的政策。无论是这个，还是那个制度，从来和在任何情况下都不注意地方居民的利益，对他们的所有抗议行动一律残酷地进行压制。"③

总的来看，苏联解构性的民族政策是不成功的。解构性的民族政策的结果常常是民族关系"政治化"。在现代主权国家内部，任何一个党派都不愿意失去某些选民群体，特别是归属感极强的民族群体，而这一取向也进一步强化了民族群体的政治取向。同时，这种"族类政治化"的现实也使不同的政治力量将民族群体作为开展工作的对象，以实现自己的政治目标。苏联的教训告诉我们："在一个人口文化成分复杂的国家里，保证国家统一、领土完整和强大，首先要通过建立和宣传国家的象征，强化全体公民

---

① 左凤荣：《苏联处理民族问题的方法值得借鉴吗》，《同舟共进》2011 年第 8 期，第 58 页。
② 左凤荣：《民族政策与苏联解体》，《当代世界与社会主义》2010 年第 2 期，第 145～146 页。
③ Барсенков А. С., Вдовин А. И. История России. 1938 - 2002. М.: Аспект Пресс. 2003. С. 308. 转引自左凤荣《民族政策与苏联解体》，《当代世界与社会主义》2010 年第 2 期，第 145 页。

珍惜国家政权和对国家政权的忠诚感。"① 总之，在民族冲突管理进程中，努力实现各民族的平等，淡化民族差异，培养对统一国家的公民认同感，是极为重要的。

二　模式选择

在主权国家框架下，如何理解国内的民族关系并设计出相应的民族政策来加以引导、促进和谐，这是所有政府必须认真思考、严肃对待的问题。主权国家政府在设计民族政策时，大致有两类模式选择：一类为"政治化导向"，就是强调各个群体的政治地位和政治权利，用官方的制度和政策把"民族"正规化（官方识别），把民族成员的身份固定化（官方身份中的"民族成分"），把传统居住区的边界明晰化（自治共和国、自治区），这样必然会导致各群体的"民族意识"不断强化。另一类为"文化化导向"，即有意地引导民众把群体之间的各种差异（语言、宗教等）主要视为"文化差异"，把群体边界"模糊化"，努力淡化各群体的"民族意识"，同时积极强化"公民意识"。在思考群体之间的和谐与冲突时，采取的是把民族关系"文化化"的思路，具体做法就是努力在全体国民中构建一个核心认同，即让所有的人最看重的是自己国家公民的身份，而把族群身份、宗教信仰淡化为"文化特点"，是次要的、非核心的、不关键的。这样把主要的认同问题解决了，矛盾就成了内部矛盾，成为国家内部公民个人之间的利益问题，也就可以在内部来协调解决。②

具体来说，民族政策的模式选择大致可以归纳为两大类：一类是坚持"国族导向"，即"文化化民族关系"；另一类是坚持"族裔导向"，即"政治化民族关系"。具体如下。

（1）坚持"国族导向"（Nation Orientation）：强调凡是一个国家的公民都属于同一个民族，这种民族可以称之为"国家民族"，核心思想是淡化民族差异，强化国家认同，主要途径是"文化化民族关系"。

（2）坚持"族裔导向"（Ethnicity Orientation）：从族裔认同的角度来处理民族问题，即所谓的"一族一国"理论，核心思想是强调民族差异，淡化国家认同，主要途径是"政治化民族关系"。

① 〔俄〕B. A. 季什科夫：《民族政治学论集》，高永久、韩莉译，民族出版社，2008，第22页。

② 熊彦清、马戎：《"文化化"民族关系》，《中华读书报》2007年10月24日。

　　两种模式的选择导致截然不同的效果，"政治化民族关系"的主要思路是：民族群体与政治权利紧密结合，这会导致排他性的民族主义扩散，危及国家的政治统一；民族意识的增强，在一定条件下会成为国家解体的政治基础。"文化化民族关系"的主要思路是：把具有不同文化传统、历史记忆、种族血缘关系的民族视为不同的文化群体，逐渐减弱其群体原有的政治色彩。这种政策认为各民族应该在现代公民国家的政治框架下成为多元文化社会的组成部分，国家政治认同高于民族认同，不同民族在双向互动中发展出共同文化，最终促进民族融合。见表 3 - 2。

表 3 - 2　民族关系的模式选择

	逻辑起点	构成单位	基本思路
文化化民族关系	文化民族	公民国家（Civic State）	所有的国家成员都是公民，强调国家意识、民族共同体意识
政治化民族关系	政治民族	民族国家（Nation State）部族国家（Tribal State）	所有的民族都应成为主权国家，强调民族意识

　　具体来说，两种模式的差异性是显而易见的，"文化化民族关系"的实质是：（1）认同观念强调国家认同，淡化民族差异；（2）平等观念是坚持以个人为单位的平等；（3）精英角色是国家利益的捍卫者；（4）边界意识是淡化民族边界，强调平等公民权；（5）目标定位是文化多元，但政治一体。"政治化民族关系"的实质是：（1）认同观念强调民族差异，淡化国家认同；（2）平等观念是坚持以族群为单位的平等；（3）精英角色是民族利益的代言人；（4）边界意识是强化民族边界，强调民族自决权；（5）目标定位是文化多元基础上的政治多元。见表 3 - 3。

表 3 - 3　模式选择的具体差异

	文化化民族关系	政治化民族关系
认同观念	强调国家认同，淡化民族差异	强调民族差异，淡化国家认同
平等观点	以个人为单位的平等	以族群为单位的平等
精英角色	国家利益的捍卫者	民族利益的代言人
边界意识	淡化民族边界，强调平等公民权	强化民族边界，强调民族自决权
目标定位	文化多元，但政治一体	文化多元基础上的政治多元

（一）文化化民族关系

　　著名人类学家马林诺斯基在 1942 年曾经写道："必须授予所有民族

（nationalities）、种族和其他少数群体最充分的文化自治权（cultural autono-my），但是政治主权（political sovereignty）必须永远不与族属（nationhood）相联系，因为这种联系将导致危险的民族主义的爆发。"① 联合国开发计划署《2004 年人类发展报告：大千世界中的文化自由》详细介绍了"文化化民族关系"的思路：结束多群体的文化排斥现象，建立多重互补的身份。这种政策能够激发人们在多样性的基础上营造凝聚力，让彼此之间产生"血脉相连"的感情。据此，公民能够找到制度和政治空间以认同其国民身份及其他文化身份，对他们共同的制度树立起信任感，并参与和支持民主政治。

　　联合国开发计划署认为，印度在文化化民族关系方面取得了积极的成绩：（1）虽然印度在文化上具有多样性，但印度极具凝聚力；（2）尽管该国有一个多样化和等级森严的社会，它的公民深深地忠实于国家和民主。联合国调查数据分析证明，在民众"对政府机构的信任"（trust in institu-tions）方面，印度位居被调查各国的榜首，高于加拿大、奥地利、瑞士、巴西、比利时和美国；在民众的"民族身份认同"（national identification）方面，印度虽然低于美国、奥地利、加拿大和澳大利亚，但仍然高于西班牙、阿根廷、巴西、比利时、瑞士和德国。②

　　印度是一个多宗教、多民族、多语言、多种姓的历史悠久的文明古国，在沦为英国殖民地之前，印度次大陆存在 100 多个大小不同、彼此独立的土邦，英国殖民政府把这些土邦组合到了一个政治架构之中。基于这样的历史背景，印度政府自独立后就积极致力于在全体国民中发展"印度人"的共同认同，从历史文献和文化传统中努力缔造一个可以凝聚各个民族、各个宗教群体的"印度的共同文化"。所以尽管印度存在多种宗教（印度教、伊斯兰教、锡克教、耆那教、基督教等）、多种语言（但都以英语为族际共同语）、多个民族（孟加拉族、泰米尔族、旁遮普族、比哈尔族等）、多种政治意识形态（现在仍有 3 个邦由印度共产党执政）以及根深蒂固的种姓问题，印度各族民众还是逐步把"印度"看作是一个具有共同文化和历史的共同体。印度历届政府在尊重各种宗教和民族平等权利的同时，竭

---

① 〔英〕安东尼·史密斯：《民族主义：理论、意识形态、历史》，叶江译，上海世纪出版集团，2006，第 54 页。

② 马戎：《引用文献不能断章取义——联合国开发计划署对印度"民族构建"的评价》，《中央民族大学学报》（哲学社会科学版）2006 年第 3 期，第 52～54 页。

力建立全体印度人的"国民"意识，用文化化民族关系的方式处理族群差异，并极力淡化族群意识。①

"文化化民族关系"的核心思想是在看待和处理民族关系时，把不同民族看作是具有不同文化传统（语言、历史记忆、宗教等）的群体，从"文化（文明）差异"的角度来看待民族差异。"文化化民族关系"的主要类型包括以下两种。

其一，大一统国家的"文化主义族群观"。以中国为例，在漫长的历史演进中，中原王朝对于周边的"蛮夷"有着"教化"的责任，在大多数情况下，群体之间的差别被视作"文化发展水平的差异"，发展出"文化主义族群观"。② 这一时期，理解和处理少数民族与汉人关系的基本思路是"夷夏之辨"，是文明发展程度较高的"华夏"（以汉人为核心）和不够文明的"夷狄"之间的差异，他们之间的互动主要是"华夏"对"夷狄"的"教化"，基本态度是"有教无类"。当然另一方面"华夏"也向"夷狄"学习（如赵武灵王提倡"胡服骑射"）。"教化"的结果是"以夏变夷"，使周边的少数民族因接受中原文化而逐步被吸收进汉人的队伍，最终形成了两千年延续不断的中华皇统和今天一个 12 亿人的"汉族"。在中国历史上，由少数民族建立的政权也普遍接受了儒家学说关于民族关系的基本理念和态度，继承了这一"文化主义族群观"的传统。③

其二，新兴移民国家的"文化化民族关系"。在美国、澳大利亚等新兴移民国家中，绝大多数人口是来自全球各地并具有不同文化背景的世界移民及他们的后裔。在这类国家中，"法律意识"、"公民意识"、"国家意识"

---

① 马戎教授在《北京大学学报》2004 年第 6 期发表的文章《理解民族关系的新思路：少数族群问题的"去政治化"》中对印度独立后在"民族构建"方面取得的成绩给予肯定。此后，陈建樾在《世界民族》2005 年第 5 期发表了文章，即《多民族国家和谐社会的构建与民族问题的解决——评民族问题的"去政治化"与"文化化"》，对马戎的观点提出了质疑。马戎在文章中指出，"现在虽然印度各地仍然存在各种因族群文化差异、宗教差异、语言差异、地方利益差异以及意识形态差异等带来的各种矛盾与冲突，出现过政治领导人被刺杀的恶性事件，但是在印度没有出现真正威胁国家统一的民族分裂主义运动。"陈建樾则援引了有关印度种姓、族群、宗教冲突的大量事例，进而指出，"印度在族际关系方面根本就不像马戎教授所说的那么和谐与美妙。"

② 马戎：《族群问题的"政治化"与"文化化"》，载《北京大学社会学学刊（第一辑）》，北京大学出版社，2004，第 73 ~ 89 页。

③ 马戎：《族群问题的"政治化"与"文化化"》，载《北京大学社会学学刊（第一辑）》，北京大学出版社，2004，第 73 ~ 89 页。

成为最基本的认同基础，而这三者完全体现在"宪法"的文字表述及其精神实质中。最初，美国的民族政策表现为：内部的"文化化"，外部的"政治化"。例如，在很长一段时期内，白人以"政治化"族群关系的政策，在政治方面剥夺了其他族群（特别是黑人）的诸多权利。但是在白人内部，则存在明显的"文化化"导向，体现在血缘、语言、宗教等方面的群体差异仅被视为"文化差异"，各群体被视为具有不同文化背景的"亚文化集团"。直到20世纪中叶的"民权运动"后，"文化化"族群关系的思路才被拓展到白人之外的印第安人、黑人等群体，后者被视为新的"亚文化集团"，最终在美国社会中形成了全领域的"文化化民族关系"的基本结构。①

今天，美国民族政策的模式被视为"文化化民族关系"的典型。② 美国政府和主流社会一直把族群问题"文化化"，但不主张采取行政强迫手段来推动文化同化。在政治一体化的同时，美国政府和主流社会极力引导人们把族群差异、宗教差异看作是"多元文化社会"中的"文化差异"。在话语导向上，美国学术界在20世纪中叶提出了"文化多元主义"的目标，努力把族群问题向"亚文化群体"的方向上引导，具体做法有以下四条。

（1）坚持国家在政治法律的一体和主流文化的普遍性（英语、基督教文化）。

（2）允许各少数族群保留自己的部分传统文化。

（3）为了防止在就业和其他活动中可能出现的种族、族群歧视，美国人的身份证明中没有"种族、族群成分"的内容，人口普查表中的"种族、族群身份"一栏，由被调查人自行决定是否申报和如何填写。

（4）政府在各种政治、经济、文化活动中有意地淡化和模糊各个种族、族群之间的边界，鼓励族际通婚，并以各种方式来促进族群之间的相互融合。

美国"文化多元"的基石是强大的"政治一体"。美国虽然允许成立

---

① 马戎：《当前中国民族问题研究的选题与思路》，《中央民族大学学报》（哲学社会科学版）2007年3期，第18页。

② 不少社会学家认为，把族群问题"文化化"是在掩盖多数族群对少数族群的制度性歧视。文化问题和社会、政治的结构问题是紧密联系在一起的，强调其一而掩盖其二其实是另外一种形式的种族主义。相关论述参见郝志东《也谈美国如何处理民族问题：和马戎教授商榷》，《南方周末》2009年11月19日。

以某个族群为基础的、不具排他性的文化团体，但绝不允许在种族、族群方面建立具有排他性并具有"自治倾向"的政治组织和经济组织。例如，美国最重要的少数族群组织，是 1910 年 5 月成立的"全国有色人种协进会"（National Association for the Advancement of Colord People），协进会的目标是通过改良的道路，使黑人享有完全的公民权、法庭公平裁判权以及经济、社会、教育和政治方面的平等权利。"协进会"是美国白人和黑人共同组成的旨在促进黑人民权的全国性组织，不是为少数族群争取政治独立或区域自治。

美国在文化层面上也存在强有力的"一体化"措施，如通用的公共语言是英语，在价值观念和行为规范方面必须追随美国的主流文化。[①] 否则，少数族群成员将寸步难行，更谈不上就业和发展。简而言之，美国"文化化民族关系"的实质，就是把各少数族群引导成为多元文化社会中的"亚文化群体"，淡化这些族群的政治独立意识，把族群身份"去政治化"，最终使"国民认同"成为全体美国人唯一的政治身份。[②]

（二）政治化民族关系

"政治化民族关系"包括国家层面的模式选择以及族群内部的模式选择。国家层面的"政治化民族关系"是权力和利益通常以民族为单元来进行分配，语言文字、宗教信仰等要素成为凝聚群体的稳定纽带，这些要素使群体内部具有强烈的认同感。族群内部的"政治化民族关系"是民族精英加强内部忠诚和进行社会动员的常用工具，也是一种很容易被普通民众接受的情感说服以及为民族精英采纳的政策导向。群体的内部认同和忠诚

---

① 有学者对马戎教授的观点提出质疑，指出美国政治法律的一体是非常相对的。联邦政府从来没有一条法律说各州不可以独立。美国的少数民族可以宣传独立，没有人因为你宣传独立就把你绳之以法。换句话说，各州已经有了最大的自治权，达到了高度自治，连州长都由本州人民自己选出，而不是由联邦政府委派。美国的政治制度使你感到没有必要独立，因为待在联邦里要比独立好处更多。这才是美国解决族群问题的成功之道（之一）。另外，所谓"主流文化的普遍性（英语、基督教文化）"的观点也存在误导。英语是不同人群之间沟通使用最多的共同语，但美国很多地方依然提倡双语教育。美国一直有一个"English Only"（只讲英语）运动，但是这个运动经常被诟病，说是在歧视少数民族。美国是以基督教新教立国的，但是天主教、伊斯兰教、佛教等各种宗教林林总总，所以美国也以宗教自由立国。因此，主体文化的主导性、多元文化的普遍性才是美国的现实。相关论述参见郝志东《也谈美国如何处理民族问题：和马戎教授商榷》，《南方周末》2009 年 11 月 19 日。

② 马戎：《美国如何处理"民族问题"》，《南方周末》2009 年 7 月 16 日。

团结是"政治化民族关系"的重要特点。"政治化民族关系"的主要类型包括以下三种。

其一,以资产阶级为主导把欧洲民族关系"政治化"的社会运动。17世纪,欧洲出现了文艺复兴和资本主义发展,而资本主义的经济发展进一步启动了政治上的"民族主义运动",原来在王国统治下的各民族要求独立建立自己的"民族国家"(nation – state),把民族之间原来相对模糊的社会及文化差异以及民族界限(如语言文字、宗教信仰、历史记忆、风俗习惯等),上升为清晰的政治边界,要求以民族为单元建立各自独立的政治实体。

其二,马克思列宁主义通过"政治化民族关系"以实现革命的最终胜利。自欧洲社会运动时期延续的民族关系"政治化"的惯性,也影响到马克思列宁主义创始人对民族关系的认识,他们强调民族之间的平等政治权利以及"民族自治",其结果是民族问题作为国际共产主义运动的重要组成部分被高度政治化了。需要强调的是,马克思列宁主义经典作家"政治化民族关系",同欧洲资产阶级"政治化民族关系"的出发点有所不同,后者把民族边界上升为"主权国家"的政治边界,而马克思列宁主义创始人把民族解放运动纳入世界共产主义革命的大框架中来,在资本主义国家号召工人克服"民族主义"去反对本国资本家政府,在社会主义革命获得成功的国家实行民族平等,为殖民地国家的民族革命做典范,最终在全世界范围推行共产主义,并实现民族国家的消亡。[①]

其三,苏联强化民族差异的"政治化"民族政策。苏联创建了把不同民族关系联邦化、人口边界固定化、民族自治疆域化、民族优惠制度化的一系列制度和政策,其"政治化民族关系"的主要思路是:(1)把不同民族看作是具有政治意义的实体,通过"民族识别"方式把不同的民族群体确定下来;(2)民族成员身份成为法定身份,更改需经官方程序;(3)为不同民族实体划定一定的"领土"(加盟共和国、自治共和国、自治州、边疆区等),这样就使各民族成为国家政治结构的重要组成部分,在体制上拥有相对独立的政治地位;(4)为帮助各民族加快发展,制定了以少数民族成员为对象的各种政策优惠。因为个人的"民族成分"直接与各种优惠

[①] 马戎:《族群问题的"政治化"与"文化化"》,载《北京大学社会学学刊(第一辑)》,北京大学出版社,2004,第73~89页。

政策挂钩，公民权在国家日常生活中的意义反而没有"民族成分"那么重要。所以，在这种体制下，民族意识不断增强，公民权被不断弱化。

　　苏联"政治化民族关系"的思路，对中国的民族政策有很大影响。新中国在 20 世纪 50 年代进行了"民族识别"，确定每个公民的"民族成分"并把它制度化，建立民族自治地方，以民族整体为单位实行优惠政策，这些做法使 55 个少数民族成为具有一定政治地位和政治色彩的"民族"，改变了中国延续几千年的民族融合方式。① 马戎教授指出，中国有些民族（如满族、土家族、回族、畲族）已经淡化的"民族意识"，在 1949 年以后的新制度下得到了加强而非减弱。他建议，中国学者应该对自 20 世纪 50 年代以来在国内学术界占主导地位的斯大林民族理论和苏联的民族政策进行反思，并提出了少数民族问题"去政治化"的新思路。② 一些学者进一步提出实现民族交融的路径，包括以下几个方面。

　　（1）民族意识：要"不断淡化公民的族群意识和 56 个民族的观念"，"强化国族认同，淡化族群（民族）认同，通过制度安排使族群（民族）问题非政治化，不给任何人声称是某一'地方民族利益'代表和领导者的机会"。

　　（2）民族关系：要"淡化附加在各族群（民族）成分上的政治权利，不允许任何族群（民族）声称是某一特定区域的族群（民族）利益、资源权利和治理权利的代表，不允许以各族群（民族）成分来要求在国家享有或在特定区域内享有特殊的权利和义务，各省级行政区、各地级行政区、各县级行政区的权利和义务在法律面前一律平等，不以族群（民族）因素而享有特殊的权利和义务"。

　　（3）民族政策："要与时俱进以'去标签化'作为处理族群（民族）问题的基本策略，不在身份证明、升学、就业等社会生活和公共生活中人为强化公民的族群（民族）属性，只强化公民的国家属性或中华民族属性，把'三个离不开'的民族团结要求更好地升华为'三个分不清'"。

　　（4）民族干部："一个国家开展反分裂斗争的关键应是通过制度安排使所谓'地方民族精英'无法宣称是本地区本民族的利益的代表者和领导

---

　　① 马戎：《理解民族关系的新思路：少数族群问题的"去政治化"》，《北京大学学报》2004年第 6 期，第 129 页。
　　② 马戎：《理解民族关系的新思路：少数族群问题的"去政治化"》，《北京大学学报》2004年第 6 期，第 122 ~ 133 页。

者，无论政治大气候如何变化都无法成为分裂国家的'领头羊'，无法煽动草根阶层成为搞分裂搞恐怖的'马前卒'"。

（5）民族区域自治：要"科学划分省级行政区管辖面积和人口，使各省级行政区的行政管辖地域面积达到一个相对合理的适度均衡，更好地统筹辖区面积、人口、族群（民族）之间的关系，减少行政管理层级，逐步减少直至取消地区级行政区划"，等等。①

第二节　认同管理

认同对个人来说，意味着自我确证的形式，在某一社会背景中，它意味着对某一特别的民族或种族的归属感。② 民族认同意识（民族意识一般认为包括民族认同意识、民族归属意识、民族分界意识，或三者的统一）不是空洞之物，也不是一个抽象的、简单的概念。费孝通指出，"我理解到了民族不是个空洞的概念，而是个实实在在的社会实体。同属于一个民族的人们的认同感和一体感，是这个社会实体在人们意识上的反映，即我们所说的民族意识。"③

民族认同主要指个体的自我识别及其对群体的归属意识的确定。这种认同不仅关涉到对共同体的辨识，也关涉到对共同体的选择，而认同的依据可以是多重的，既可以是客观文化传统，也可以是主观上的"自认为"。④ 简单来说，民族认同就是，"同一民族的人感觉到大家是同属于一个人们共同体的自己人的这种心理。"⑤

有效的认同管理，同目标的确认有很大关系。民族认同管理的目标有三个层次：（1）最低层次的和平共处，即不存在可直接感观的战争；（2）中级层次的关系和谐，即存在相互欣赏，且利益交融；（3）高级层次

---

① 胡鞍钢、胡联合：《第二代民族政策：促进民族交融一体和繁荣一体》，《新疆师范大学学报》（哲学社会科学版）2011年第5期，第1~12页。

② 〔美〕卡尔·博格斯：《政治的终结》，陈家刚译，社会科学文献出版社，2001，第298页。

③ 费孝通：《简述我的民族研究经历和思考》，《北京大学学报》（哲学社会科学版）1997年第2期，第5页。

④ 韩轶：《从"民族认同"到"宪法认同"——立宪主义视角下民族与国家关系之反思与重构》，《法学评论》2011年第3期，第3页。

⑤ 费孝通：《费孝通民族研究文集》，民族出版社，1988，第173页。

的相互融合，即实现以血缘或情感为基础的"一体化"。在目标确认之后，相关当事方应该就目标的实现与承诺进行平等的沟通，在这个过程中"平等"是至关重要的，"压服"往往事与愿违。同时，族群参与是实现目标的一般原则。

一　认同选择

对多民族国家的政治统一和内部秩序而言，民族认同具有积极和消极两方面作用。给人的感觉是，似乎消极作用（破坏作用）总是大于积极作用（建设作用）。民族认同常常被归结为是引发多民族国家社会冲突或暴力的根源。但是，民族认同不是人类一种固有的破坏性遗产，关键是找到有可能促进其积极作用方面生长、成长的主要因素。就民族冲突管理而言，促进积极的认同选择是十分必要且基础的，却是难度极大的。

约翰·莱克斯通过对"人类在幼儿期都必须经历一种成为这类神圣群体成员并获得满足感的体验"的分析，提出"族群和扩大的族群群体"理论假设。他认为，作为个体的人们在"被给予的"初期群体（族群）中的成长过程分为两个独立的阶段：第一阶段，个体从初期群体中脱离出来，发展自我个性，与来自其他群体的人接触。第二阶段，个体发现初期的族群划分的那些令人满意的特征能够在更大规模的群体中复制。由此构筑的把初期群体中的团结扩大至更大的人群中的群体，即为扩大的族群群体。在由初期群体向扩大的族群群体演进中，会有一些人利用机会加入某个更大规模的群体并享有其成员资格，在新的群体中寻求那种曾经体验过的满足感。[1] 因此，约翰·莱克斯认为，族群的划分并不是"被给予的"，而是或多或少仔细考虑下的制造（即"认同选择"），制造一个团结的集团去追求一个崇高的事业。另有学者认为，某个特定的人属于还是不属于某个扩大的族群群体，以及如何进行认同选择，完全取决于他当时当地的目的。只有当某种身份符合了某个具体需要时，何种族群身份才变得重要起来。[2]

---

[1] 费孝通：《温习派克社会学札记连载之五》，《民族社会学研究通讯》第 19 期，第 26 页；转引自何群《论民族认同性与多民族国家民族政策的成功调整》，《内蒙古大学学报》（人文社会科学版）2001 年第 1 期，第 78 页。

[2] 何群：《论民族认同性与多民族国家民族政策的成功调整》，《内蒙古大学学报》（人文社会科学版）2001 年第 1 期，第 78 页。

　　上述理论一定程度上可以帮助我们理解半个世纪以来我国曾经历的一些民族图景。我国 20 世纪 50 年代开展的民族识别工作出于两方面的考虑：一是一些边境地区的民族群体比较复杂，而要使他们逐步整合进入现代社会，前提是必须识别和了解他们当时的社会组织发展形态。二是 1949 年以后，户籍制度的实行与贯彻民族平等政策相联系，每个居民必须申报、填写自己正式的"民族成分"。在这种政策环境下，如果对现有的各个民族群体不进行详细识别就无法进一步明确每个居民的具体民族成分，而政府关于民族平等的各项政策也就无法具体落实。在 1953 年，汇总登记下来的自报族称有 400 多个，所以开展"民族识别"工作势在必行。①

　　在"民族识别"过程中，为了能够成为独立的民族，人们努力表明本群体与其他群体的不同之处，往往强调各群体之间在语言、文化、习俗、族源等方面的差异性。在"被识别"后，各民族都努力构建本民族的历史，发掘独特的文化传统，以显示本群体作为一个独立民族是完全"名副其实"的。② 当时，一些具体的个人、群体在自我族属认定上，对政治权利、经济利益的一些实际考虑也是存在的。

　　族群和扩大的族群群体理论一定程度上揭示了民族认同的复杂性。它对政府正确和有效地制定和调整民族政策的启示有两点：第一，当一个多民族国家内的各个民族的人们都毫无困难地以他们各自的民族血统为荣，感觉到可以坚持自己的文化传统，并有可能将这些文化遗产传给自己的后代时，他们便更有可能形成一种公民身份感，觉得自己与整个社会目标相同，从而实现公民身份与民族身份的有机统一。第二，如果当某个群体或某些群体似乎独占了获得就业、政府职位、教育机会、政府投资等机会时，得到较少实惠或经常被排除在外的群体的民族身份就会因"威胁情境"的感知，而进行族群动员。③

　　认同选择的结果是民族身份的确认。民族身份决定了一个人在社会利益和机会分配中享有特权或遭受歧视，在利益和机会分配方面的民族差别越大，民族之间歧视的程度越严重，优势民族捍卫自身特权和劣势民族力

①　马戎、周星主编《中华民族凝聚力形成与发展》，北京大学出版社，1999，第 53～54 页。
②　马戎：《21 世纪的中国是否存在国家分裂的风险》，《领导者》2011 年第 2 期，第 102 页。
③　何群：《论民族认同性与多民族国家民族政策的成功调整》，《内蒙古大学学报》（人文社会科学版）2001 年第 1 期，第 79 页。

图改善自身状况的动力也就越强烈。[1]由此，民族认同成为各个民族进行社会动员的强大感情基础和增强凝聚力、寻求政治经济利益的有效手段。

需要强调的是，民族识别这种"一劳永逸式"的认同选择，有时反而成为某些问题的催化剂。例如，我国待识别人口增加；少数民族人口的机械性增长；个别地区不适当地或大批地更改民族成分；某些地方政府为获得种种好处而设法提高本行政区划内少数民族的比例，要求成为新的自治地方，等等。事实证明，"照顾式"政策的滥用，往往是有害的。这从另一方面表明，政策的制定和调整必须谨慎，要考虑到政策的短期目标和长期目标。有些做法可解燃眉之急，长远影响则十分消极。[2]

二　多元复合认同

多元复合认同理论认为，认同选择不一定是"非此即彼"的"单选题"，有可能是多样认同（multiple identities）的同时存在，即"多选题"，这表明个人认同意识构成的多元现象。多样认同的存在，不只单是平行的现象，而是一种同一的多层次结构，彼此并不必然会在认同选择的过程中出现冲突。一个典型的案例是，境外"俄罗斯人"族群身份的多重选择。自苏联解体后，在独联体境内发生了大规模的族群重新配置的现象，其中又以散布在中亚、高加索与波罗的海等地区，数量超过2500万的"俄罗斯人"最为显著。

境外"俄罗斯人"是从俄罗斯联邦角度对原苏联地区俄罗斯人的称谓，俄罗斯学术界也习惯于将原苏联地区的俄罗斯人称为"新近邻国家的俄罗斯人"，原苏联地区的俄罗斯人问题则被表述为"境外"俄罗斯人问题。俄罗斯官方经常使用"境外同胞"和"境外同胞问题"这样的概念。[3]

据1990年的统计数字，乌克兰人口为5180万，俄罗斯族人为1144.78万，占22.1%；白俄罗斯人口为1025.4万，俄罗斯族人为135.35万，占13.2%；哈萨克斯坦人口为1669.03万，俄罗斯族人约为630.89万，占37.8%；吉尔吉斯斯坦人口为436.72万，俄罗斯族人为93.89万，占

---

① 马戎、周星主编《中华民族凝聚力形成与发展》，北京大学出版社，1999，第60~61页。
② 马戎、周星主编《中华民族凝聚力形成与发展》，北京大学出版社，1999，第463页。
③ 杨育才：《原苏联地区俄罗斯人问题研究综述》，《俄罗斯研究》2008年第6期，第90页。

21.5%；爱沙尼亚人口为158.28万，俄罗斯族人为47.96万，占30.3%。①

散居在独联体各地的"俄罗斯人"并非"暂时性"，而是"永久"地离开自己的传统历史区域，进入一个完全陌生的环境，而变成少数民族。旧的历史根源、记忆被截断，并与其民族传统出现疏离，此情境到第二、第三代的移民身上尤其明显。这种时间与空间的疏离无疑会对"俄罗斯人"的认同选择造成摆荡。

任何一个民族，在政治社会剧烈变化的环境气氛中，除了以自我为出发点去理解与适应新的政治社会环境，以做最有利的选择外，相关的其他问题还包括该民族所在国家以及回归国家的政策与态度。以境外"俄罗斯人"的认同选择为例，其影响因素如图3-1所示。

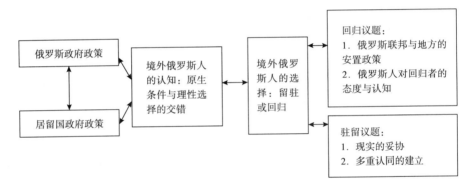

图3-1 "俄罗斯人"认同选择的影响因素
资料来源：赵竹成《认同的选择——以"境外俄罗斯人"为案例的分析》，中国民族宗教网，http://www.mzb.com.cn/html/Home/report/312854 - 1. htm。

苏联解体后，构成俄罗斯联邦早期内政及外交重要课题的是境外"俄罗斯人"问题，其中以迁往中亚的"俄罗斯人"最具代表性。"俄罗斯人"在中亚的移民大致上有以下几个特点。

（1）他们大都是技术工人、工程师、中小学教师、高等学术机构教授、研究人员、企业经理人、政府公共机构管理人、文艺及文化工作者。

（2）由于职业因素，"俄罗斯人"基本上是聚集在城市之中（因此，中亚五国的城市化和工业化过程不能忽略"俄罗斯人"的贡献），极少住在乡村地区。

---

① 王兰：《关于境外俄罗斯人问题》，《当代亚太》1994年第6期，第30页。

（3）"俄罗斯人"基本上与当地人的互动关系并不密切，即"本土化"的情况并不好。20世纪80~90年代吉尔吉斯斯坦的"俄罗斯人"中只有1.2%能说当地语言。互动的不良，造成"俄罗斯人"在中亚地区处于一种"孤岛"的状态。

这种大规模的迁移对迁移地区最立即可见的影响，表面上是人口结构上的改变，然而，内在认同的本质变化更引人注意。在久居中亚的"俄罗斯人"与当地民族居民长期相互适应的过程中，由于双方对彼此的民族文化、行为规范以及道德准则方面的差异有比较深入、细致的了解，在不破坏和改变各自民族认同的同时，每一民族集团的文化中都产生了一种新的"中性的"行为方式，或称之为"中性的"风俗习惯，即融合双方的风俗习惯。①"俄罗斯人"的这种向外扩张行为并没有完全使俄罗斯人传统的脐带关系消失，境外俄罗斯人仍然对自己的身份认同是"俄罗斯人"。

境外俄罗斯人自认为是"俄罗斯人"的身份认同的结构性要素，主要是来自血缘（父母出身）、文化及语言、历史共同感等，尽管这些要素在波罗的海国家、乌克兰、摩尔多瓦、高加索等地各有不同的比重，如表3-4、表3-5所示。

表3-4 摩尔多瓦、乌克兰、立陶宛与爱沙尼亚的"俄罗斯人"认同的影响因素

单位:%

	摩尔多瓦右岸区1993年		摩尔多瓦涅斯特区1993年		乌克兰1996年	立陶宛1993年	爱沙尼亚1994年
	城市	乡村	城市	乡村			
问题1: 何种因素使你产生族群感							
难以言喻	24	50	36	25	22	16	19
语言	64	39	49	66	66	71	56
文化	51	13	33	35	44	49	30
生活习惯	39	10	26	29	36	37	25
特质	37	7	19	18	36	26	21
历史命运	36	6	26	29	26	32	26

① 张娜:《久居中亚的俄罗斯人——对异民族环境的适应问题》,《世界民族》2006年第5期, 第58页。

续表

	摩尔多瓦右岸区 1993 年		摩尔多瓦涅斯特区 1993 年		乌克兰 1996 年		立陶宛 1993 年	爱沙尼亚 1994 年
	城市	乡村	城市	乡村				
其他	2	6	2	0	0		2	6
难以回答/拒答	4	1	9	6	0		5	6
问题 2：为何你认为自己是"俄罗斯人"					一般人	专家		
我父母是"俄罗斯人"	78	61	71	57	53	65		
我说俄语	48	79	63	72	32	41		
我（或我父）出生在俄罗斯	23	4	13	12	17	9		
俄语、俄文化传统是天生的	53	32	31	29	16	65		
我与"俄罗斯人"一起长大	16	23	37	36	10	2		
我与"俄罗斯人"最亲近	16	5	6	11	6	2		
其他	2	0	2	0	1	4		
难以回答/拒答	4	0	4	6	32	2		

资料来源：赵竹成《认同的选择——以"境外俄罗斯人"为案例的分析》，中国民族宗教网，http：//www. mzb. com. cn/html/Home/report/312854 - 1. htm。

表 3 - 5 阿塞拜疆与亚美尼亚的"俄罗斯人"认同的影响因素

单位：%

问题：对你而言何谓一个"俄罗斯人"	阿塞拜疆 1994 年	亚美尼亚 1994 年
住在俄罗斯	24	15
说俄语	55	55
生活在俄罗斯文化圈	83	67
信仰东正教	10	12
在其他国家作为俄罗斯代表	7	9

资料来源：赵竹成《认同的选择——以"境外俄罗斯人"为案例的分析》，中国民族宗教网，http：//www. mzb. com. cn/html/Home/report/312854 - 1. htm。

事实上，在基于认同选择的民族识别过程中，最理想的状态应该是，A群人对 B 群人的认知与分类是以 B 群人的"主观自我认知"为准，这也是国际社会对民族识别或身份定位的基本态度。由苏联时代起，到现在的俄罗斯联邦，在历次的人口普查数据中，"民族属性"一栏是"由受访者自己决定"。例如，俄罗斯联邦在 1989 年登记的民族共计 128 个，到 2002 年则增加到 182 个，到 2010 年，有 560 万人没有自己的民族属性，其中大约360 万为从行政机构得悉其没有民族类别特征，另外 200 万人还没有确定自己的民族属性。① 其原因即在于以"主观自我认知"为依据，许多民族自原属民族中分立出来，如自乌克兰族中分立出卢辛族（rusiny），自图瓦族中分立出索约特族（soioty）等。

到 20 世纪 80 年代末期，"俄罗斯人"的向外扩张行动随着苏联的解体而出现逆转，即进入"俄罗斯人"的回归时期。从 1991 年到 1994 年的 4 年间，从独联体国家移入俄罗斯联邦的人数就高达 360 万。俄罗斯从 2006 年开始，在一些原苏联国家及"远邦国家"设置移民代表机构，盘查移民资源，提供政策信息，以应对"俄罗斯人"回归趋势。② 这一回归浪潮引起多方关注，造成"俄罗斯人"离开居住国返回俄罗斯的最主要因素是什么值得深思，通过表 3 - 6、表 3 - 7、表 3 - 8 来进行说明。

表 3 - 6　摩尔多瓦与乌克兰的"俄罗斯人"留在居住国的原因

单位:%

问题：为何你不离开居住国	摩尔多瓦右岸区 1993 年		摩尔多瓦涅斯特区 1993 年		乌克兰 1996 年
	城市	乡村	城市	乡村	
我出生在此，是我的祖国	25	9	52	45	33
父母、子女和亲人在这里	47	67	64	63	52
较易生活，生活水平较高	1	1	2	1	1
已解决居住问题	24	2	11	9	27
从事相关职业比较自由	0	0	1	1	1
较能保障个人权利与自由	0	0	0	0	1
生活所需较易取得	0	2	1	0	0
文化生活条件较好	1	0	1	0	1
没能力迁移	39	7	10	8	20
换地方已经晚了	24	22	22	7	24
其他	3	0	1	6	3
难以回答	0	0	0	0	9

资料来源：赵竹成《认同的选择——以"境外俄罗斯人"为案例的分析》，中国民族宗教网，http：//www.mzb.com.cn/html/Home/report/312854 - 1.htm.

---

① 韩全会、张军华：《俄罗斯近两次人口普查数据对比分析》，《西北人口》2013 年第 1 期，第 50 页。

② 杨育才：《普京时期的俄罗斯境外同胞政策》，《俄罗斯研究》2008 年第 1 期，第 28 页。

表 3 - 7 立陶宛、爱沙尼亚与哈萨克斯坦的"俄罗斯人"离开居住国的原因

单位:%

问题:必须离开居住国的原因	立陶宛 1993 年	爱沙尼亚 1994 年	哈萨克斯坦 1994 年
族际关系恶化	31	15	13
通过了损害"俄罗斯人"权益的法律	21	62	6
损害了"俄罗斯人"的尊严	24	13	3
苏联解体	32	7	0
经济情况不稳	38	25	15
失业	38	36	6
物价飞涨	28	10	5
居住有问题	6	8	3
无法继续学业及教导小孩	25	24	2
身体上受威胁	8	4	1
其他	9	1	5

资料来源:赵竹成《认同的选择——以"境外俄罗斯人"为案例的分析》,中国民族宗教网,http://www.mzb.com.cn/html/Home/report/312854 - 1.htm。

表 3 - 8 阿塞拜疆与亚美尼亚的"俄罗斯人"移民的原因

单位:%

问题:移民动机	阿塞拜疆 1994 年	亚美尼亚 1994 年
看不到孩子的未来	60	65
物资缺乏	47	59
工作、居留上有语言上的困难	30	12
想和自己同胞住	27	12
由于民族政策改变了"俄罗斯人"地位	23	23
亲友离开	23	12
有生命危险（含亲人）	13	18
"俄罗斯人"在这种环境不可能留下来	0	12
生态环境不好	7	6

资料来源:赵竹成《认同的选择——以"境外俄罗斯人"为案例的分析》,中国民族宗教网,http://www.mzb.com.cn/html/Home/report/312854 - 1.htm。

由上述调查来看,"经济因素"是"俄罗斯人"离开居住国的主要原因,包括"经济情况不稳"、"失业"、"物价飞涨"等——虚拟的感情想象无法替代实际的经济现实。"俄罗斯人"真正的问题不在于"文化认同感"或"政治认同感",而在于"经济压力",他们需要"稳定的工作"。一般

在研究民族冲突课题时，时常被视为假设前提的民族政治因素，在上述调查中，并没有想象中的具有决定性的力量。至于"俄罗斯人"选择不离开的因素，则牵涉到感情血缘等因素，如"我的亲人住在这里"，等等。

在上述的调查中我们发现甚至有人纯粹地将出生地视为"祖国"，可见由原生因素而产生出对"祖国"的想象会成为一种真实存在，这种原生因素确实是构成族群意识与形塑的基本因子。然而就"俄罗斯人"的案例来看，"祖国"只是一种想象的可能性高于实际性。"俄罗斯人"对"祖国"的认知，如表3-9、表3-10所示。

表3-9　"俄罗斯人"与摩尔多瓦人关于"祖国"的认知

单位:%

问题：何为祖国	摩尔多瓦右岸区						摩尔多瓦涅斯特区			
	俄罗斯人			摩尔多瓦人			俄罗斯人		摩尔多瓦人	
	城市		乡村	城市		乡村	城市	乡村	城市	乡村
	1993年	1996年	1993年	1993年	1996年	1993年	1993年	1993年	1993年	1993年
苏　联	68	66	85	8	17	31	78	84	57	75
摩尔多瓦	9	9	9	85	40	56	0	0	25	23
俄罗斯	19	18	6	2	0	2	15	10	0	2
其　他	1	4	0	5	1	8	4	4	0	0
难以回答/拒答	3	3	0	0	42	3	3	2	18	0
合　计	100	100	100	100	100	100	100	100	100	100

资料来源：赵竹成《认同的选择——以"境外俄罗斯人"为案例的分析》，中国民族宗教网，http://www.mzb.com.cn/html/Home/report/312854-1.htm。

表3-10　"俄罗斯人"与乌克兰人、立陶宛人、爱沙尼亚人关于"祖国"的认知

单位:%

问题：何为祖国	立陶宛1993年		爱沙尼亚1994年		乌克兰1996年	
	俄罗斯人	立陶宛人	俄罗斯人	爱沙尼亚人	俄罗斯人	乌克兰人
苏　联	47	0	40	4	56	30
居住国	19	98	25	83	21	63
俄罗斯	24	0	20	0	10	1
其　他	4	0	6	12	5	2
难以回答/拒答	6	2	9	1	8	4
合　计	100	100	100	100	100	100

资料来源：赵竹成《认同的选择——以"境外俄罗斯人"为案例的分析》，中国民族宗教网，http://www.mzb.com.cn/html/Home/report/312854-1.htm。

明显的,根据 20 世纪 80 年代到 90 年代的调查,大部分在原苏联地区的"俄罗斯人"并不认为俄罗斯是自己的祖国,自己的祖国是"苏联",即在他们的自我认同中,更多认为自己是苏联人,而非俄罗斯人。同时,值得注意的是,"俄罗斯人"中已有不少人已经认同居住国是自己的祖国。既然"祖国"不是 1991 年后的俄罗斯联邦,"俄罗斯人"的回归本质又是以经济现实为主,则俄罗斯国家的政策正与"俄罗斯人"的回归本质互为表里。

对俄罗斯政府而言,它的政策不在于创造一种良好的社会环境为这些"俄罗斯人"的返乡做准备,而是尽可能地使"俄罗斯人"留在居住国,以免造成俄罗斯政府内部的政治、社会与经济的压力。居住国的政策也会直接影响"俄罗斯人"的认同。如果居住国的政策是正面的,则"俄罗斯人"留驻的可能性就会较高。乌克兰、哈萨克斯坦、亚美尼亚等国对"俄罗斯人"采取了正面接受的立场。在乌克兰的调查中反映出居住国的正面态度与"俄罗斯人"的国籍选择可能存在关联,如表 3 - 11 所示。

表 3 - 11 1996 年乌克兰政府对"俄罗斯人"的态度变化

单位:%

	问题 1:独立后,乌克兰政府对"俄罗斯人"的态度					
	显著改善	有些改善	没有变化	有些变坏	显著变坏	难以回答
俄罗斯人	0	1	57	19	12	11
乌克兰人	1	2	63	14	8	12
	问题 2:独立后,乌克兰人对"俄罗斯人"的态度					
	显著改善	有些改善	没有变化	有些变坏	显著变坏	难以回答
俄罗斯人	0	1	70	14	10	5
乌克兰人	1	1	71	15	5	7
	问题 3:住在乌克兰若有选择的可能性,哪种国籍你会选择					
	乌克兰	俄罗斯	双重	难以回答	合计	
俄罗斯人	20	9	66	5	100	
乌克兰人	66	1	29	6	100	

资料来源:赵竹成《认同的选择——以"境外俄罗斯人"为案例的分析》,中国民族宗教网,http://www.mzb.com.cn/html/Home/report/312854 - 1.htm。

乌克兰政府以及乌克兰人对"俄罗斯人"的态度总体保持稳定,使"俄罗斯人"在国籍选择上出现多样性的可能,"俄罗斯人"选择乌克兰国籍者，甚至比选择俄罗斯国籍的还要多。就"俄罗斯人"而言，表现出趋利的现实性与工具性格——"俄罗斯人"在国籍归属选择上纯粹以对自己最有利的结果作依据，因此双重国籍成了最受期待的结果。此外，"俄罗斯人"还主动向主体文化贴近。其中，最常选择的方式是"学习或是了解主体民族的语言"。但是，这一动机无疑仍是以获取工作和受教育机会，以及日常生活便利性为主要考虑。语言这种原生性因素，在这个过程中反而具有强烈的工具特性，如表 3 - 12 所示。

表 3 - 12　了解语言的必要性及在俄语学校讲授主体民族的历史、语言、文化

单位:%

	立陶宛 1993 年		爱沙尼亚 1994 年	
	俄罗斯人	立陶宛人	俄罗斯人	爱沙尼亚人
问题 1：是否需要懂得主体民族语言				
是	89	96	89	97
否	2	1	9	2
难以回答/拒答	9	3	2	1
合　计	100	100	100	100
问题 2：为何你认为需要了解				
否则很难继续工作	65	49	51	48
否则不能受高等教育	39	15	22	23
否则很难在日常生活中沟通	47	45	24	26
否则很难融入当地生活	30	52	32	23
其他	7	3	9	2
难以回答/拒答	2	3	3	3
问题 3：是否需要讲授主体民族的历史、语言、文化				
绝对必要	89	92	68	71
只教语言	6	6	25	15
能免则免，小孩负担过重	2	1	4	2
其他	1	0	1	1
难以回答/拒答	2	1	2	11
合　计	100	100	100	100

资料来源：赵竹成《认同的选择——以"境外俄罗斯人"为案例的分析》，中国民族宗教网，http：//www.mzb.com.cn/html/Home/report/312854 - 1.htm。

当一个"俄罗斯人"的公民身份由苏联籍转换为居留国国籍时，俄罗斯语学校的设立与保存是原苏联各地区"俄罗斯人"一致的诉求。这不仅是生活上的实际需要，也是感情上的期望。在一个多元文化与多元族群建构的社会中，如果我们可以承认在本体中，在心理感情层次上可以存在不同的认同，则我们在形式上是否能同时承认族群属性也是一种复合体？"俄罗斯人"的例子透露出了这种发展趋势，也证明了认同的可转换性以及认同的多元复合性。①

第三节　民族融合

凡倾向于民族的混合，以及在共同联合中调和它们的属性和特性的，都有裨益于人类。② 民族融合（Ethnic Fusion）必须经过一个由量变到质变，逐渐发展的漫长历史过程。正如列宁所说：在民族融合实现之前，无产阶级应该"支持一切有助于消灭民族差别、消除民族隔阂的措施，支持一切促进各民族间日益紧密的联系和促进各民族打成一片的措施"。

一　族际通婚

族际婚姻是指发生在两个不同族群个体间的婚姻。人们普遍认为，不同族群间的婚姻，有益于族际交往和相互了解，从而促进族际关系的和睦；同时一定规模的族际婚姻，也成为衡量族际关系状况的重要指标之一。因此，许多国家都有涉及族际婚姻的政策，这类政策可分为族际通婚政策和族际通姻子女政策两类。在美国、澳大利亚等西方移民国家以及拉美等传统混血国家，大规模族际通婚和混血后裔的产生，促使族群关系实现了血缘的融合。

国家的族际通婚政策，主要是针对族际间婚姻行为的政策，表现出官方对族际婚姻的态度，基本分为允许通婚与不允许通婚两类。允许通婚的

---

① 多元复合认同现象对我们的启示是，族群属性也可以是一种复合体？例如，当一个人的父亲是汉族人，而母亲是蒙古族人时，其子女是否可以成为复合的汉族－蒙古族人，而无须在其父或其母的民族属性中做一选择。相关论述参见赵竹成《认同的选择——以"境外俄罗斯人"为案例的分析》，《问题与研究》2007 年第 2 期，中国民族宗教网，http：//www.mzb.com.cn/html/Home/report/312854－1.htm。

② 〔英〕J. S. 密尔：《代议制政府》，汪瑄译，商务印书馆，1982，第 227 页。

政策，又分为支持并鼓励通婚和承认通婚两类；不允许通婚也分为禁止通婚与不赞成通婚两类。

美国是民族融合的典范。在美国跨族通婚的研究中，值得注意的因素大致有7个：通婚中的种族、族群选择；通婚夫妇中的性别比例；族际通婚的地区差异；族际通婚中的代际差异；族群人口相对规模对通婚的影响；影响族际通婚子女族群认同的因素；公众对族际通婚的态度。①

2010年2月，美国皮尤研究中心（Pew Research Center，PRC）公布的一项调查报告显示，美国不同人种和族群间的通婚比例创历史新高。以2008年结婚的夫妇为对象进行的这项调查结果表明，美国不同人种和族群间的通婚比例约达14.6%。这一比例在1980年时仅为6.8%，此后，逐年增加。以往，美国不同人种间的通婚被认为是违法。1958年，弗吉尼亚州的一对夫妇因犯不同人种间的通婚罪而被逮捕。该女性系美国土著的后裔，男性为白人。此后，1967年，美国联邦最高法院一致裁定，认为禁止不同人种间结婚的法律是违宪的。

皮尤研究中心的调查结果表明，支持不同人种和族群间相互通婚的比例在不断增加，特别在18~29岁年轻人中间，这一比例高达约85%。该中心指出，不同人种和族群间通婚的增加，主要缘于移民的增加。此次调查显示，不同人种间通婚的增加以亚裔和拉美裔最为显著，在新婚夫妇中，有30%的亚裔和25%的拉美裔选择了不同人种作为自己的伴侣。非洲裔与不同人种结婚的情况也在增多，达到调查时的16%，其比例约为1980年时的3倍。②

曾经，在种族隔离的国家，族际婚姻是绝对被禁止的，其目的是保护优势种族的地位和权力。20世纪40年代，美国有30个州通过宪法或成文法的办法禁止白人与黑人结婚，有15个州或明或暗地以法律禁止高加索人种和蒙古人种通婚，有10个州禁止白人与马来人通婚，5个州禁止白人与印第安人通婚，还有的州禁止黑人与印第安人、马来人的通婚，等等。1967年，美国联邦最高法院废除了在17个州仍实行的禁止种族通婚的有关法案，不同种族通婚的人数有较大增长。1980年，美国族际通婚的数量达61.3万对，较1970年增长了一倍，占婚姻总数的1.3%；2002年，族际通

① 马戎主编《民族社会学——社会学的族群关系研究》，北京大学出版社，2004，第440页。
② 王迎宾：《美国不同人种民族间通婚比例创新高》，《世界文化》2010年第9期，第39页。

婚数增加到 150 万对，占婚姻总数的 2.6%。① 随着种族隔离现象的衰减和整合趋势的增强，美国异族通婚的比例在增大，体现出美国社会对此的宽容度在增加。

历史上，苏联政府对族际通婚持支持态度，认为这可以促进各民族的文化情感交流，有助于"苏联民族"共同特征的形成，有利于民族问题的解决。苏联时期，族际婚姻呈不断增多的趋势，1959 年、1970 年、1979 年、1989 年全苏联民族混合家庭的数量分别为 520 万、790 万、990 万、1280 万，分别占到当时家庭户总数的 10%、13.5%、15%、17.5%。同时，城市异族通婚的比例及其增长速度高于农村；不同民族、不同地区的族际婚姻呈不平衡发展，如 1979 年白俄罗斯族、乌克兰族的族际婚姻比例在 20% 以上，而吉尔吉斯族、阿塞拜疆族的这一比例低于 5%。②

通婚不仅涉及民族混合家庭子女的族属问题、通婚双方民族的人口数量问题、人口素质问题等，而且族际婚姻还是通婚双方民族互相学习对方语言、文化和历史的重要渠道。在苏联时期，有一方是俄罗斯人的混合家庭，由于父母把自己子女的族属一般选为俄罗斯族，使一些民族如卡累利阿族、摩尔达维亚族、犹太人的数量相对减少。当然，对于其他很多民族而言，由于俄罗斯人本身的低生育率，这种做法并未使其人口的相对数量减少。另外，民族混合家庭的后代在其民族文化发展中所起的重要作用也是显而易见的。由于他们从童年时代起就接受若干种民族文化的教育，他们就成了不同民族之间文化情感交流的纽带，可以说起着强化族际交往的桥梁作用。本土外俄罗斯人普遍的族际婚姻，不仅扩大了俄罗斯民族文化在当地民族中的传播，而且也促进了俄罗斯民族文化的多样性。如在爱沙尼亚、摩尔达维亚、格鲁吉亚和其他加盟共和国，俄罗斯人和其他民族组成的混合家庭的后代，具有许多不同于俄罗斯人的文化行为和习惯，这些行为和习惯表现了本土外俄罗斯人不同支系之间文化的差异，而且这种差异在不断扩大。族际婚姻还促进了"少数民族语 - 俄语"和"俄语 - 少数民族语"双语的普及。民族混合家庭的后代，大多都是双语人，虽然从整体上讲，本土外俄罗斯人较少掌握当地原住民族的语言，但组成民族混合家庭的成员大多了解对方的语言，对对方的民族文化、艺术也更易于理解

---

① 马戎主编《民族社会学——社会学的族群关系研究》，北京大学出版社，2004，第 440 页。
② 何俊芳：《苏联时期俄罗斯人的族际婚姻》，《世界民族》2003 年第 1 期，第 57~58 页。

和持肯定态度。①

就一般规律而言，民族融合发展到一定程度后必然出现一定规模的族际通婚。语言、宗教、生活习俗等都是影响族际通婚的重要因素，族际通婚中的地区差异、族别选择、性别选择、社会身份选择等可以显示出一个社会的认同体系和价值观念。关于族际婚姻问题，各国政府往往持默认的支持态度，但是要求族际婚姻必须有利于民族团结。

二　民族同化

所谓民族同化，是指一个民族或这个民族的一部分，完全丧失其民族特性，被融合于另一个民族之中的现象。这个变化过程，如果是用暴力或特权等强制手段实现的，叫强制同化。相反，如果这个变化过程是在自然的情况下实现的，叫自然同化。自然同化是发展中的进步现象，而强制同化是建立在被同化民族痛苦的基础上的，是违背被同化民族意愿的，是民族压迫的一种表现。其中，自然同化就是民族融合。见图 3 - 2。

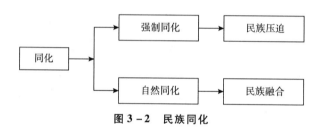

图 3 - 2　民族同化

（一）强制同化

强制同化是一个民族利用暴力或特权强迫其他民族放弃自己民族的特征而成为它的一部分。强制同化是以被同化民族遭受极大的痛苦和牺牲为代价的，是民族压迫的一种表现，因而受到被统治民族的坚决反抗。

民族学家黄现璠曾说：同化主义（assimilationist）是指一个国家以国族或主体民族的优势文化强制弱势民族或部族集团接受自己传统文化的一种思想或理论。所谓同化政策，是指一个国家或政府根据同化主义理论和"文明输出"理论制定的一系列政策。西方同化主义思想和政策古已有之，只不过到了近代国民国家形成后表现特别突出，而且现实中它常与差别政策融为一体。事实上，近代"国民国家"以"文明输出"理论和同化主义

---

① 何俊芳：《苏联时期俄罗斯人的族际婚姻》，《世界民族》2003 年第 1 期，第 62 页。

思想制定的同化政策，既对内又对外。对外主要表现为：宗主国强制要求
殖民地接受自国的传统文化以及在自国民与殖民地的国民之间设置差别，
划分优劣，法律上绝不认可两者的平等权益。这从近代西方对外殖民史上
斑斑可考。例如，广为人知的“大航海时代西班牙和葡萄牙对中美南美先
住民实施的同化政策”、“法国对亚洲、非洲殖民地实施的同化政策”、“大
英帝国对亚非拉三大洲殖民地实施的同化政策”、“德国对殖民地实施的同
化政策”、“美洲新大陆开拓时代白种人对印第安人实施的同化政策”、“俄
罗斯帝国时代对乌克兰等周边地区实施的俄罗斯化政策”、“先是西班牙，
后是美国对菲律宾先住民实施的同化政策”、“瑞典对芬兰实施的瑞典化政
策”、“美国于 1893 年将夏威夷兼并后对夏威夷先住民实施的同化政策”、
“大日本帝国时代日本对殖民地朝鲜半岛和我国台湾实施的皇民化政
策”等。

　　至于对内实施的同化政策更是不胜枚举。如“法国大革命后对国内少
数民族实施的同化政策”、“英国对国内威尔士人实施的‘威尔士语’扑灭
政策”、“日本对国内阿依奴人和琉球民族实施的大和民族同化政策”、“越
南对国内少数民族实施的同化政策”等，不一而足，以致西方同化主义和
追求“文化同质性”的一些专用词流行一时，如“Hellenization”（希腊
化）、“Romanization”（罗马化）、“Italianization”（意大利化）、“Englicisa-
tion”（英国化）、“Americanization”（美国化）等。同化的结果，非但没有
促成人类“文明”的进步，反而造成了人类自古以来创造的大量珍贵文化
遗产消亡，这表现为少数民族文化不断受到抑制后的日益消失，其中尤以
语言的消亡为快。这是近年来国际社会强烈批判同化政策和将少数民族或
土著民族文化保护列为国际社会的重要课题之一，以及世界性“保卫语言
危机运动”盛行欧美的主要原因之一。[①]

　　一般来说，民族关系棘手的国家往往实行了强制同化的民族政策，如
第二次世界大战后，罗马尼亚实施农村规范化政策，把少数民族村庄并入
罗马尼亚族人村庄，引起国内少数民族的抵触情绪和大量出走；保加利亚
推行民族同化措施，不承认境内土耳其族人的存在，强迫他们更改伊斯兰
传统姓名，取消个人身份证上的族别登记，撤掉学校的土耳其语课程和广

---

①　黄现璠遗稿，甘文杰、甘文豪整理《试论西方“民族”术语的起源、演变和异同（五）》，
　　《广西社会科学》2008 年第 5 期，第 9～14 页。

播电台的土耳其语节目，禁止土耳其族人的传统风俗和宗教礼仪，致使土耳其族人怨声载道。① 其结果是这些政策并未从根本上缓和民族关系，反而因政策失误，导致民族冲突不时发生。

1989 年 4、5 月间，保加利亚土耳其族人聚居区不断爆发示威游行，挑战日夫科夫政权。同年 5 月，保加利亚《新国籍法》和《护照法》获得通过，给予公民双重国籍并允许其自由出入国境，"30 多万土（耳其）族人离开或被驱赶出保加利亚，大量的移民引起了全世界对保国人权记录的关注，动摇了已经摇摇欲坠的经济。"② 1989 年 12 月，罗马尼亚蒂米什瓦拉市匈牙利族人神父拉斯洛·托克什因反对齐奥塞斯库的农村规范化政策而被驱逐，由此引发数千人的反政府游行和冲击地方政府大楼的行为，罗马尼亚当局动用军队进行干预，造成人员伤亡。此后，罗马尼亚局势急剧恶化。

1990 年初，为与民族同化政策彻底划清界限，保加利亚社会党政府决定恢复土耳其族人的伊斯兰传统姓名，保加利亚族人对此深为不满，指责政府不顾泛土耳其主义的影响，仓促向土耳其族人妥协，助长了民族分离主义。土耳其族人则抨击保加利亚族人搞民族沙文主义，并悬挂土耳其国旗，呼吁马上恢复土耳其语学校。双方接二连三地游行和集会，保加利亚族工人还举行了罢工。3 月，罗马尼亚的匈牙利族人借纪念匈牙利资产阶级民族民主革命"142 周年"之机，打出匈牙利国旗、涂改街道、机关等的罗马尼亚文名称和罗马尼亚军英雄纪念碑的碑文，引起罗马尼亚族人的强烈抗议，两族间发生暴力冲突，部分公共设施和匈牙利航空公司驻罗马尼亚办事处被毁。1993 年，因罗马尼亚总理免去匈牙利族人占多数的两个县的匈牙利族县长的职务，罗马尼亚族与匈牙利族再起争端。③

有学者认为，缅甸内战同样是缅族推行强制同化政策的恶果。缅甸联邦是亚洲最富民族多样性的国家之一，在现代历史上经历了长期的内部民族武装冲突。缅甸联邦作为后殖民时代的现代民族国家，是由前殖民时期

---

① 高歌：《中东欧国家的民族冲突、民主转轨与政治稳定》，《世界民族》2011 年第 4 期，第 10 页。

② Karen Dawisha, Bruce Parrott, eds., *Politics, Power, and the Struggle for Democracy in South - East Europe*, Cambridge：Cambridge University Press, 1997, p. 359.

③ 高歌：《中东欧国家的民族冲突、民主转轨与政治稳定》，《世界民族》2011 年第 4 期，第 13 ~ 14 页。

独立的民族，即钦族、克钦族、掸族，以及其他来自缅甸本部的民族建立的。这些民族依据自愿加入、政治平等、邦内事务自治等原则，在1947年2月12日签署了《彬龙协议》，决定建立一个联邦，他们希望在缅甸联邦非集权的体制下实行各邦自治。为了保障上述原则的实施，每个邦在独立10年后都有"脱离联邦的权利"，这一原则写进了1947年的联邦宪法第10条第201～206款。

然而，缅甸并没有成为联邦制国家，而是成为半联邦制的国家，具有单一制国家的内涵，缅族控制了缅甸联邦几乎所有重要的国家权力。此外，缅甸还面临"现代国家建构"的问题。由于《彬龙协议》是前殖民地独立民族联合签署的，这些民族是被英国分别征服的民族，他们并不是缅甸王国的组成部分。缅甸本部的三个主要少数民族，即阿拉干族、克伦族和孟族并没有收到官方邀请而参加彬龙会议。这些民族，特别是早就主张独立的克伦族的未来，并没有在彬龙会议上讨论，这最终引发了1949年以"现代国家建构"形式出现的第一轮民族武装冲突。

此后，缅甸联邦历届政府将"国家建构"的过程看作是"强制同化"少数民族的过程。"一个民族、一种语言、一个宗教"的思想，反映了缅族"民族主义"的核心价值观。这种价值观起源于"Amyo，Batha，Thatana"，意思是"缅甸族、缅甸语、缅甸佛教"。独立后，缅甸联邦将民族与宗教的"强制同化"政策合法地转化为"佛教－缅族化"政策（即成为缅甸人就成为佛教徒）。具体来说，缅族人控制的缅甸联邦历届政府一直试图建立一个民族同质的单一制缅甸国家，在此国家内，缅甸语作为唯一的官方语言，佛教作为国教。阿拉干族、钦族、克伦族、克伦尼族、孟族、掸族以及其他民族（他们的故土加起来占缅甸联邦全部国土面积的60%，人口占缅甸全国人口的40%），被强迫接受一个二选一的选择：要么接受强制同化，要么采取一切方式进行抵抗，包括武装抵抗。[①] 现实是，这些民族基本都选择了第二种答案，结果导致了60多年的内战。

（二）自然同化

自然同化一般表现为：比较落后的民族与比较先进的民族交往时，自然吸收先进民族的文化，逐渐改变，直至最后完全丧失自己的民族特征，

---

① 〔缅甸〕连·H.沙空：《缅甸民族武装冲突的动力根源》，《国际资料信息》2012年第4期，第11～12页。

变成了别的民族。整个过程是自愿自然演进的，没有借助于暴力、特权和任何强制手段。自然同化是先进取代落后，是历史发展的必然趋势，是不以人的意志为转移的。

自然同化在世界各国历史上曾大量发生。例如，美国在 1891～1909 年的 19 年中，从欧洲迁去移民 1000 多万人，其中有奥地利人、英国人、法国人、德国人、匈牙利人、爱尔兰人、意大利人、波兰人、俄国人（大部分是犹太人）、瑞典人等。这些来自不同民族的移民后来逐渐同化，形成了美利坚民族。列宁曾形象地把纽约比作碾碎民族差别的大磨房。在俄国资本主义发展时期，几十万俄罗斯农民和工人被吸引到乌克兰民族地区，很多人被乌克兰民族所同化。中国历史上许多少数民族，如匈奴、鲜卑、契丹、羯等族的一部分，进入中原地区以后，受到汉族先进生产方式的影响，逐渐地接受了汉族的先进文化，最后丧失了本民族的特征，成为汉族的一部分。这种类型的自然同化具有极大的历史进步意义。

经过一定历史时期的演变，一些民族可能渐渐减弱或丧失自己的文化特殊性，而基本融入本地的社区生活。在美国，非盎格鲁－撒克逊白种新教徒（WASP）的爱尔兰、德国、法国与斯堪的纳维亚国家移民的后裔经过通婚与代际更替，已经基本融入主流社会。今天，他们已经不再被视为"白种少数民族"（White ethnics），这个词的含义更多是指来自南欧、东欧的移民。从历史经验来看，虽然同化政策已经被证明为一种不成功的政策尝试，特别是强制同化政策已经在很大程度上丧失了合法性基础，但族群间的自然融合仍然可以被视为一种自然发生的"同化"，即罗伯特·帕克（Robert E·Park）所定义的："民族背景和文化传统不同的民族，占据共同的地域，获得一种文化一致性（cultural solidarity），这种文化一致性至少足以维持一个国家的存在。"[1]

民族同化和民族融合这两种情况在中国历史上都是存在的。作为与强制同化对立面的，则是民族之间的自然融合。各民族如长期生活在一起，在不断增强的经济、文化联系的纽带作用下，互相影响、互相学习，差别性逐渐削弱、减少以至消失，表现为一种自然融合的趋势。

新中国成立初期，周恩来就提出了"历史上民族融合"的论点。他说："两千年来历史上有记载的兄弟民族，有些现在不见了，其中有的可能向远

---

[1] 马戎主编《西方民族社会学的理论与方法》，天津人民出版社，1997，第 93 页。

方迁移了，有的可能和汉族或者和其他民族融合起来了。"① 历史的发展，使中国各民族多数是杂居的，互相同化，互相影响。汉族同化别的民族，别的民族也同化汉族，回族是这样，满族是这样，其他民族也是这样。② 我国各民族就是在互相融合、互相同化中发展起来的。周恩来认为，"如果同化是各民族自然融合起来、走向繁荣，那是进步的。这种同化本身就有推动进步的意义"，"如果同化是一个民族用暴力摧残另一个民族，那是反动的"③。

第四节　弱化差异

民族问题的实质是民族差异性，④ 既包括社会结构差异，也包括民族心理差异。差异是自我认同的基础。"认同"（identity）是人类社会各类群体中普遍存在的现象，它不仅是"社群"理论的基础，也是"族群"理论的基石。在后现代理论中，"认同"所包含的政治意义表现为两种相反的取向：其一是市民社会中的非主体部分可以通过其社会历史、文化背景和性别、阶级、种族、民族地位（或处境）来塑造或培养他们的认同政治；其二是国家或构成市民社会的主体力量试图通过同质化的认同来消除社会的异质性。⑤

认同本身具有双重属性——通过"排斥异己"来实现"自我认同"，因此既表现为"认同政治"（politics of identity），也表现为"差异政治"（politics of difference）。认同政治通过基于政治信仰上的政治动员或政治斗争来建立政治认同和文化认同；差异政治强化被现代政治所忽略的某些范畴（如种族、民族、性别等）来建立新的政治团体。⑥ 二者都在强调自身

① 中央统战部、中央文献研究室编《周恩来统一战线文选》，人民出版社，1984，第378页。
② 中央统战部、中央文献研究室编《周恩来统一战线文选》，人民出版社，1984，第372页。
③ 中央统战部、中央文献研究室编《周恩来统一战线文选》，人民出版社，1984，第371页。
④ 何群：《论民族认同性与多民族国家民族政策的成功调整》，《内蒙古大学学报》（人文社会科学版）2001年第1期，第81页。
⑤ 郝时远：《美国等西方国家社会裂变中的"认同群体"与ethnic group》，《世界民族》2002年第4期，第10页。
⑥ 〔美〕道格拉斯·凯尔纳、斯蒂文·贝斯特：《后现代理论批判性的质疑》，张志斌译，中央编译出版社，2001，第267页。

的"主体立场",只是属于一种基于不同主体性的思考方式或认同取向。①

20世纪60年代末,挪威人类学家弗里德里克·巴斯(Fredrik Barth)在《族群与边界》(*Ethnic Groups and Boundaries*)一书中特别强调了自我认同与民族差异的关系,即自我认同的基础是感知与"他者"的不同,也就是说,族群之间没有互动,就不会感知彼此的差异,也就无法形成有效的自我认同。见图3-3。

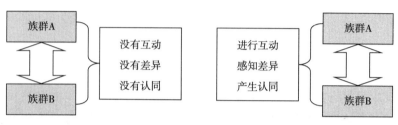

图3-3　互动、差异、认同之间的关系

霍布斯鲍姆从四个方面对上述观点进行了分析。

(1)差异是民族认同的基础和前提。民族认同是从消极意义上被界定的,也就是通过强调"自我"与"他人"的不同来实现的,体现了"对立"和"排他"。

(2)民族认同具有外部的"强加性"。认同如同外衣一样可以互换或叠加,人们不是只有一种身份,只是"认同政治"的鼓动者假定其中的某一种身份决定或主导着政治取向,具有外部的"强加性"。

(3)认同可以根据需要不断变化,表现出身份的"可变性"和"选择性"。

(4)客观环境对主观认同具有"迫使性"。②

因此,一个民族"在确定自己特定身份的同时,也确定了他者相应的反角色,这种反角色使得自我的身份具有了意义"③。群体差异是构成民族认同的前提,群体差异在互动中被感知和比较是引起认同的条件,而任何

①　郝时远:《美国等西方国家社会裂变中的"认同群体"与 ethnic group》,《世界民族》2002年第4期,第10页。

②　〔英〕艾瑞克·霍布斯鲍姆:《认同政治与左翼》,周红云编译,载杨雪冬等主编《"第三条道路"与新的理论》,社会科学文献出版社,2000,第108~110页。

③　〔美〕亚历山大·温特:《国际政治的社会理论》,秦亚青译,上海世纪出版集团,2000,第415页。

认同都是通过排他来实现的，这就是"认同"的实质。① 因此，互动可能产生亲近，也可能产生摩擦和冲突。所以，构建良好的民族关系，光有互动（甚至是频繁的互动）是不行的，必须要在消除差异上下功夫。同时，要努力将"自我认同"转化为"共同认同"。

一　减少或削弱社会结构差异——弱化民族分层

从根本上看，价值在国家内部各民族间的不平衡分布，是民族冲突发生和存在的根源或起因。这里的价值包括生产资料、生活资料、财富、技能、知识、安全、福利、权力、荣誉、地位等。② 这种不均衡主要是结构性分布不均衡和政策性分布不均衡。结构性分布不均衡表现为主权国家内部各民族在地域、自然资源、文化等结构性因素方面存在的差异，影响着各民族成员获取价值的方法和机遇，不断加剧价值在各民族间分布的不均衡状况。政策性分布中最重要的是权力和利益的族际分配，造成其不均衡分布基本上是国家权力运行的结果。在这两者之间，当结构性因素有利于构建统一的民族国家的情况时，只要政策得当，民族国家就可以保持稳定；即使结构性因素不利于构建统一的民族国家，如果政策得当，非主体民族也不会打破民族国家的框架而另起炉灶，因为大国的优势不仅有利于主体民族而且有利于非主体民族。③ 但是，如果民族国家的现行价值分配制度和政策对国内某些民族过分倾斜，造成民族间的不平等，再加上结构性不均衡的存在，那么国内各民族间的关系就呈现为一种事实上的等级关系，而属于较低等级的那些民族就会产生受剥削的心理，他们势必要求公共权力机构对现行价值分配制度和政策做某种程度的修改，当这种期望严重受挫时，就可能导致各式各样的民族冲突。

1975 年，哈佛大学出版社出版了由格雷泽（Nathan Glazer）和莫尼汉（Daniel Patrick Moyllihan）等三位著名社会学家主编的《民族：理论与实践》（*Ethnicity: Theory and Experience*）一书，书中提出了民族之间的"结构性差异"的概念，同时介绍了"民族分层"（Ethnic Stratification）这一

① 郝时远：《美国等西方国家社会裂变中的"认同群体"与 ethnic group》，《世界民族》2002 年第 4 期，第 8 页。
② 相关论述参见张洁《从亚齐分离运动看印尼的民族分离主义问题》，《当代亚太》2000 年第 7 期，第 51 页。
③ 宁骚：《民族与国家》，北京大学出版社，1995，第 249 页。

重要术语,这是从社会学的重要专题"社会分层"(Social Stratification)转借过来的。[1]"民族分层"研究的是不同民族之间由于其结构性差异所引起的不平等,但民族差异不能等同于民族不平等。郑杭生教授认为,民族分层是指在多民族国家中的各个民族在社会地位、经济收入等方面存在的以民族为基本分野的社会阶层划分的现象。[2]

归属感不仅仅是一种善良的愿望。[3] 对民族共同体的归属感在性质上不仅仅表现为一种情绪,而且在更深层次上,它是一种争取政治权力的意识。民族共同体就此形成具有聚合力的共同政治理想和特定行动目标,对于广大民众来说,甚至成为一种信仰。

在中东地区根据宗教信仰进行权力分配的典型国家就是黎巴嫩。其原因主要是因为,在阿拉伯世界中,黎巴嫩是唯一由伊斯兰教和基督教两大宗教组成的国家。基督教又分为天主教马龙派、希腊东正教、希腊天主教、亚美尼亚东正教、亚美尼亚天主教和基督教新教等。伊斯兰教分为逊尼派、什叶派和德鲁兹派等。各教派一般都有其传统的居住地区,有自己的一套行政管理机构和武装组织,保持着很大的独立性。天主教马龙派主要集中在北部地区,伊斯兰教什叶派主要居住在南部地区,逊尼派主要分布在沿海一带,德鲁兹派主要在中南部山区。首都贝鲁特,东区是基督教的势力范围,西区是伊斯兰教居民区。

国家的政治权力也按教派势力的大小划分,黎巴嫩刚独立时,由于基督教人数占全国人口的53%,伊斯兰教人数只占45%,所以各派在这一基础上达成了一个国家权力分配的协议。协议规定:总统由基督教中人数最多的天主教马龙派人士担任,总理由伊斯兰教人数最多的逊尼派人士担任。但按照宪法规定,总理人选必须由总统提名,议会通过。议长则由伊斯兰教人数占第二位的什叶派人士担任。政府各部部长及主要官员也按教派人数比例分配。军队总司令由天主教马龙派人士担任,参谋长则由伊斯兰教德鲁兹派人士担任。议会议员的名额也按教派分配。

根据宗教信仰进行权力分配的另一端是根据宗教信仰进行权力排斥,

---

① Nathan lit Glazer, Daniel Patrick Moynihan, Corinne Saposs Schelling eds. , *Ethnicity*: *Theory and Experience*, Cambridge, Massachusetts: Harvard University Press, 1975, pp. 84 – 110.

② 郑杭生主编《民族社会学概论》,中国人民大学出版社,2005,第212页。

③ 〔美〕乔治·霍兰·萨拜因:《政治学说史》(下册),刘山等译,商务印书馆,1986,第716页。

如埃及的科普特人问题。科普特人是在公元 1 世纪时皈依基督教的埃及人的后裔，属尼格罗－欧罗巴混血人种。目前，在埃及的科普特人是中东地区最大的基督教族群，其人口约占埃及超过 8000 万总人口的 10% 左右。公元 7 世纪到 18 世纪，大部分埃及人已经皈依伊斯兰教成为穆斯林，他们既掌握国家大权，又支配社会财富，维持基督教信仰的科普特人在政治上处于从属地位。总体而言，科普特人的受教育水平和城市化水平高于穆斯林，但在埃及这个伊斯兰文化占绝对优势的国家里，科普特人的"政治空间"和"文化空间"依然狭小。他们不仅遭到民间普通穆斯林的歧视，还遭到伊斯兰激进组织发动的暴力袭击。而且，埃及《政党法》规定，任何政党不得建立在宗教基础之上，因此科普特人难以通过组建政党和进行选举的方式参与权力的分配。无论是黎巴嫩还是埃及，宗教差异导致社会结构差异凸显并且不断被固化，从而直接导致民族间矛盾的难以消弭。

明确而固化的民族分界不利于社会整合。一般而言，在一个民族身份决定个人在社会利益和机会分配中享有特权或遭受歧视的社会里，民族间在这方面的差别越大，民族之间的歧视程度越严重，优势民族捍卫自身特权和劣势民族力图改善自身状况的动力也就越强烈。反之，如果各劣势民族能够在一种有利于自己的氛围中通过正当的立法渠道表达他们的合理要求，而国家和优势民族也能够用特别的扶助计划来改变社会中通常存在的经济与政治资源的不公平分配状况，那么各民族的和谐共处就有了可能。[①]

在实践中，由于历史及现实等原因，各民族在权力、资源、地位等方面经常会形成不平等的分配格局，而民族聚落的地域特征更容易使民族间在政治、经济上的不平等相互叠加和强化，以地域为聚落单位的民族群体很容易成为政治动员的基础，这往往是政治共同体结构性断裂的根源所在。分析"民族分层"的主要指标包括：（1）人口的教育水平；（2）劳动力的行业结构；（3）劳动力的职业结构；（4）人口的城市化水平。[②]

进行民族关系的比较时，会出现两类比较：第一类是共同居住在同一个地区的不同民族成员之间的比较。这些民族由于居住在同一个地区，处

---

① 杨恕、李捷：《当代美国民族政策述评》，《世界民族》2008 年第 1 期，第 28 页。
② 马戎：《中国各族群之间的结构性差异》，《社会科学战线》2003 年第 4 期，第 174 页。

在同样的自然资源环境和经济发展条件之下，如果出现民族之间的差异，就需要深入分析造成这些差异的原因，是自身的知识技能与生产经验，还是当地在制度和政策上存在差异化民族政策。在如何认识与理解这一差距方面，可以进一步区分为两种情况。

（1）这一差距是由于个人素质（如教育水平、努力程度等）造成的：由于某个民族整体上处于劣势，但是并没有制度或政策的歧视，即族群之间在法律上是平等的，这种情况劣势民族比较容易接受，但也有迅速改变这一态势以达到"事实上平等"的迫切愿望。

（2）这一差距是由于制度或政策性歧视造成的：如种族隔离制度或就业歧视政策等，存在以民族为单位的"法律上的不平等"，那么劣势民族必然非常反感，认为不可接受并要求改变这些不平等的制度与政策，民族关系就会十分紧张。

第二类情况是对分别居住在不同地区的不同民族之间进行比较。这类比较中发现的民族差距，也可以区分为两种情况。

（1）客观条件和历史原因：由于各自所居住的地区在自然资源环境、经济发展基础等方面很不相同，存在一定程度的民族差距。但这些差异实质上反映的是地区差异，但以跨地区的民族差异的形式表现出来。人们仍然会以民族差别或民族间的"事实上的不平等"来看待这一差距。

（2）政府制度或政策原因：政府对于不同地区实行不同的制度与政策，从而导致一些民族在发展中处于不利的地位，存在以地区为单位的"法律上的不平等"，在这种政策下民族关系必然比较紧张，而且被歧视的民族必然怀着改变这一格局的强烈愿望。

一般认为，贫富差异过大是社会结构差异的主要表现，因此摆脱经济困境、实现经济发展是减少或削弱社会结构差异的主要方法。最近，欧洲债务危机不仅导致了社会动荡，也加剧了民族冲突。按照最初的构想，欧盟制度将培养出牢固的经济相互依存性和共同的欧洲身份认同，欧洲人则将从一体化催生的经济繁荣中获益。随着欧洲深陷"经济泥沼"，欧洲身份认同出现削弱的趋势。

（1）欧洲富国的国民会更多地把自己的身份界定为某国人，如德国人或法国人，而不是欧洲人。

（2）欧洲富国的国民不情愿用自己的税款救助属于不同民族的南欧人，尤其是文化差别甚大的希腊人。

如此形成了恶性循环：随着旧有民族身份认同的恢复，民族差别凸显，各方通过语言或行动来表现敌意，进而为敌对行为辩解——世界民族冲突的常见模式。一旦紧张关系激化，民众会对不断升级的政治煽动做出反应，使得极端主义者的势力抬头。① 由此，经济困境成为内部团结的"毒药"。

苏格兰问题是经济利益分配导致民族矛盾的突出事例。2014 年，苏格兰人民将被问及他们是否想让苏格兰成为一个主权国家。以亚历克斯·萨尔蒙德（Alex Salmond）为首的苏格兰民族党（Scottish National Party，SNP）认为，苏格兰自己的"社会与民族"可以通过自治而繁荣。经济问题是人们争论的焦点。一项民意调查发现，如果独立使苏格兰人的年收入减少 500 英镑，则只有 21% 的人支持独立。此外，争论的内容还包括以下方面。

（1）苏格兰民族主义者观点：苏格兰在北海的石油与天然气通过财政方式补贴了联合王国，独立对苏格兰经济有利。

（2）联合主义者观点：苏格兰是一个一味追求补贴的寄生虫。假设独立的苏格兰仍然可从苏格兰水域生产同样多的石油与天然气，这在税收上的收益大致与它失去的现有联合王国补贴相当。

（3）外界评价：独立的苏格兰将是一艘并不坚固的小帆船。其 GDP 的 18% 来自石油，这让它受制于国际市场大宗工业原料价格的变化；最富油田已经开采过了，剩余的油田不容易开采，北海油气产量大约每年递减 6%，最终石油会全部采完。

因此，有专家预言，如果苏格兰独立，其前景可能会成为一个脆弱的欧洲边缘经济体。英国财政研究学会（The Institute for Fiscal Studies，IFS）的最新研究报告声称，一个独立的苏格兰将面临长期的财政经济挑战。

当然，要辩证地看待经济发展与民族和谐的关系，不是说经济发展、人们富裕了就没有民族问题了。从世界范围来看，民族富裕地区有富裕的问题。19 世纪以来，加泰罗尼亚地区的经济发展依托西班牙全国的自然资源、人力资源和市场，它与马德里的关系很好；现在，它发展了，又有了欧洲市场，就不愿比西班牙其他地区多承担财政义务，要求马德里让自己"自由飞翔"。而且，加泰罗尼亚地区还自作主张地把自己从"nationality"

---

① 〔美〕尼古拉斯·桑巴尼斯：《欧洲失败了吗？》，《纽约时报》2012 年 8 月 26 日，转引自中国新闻网，http://www.chinanews.com/gj/2012/08-30/4145596.shtml。

（民族实体）升格为"nation"（民族）——在国际社会，只有主权国家才能这样界定自己。①

需要强调的是，民族经济政策上的失误不利于民族关系的和解。例如，南联盟在致力于缓和民族矛盾的过程中，错误地采取了绝对平均主义的经济政策。利用行政命令对波斯尼亚和黑塞哥维那、马其顿、黑山以及塞尔维亚共和国的科索沃地区给予经济发展的优先权，并要求克罗地亚、斯洛文尼亚和塞尔维亚 3 个经济比较发达的共和国要为此作出更多的贡献。这种经济绝对化政策导致了发达地区的不满，造成了发达地区认为落后地区拖了其后腿、落后地区认为发达地区依靠落后地区才能发展起来的严重对立意识，不但没能缩小地区差异，反而进一步加剧了民族矛盾。

二　减少或削弱民族心理差异——弱化族群边界

民族冲突管理需要回答的第一个问题就是"谁是少数民族"，即对民族群体及个体身份的边界界定。从历史上看，民族自然融合随着族际社会交流与族际通婚的增加而普遍存在，是一种时刻发生在现实生活中的社会整合过程。在现代社会，对民族或族群血缘或文化边界的辨认有时是非常困难的。同时，民族认同只是社会成员复杂的认同体系中的一个方面，在不同类型的社区中，如城市与乡村、民族聚居区与杂居区等，这种认同的强度与忠诚度都具有很大的差异性。但是，一般的经验是，族群边界越清晰，民族冲突管理的难度就越大。

对于民族群体及个体成员来说，其身份有两个来源：一方面为内在的自我认同意识，产生于血缘、家庭、语言、价值观与文化属性以及社区环境和集群行为的影响之中；另一方面为外部的社会规定，在国家公民身份之下，拥有一个"民族成分"式的或作为某个特定"文化群体"成员的具有族属含义的社会身份。在这里，外部的社会规定通常是以内在自我认同为基础的。当二者同一时，族群边界相对清晰。如果外部的社会规定强化了内在的自我认同，族群边界清晰会导致民族心理差异性凸显。

美国等西方国家所倡导的多元文化主义，的确使那些处于社会边缘化的群体实现了一定程度的社会平等和人权保障。但是，同时也出现了多元

---

① 朱伦、关凯：《政治因素依然是民族问题的首要原因》，《中国民族报》2007 年 6 月 22 日。

文化主义在实践中的悖论，即"平等但隔离"：一方面使"人们对各种差异愈来愈宽容"；另一方面也使"人们鼓励在群体之间设立与保持界限"①。其结果使这种群体界限的"认同"和相伴相生的"排他"成为新的种族隔离、民族隔绝、移民排拒的口实。② 因此，人类群体间的界限越清晰，彼此间摩擦与矛盾则越尖锐。

在文化一致性比较高的社会或社区，民族可能成为一个在一定程度上界限模糊的集团，个人与群体之间的分化，民族认同被国家或社区认同的替代，使民族身份的重要性大为降低。③ 在实践中，对于群体的任何二分法来说，小群体的群际交往率必然超过大群体，在通婚的群体成员比例、平均的群际交往朋友数量、群际交往所占用的平均时间量等方面，小群体均高于大群体。"两个群体在规模上的差异越大，那么他们在群际交往率上的不一致就越大。"④ 更多国家的做法是，在保证少数民族合法权益的前提下，政府尽量少插手民族事宜，少做或不做民族识别。⑤ 其目的是弱化族群边界，减少或削弱民族心理差异。

第五节　民族平等

民族平等原则无疑是现代国家制定本国民族政策的基本出发点。基于民族身份的社会歧视不仅是一种法律上的非法行为，也会被视为一种道德过错。然而，法律与政策上的民族平等并无法直接带来实际社会生活中不同民族之间的平等地位与关系，这就是"法律平等与事实不平等"或罗斯柴尔德（Joseph Rothschild）所说的"在形式上的承诺与具体实施效果之间的矛盾"⑥。

---

① 〔美〕H. 蒂施勒、B. 贝里：《多元主义》，许身建译，载马戎主编《西方民族社会学的理论与方法》，天津人民出版社，1997，第33页。

② 郝时远：《美国等西方国家社会裂变中的"认同群体"与 ethnic group》，《世界民族》2002年第4期，第9页。

③ 关凯：《多元文化主义与民族区域自治——民族政策国际经验分析（下）》，《西北民族研究》2004年第2期，第52页。

④ 〔美〕彼特·布劳：《不平等和异质性》，王春光、谢圣赞译，中国社会科学出版社，1991，第86、87、352页。

⑤ 叶寒：《西方民族政策与多元文化检讨》，《凤凰周刊》2012年第9期，第41~45页。

⑥ 马戎：《族群问题的"政治化"与"文化化"》，北京大学 ISA 工作论文，2002，第12页。

一　法律平等与事实平等

民族平等作为一种政策原则的确立是人类社会文明发展的进步性表现，但是基于民族特性的社会结构性不平等在全球几乎随处可见。一般来说，民族之间的社会结构性差异越小（结构性差异不显著），民族矛盾就越小；反之，民族矛盾就越大。基于马克思主义民族平等观的解读，从主体角度分析，民族平等包括以下两个方面的内容。

（1）群体之间的平等：各民族不论其人口多少、经济社会发展程度高低与风俗习惯和宗教信仰异同，在政治和法律上具有同等地位，在国家和社会生活的一切方面，依法享有相同的权利，承担相同的义务。

（2）个体之间的平等：一个国家的公民，不论其出身于哪个民族，在权利和义务上完全平等。①

实践中，上述两项原则构成了制定和实施具体民族政策的逻辑起点。以此为基础，相关国家针对少数民族和民族地区经济、文化和社会发展水平落后的现状，以及少数民族在语言文字、风俗习惯、宗教信仰等方面所具有的特殊性，制定了一系列促进民族平等的政策和制度。但在实践中，处理好群体平等与个体平等的关系，并非易事。

此外，民族间的社会结构性差异一直也将继续是许多国家政府长期面临的社会问题。同时，这种差异虽然可以在统计数据与分析模型上表现为一种规律，实际上却依赖于整体社会环境的制约，是社会整体"不对称结构"的一个细节。在当今世界上，特别是大国，都存在社会内部的结构性差异，社会群体的划分也是多元的，因此处理民族问题需要重视各种"非民族因素"的深刻影响。但是，可以肯定的是，族群间的结构性差异可以为民族主义的社会动员提供资源。因此，维护社会和谐的一个重要条件是需要降低基于民族特性的社会结构性差异。

这个问题反映在民族政策上，有两种基本表现形式：一种是忽略社会成员民族身份的差异，给予他们同样的待遇；另一种是强调不同民族在社会结构上的不平等，对处于弱势地位的少数民族给予优惠待遇。从本质上说，这两种政策的理论出发点都是民族平等原则，但由于基于不同的理论假设，因而有着不同的政策代价。前者维护了公民身份下的社会成员间的

① 王天玺：《民族法概论》，云南人民出版社，1988，第116页。

平等关系，但可能对事实存在的结构性不平等有一种"视而不见"的态度；后者重视结构性不平等，却为社会成员民族身份的固化提供了政策条件，而民族身份固化更容易导致族群成为边界清晰的利益集团，为民族主义势力的发展留下政治空间。

民族平等首先是法律基础上的平等。在多元、开放的复杂社会，法治是最重要的社会调整机制。在法治化进程中，落实"各民族一律平等"的宪法原则以及相应的优惠政策和特别措施，是协调和处理民族关系问题的关键。平等理念的落实，需要具备逻辑上呈现递进关系的两个基本要素：一是公民在法律上得到平等对待，享有相同的权利并承担相同的义务，没有特权和歧视存在；二是公民在社会生活中能够真正拥有平等享有的法律权利，而其承担的法律义务也得到切实履行，不存在任意免除法律义务的情形。正如恩格斯所说："平等应当不仅是表面的，不仅在国家的领域中实行；它还应当是实际的，还应当在社会的、经济的领域中实行。"①

从民族平等的原则出发，政府应对其所有的群体和成员实行完全一视同仁、毫无差别的政策，即"待遇的平等"、"机会的平等"。但由于历史发展进程中的种种原因，各国内部不同民族之间在文化传统上（如语言、宗教、习俗、对待商品经济的态度）存在差异，在与中央政府的历史联系方面（是否在历史上建立过相对独立的政治实体、是否长期在政治上从属于主流群体）各有特点，在社会经济水平和能力方面（主要体现在教育和职业结构方面）存在不均衡的现象，这使各民族成员在获得社会经济资源和个体发展条件的机会方面存在差距，即"事实上的不平等"，各个群体在这些方面存在的差异，应当是不争的现实。②

机会平等包括丰富的内涵，除文本意义上的法律权利和义务平等外，还包括社会成员的自然禀赋、自然地理环境、交通、教育、文化等基础资源方面的起点平等，以及在社会生活中社会成员在求学、就业、升迁等方面得到平等对待，其功绩得到平等确认的过程平等。因此，针对过程平等的保障而言，其关键在于消除求学、就业、升迁和功绩评价方面的歧视性做法，提供公正合理的评价标准，而对于因个人的自然禀赋、自然地理环境、交通、教育、文化等基础资源方面的差异而形成的不平

---

① 《马克思恩格斯选集》第3卷，人民出版社，1995，第146页。
② 马戎：《现代中国民族关系的类型划分》，《社会》2008年第1期，第3页。

等则需要采取相应的政策措施给予特别保护，以保障社会成员在起点上的机会平等。只有如此，才能使法律平等获得真正保障，正如哈贝马斯所说，事实上的不平等影响了对平等分配的行动自由的利用机会，与法律上平等对待的要求是相抵触的，只有当国家补偿确立了平等地利用法律保障的行动能力的机会平等时，才有助于实现法律平等。① 正是在这个意义上，李维汉指出，由于历史上遗留下来的各少数民族在政治、经济和文化上的落后状态的影响，使其"在享受民族平等权利时，不能不在事实上受到很大的限制"②，因此，通过实施相应的优惠政策，帮助各少数民族发展政治、经济、文化和教育事业，使其逐步地改变落后状态，消除可行能力的不平等，进而达到事实上的平等，是协调和处理民族关系问题的关键所在。

但是，对事实平等的追求，直接解读为结果平等是不合理的。因为结果意义上的平等不仅取决于起点与过程平等的保障，还取决于个人在价值、工作意向方面的选择、个人的才能和努力程度等主体性因素的影响，而由后者所带来的不平等是社会成员主动选择的结果，是可以接受的差异。

在制度设计方面，在制定需要通过少数民族个体才能得以落实的群体性优惠政策时，不仅要明确规定个体从事特定行为或者获得特定利益的资格，更要明确规定其取得此资格应承担的相应责任及不履行该责任时必须承受的不利后果。如此，才能将群体性优惠政策限定在合理的限度以内，否则，必将引发此类政策异化为个体特权的现实问题，不利于民族团结和民族关系和谐。此外，通过赋予少数民族群体权利以消解制约其成员实现个体权利的限制因素的政策措施，也存在侵犯其内部成员个体权利的可能性，③ 在政策制定与实施中也必须明确其合理限度，本民族群体不能基于任何理由侵犯其成员的个体权利。④

现在世界上的主权国家，基本上都有核心民族，但这不等于说弱势民

---

① 〔德〕哈贝马斯：《在事实与规范之间：关于法律与民主法治国的商谈理论》，童世骏译，三联书店，2003，第169页。
② 李维汉：《有关民族政策的若干问题》，《李维汉选集》，人民出版社，1987，第256页。
③ 周勇：《少数人权利的法理》，社会科学文献出版社，2002，第36～37页。
④ 田钒平：《民族平等的实质内涵与政策限度》，《湖北民族学院学报》（哲学社会科学版）2011年第5期，第91页。

族的权益不可以得到保障。问题在于，一方面，西方以自由民主为基础的政治传统，是把政治建立在个人与国家这两极之间的关系上的，没有把少数民族作为一个因素加以考虑；另一方面，民族国家理论是建立在对同质化人民这种共同体假设基础之上的，而异质文化群体或者说是少数民族必然对此进行抵制。因此，只有承认这个事实，充分尊重和保护少数民族的权益，才能真正做到民族平等。

二　民族优惠政策

优惠政策是常见的民族冲突管理路径。然而，国际学术界有一种观点认为，权利是人类与生俱来的，和他们所属的文化群体无关，因而强调少数民族权利是错误的，并以此批评民族优惠政策。如美国法学家托马斯·索维尔（Thomas Sowell）提出，一个人不能因为自己无法事先选择出生在某个优势群体中而受到惩罚，同样也不能因为无法选择出生在某个劣势群体中而受到优惠。美国社会学家戴维·波普诺（David Popenoe）则更是将对一些人实施的民族优惠政策称为"倒过来的歧视"。① 但是对很多传统的多民族国家而言，对广大少数民族实行特殊优惠政策，始终是一项基本原则。

优惠政策有两类"多元主义"，即"自由主义的多元主义"（个体扶助）与"团体的多元主义"（群体优惠）。前者强调机会平等，后者强调结果平等。

"自由主义的多元主义"（liberal pluralism）的重要特征，就是政府与社会对每个个体的民族身份"不进行甚至禁止进行任何法律上的或官方的认定，以便将不同种族、宗教、语言或不同族群起源的群体看作在法律或政府程序中占有一席之地的统一实体，同时它也禁止应用任何形式的族群标准，不管应用这种标准是为了任何类型的族群歧视的目的还是为了对少数族群特殊照顾的目的。当然，按照这种结构，这些少数族群群体中的许多成员，也都会受惠于以解决有关问题为目标的立法，如反贫困法案，住房、教育和福利计划等。这里，处于劣势地位的族群群体成员，是因为他们个人在社会法案中合适的资格而受益，而不是因为他们的族群背景作为群体而受益。在这样一个社会里，平等主义的规范强调的是机会平等，对

---

① 杨虎德：《正确认识我国的民族优惠政策》，《中国民族报》2011年10月21日。

个人的评价也是基于评价其表现的普遍标准"①。这种政策以《宪法》和公民权利为依据，对于国内任何需要帮助的弱势个体公民给予扶助，而不考虑其种族或族群背景。

美国学者格莱泽和莫尼汉指出，"（美国）1964年的《民权法案》是对'自由主义期望'的具体化。'种族、肤色、宗教、性别、族群血统'等所有这些先赋的范畴都被宣布为非法（outlawed）。这些早期的侵犯性词语不再用于对人进行分类，政府尤其要戒除肤色分别。"② 上述思路完全刻意忽视民族区别，在资源分配与机会竞争中完全不考虑个体的民族背景，强调的是公民的平等权利，包括获得竞争机会的平等权利和有困难时从政府获得帮助的平等权利，同时也承认个人在学识能力和勤奋程度上的差别，认为这才真正体现出人类社会的"平等"理念和"公平"原则。由于教育水平、语言能力等因素（通常涉及少数族群成员）导致在劳动力市场上出现的弱势个体或小群体，他们都会得到政府或社会团体的扶植或救助，但他们之所以获得这些帮助是因为自己在竞争中处于劣势，而不是自己的"族群身份"。

"团体的多元主义"（corporate pluralism）具有以下特征："种族和族群通常都被看作具有法律地位的实体，在社会中具有官方的身份。经济和政治的酬赏，无论是公共领域还是私人领域，都按照数量定额分配，定额的标准是人口的相对数量或由政治程序规定的其他方式所决定。这类平等主义强调更多的是结果的平等，而不是机会的平等。"③

这一思路与我国长期实行的对待少数民族的优惠政策有相似之处，即都以民族整体作为政策实施对象。"结果的平等"意即对各民族来说，社会分配结果（如各种资源与利益）应当大致是均匀分布的，例如采取资源或机会按人口大致比例进行分配的方法，不考虑个体能力的差异。这类政策的核心精神仍然是强调平等与公平，不过是群体之间的平等与公平，而不是个体之间的平等与公平。比如接受高等教育的机会，按照这个思路就会设定一个目标，设计一个考试录取政策（如使用不同试卷，采用不同的录取标准，或者为某个民族加分或制定其录取比例等），努力使各民族受高等

① 马戎主编《西方民族社会学的理论与方法》，天津人民出版社，1997，第131页。
② 马戎主编《西方民族社会学的理论与方法》，天津人民出版社，1997，第10页。
③ 马戎主编《西方民族社会学的理论与方法》，天津人民出版社，1997，第131页。

教育者在学龄人口中所占的比例相近或相同。①

印度的民族优惠政策十分具有特点，将其民族优惠政策称之为"保护系统"。首先，印度是族群边界十分清晰的国家，其缘由同英国的殖民统治密不可分。其次，印度实行的民族优惠政策，旨在给某些目标人群提供限制的权利，而非平等的权利。例如，1905 年，印度开始禁止在政府部门雇用孟加拉族，官方理由是他们很发达，把大量的工作机会从其他种族特别是穆斯林那里拿走了。此后，又在军队部门有所体现，给穆斯林和锡克族参军以优惠，并给他们贴上善战一族的标签。英国人真正的意图在于，通过分别施加特别权利以使印度按照宗教、种族、阶层等分化为各自为战的集团和派别，从而使未来的印度变得分裂且衰弱。

独立后，印度为了照顾表列种姓和表列部落（这两类人占到印度总人口的23%），除了在国会给他们保留一定比例的席位，还给予他们各种各样的优惠政策，包括在中学和大学入学，公立机构的就业，以及为他们的全面发展给予各类经济好处。印度宪法的确规定在法律面前人人基本权利平等，但同时又规定，宪法中没有任何关于阻止国家为推进落伍阶层的公民或表列种姓和表列部落进步而制定一些特别的规定，② 这就是所谓的肯定性行动，印度人称之为"积极的歧视"。

今天的印度主要有两种类型的优惠政策，一种是国家层面对国内贫穷的少数族群推行的优惠政策，一种是省级层面对本省辖区范围内的各种地区性团体的优惠政策。前者的制度和政策设计主要是针对印度数千万出于严重被歧视、社会地位低下的不可接触的贱民。③ 当然，远离主流社会之外的部落集团也被中央政府的优惠政策涵盖在内，因他们的境遇和不可接触的贱民有很多类似的地方。所以，从立法初衷看，印度的肯定性行动的本意在于，通过对特定等级和特定部落在就业、高校入学、国会代表等多方

① 考虑到因历史原因导致一些民族的教育水平偏低和该族考生成绩的实际情况，这样的政策可以为这些民族提供更多的入学机会，加快他们的教育发展，有利于各族团结和社会整体性发展，有其积极意义。但是这样的政策可能会使部分利益受损的民族成员对竞争规则的公平性提出质疑。相关论述参见马戎《当前中国民族问题研究的选题与思路》，《中央民族大学学报》（哲学社会科学版）2007 年第 3 期，第 23 页。

② 表列种姓是指印度贱民，英国殖民当局于《1935 年印度政府法》中，把印度贱民称为表列种姓。

③ 尽管贱民（untouchables）制度在当时印度已废除半个世纪以上，但对他们的歧视依然全方位变相存在，一直到今天，这种歧视也许是世界范围内所罕见的。相关论述参见杨光明《印度民族优惠政策评析》，《西江月》2011 年第 12 期，第 27 页。

位的优惠和照顾，来提升他们的社会和经济水平，纠正历史上对他们的不公正待遇。

印度肯定性行动的一个特色是，地方政府对域内的特定团体也有相应的优惠政策和措施，但其中的理论依据不同于国家层面的配额和优惠理念。通常的情况会是，一旦外来者在某些方面取得优势，那么政府将出面，针对区域内的本地人制定某些优惠性的措施，以通过政府之手来矫正市场竞争面前本土人或本土人群体的竞争劣势。当然，印度的保护系统通常有一个与众不同的政治目标，那就是让这个系统更加的不平等。印度的世俗主义并不打算让国家独立于宗教，其目的恰恰是给某些宗教集团提供特殊的优惠——积极的歧视。①

现实中，有些国家对历史上曾经遭受过不平等待遇的弱势群体（如美国的黑人、印第安人等）在教育与就业方面给予一定优惠，以缩小民族之间在社会分层方面的差距；有些国家对一些历史上与主流群体有较大距离的群体给予特殊的优惠并给予某些自治权力，以巩固国家的统一，如加拿大的魁北克。许多国家对不同群体采用了不同的政策，这是不争的事实。在优惠政策的幅度和实施时间的长短方面，各国政府会按照本国国情来设计制定相关政策，并根据形势变化不断对之进行调整。在民族平等和实施优惠政策的对象方面，需要考虑以下两个层面。

（1）主体民族与其他少数民族之间是否平等：是否对少数民族实施优惠政策，而这自然就意味着对主体民族成员的不优惠，也就是实际上对主体民族成员的歧视。

（2）政府在对待少数民族时，对不同的少数民族是否采取完全一样的优惠政策与执行标准：是对所有少数民族均施行统一标准的一般性优惠考虑，还是对个别的少数民族施行明显高于其他民族的特殊优惠政策。②

两个层面的优惠政策均需秉持"实事求是"的客观精神，即哪个民族更需要扶植，对其的扶植力度也就应更有力度一些。上述特殊制度安排或优惠政策，从表面上讲，区别对待的原则背离了"人人平等"的普世价值，但其主观动机和客观效果与这一普世价值并不冲突。因为从各民族间存在的现实差距看，人人平等并没有落实在现实生活中，从长远

① 杨光明：《印度民族优惠政策评析》，《西江月》2011 年第 12 期，第 28 页。
② 马戎：《现代中国民族关系的类型划分》，《社会》2008 年第 1 期，第 3～4 页。

发展效果看，这些特殊制度安排或优惠政策恰恰有利于达到"人人平等"这个终极目标。[①]

第六节　民族语言管理

由于民族的起源是多元的，因此语言的起源也是多元的。在社会发展过程中，人们使用自己本民族的语言和文字记录下本民族发展的历史和在社会、经济、文化等领域前进的轨迹，并将其作为本民族的历史记忆保存下来。各民族在漫长发展过程中形成的发音方法、词汇构成、语法规则、书写方式各有特点。世界上所有的语言被划分为 14 个语系[②]，语系下面又分为不同的语族，语族下面还可以进一步细分为语支。

在社会生活的一般范畴，人们对语言的看法是："语言只不过是一种沟通交流的工具"，但事实不然，语言能力是物质资源取得的保障，是一个民族负载文化、表达认同的基础。因此，语言的选择是一种基本的权利，既包括象征性的功能，也包括实质的功能。不管是从资源分配，还是认同确认来看，语言的使用不仅取决于政治权力的多寡，还会反过来巩固语言使用者的权力，因此语言的竞争常常成为民族间竞争的重要表现形式。

一　语言与民族关系

语言是民族文化的重要载体，语言的交流与融合是民族文化交流与融合的重要组成部分。美国社会学家塔尔科特·帕森斯（Talcott Parsons）把语言和宗教同视为族群文化认同的基本要素。在民族语言管理中，共同语言能够促进人们之间观念和情感的交流，它比纯粹先天性的血缘纽带更能强化人们在认识和道德方面的一致性。反之，语言差异会成为阻碍不同民族之间实现彼此认同的主要障碍之一。

（一）语言的双重属性：文化象征及交流工具

从语言产生的原因和产生之后在人类社会生活中所发挥的功能来说，

---

① 马戎：《现代中国民族关系的类型划分》，《社会》2008 年第 1 期，第 4 页。

② 这 14 个语系是：印欧语系、闪含语系（亚非语系）、高加索语系、达罗毗荼语系、乌拉尔语系、阿尔泰语系、楚克奇－堪察加语系、尼日尔－科尔多凡语系、尼罗－撒哈拉语系、科伊桑语系、汉藏语系、南亚语系、南岛语系、爱斯基摩－阿留申语系。中国主要族群的语言属于汉藏语系。

语言最重要的特征就是它作为记录信息和传递信息的交流工具的性质。同时，语言也是各个民族历史和文化的基本载体。可见，语言具有双重性，既是代表一个民族传统并融进民族感情的载体与文化象征，又是学习知识和对外交流的工具。① 在实践中，语言学家、语言推动者、政治家对语言定义、分类、功能定位自然会有不同意见，也就是说"语言学定义 ≠ 政治认知 ≠ 官方政策"。

在人类社会发展和族际相互竞争的过程中，由于语言是各族历史与文化的象征与载体，也是民族成员之间相互认同的重要文化特征，所以不可避免地寄托着人们对于自身所属族群的历史与文化的深厚感情。"许多世纪以来，语言霸权（Language Supremacy）和统治语言的'纯净'（Purity）一度在许多土地上是权力斗争、国家和族群认同的焦点问题。"② 历史上，占据统治地位的民族毫无例外地试图在自己所控制的领土上推行自己的语言，使它成为"国语"，只是推行时在强制的程度上，各国政府的做法有所不同而已。这样既便于行政管理，也有利于在文化上对其他民族实行同化。而处于劣势的民族，也必然试图极力保存自己的语言和文化传统。

正因为上述两方面因素的影响，人们在对待语言使用的选择时，面临着把它在感情上看作是"文化象征"和在理性上看作是"交流工具"的这样一种双重性，前者注重语言在民族演变中的历史和文化价值，后者注重语言在实际生活中的现实价值和民族的发展机会。在一个现代民族国家形成和发展的历史时期，一种最通用的语言将不可避免地成为该国的正式"国语"或非正式的"族际共同语"。在国际交流迅速加强和全球化进程的客观需求下，也会出现一种或几种人们最为常用的"国际共同语"或跨国界的"地域共同语"。③ 例如，在古代和中世纪时期的欧洲，各国通用的语言曾经是拉丁语，近代欧洲通用的语言曾经是法语，在非洲大多数地区曾经是斯瓦西里语。第二次世界大战后至今，英语越来越显露出作为国际通用语的势头（或已成为事实）。

对此，亨廷顿坦言："英语是世界上进行知识交流的方式，正如公历是

---

① 马戎：《语言使用与族群关系》，《西北民族研究》2004 年第 1 期，第 43 页。

② George E Simpson and J. Milton Yinger, *Racial and Cultural Minorities: An Analysis of Prejudice and Discrimination*, New York: Plenum Press, 1985 p. 401.

③ 马戎：《语言使用与族群关系》，《西北民族研究》2004 年第 1 期，第 22 页。

世界上的计时方式，阿拉伯数字是世界的计数方式。"① 据统计，在今天全世界的广播节目中，60% 以上使用英语；世界上把英语作为第一语言使用的有 3.5 亿人，作为第二语言并经常使用的有 3.5 亿人；英语在 70 多个国家为官方语言或半官方语言，这些国家的总人口为 14 亿；全世界学习英语的人有 10 亿，全世界 3/4 的邮件用英语书写，全世界网站的 78% 为英语网站。②

无论在某些特殊领域还是一般领域，英语已成为学术界和经济界最通用的语言，世界上科学技术的最新研究成果大多发表在英文刊物上，任何国家若想及时跟上世界科技发展的前沿，它们的研究人员必须能够熟练和经常阅读这些英文刊物。学术界的这一发展趋势进一步证明了语言的工具性本质。

尽管人们都能够隐约感觉到语言的两重性，认识到语言交流工具的价值，但是由于不同的思路，在不同的民族政策下，语言的学习和使用也会出现不同的模式。美国社会学家在讨论南非种族主义政权的语言政策时，曾经指出英语在南非是获得更多资源所必需的 "技能"。③ 南非政府支持黑人通过自己的母语来接受教育，但是许多南非黑人希望用英语接受教育，因为他们认识到，"在主要城镇之外只使用部落语言开展教育的语言政策，很清楚的是这样一种设计，使得在实行文化多元主义的同时也要保证社会分层，即保证黑人不可能学习英语这种技能，而这种技能是争取更多资源所必须的条件。"④ 换言之，这种语言政策将使白人的优越地位永久保持下去。正当其他许多国家的弱势民族积极争取使本族语言成为学校教学语言时，南非的黑人却在积极争取使自己进入使用英语的学校，希望通过学习英语掌握在现代国家生存所必须具备的知识和技能。

关于人类语言的未来发展，普遍认识是语言将越来越 "集约"。其原因主要是各族民众将会越来越重视语言作为交流工具的实用性，从而选择在交流中实用性最强的一种语言作为自己的主要学习语言。据德国比勒费尔

---

① 〔美〕塞缪尔·亨廷顿：《文明的冲突与世界秩序的重建》，周琪等译，新华出版社，1999，第 49 页。

② 姜亚军：《疯狂的英语》，《书摘》2002 年第 12 期，第 64 页。

③ 马戎：《语言使用与族群关系》，《西北民族研究》2004 年第 1 期，第 40 页。

④ George E Simpson and J. Milton Yinger, *Racial and Cultural Minorities: An Analysis of Prejudice and Discrimination*, New York: Plenum Press, 1985, p. 17.

德大学语言和历史学家发表的调研报告介绍，在 1 万年以前，世界人口约有 100 万，存在大约 1.5 万种语言，今天全世界人口增长到 60 亿，语言种类却减少了一半，只保留了 7000 多种。美国阿拉斯加大学的迈克尔·克劳斯（Michael Krauss）教授认为，地球上现存大约 5000 种语言，而在 100 年内人类将只剩下 500 种语言，9/10 将要消失。①

正是由于看到了全世界语言发展的大趋势，看到了多民族国家内部实际正在发生的语言变迁，一些有远见的政治家或民族精英在语言学习问题上采取了积极和务实的态度，以顺应语言发展的大趋势。但是，从诸多民族的语言发展情况来看，随着人口迁移和民族之间混居与广泛交流，有一些民族虽然已经不再使用自己的传统语言而改用其他民族的语言，但这些民族仍然保持了自己的身份认同而没有被同化，如中国满族已经通用汉语，但是仍然保持着原有的民族身份与认同。散居在各国的犹太人已经使用当地的语言，但仍然保持着独立的族群身份。从这些例子中可以看到，除了语言这一因素外，其他因素（如宗教）在保持一个族群的身份认同方面，同样可以发挥重要作用。可见，语言对于民族的形成和身份认同的建立是一个重要因素，但拥有独立的语言并不是保持民族意识的绝对必要条件。

列宁对于利用行政力量强行推行"国语"的做法持明确的反对态度，他认为这样做只能引起持其他语言的民族的反感，在一个多民族国家中任何语言也不应拥有特权，经济活动的发展自然会推动一种应用性最广、使用最便利的语言成为公共语言，任何强制的效果适得其反。列宁在《给斯·格·邵武勉的信》中特别强调，"俄罗斯语言对很多弱小民族和落后民族起过进步作用，这是不容争辩的。但是，难道您没有看见，假如没有强迫的话，它可以在更大的范围内起进步作用吗？难道'国语'不正是迫使大家离开俄罗斯语言的一根棍子吗？您怎么不想了解一下那种在民族问题上显得特别重要的心理状态呢？只要稍有强迫，这种心理状态就会玷污和损害集中制、大国制和统一语言的无可争辩的进步作用，并将这种进步作用化为乌有。但是，经济比心理状态更重要，俄国已经有了资本主义经济，它使俄罗斯语言成为必不可少的东西。"② 的确，市场经济的发展需要共同

---

① 民族人口很少的年轻成员为了自身的生存和发展，会面临更大的压力去学习大民族的语言以及计算机软件所通用的英语，两至三代人之后，他们的传统民族语言将难以延续。相关论述参见马戎《语言使用与族群关系》，《西北民族研究》2004 年第 1 期，第 24 页。

② 列宁：《民族问题提纲》，《列宁全集》第 19 卷，人民出版社，1959，第 253 页。

语言以降低分工合作的成本，但是，语言使用方面的统一只能是一个自然的过程，是一个少数民族自愿接受一个"族际共同语"的循序渐进的过程，任何通过国家行政手段强制推行"国语"的做法，其效果会适得其反。因此，在民族语言管理问题上，要特别关注和尊重少数民族的"心理状态"。

（二）语言与文化民族主义

有学者认为，民族不是一个国家，而是一个文化实体，同一民族的人说共同的语言，生活在共同的地域，有着共同的习惯、共同的历史和共同的传统。[1] 在多民族国家里，不同民族围绕国家语言政策所产生的矛盾往往会引发狭隘的文化民族主义，进而损害民族团结，动摇多民族国家统一的基础。

从文化民族主义的起源来看，它与民族语言有着密切的联系。文化民族主义起源于 18 世纪的德意志地区。当时，法国文化风靡欧洲，法语成为上层社会的时髦语言。法国的文化霸权对德意志文化的生存和发展构成了极大的压力。这种情况引起了以赫尔德（Johann Gottfried Herder）为首的一批德意志知识分子的忧虑，他们起而疾呼捍卫德意志的民族特性和民族语言，倡导发展德意志文化以团结德意志民族。他们创办刊物，作为宣扬德意志民族文化的阵地；同时还建立了"使用德语"协会，呼吁同胞使用本民族语言，反对使用法语。为了培植统一的德意志文化，增进统一的文化认同，他们还致力于日耳曼民族传统文化的研究，包括日耳曼民歌、民族神话和传说。正是在这一过程中，赫尔德提出了"文化民族主义"的理论。[2] 可以说，文化民族主义是德国知识分子在德意志文化被侵袭这一历史背景下提出的，其目的是振兴以语言为基础的德意志文化，从而增强对德意志民族的认同。

从本质而言，"文化民族主义"（Cultural nationalism）即指文化领域的民族主义。世界上，每个民族国家都有自己独特的文化；文化是民族认同的核心依据。而文化民族主义的目标，就是保留、复兴和壮大自己的民族文化，以增强民族与国家认同。一方面，文化民族主义在抵制文化霸权主义、维护本国和本民族利益方面有积极作用；另一方面，在多种民族语言

---

① 参见〔伊朗〕拉明·贾汉贝格鲁《伯林谈话录》，杨祯钦译，译林出版社，2002，第 95页。

② 李春华：《文化民族主义：原初形态与全球化语境下的解读》，《当代世界与社会主义》2004 年第 5 期，第 89 页。

并存的国家里，则要避免狭隘的文化民族主义给国家认同带来的负面影响。这种副作用在前南斯拉夫地区塞尔维亚人和克罗地亚人围绕民族语言问题产生的矛盾中表现得尤为突出。

南斯拉夫人是欧洲的一个传统民族，在人种上属于欧罗巴人种东欧类型，包括塞尔维亚族、克罗地亚族、斯洛文尼亚族、马其顿族、黑山族和保加利亚族。公元 395 年，罗马帝国分裂为东罗马帝国和西罗马帝国，其分界线正好穿过巴尔干半岛，这条分界线大致相当于拉丁语世界和希腊语世界的语言分界线，这与后来巴尔干半岛的罗马天主教和希腊正教的分界线大致吻合。公元 8 ~ 14 世纪，斯拉夫人向南迁移进入巴尔干半岛，并逐步分化为不同的南斯拉夫民族。

由于受到东方拜占庭文化和西方拉丁文化的不同影响，以及不同异族的统治与分化，南斯拉夫各民族形成了不同的宗教信仰：塞尔维亚族、黑山族和马其顿族皈依东正教，而克罗地亚族与斯洛文尼亚族则信奉天主教，还有部分南斯拉夫人改信伊斯兰教。这些不同信仰的民族有相对稳定的生活区域。

在南斯拉夫社会主义联邦共和国时期（1963 ~ 1992 年），共有 24 个民族，主要民族有 6 个，即塞尔维亚族、克罗地亚族、斯洛文尼亚族、黑山族、马其顿族、穆斯林族；其他民族有阿尔巴尼亚族、匈牙利族、罗马尼亚族、保加利亚族、土耳其族、波兰族、茨冈人等。在南斯拉夫联邦，具有同等地位的语言是：塞尔维亚 – 克罗地亚语、斯洛文尼亚语、马其顿语。见表 3 – 13。

表 3 – 13　南斯拉夫联邦主要民族的人口分布、宗教信仰及语言和文字（1985 年）

单位:%

民　族	人口占比	主要分布区域	宗教信仰	语言和文字
塞尔维亚族	36.2	塞尔维亚、波黑	东正教	塞尔维亚 – 克罗地亚语 西里尔字母
克罗地亚族	19.7	克罗地亚、波黑	天主教	塞尔维亚 – 克罗地亚语 拉丁字母
穆斯林族	10.0	波黑	伊斯兰教	塞尔维亚 – 克罗地亚语
斯洛文尼亚族	7.5	斯洛文尼亚	天主教	斯洛文尼亚语 拉丁字母
黑山族	2.3	黑山	东正教	塞尔维亚 – 克罗地亚语 西里尔字母
马其顿族	5.8	马其顿	东正教	马其顿语
阿尔巴尼亚族	9.3	科索沃	伊斯兰教	阿尔巴尼亚语
匈牙利族	1.6	伏伊伏丁那	天主教、新教	匈牙利语

资料来源：葛壮《前南斯拉夫的崩解及其警示》，《世界经济研究》2003 年第 5 期，第 81 页。

从表 3 - 13 可以看出，在南斯拉夫联邦，语言界限同民族区域界限大致重合。塞尔维亚族、克罗地亚族、穆斯林族和黑山族均使用塞尔维亚 - 克罗地亚语，使用人数占全国总人口的 68.2%。因此，塞尔维亚 - 克罗地亚语是南斯拉夫联邦使用最为广泛的语言。但是，塞尔维亚族和克罗地亚族却以不同的文字书写，前者采用西里尔字母，后者则采用拉丁字母。

从历史上看，南部斯拉夫人最初都使用古斯拉夫语。公元 9 世纪，拜占庭皇帝派遣出生于意大利的传教士西里尔（Saint Cyril）和梅托迪耶（Saint Methodius）两兄弟到斯拉夫人居住区传播基督教，他们所创造的古斯拉夫文字格拉果尔字母，曾被南部斯拉夫人普遍使用。他们的学生克莱门特（Saint Clement）在此基础上创造的新斯拉夫文字西里尔字母，也曾为南部斯拉夫人所接受。1054 年基督教分裂为天主教和东正教（16 世纪又从天主教中分化出新教）后，克罗地亚族和斯洛文尼亚族接受了天主教（许多斯洛文尼亚族人后来又改信了新教），而塞尔维亚族、黑山族、马其顿族等则接受了东正教。西里尔文字受到使用拉丁文字的天主教会的抵制，而只为东正教徒所使用。① 自此时起，信奉东正教的塞尔维亚族使用西里尔字母，而信奉天主教的克罗地亚族则使用拉丁字母。

尽管如此，一些有远见的塞尔维亚人和克罗地亚人显示出追求团结的一面。1850 年 3 月，部分克罗地亚人和塞尔维亚人中的知识分子在维也纳签署了《文字协议》。该协议的第一段文字对签署该协议的目的做了明确说明："我们认为，一个民族需要一种文学语言。然而，我们的文学语言在字母和拼写方面不同。" 该协议就统一南部斯拉夫人的语言达成以下共识。

（1）通过综合改造不同方言来形成一种新语言作为通用语的做法并不可取。合理的做法是选择一种广泛使用的方言作为共同语言。

（2）南部方言应当被选为这种语言，因为这是绝大部分南部斯拉夫人的语言并且该语言更接近古斯拉夫语，因而也最为接近其他的斯拉夫语。

在该协议上签字的共有 8 人，包括 5 位克罗地亚族语言学界和知识界的著名人士、2 位著名的塞尔维亚族语言学家，此外还有 1 名斯洛文尼亚族语言学家。很显然，该协议表达了克罗地亚族和塞尔维亚族中部分知识分子追求语言统一的愿望。该协议中所称的南部方言，就是指塞尔维亚族和黑山族使用的塞尔维亚语以及克罗地亚族使用的克罗地亚语，将其一并称

---

① 汪丽敏：《前南斯拉夫的民族问题》，《东欧中亚研究》2000 年第 2 期，第 24 页。

为南部方言，是因为除了文字拼写分别采用西里尔字母和拉丁字母外，两者并无太大差异。但要将其作为南斯拉夫各民族通用语进行推广，首先要对这两种语言进行规范，将其真正统一为一种语言。

从语言学层面来说，统一塞尔维亚语和克罗地亚语并不困难。塞尔维亚语和克罗地亚语同属斯拉夫语族，其语法体系几乎完全一样。尽管塞尔维亚语和克罗地亚语的书写分别使用西里尔字母和拉丁字母，但这两种字母有一一对应的关系。这也是为什么《文字协议》将塞尔维亚语和克罗地亚语一并称为南部方言的原因。有学者认为，塞尔维亚族和克罗地亚族知识分子的这一自发举动，目的主要是想显示当时处于奥匈帝国统治下的南斯拉夫人的团结，体现这些知识分子希望能统一塞尔维亚语和克罗地亚语并进而将其作为南斯拉夫各民族统一语言的愿望。[①] 1867 年，克罗地亚族语言学家布德曼尼（Pero Budmani）出版了《塞尔维亚 - 克罗地亚语语法》，该书是第一本将塞尔维亚语和克罗地亚语统称为塞尔维亚 - 克罗地亚语的语法书。[②]

1918 年第一次世界大战结束，伴随奥匈帝国和奥斯曼帝国的全面崩溃，南斯拉夫各民族纷纷获得解放。同年 12 月，"塞尔维亚 - 克罗地亚 - 斯洛文尼亚王国"宣布成立。1929 年 1 月，塞尔维亚国王亚历山大发动政变，取消宪法，解散议会，并改国名为"南斯拉夫王国"。奥匈帝国统治时克罗地亚族还可在不同程度上保留的自治权，此时也被剥夺。[③] 民族之间的矛盾给统一语言的努力蒙上了浓厚的阴影。第二次世界大战爆发后，1941 年纳粹德国在克罗地亚扶植傀儡政权。该政权宣布，克罗地亚语是不同于塞尔维亚语的一种独立语言，并且引入新的书写规则来显示其与塞尔维亚语的不同。

第二次世界大战结束后，统一语言的工作开始得以恢复。1954 年 12 月 8 日至 10 日，塞尔维亚族和克罗地亚族中的一些知名语言学家在塞尔维亚的诺维萨德市召开会议，讨论并通过了《诺维萨德协议》（Novi Sad Agree-

① Robert Greenberg, "Language, Nationalism and the Yugoslav Successor States", in Camille O' Reilly, ed., *Language, Ethnicity, and the State: Minority Languages in Eastern Europe post 1989*, Basingstoke: Palgrave, 2001, pp. 17 – 43.

② Robert Greenberg, *Language and Identity in the Balkans*, Oxford: Oxford University Press, 2004, p. 54.

③ 汪丽敏：《前南斯拉夫的民族问题》，《东欧中亚研究》2000 年第 2 期，第 26 ~ 27 页。

ment)。该协议的主要内容包括以下方面。

（1）塞尔维亚、克罗地亚和黑山共和国使用的语言是同一种语言，这种语言的两个主要变体从两个主要起源地贝尔格莱德和萨格勒布产生并逐渐演变而来。①

（2）这一语言的正式名称应该包含两个主要不同变体的名称，也就是包含"塞尔维亚"及"克罗地亚"两个名称。

（3）克罗地亚族使用的拉丁文字和塞尔维亚族使用的西里尔文字具有平等地位，塞尔维亚学生和克罗地亚学生在学校应该学会这两种书写方式。

这一协议对南斯拉夫统一语言的努力起到了促进作用。但有一些克罗地亚族知识分子对该协议的签订表示忧虑，他们认为，克罗地亚语的平等地位可能会受到威胁，塞尔维亚语可能就此一步一步地替代克罗地亚语。②

1963 年 4 月，南斯拉夫联邦通过了第三部联邦宪法。在语言政策上，新宪法试图在南斯拉夫联邦全国推广国家通用语，塞尔维亚 - 克罗地亚语成为塞尔维亚语和克罗地亚语的统一名称。1963 年的波斯尼亚和黑塞哥维那、黑山、塞尔维亚共和国宪法都将塞尔维亚 - 克罗地亚语作为各自共和国的官方语言，而克罗地亚共和国宪法则改变了这一语言名称的次序，宣称其官方语言是克罗地亚 - 塞尔维亚语。

此后，克罗地亚族和塞尔维亚族在统一语言的进程中矛盾不断，尤其是在编纂两卷本的《塞尔维亚 - 克罗地亚语言词典》的过程中，克罗地亚族知识界认为，在编纂该字典时对一些标准的克罗地亚用语进行了塞尔维亚化，并且对此表示严重不满。上述矛盾导致克罗地亚于 1967 年 3 月出台了《关于克罗地亚语言名称和地位的宣言》。宣言强调，克罗地亚语和塞尔维亚语是完全不同的两种语言，并要求宪法承认四种不同的语言，即克罗地亚语、马其顿语、塞尔维亚语和斯洛文尼亚语。宣言要求在克罗地亚社会生活的各方面都使用克罗地亚语。

该宣言在南斯拉夫联邦引起了轩然大波。南斯拉夫联邦中央政府表态，对该宣言进行了批评，指出其危害在于制造民族分裂。1974 年 2 月，南斯拉夫联邦颁布了第四部宪法。在语言政策方面，虽然新宪法试图维护塞尔

---

① 贝尔格莱德是塞尔维亚共和国首府，以该地为主要起源地的语言变体指塞尔维亚语。萨格勒布是克罗地亚共和国首府，以该地为主要起源地的语言变体指克罗地亚语。

② Radoslav Katicic，"Croatian Linguistic Loyalty"，*International Journal of the Sociology of Language*，Vol. 2001，No. 147，2006，pp. 17 - 29.

维亚－克罗地亚语通用语言的地位，但承认了克罗地亚语的平等官方语言
地位。

为何克罗地亚族同塞尔维亚族围绕语言政策而矛盾不断并且呈逐渐激
化的趋势？早在1981年，也就是铁托去世的第二年，语言学家马格纳
（Thomas Magner）就做了这样的分析："克罗地亚人出于追求政治以及经济
平等，在民族主义情感的激励下，一直致力于民族语言建设，其目的就是
要使克罗地亚语同塞尔维亚语区别开来。语言和政治的分离主义似乎一直
都是克罗地亚人的目标。这一目标由于铁托这个强有力的领导而受到
阻碍。"①

南斯拉夫联邦此后的发展，部分地应验了马格纳的预言。1990年12月
21日，克罗地亚共和国议会在塞尔维亚族议员拒绝参加投票的情况下，通
过了新宪法。这部新宪法规定克罗地亚语为克罗地亚的官方语言，采用拉
丁字母书写。虽然塞尔维亚族是克罗地亚最大的少数民族，占克罗地亚总
人口的12.16%（1991年），但这部新宪法并没有提及塞尔维亚语的地位。

1991年5月19日，克罗地亚共和国就独立问题举行全民公决，塞尔维
亚族居民进行抵制，结果有94%参加投票的人赞成克罗地亚成为独立的主
权国家。5月29日，克罗地亚总统图季曼发布《克罗地亚独立宣言》。自
从克罗地亚独立以后，克罗地亚语便成为国内广大民众的交流用语，克罗
地亚族语言学家发出了纯洁克罗地亚语言的号召，其目的就是要消除克罗
地亚语言中的塞尔维亚语痕迹。

在独立后的克罗地亚，语言成为区别克罗地亚族和塞尔维亚族的重要
标志。"将这一区别标志应用于语言政策领域，它则成为凝聚所有克罗地亚
人的象征，同时也成为排除其他人首先是塞尔维亚人的象征。"② 就此，统
一塞尔维亚语和克罗地亚语的努力成为历史。

历史上，列宁对文化民族主义观点提出了批判，认为这种观点是"最
精致的、因而也是最有害的民族主义"。文化民族主义的政治存在即"民族

---

① Thomas F. Magner, "Language Mitosis in the Slavic World", in H. I. Aronson and B. J. Darden, eds. , *Studies in Balkan Linguistics to Honor Eric P. Hamp on his Sixtieth Birthday*, Munich: Slavica, 1981, pp. 337 – 338.

② Robert Greenberg, "Language, Nationalism and the Yugoslav Successor States", in Camille O' Reilly, ed. , *Language, Ethnicity, and the State: Minority Languages in Eastern Europe post 1989*, Basingstoke: Palgrave, 2001, pp. 17 – 43.

文化自治"就是每个民族自行管理各种民族文化事业，其中主要是教育事业，通过这种办法来确定民族成分。① 他强调，从长远的观点看，这种脱离共同的地域、没有政治和经济权利保障的"文化自治"，只能加剧民族隔阂和互不信任的情绪，妨碍民族平等与联合的真正实现；只要不同的民族居住在一国之内，他们在经济上、法律上和生活习惯上就有千丝万缕的联系，"既然经济生活使居住在一国家之内的各个民族结合在一起，那么，企图在'文化'问题特别是在学校教育问题方面把这些民族一劳永逸地分开的做法就是荒谬和反动的。"

总之，在民族冲突激烈的地区，民族主义思潮不仅体现在政治、经济方面，也体现在民族语言问题上：狭隘的文化民族主义必然激化民族之间的矛盾，动摇了对国家统一的认同。② 因此，在民族冲突管理进程中，避免狭隘的文化民族主义对国家认同的损害，是一项非常重要的任务。

二　主要国家的语言政策

就语言本身而言，它首先是一种交流的工具，而人因为交流产生了联系、建立了情感，由此语言的含义便逐渐丰满起来；其次，它是一种文化载体，"民族"概念的核心要素是文化，文化的一个重要载体是语言。所以，研究主要国家的语言政策就成为研究其民族问题不可或缺的一部分。在当今世界上，由于各国的民族构成和发展历史不尽相同，各国政府在对待语言的使用方面都根据各自的国情制定有自己的语言政策。有的国家在宪法中规定了本国的"国语"、"官方语言"和"通用语"，确定了一些语言在本国的法律地位；③ 有的国家对"官方语言"之外的"非官方语言"的使用范围也做出了正式或非正式的规定。笔者希望通过对主要国家语言政策的梳理，勾勒出语言政策的类型，为更好地制定语言政策、处理民族矛盾提供若干有益的思考。

（一）移民类国家的语言政策

美国是一个以盎格鲁－新教文化为主体的移民国家，语言以及文化的

---

① 张祥云：《关于列宁民族自决权理论的几个问题》，《当代世界与社会主义》2011 年第 1 期，第 48 页。
② 田鹏：《文化民族主义与前南斯拉夫地区的民族语言问题》，《世界民族》2009 年第 2 期，第 22 页。
③ 哈经雄、滕星主编《民族教育学通论》，教育科学出版社，2001，第 176 页。

多元造成美国民族问题的复杂性。从语言方面来讲，在美国，英语的地位不可动摇，维护英语在国家内部的主流地位在一定程度上就是在维护盎格鲁－新教文化的主体地位。美国又是一个在宪法中没有规定官方语言的国家，这样就为其语言的发展提供了两种可能性：一是为多元化的语言发展留有一定的空间；二是也给一些保守主义者限制其他语言，推崇英语制造了借口。美国的语言政策是移民类国家语言政策的典型代表。一般认为，在美国存在三种类型的语言政策。

（1）认为美国是一个使用一种语言的国家，应用一种语言对每个人都有利，所以应当对双语教学予以抵制。

（2）承认美国存在一些母语不是英语的学生（或成人），他们讲各自原来的母语只是一种暂时的现象，对于他们来说，双语政策将会架起一座通往应用英语的桥梁。

（3）承认双语是美国人生活中的一个现实，而且这种现实对美国有好处，在语言方面的多元化，和在其他方面一样是有必要的，在一些人们不讲英语的区域，其他语言应当得到某种官方的承认。①

第一种语言政策的表现就是"唯英语运动"（English – only movement）。这场运动发起于20世纪80年代，是彼时美国民族矛盾凸显的产物。20世纪初，美国社会的活力、不断上升的国家实力吸引着欧洲和亚洲的移民纷纷涌入，对美国社会造成了一种持续的、不断积累的冲击，主流文化、通用语言（英语）遭遇挑战，这就使美国一些保守人士发声来进行抵制，"唯英语运动"应时而生。

"唯英语运动"是一场"排斥其他语言，独尊英语的运动。主要是通过立法确定英语为唯一的官方语言，因此有时也被称为'英语官方化运动'（Official English movement）"。② 虽然这一运动并不是直接针对印第安语，但是由于美洲是印第安语唯一的生存土壤，再加上殖民时期的暴力统治，使本就脆弱的印第安语遭到了更为严重的破坏。印第安人并不具有统一的语言，各个部落之间语言的差异极大，故而印第安语的种类有数千种。但是，到20世纪90年代，如此庞杂又珍贵的语言竟留存不足200种，且其中近60种濒临灭绝，而这种趋势并没有扭转。印第安语专家米歇尔·克劳

---

① George E Simpson and J. Milton Yinger, *Racial and Cultural Minorities: An Analysis of Prejudice and Discrimination*, New York: Plenum Press, 1985, p. 401.

② 蔡永良：《美国20世纪末的"唯英语运动"》，《读书》2002年第1期，第57页。

斯（Micheal Krauss）在 1998 年预言："印第安语以极其惊人的速度正在消失，未来六十年里，所灭亡的美国原住民的语言要比白人与印第安人接触以来消失的语言还要多。"①

"唯英语运动"强化了英语的主体地位，但是这种强制性的英语教育造成了少数族群语言的流失，有悖于社会多元化发展的趋势，也有悖于美国一直引以为傲的普世价值观。

第二种语言政策的代表是"双语教育"。随着民权运动的兴起，美国社会开始关注弱势族群的需求。1968 年，美国通过了《双语教育法案》，它是作为《中小学教育法》的第七条出现的。20 世纪 60 年代，为了让贫穷的墨西哥裔选民子女能更好地接受教育，美国得克萨斯州的参议员亚伯勒提出了《双语教育法案》，该法案于 1967 年获国会通过。可见，这条法案的初衷是反贫困、反歧视的，较少带有保护少数族群语言文化的色彩。② 尽管如此，双语教育因为能够帮助移民者更好地融入美国社会，增强他们美国公民的身份认同感。所以在此之后，非英语教育迅速遍及美国各地，甚至出现在已通过立法规定英语为唯一教学用语的 7 个州内。尽管双语教育实质上是为普及英语服务的，但是出于财政资源方面的考虑和对分离主义的担心，一些保守主义者还是对它持批评和抵制的态度。一些州对于在学校里实行双语教育有分歧意见，同时民众中抵制双语教学的倾向在上升。一些研究表明，由于少数族群学生的母语不是英语而且没有能够及时强化英语学习，在学校的课程学习中处于不利地位。而另一些研究则认为，由于教师要照顾这些学习困难的少数族群学生而放慢进度或降低难度，母语为英语的多数学生在学习上"吃了亏"。③ 可见，在推行双语教学的过程中，遭到了很大的阻力。

争取双语教育的过程是少数族群向美国联邦政府争取族群权益的一个组成部分。《双语教育法案》有过四次的修订。1972 年，联邦地方法院裁决，根据法律上的平等保护条款，新墨西哥州的学生应得到其母语和原有

---

① Micheal Krauss, "The Condition of Native American Languages: The Need for Realistic Assessment and Action", *International Journal of the Sociology of Language*, Vol. 132, No. 1, 2009, pp. 9 - 22.

② 罗豫元：《美国双语教育实施失败的因素分析》，《比较教育研究》2007 年第 1 期，第 60 页。

③ George E Simpson and J. Milton Yinger, *Racial and Cultural Minorities: An Analysis of Prejudice and Discrimination*, New York: Plenum Press, 1985, p. 400.

文化的教育。1973 年，该法案被修订为《1973 年综合双语教育修正案》，就双语教育的教师和教材等问题作了规定。1974 年，国会重新修订《双语教育法案》，其中规定，允许在少数族群学生顺利完成学业的必要范围之内向他们提供母语和原有文化的教学。在具体的实践中，少数族群学生原有文化的教学包括语文、艺术、音乐、文学和历史等。1978 年，国会再次对《双语教育法案》进行修订，除了增加拨款以外，还澄清并界定了双语教育的对象，用"英语水平有限"（Limited - English Proficiency，LEP）取代"英语说话能力有限"（Limited - Englishi Speaking，LES）。1983 年，教育部对该法案作了第四次修订，不再强制用儿童母语进行教学。① 虽然双语教育在美国的一些州仍受到一定程度的非议，但是不可否认，它对于保护、发展多元的民族文化具有重要的意义，作为一体的美国文化也正是因为其包容多元的民族文化才得以充满活力。②

从文化繁荣的角度来讲，语言多元是有裨益的，但是从维护英语地位的角度讲，语言多元化并不是很好的政策。在美国 1980 年的普查中，有 2300 万人（占总人口的 1/10 以上）对普查人员表示他们在家里不说英语，其中 1100 万人讲西班牙语，如新墨西哥州就有近 1/3 的人讲西班牙语，而在大城市中，迈阿密市有 43% 的居民在家里不讲英语，在纽约市居民中有 31% 的人在家里不讲英语。普查同时发现，在家里不讲英语的成年人当中，有 28% 完全不会英语。另外，在 1970～1980 年，在家里讲其他语言的族群人数发生明显的变化：欧裔移民中非英语母语的人数在减少，而亚裔移民在家里讲母语的人数在增加。

2001 年，美国国会为双语教育拨款 4.46 亿美元，各州也拨了大量经费。在推行双语教育的过程中，各学校同时也对少数族群学生进行其来源国的传统文化教育。然而，2002 年《不让一个孩子掉队》法案（No Child Left Behind，NCLB 法案）公布，规定不允许开展保持性双语教育项目，美国双语教育的时代戛然而止。究其原因，主要有：（1）官方对双语教育的目的未能有一个明晰界定。法案的初衷是为了让贫苦的少数族群孩子可以接受教育，而联邦教育部则利用它来提高少数族群孩子的英语水平；（2）师资力量的匮乏；（3）双语教育的方式不当以及覆盖范围

① 冯广兰：《美国双语教育政策嬗变及其实践》，《民族教育研究》2008 年第 1 期，第 56 页。
② 杨恕、李捷：《当代美国民族政策述评》，《世界民族》2008 年第 1 期，第 27 页。

有限等。①

　　第三种语言政策倾向尚无明确的政策出台，但是奥巴马在其2008年2月21日的竞选演讲中提出双语教育是一种双向的教育，不仅少数族群的孩子要学习英语，讲英语的孩子也要学习一门外语，以便更好地适应全球化带来的更为广阔的舞台。

　　诚然，美国的语言政策不能说是成功的，它的受挫不是因为移民者的过多涌入，也不能归结于英语文化的抵制，而是要从内部来寻找原因。美国语言政策的制定既缺乏明确的目标又得不到连贯有效的执行，它往往成为政客赚取政治资本、两党竞争、赢得选票的筹码。1983年，吉尼瓦·盖伊写道："对多民族教育的另一个潜在威胁来自内部。虽然任何教育思想，如果要经受住时间考验，必须发展和变化，但这样的发展一定要保持在合理的限度内，并且要保有一定程度的连续性。如果许多新的领域增加得太快，原来的概念就可能被曲解到超出识别的范围。多民族教育可能正在开始发生这种情况。"② 美国的语言政策要走向何方，它将会是弥合民族矛盾的黏合剂，还是扩大民族矛盾的利器，值得关注。

（二）西欧工业化国家的语言政策

　　欧洲国家拥有悠久的历史文化传统以及多元的民族构成，很多国家都有一种以上的官方语言。就欧盟来讲，其境内国家按语言的使用情况分为三大类：第一类，单一语言的国家；第二类，接近于单一语言的国家；第三类，多语言国家。所谓接近于单一语言的国家与多语言国家的区别就在于讲同一种语言的人口比例是否超过80%。在欧洲，只有葡萄牙是单一语言国家，接近于单一语言的国家有：奥地利、英国、捷克、法国、丹麦、德国、希腊、芬兰、意大利、匈牙利、立陶宛、马耳他、荷兰、瑞典、斯洛伐克和斯洛文尼亚；多语言国家有：比利时、卢森堡、爱尔兰、西班牙、塞浦路斯、爱沙尼亚和拉脱维亚。③ 部分国家，如奥地利、法国、德国、西班牙和意大利等，境内的语言种类均超过5种，其中西班牙超过8种，德

①　罗豫元：《美国双语教育实施失败的因素分析》，《比较教育研究》2007年第1期，第60～64页。
②　〔美〕詹姆斯·A.班克斯：《美国的种族、民族性和学校教育：过去、现在和未来（下）》，谢宁译，《世界民族》1990年第6期，第19～24页。
③　刘海涛：《欧洲联盟语言状况及语言政策》，载周庆生主编《中国语言生活状况报告（2005）》，商务印书馆，2006，第374～389页。

国超过 9 种，意大利超过 11 种。

欧盟的口号是"在多样性中统一"（Unity in Diversity），在语言方面的政策亦是如此。1958 年，欧盟颁布的第一号语言规定写道："欧盟所有成员国的官方语言都是欧盟的官方语言"。在 1997 年欧盟《阿姆斯特丹条约》第 8 条 D 款中规定："任何欧盟公民可以用任何一种语言给欧盟的组织或机构写信，欧盟的组织和机构也应用同样的语言给予答复。"欧盟鼓励发展多语教育，在双语和多语地区，儿童在学龄前需熟练掌握多种语言。欧盟力图通过多语教育缓解语言差异引起的民族歧视和冲突，巩固欧盟的团结。然而"欧洲鲜用语言协会"（European Less Used Languages Bureau）前会长 Helen Ó Murchú 在此问题上持悲观意见，他认为，"或明或暗，语言一直是政治议题，因为语言明显地牵涉到权利差别的问题。"当语言被用来区分"自己人"（insider）以及"旁人"（outsider）的时候，只要有人占据优势，就会有人居于相对劣势，冲突自是难免。① 因此，语言的多元不免被视为社会冲突的根源，或者至少是政治斗争的工具。20 世纪 60 年代至 70 年代的比利时因为语言问题引起的政治斗争就证明了这种观点的现实性。

出于保护欧洲历史性方言和少数民族语言的目的，1992 年通过了欧洲委员会支持下的《欧洲区域或少数民族语言宪章》（European Charter for Regional or Minority Languages，ECRML）。根据这一宪章的定义，欧盟内部就有超过 60 种小语种或地方性语言。它以法律条文的形式对"少数（民族）语言"作了界定。该《宪章》的第一条写道：

（1）区域与少数民族语言是指，该语言传统上被国家的公民使用于国家的特定区域，而使用该语言的集团在数量上少于国家的其他居民；有别于国家的官方语言，它既不包括国家的官方语言也不包括移民语言。

（2）区域与少数民族语言使用的地区是指，所使用的语言成为当地人们表达的基本模式的地理区域，本宪章将为此提供各种保护和奖励措施。

虽然这一宪章只覆盖条约签署国的传统语言，并不包括近年来外来移民所使用的语言，但使得签署国不单单关注当地的法定方言以及主要语言就是其功绩所在，如作为条约签署国之一的英国基于宪章的规定，承认了

---

① John Packer, "Towards Peace, Dignity and Enrichment: Language Policies in the 21st Century", Speech delivered at the World Congress on Language Policies, Barcelona, 18 – 20 April 2002, http://www.linguapax.org/congres/packer.html.

北爱尔兰的爱尔兰语。

英国的语言政策是西欧工业化国家政策的典型代表。历史上，从都铎王朝（House of Tudor）的亨利八世君临爱尔兰（1541 年）到 19 世纪为止，爱尔兰语被当作是叛乱分子所使用的语言，英国费尽心思进行打压、查禁。① 一直到 1713 年为止，爱尔兰人大致被通盘"同化"。英国于 1831 年在爱尔兰设立"国民学校"（national school），使用英文教学；学校不教爱尔兰语，学生如果用爱尔兰语交谈，会被老师嘲笑、羞辱、处罚，这种情况一直延续到 20 世纪初期为止。② 到 19 世纪下半叶，北爱尔兰的天主教徒受到西欧的启蒙运动以及日耳曼的浪漫式民族主义（romantic nationalism）影响，相信文化差异是独立运动的利器，因此开始着手语言的自我保护。③

安娜马莱（E. Annamalai）将语言的使用分为"公领域"（政府、法院、学校）以及"私领域"（家庭、市场、娱乐）。④ 根据 1991 年的人口普查，北爱尔兰的天主教徒普遍对于公领域的双语（爱尔兰语、英语）表示支持，譬如一般场所 72.5%、办公地点 60%，而新教徒的支持率分别只有30%、13.3%；至于私领域的双语，天主教徒支持率高达 90%，新教徒只有 63.3%。⑤

不过有学者强调，会不会说爱尔兰语或是支持爱尔兰语，与国家定位、民族认同，甚至与政治冲突的关系，并不一定有必然的联系。事实上，有23% 的新教徒认为中学应该有爱尔兰语、爱尔兰文化的课程。同时，有些民族主义者相信爱尔兰语可以跨越民族间的鸿沟，也就是说即使无法使新

---

① Margaret B. Sutherland, "Problems of Diversity in Policy and Practice: Celtic Languages in the United Kingdom", *Comparative Education*, Vol. 36, No. 2, 2000, p. 7.

② Dónall Ó Riagáin, "Irish – Official Yet Lesser Used", Paper presented at the World Congress on Language Policies, Barcelona, 18 – 20 April 2002, http: // www. linguapax. org/congres/taller/taller3/article21_ ang. html.

③ Liam Andrews, "Northern Nationalists and the Politics of the Irish Language: The Historical background", in John J. Kirk, and Dónall P. Ó Baoill, eds., *Language and Politics: Northern Ireland, the Republic of Ireland, and Scotland*, Belfast: Queen's University Belfast, 2000, pp. 43 – 63.

④ E. Annamalai, "Language Policy for Multilingualism", Paper presented at the World Congress on Language Policies, Barcelona, 18 – 20 April 2002, http: // www. linguapax. org/congres/plenaries/annamali. html.

⑤ MacGiolla Chriost, "The Irish Language and Current Policy in Northern Ireland", *Irish Studies Review*, Vol. 8, No. 1, 2000.

教徒改变宗教信仰，也可以改变他们的国家认同。① 尽管如此，那些愿意学习爱尔兰语的新教徒，可能只是想通过语言、文化，来确认自己是"北爱尔兰人"的认同，并非表示他们支持爱尔兰民族主义者。

具体来说，北爱尔兰的语言政策可以归纳为先后发展的三大类型：民族主义论、文化认同论、语言权利论。

（1）民族主义论：爱尔兰语是对抗英国文化帝国主义的利器，说爱尔兰语就是表达自己的"爱尔兰人认同"。② 新芬党自20世纪80年代开始积极传播这种语言民族主义观（linguistic nationalism）。

（2）文化认同论：虽然赞成语言有其负载认同、传承文化的价值，却反对把语言当作政治运动的工具。当"语言＝认同"时，"去政治化"也是一种政治立场。

（3）语言权利论：将语言当作最基本的人权，认为讲爱尔兰语是天主教徒表达自由的形式之一。目的是将语言"多重政治化"（multipoliticize），也就是说，在无法使语言政治中立的情况下，干脆接受其政治意义，但要想办法冲淡其爱尔兰民族主义的成分。③

到20世纪80年代，英国的政治精英逐渐认识到文化议题的重要性，开始觉得在改善民族关系的时候有必要将文化差异"正当化"，也就是承认民族间存在差异的事实，不再限制天主教徒的文化表现。此时，英国的民族政策有三大特点：鼓励双方接触、鼓励对多元文化的包容、促进机会均等。80年代末期，语言政策的目标不再是单纯的文化资产保存，而是被寄望能发挥化解政治冲突的功能。

1998年，北爱尔兰、英国和爱尔兰签署《北爱尔兰和平协定》，强调"尊重、了解以及容忍语言多元的重要性，而爱尔兰语、北爱苏格兰语（Ulster‐Scots）以及各民族的语言，都是整个爱尔兰岛上的文化财产"。《北爱尔兰和平协定》中的语言条款，终极目标是化解两个民族的矛盾，

---

① Gordon McCoy, "Protestant Learners of Irish in Northern Ireland," in Aodán Mac Póilin, ed., *The Irish Language in Northern Ireland*, 1997, http：// cain. ulst. ac. uk/issues/language/macoy97. htm.

② Camille O'Reilly, "Nationalists and the Irish Language in Northern Ireland：Competing Perspective", in Aodán Mac Póilin, ed., *The Irish Language in Northern Ireland*, 1997, http：// cain. ulst. ac. uk/issues/language/oreilly97. htm.

③ 施正锋：《北爱尔兰的语言政策》, http：//faculty. ndhu. edu. tw/~ cfshih/seminar/20020926. htm。

因而对于语言政策作了相当详细的描述和规范。此后，除设立相关的语言振兴机构外，"北爱尔兰人权委员会"下设"语言权工作小组"（Language Rights Working Group），努力在《人权法案》中提出具体详尽的"语言权条款"。

2001 年，英国政府除了签署《欧洲区域或少数民族语言宪章》，还采取积极行动来推广爱尔兰语、鼓励爱尔兰语在公私场合的使用、解除对于爱尔兰语维护发展的限制、通过教育部门鼓励爱尔兰语的教学、探索英国与爱尔兰广播机构的合作、资助爱尔兰语电影及电视的制作。其目的是强化爱尔兰语的工具性，希望在无形中降低敏感的政治象征性意味。

尽管民众对于爱尔兰语以及双语的立场逐渐开放，但始终对于爱尔兰语的政治弦外之音持谨慎小心态度。此外，对于爱尔兰语在公共场合的使用，有些新教徒依然感到不舒服，譬如针对大学出现的爱尔兰语标识，新教徒抗议把宗教信仰、政治立场带到校园。在进行爱尔兰语"正常化"的过程中，人们依然习惯把文化差异"私人化"，倾向于在公共场所限制"多元文化"的展示和彰显。

虽然对语言在缓解或增加民族矛盾问题上所发挥的作用，仁者见仁，智者见智，但不可否认的是，使用相同的语言必然带来天然的亲近感。提高民众对爱尔兰语的使用度，是英国政府消弭民族矛盾、阻止国家分裂的有效途径。

（三）传统多民族国家的语言政策

苏联是一个多民族国家，共有 130 多个民族和部族，人口最多的是俄罗斯族，超过全苏联人口的一半以上。俄罗斯联邦有 100 多个民族，其主体民族俄罗斯族约占全国人口的 82%。语言政策在俄罗斯一直都是一个重要而敏感的问题。苏联以及俄罗斯的语言政策是传统多民族国家的典型代表。苏联时期的语言现象有三个方面的内容。

（1）在各个共和国中，除了俄语以外，同时会有另一种民族语言被赋予和俄语同样的政治和法律地位，也就是说，在民族区域内民族语言在官方文书以及政府机关沟通上会同时被考虑，而且在国家义务教育中俄语学校与民族语学校是并行制。

（2）民族语言在非官方领域中仍然有其自由发展的空间，特别是在文艺创作、艺术表演等领域中更凸显其生命的活力。而且，以民族语言创作的艺术家、作家的作品，出版过程一直没有中断过。

（3）俄语被广泛使用，作为不同民族的族际沟通语言。"每个人有自由选择沟通语言的自由"，然而，俄语被使用为族际语言，以及在相当程度上取代民族语言的功能，成为一种无法回避的趋势。这主要源于使用俄语所产生的政治经济与文化优势性，且语言用户在语言的选择上时常带有理性的趋利性质而非考虑感情因素，这种情形以都市地区最为明显。①

苏联的语言政策大体经历了四个时期：列宁时期的语言政策；斯大林时期的语言政策；后斯大林时期的语言政策；戈尔巴乔夫时期的语言政策。列宁时期的语言政策坚持"民族平等和语言平等"的原则，反对强制推行俄语。斯大林在其"超阶段理论"的指导下制定了语言政策。② 再加上第二次世界大战的爆发，使得斯大林为适应战时需要而对少数民族的控制愈加严厉。在集权体制下，语言政策走向了文字俄文化、教学俄语化的道路。赫鲁晓夫和勃列日涅夫时期的语言政策统称为"后斯大林时期的语言政策"，这一时期的语言政策延续了"超阶段理论"并趋于僵化。赫鲁晓夫将俄语定位为族际交际语，勃列日涅夫实行"民族语 – 俄语"双语制，少数民族的儿童不仅要学习本民族语言，还要学习俄语。在戈尔巴乔夫时期，在其"民主化"和"公开性"改革的刺激之下，民族矛盾爆发，而对斯大林以来语言政策的不满成为其中一个重要内容。③

美国学者康纳（Walker Connor）曾经把苏联时期的语言政策归纳为"三阶段模式"。

（1）第一阶段的"多元主义"政策：各种少数民族语言的使用受到鼓励，而对于使用占国家主导地位语言的官方压力只是间接的。

（2）第二阶段的"双语主义"政策：政府增加了要求学习国家主导语言的要求，如自 1938 年开始，苏联各民族被规定并作为义务（compulsory）要去学习俄语。

---

① 赵竹成：《认同的选择——以"境外俄罗斯人"为案例的分析》，《问题与研究》2007 年第 2 期，中国民族宗教网，http://www.mzb.com.cn/html/Home/report/312854 – 1.htm。

② "超阶段理论"是"超越社会发展阶段的理论"。1936 年 11 月，斯大林在关于宪法的报告中宣布："苏联社会已经做到基本上实现了社会主义，建立了社会主义制度。"以此为出发点，斯大林认为，在民族关系方面"制造民族纠纷的主要势力即剥削阶级已被消灭，培植民族互不信任心理和燃烧起民族主义狂热的剥削制度已被消灭"，从而盲目提出苏联各民族之间"真正的兄弟合作已经建立起来了"。

③ 周庆生：《罗斯化与俄罗斯化：俄罗斯/苏联语言政策演变》，《世界民族》2011 年第 4 期，第 84 ~ 94 页。

（3）第三阶段的"统一语言"政策：国家主导语言成为唯一的教学语言和官方正式语言。[1]

康纳同时指出，尚没有哪一个国家进行到第三个阶段，而且在实际操作中，各国家的语言政策在这三阶段过程中有时向前跳跃，有时急剧后退，并不是根据实际情况保持循序渐进；在同一个国家内，对待某一个民族的语言政策也可能与对待其他民族的语言政策并不一致。

十月革命之后，有人曾经建议宣布俄语为"国语"并强制推广其使用。对此列宁明确指出，任何采用行政手段强制性推广俄语的做法会适得其反，强调各民族的语言必须受到尊重。在这个思想指导下，在苏联的各个加盟共和国，本地民族语言与俄语同属于官方正式语言，在学校里使用本地民族语言教学。在苏联建国初期，政府"还为文字不健全或无文字的110种语言中的50种语言，创造了文字。在苏联时期曾用94种民族语言进行过教学，1925年俄罗斯用25种民族语言出版了教科书"[2]。

康纳是这样分析苏联民族语言政策的推行过程的：在共产党夺取政权后的第一个十年，各民族被鼓励学习自己的语言，并没有要求他们去学习俄语。"甚至为那些居住在本族自治地区之外的少数民族人口设立用本族语言教学的学校；……在30年代初期这一政策开始变化，使用本族语言教学的学校被限制在自治地区内，而俄语教学的学校在全国迅速增长，居住在本族自治地区之外的少数民族大多开始使用俄语学习。到了1938年，斯大林规定全国所有学校都必须学习俄语。"[3] 1938年3月，苏联人民委员会和联共（布）通过了《关于在各民族共和国和州必须学俄语的决定》。[4] 在随后年代里，学校里开始学习俄语的年级逐步降低，例如在亚美尼亚学校，1938年规定在初中开始学俄语，1946年小学二年级开始学俄语，1957年小学一年级即开始学俄语。1958～1959年是苏联语言政策的另一个里程碑。

---

[1]　W. Connor, *The National Question in Marxist – Leninist Theory and Strategy*, Princeton：Princeton University Press, 1984, pp. 254 – 255.

[2]　哈经雄、滕星主编《民族教育学通论》，教育科学出版社，2001，第181页。

[3]　W. Connor, *The National Question in Marxist – Leninist Theory and Strategy*, Princeton：Princeton University Press, 1984, p. 257.

[4]　规定在各民族学校开设俄语必修课，要求中学生在口头和书面上能自如运用俄语。这项决议实际上使俄语成为各少数民族的必修课。由于苏联当局在推广俄语方面操之过急，采取强制措施，如在民族学校里，俄语成为必修课，其授课时间超过本民族语言的课时；强行规定一些加盟共和国高等院校的教科书一律用俄文印刷，逐渐引起少数民族的不满情绪。

这一年在赫鲁晓夫的领导下，居住在本族自治地区的非俄罗斯父母，可以选择送自己的孩子去本族语言教学的学校或者俄语学校。① 考虑到使用俄语学习对于孩子未来接受高等教育和工作前途的积极作用，许多父母送自己的孩子进入俄语学校。这样的做法，导致少数民族语言与俄语在实际的使用过程中比例严重失衡。使用俄语在学习、工作和生活中所占有的优势迫使少数民族的语言逐渐被抛弃。

在理论上，各个民族的语言居于平等地位，但是对于不同民族而言，接受本族语言进行学校教育的年数差距很大。在苏联教育体系中，学校年级越高，俄语的使用程度也越高；有的民族语言教育系统只提供到初中，有的提供到高中，有的提供到大专或大学本科。② 在苏联，使用少数民族语言教学的学校在 1958 ~ 1972 年期间平均从提供 6.7 年教育降到 5 年，如果把 14 个人口较多、可提供本族语言教育 10 年的加盟共和国除外，那么其他 31 个民族可提供的本族语言教育平均从 5.2 年降到 2.74 年。③

根据苏联官方统计，在 20 世纪 70 ~ 80 年代，在苏联各加盟共和国推广俄语教学的做法普遍得到加强。在 50 年代的摩尔多瓦，接受俄语教学的学生占学生总数的 33%。在 30 年代，乌克兰有 86% 的学生用乌克兰语学习，只有 4.5% 的学生接受俄语教学，这两个比例在 50 年代改变为 72% 和 26%，60 年代又改变为 62% 和 37.2%，70 年代为 60% 和 40%，而 80 年代俄罗斯族只占乌克兰总人口的 19.3%，所以有相当比例的乌克兰族学生在俄语学校读书。④

在 1991 年苏联解体之后，取得独立的各原加盟共和国都兴起了"语言民族化"运动，俄语在学校和公共场所受到排斥。但是，在这些国家依然留有大量的"俄罗斯人"，这些国家在经济和文化上与俄罗斯依然有着千丝万缕的联系，所以在民族主义情绪高潮过去之后，这些国家的政治领袖开始认识到，作为交流工具，俄语对于这些国家的发展具有积极意义。在

---

① W. Connor, *The National Question in Marxist – Leninist Theory and Strategy*, Princeton：Princeton University Press, 1984, p. 256.

② 这样的情况在中国同样存在，一些人口少的民族，没有设立使用本族语言教学的从小学到大学的完整教育体系。相关论述参见马戎《语言使用与族群关系》，《西北民族研究》2004 年第 1 期，第 28 页。

③ W. Connor, *The National Question in Marxist – Leninist Theory and Strategy*, Princeton：Princeton University Press, 1984, pp. 258 – 259.

④ 《苏联民族人口问题》，阮西湖编译，中国社会科学院民族研究所，1981，第 53 页。

1997 年 12 月 13 日庆祝哈萨克斯坦独立六周年大会上，总统纳扎尔巴耶夫特别谈到了语言问题。他指出，在哈萨克斯坦决不应限制使用俄语，哈萨克人普遍掌握俄语，为本族人提供了接触现代化信息的机会，是哈萨克人的财富，要从正面和积极的方面来看待这一点。①

1991 年，俄罗斯联邦成立后，其语言政策与苏联相较有摒弃、有继承、有发展。俄罗斯联邦彻底抛弃了苏联时期"各民族接近"、"拉平经济差距"、建立"苏联人民——新的历史共同体"等项政策；保留了苏联时期"促进族际和谐"及"维护国家统一"的提法；用"各民族公民一律平等"取代苏联时期的"民族平等"，强调"人权、公民权高于民族权"，并且重视联邦中央与联邦各主体的分权。② 苏联以及俄罗斯语言政策的经验告诉我们，在一个传统的多民族国家内部，优势民族的语言的确具有较强的吸引力，然而依靠政治权力强制建立起来的国家语言体系终会随着权力的消失而崩溃。

（四）世界小国的语言政策

瑞士和西班牙的语言政策是世界小国的典型代表。很多人认为，瑞士不是一个"多数民族 – 少数民族共存的社会"（a minority – majority society），而是一个"具有文化差别性的社会"（a culturally differentiated society）。瑞士社会把本国的民族差异仅看作是"文化差异"，而不赋予民族差异以任何其他的政治意义。瑞士的人口中德裔为多数，法裔和意大利裔虽然只占总人口的 1/4，但仍然保持了自己的语言和文化特征，同时他们也没有感到自己是"少数民族"，因为瑞士作为一个国家，在政治和经济上的统一性很强，这一统一性压倒了各民族之间的文化差异。③ 同时，瑞士也是世界上唯一把国内各民族语言都定为"国语"的国家，瑞士的高中学生都要学习三种官方语言（德语、法语、意大利语），所有语言都具有平等的法律地位。④

从各国少数民族地区的双语教育情况来看，西班牙的实践是成功的，

---

① 马戎：《语言使用与族群关系》，《西北民族研究》2004 年第 1 期，第 29 页。
② 周庆生：《罗斯化与俄罗斯化：俄罗斯/苏联语言政策演变》，《世界民族》2011 年第 4 期，第 93 页。
③ George E Simpson and J. Milton Yinger, *Racial and Cultural Minorities: An Analysis of Prejudice and Discrimination*, New York: Plenum Press, 1985, p. 17.
④ 哈经雄、滕星主编《民族教育学通论》，教育科学出版社，2001，第 183 页。

并得到了国际学术界的高度重视和充分肯定。在西班牙 4000 多万人口中，绝大多数居民是卡斯蒂利亚人（Castillians），即西班牙人，讲西班牙语。该国其他三个少数民族，即加泰罗尼亚人（Catalanes，又译加泰隆人）、巴斯克人（Basques）、加里西亚人（Galicians/Gallegos），其语言分别为加泰罗尼亚语、巴斯克语、加里西亚语。

在西班牙历史上，历代中央政府对少数民族的语言一贯采取压制性政策，直到 1975 年 11 月独裁者佛朗哥去世，这种压制性政策才彻底结束。1978 年 12 月，西班牙人民以全民公决的方式批准了新宪法。新宪法确认西班牙语为该国的官方语言，同时确认西班牙的各种语言都是西班牙人民的共同财富，必须予以保存和鼓励。新宪法的第二条承认并保证西班牙少数民族地区的自治权利，少数民族语言在自治区内享有和西班牙语同等的官方语言地位。[①]

加泰罗尼亚地区位于西班牙的东北部，是西班牙工业和经济最发达的地区，居民 600 万，其中约 50% 居民的母语是加泰罗尼亚语，另有 30% 的居民会讲或能听懂加泰罗尼亚语。加泰罗尼亚语和西班牙语都是从拉丁语演变而来的。[②] 根据 1978 年新宪法，加泰罗尼亚地区于 1979 年正式获得自治权，该地区议会宣布加泰罗尼亚语为本地区的官方语言之一。随后，一系列支持双语教育的法律、政策问世，并逐渐建立了以浸入式双语教育模式为主的双语教育体系。

1986～1987 学年，当地有 42% 的小学生接受以加泰罗尼亚语为主要媒介语的教育，有 25% 的小学生接受以西班牙语为主要媒介语的教育；到1995～1996 学年，接受以加泰罗尼亚语为主要媒介语教育的小学生所占比例上升为 81%，而接受以西班牙语为主要媒介语教育的小学生只占 0.5%。以西班牙语为母语的居民约占当地总人口的一半，他们的子女都在接受加泰罗尼亚语完全或部分浸入式的双语教育。[③]

---

① N. Gardner, M. P. Serralvo and C. H. Williams, "Language Revitalization in Comparative Context: Ireland, the Basque Country and Catalonia", in Colin H. Williams, ed., *Language Revitalization - Policy and Planning in Wales*, Cardiff: University of Wales Press, 2000, pp. 321 - 339.

② 加泰罗尼亚语曾是阿拉贡王国的官方语言，直到 1718 年才失去官方语言的地位。此后，加泰罗尼亚语便进入了被压制的时期，直到佛朗哥政权结束。相关论述参见余强《西班牙少数民族地区的双语教育》,《世界民族》2008 年第 1 期，第 51 页。

③ C. Munoz, "Bilingualism and Trilingualism in School Students in Catalonia", in Jasone Cenoz and Ulrike Jessner, eds., *English in Europe*, Clevedon: Multilingual Matters LTD, 2000, p. 158.

在学校以外，加泰罗尼亚语的社会应用范围不断扩大，总体而言，加泰罗尼亚语在社会上仍没有达到与西班牙语平等的地位，在许多领域，它仍然是弱势语言。例如在影视领域，在加泰罗尼亚地区放映的影片中，仅有 7.3% 被译制成加泰罗尼亚语；在商业界也是如此，绝大多数商家用西班牙语做广告宣传。为了改变这一状况，加泰罗尼亚自治区议会于 1998 年批准了《语言政策法令》，标志着浸入式双语教育强化阶段的开始。《语言政策法令》取代了 1983 年的《语言正常化法令》，它致力于加强加泰罗尼亚语在社会上所有重要领域的应用，包括公共管理、司法、传媒、教育、文化、娱乐和工商界。同时，《语言政策法令》强调所有大、中、小学和幼儿园的教师都需要熟练掌握加泰罗尼亚语和西班牙语，并重申在学校里加强加泰罗尼亚语的教学。[①]

按照学校所使用的教学语言，可以把加泰罗尼亚地区的中、小学校划分为三类：以加泰罗尼亚语为主要教学语言的学校、以西班牙语为主要教学语言的学校和双语学校。

（1）加泰罗尼亚语学校：除了西班牙语课以外，其他所有或大多数科目都使用加泰罗尼亚语教学，师生在课堂内外的交流也主要使用加泰罗尼亚语进行。

（2）西班牙语学校：各年级都开设加泰罗尼亚语课，而且每周不少于 3 课时，其余科目几乎都用西班牙语教学。

（3）双语学校：基本特点是使用两种教学语言，但两种教学语言运用的比例因校而异。

随着浸入式双语教育的推广，加泰罗尼亚语学校所占比例不断上升。[②]研究结果表明，就读于加泰罗尼亚语学校的孩子，不管其母语是加泰罗尼亚语还是西班牙语，他们的西班牙语水平都令人满意，同时在加泰罗尼亚语方面也具有较高的水平。与此形成对照的是，就读于西班牙语学校的母语为加泰罗尼亚语的学生均能熟练应用加泰罗尼亚语，而且他们也能熟练

---

① F. Ferrer, "Languages, Minorities and Education in Spain: The Case of Catalonia", *Comparative Education*, Vol. 36, No. 2, 2000, pp. 5 – 7.

② 根据 2000 年的一份资料，加泰罗尼亚语学校和向以加泰罗尼亚语为主要教学语言过渡的学校已占小学总数的 95%，也就是说，加泰罗尼亚语浸入式双语教育模式已成为小学阶段的基本教育模式。相关论述参见 C. Munoz, "Bilingualism and Trilingualism in School Students in Catalonia", in Jasone Cenoz and Ulrike Jessner, eds., *English in Europe*, Clevedon: Multilingual Matters LTD, 2000, p. 159。

应用西班牙语；而母语为西班牙语的学生的情况就不同了，他们虽然能在一定程度上理解加泰罗尼亚语，但一般都没有主动应用加泰罗尼亚语的能力。[1]

西班牙巴斯克地区位于比利牛斯山脉的最西边，包括吉普斯夸（Guipuzcoa）省、比斯开（Biscay）省和阿拉瓦（Alava）省，总人口约210万。巴斯克人的传统语言是巴斯克语。[2] 由于巴斯克语在历史上长期受到压制，到20世纪70年代时，巴斯克语已变成了家庭语言。[3]

1979年12月，根据新宪法的基本精神，巴斯克地区正式获得自治权，地区议会规定巴斯克语和西班牙语均为本地区的官方语言。1982年，巴斯克地区议会批准了《巴斯克语正常化法令》，决定成立以自治区主席为首的巴斯克语顾问委员会，建立巴斯克语广播电台和电视台，调整小学使用的教育媒介语，并建立学习巴斯克语的成人教育机构。这些举措都是为了促进巴斯克语的学习和使用。1983年，巴斯克地区议会又通过了《双语法令》，规定西班牙语和巴斯克语应当成为本地区各级学校的必修课。20世纪80年代以来，在巴斯克地区的学校里逐步形成了4种教学语言模式，分别称为A、B、D、X模式。

（1）A模式：西班牙语是教学语言，巴斯克语只是一门课程，该模式主要是为母语是西班牙语的儿童设计的。

（2）B模式：主要面向母语为西班牙语的儿童。从幼儿园开始，西班牙语和巴斯克语都作为教学语言，通常各占50%的教学时间。

（3）D模式：既面向母语为巴斯克语的儿童，也面向母语为西班牙语

① M. Siguan, "Bilingual Education in Spain", in Christina Bratt Paulston, ed., *International Hand book of Bilingualism and Bilingual Education*, New York: Greewood Press, 1988, pp. 458 – 459.

② 巴斯克语可能是欧洲最古老的语言，它不属于印欧语系，也未发现它和其他任何语言之间存在亲缘关系。Department of Culture, "Basque Government, Bilingual Education in the Basque Country", in Jim Cummins and David Corson, eds., *Bilingual Education*, Dordrecht: Kluwer Academic Publishers, 1997, p. 99. 转引自余强《西班牙少数民族地区的双语教育》，《世界民族》2008年第1期，第53页。

③ 根据有关调查，当时在西班牙巴斯克地区三省，会讲巴斯克语的人占本省总人口的比例分别是：吉普斯夸省为45%，比斯开省为15%，阿拉瓦省为8%；三省中会讲巴斯克语的人的平均比例仅为25%。相关论述参见 M. Siguan, "Bilingual Education in Spain", in Christina Bratt Paulston, ed., *International Hand book of Bilingualism and Bilingual Education*, New York: Greewood Press, 1988, p. 463.

的儿童。其教学语言从一开始就是巴斯克语，到小学三年级或四年级时，才开始把西班牙语作为一门课程学习。

（4）X 模式：主要面向那些短期移民的孩子，完全是西班牙语单语教育。[①]

经过几十年的发展，X 模式已经消失；A 模式所占比例也从 20 世纪 80 年代早期的 40% 以上逐年下降，目前已不到 10%；B 模式所占比例一直在 30% 左右；而 D 模式所占比例则逐年上升，已成为最主要的双语教育模式。B 模式相当于加拿大早期的部分浸入式双语教育，D 模式相当于加拿大早期的完全浸入式双语教育。那么，为什么巴斯克地区的居民对巴斯克语浸入式双语教育如此青睐呢？主要有两个原因：其一，有关研究清楚地表明，通过 A 模式远远不能达到很好地掌握巴斯克语的水平；其二，巴斯克人虽是少数民族，但巴斯克地区经济发达，巴斯克人的社会地位并不低，因而当地居民尤其是年轻人格外重视学习巴斯克语。[②]

研究表明，就学生的双语能力来说，在西班牙语方面，不管接受哪种教学语言模式的教育，学生们都能较好地掌握西班牙语，学生们之间的西班牙语水平相差不大；但在掌握巴斯克语方面，学生们的成绩与学校的教学语言模式密切相关，基本情况是：接受 D 模式教育的学生的巴斯克语水平明显优于接受 B 模式教育的学生，接受 B 模式教育的学生又明显优于接受 A 模式教育的学生。因此，为了使孩子成为真正的"双语人"，不管孩子的母语是什么，许多家长都选择了 D 模式的双语教育。

虽然经常拿西班牙的浸入式双语教育同加拿大的浸入式双语教育进行比较，但前者同后者有很多不同之处，主要表现在以下三个方面。

（1）主体不同：在加拿大，接受浸入式双语教育的儿童主要是主体民族家庭的孩子；而在西班牙的加泰罗尼亚和巴斯克地区，接受浸入式双语教育的儿童则主要是少数民族家庭的孩子。

（2）阶层不同：在加拿大，接受浸入式双语教育的儿童是儿童总体中的一部分，大多数来自中产阶级家庭；而在西班牙的加泰罗尼亚和巴斯克地区，则是相应年龄段的儿童几乎全部接受浸入式双语教育。

[①]　C. Munoz, "Bilingualism and Trilingualism in School Students in Catalonia", in Jasone Cenoz and Ulrike Jessner, eds., *English in Europe*, Clevedon: Multilingual Matters LTD, 2000, p.46.

[②]　F. Etxeberria, "New Challenges for Bilingual Education in the Basque Country", *Intercultural Education*, Vol.14, No.1, 2003, p.97.

（3）语系不同：在加拿大，法语和英语同属一个语系；而在西班牙巴斯克地区，巴斯克语和西班牙语之间没有亲缘关系。实践证明，即使在两种语言差别很大的情况下，儿童同样可以成功地掌握双语。[①]

总之，西班牙新宪法充分肯定了少数民族语言的价值，使得加泰罗尼亚地区和巴斯克地区的双语教育蓬勃发展起来。目前，世界上出现诸多类型的双语教育模式，其根源在于各国的国情不同，各国的民族关系以及民族教育政策的指导思想有很大差异。但毋庸置疑，双语教育本身不是目的，其目的是真正促进民族关系的融合以及各民族成员的幸福。

第七节　民族区域自治

20世纪初以来，民族区域自治成为许多多民族国家处理民族冲突的制度性解决方案，其政策目标是使民族以和平共处而不是紧张冲突的方式构建相互关系并进行国家内部的社会整合。根据自治主体的不同，自治可划分为个人自治与社会自治两种类型。社会自治可分为两个方面，即公民群体（或叫团体）自治和地方自治。其中，地方自治是指在一个国家里，特定地方被允许享有一定程度的自治权，通过其各自的地方政府实行自我管理。究其属性而言，民族区域自治是（民族）群体自治与地方自治的结合。

从国际社会看，不是所有的少数民族都要求自治，有这方面要求的往往是有地域依托的世居的少数民族。而欧美国家那些由后至移民形成的"族群"，他们要求的是允许保持差异的权利、可以参与政治生活的权利、给予平等公民的权利，而不是区域自治的问题。在国内民族冲突管理实践中，民族区域自治的"功能性"效果已经显现出来，它可以在相当大的程度上满足少数民族对本群体与传统居住地域特殊关系的情感与利益诉求，同时，这些诉求不应超越少数民族对主权国家的忠诚与义务。当然，一些多民族国家的民族自治地方，依然存在分裂势力，可见自治不能一劳永逸地解决民族问题。

一　民族区域自治与民族关系

"自治"（autonomy）一词源于希腊语，"auto"意即自我（self），"no-

---

① 余强：《西班牙少数民族地区的双语教育》，《世界民族》2008年第1期，第56页。

mos"意即规则（law）。因此，"自治意味着自我管理"①。在国际法中，自治意味着国家通过立法赋予其部分领土范围内的人民在某些事务方面进行自我管理，但并不意味着相关民族要组成他们自己的国家。

民族区域自治（Regional autonomy of ethnic minorities）是将"民族自治"与"区域自治"结合起来，为少数民族在国家框架内"自我管辖"内部事务提供制度性安排。需要强调的是，"内部事务"指的是不涉及国家主权的民族内部事务和地理区域内的地方性事务两种内涵。②

在协调民族关系进程中，过去一些西方学者片面强调民族自决权的分离意义，认为解决民族问题的理想模式是建立单一民族国家。但第三次民族主义浪潮导致的民族间的流血冲突给人们敲响了警钟。目前，国内外学者较普遍地认为，与民族自决相比，民族自治可以使社会避免滑向分离的危险，因而它是进步的，是比自决更积极、更广泛、更人道，也更具前瞻性的一种管理路径。

民族区域自治是社会整合的有效途径。民族区域自治是一种复合型民族政策，具有"平衡机制"的特点。它规定了少数民族群体在主权国家领土范围内的一定地域内（通常为少数民族传统居住区）拥有区别于其他地方的特殊行政权力，这种权力体现在政治、经济、文化、教育以及宗教等诸多方面。实际上，民族区域自治政策代表着国家与社会对国际法定义中的"次群体原则"（principle of subsidiarity）的承认。民族区域自治制度之所以成为现代政治文明的重要组成部分，其根本原因在于民族与相应区域固有的内在联系。

（1）独一无二性：一个民族与其所处区域，或者说与其所处自然环境的关系是独一无二的。

（2）不可替代性：每个民族与其所处自然环境互动的相对固化的模式，都是长期积累的结果，包含着人类的智慧，任何外来者，包括那些所谓的强势文化，都必须充分尊重其不可替代性。

（3）自主话语权：这种独一无二和不可替代性使该民族在本地区的文化进程中具有绝对的自主话语权，这是整个人类文化和谐相处并共同演进

---

① Yoram Dinstein, ed., *Models of Autonomy*, New Brunswick: Transaction Publishers, 1981, p. 291.

② 关凯：《多元文化主义与民族区域自治——民族政策国际经验分析（下）》，《西北民族研究》2004 年第 2 期，第 45 页。

必须遵循的原则。

在实践中，面对"民族国家"理念与"多民族国家"的现实，主权国家本能的反应便是将"多民族国家"改造为"民族国家"，所推行的是种族主义、同化主义等政策。① 经过长期的探索，人类社会开始以新的视角看待社会整合问题，"自治"逐渐上升为多民族国家实现社会整合的制度选项。在这个意义上，自治意味着以下几个方面。

（1）国家越族：国家的整合不再建立在族裔单一性的基础之上，而是以各民族共同利益为至上追求。超越的是以单个民族的族裔性，却能包容"一个都不少"的各个民族，从而为各民族共同团结奋斗、共同繁荣发展提供理念和法理上的依据和支持。

（2）民族去国：去掉民族与国家的内在联系，拨开民族与国家挂钩的理念，使任何民族分裂、分离主义失去逻辑和理念支撑，将民族问题变成多民族国家建构中一般的权利分享与共同发展的问题，变成是否能够享有自治权利的问题。

（3）"平等"理念的回归：多民族国家能够吸引、凝聚各民族的，除经济发展基础上的"实惠"，更重要的是让各个民族享有尊严的"平等"理念。这种超越单个民族性的平等的价值理念和以此理念为基础的民族自治的制度架构，能够为建构现代公民国家提供坚实的理念和制度支撑。②

为保障少数民族实行民族区域自治，一些多民族国家往往都制定了相应的法律、法规。这些多民族国家的自治立法，往往是与试图分离的少数民族发生冲突后达成协议的结果，是双方妥协的产物，是预防和缓解民族冲突的方式，是"一种策略，或者一种机制"。③

英国学者斯蒂芬·沃尔夫在《多民族社会中的自治》一文中认为，"自治作为预防和解决民族冲突的一种策略，既是基于对民族特定关注之事

① 经过历史的洗礼，以南非种族主义的寿终正寝为标志，种族主义已经整体上退出历史舞台，同化主义也已经遭到国际社会的正面否定。相关论述参见明浩《当代"民族区域自治"的内涵与主要类型》，《中国民族报》2012 年 4 月 6 日。
② 明浩：《当代"民族区域自治"的内涵与主要类型》，《中国民族报》2012 年 4 月 6 日。
③ 参见 F. D. Gaer, "Ethnic Conflict and Preventive Diplomacy: New Challenges for International Organizations, Nation - States and Nongovernmental Organizations", ASIL Proceedings, 1994, p. 153；转引自〔英〕斯蒂芬·沃尔夫《多民族社会中的自治——从欧洲视角看冲突预防和解决的局限性与机会》，载王铁志、沙伯力主编《国际视野中的民族区域自治》，民族出版社，2002，第 267 页。

的承认，也是基于对（独立于其民族特征的）个人以及国家关注之事的承认。同样，它还是基于对这样一种思想的认可，即赋予一个民族以立法、行政和司法的权力，以有效地处理它所关注的事，将有益于个人、民族和国家的安全，从而对某一国家的领土完整和社会整合的破坏起到预防的作用。"[1]

二 民族区域自治的主要类型

自治的价值与活力在于多样性。由于各国具体的利益博弈过程千差万别，所处的历史背景和时代环境又各不相同，使各国最后的自治模式各具特色，形成了当今世界五彩斑斓的民族区域自治模式。

（一）联邦制体制下的民族区域自治

英国在经历多年的权力下放以后，苏格兰、北爱尔兰和威尔士也享有广泛的自治权，有人甚至将其归入"准联邦"类型。英国是由英格兰、苏格兰、威尔士和北爱尔兰四部分组成的"联合王国"，其内部一直存在着四个地区之间的低强度冲突关系，且具有民族冲突的性质。英国政府为解决这个问题采取的政策是"权力下放"。在英国历史上，苏格兰、北爱尔兰、威尔士都拥有过"代行权力"，但拥有的权力大小各不相同。"代行权力"是指在不出让中央立法机关最高权力的前提下，将中央的行政管理权委托给下级立法或行政机关代行，或由两部门共同代行。在"代行权力"管理方式下，北爱尔兰拥有权力很大的议会和政府，这也为分离主义提供了温床。1972年后，保守党政府取消了北爱尔兰等地的"代行权力"。但1997年工党政府上台后，改变了上届政府的做法，于1998年通过了《代行权力法》，又重新授予苏格兰、北爱尔兰、威尔士"代行权力"。

1998年，《权力下放法案》（The devolution legislation）在英国议会通过。这个法案规定了国家内不同地区间的一种"非对称"的权力下放，苏格兰、威尔士和北爱尔兰享有不同的"自治"权利。其中，苏格兰享有范围最广的立法与行政权力，北爱尔兰次之。"非对称"结构是这种政策最大的特点，表现出"因地制宜"的实用主义逻辑。

当然，这一类型的国家以俄罗斯联邦和印度为主要代表。苏联作为一

---

[1] 李资源：《西方多民族国家的自治立法与中国民族法制建设研究》，《贵州民族研究》2006年第5期，第29页。

个统一的多民族国家在人类历史上存在了 70 年。苏联基于"民族自决与民族解放"原则的民族区域自治理论在列宁缔造苏联的过程中，与无产阶级革命理论一样，是国家凝聚力的重要来源之一。

建立民主集中制的大国，是列宁思索民族区域自治的出发点，列宁指出，"民主集中制不仅不排斥地方自治以及有独特的经济和生活条件、民族成分的区域自治，相反，它必须既要求地方自治，也要求区域自治。……如果不保证每一个在经济和生活上有较大特点并且民族成分不同的区域享有这样的自治，那么现代真正的民主国家就不可能设想了。"在实践中，列宁把一些小民族在本民族地区内采取自治共和国、自治州、自治专区等多种形式的民族自治，看作社会主义时期进行民族国家建设的一种有效形式。在理解列宁民族区域自治理论时，应注意以下问题。

第一，列宁对民族区域自治是持明确肯定态度的，但在自治区域划分所依据的条件上，把民族成分和经济生活条件摆在同等的地位上，并没有将民族成分看成是唯一的因素。列宁指出，"居民的民族成分虽是极重要的经济因素之一，但它不是唯一的，在其他诸因素中也不是最重要的"，"由于考虑'民族'因素而把那些经济上倾向城市的乡村和州割开来，这是荒谬的，也是不可思议的。因此，马克思主义者不应当完全绝对以'民族地域'原则为立足点"，而是"把居民的民族成分和其他条件（首先是经济条件，其次是生活条件等）相提并论的"。

第二，对列宁而言，宁可要政治上的分离，也不要经济上的隔离。在列宁眼中，政治上的统一是为了实现经济上的强大。列宁多次指出，"在其他条件相等的情况下，大国比小国能有效得多地完成促使经济进步的任务，完成无产阶级同资产阶级斗争的任务。但是我们珍视的只是自愿的联系，而绝不是强制的联系。""我们要求民族有自决的自由，即独立的自由，即被压迫民族有分离的自由，并不是因为我们想实行经济上的分裂，或者想实现建立小国的理想，相反，是因为我们想建立大国，想使各民族接近乃至融合。"①

但后来，斯大林对整个国家强制"俄罗斯化"的同化政策和对外高加索一些少数民族的流放政策的实施，在客观上违背了民族区域自治的基本

---

① 　张祥云：《关于列宁民族自决权理论的几个问题》，《当代世界与社会主义》2011 年第 1 期，第 49 页。

原则。在赫鲁晓夫和勃列日涅夫时代，苏联弥漫着一种"民族差异已经被消灭，新的民族共同体——苏联民族已经形成"的乐观情绪，苏联政府不断强化中央集权，加盟共和国的自治权力如"苏维埃联盟的门面"一般形同虚设，境内的少数民族被进一步边缘化，民族矛盾不断积累。因而当苏联解体的"历史机会"一旦出现，各加盟共和国纷纷独立，苏联国家的大厦在一夜间崩塌。

在实践中，苏联按照民族划分行政区域，实行以主体民族冠名加盟共和国和行政区域，实行民族国家联邦制。这一政策在十月革命前后有其自身的合理性，但把这一政策绝对化则带来了很多问题。英国学者霍布斯鲍姆指出，"悉心致力于在那些从未组成过'民族行政单位'（亦即现代意义的'民族'）的地方，或从不曾考虑要组成'民族行政单位'的民族（例如中亚伊斯兰教民族和白俄罗斯人）当中，依据族裔语言的分布创造出一个个'民族行政单位'的，正是共产党政权本身。把哈萨克、吉尔吉斯、乌兹别克、塔吉克、土库曼视做'民族'并以此为基础建立苏维埃共和国的主张，只是苏维埃知识分子的理论建构，而非任何这些中亚部族原本的意愿。"①

苏联成立时有 4 个成员：俄罗斯联邦、白俄罗斯、乌克兰、外高加索联邦。1936 年苏联宪法通过后，苏联的成员增至 11 个：3 个斯拉夫国家、外高加索联邦一分为三、土库曼苏维埃社会主义共和国、乌兹别克苏维埃社会主义共和国、哈萨克苏维埃社会主义共和国、吉尔吉斯苏维埃社会主义共和国、塔吉克苏维埃社会主义共和国。1940 年 8 月，波罗的海三国加入。苏芬战争后，苏联在新占领的芬兰领土上，于 1940 年 3 月建立卡累利阿－芬兰苏维埃社会主义共和国。1940 年 8 月又把并入了比萨拉比亚的摩尔达维亚升格为加盟共和国。至此，苏联有 16 个加盟共和国。1956 年 7 月，卡累利阿－芬兰苏维埃社会主义共和国变为卡累利阿自治共和国并入俄罗斯联邦。各加盟共和国境内又按民族划分民族自治地区。

继承了苏联衣钵的俄罗斯联邦有 130 多个少数民族，占人口总数的近 20%。20 世纪 90 年代初，在联邦 88 个行政区划主体中，有 32 个以民族指标为基础，被称作 21 个民族共和国和 11 个自治区，其余基于非民族指标。

---

① 〔英〕埃里克·霍布斯鲍姆：《民族与民族主义》，李金梅译，上海人民出版社，2000，第 199 页。

那些民族共和国和自治区代表着非俄罗斯民族的利益，它们要求拥有更大的政治权力甚至主权。[①] 为推动民族融合和政治整合，俄罗斯联邦内的自治共和国只被赋予了在地区事务上很有限的自治权，有些自治共和国内部"俄罗斯化"的程度很高，有些少数民族，如将近一半的卡累利阿族和 3/4 的乌德穆特人，已经把俄语当成自己的母语。

1990 年 11 月，俄联邦议会宪法委员会秘书奥列格·卢曼切夫，提出了一个重新划分行政区划的议案：不考虑民族的因素，在联邦全境设置 50 个左右非民族基础的区域行政单位。这就是所谓的"卢曼切夫计划"。这个议案的意图声称旨在保证各地区间公民权利的平等。为确保所有公民享有同样的权利，需要取消对一些地区非俄罗斯民族的特殊待遇，即仅凭民族身份不能获得比其他人多的利益。"卢曼切夫计划"引起了激烈的争论，特别是激起非俄罗斯民族的反对，最终没有被采纳。

1992 年 1 月，俄罗斯联邦最高苏维埃主席团采纳的议案是一个妥协的方案。根据这个方案，俄罗斯联邦继续区别对待民族地区（民族共和国等）和普通地区（俄罗斯族占主导地位的州）。民族地区有权制定自己的宪法和法律，自己选举产生地方政府及其在联邦政体内的代表；而那些非民族地区和非俄罗斯族人口占少数的地区，有权规定自己的立法程序，却无权拥有自己的宪法。这个议案在某种程度上加剧了民族地区和非民族地区之间的紧张关系，因为按照这个方案，事实上各地区的公民享有不平等的政治权利：民族共和国公民的政治权利大于其他地区的公民。[②] 1992 年 1 月，俄罗斯联邦议会通过一项决议，准许俄罗斯境内 16 个民族自治共和国、5 个民族自治州中的 4 个自治州升格为共和国。21 个共和国获得了更多的补贴，并被允许保留更多的税收，同时还可以颁布一些特殊的法令，一种"不对称的联邦制"开始形成。[③]

莫斯科的妥协方案，促使大多数民族共和国接受并签署了 1992 年 3 月的《联邦条约》，俄罗斯的疆域在法律上得以完整维持。但其中有两个例

---

①　关凯：《论 20 世纪 90 年代初的俄罗斯民族关系》，《黑龙江民族丛刊》2003 年第 1 期，第 122 页。

②　关凯：《论 20 世纪 90 年代初的俄罗斯民族关系》，《黑龙江民族丛刊》2003 年第 1 期，第 122 页。

③　程雪阳：《联邦制应否基于民族政治自治？——从俄罗斯联邦制与民族主义的关系谈起》，《清华法治论衡》2009 年第 2 期，第 376 页。

外——鞑靼斯坦和车臣拒绝签署这项条约。联邦政府对此作出的反应是在
1991~1993 年，针对态度强硬的鞑靼斯坦共和国实行了经济制裁，同时武
装以俄罗斯族为主的当地组织对抗北高加索民族主义分裂运动。而影响更
大的举动是在 1994 年 12 月俄军针对车臣分裂主义势力的军事行动——车
臣战争。

　　1993 年 12 月，在《联邦条约》的基础上，俄罗斯产生了新宪法。新
宪法废除了许多原来在《联邦条约》中已经规定的民族共和国的自治权力。
最典型的是，新宪法只是接受了民族自决的原则，但在第 4 款规定：保证
俄罗斯联邦的领土完整和不可侵犯优先于分裂的权力。[①] 21 个民族共和国
中的 9 个在宪法全民公决中投了反对票。巴什科尔托斯坦、鞑靼斯坦、萨
哈（原雅库特自治共和国）和图瓦等民族共和国还宣布它们本共和国法律
高于联邦法律，这明显与联邦宪法的规定背道而驰。

　　需要客观地看待苏联以及俄罗斯联邦的民族区域自治：首先，在维
护国家统一的意义上，民族区域自治为联邦与民族地区之间建立了和平
协商的机制。中央和民族共和国之间权力划分的进一步明确，民族共和
国自治权力的增加，在一定程度上抵消了一些民族主义分裂势力的影响。
其次，大多数民族共和国在经济上作为"初级资源基地"的处境使它们
依赖于联邦的经济援助。在财政上，民族共和国几乎都是联邦的财政净
补贴单位，一些民族共和国，如巴什科尔托斯坦、车臣、萨哈和达吉斯
坦几乎根本不向联邦纳税。但问题的另一面是，民族区域自治客观上也
为俄罗斯境内民族主义势力的发展提供了一定的政治空间。

　　所谓"苏联模式"的特点，并不在于实行了民族国家联盟的联邦制，
而在于激进地判断社会主义建设的进程而导致处理民族问题的简单化，形
成了历史留给苏联的民族问题遗产已经"一劳永逸"地解决的盲目判断。
这种判断不仅形成了"祝酒词"式的歌功颂德，而且导致将非俄罗斯民族
因高度中央集权和"俄罗斯化"产生的不满纳入阶级斗争的轨道。[②] 曾处
理过一系列苏联民族问题危机的雷日科夫在反思解决民族问题教训时指出，
"过去时代遗留的东西，以及屡屡未能克服的不顾客观情况超前行动的愿
望，都对事业造成了根本的伤害。比方说，认为我国民族问题已经完全解

[①]　关凯：《论 20 世纪 90 年代初的俄罗斯民族关系》，《黑龙江民族丛刊》2003 年第 1 期，第
　　122 页。
[②]　郝时远：《中国的民族区域自治不是"苏联模式"》，《中国民族报》2011 年 4 月 15 日。

决，在这种背景下对民族发展和民族间的相互关系实际过程的研究，就常常被简单的口号代替。"①

此外，苏联解体的真正动力不是其境内的少数民族，而是优势民族——俄罗斯族。在 1991 年 3 月 17 日全苏联举行的"是否保留苏联"的公民投票中，9 个加盟共和国参加投票的 1.48 亿人中赞同保留苏联的比例达 76.4%，中亚五国赞同保留苏联的比例均高达 90% 以上，而反对保留苏联的最高投票比例则来自乌克兰（28%）和俄罗斯（26.4%）。这是西方研究苏联民族问题的专家们始料未及的结果。② 可见，不成功的民族区域自治成为拆散苏联联盟的主要动因。

（二）单一制体制下的民族区域自治

较典型的国家和地区有：欧洲有法国的科西嘉岛、丹麦的格陵兰岛、芬兰的奥兰自治省、意大利的 5 个自治区、西班牙的民族自治区；亚洲有中国的 155 个区、州、县三级民族区域自治地方，印度尼西亚的亚齐省和新巴布亚省，菲律宾的棉兰老自治省，伊拉克的库尔德省，等等。

有 26 万人口的科西嘉岛自 1768 年并入法国版图后，该岛的独立分离主义运动就没停止过。1975 年 5 月 15 日，法国颁布法令把科西嘉确定为法国的第 22 个行政区，下分两个县，拥有一定的自治权。1982 年 3 月 12 日，法国颁布《地方分权法》认定科西嘉是地方行政区的自治单位。1982 年，第 214 号法令承认科西嘉具有某种特殊性，但 1991 年颁布的法令补充规定，科西嘉的特殊性不能违反宪法规定的领土不可分割原则。该法令拒绝承认所谓"科西嘉民族"，认为科西嘉是法兰西共和国领土的一部分，在主权问题上法国没有任何让步的余地。

丹麦王国对格陵兰岛实施自治制度的特点是强调"区域自治"而淡化"民族自治"。作为岛屿的地理条件使格陵兰自治的区域边界是天然明确的，而自治的行为主体被定义为"格陵兰所有居民"而不考虑他们属于哪个民族。格陵兰岛在地理上与丹麦本土相分离，当地现有人口 5.6 万余人，其中 88% 的人出生于本地，有着不同于丹麦人的语言和文化以及认同于格陵兰人或因纽特人的共同情感。该岛的自治始于 1979 年，在确保国家统一的前提下，自治当局享有日常生活中大多数领域的行政、

---

① 郝时远：《中国民族政策的核心原则不容改变——评析"第二代民族政策"》，《中国民族报》2012 年 2 月 3 日。

② 郝时远：《中国的民族区域自治不是"苏联模式"》，《中国民族报》2011 年 4 月 15 日。

立法权力，如在使用丹麦语的同时使用母语，与国家当局联合行使矿产资源的决策权等。

类似的情形在芬兰政府对奥兰群岛（The Aland Islands）的自治制度安排上也有体现。奥兰群岛 95% 的居民的母语是瑞典语，从 1921 年起就在国际干预下开始实行自治。行使自治权力的核心机构是奥兰群岛议会。根据 1993 年《奥兰群岛自治法》（Act on the Autonomy of Aland）的规定，成为议员的资格是拥有奥兰群岛的居住权（The Right of Domicile，准确定义应为永久居留权），与民族身份或使用何种语言无关。

意大利位于欧洲南部，其境内 94% 的居民为意大利人，少数民族有法兰西人、拉丁人、弗留里人等。官方语言是意大利语，个别地区讲法语和德语，大部分居民信奉天主教。在意大利的 20 个行政区中，西西里、撒丁、瓦莱·达奥斯塔、特伦蒂诺－上阿迪杰以及弗留利－威尼斯·朱利亚 5 个大区，由于政治、民族以及经济等原因享有类似"民族区域自治"的特别自治权，其余的只享有普通自治权，因此前者被称为特别区，后者被称为普通区。根据宪法的特殊法令，这 5 个大区都有区议会和由区主席所领导的区政府，区政府与国家政府的结构相似。

1946 年 6 月 2 日，意大利举行了全民公决，迎来了共和国时代。立宪工作开始以前，在意大利的西西里、撒丁、瓦莱·达奥斯塔以及特伦蒂诺－上阿迪杰等区就已经出现了要求地方自治的呼声，有些地方甚至付诸了实际行动，其中尤以西西里最为典型。这些地区的行为暴露了存在于国家与地区之间的紧张关系，也促使立宪会议不再一味坚守中央集权的立场，而是试图对原有的中央与地方关系进行调整。

从最终结果来看，赞成地方分权的力量获得了胜利。1946 年，意大利立宪会议通过法案，开始实行"地区性国家"的地方自治模式。所谓"地区性国家"，是指将广泛的自治权，包括就某些问题制定法律的权力赋予地区的单一制国家。因此，从本质上来说，地区性国家仍然是单一制国家的一种。与 1931 年西班牙宪法相比，意大利的这种"地区性国家"的地方自治模式更为谨慎，除了立法权的部分给予以外，意大利的中央政府仍然牢牢地控制着其他重要权力，尽管意大利的区拥有宪法认可的地位，但是它在国家的政治进程中并不发挥决定作用。

具体来说，在 1948 年以前，意大利地方政府分为省、市两级，所谓的地区只具有历史和文化意义。1948 年的宪法正式确立了区这一制度，作为实现"地区性国家"地区自治模式的基础,其内容主要体现在区条例、立法自主权、财政自主权、区政府结构以及国家对区的控制等五个方面。

(1)区条例:是指关于各区内部组织的规则,被视为各区的基本法。在所规定的事项上,特别区比普通区享有更为广泛的自治权。但在区条例的制定上,特别区比普通区缺乏自主权,这一点与特别区所享有的特殊地位是不相称的。

(2)立法自治权:大体分为四大类,即行政制度及其组织、公共和社会服务、经济发展以及领土资源的管理和利用。但区的立法自主权不得与国家安全以及国家所承担的国际义务相冲突。

(3)财政自治权:在特别区中,其税收制度及其调节由相应的区条例予以规定。但是,由于区财政由国家立法规定,因此区财政自治权受到严格限制,通常区不能引入新形式的税收,每种形式的地区税必须与国家税系统相一致。

(4)区政府结构:区议会采取一院制的形式行使立法权、规章制定权以及授予它的其他职能,如行政职能。但在特别区,事实上将规章制定权授予了区执行委员会。区执行委员会由区议会选举产生,具有普遍的行政功能,还具有向区议会提交议案的权利,但它无权颁布法令。

(5)国家对区的控制:通常通过派驻于各区的政府专员来实现。政府专员由内阁任命,是地方的国家机构的组成部分。政府专员监督国家行政功能在区的实施,并且调整其与区行政职能的关系。政府专员拥有要求国家政府解散区议会的权力。

意大利先后于1948年和1972年颁布过两个《自治法》。第二次世界大战结束时,当地讲德语的居民要求南蒂罗尔(Südtirol)享有特别自治权的诉求受到各方面的重视。美国和英国主张意大利和奥地利之间达成一个协议,给予南蒂罗尔享有广泛的自我管理以及保护其使用德语的权利。1946年9月5日,意大利与奥地利在法国巴黎签署协议,确保南蒂罗尔居民的传统、文化以及经济发展得到保护,确保讲德语的居民在其居住的地域内行使立法权和行政权。但1948年颁布的《自治法》未能充分满足南蒂罗尔居民的需要,自1956年初冲突时有发生。于是,奥地利将南蒂罗尔问题提交联合国大会讨论。经谈判,1969年出台了一些有关自治制度的新规定。1972年,意大利实施第二个《自治法》,并建立了特伦托自治省(100%居民讲意大利语）和博尔扎诺自治省（有 2/3 居民讲德语），① 给予两个自治省很高的自治权。

意大利的两部《自治法》都给予了自治地方或自治民族很高程度的自治权。《巴黎协议》第 1 条规定："确保博尔扎诺省和相邻的特伦托省的双语城镇中讲德语的居民在保护讲德语的民族特色和文化、经济发展特殊规定的框架内，享有与讲意大利语的居民完全平等的权利。"依据业已制定或有待制定的立法，讲德语的公民将赋予以下具体的权利。

（1）在小学和中学以母语授课。

（2）规范公共机关、政府文件以及双语地区命名中的德语和意大利语。

（3）恢复近年来被意大利化的德语姓氏的权利。

（4）达到一个更恰当的两个族群之间的雇用比例关系，实现进入公共机关的平等权利。

《巴黎协议》第 2 条规定："赋予上述地区的居民行使地方自治的立法和行政权力，条款的制定将咨商当地讲德语的居民代表。"1972 年第二部《自治法》，在尊重不同的文化和语言方面，对学校制度专门做了规定。幼儿园、小学、中学都必须由与学生有着相同母语的教师用学生的母语进行教学。公共部门的职位，包括地方长官职务，须依据按比例分配名额的原则，根据语言群体之间的人口比例进行调整和安排。②

尽管意大利已经走上了联邦制的道路，但是历史的影响和现实的顾虑使它对地方仍保有较一般联邦制国家更强的控制，对地方保留着必要监督。比如，为了应对因地方权力的增强而可能出现的离心现象，宪法增加了"替代条款"，规定在地方违反共同体法律时，政府可以不顾地方政府的权限划分，代替区、主要城市、省及市当局行使职权。此外，在国家与地方就彼此的权限争议向宪法法院提起诉讼时，两者也不享有完全平等的待遇。③

西班牙实行民族区域自治制度，宪法"承认并保障组成西班牙国的各

---

①　特伦托自治省和博尔扎诺自治省是意大利北部特伦蒂诺－上阿迪杰地区的两个自治省。

②　李资源：《西方多民族国家的自治立法与中国民族法制建设研究》，《贵州民族研究》2006年第 5 期，第 31 页。

③　杨灿、李奕萱：《立法权的部分给予：意大利的地区自治制度》，《中国民族报》2012 年 4月 13 日。

民族和各地区的自治权利及其团结"①。据此，西班牙现共有 17 个自治区，各自治区的"自治章程是各自治区的基本法规，国家把这些章程作为自己的法律程序的组成部分予以承认和保护"②。在政策的实施中，自治原则的争论则是由于加泰罗尼亚、巴斯克和加里西亚这三个大区的建立所引起的。由于这三个地区在历史上一直是独特的民族地区，享有较大的自治权，且与主体民族的冲突不断，中央政府首先赋予了这些地区以很大的自治权。结果，这引起了一种普遍的不满情绪，没有一个地区不想取得这三个大区那样的特权，纷纷提出自治的要求。中央政府不得不将这个解决民族问题的自治方案扩大到全国，到 1983 年，50 个省被分为 17 个大区。这样避免国家按照两个不同的模式——集权制的模式和权力完全分散的模式——进行政治统治。③

虽然是多民族国家，但西班牙从未将多元文化主义定为国策。历史上，以及在独裁者佛朗哥统治时代，西班牙一直是个移民输出国，而非输入国。与邻国更大的不同在于，1976 年西班牙开始政治转型后，被强权压制的巴斯克分离主义和加泰罗尼亚分离主义迅速抬头。为此，西班牙政府给予有分离倾向的少数民族以高度自治，是分离主义被釜底抽薪的根本原因。经过各方不断妥协让步，于 1979 年诞生的《自治条例》，在反民族分裂的宪法框架下，决定建立一个新的分权体制，前所未有地向非主体民族地区授权，彻底修正佛朗哥时代强行推动的同化政策，力倡民族和解。

独立倾向最严重的巴斯克地区，在西班牙 29 个自治单位中享有最充分的自治权：比如拥有独立的警察系统，将巴斯克语定为官方语言之一。高度自治与政策的宽松，为巴斯克地区和加泰罗尼亚地区的经济发展提供了丰厚土壤。巴斯克现在是西班牙最富有的地区，其人均 GDP 比欧盟高出 40%，比西班牙平均值高 33.8%。当然，让权的同时，西班牙政府一直强调各民族的平等地位以及对国家认同感的培育。2007～2010 年西班牙国家公民战略计划指出，西班牙全体公民应共同强化对西班牙的国家认同。

当然，西班牙的国家认同，同样是建立在普世价值之上，是多数民族与少数民族共同做出妥协的结果。西班牙将"民族融合"定义为一个"相

---

① 姜士林等主编《世界宪法全书》，青岛出版社，1997，第 1197 页。
② 姜士林等主编《世界宪法全书》，青岛出版社，1997，第 1208 页。
③ 巨英、嵇雷：《民族自治与政治整合——西班牙民族政策评析》，《湖北经济学院学报》2012 年第 4 期，第 115 页。

互适应"的过程，必须由主体民族和少数民族共同努力才能实现的目标。其中，经济发展加速了民族融合。今天，28.2%的巴斯克人不出生在巴斯克地区。2006年的调查显示，在所有16岁以上的巴斯克居民中，有30.1%会说流利的巴斯克语，另有51.5%的人根本不会说巴斯克语，越来越多的人已经无法分辨自己的民族——代表着西班牙社会的一体化。①

2011年，巴斯克独立武装组织埃塔宣布停火。西班牙政府的制度安排，使埃塔彻底丧失了民意基础。埃塔在巴斯克人中的支持率从1981年的12%降到2010年的3%，抵制率却从23%上升到62%。哪怕是主张独立的巴斯克政客都站出来公开指责埃塔的暴力行径。②

除上述两种主要类型外，还有如"国际托管地"、"非自治领土"、"原住民保留地"等其他类型的民族区域自治。历史上殖民统治遗留下来的各种"海外领地"，也可以被视为享有一定自治权利的地方。③其中，美国、加拿大和巴西等国都有数量庞大的原住民保留地，这些保留地对其内部事务享有一定的自主权，广义上也可划入民族自治的范畴。例如，美洲有加拿大的努纳乌特、美国的北坡、尼加拉瓜的两个南北大西洋省、巴拿马的5个原住民区，等等。

中国的民族区域自治制度是典型的单一制体制下的自治模式。中国民族区域自治制度具有比较强的"国家指导性"特点，更多地体现了"国家意志"与"国家意愿"。在民族区域自治制度中，民族因素是从属的（大多数自治地方的自治民族在当地人口总量中的比例并不占多数），主要因素是区域因素，这样国家与民族自治地方之间的关系更接近于中央政府与地方政府之间的关系。截至目前，全国共建立了155个民族自治地方，其中包括自治区5个、自治州30个和自治县（旗）120个，分为3个不同的行政级别：有相当于省一级的5个自治区；有30个市级行政级别的自治州；有120个县级行政级别的自治县。同时还建立了1500多个民族乡，作为民族区域自治的补充形式。55个少数民族中，有44个建立了自治地方，实行区域自治的少数民族人口占少数民族总人口的71%，民族自治地方的面积占全国国土面积的64%。

在中国，由于各民族"大杂居，小聚居"的影响，在制定特别保护政

---

① 叶寒：《西方民族政策与多元文化检讨》，《凤凰周刊》2012年第9期，第41~45页。
② 叶寒：《西方民族政策与多元文化检讨》，《凤凰周刊》2012年第9期，第41~45页。
③ 明浩：《当代"民族区域自治"的内涵与主要类型》，《中国民族报》2012年4月6日。

策时，需要妥善处理区域性和民族性的关系。这是民族区域自治能否充分发挥其制度功能的关键所在。在实践中，如果只重视保障聚居的主体少数民族的权益，而对其他少数民族和汉族权益的保障问题关注不够，将致使一些具体的政策背离平等的基本精神，在一定程度上造成群体与群体之间的不平等关系。

虽然民族区域自治有缓解民族紧张关系的作用，但"民族－区域原则并不总能导致建立最优化的管理单元。在一些情况下，尤其是在现代化程度较低的群体中，这一原则维持了或强化了本该逐渐消失的族群差异"①。正是这样的"区隔化制度（segmental institutions），为政治家从原有的多民族国家中创造出新的民族国家提供了组织方式、动机和机会"②。因此，我们需要客观、辩证地看待民族区域自治在民族冲突管理中的作用和意义。

第八节　消除威胁情境

民族接触、政党管理、公众参与及草根路径是消除威胁情境的常用方式。在灾难等特殊极端的危急时刻，如果政府的政策和措施得当，有助于通过患难与共的方式缓和或消减民族冲突。

一　灾难管理

自然灾害、重大流行性疾病等一些偶发性的非传统安全因素对国家间冲突和国内民族冲突的进程有着直接的作用和影响。2000 年，康福特（Louise K. Comfort）和凯尔曼（Ilan Kelman）等开展综合研究，在《剑桥国际事务评论（第 14 卷）》（Cambridge Review of International Affairs）上发表关于灾难外交研究状况的成果。他们认为，灾难外交是对灾难的一种激进阐释（radical interpretation），它直面"灾难能诱发敌对国家间的国际合

---

① 〔美〕菲利普·罗德：《苏维埃联邦政治与族群动员》，《民族社会学研究通讯》2010 年第 61 期，第 18 页；转引自马戎《21 世纪的中国是否存在国家分裂的风险》，《领导者》2011 年第 2 期，第 95 页。

② Philip G. Roeder, "The Triumph of Nation – States：Lessons from the Collapse of the Soviet Union, Yugoslavia, andCzechoslovakia", in Michael McFaul and Kathryn Stoner – Weiss eds., *After the Collapse of Communism：Comparative Lessons of Transition*, New York：Cambridge University Press, 2004, p. 21.

作吗"的诘问，寻求突破国家间的"霍布斯情景"。康福特指出，"灾难外交概念基于共担风险（shared risk）的基础上，确认国家间的共同利益并引发所有蒙受威胁的国家间的共同责任。"① 凯尔曼认为，灾难外交是"一个与灾难和外交相关的活动，以及它们之间相互作用的过程"②。阙天舒认为，"灾难外交从更广阔的全人类利益角度思考问题，具有'全球整体性意识'和'共同命运感'的价值内涵，因此，它是一种从'工具外交'到'价值外交'转变的初步尝试"③。"灾难其自身并不能产生新的外交倡议（diplomacy initiative），它是'外交的催化剂'，而非'外交创造者'。"④ 灾难作为一个外生变量，除了引发国家间关系的积极变化，其性质和规模对国内民族冲突双方的和解行为、冲突解决路径选择都有着非常重要的作用。

　　灾难中患难与共能够在短期内对民族冲突双方有积极影响，但从长期来看，非灾难因素的影响更为根本。灾难管理的假设是：当自然灾害发生在受灾国之民族冲突地区时，灾难管理有助于引导一国政府通过患难与共的方式缓和或解决民族冲突，而不是恶化之。⑤

　　在相关研究中，许多学者将目光集中到印度尼西亚和斯里兰卡，因为这两个国家的民族冲突地区都遭受了印度洋海啸的破坏，这次海啸是"世界近200多年来死伤最惨重的海啸灾难"。灾难前后两国民族冲突具有很大相似性，但是最后两国民族冲突管理的发展方向出现了巨大差异。

（一）海啸前印尼与斯里兰卡民族分离组织的产生和发展

　　从20世纪70年代起，印尼的"自由亚齐运动"（全称是亚齐－苏门答腊民族解放阵线，The Aceh/Sumatra National Liberation Front，目标是建立"亚齐伊斯兰教国"）开始从事武装分离活动，军方与"自由亚齐运动"的武装冲突造成平民的大量伤亡，致使大批难民外逃。斯里兰卡的泰米尔·伊拉姆猛虎解放组织（Liberation Tigers of Tamil Eelam）于1976年成立，以

① Louise K. Comfort, "Disaster: Agent of Diplomacy or Change in International Affairs?", *Cambridge Review of International Affairs*, Vol. 14, No. 1, July 2000, p. 6.
② Ilan Kelman, "Disaster Diplomacy: Can Tragedy Help Build Bridges among Countries?", *UCAR Quarterly*, Fall 2007, p. 6.
③ 阙天舒：《灾难外交的解析、评估及路径》，《国际观察》2007年第3期，第29页。
④ 毛维准、阙天舒：《灾难外交：一种新的外交方式？——印度洋地震海啸启示录》，《世界经济与政治》2005年第6期，第56页。
⑤ 张洁：《灾难外交与民族冲突解决的路径选择——以印尼和斯里兰卡为比较样本》，《太平洋学报》2011年第11期，第33页。

斯里兰卡北部的贾夫纳半岛为大本营，从事武装独立活动，并引发了斯里兰卡长期的内战。印尼和斯里兰卡民族分离组织的产生和发展是我们理解海啸后两国民族冲突管理中路径选择的历史基础。见表 3 – 14、表 3 – 15。

表 3 – 14　海啸前亚齐民族分离组织的产生和发展

时间	重大事件	冲突双方	亚齐对策
1873 ~ 1903 年	荷兰在亚齐建立殖民统治	1. 荷兰殖民者 2. 亚齐王国	反殖民统治，但抗争失败
1939 年	亚齐伊斯兰学者联合会成立	1. 荷兰 2. 亚齐地区	领导亚齐人民抗击荷兰殖民者
1945 年	印度尼西亚独立	1. 印尼 2. 亚齐	亚齐伊斯兰教领袖和军方率先拥护，成为"印尼独立斗争的基石"
1950 年	亚齐被取消自治权，并入北苏门答腊省	1. 印尼中央政府 2. 亚齐省	产生严重不满，爆发局部冲突
1953 年	亚齐发动武装起义	1. 苏加诺政府 2. 亚齐	以达乌德·贝鲁为首的亚齐伊斯兰学者联合会联合其他几个省份发动武装起义
1959 年	宣布亚齐为"特区"，享有"特殊地位"	1. 苏加诺政府 2. 亚齐	实行独特的地方开发政策，设立乌里玛评议会，发布以保护伊斯兰教为目的的地方法令
20 世纪 70 年代	利益冲突日益尖锐	1. 苏哈托政府 2. 亚齐	上交中央的天然气收入占全国总收入的 14%，但亚齐成为印尼最贫困的省份之一。该省 5643 个乡村中有 2275 个是贫困乡村
1976 年	"自由亚齐运动"组织成立	1. 苏哈托政府 2. 自由亚齐运动	先后爆发反政府武装活动
1989 年	中央政府在亚齐建立军事占领区	1. 苏哈托政府 2. 自由亚齐运动	处于深重的民族灾难和仇恨中，规模和影响日益扩大
1998 年	印尼进入政治民主化新阶段	1. 印尼中央政府 2. 亚齐	要求全民公决，实现亚齐独立
2001 年	对"自由亚齐运动"采取坚决打击行动	1. 瓦希德政府 2. 自由亚齐运动	通过军事等多种方式进行抵抗
2003 年	东京和谈宣告破裂	1. 梅加瓦蒂政府 2. 自由亚齐运动	5200 名武装力量与政府 5 万军警发生大规模军事冲突

为什么亚齐坚持要从印尼分离出去呢？这其中有多方面的原因。

（1）独特的文化和宗教因素：亚齐处于印尼的最西端，由于交通不便利，与其他地区的联系较少。作为印尼最后一个被殖民者占领的地区，亚齐有着相对较长的独立历史。雅加达在 17 世纪初就已经是荷兰的殖民地了，而亚齐直到 20 世纪初，才被荷兰殖民者完全占领。在 30 多年抗荷的"亚齐战争"中，亚齐以英勇地抗击殖民统治而闻名，也形成了本地区较强的独立自治意识。亚齐是伊斯兰教输入印尼时最早到达的地区，也是印尼最笃信伊斯兰教的地区。16～19 世纪，该地区出现了一度强大的伊斯兰国家，伊斯兰教力量掌握着本地区事务的管理权，在亚齐的历史发展中具有重要的领导地位。长久以来，亚齐在东南亚被称为"麦加的前廊"（Veranda of Mecca）。[1]

（2）资源分配不公以及经济上的严格控制：在印尼，爪哇族作为主体民族，在政治、文化等方面占主导地位，居于"中心"（core），外岛地区居于"边缘"（periphery）。外岛从属于爪哇地区，受爪哇地区的剥削。在某种意义上，印尼是以爪哇岛或者雅加达为中心的帝国。在权力高度集中后的再分配过程中，中央政府在经济上将大量自然资源的财富通过税收转移到其他地区，从而使相关地区处于长期落后的状况。亚齐拥有十分丰富的石油、天然气、金银矿、橡胶和木材等自然资源，是印尼资源最富庶的省份之一。但是，印尼中央政府曾长期实行严格控制地方政府的措施，将地方税收的 95% 归为中央使用，例如 1997～1998 财政年度，亚齐为中央财政贡献 45 亿美元，而亚齐地方财政只得到 2140 万美元，致使亚齐本地区的教育、医疗、交通等条件长期得不到改善。这种状况引起亚齐人民的强烈不满。[2]

（3）军队镇压及人权问题：自 20 世纪 50 年代以来，印尼政府对亚齐分离运动采取强制镇压政策，特种部队长期驻守亚齐，政府军侵害亚齐人的事件也屡屡发生，亚齐人称政府军为"爪哇/印尼占领军"，并不断揭露后者的滥杀无辜和酷刑行为。根据大赦国际（Amnesty International）的调查报告，印尼特种部队司令部是一个令人生畏的机构，在亚齐和北苏门答

---

① Grayson Lloyd & Shannon Smith, eds., *Indonesia Today: Challenges of History*, Singapore: Institute of Southeast Asian Studies, 2001, p. 247.

② 张洁：《从亚齐分离运动看当代印尼发展中的民族分离主义问题》，《当代亚太》2000 年第 7 期，第 48～49 页。

腊建立了多个酷刑中心，对亚齐人使用的酷刑包括：用拳头和木棍殴打、燃烧头发、用烟头烫身体、电击、剧烈地抛摔、踩踏、向嘴里和鼻子里灌水、强迫喝尿等。[①] 据亚齐人权组织统计，1998～2000 年间，冲突双方共计死亡 1800 多人，其中平民有 660 人丧生，307 人受伤，159 人失踪，至2001 年 3 月底，逃往北苏门答腊省的亚齐难民达到 34278 人，这些加剧了亚齐人的离心倾向。[②]

表 3 – 15　海啸前斯里兰卡猛虎民族分离组织的产生和发展

时间	重大事件	冲突双方	猛虎组织对策
自 19 世纪 20 年代起	将南印度的泰米尔人移入斯里兰卡	1. 英国 2. 斯里兰卡	泰米尔人在 1837 年时有 1 万人，到 1949 年达 758264 人
1948 年	斯里兰卡获得独立	1. 英国 2. 斯里兰卡	英国的宪政使僧伽罗人处于政治主导地位，泰米尔人强烈不满
20 世纪 50 年代至 70 年代	僧伽罗人政党主导的政府采取了确立僧伽罗语为唯一官方语言、佛教为国教，以及升学、就业等方面对泰米尔人的歧视性政策	1. 僧伽罗人政府 2. 泰米尔人	民族矛盾迅速激化，泰米尔联邦党在北部和东部地区领导一系列非暴力抗议活动
1976 年	成立泰米尔联合解放阵线，正式提出分离目标	1. 僧伽罗人政府 2. 泰米尔人	猛虎组织逐渐取代其他组织
1983 年	猛虎组织伏击了政府军车队，造成 13 名政府军官兵死亡，拉开了斯里兰卡长达 30 年的内战序幕	1. 斯里兰卡政府军 2. 猛虎组织	利用游击战和恐怖手段与政府军周旋。7.9 万人无家可归，15 万人失业
2002 年	达成了永久停火协议	1. 斯里兰卡政府 2. 猛虎组织	进行和谈，不再寻求单独的泰米尔国家

---

① 庄礼伟：《印度尼西亚社会转型与族群冲突——亚齐民族分离运动个案研究》，《世界民族》2005 年第 1 期，第 32 页

② 梁敏和：《印度尼西亚现代民主分离主义运动的特点》，《世界民族》2002 年第 4 期，第 17 页。

自 1983 年猛虎组织与斯里兰卡政府的内战开始以来，已导致 5.5 万名斯里兰卡人命丧黄泉，产生了 75 万名难民。仅 1990 年的前 6 个月内，就有 6000 人（其中绝大多数是泰米尔人）被杀或者"失踪"，120 万人被迫迁移，在北方省和东方省有 70000 所房屋被烧毁。1993 年，斯里兰卡财政预算赤字为 36.223 亿卢比，1994 年为 47.467 亿卢比，1995 年为 64.778 卢比。由于内战，斯里兰卡政府军费开支逐年增加。1990 年，斯里兰卡军费开支占政府预算的 14.8%，达 3.7 亿美元，是 10 年前的 15 倍，1993 年斯里兰卡军费开支占国内生产总值的 4.5%（高于世界平均水平 3%），人均军费开支 29 美元。[①] 斯里兰卡为国内民族冲突付出了惨痛代价。

（二）海啸后初期印尼与斯里兰卡民族冲突的相似性比较

2004 年海啸后初期，印尼和斯里兰卡国内民族冲突具有很大的相似性。两国在海啸中受灾最严重的区域都是民族冲突最激烈的地区；两国的中央政府和分离组织在灾前都已经进行了多轮政治谈判。灾后初期，两国都及时开展了灾难管理活动：冲突双方都短暂宣布停火，并表现出和解意向；国际因素在灾后救援和缓解冲突的尝试中，都发挥了重要的作用。见表 3 – 16。

表 3 – 16　海啸后初期印尼与斯里兰卡民族冲突的相似性比较

冲突双方	冲突进程	外部因素
1. 印尼政府 2. 自由亚齐运动	自由亚齐运动宣布停火，中央政府同意合作	国际援助 国际调停
1. 斯里兰卡政府 2. 猛虎组织	猛虎组织宣布停火，双方试图签署合作声明	国际援助

具体而言，海啸后初期，印尼与斯里兰卡民族冲突的相似性主要表现在以下四个方面。第一，在印度洋海啸中，印尼和斯里兰卡是受灾最严重的两个国家。亚齐地区和斯里兰卡猛虎组织占领区这两个民族冲突最激烈的地区都损失惨重。其中，亚齐省共有约 16 万人丧生；而猛虎组织盘踞的东部地区的损失约占总体损失的 40%，北部地区约占 20%，约有 9000 人丧生，数十万人流离失所，具体受灾情况见表 3 – 17。

---

① 郭家宏：《发展与民族冲突的困境——斯里兰卡现代化的经验与教训》，《辽宁师范大学学报》（社会科学版）2003 年第 1 期，第 94 页。

表 3 - 17　　海啸后印尼和斯里兰卡分离地区受灾情况对比

分离组织	控制区	人口总数 （万）	死亡人数 （人）	总面积 （万平方公里）	受灾面积 （万平方公里）
自由亚齐运动	亚齐省	410	119221	5.539	3.6
猛虎组织	斯里兰卡 东部和北部	300	9000	1.5	—

　　第二，在海啸发生前，"自由亚齐运动"和猛虎组织都曾经与中央政府进行过政治谈判，试图通过和平手段解决冲突，这为灾难管理发挥作用奠定了一定的基础。2003 年 5 月，自由亚齐领导人马利克·马哈茂德在日本东京与印尼政府代表谈判。在 2004 年 9 月印尼总统竞选期间，候选人尤多约诺访问了亚齐并提出为投降的叛军实施大赦，为亚齐省提供较大程度的自治和各种经济优惠。在斯里兰卡，猛虎组织和斯里兰卡政府在国际社会的帮助下，积极处理摩擦和分歧，2002 年签署了永久性停火协议，向和平迈出了关键性的一步。2002 年 9 月至 2003 年 1 月，双方共进行了六轮会谈，并在一些问题上达成了共识：双方同意建立一个联邦制国家，并在泰米尔地区实行自治；猛虎组织不再寻求成立一个单独的泰米尔国家而使国家分裂。冲突双方在灾难发生前已经存在文化上的联系、贸易上的往来，或是已经开展的谈判活动，是灾难管理能够影响或促进民族冲突缓和的重要前提。

　　第三，在海啸发生后的最初阶段，巨大的海啸灾难使两国冲突双方的注意力从民族冲突转移到了灾难救援。为提供一个和平安全的灾难后救援环境，"自由亚齐运动"和猛虎组织都提出停火协议，试图参与中央政府的救灾行动，并得到了中央政府的回应，两国的民族冲突暂时出现了缓和迹象。

　　在亚齐，"自由亚齐运动"在灾后马上展开救援，担负起掩埋尸体和为受灾民众提供援助等工作，并于 2004 年 12 月 27 日宣布单方面停火，这一行动得到印尼军方高层的积极回应。前印尼总统顾问黛维·福尔图纳·安瓦尔说："很明显，我希望这次灾难至少能带来一些好的迹象，全国的团结精神以及对亚齐兄弟姐妹的满腔同情会让亚齐人民认识到，他们是印尼大家庭中非常重要的一员。"[①] 2005 年 1 月，印尼中央政府和"自由亚齐运

---

①　《海啸灾难为印尼亚齐地区和解与和平带来希望》，新华网，2005 年 1 月 3 日，http://news.xinhuanet.com/world/2005 - 01/03/content_ 2409604. htm。

动"重启政治和谈,第一阶段的焦点集中于如何进行灾难救助。从 2 月开
始,和谈范围扩大到如何实现政治和解。

猛虎组织在海啸后也宣布单方面停火,积极组织参与救援并希望与斯
里兰卡中央政府进行合作。2005 年 1 月 22 日,猛虎组织做出了暂时搁置成
立自治权力机构的要求,以集中精力救济灾民,投入灾后重建工作。2005
年 2 月初,猛虎组织驻英国伦敦的代表安东·巴拉辛哈姆提出,猛虎组织
希望与中央政府建立一个共同进行灾后救援的合作机制。而时任斯里兰卡
总统的库马拉通加夫人曾表示,共同的悲伤将为实现和解铺平道路,猛虎
组织领导人也回应,政府的姿态意味着事情将向好的方向发展。

第四,国际因素在两国的灾后救援中发挥了重要作用,为缓和两国冲
突双方的紧张关系做出了努力。海啸发生后,许多国家和国际组织立即派
遣救援人员前往印尼与斯里兰卡,这迫使两国中央政府和分离组织暂时停
止冲突,因为确保和平的环境是国际救援人员与物资能够顺利到达灾区的
基本条件。"自由亚齐运动"发言人穆萨米尔在灾后曾宣称,"外国救援人
员不用担心可能来自'自由亚齐运动'成员的任何伤害,因为该组织高层
已下令禁止伤害任何救援人员,'自由亚齐运动'非常感谢外国救援人员向
亚齐提供的帮助。"[①] 斯里兰卡政府和猛虎组织于 2005 年 6 月达成协议以分
享约 30 亿美元的国际援助。全球对灾情的关注使冲突地区被置于全世界的
舆论监督之下,任何破坏救援的冲突行为都会受到谴责,这给予两国冲突
双方很大压力。另外,印尼和斯里兰卡中央政府是国际援助物资的分配者,
分离组织要想分享救援物资,就不得不采取更加积极的态度与中央政府合
作救援,这也有助于缓解冲突双方的紧张关系。

(三) 海啸对两国民族分离组织影响的差异性比较

从上述比较分析来看,印尼和斯里兰卡民族冲突在海啸后初期两国灾
难管理的主要活动内容具有很大的相似性:冲突管理的地区既是民族冲突
地区也是海啸袭击地区,两国的冲突双方在灾后初期都表现出合作意向,
国际因素的介入使得冲突双方的关系更加公开化,这些因素都为两国民族
冲突的解决带来了契机。那么,是什么因素导致印尼的冲突最终以和平方
式解决,而斯里兰卡却战火重燃?

---

① 《印尼分离主义组织称不会袭击外国救援队》,中国网,2005 年 1 月 18 日,http://
www.china.com.cn/zhuanti2005/txt/2005-01/18/content_5760204.htm。

第一，就灾难情况而言，印尼和斯里兰卡民族分离地区在海啸中的受灾程度截然不同，海啸对亚齐的破坏是毁灭性的，而对猛虎组织占领区的影响则相对有限。这就导致了两国冲突双方力量对比变化的差异性，这是决定两国民族冲突进程和走势的关键性因素，决定了两国冲突双方在灾后和谈中的政治立场和谈判目标的差异性，从而导致了民族冲突解决方式的不同路径选择。

根据印度尼西亚国家减灾协调局的统计，印尼全国的海啸死亡人数达到119349人，其中亚齐省确定的死亡人数为119221人，超过50万人流离失所。亚齐省西南岸17个村庄完全消失，首府班达亚齐（Banda Aceh）死亡、失踪人数占人口比率超过80%，其中亚齐巴拉特（Aceh Barat）的港口城市米拉务（Meulaboh）死亡人数超过2.8万人，成为海啸罹难人数最多的城镇。沿海城镇大部分地区被毁，经济损失相当于亚齐省GDP的90%以上，灾后的重建工作预计需要10年以上的时间才能完成。[①] 在斯里兰卡，全国海啸死亡人数是30957人，其中猛虎组织控制区的死亡人数大约为9000人。受灾程度的差异一目了然。

第二，印尼和斯里兰卡面临的民族冲突的性质有很大不同。亚奇没有区域外力量的支持，孤军奋战难以成功。而斯里兰卡的民族冲突受区域内国家的干扰很大，如印度。"自由亚齐运动"的组织基础是在亚齐本土，而猛虎组织的能力很大程度上依赖于海外的资金援助。

海啸对亚齐省的严重破坏，切断了"自由亚齐运动"的资金来源和人员供给，加大了其与印尼中央政府力量对比的差距。"自由亚齐运动"除了高层领导长期流亡在瑞典外，其主要组织力量都在亚齐当地。"自由亚齐运动"控制地区的税收和民众的捐助是其主要的资金来源。然而，亚齐省在海啸中的受灾面积达到65%以上，很多城镇被夷为平地，人员伤亡严重，基层网络被摧毁，分离主义的控制力被严重削弱。

而猛虎组织控制区的受灾程度要比亚齐轻很多，更重要的是，猛虎组织活动资金的重要来源之一是海外支持。它在世界上54个国家都设有宣传机构，为其募集经济支持，90万移居海外的泰米尔人，每月平均捐款超过100万美元。根据《亚洲新闻》20世纪90年代的粗略估计，猛虎组织在几

---

① 王岱、张文忠：《国际多元合作推动灾区重建的回顾和思考——以印度洋地震海啸印度尼西亚灾区为例》，《世界地理研究》2010年第2期，第131~132页。

个欧美国家的月收入分别为：瑞士66万美元，加拿大73万美元，英国39万美元，总计猛虎组织每月至少收入200万美元。[①] 据美国政府和财政部官员估计，猛虎组织每年从海外筹集到1亿~2亿美元的资金。印度的泰米尔纳德邦（Tamil Nadu）有5000多万泰米尔人，一直是猛虎组织的大本营。印度不仅通过各种形式向猛虎组织提供援助，还曾直接出兵干涉斯里兰卡内政。[②]

除此之外，猛虎组织还在全球范围内建立起武器采购网络，拥有强大的陆军和海军，其海军部队曾摧毁了斯里兰卡海军35%~50%的近海船只，甚至还一度成为世界上唯一拥有空军力量的叛乱武装。[③] 因此，海啸后，猛虎组织仍然可以继续与中央政府抗衡。

通过上述内容可以看到，海啸后印尼和斯里兰卡冲突双方的力量对比发生了明显的变化，印尼是强政府、弱分离组织，而斯里兰卡则是弱政府、强分离组织。

（四）两国解决民族冲突的路径选择

实力对比的差异性决定了印尼和斯里兰卡两国民族冲突解决路径的不同选择。海啸后，"自由亚齐运动"领导人意识到自身与中央政府的力量对比发生了很大的变化，不得不考虑改变和政府的谈判条件，最终放弃了独立要求，实现了与中央政府的政治和解。正如双方在亚齐和解备忘录开篇中明确指出的，"各方深切认识到只有和平解决冲突才能使灾后重建工作得以推进和成功。" 2005年1月27日，印尼中央政府和"自由亚齐运动"的代表在芬兰的赫尔辛基重回谈判桌开始和平谈判，期间历经五轮会谈，双方做出重大让步，"自由亚齐运动"同意放弃追求亚齐独立的目标；印尼中央政府允许亚齐享受一定程度的自治权，并于8月15日签署历史性的和平协议。协议要点规定：协议缔结后，双方终止所有敌对活动；印尼政府在2005年底以前，从亚齐省撤离来自外省的军警；"自由亚齐运动"缴出所有武器，解散3000名"自由亚齐运动"的成员；亚齐将保有天然资源70%的收益；印尼中央政府仍旧掌管外交、防务、货币与财政事务，亚齐将有权提高税率供本省用途，以及制定本省利率；欧盟与东盟五国合组亚

---

①　王兰：《泰米尔猛虎解放组织的海外活动网》，《当代亚太》1999年第5期，第49页。

②　曹兴：《僧泰冲突与"猛虎"组织》，《世界民族》2002年第6期，第42页。

③　张家栋、龚健：《从猛虎组织的覆亡看反叛乱战略》，《现代国际关系》2009年第9期，第14页。

齐监督团。2006年1月5日，印度尼西亚驻亚齐特别行政区的最后2150名非建制警察撤回原所属地区。2006年7月，印尼国会通过了《亚齐自治法》，赋予亚齐地方政府更大的自治权，为该省举行地方选举铺平了道路。

海啸对斯里兰卡中央政府和猛虎组织政治立场的改变则相对有限。从国际因素来看，泰米尔猛虎组织不仅在国内从事暴力恐怖活动，而且在国际上从事走私武器、弹药和爆炸物以及偷渡移民等非法活动，遭到国际社会的痛恨。早在灾害发生前，国际社会上一些主要国家，如印度、美国、英国、加拿大以及欧盟先后将其定性为恐怖组织，对其进行查禁，直接影响到该组织在海外的资金筹募活动。灾后，斯里兰卡政府内部在对待泰米尔猛虎组织的问题上意见不一致，难以达成统一的立场，不仅削弱了政府讨价还价的能力，同时也强化了泰米尔猛虎组织寻求独立的倾向。从国内因素来看，不同于"自由亚齐运动"，泰米尔猛虎组织与政府间的冲突是实质性的权力竞争，双方不可能因为灾难而放弃自己的权力要求。① 猛虎组织在海啸后初期虽然表现出和解的意愿，但始终没有放弃独立的要求。特别是海啸为猛虎组织提供了机会，展示了他们对占领区事务的控制力，增加了他们争取独立的政治筹码和信心。而斯里兰卡政府对猛虎组织的和解意图也存在多种质疑，认为后者主要是为了分享国际援助资金。海啸过后，猛虎组织要求国际救援物资应直接送达泰米尔地区，而不是通过斯里兰卡政府的"过滤"。为此，猛虎组织制定一项税收制度，企图通过税收和海外泰米尔人的捐助建立警察部队和法制体系，通过与国际援助机构的直接合作，使得政府不再将其视为游击运动，从而增加谈判的筹码，以获得更多的政治权力。

虽然支持和解的库马拉通加夫人通过努力，在2005年6月促成中央政府与猛虎组织签订了"关于建立海啸灾后灾难管理机构的谅解备忘录"，同意合作重建北部和东部沿海地区，共同分享国际援助资金，并希望借此将冲突双方的合作制度化。但这一备忘录遭到反对党的反对，他们认为协议实质上是对猛虎组织合法地位的承认，这会威胁到斯里兰卡的国家主权。最终，最高法院判决该备忘录无效。此后，一系列事件的发生使双方的紧张关系不断加剧。2005年8月，斯里兰卡外交部长卡迪尔加马尔在其寓所内遭暗杀身亡，这被怀疑是猛虎组织所为。同年11月，对猛虎组织持强硬

① 王兰：《印度洋海啸后的斯里兰卡政局》，《当代亚太》2005年第6期，第40页。

立场的拉贾帕克萨当选斯里兰卡总统，他声称前任政府答应给予猛虎组织一定程度的自治，这样让步太多，应该对猛虎组织的独立要求采取更加严厉的立场。2006年开始，猛虎组织与中央政府的武装冲突再次爆发，斯里兰卡终于失去了海啸灾难后政治解决民族冲突的机会。

通过比较发现，自然灾难本身作为一个重要变量，由于其对冲突地区破坏程度的不同，在一定条件下，会成为决定民族冲突管理效力的关键性外力。在海啸发生前，印尼和斯里兰卡民族冲突的相似性较大，其前景似乎都陷入谈判与冲突的反复当中，很难看到根本解决的希望。正是由于海啸这一外生变量的冲击，并且这种冲击具有很大的差异性，才使两国的民族冲突趋向踏上完全不同的道路：海啸对亚齐的灾难性破坏，使得印尼的冲突双方，尤其是"自由亚齐运动"为亚齐的灾后重建放弃了原有的政治要求和强硬立场，最终实现了民族和解；海啸对斯里兰卡的有限影响以及灾后救援加剧了斯里兰卡民族冲突双方的摩擦，最终斯里兰卡的战火重燃。①

二 民族接触

罗宾·威廉姆斯（Robin Williams）等人最早开始对群际接触问题进行理论化的阐释，随后奥尔伯特（Gordon Willard Allport）于1954年提出群际接触假说（Intergroup Contact Hypothesis）。在此基础上，众多研究证明了群际接触的确可以减少群际偏见（Intergroup Bias）、促进群际关系的改善，这些研究对群际接触的对象、接触的类型、接触的条件及接触对内隐偏见的作用进行了进一步的探讨，形成了群际接触理论（Intergroup Contact Theory）。

从本质上来说，群际偏见是由于本群体对他群体缺少足够的信息或存在负面的刻板印象而产生的，而群际接触则为增加对外群体的认识和纠正负面的刻板印象提供了机会。接触理论认为，减少群际偏见、增加群际信任的主要方式就是在最佳的条件下与外群体进行接触，增加对外群体的认识、获得更多的经验，减少群际互动中的不确定性，进而达到增进群际信任的目的。因此，接触理论的基本假设是：对抗的社会群体（文化认同、

---

① 张洁：《灾难外交与民族冲突解决的路径选择——以印尼和斯里兰卡为比较样本》，《太平洋学报》2011年第11期，第38页。

语言、信念、肤色、国籍等）中的成员之间的频繁接触有利于削弱他们相互所具有的消极刻板印象，并减少相互之间的反感与不相容。简而言之，接触理论认为，在民族接触与冲突之间存在着某种负相关，即个人接触越多，冲突（偏见、歧视、敌意等）就越少。[①]

（一）接触情境

接触理论的实质是，更多的接触意味着更少的民族或文化冲突。这实际上是一个为人熟悉，甚至是一个陈旧的话题，得到了多方面的检验，然而也存在着诸多相互矛盾的事例，即接触越多，冲突也越多。例如，在过去的一个世纪中，尽管巴尔干半岛不同民族之间相遇相识及形成密切个人关系的机会在不断增加，但他们之间的紧张关系似乎有增无减。更为普遍的是，相邻国家的人们，例如巴勒斯坦与以色列，或者印度与巴基斯坦似乎在融洽相处方面仍然存在诸多问题。美国哈佛大学教授罗伯特·普特南（Robert D. Putnam）一项历时10年的调查研究显示（调查了40个美国社区的26200人），一个社区越是种族多元化，成员之间越是缺乏信任。虽然有频繁的接触，但在种族多元的社区，人们普遍"不信任当地市长，不信任当地报纸；他们拒绝相信他人，更不会相信社会机构"[②]。

因此，接触频率并不能直接影响冲突管理的效果，关键要看接触的情境。当接触是一种正常的、良好的接触类型时，就会倾向于减少偏见和歧视。而另一方面，如果接触情境并不友好，接触很可能是无效的，甚至具有消极效果——促进彼此的敌意和刻板印象的发展。[③] 因此，核心问题在于，要在正常的情境中促进融洽的接触类型。

从群际接触的方式来说，影响群际信任、产生良好情境的主要因素有直接的群际接触（direct intergroup contact）、拓展的群际接触（extended intergroup contact）和想象的群际接触（imagined intergroup contact）。

（1）直接的群际接触：主要是指人们与外群体成员的直接接触和互动，其结果变量也主要是对外群体成员的态度。不同群体之间的直接的、面对

---

① Thomas F. Pettigrew, "Intergroup Contact Theory", *Annual Review of Psychology*, Vol. 49, 1998, pp. 65 – 85.

② 叶寒：《西方民族政策与多元文化检讨》，《凤凰周刊》2012年第9期，第41~45页。

③ 刘毅：《化解民族冲突的策略——民族接触与相互依存》，《心理科学进展》2007年第1期，第181~182页。

面的接触会改变人们对外群体成员的看法，增加对外群体成员的信任程度。

（2）拓展的群际接触：是间接群际接触的一种表现形式，其基本思想是只要人们身边的内群体成员有外群体朋友，他们就可能形成积极的外群体态度。与外群体实际接触的经历并不一定是增加群际信任的必要条件，经历较高拓展接触水平会更倾向于信任外群体成员。

（3）想象的群际接触：是间接群际接触的另一种表现形式，即让人们想象与外群体成员的接触，也可以改善群际态度和行为，这需要人们在心理上模拟与外群体成员的社会互动，想象与外群体成员积极的接触经历。这种接触形式会缩短人们与外群体成员的社会距离，促进人们对外群体成员进行人性化归因（humanness attributions），从而增加对外群体成员的信任程度。[①]

增进不同群体之间直接、面对面的接触机会，增进内群体成员的外群体成员朋友数量，鼓励与外群体成员交朋友，通过媒体等呈现群体间相互交往互动的过程和场景，达到群体集体的心理训练，由此可以塑造良好的接触情境，增进群体间信任。可见，情境类型是接触理论关注的核心变量，"依据其发生的情境，更多民族间的接触可能导致更多的偏见与对抗，或者更多的尊重与接纳。然而，基本问题是在接触过程中哪些情境类型导致不信任，哪些情境类型导致信任。"[②]

确保良好的接触情境产生积极的接触效果，还需要考虑群际接触的影响条件。奥尔伯特（Gordon Willard Allport）提出了四种决定接触效果的关键因素。

（1）平等地位：不同的群体在接触过程中，在平等的氛围下与外群体进行的接触会更有成效，同时，接触也有助于平等地位的形成。

（2）群际合作：通过接触来减少偏见，需要接触的群体双方共同努力，且态度积极、目标明确。

（3）共同目标：共同目标的作用只在群体间存在合作关系而非竞争关系时才发生作用。

（4）权威、法律或习俗支持：受到权威、法律和习俗支持的群际接触

---

① 辛素飞、明朗、辛自强：《群际信任的增进：社会认同与群际接触的方法》，《心理科学进展》2013 年第 2 期，第 293 ~ 294 页。

② Thomas F. Pettigrew，"Intergroup Contact Theory"，*Annual Review of Psychology*，Vol. 49，No. 1，1998，pp. 65 – 85.

的成效更加明显。①

佩蒂格鲁（Thomas F. Pettigrew）提出了群际接触的理论模型，如图 3-4 所示。该模式呈现出以下一些特点。

第一，这是中观层面的分析模型。该模型所进行的中观层面的分析是放在宏观层面（社会和制度背景）和微观层面（个人经历和特质）的背景之中，更加全面地反映出"接触减少冲突"可能受到多方面的影响。

第二，此模型是纵向模型，包含了时间这一维度。模型把三种泛化策略整合成时间序列，认为三种归类策略（去归类、凸显归类、再归类），在不同的阶段起着不同的作用。群际接触减少冲突的四个相关的中介变化过程分别是：认识外群体、改变行为、产生情感联系和内群体再评价。②

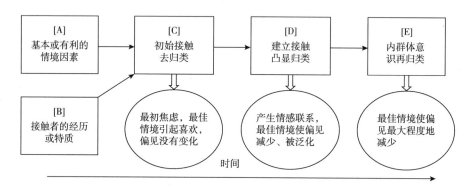

图 3 - 4　接触理论：社会及制度情境

资料来源：Thomas F. Pettigrew，"Intergroup Contact Theory"，*Annual Review of Psychology*，No. 49，No. 1，1998，pp. 65 - 85。

良好的群际接触情境可以减少冲突，在具体实践中，如何有效地运用接触理论，需要我们了解接触理论包含的依存关系、群际互动、情绪因素以及认知因素等四方面的作用机制。

（1）依存关系：群体间的相互依存关系，对群体间的态度和行为转变起直接调节作用，积极的依存（合作）有助于提升对外群体的好感。

（2）群际互动：积极的群际互动将有助于逐步完善双方群体均能接纳的新规范，并将新规范推广到新的情境中。

---

① Gordon Willard Allport, *The Nature of Prejudice*, Cambridge/Reading, MA: Addison - Wesley, 1954, p. 537.

② 陈晶、佐斌：《群际接触理论介评》，《心理学探新》2004 年第 1 期，第 76～77 页。

（3）情绪因素：情绪因素在减少冲突的接触过程中作为一种调节中介而存在，群际接触可以减少对外群体成员乃至整个外群体的负性情绪反应，或是增加对外群体的正性情绪体验。负性情绪方面，焦虑（anxiety）是典型；在正性情绪方面，共情（empathy）是重要中介。

（4）认知因素：指对外群体信息的习得，对外群体了解的增加，将为建立起新的、非刻板印象的群际关系创造条件，减少了在群际交往中感到不适的情况发生，有助于个体发现自身与外群体的相似性，从而减少对外群体的排斥。[1]

接触理论提供了一个基本原理，该原理在一般意义上为政治权威人士提出了应该做什么的建议。它坚持以平等接触、交往与合作为基本政策；不是通过官方或权威的强制去推行某个新的社会规范或文化价值，而是要为打破错误的刻板印象、维持更多的对异族合理的判断与认识创造条件。接触理论鼓励更多的诸如此类的信念，即接触不意味着更多的潜在紧张、严密限制及更少的多样性，而是更少的偏见。[2] 民族间的冲突与暴力很少会在有密切接触的群体中发生，不同民族成员之间通过家庭的密切接触和工作上的共同依赖，可以产生强烈的相互依存的动机，并久而久之形成促进群体间良性接触的社会规范，这为有效的民族冲突管理提供了保障。

（二）案例分析：马来西亚的国内民族冲突管理

马来西亚进行民族冲突管理的基本逻辑是消除威胁情境，促进各民族间的良性接触。马来西亚独立前是英国的殖民地。英国殖民者为了便于统治与管理，实行"分而治之"的政策，使马来亚形成族群分裂的社会特征。[3] 作为马来西亚第二大民族的华人与最大民族马来人之间的关系是马来西亚民族关系中的主轴，两族人口比例见图3－5。

---

① 李森森、龙长权、陈庆飞、李红：《群际接触理论——一种改善群际关系的理论》，《心理科学进展》2010年第5期，第833～835页。

② 刘毅、吴宇驹：《接触抑或冲突——两种民族关系的心理学假说》，《西北师大学报》（社会科学版）2009年第1期，第97～101页。

③ 马来西亚是由马来人、华人、印度人三大主体民族以及其他土著民族构成的多民族国家。其中，以马来人为主的土著族群所占人口比重最大，有1570.1万人，占总人口的65.7%。土著族群中除了马来人外，还有马来西亚西部的尼格列多人、先努伊人，以及马来西亚东部的海达雅克人（又叫伊班人）、陆达雅克人（又叫比达育人）、卡达山人等30多个族群。华人是第二大族群，总人数为607.5万，占总人口的25.4%。印度人是第三大族群，总人口180.7万，占总人口的7.6%。此外，还有极少数来自欧、亚等地的外来族群。

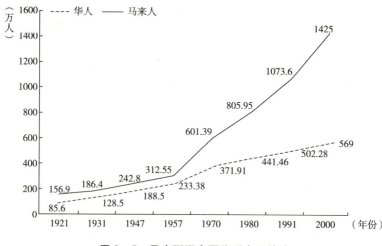

图 3-5　马来西亚主要族群人口统计

资料来源：廖小健《战后马来西亚族群关系研究》，博士学位论文，暨南大学，2007 年，第19 页。

马来西亚独立后，以巫统为首的马来人掌握了国家政权，确立了马来人的特权地位。但是，由于两大民族在许多方面存在差距，尤其是经济上的严重失衡，终于导致"5·13"民族冲突的爆发。20 世纪 70 年代以前，马来西亚执政党基本上实行自由放任的经济政策，这使得马来西亚的贫富差距——尤其是马来人内部的经济差距不断扩大，社会关系日益紧张。同时，占人口少数的华人相对于占人口多数的马来人具有经济上的优势，这种不平衡的经济结构本来就充满张力，经济权力和政治权力在两大族群间的交叉配置又加剧了其不稳定性。[1]　"5·13"事件后，马来人运用手中的权力，成功地实现了社会资源的重新配置，形成了新的民族分层体系。马来人的经济地位不断提升，所从事的行业由以前的农、林、牧、渔业，向制造业、金融保险业等重要的经济部门转移；其职业结构也发生了很大改变，专业技术人员、管理人员以及商业人员的比例大大提高。可以说，从经济到政治，马来西亚都一直存在着严重的民族分层体系。

然而，在如此的社会中，马来西亚自"5·13"事件后却保持了相对融

---

[1]　宋效峰：《马来西亚的发展政策与政治稳定》，《东南亚南亚研究》2009 年第 2 期，第 23页。

洽的民族关系，较少发生激烈的民族冲突。[①] 其成功的关键在于：制度规约构建民族关系的缓冲机制；政策调控下的"民族分层"体系；平衡基础上的动态调节机制。上述措施的核心是消除族际交往的威胁情境，促进族际关系的良性互动。

第一，制度规约构建民族关系的缓冲机制。制度规约是调整人与人之间利害关系和利益格局的有力杠杆。一般认为有助于民族和谐共处的制度设计包括定期选举并采用比例代表制（proportional representation），赋予少数民族若干有利其发展的经济、文化特权甚至是自治权，群众便无须通过高成本的暴力手段来达成其目标。[②]

马来西亚的政治体制有着自己鲜明的特色。表面上遵行西方的民主体制，实行自由选举，有三权分立与政党竞争，甚至采纳西方流行的多元文化主义。但实际上，马来西亚的这种民主体制又与西方的民主体制大相径庭。马来西亚的政党制度既不是典型的一党制，也不是典型的多党制，而是一党独大的多党联合执政模式。因此，马来西亚制度设计的成熟在于党派联盟制度的最终形成。在马来西亚，各族群都有代表自身利益的单一族群政党，"全国巫人统一机构"（United Malays National Organization，UM-NO，简称"巫统"）主要代表马来人的利益，"马来亚华人公会"（Malayan Chinese Association，MCA，简称"马华公会"）主要代表华人的利益，"马来亚印度人国大党"（Malayan Indian Congress，MIC，简称"国大党"）主要代表印度人的利益。

1954 年 11 月，巫统与马华公会、印度人国大党组成了"联盟全国理事会"，正式以"联盟"的形式立足于政坛。到 1974 年，又吸收了一些政党加入并改组为国民阵线（National Front），到 1995 年大选时，政党增加到 14 个。[③] 这 14 个政党联合执政，成为现阶段马来西亚的执政党。[④] 因此，有学者将马来西亚的政治体制界定为介于"民主"和"威权"之间的"半

---

① 胡春艳：《民族社会学视角：制度规约下的马来西亚族群关系》，《世界民族》2009 年第 5 期，第 19 ~ 20 页。

② 孙采薇：《政策、制度、与族群关系：印尼与马来西亚对境内华人族群政策的比较研究》，《亚太研究论坛》，2005，第 57 ~ 91 页。

③ 王子昌：《政治领导与马来西亚国族"打造"》，《世界民族》2004 年第 1 期，第 41 页。

④ 徐罗卿：《马来西亚政治发展特色浅析》，《东南亚纵横》2006 年第 3 期，第 30 页。

民主体制"。① 这种党派联盟的形成有利于代表各族群利益的政党之间通过协商与沟通，解决族群间的利益纷争，保持政权内部的和谐与稳定，增加了各族群对政府的理性认同。

20 世纪 90 年代以后，马来西亚政坛各主要政党的族群色彩日益淡化，这种淡化和消退主要表现为执政党极力模糊族群界限，提倡民族和谐。马来西亚的党派联盟制度的形成和执政党的族群淡化政策，使得华人、印度人在当地政坛占有一席之地，并有代表本民族利益的政治代言人，可以对政府施加一定的影响。特殊的政党政治也为民族间的沟通提供了渠道。如华人政党参与执政，为马、华两族之间的沟通和磋商提供了最大的方便，政府得以及时了解华人的情况，并据此制定应对措施，两族间的不少矛盾在激化之前就得到了解决或缓和。更重要的是，大多数华人把最大的华人执政党——马华公会，看成是华人社会在政府中的代表，对政府的不满往往直接转化为对马华公会的不满。由此，降低了政府和马来人同华人正面冲突的几率。同时，马华公会是华人与政府沟通的桥梁以及前者向后者施压的合理渠道。

第二，政策调控下的"民族分层"体系。一方面，在政府的强力干预与主导下，确立了马来人的特权地位，形成了新的民族分层体系，但并没有引起民族矛盾的反弹，可以说政府调控下的"民族分层"体系起着关键性作用。政府调控的目的是消减悬殊的经济利益和资源分配结构。通过政策调控，"基本上改变了殖民时代遗留下来的民族间不合理的财产分配状态和族群分工制，从而消除了民族冲突的重要社会历史根源。"②

在政治领域，1971 年宪法修正案的出台，是马来西亚当局第一次以立法的形式规定了马来人的特权地位不容置疑。这无疑是"将马来人的特权地位与族群间的不平等关系予以结构化了"③。从那个时候起，马来西亚成了一个公开由马来人支配的社会。④ 然而从 20 世纪 90 年代开始，文官系统随着新经济政策的实施而迅速膨胀，规模得以扩大，大量的华人得以进入政府部门，华人在政府部门的比例从 1957 年的 10.8% 上升到了 1995 年的25.5%。见图 3 - 6。

① Clark Neher and Ross Marlay, *Democracy and Development in Southeast Asia*, Boulder: Westview Press, 1995, p.195.
② 廖小键：《世纪之交的马来西亚》，世界知识出版社，2002，第 227 页。
③ 王国璋：《马来西亚族群政党政治》，东方企业有限公司，1998，第 107 页。
④ 〔新加坡〕李光耀：《经济腾飞路——李光耀回忆录》，外文出版社，2001，第 233 页。

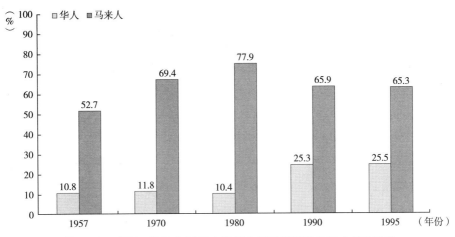

图 3 - 6　1957～1995 年马来人和华人在政府部门的就业结构变化

资料来源：Phang Hooi Eng，"The Economic Role of the Chinese in Malaysia"，in K. H. Lee & C. B. Tan eds.，*The Chinese in Malaysian*，New York：Oxford University Press，2000，p. 105.

在教育领域，政府在提升人才竞争力的高等教育中做出了有利于马来人的制度安排。1971 年，马来西亚政府开始实施"配额制"（quota system），不以学生成绩作为录取新生的标准，而是以民族人口比例作为根据，规定马来人学生与非马来人学生的录取比例为 55：45。20 世纪 80 年代初，马来西亚政府强化推行在各小学加强马来语教育的"三 M 制"，根据这个计划，许多课程必须使用马来文课本及改用马来语教学，甚至连音乐教材也规定马来语歌曲占 50%。[①]通过这些制度使马来人学生进入大学的人数不断增多，从而大幅度地提升了马来人的竞争力。在政府族群教育政策的大力扶持下，马来人教育迅速发展。见表 3 - 18。

表 3 - 18　1970～1980 年马来人和华人的入学率、识字率及高等学府毕业率统计

单位：%

	1970 年		1980 年	
	马来人	华 人	马来人	华 人
大学文凭	19	50	38	42
其他文凭	33	47	54	34
识字率	62	58	77	74
5～9 岁入学率	61	65	62	65

① 〔马来西亚〕马来西亚华校董事联合会总会出版组编《董总三十年》（下册），马来西亚华校董事联合会，1987，第 667～668 页。

	1970 年		1980 年	
	马来人	华人	马来人	华人
10~14 岁入学率	93	96	97	98
15~19 岁入学率	91	94	96	97
20~29 岁入学率	83	86	92	94
30 岁以上入学率	44	54	59	64
50 岁以上入学率	68	74	77	79

资料来源：〔马来西亚〕林水檺、骆静山合编《马来西亚华人史》，马来西亚留台校友会联合总会，1984，第 463~470 页。

从 20 世纪 70 年代起，马来人的教育普及率与华人基本持平，教育的普及也使马来人的识字率大幅度攀升，政府不断地兴办各级马来语学校，使马来人的识字率甚至领先于华人。随着教育的普及，马来人的高等教育也迅速发展，到 80 年代，已经快接近华人，而其增长的速度仍然迅速。随着马来人和华人的整体教育水平的持平，使族群间的认知水平差异缩小，减少了偏见的产生，为和谐的民族关系创造了条件。

在经济领域，1971 年 7 月，马来西亚国会通过了"新经济政策"（New Economic Policy），要求通过消除贫穷（Eradication of poverty）和重组社会（Reorganization of society）两个步骤，达致全民团结，并建立一个公平合理、进步繁荣国家的目标。1975 年颁布的《工业调整法》（Industrial Co - ordination Act）规定，雇工 25 人、资本 25 万林吉特以上的非马来人企业领取执照时，必须把 30% 的股权留给马来人，产品的 30% 交由马来人代销；土地开发、石油、天然气采炼等，优先供给马来人，否则申请者将领不到执照；企业所雇用的员工中，马来人应占 50%。[①] 90 年代以来，政府鼓励马来人与有经验的华人企业家合作，包括共同出资设立联营企业，以及聘请华人企业家出任土著企业顾问等。与此同时，培养马来人专业人才，并扶持他们进入专业领域。

从新经济政策实施的效果来看，基本达到预定目标：在族体拥有资本方面，马来人在全马股份有限公司的股本已达 20.3%，如果再加上国营公司（这类公司实际上多为马来人所有）的 8.4%，则接近计划目标（30%）；在族体就业结构方面，马来人在第一、二、三产业中的就业人口

---

① 〔马来西亚〕林水檺、骆静山合编《马来西亚华人史》，马来西亚留台校友会联合总会，1984，第 272 页。

占相应产业总就业人口的比例分别为 76.4%、49.8% 和 50.9%，基本实现了计划的要求。[①]

表 3 - 19　1957～2000 年马来人和华人的职业结构（占全民职业总比例）

单位:%

职业	1957 年		1970 年		1990 年		2000 年	
	马来人	华人	马来人	华人	马来人	华人	马来人	华人
专业技术人员	41.0	38.1	45.8	39.0	60.5	29.1	66.5	24.0
教师、医护人员	49.2	36.0	53.3	23.5	68.5	24.6	75.4	17.3
行政、管理人员	17.5	62.3	23.2	65.0	28.7	62.2	42.2	47.8
办事人员	27.1	46.2	35.7	48.1	52.4	38.6	62.2	30.0
商业人员	15.9	66.1	22.8	66.4	29.9	58.4	45.0	45.0
服务业人员	39.7	33.3	45.8	39.1	57.8	26.8	61.7	20.2
农业劳动者	62.1	24.3	68.9	21.0	69.1	13.8	45.5	11.6
生产工人	23.7	55.7	34.0	54.9	43.6	39.6	54.4	35.8

资料来源: Phang Hooi Eng, "The Economic Role of the Chinese in Malaysia", in K. H. Lee & C. B. Tan eds., *The Chinese in Malaysian*, New York: Oxford University Press, 2000, p. 109。

由表 3 - 19 可知，华人在各职业中所占的比例都急剧下降，马来人大举进入工商业，冲击华人在各个经济领域的原有空间，几乎所有职业的比例都大幅度提高，进一步缩小了和华人的差异。在收入上，因为族群职业差别造成的族群收入差别也随之收窄。见图 3 - 7。

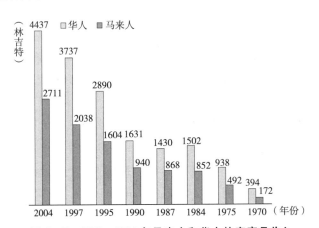

图 3 - 7　1970～2004 年马来人和华人的家庭月收入

资料来源: Phang Hooi Eng, "The Economic Role of the Chinese in Malaysia", in K. H. Lee & C. B. Tan eds., *The Chinese in Malaysian*, New York: Oxford University Press, 2000, p. 112。

---

① 韩方明:《华人与马来西亚的现代化进程》，商务印书馆，2002，第 266～267 页。

总之，马来西亚政府依靠国家力量，逐渐平衡了马、华两族的利益差别，马来人在各方面都得到较大提升，显著地增强了自信心，为日后相对和谐的民族关系奠定了基础。

第三，平衡基础上的动态调节机制。马来西亚政府对马、华两族的政策不是一成不变的。进入 20 世纪 90 年代，通过新经济政策的实施，马来人的经济状况以及教育竞争力得到极大提升，并培养了一批马来人中产阶级人士。同时，政府逐步认识到，要充分发挥华人在国家建设中的积极作用。

首先，马哈蒂尔在 20 世纪 90 年代初推出"小开放政策"，继续倡导马、华经济合作。1986 年再次修改《工业调整法》，规定资本少于 250 万林吉特、雇员少于 75 人的工厂不受该法的限制。① 这样，占华资 95% 的中小企业均在此限制之外。同时，按照政府的相关政策，华人企业和其他民族企业一样，同样可获得政府的优惠贷款。2009 年 6 月 30 日，纳吉布总理更是宣布废除执行了 38 年之久的 30% 土著股权配额制，但新政府同时规定，凡是本地公司上市时，出售给公众的 25% 股权里，必须保留其中的一半即 12.5% 给土著，以确保基层土著社群也有参与主流经济的机会。此外，在 1996 年提出的由政府管理的 30 亿林吉特的投资基金完全开放给所有 12 ~ 20 岁的马来西亚人。以往由政府管理的投资基金，如国家信托基金，其可观的红利与股息都保留给马来人，这导致其他民族产生极大的不满；而这一次，明确 49% 的股息将发放给非马来人。在 2001 年颁布的《第三个远景计划纲要（2001 ~ 2010）》中，政府强调不会通过压制华裔而使土著取得经济成长，政府将扩大经济"蛋糕"，按人口比例重新分配财富。

其次，在文化和教育领域，政府的政策也发生了转变。20 世纪 90 年代以来，尤其是进入 21 世纪后，马来西亚政府的各项政策尤其是对华人的政策发生很大改变：华文学校得到政府的不少拨款；被许多人认为是政府开始公平分配教育资源的"绩效制"代替"配额制"；建设国家文化的呼声逐渐平息，取而代之的是对"多元文化"的建设。② 虽然华文教育的发展仍然受到种种限制，但政府多次表示并不打算取消华文教育，在多种场合

---

① 暨南大学东南亚研究所、广州华侨研究会编著《战后东南亚国家的华侨华人政策》，暨南大学出版社，1989，第 74 页。

② 周聿峨、胡春艳：《浅析马来西亚"国家文化"下的"华人文化"——兼论"多元文化"的建设》，《世界民族》2008 年第 5 期，第 76 页。

肯定华文教育在培养国家建设所需人才方面作出的贡献。如1990年批准华文大学——南方大学注册；1994年让华文小学在职教师领取半薪到马来西亚中文系攻读四年华文课程；教育部宣布"大马教育文凭考试"的华文科已被列入申请进入政府大学先修班的计分科目；在1995年的国家预算案中，首次让800多所半津贴的华文小学享有拨款，鼓励华人学生到中国深造；2001年，马哈蒂尔宣布公立大学录取新生采用以成绩为标准的绩效制，取代新经济政策时期的配额制。在文化方面，政府强调，多元文化是国家的无形资产，儒家文化和伊斯兰文化、基督教文化同为世界三大文化，应予以重视并得到发展。①

　　马来西亚独立后，政府的华人政策虽然起伏较大，但总体上是沿着"马来优先"的前提并兼顾华人利益的政策方向发展的。马来西亚的华人政策整体上循序渐进、较为宽松，具有四个特点：其一是在推动教育马来化的同时，也赋予华文教育合法地位，对华人社会造成的冲击较少，降低了华人激烈抗争的可能性。其二是巩固马来人政治地位的同时，坚持政治开放与政党分权制度，支持华人政党参政与执政，发挥了华人执政党在政府与华人族群间的利益协调和矛盾缓冲作用。因此，尽管在族群政策方面保留着马来人的许多特权，但马来西亚的华人仍拥有其他国家华人难以想象的权益。② 其三是扶持马来人经济发展的同时，保留了华人经济发展的空间，新经济政策使华人发展虽然受到一定限制，但基本可以保有赖以生存的传统职业和产业企业。其四是在其他的社会政策上也相对宽松，华人可以出版各种华文报刊，成立各类华人社团，选择不同的信仰宗教，保持自己的风俗习惯。马来西亚行之有效的政党政策再加上温和的经济政策和宽容渐进的社会和文教政策，最终促使马来西亚的民族认同逐步走向稳定与和谐。

　　总之，20世纪90年代以来，马来西亚政府为民族接触提供了良好的社会规范，并创造了较为宽松融洽的接触情境。马来西亚的两大民族，实际上成为追求共同目标的利益共同体；对一方的限制，会直接影响另一方的利益。双方不仅是情境的影响者，更是良好情境的创造者。

---

① 胡春艳：《民族社会学视角：制度规约下的马来西亚族群关系》，《世界民族》2009年第5期，第19~25页。
② 孔建勋、李建明：《马来西亚三大族群对经济社会政策的不同态度比较》，《东南亚》2008年第3期，第41页。

三 政党管理

在全球范围内的民主转轨进程中，民族冲突始终如影随形，如何在民族冲突背景下进行民主转轨，如何在民主转轨进程中处理民族冲突，成为许多国家面临的突出问题和实现政治稳定的关键变量。随着多党制和比例代表制的实行，认同国家统一和民主转轨的少数民族政党得以在多党议会民主制框架内参与各自国家的政治生活，在一定程度上有助于民族冲突的化解和政治稳定的实现。[①] 另外，地方性政党在国家整体利益与地方民族利益之间能够起到一种既斗争又联合、上下融通的独特角色。

（一）政党作用

民主政治形成之时最需要的是民族认同产生的团结，[②] 因为"当政治组织的重要基础反映了民族分裂时，民主稳定所需要的共识就很难设计出并得到维系"[③]。西方一些学者把政党所承担的社会功能概括如下：社会利益的集约者，政府决策的提议者，社会冲突的协调者，有效政府的运行者。[④] 在民族冲突管理进程中，政党作用有积极和消极两个层面。

（1）积极作用：利用民主机制提供的有利条件，把少数民族政党纳入政治体制之内，在多党议会民主制的运作中化解民族冲突。

（2）消极作用：一些少数民族政党以谋求"民族独立"为目标，对所在国的领土完整和国家统一提出挑战，致使民族冲突愈加激化，乃至国家分裂。

政党政治并不总意味着刺激民族诉求，加剧民族冲突。事实上，随着民主转轨的推进，认同国家统一和民主政治的少数民族政党得以在议会框架内介入各自国家的政治生活，民族冲突大多有所缓和，如《最小限度"一致"的政治》一文所说："只要少数民族有可能参与民主进程，不论在

---

① 高歌：《中东欧国家的民族冲突、民主转轨与政治稳定》，《世界民族》2011 年第 4 期，第 10 页。

② Jeff Spinner - Halev, "Democracy, Solidarity and Post - Nationalism", *Political Studies*, Vol. 56, No. 3, 2008, p. 604.

③ 〔加〕A. 布莱顿：《理解民主——经济的与政治的视角》，毛丹等译，学林出版社，2000，第 24 页。

④ J. Bielasiak, "Substance and Process in the Development of Party Systems in East Central Europe", *Communist and Post Communist studies*, Vol. 30, No. 1, 1997.

朝还是在野，都可以避免暴力冲突。"[1]

例如，在中东欧七国的政治体制中，波兰和罗马尼亚实行半总统制，其他五国实行议会制，即中东欧七国政府皆由议会选举产生。见表3-20。实行半总统制和议会制国家的政府不存在总统制国家"赢者通吃"的情况。[2] 这意味着，即使政党在议会选举中失败或仅获得少数议席，仍可能通过与其他政党联合执政的方式进入政府，从而为中小政党留下了一定的生存空间，其独立性也得到较好维持。大政党也会在考虑政党间的"意识形态倾向、选举力量和历史轨迹"后，与中小政党联合执政。[3] 因此，规模较小的少数民族政党无需获得绝对多数选票便可以获得议席，进而进入议会对政局产生影响，使少数民族利益能够在体制内得到表达，有助于缓解民族冲突，实现和平的民族关系和政治稳定。

表3-20 中东欧七国政治体制与选举制度

国 家	政治体制	选举制度
波 兰	半总统制	两院制，决定政府组成的众议院议员按比例代表制选出
匈 牙 利	议 会 制	一院制，设386个议席，其中176个议席按小选举区制选出，210席按比例代表制选出
捷 克	议 会 制	两院制，决定政府组成的众议院议员按比例代表制选出
斯 洛 伐 克	议 会 制	一院制，国会议员全部按比例代表制选出
罗 马 尼 亚	半总统制	两院制，众议院和参议院共同决定政府组成；众议院除18个议席留给少数民族外，其余按比例代表制选出，参议院全部按比例代表制选出
保 加 利 亚	议 会 制	一院制，国会议员全部按比例代表制选出
斯 洛 文 尼 亚	议 会 制	一院制，除保留两个议席分别给意大利族和匈牙利族外，其余按比例代表制选出

资料来源：顾强《中东欧七国政治体制的发展现状及前景》，《现代国际关系》2012年第1期，第37页。

---

[1] Mihaela Mihailescu, "The Politics of Minimal 'Consensus' Interethnic Opposition Coalitions in Post-Communist Romania (1990–96) and Slovakia (1990–98)", *East Europe Politics and Societies*, Vol. 2, No. 3, 2008, p. 553.

[2] Maurice Duverger, *Political Parties: Their Organization and Activity in the Modern State*, London: Methuen, 1954, pp. 224–226.

[3] Eltan Tzelgov, "Communist Successor Parties and Government Survival in Central Eastern Europe", *European Journal of Political Research*, Vol. 50, No. 4, 2011, pp. 530–558.

中东欧国家的选举制度大多采用比例代表制选举议会代表。[①] 比例代表制，较之那种一次选举的单议席大选区制（large single - member districts with first - past - the - post elections）更能够为地理上分散的少数民族提供便利。[②] 它的实行使少数民族政党有可能通过选举进入议会，并且在政党林立、"没有一个党能靠自己的力量组成政府或者高居其他对手之上"的情况下，成为执政党联合的对象。当然，"为了尽量减少分裂者、极端主义者政党的问题，比例代表制要求政党必须获得一定百分比的选票方可获得席位。"[③] 中东欧国家对此都有规定，如保加利亚为4%；[④] 罗马尼亚在第一次自由选举时没有限定，第二次选举时为3%，此后又提高到5%；斯洛伐克也由3%提高到5%。[⑤]

中东欧各国在政党制度上，宪法大多对多党制原则做出了明确规定：第一，政治多元化是民主政治制度的条件和保证，国内政治生活必须建立在政治多元化基础上，任何一个政党或意识形态均不得被宣布或确定为国家的政党或意识形态。第二，政党活动不得鼓励和煽动军事侵略以及民族、种族或宗教仇恨与偏见，不得威胁民主制度、宪法、国家独立、统一或领土完整或以暴力夺取国家政权为目的。这些规定为少数民族组建政党提供了法律依据，成立于1989年末和1990年初的罗马尼亚的匈牙利族民主联盟，保加利亚主要由土耳其族人组成的争取权利与自由运动，斯洛伐克的匈牙利族公民党、共处党和匈牙利族基督教民主运动等少数民族政党，由此获得了存在的合法性。[⑥] 这种合法性是有限的，少数民族政党与其他政党一样，只能在民主制度下活动，不能煽动民族仇恨和

---

① 相对于多数制，比例代表制是三权分立体制中议会选举中分配议席的两种方法之一。比例代表制以每一参选组别所得选票占全部票数目的百分比分配议席。比例代表制使各政党所得选票和所得席位成正比，有利于小党发展，而且比较客观地反映政治组织的实力，但同时容易滋生激进情绪。

② 〔日〕猪口孝等编《变动中的民主》，林猛等译，吉林人民出版社，1999，第73页。

③ 〔美〕迈克尔·罗斯金等：《政治学》，林震等译，华夏出版社，2002，第205页。

④ Karen Dawisha, Bruce Parrott. eds., *Politics, Power, and the Struggle for Democracy in South - East Europe*, Cambridge: Cambridge University Press, 1997, p. 365.

⑤ Mihaela Mihailescu, "The Politics of Minimal 'Consensus' Interethnic Opposition Coalitions in Post - Communist Romania (1990 - 96) and Slovakia (1990 - 98)", *East Europe Politics and Societies*, Vol. 2, No. 3, 2008, p. 564.

⑥ 高歌：《中东欧国家的民族冲突、民主转轨与政治稳定》，《世界民族》2011年第4期，第14页。

国家分裂。

中东欧国家在剧变之后普遍存在政治分群（Political Cleavage），诸如经济民粹主义和市场自由主义分群，全盘西化和民族主义分群，等等。复杂的政治分群会促使国家层面的政党增加，这正好为少数民族政党提供了生存的土壤，少数民族政党的存在和活动也强化了这种分群，它们建立在已存的政治分群基础上，代表少数民族群体的利益，从而有利于缓解民族矛盾，促进政治稳定。例如，保加利亚争取权利与自由运动、罗马尼亚匈牙利族民主联盟和斯洛伐克的匈牙利族政党联盟立足本国政治分群现状，在历次议会选举中，始终能保持较稳定的得票率和席位数，能够在本国政治舞台上发挥一定作用，这也成为保加利亚、罗马尼亚和斯洛伐克没有发生民族间暴力争斗的一个重要原因。[①] 见表 3 – 21。

表 3 – 21　中东欧少数民族政党在议会选举中的表现

少数民族政党	选举时间（年）	得票率（%）	席位数（席）
保加利亚争取权利与自由运动	2001	—	21
	2005	12.8	34
	2009	14.45	38
罗马尼亚匈牙利族民主联盟	2000	6.8	27
	2004	6.2	22
	2008	6.17	22
斯洛伐克匈牙利族政党联盟	1998	9.12	15
	2002	11.2	20
	2006	11.68	20

资料来源：维基百科全书网站，http：//en. wikipedia. org/wiki/Romanian_ legislative_ election，http：//en. wikipedia. org/wiki/Bulgarian_ parliamentary_ election，http：//en. wikipedia. or/wiki/Slovak_ parliamentary_ election。

总之，在常态下，有威信的全国性或地方性政党能够在国家与地方的互动中、国家与民族的互动中，维护国家整体利益与民族特殊利益的动态平衡。

---

① 高歌：《中东欧国家的民族冲突、民主转轨与政治稳定》，《世界民族》2011 年第 4 期，第 15 页。

图 3 - 8　地方性政党的沟通作用

在图 3 - 8 的互动机制中，地方性政党扮演着枢纽和桥梁的角色。地方性政党在本地区广大选民中拥有的广泛群众基础，是其得以发挥有效作用、维护当地民族利益、解决地区民族矛盾和进而维护国家整体利益的基石。

（二）案例分析：印度地方性政党的作用

印度的政党分为全国性政党、地方性政党和注册政党。根据印度选举委员会的规定，凡在上一届邦议会选举中在 4 个邦获得 4% 的选票或 3.33% 议席者，或者在联邦人民院选举中至少从 4 个邦提出候选人并获得 4% 选票或 4% 议席者，属于全国性政党，否则只能称之为地方性政党。[①] 注册政党一般是不被官方正式承认的政党。与大多数国家不同，印度的地方性政党并不是全国性政党的地方组织，而是依赖特定选区选民支持，它们代表某个地区特定的民族、宗教、种姓、语言和文化集团利益，活动范围仅限于某几个邦或某个邦。

地方性政党的出现改变了印度政党政治的格局。根据印度的议会民主制原则，组成政府的政党必须是在人民院选举中赢得多数的政党或政党联盟。如果某政党或政党联盟没能获得人民院的多数席位，但是能够争取人民院中多数派的支持，通过人民院的信任表决，也可以由该政党或政党联盟组织政府。这种议会和政府往往被称为"悬浮议会"（hung parliament）、"悬浮政府"（hung government）。[②] 从 20 世纪 90 年代以来，印度进入一个悬浮议会和联合政府的时代。印度全国性政党日益走向"联邦化"，成为稳定的地方化的多党体制。[③] 从几次大选结果看，可以明显看出地方性政党在中央的力量在不断增强，有问鼎中央之势。一方面从地方性政党在人民院的席位比例看，从 1991 年的 55 席增加到 1996 年的 110 席、1998 年的 168

①　林良光：《印度政治制度研究》，北京大学出版社，1995，第 216 页。
②　陈金英：《印度"悬浮议会"下的地方政党》，《社会主义研究》2007 年第 4 期，第 120 ~ 121 页。
③　S. Pai, "Transformation of the Indian Party System", *Asia Survey*, Vol. 36, No. 12, 1996, p. 182.

席和 1999 年的 222 席。它们的得票率也从 1991 年的 15.1% 增加到 1999 年的 23.6%。[①] 另一方面，从选民比例看，从 1991 年到 1996 年地方性政党的选民比例从 15% 增长到 25%，1998 年增长到 30%。在一个邦占有 4% 以上的选民的地方性政党的数目从 1989 年的 20 个、1991 年的 27 个增加到 1996 年的 30 个、1998 年的 38 个，[②] 1999 年达到 40 个，2004 年达到 45 个。[③] 地方性政党势力的壮大和它们在人民院中席位的增加，不仅改变了邦一级的政党结构，也对整个印度的政党制度和民族关系产生了深刻的影响。

　　印度地方性政党一般可划分为三种类型：（1）种族民族主义政党；（2）教派主义政党；（3）种姓政党。[④] 印度政府不承认印度存在"少数民族"，在印度宪法里面，使用"表列部落"（Scheduled Tribes）一词并沿用至今来描述与印度斯坦族具有不同文化的共同体。所以，在印度，种族民族主义性质的地方性政党对印度的社会稳定与民族关系影响最大。

　　种族民族主义政党在印度的南部地区（包括泰米尔纳德邦、喀拉拉邦等）表现得相当突出。[⑤] 印度独立初期所面临的最为严重的国内民族问题是在南部的马德拉斯邦（1968 年 8 月改名为泰米尔纳德邦）。泰米尔纳德邦的达罗毗荼人自治运动声势浩大，和西北部旁遮普邦阿卡利党领导的锡克教徒分离主义活动一起对印度的国家完整性构成严重威胁。然而随着时间的推移，东北部阿萨姆邦的民族问题愈演愈烈，而泰米尔纳德邦的民族矛盾却渐渐趋向缓和。这是因为泰米尔纳德邦的地方性政党"德拉维达进步联盟"（Dravida Munnetra Kazhagam，DMK）在维护地方民众利益、解决当地民族问题的过程中发挥了积极而重要的作用。

　　"德拉维达进步联盟"成立于 1949 年，其最初的宗旨是建立独立于印

①　Nagindas Sanghavi & Usha Thakkar, "Regionalization of Indian Politics", *Economic and Political Weekly*, February, 2000.

②　G. N. Rao, K. Balakrishnan, *Indian Elections: the Nineties*, New Delhi: Har – Anand Publications, PVT LTD, 1999, pp. 18 – 19.

③　Election Commission of India, "Political Parties Participating in 2004 Elections", http://pib.nic.in/eletion/genlc 2004/20040413/parties%202004.pdf.

④　陈金英：《印度地方政党及政治影响》，《南亚研究季刊》2007 年第 3 期，第 45 ~ 46 页。也有学者将印度地方性政党的产生和发展的背景分成三类：第一类是独立前久已存在的地方性政党；第二类是独立后从国大党地方组织分裂出来的地方性政党；第三类是独立后随着各邦与中央矛盾不断激化而作为地方势力的代表而建立起来的政党。参见孙士海《印度的发展及其对外战略》，中国社会科学出版社，2000，第 50 ~ 51 页。

⑤　陈金英：《印度地方政党及政治影响》，《南亚研究季刊》2007 年第 3 期，第 45 ~ 46 页。

度之外的"德拉维达斯坦",即德拉维达国家,包括南方的马德拉斯邦
(今泰米尔纳德邦①)、喀拉拉邦、迈索尔邦(今卡纳塔克邦)和安得拉地
区。扬言要以泰米尔民族主义为武器,发动一场反对"北方帝国主义"国
大党政府的斗争。1957 年开始在马德拉斯邦的选举中显露头角。到 20 世纪
60 年代初期,德拉维达进步联盟慑于违宪,放弃了要求建立独立的德拉维
达国家的分离主义,转而要求促进南印度经济、文化和语言的发展。② 1967
年,德拉维达进步联盟在邦议会的选举中赢得绝对多数席位,开始掌控泰
米尔纳德邦的政权。

印度独立时宪法规定印地语为官方语言,但印度语言多种多样,印
地语的使用人数还不到全国人口的半数,这一规定引起了讲泰米尔语的
南印度各邦的强烈反对。南印度民众到处举行群众集会,谴责政府强行
推广印地语,并把这一做法称为"印地语帝国主义",许多地区的群众游
行示威发展成为社会骚乱。在泰米尔纳德邦,地方性政党"德拉维达进
步联盟"作为地方利益的代表,提出如果中央政府坚持以印地语作为官
方语言取代英语,它就要争取把南印度四邦的泰米尔人分裂出去,建立
一个独立国家"德拉维达斯坦",并就问题的解决积极与中央政府进行对
话和磋商。

在取消印地语作为官方语言的斗争中,"德拉维达进步联盟"作为当地
泰米尔人利益的代表与印度中央政府进行谈判并迫使中央政府做出让步。
它凭借在泰米尔纳德邦的广泛群众基础,使中央政府不得不对泰米尔人的
特殊利益问题给予及时、冷静的对待,将地方性政党的角色和作用发挥得
淋漓尽致。泰米尔纳德邦的民众也将该党视作自身利益的代言人,对其予
以支持和拥护。这样一来,"德拉维达进步联盟"就建立了一种上下沟通的
互动渠道和角色效用,有效地防止了地方民族问题演变成为极端分离主义
活动和恐怖主义行动。

印度东北部的行政区划在经历了多轮调整变化之后增至 6 个邦:阿萨
姆、曼尼普尔、特里普拉、那加兰、梅加拉亚和米佐拉姆邦。这一地区最
主要的安全问题就是尖锐的民族矛盾和长期得不到有效解决的民族武装分
离主义运动,2004 年活跃在印度东北部的民族分离主义组织有 72 个,在众

---

① 泰米尔纳德邦,意思是"泰米尔人的家园",面积 13 万平方公里,人口 6240 多万,首府
　在金奈,主体民族是泰米尔族,讲泰米尔语。

② 陈金英:《印度地方政党及政治影响》,《南亚研究季刊》2007 年第 3 期,第 46 页。

多的分离主义组织中，影响较大的有 15 个。自印度独立以来，东北部的骚乱已经造成 50 余万人丧生。[1] 其中，阿萨姆邦和那加兰邦是印度东北部民族冲突最为严重的地区。

阿萨姆邦是印度东北部地区的一个邦，首府迪斯布尔，面积为 78438 平方公里，人口约为 2700 万，占印度人口总数的 2.95%。阿萨姆在当地语言中读为 "Asom"，是 "掸族" 的异写。7 世纪，阿萨姆地区成为吐蕃（今西藏）的领土。1228 年，中国云南、缅甸东北部的一部分傣族越过阿萨姆东部山脉，统一阿萨姆各部族，建立 "阿洪王朝（Ahom）"，史称阿霍姆王国或阿萨姆王国。1242 年，元朝统一西藏后，阿萨姆成为中国的领土。1826 年，英国殖民者进入阿萨姆地区，迫使缅甸签订《杨达波条约》，规定将阿萨姆割让给英国，英国派总督进行管理，结束了傣族对阿萨姆地区长达 600 年的统治。1947 年，印度独立后，阿萨姆地区成了印度共和国的一个邦。[2]

长期以来，阿萨姆邦民族问题严重，是反政府武装组织活跃的 "重灾区"。这里的民族分离主义组织众多，最为著名的是成立于 1979 年的 "阿萨姆联合解放阵线"（United Liberation Front Of Assam，ULFA），主张脱离印度，建立独立的 "阿萨姆国"；成立于 1988 年的 "波多民族民主阵线"（National Democratic Front of Bodoland，NDFB），要求摆脱阿萨姆邦的经济剥削，确保波多人领地、文化和语言的自治权利，建立独立的波多邦。"阿萨姆联合解放阵线" 通过武装斗争，以实施暗杀、绑架、袭击军警等暴力活动想把该邦从 "印度统治下解放出来"。其主要行动有 1979 ~ 1980 年的驱逐外来人（孟加拉穆斯林），造成两个炼油厂关闭。1990 年 11 月，印度政府调动军队围剿 "阿萨姆联合解放阵线"。1991 年又调集 4.3 万正规军发起了为期三个月的 "犀牛行动"（Operation Rhino），"阿萨姆联合解放阵线" 受到重创，其主战派流窜到不丹、缅甸等邻国。2003 年底和 2004 年初，印度联合不丹、缅甸两国，对缅甸、不丹境内的印度反叛组织进行打击。

1985 年，全阿萨姆学生联合会和全阿萨姆人民斗争联盟合并，成立了

---

①　Mandy Turner and Binalakshmi Nepram, *The Impact of Armed Violence in Northeast India: A Mini Case Study for the Armed Violence and Poverty Initiative*, p. 4. http://www.smallarmssurvey.org/files/portal/spotlight/country/asia_ pdf/asia – india – 2004. pdf.

②　张锡镇：《当代东南亚政治》，广西人民出版社，1994，第 26 页。

邦一级的地方性政党——"阿萨姆人民联盟"（AGP）。同年，印度中央政府才与"阿萨姆联合解放阵线"签订《阿萨姆协议》，承认"阿萨姆人民联盟"作为代表阿萨姆地方利益的政党参加邦选举。在1985年的选举中，"阿萨姆人民联盟"的领导者、原全阿萨姆学生联合会的领导人普·马汗塔竞选成功，担任了阿萨姆邦的首席部长。这是印度独立35年来，阿萨姆邦地方性政党首次击败国大党执掌地方政权。然而这只是昙花一现，国大党在暂时丢失了该邦执政地位之后，于1991年重新获得了阿萨姆邦议会选举的多数席位，"阿萨姆人民联盟"从此一蹶不振。阿萨姆的区域完整性因此难以得到有效维护，自身的土地被多次分割。在一个经济全球化和相互依存逐渐加深的时代，阿萨姆的区域经济不是朝着一体化的方向迈进，而是随着所辖疆域的分割和民族间利益争夺的加剧、相互猜忌的加深，呈现出碎片化的趋势。[①] 这些都源于阿萨姆地区存在严重的地方性政党角色的缺失，造成这种角色缺失的原因是多方面的。

第一，英国殖民者在这一地区的殖民政策的影响。英国殖民者从1826年开始统治阿萨姆地区，到1947年印度独立时统治了阿萨姆地区121年。英国殖民当局为了便于在阿萨姆地区的统治，不断尝试变革在这一地区的统治方式。英国殖民者在阿萨姆地区利用民族、宗教、经济的各种社会矛盾，运用"分而治之"的策略，通过不断挑起民族冲突，甚至采用"以印治印"的手法挑起阿萨姆地区的民族仇恨，对不服从英国殖民统治的少数民族进行杀戮，采取区内划界的方法，将山区人口和平原人口隔离开来，使其原来的经济和文化往来不复存在。这一做法有效防止了任何"泛东部地区"政治文化实体的出现。这使得独立以前和独立之后，这一地区地方性政党的出现缺乏相应的政治文化基础。

第二，独立后国大党对这一地区执政地位的垄断。在"阿萨姆人民联盟"于1985年10月成立之前，印度全国性政党——国大党，在阿萨姆邦长期处于执政地位。国大党在阿萨姆邦执政地位的垄断性，不但表现在从1946年到1978年它几乎占据了邦议院所有的席位，还进一步表现在它所没有占据的那几个席位也是由一些不属于任何党派的独立候选人所拥有。这些独立候选人因为不从属于任何的政治性团体或组织，也就不可能对国大

---

① 李金柯、马得汶：《印度东北部民族分离主义运动产生与不断发展的原因浅析》，《国际论坛》2008年第4期，第77页。

党在这一地区的执政垄断地位进行挑战。

第三，政党发展缓慢，缺乏政党基础。与印度其他一些民族矛盾尖锐的邦比起来，阿萨姆邦建立政党的情况是比较特殊的。有些邦的地方性政党成立于印度独立之前，例如泰米尔纳德邦的地方性政党"德拉维达进步联盟"成立于1949年；旁遮普邦的"阿卡利党"成立于1920年。它们在当地长期执政，因此具有相当的群众基础和影响力，能有效地维护地方民族利益和国家整体利益的完整性，而阿萨姆邦直到1985年才成立第一个地方性政党，政党基础薄弱。

第四，经济发展长期失衡，政府管理失误。印度独立前，阿萨姆人均收入水平要高于印度其他地区，而现在东北各邦则远远落后。阿萨姆邦的自然资源非常丰富，尤其是水电、森林、矿产等资源具有极大的发展潜力。但是，印度政府的经济社会管理水平较低，制定的关于发展民族区域的经济政策长期得不到落实，再加之政府长期实行的"内向型"发展战略，阿萨姆邦的资源得不到合理开发，致使当地经济落后于其他地区。贫富分化严重，地区间经济发展长期失衡导致阿萨姆邦的民族分离运动持续爆发，也使"阿萨姆人民联盟"缺少经济来源，同时也很难提出切实有效的经济增长措施，无法获取选民支持。

第五，阿萨姆人民运动的性质决定了它无法争取到这一地区最广大人民的支持。大量移民的迁入使当地不同民族人口数量对比结构发生了改变。1951～1971年，阿萨姆邦人口每十年就增长35%，高于印度23.2%的平均水平；1971～1991年阿萨姆邦的人口增长率为52.44%，高于印度48.24%的平均水平。外来移民是引起这一变化的主要原因。[①] 当地阿萨姆人将外地人的涌入称为"无声的侵略"（silent invasion），他们担心自己将逐渐在人口上成为少数。外来移民被视为"闯入者"，人口因素催生了1979年的"阿萨姆运动"，这一运动的宗旨是将孟加拉国移民驱逐出阿萨姆邦，所以推动阿萨姆运动的"阿萨姆人民联盟"无法得到当地穆斯林群众的支持。外来的孟加拉国移民在大选中大多都是投国大党的票，而不支持排外的"阿萨姆人民联盟"。对此，印度学者库玛指出，"不断改变的人

---

① Santanu Roy, "Why Do They Come: Economic Incentives for Immigration to Assam", Alokesh Barua, ed., *India's North - East Developmental Issues in a Historical Perspective*, New Delhi: Manohar Publishers & Distributors, 2005, pp. 355 - 357.

口构成成分是引发印度东北部地区动荡不安的最主要因素。"①

第六，阿萨姆邦民族构成和宗教信仰复杂，使得主体民族阿萨姆族不易形成具有竞选优势的政党。就民族构成而言，主体民族是阿萨姆族，占当地人口的58%，孟加拉族占22%，波多族占5%，印度斯坦族占5%，其他占10%。阿萨姆邦的印度教徒占人口的67%，伊斯兰教徒占28%，基督教徒占3%，其他占12%。② 同一个民族的不同个体信仰着不同的宗教，民族与宗教因素交织成一幅复杂的画卷。面对复杂的民族构成和宗教信仰，"阿萨姆人民联盟"很难取得多数民众的合力支持。在调和各方利益的时候，"阿萨姆人民联盟"总是感到左右掣肘。

第七，社会动荡和暴力事件使普通百姓对阿萨姆邦地方性政党的不满情绪增加。例如，"阿萨姆联合解放阵线" 2011 年共发动 10 多次袭击活动，造成大批平民死伤；2012 年 7 月 ~ 8 月，与波多族发生民族冲突，造成近 100 人死亡、40 万人流离失所、400 多个村庄化为灰烬。③ "波多民族民主阵线" 于 2008 年 10 月，与孟加拉国移民的冲突，造成至少 49 人丧生、100 多人受伤。这些暴力事件使 "阿萨姆人民联盟" 内部也逐渐分化瓦解，"阿萨姆联合解放阵线"、"波多民族民主阵线" 等激进组织将阿萨姆邦的激进派别和民众团结在自己周围，进一步缩小了 "阿萨姆人民联盟" 的群众基础。1991 年，"阿萨姆人民联盟" 在阿萨姆邦议会的选举中仅获得了一个席位。目前，"阿萨姆人民联盟" 只能处在国大党和印度人民党这两个全国性政党的夹缝里生存。

通过以上分析，阿萨姆邦地方性政党角色缺失是引起这一地区民族矛盾尖锐化的主要原因。阿萨姆邦地方性政党的姗姗来迟使得这一地区的民族矛盾在印度独立初期没有得到及时解决，复杂的民族和宗教构成又令 "阿萨姆人民联盟" 这个唯一的地方性政党无法得到多数民众的拥护。④ 由此，中央政府和地方民众之间的有效沟通渠道被阻断，地方民

① B. B. Kumar, *Tension and Confliction North East India*, New Delhi: Cosmo Publications, 1995, p. 6.

② Sahib Baruah, *India against Itself: Assam and the Politics of Nationality*, Philadelphia: University of Pennsylvania Press, 1999, pp. 19 - 20.

③ 张世均:《印度阿萨姆邦的民族问题及其应对策略》,《南亚研究季刊》2012 年第 4 期，第 88 页。

④ 马得汶:《印度地方性政党角色缺失与阿萨姆邦的民族问题》,《南亚研究季刊》2007 年第 2 期，第 30 ~ 34 页。

众利益缺乏强有力的政党组织通过合法渠道予以维护，最终发展成为民族极端势力。

四　公众参与及草根路径

民族冲突管理的主体不仅包括政府、国际社会、相关当事民族，公众以及非政府组织等草根群体也是可以积极有所作为的路径选择。民族冲突的解决在根本上依赖于人际关系的改善。市民之间的关系既有可能加剧冲突，也有可能缓和民族关系。要结束暴力、恢复和平、克服贫穷、消除歧视，就必须在市民之间建立和平的关系，通过发展市民间建设性的和平关系，减少破坏性的冲突关系，最终实现和平。因此，建立和平不只是政府的任务，也是公众的任务，需要公众以及非政府组织等草根群体的广泛参与。

美国凯特林基金会国际事务部主任哈罗德·桑德斯（Harold Saunders）在《公众和平进程：通过长期对话化解民族冲突》一书中，① 阐述了政治是围绕关系体系而展开的，公众参与在化解民族冲突中存在重要作用，并对公众如何发挥作用提出了一整套可以具体应用的理论框架，为解决民族冲突、消除族裔隔阂提出了新视角、新方法。

公众参与，就是把"公众"（"市民"或"个人"）作为冲突管理或和平进程的主体。民族冲突并不只是政府之间、政府与民族之间的冲突，它在根本上是通过人与人之间的冲突表现的，民族之间的怀疑、歧视、恐惧、憎恨造成了冲突，解决冲突就要消除这些因素，这是政府谈判所解决不了的。政府的作用仅仅是表面化地签订和平协议或条约，而只有政府之外的市民才能够将人们之间的冲突关系转变为和平关系。如果冲突各国之间的政治互动没有把人际关系的充分协调作为行动的一部分，那么冲突的预防和管理、和平的恢复就没有稳固的基础。如果决策者仅仅依靠国家、政府和正式的机制或组织，仅仅关注正式的外交手段或行政手段，通过调解、谈判和选举解决问题，这种做法的基础就不会牢固，效果也不会持久。②

---

① Harold Saunders, *A Public Peace Process: Sustained Dialogue to Transform Racial and Ethnic Conflicts*, New York: St. Martin's Press, 1999.

② 李晓岗：《和平是一种人际关系状态——读桑德斯的〈公众和平进程：通过长期对话化解民族冲突〉》，《美国研究》2001年第4期，第126~127页。

人与人之间连续的相互作用过程，桑德斯用"关系体系"这一概念来概括，桑德斯把它分解为 5 个具有可操作性的部分：身份、利益、权力、感知与误解、交互作用（包括对抗和合作），并指出，旦这 5 个部分被确认，就能找到改造不良"关系体系"的突破口。在民族冲突双方的对话中，可以运用这些组成部分对交流中表现出的抱怨、责难或愤怒情绪进行疏导，从而可以更好地理解导致冲突关系的原动力，① 进而化解冲突。

通过这种民间渠道促进国家间关系改善的做法，有很多种称呼，如"第二轨道"、"民间外交"、"辅助外交"、"多轨外交"等。桑德斯认为，由市民从事的工作应有其自己的正式名字，而不是政府外交的附属品。1991 年 7 月，在加利福尼亚举行的一次巴以民间会议上，为进一步突出市民的作用，他首次提出"公众和平进程"一词，把这一进程的主体界定为政府之外的市民，强调通过市民自主的而非官方的对话来改善民族关系、缔造和平。②

桑德斯认为，公众和平进程是一个长期的政治进程，其核心内容是冲突民族市民间系统的、长期的对话。调解、斡旋、谈判是政府解决国际冲突的正式手段，而长期对话则是政府之外的市民推动和平进程的工具，借助这一工具，公众和平进程能够辅助、支持甚至为官方的和平进程提供动力。双方公众聚集在一起，通过对话，探索建立和平的途径、步骤和方法；通过对话，深入讨论双方的分歧，减少相互仇视的根源，最终推进和平、消除暴力冲突。

塔能（Deborah Tannen）在其著作《从争辩到对话》中也提出了类似的观点："在每一种情况下，对话和协商都是被公众广泛认同的争端解决机制。"③ 当前，针对"对话和协商"存在两种不同对话方式的研究。

（1）协商式对话：公众决定就某一共同的问题进行讨论，这种讨论通常以公共的名义展开，并在一个统一的问题框架下进行，这个问题框架反

---

① Harold Saunders, "Whole human beings in whole bodies politic", *Kettering Review*, Vol. 24, No. 3, 1998, pp. 66 –73.

② 李晓岗：《和平是一种人际关系状态——读桑德斯的〈公众和平进程：通过长期对话化解民族冲突〉》，《美国研究》2001 年第 4 期，第 129 页。

③ Deborah Tannen, *The Argument Culture: Moving from Debate to Dialogue*, New York: Random House, 1998.

映出公众真正关心的问题，公众对各种潜在的选择进行权衡，拥有不同价值取向的人会提出不同的解决方案。

（2）持续性对话：在第一阶段，潜在的参与者必须做出冒险的决定，与其对手坐下来谈判。第二阶段需要确定协商的事由、框架及其目的，参与者面对面地谈，大肆"宣泄"对对方的抱怨和看法，同时也"接纳"对方。第三阶段，以一种松散的进度，把面临的选择置于一个统一的框架中进行磋商，随后设计行动方案并付诸实践。①

协商式对话对于有过共事经验并且联系紧密的群体是较为适用的，持续性对话则更适用于那些隔阂较深的群体，他们在合作解决共同的问题之前必须先使破裂的关系愈合。

此外，在具体讨论公众参与如何影响民族冲突的过程中，美国学者瓦尔什尼（Ashutosh Varshney）提出了公民社会的概念，公民社会是研究公众参与解决民族冲突的一个重要变量。在其文章《族群冲突与公民社会：印度及印度以外的地方》（*Ethnic Conflict and Civil Society: India and Beyond*）中指出，不同族群共同体成员间带有公民性质的相互接触有助于抑制族群冲突，公民生活的结构与族群冲突的存在或缺失存在着不可分割的关联。他认为，无论是族群间还是族群内的公民网络，都可以分为两种类型：有组织的和日常的，它们之间的区别就在于相关的公民互动是正式的还是非正式的，第一种类型被称为"接触的协会形式"（associational forms of engagement），第二种类型被称为"接触的日常形式"（everyday forms of engagement）。读者俱乐部、商业协会等属于第一种形式，而接触的日常形式包括生活中简单的、常规的互动，如一起吃饭或一起参加节日庆祝等。在这两种形式中，协会形式比日常形式更为稳固。通过这两种不同形式的互动，公民网络使不同种族或民族间的和平成为可能。②

（一）冲突化解理论

布卢姆菲尔德（David Bloomfield）认为化解冲突主要遵循两种方案：一是进行权力的再分配，通过和谈、讨价还价和妥协达成协议；二是通过

① 陈华峰：《新世纪的两大挑战：在政体中重塑关系体系——评述桑德斯的观点》，《国外社会科学》2003年第3期，第68页。
② 〔美〕阿舒托什·瓦尔什尼：《族群冲突与公民社会：印度及印度以外的地方》，秦长运译，《民族社会学研究通讯》2011年第90期，第8～9页。

非和谈途径，经由双方的合作来解决问题。① 他将这两种方案归结为"结构化解方案"和"文化化解方案"。前者注重政治和制度层面，通常由政府和政治家来实行；后者则注重两个社群的民众交往关系。

查尔斯·林德布洛姆（Charles E Lindblom）认为在一个冲突的社会中，形成社会共识、化解冲突的方法主要有两种：一种是由强大的公共权威通过压制性的方法制定制度与规则，并强制性地将它们加给社会。在这里，国家庞大的官僚系统和法院、警察、军队等暴力机器都是强制服从的工具与保证。另一种是通过相互冲突的社会主体之间的相互影响、相互作用的互动过程来弥合冲突，寻求合作与共识，这正是现代民主社会形成共识的基本方法。②

"结构化解方案"即政治和解，"可以通过各方的谈判协商、互谅互让，实现冲突双方的'双赢'局面。"③ 在冲突化解的方式上，林德布洛姆和布卢姆菲尔德都更加倾向于"文化化解方案"，即公众参与的民间化解方式，冲突双方通过谈判、协商，在相互妥协的基础上制定出双方都能接受的协议，最终实现和解，走向和平。如卡尔·科恩所说："政治上成熟的人会寻求持中的解决方法，使冲突各方都得到一定程度的满意。"④

冷战结束后，公众对国内政治的影响力在上升。在对待民族冲突问题上，在政府之外，市民及其非政府组织扮演着重要角色。政府、市民与非政府组织在不同层面持续不断的互动过程，共同构成了民族冲突管理的国内主体。市民发挥作用的要点在于：首先需要开阔思路。把解决民族冲突的着眼点从缓和国家间关系扩大到消除引发冲突的人类根源，重视协调人类之间的全面关系。其次增强参与意识。不仅把政治问题看做是政府应负责的事，而且要使市民释放出自己的能力。市民运用自己的力量改变冲突关系、建立和平的过程就是"公众和平进程"。⑤

哈罗德·桑德斯通过在中东的斡旋行动，认识到了公众的作用。桑德斯认为，阿以关系一波三折，从根本上说，是由身陷冲突的人的切身感受

---

① David Bloomfield, *Peacemaking Strategies in Northern Ireland: Building Complementarity in Conflict Management Theory*, London: Macmillan Publishers Limited, 1997, p. 1.
② Charles E Lindblom, *The Intelligence of Democracy*, New York: Free Press, 1959.
③ 龙太江：《论政治妥协——以价值为中心的分析》，华中科技大学出版社，2004，第 2 页。
④ 〔美〕卡尔·科恩：《论民主》，聂崇信、朱秀贤译，商务印书馆，1988，第 184 页。
⑤ 李晓岗：《和平是一种人际关系状态——读桑德斯的〈公众和平进程：通过长期对话化解民族冲突〉》，《美国研究》2001 年第 4 期，第 128 页。

造成的，巴勒斯坦人和以色列人之间的冤冤相报，使中东和平进程举步维艰。在长期对话过程中，由于积怨太深，参加对话的人往往为本民族的人所不容，甚至被自己的同胞杀害。中东冲突的情况说明，外交上的调解和谈判相对是表面的和简单的，人类情感是更深层次的，也是更复杂的。

在中东地区，冲突各方通过谈判、签订和平协议等手段改善关系，政府的行动有利于在总体上促进民族关系的和解。与此同时，市民也是这种政治进程的一部分，民间的市民对话越来越多，通过市民之间的接触，双方相互的仇视和敌意逐步减少，越来越多的市民互动构成了官方协议的国内公众基础。政治家和民众的行动共同改善了政治环境，才使正式的谈判有可能举行。1993 年，巴以签署和平协议，阿拉法特和拉宾在白宫草坪上历史性地相互握手。桑德斯很有感慨地写到，"如果没有过去二十多年双方官方和民间人员的无数次接触和对话，双方领导人是不会向对方伸出手的。除非撒播在肥沃的土地上，否则种子是不会发芽和茁壮成长的。"① 因此，近年来，在相互冲突的国家以及民族之间也出现了越来越多的民间对话，如以色列和埃及、以色列与黎巴嫩、北爱尔兰冲突各派，等等。

与冲突化解理论相吻合，北爱尔兰的和解主要表现为两个层面：一是政治和解，由英国、爱尔兰政府促成，在北爱尔兰的主要政党之间展开；二是民间和解，在北爱尔兰社区层面进行，通过相互理解和尊重，达成两个社群的和解。②

北爱尔兰，即厄尔斯特地区，位于爱尔兰岛的东北部，是大不列颠及北爱尔兰联合王国的一部分，面积 1.4 万平方公里，现有人口 169 万，其中 58.6% 是信奉新教的英格兰和苏格兰移民的后裔，38.4% 是信仰天主教的爱尔兰人。据官方统计数字，从 20 世纪 60 年代末北爱尔兰冲突大规模爆发到 2000 年底，有 3589 人在冲突中死亡，有 4 万多人受伤。③ 其中，新教徒死亡 106 人，天主教徒死亡 1543 人。④ 见图 3 - 9。

① 李晓岗：《和平是一种人际关系状态——读桑德斯的〈公众和平进程：通过长期对话化解民族冲突〉》，《美国研究》2001 年第 4 期，第 128 ~ 129 页。

② David Bloomfield, *Peacemaking Strategies in Northern Ireland: Building Complementarity in Conflict Management Theory*, London: Macmillan Publishers Limited, 1997, p. 50.

③ Paul Dixon, *Northern Ireland, The Politics of War and Peace*, New York: Palgrave, 2001, p. 24.

④ Tony Gallagher, "After the War Comes Peace? An Examination of the Impact of the Northern Ireland Conflict on Young People", *Journal of Social Issues*, Vol. 60, No. 3, 2004, pp. 629 - 642.

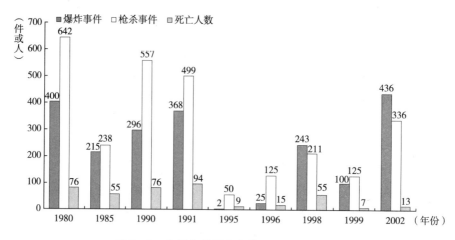

图 3 - 9 北爱尔兰暴力事件和死亡人数统计
资料来源：北爱尔兰警务服务网站，http：//www.psni.police.uk/index.htm。

北爱尔兰冲突的根源是天主教徒和新教徒对北爱尔兰归属的争端以及由此引发的对立："这是一个基本的宪法问题，这里存在着持续的社会和经济不平等的问题、文化定位的问题、安全的问题，以及宗教信仰的不同，最后，这是关系到北爱人民日常生活的问题。"① 总之，在北爱尔兰民族的划分中，存在着下面简单的二分法。

（1）天主教徒 = 民族主义者（Nationalist）= 爱尔兰人；

（2）新教徒 = 联合主义者（Unionist）= 英国人。

其中，天主教徒主要分布在北爱尔兰的西部，而新教徒则居住在以贝尔法斯特为中心的都会区。而长久以来，人们普遍重视"结构化解方案"，而对"文化化解方案"不够重视。人们往往对政府和政治家寄予厚望，但对民间社会的草根路径嗤之以鼻。一般来说，传统民族和解主要遵循利益调节方案，而这类方案只能在冲突双方乐意调解并且基于某些问题可以讨价还价的基础上才能起作用。但在北爱尔兰这个分裂的社会中，尽管英国政府可以通过技巧达成一个政治方案，却不能强制当事方发自内心地尊重和欣赏对方以及认同对方存在的价值。正因为这个原因，1998 年之前的英国当局试图在北爱尔兰实行的"结构化解方案"都遭到了失败的命运。这

---

① William Cunningham, "Violent Conflict in Northern Ireland: Complex Life at the Edge of Chaos", http：//cain.ulst.ac.uk/conflict/cunningham01.pdf, p. 25.

类方案包括取消地方议会（1972 年）、权力分享（1973～1974 年）、宪法方案（1975～1976 年）、"滚动授权"谈判（1981～1982 年）、国家间协议（英爱条约，1985 年）以及多方和平会谈（1990～1998 年）等。因此，在特鲁伯尔（Peter F. Trumbore）用"两层博弈"（two level game）来分析北爱尔兰和平谈判过程中国内与国际政治诸因素间的关联性时，他指出谈判必须同时受制于本国民众的意见，其中有三个中心因素：一是民众与这些政策制定者的相关性以及国内选民的因素；二是正在谈判问题的相关度；三是民众对协议的同意权。①

北爱尔兰民间和解的这条线始于 20 世纪 60 年代末的民权运动。运动促成了少数群体的觉醒，培养出新一代的社群领袖。此后，陆续有和平团体出现，比较突出的是"和平人民"（Peace People），在 70 年代中期成功地组织了几次和平示威游行。同时，民众自发地举办小型的跨宗教的社团活动，特别是学校在平时或是暑假举办的各种课程、活动和营队，让彼此了解并促进相互尊重。此外，教会领袖也不时向政客或准军事组织表达终结暴力的期待；商会和工会也逐渐体会到和解有助于经济复苏；当然学者也会适时地提供和平学的专业意见。同时，许多社会工作人员致力于年轻人之间的和解，为青年人创造公开讨论过去和未来的机会，希望以此改善社区关系。

通过民间和解路线培养出来的民间和社区团体，对 20 世纪 60 年代末北爱尔兰暴力冲突的缓解发挥过重要作用。约翰·达比（John Darby）曾对北爱尔兰首都大贝尔法斯特的三个地方社区——基林/班渡（Kileen/Banduff）、上阿什伯恩居住区（Upper Ashbourne Estates）和达威（Dunville）——做过研究。② 这三个社区都是混住的，但前两个社区从 20 世纪 60 年代末起已经发生很多暴力，第三个社区则一直很平静。达比发现，所有这三个社区中的教堂、学校和政党都是隔离的，但达威的扶轮社和狮子社、足球俱乐部、保龄球俱乐部则是混合的，板球、田径、拳击、曲棍球、游泳、乒乓球、高尔夫球俱乐部也是这样，它还有一个富有活力的混合性

① Peter F. Trumbore, "Public Opinion as a Domestic Constrain t in International Negotiations: Two - Level Games in the Anglo - Irish Peace Process", *International Studies Quarterly*, Vol. 42, No. 3, 1998, pp. 545 - 565.

② John Darby, *Intimidation and the Control of Conflict in Northern Ireland*, Dublin: Gill and MacMillan, 1986.

单亲俱乐部。① 这些协会形式的交流和沟通机制，促进了信仰不同宗教民众间的交流，对化解民族矛盾、维护社区稳定具有重要作用。

英国政府在 20 世纪 80 年代后期开始更加重视社区工作的作用，确立了发展社区工作的三个主要目标：一是增加新教徒和天主教徒之间的接触；二是鼓励双方增进彼此的了解，倡导尊重对方的文化和传统；三是确保每个人都能得到平衡的发展机会和公正的待遇。1987 年成立了"北爱社群活动组织中心"，其主要工作是向政府提供改善社群关系的意见和建议，并直接组织各种活动以加强社群之间的联系和互动。90 年代，随着北爱尔兰政治和解步伐的加速，双方族群为化解宗教矛盾也做出了许多努力，不同信仰的父母将自己的孩子送到"非隔离学校"接受教育，以促进双方的交流和融合；② 教育委员会制定了多项跨族群计划，鼓励学校、青年俱乐部和社区团体跨越宗教分歧；许多非政府组织不断加入到推动和平进程的活动中来；社会工作人员也致力于年轻人之间的和解，为青年人创造公开讨论过去和展望未来的机会，希望能够孕育出面向未来的"宽容文化"。③ 见表 3-22。

表 3-22 北爱尔兰对待族群和解的态度（2006 年 4 月）

单位:%

		对另一族群的态度		
		赞成	不喜欢也不反对	不赞成
民族主义者	参与跨族群事务	42	49	9
	不参与跨族群事务	33	54	13
	参加非隔离学校	46	48	6
	不参加非隔离学校	39	52	10
联合主义者	参与跨族群事务	41	49	10
	不参与跨族群事务	26	58	15
	参加非隔离学校	43	51	15
	不参加非隔离学校	36	52	12

资料来源：http://www.ark.ac.uk/ylt/2006/Community_ Relations。

---

① 〔美〕阿舒托什·瓦尔什尼：《族群冲突与公民社会：印度及印度以外的地方》，秦长运译，《民族社会学研究通讯》2011 年第 90 期，第 25 页。
② Alan and Susan Raymond, *Children in War*, New York: TV Books, 2000, p. 119.
③ 许彩丽：《尘埃落定——〈复活节协议〉签订后的北爱尔兰局势分析》，《国际论坛》2008 年第 2 期，第 77 页。

事实证明，政府、民间团体和个人的努力卓有成效，双方族群的关系在21世纪有了明显改善。一项针对北爱尔兰新教徒和天主教徒关系的调查显示，通过民间组织的努力，到20世纪90年代，新教徒和天主教徒对5年前相互关系的认知，认为关系更好的天主教徒从1986年的9人上升到了1991年的31人，而新教徒也从1986年的11人上升到了28人。① 正是市民和社会团体推动了天主教徒和新教徒之间更多的交流，使得双方有了更多的接触和了解，增进了双方对和解的共同需求。下文将以萨福克－列拿度沟通组织为例，阐释草根组织对化解民族冲突所作出的贡献。

（二）案例分析：萨福克－列拿度沟通组织

在冲突集中的贝尔法斯特地区，天主教徒多集中在西部，而新教徒多集中在东部；在这些具有明显分野的居住区内还存在一些小型的混居地。在大规模冲突开始之前，萨福克－列拿度地区是一个新教徒和天主教徒的混合居住区，双方社群关系非常融洽。由于该地区距离贝尔法斯特市中心较远，这里的问题一直被忽略，民间自发的和平缔造活动也在很长时间内未得到关注。

1969年北爱尔兰冲突爆发，随着冲突的升级，混住区居民都不得不迁出居住地，这是欧洲自第二次世界大战后最大规模的强制性迁移运动。在贝尔法斯特，尽管社群暴力最初并没有影响到该地区，但考虑到冲突所引发的恐惧及仇恨，1800户居民被迫离开了自己的家园。1976～1977年间，列拿度地区的大部分新教徒家庭迁入萨福克地区，而他们的房屋则被那些从萨福克地区迁入列拿度地区的天主教徒重新修葺后居住。结果是列拿度成为天主教徒/民族主义者居住区；而萨福克成为新教徒/联合主义者居住区，斯图尔特斯顿路（Stewartstown Road）成为"和平线"，双方社群都不允许对方跨过这条路进入己方的社群生活区。萨福克－列拿度沟通组织就是在这样的背景下建立起来的。

萨福克－列拿度沟通组织成员都是来自萨福克和列拿度地区的工人阶层。除了一名男性专业社会工作者外，其他成员都是家庭妇女。为了论述方便，下文用S代表组织中来自萨福克地区的新教徒成员，L代表组织中来自列拿度地区的天主教徒成员，C代表来自"贝尔法斯特联络项目"的

---

① 邱显平：《当代民族冲突研究——以北爱尔兰民族冲突为例》，中国优秀博硕士学位论文全文数据库（博士），2006，第112～113页。

社会工作者克里斯·奥哈洛伦。具体来说，萨福克－列拿度沟通组织的工作流程如下。

第一，追忆往昔美好岁月。在大规模冲突爆发之前，萨福克－列拿度地区的社群关系相当融洽，考虑到这样一个背景，该组织的第一次活动的主旨为"追忆往昔美好岁月"。来自双方社群的组织成员满带感情地描述了冲突前的社区美景以及社群和谐关系，激起了大家对之前和谐家园的怀念。

第二，畅言冲突带来的灾难。该活动鼓励参加者充分表达自己对冲突的感受和对另一社群的不满。人们坐下来表达自己的看法，尽管可能难以形成一致意见，甚至有时会有争吵，但这种沟通的目标不是为了达成共识，而是为了了解对方的感受——喋喋不休总胜于兵戎相见。

尽管人们表达出乐意参加组织的愿望，但是在冲突不断和社会隔离严重的情况下，前两项活动都是在双方社区内各自进行的，即社会工作者将活动方案告诉参加者，每个人写下自己的回忆，并以书面形式提出问题，由另一个社区的人员回答后，再由社会工作者交还提问者。

第三，试探性接触。考虑到冲突所造成的严重精神创伤，双方社群联系的建立相当缓慢，而且大多是试探性的。该组织开始时的活动是非常不正式的，往往是在某个咖啡店或旧货店里进行，且没有任何实质性的接触。后来在社会工作者克里斯·奥哈洛伦的鼓励下，人们开始尝试直接的面谈。

第四，改善斯图尔特斯顿路的交通状况。通过有形的物质条件的改善，能够循序渐进地推动彼此对对方的接纳程度，并据此创造良好的沟通环境与接触情境，其积极意义还在于：将竞争群体转变为追求共同目标的合作群体。

该行动取得了胜利，交通委员会通知双方社区将会改善斯图尔特斯顿路的交通状况并重新安装路灯。以此为契机，双方社群取得了更多的沟通机会。

L：在首次联合行动取得胜利的几天后，来自萨福克的新教牧师戴维·鲁宾逊（David Robinson）在送我回家的路上对我说："我们要举行一个篝火晚会，需要一部分年轻人参加，你愿意叫些你的朋友来吗？"我们去了五六个人，尽管不是太愉快，也没有发生什么冲突。后来我们邀请新教徒年轻人参加一场足球友谊赛，他们来了。在开始比赛前，我不得不告诫那些狂热分子，声明我们邀请了对方社区的球队来比赛，请他们一定不要闹事。

那天有很多警察在场。比赛平安无事。后来萨福克的球队也回请我们在新教徒社区进行了一场比赛，比赛同样很顺利。这些都是建立关系的开始。①

虽然多数成员之间的关系开始改善，但社区中部分成员的态度并没有明显改变，组织的聚会地点（一个小咖啡店）曾经发生过两次爆炸，调查结果表明是那些对双方接触不满的人干的。对组织人员而言，这是一段相当孤独的心路历程。

第五，重建关系。1995 年，新教徒的夏季游行引发了冲突。北爱尔兰皇家警察试图禁止此次游行，但是面对此起彼伏的新教徒骚乱，他们不得不改变主意。于是，奥兰治团体按照惯例在加瓦路（Garvaghy Road）游行，300 名反对游行的天主教徒抗议者被驱逐，从而引起了骚乱，骚乱很快蔓延到萨福克－列拿度地区。考虑到人们参加活动的危险性，组织暂时取消了活动。

后来，有一些组织成员主动提出来要进行面对面的交流。经过几次会谈后，虽然没有解决多少问题，但不再是"他们和我们"的明显分裂，许多人认为"他们和我们并没有什么不同，只能说我们共同抽到了一支糟糕的命运之签"。同时，经过反复讨论，正式决定成立萨福克－列拿度沟通组织，这是组织成员信心增长的信号。

第六，建设沟通的活动场所。组织刚成立就遇到了坏消息，房屋管理局决定拆除斯图尔特斯顿路沿街的一些房子，包括该组织常常用来举行活动的地方。此时，组织的活动议题变为应该怎样解决聚会场所。

C：新成立的组织需要活动地点，可行的方案就是我们建一所全新的房子，该房产为两个社区所共有，在经费上能够自给自足。于是我们决定建一座两层楼的建筑，底层是店铺，可以对外承租，上面一层用来聚会，我们不用的时候可以租给其他团体举行会议，收取适量租金。②

---

① Michael Hall ed.，"Building Bridges at the Grassroots：The Experience of Suffolk－Lenadoon Interface Group"，http：//cain. ulst. ac. uk/islandpublications/hall07－ip81. pdf. 转引自许彩丽《化解民族冲突的民间路径——来自北爱尔兰萨福克－列拿度沟通组织的经验》，《世界民族》2011 年第 1 期，第 37 页。
② Michael Hall ed.，"Building Bridges at the Grassroots：The Experience of Suffolk－Lenadoon Interface Group"，http：//cain. ulst. ac. uk/islandpublications/hall07－ip81. pdf. 转引自许彩丽《化解民族冲突的民间路径——来自北爱尔兰萨福克－列拿度沟通组织的经验》，《世界民族》2011 年第 1 期，第 38 页。

方案通过以后，对于组织成员而言，最重要的任务就是说服各自社区的人们同意该方案。

L：尽管遭到了很多人的拒绝，但我并没有灰心，我们刚刚开始参加这个组织的时候，很多人也认为我们根本不可能维持下去，但是两三年后人们都已经看到了所取得的成就。

S：当人们有疑问时，我常对他们说："我们知道你们对此有疑问，但是我们和你们来自同一个社群，我们不会做任何有损社区利益的事情。"而且我们不做这些事，社区的分裂将会越来越严重。①

在获得双方社区的认可后，组织的发展面临一个更大的难题：资金从哪里来。组织成员考虑到组织的性质有利于缓和暴力、加强沟通以实现"共享空间"，因而可以向很多关注北爱尔兰冲突的基金会申请经费。资金问题很快得到解决，"国际爱尔兰援助基金会"（International Fund for Ireland）非常慷慨地提供了所需资金的一半，贝尔法斯特欧洲合作事务局（Belfast European Partnership Board）也提供了一部分经费，而且房屋管理局同意无偿提供土地。当该组织成功地完成这一任务后，组织成员的信心大增，在该地区的影响力有所扩大，周围的人们也开始关注组织的活动。

L：我现在认为两个社区应该联合起来缔造和平，之前我们都是各自独立实行自己的方案。

S：现在，我再使用"我们"这个词已经不再是指自己的社区，而是我们整个组织的成员，这在北爱具有特殊的意义。②

尽管萨福克-列拿度沟通组织举行了多次会议，也成功地举办了许多活动，但是这样一个以沟通为方式、以社区发展为目标的组织并不能解决该地区的所有问题，也不能完全治愈冲突造成的伤痛。但是无论如何，有

---

① Michael Hall ed. , "Building Bridges at the Grassroots: The Experience of Suffolk - Lenadoon Interface Group", http：//cain. ulst. ac. uk/islandpublications/hall07 - ip81. pdf. 转引自许彩丽《化解民族冲突的民间路径——来自北爱尔兰萨福克 - 列拿度沟通组织的经验》，《世界民族》2011 年第 1 期，第 38 页。

② Michael Hall ed. , "Building Bridges at the Grassroots: The Experience of Suffolk - Lenadoon Interface Group", http：//cain. ulst. ac. uk/islandpublications/hall07 - ip81. pdf. 转引自许彩丽《化解民族冲突的民间路径——来自北爱尔兰萨福克 - 列拿度沟通组织的经验》，《世界民族》2011 年第 1 期，第 38 页。

些东西已经通过组织活动确定下来，民族关系与之前相比有了很大改善。更为重要的是，通过参与组织活动，参加者增强了建设自己家园的信心，进一步学会彼此珍赏，并对未来和谐关系的建立充满希望。

L：我对未来充满信心，有很多迹象表明我们这个地区正在恢复和重建，既是外表的，也表现在社区关系方面，还有个人彼此间关系的重建。①

从本质上说，萨福克－列拿度沟通组织的主要功能是促进冲突民族间的公众参与。公众参与的主要方式是市民对话，这种对话既不是"漫无目的的讨论"，也不是正式的谈判和调解。首先，这种长期对话所要探讨和解决的，是引起冲突和隔阂的深层因素而不是问题本身。其次，它强调的是改变相互关系，而不仅仅是改变政策方向或通过谈判对引起争议的物质利益和权力进行划分。② 对话的意图是在进行对话的小组内为公众提供改变相互关系的经验，通过共同努力，减少分歧，在敌对的双方间寻找出一种共识。

对话是一种真诚的互动过程，人们通过对话相互倾听对方的想法，认真考虑对方关注的问题，调整自己原来的看法。长期对话是一种政治进程，首先要在对话小组内改变相互关系，对话小组是更大政治范围内冲突关系的微型反映；其次，设计一种在更大范围内改变关系的政治方案。长期对话可以分为五个阶段。

（1）第一阶段，做出参与决定。代表冲突各方的市民小组同意为探讨冲突根源和寻找解决办法进行对话。

（2）第二阶段，通过坦率讨论，寻找引起冲突的深层原因。

（3）第三阶段，探讨如何消除冲突根源，设计出广泛的选择措施，并对这些措施进行评估。

（4）第四阶段，制订方案，列出实施这种方案可能存在的障碍及其解决措施。

---

① Michael Hall ed. , "Building Bridges at the Grassroots: The Experience of Suffolk – Lenadoon Interface Group", http://cain. ulst. ac. uk/islandpublications/hall07 – ip81. pdf. 转引自许彩丽《化解民族冲突的民间路径——来自北爱尔兰萨福克－列拿度沟通组织的经验》，《世界民族》2011 年第 1 期，第 39 页。

② 李晓岗：《和平是一种人际关系状态——读桑德斯的〈公众和平进程：通过长期对话化解民族冲突〉》，《美国研究》2001 年第 4 期，第 129～130 页。

（5）第五阶段，通过共同行动促进变化。参加者分析各自在改善相互关系方面的社会政治条件，讨论为实施方案需要采取的具体行动。①

长期对话的作用在于，通过改善冲突双方成员之间的关系，为和平进程奠定基础。和平不只是没有战争和暴力，不只是没有社会骚乱。和平是一种人际关系状态，是一种行为方式。通过长期对话，参加对话的双方相互影响，在不知不觉中调整自己的行为方式，以新的方式同对方发展关系，而通过把这种发展关系的方式培育到学校、车间、教堂、社区、工厂等社会的各个领域，和平的社会基础就会逐步扩大。因此，和平不是抽象的，不只是政府负责的事，不只是市民无能为力的事。和平始于公众如何相处，缔造和平是一种生活。如果双方市民的社会发展不平衡，公众参与程度相差甚远，就会影响对话进程的平衡性，影响对话在各自社会中的作用；而公众在社会政治中的参与及其作用，又与各自的社会发展阶段、文化传统、经济发展水平相关。解决这些问题，远非一朝一夕之功。②

总之，对于民族冲突管理而言，通过公众参与及草根路径达成的民族和解是非常实用的。在北爱尔兰迈向和平的进程中，社会团体、非政府组织和社群工作者做了大量工作。他们提供民族接触的场景与情境，就共同目标进行对话，并从社会基石层面提供民族之间进行良好沟通的社会规范。冲突双方通过顺畅接触，能够客观地了解对方的观点、利益和感情，最终形成某种共识，而不再顽固地坚持自己的刻板印象。社群工作者并不直接参加和平谈判，他们的任务是让每位当事人坦率地谈论自己对冲突的看法，"当恐惧退潮的时候，信任就会爬满海滩"。唯有在如此的基础上，和平的社会基石才会更加牢固。

---

① 李晓岗：《和平是一种人际关系状态——读桑德斯的〈公众和平进程：通过长期对话化解民族冲突〉》，《美国研究》2001 年第 4 期，第 131 页。
② 李晓岗：《和平是一种人际关系状态——读桑德斯的〈公众和平进程：通过长期对话化解民族冲突〉》，《美国研究》2001 年第 4 期，第 126～132 页。

第四章
民族冲突的国际管理

在狼群中，要学会狼叫。

——列宁

进入 21 世纪，当人类加速进入全球化时代之后，不论是移民类国家、西欧工业化国家、传统多民族国家还是发展中国家，它们的民族冲突非但没有弱化，而且还有不断升级的趋势，特别是在国外政治、宗教势力的干预下，许多国家的社会稳定、国家统一受到严重威胁。这种社会冲突又经常因为国际干预的介入转化为更为严重的区域和国际冲突。① 可见，民族问题始终是主导国际关系的一大难题。虽然民族冲突管理基本属于有关国家的内政问题，但是在当今世界，它已经如生态环境恶化、国际恐怖主义等问题一样，成为给全人类造成重大威胁的安全问题，成为国际关系的核心议题。另外，正是由于自身性质的重要性、复杂性、敏感性，才使民族问题成为当今国际关系最有价值的"外交工具"。为了各种利益，国际社会的相关国家总拿民族问题做文章，在国家内部的不同民族群体之间挑拨事端，甚至歪曲相关国家的民族形象。久而久之，持续性的舆论歪曲会积累成印象错觉，"以假乱真"地干扰主权国家内部正常的民族交往，搅动民族成员之间正常的相互认知。

---

① 于海洋：《良性治理：维护民族国家体制和化解民族冲突的前提》，《中国民族报》2012 年 1 月 6 日。

第一节 作为"外交工具"的民族问题

在国际关系舞台，对于某些国家的私利来说，"民族问题"大有文章可做。当外部力量挑唆和支持一个国家内部的民族分裂活动时，既要产生对"工具论"和"阴谋论"的警醒，也要理性地应对潜在的危险，趋利避害，在某种程度上外部压力能够转换为内部的凝聚力，关键是要进行针对性的冲突管理。

一般来说，作为当事国深知民族问题对本国领土完整和政治稳定的重大影响，作为其他国家也同样深知民族问题是当事国的"软肋"。因而，每逢民族冲突发生，很多国家都纷纷介入，或是体现自身的国际影响力，或是为了特殊的利益。[①] 从 20 世纪下半叶发生的重大民族冲突来看，世界主要国家以不同的方式参与其中，纷纷凸显自己的国家地位，展现自己的国际影响。

一 脆弱性理论

史蒂芬·赛德曼（Stephen M. Saideman）针对 20 世纪六七十年代非洲各个国家对民族分裂运动的政策，提出了脆弱性（vulnerability）理论假设：认为存在民族分裂活动，或存在民族分裂危险的国家不会支持其他国家的民族分离活动。[②] 因为大多数非洲国家普遍面临分离主义的挑战，因而为了各自的稳定，互不支持其他国家内部的民族冲突和分离运动。既然所有国家都感受到来自少数民族的不安，所有的国家都形成了一种共识，那就是保持现有格局。[③] 这是"政治互惠原则"在民族问题上的应用。脆弱性理论的基本假设如下。见表 4-1。

（1）自身存在民族冲突的国家，即对民族冲突和分离运动存在忌讳的国家不大会支持分离运动。

（2）严格遵守不干涉内政国际法准则的国家不大会支持别国的分离

[①] 严庆、青觉：《"民族牌"背后的理论透析》，《广西民族研究》2009 年第 1 期，第 23 页。

[②] Stephen M. Saideman, *The Ties That Divide: Ethnic Politics, Foreign Policy, and International Conflict*, New York: Columbia University Press, 2001, p. 15.

[③] Robert H. Jackson, Carl G. Rosberg, "Why Africa's Weak States Persist: the Empirical and The Juridical in Statehood", *World Politics*, Vol. 15, No. 3, 1982.

运动。

（3）现有的不支持分离运动的国际准则降低了国家支持分离运动的可能性。

（4）相关的国际组织限制对分离运动的外部支持会减少此类支持。

（5）与当事国具有合作史的国家不会支持当事国内部的分离运动。

（6）与当事国发生过冲突的国家倾向于支持当事国内的分离运动。①

表 4 - 1　脆弱性理论的基本假设

国家类型	自身存在民族冲突的国家	遵守不干涉内政国际法准则的国家	存在不支持分离运动的国际准则	限制此类行为的国际组织的成员国	同当事国有良好合作关系的国家	同当事国有直接利益冲突的国家
是否支持民族冲突	×× ×	× ×	×	× ×	×× ×	√√√

注："×"号的数量表示不支持的强度；"√"号的数量表述支持的强度。

20 世纪六七十年代，刚刚脱离殖民统治的非洲各国基本上都面临着同样的问题：原有殖民者的影响仍然存在（刚果民主共和国的加丹加地区、南非、津巴布韦和马拉维依然为白人统治）；②各个新独立的国家缺乏国家治理经验；各个国家的整合化过程没有完成，诸多的部落、部族彼此分离，普遍存在内部民族冲突的隐患（这与这些国家市场经济不发达、殖民者"分而治之"的策略有关）。可见，脆弱性理论是针对 20 世纪刚刚实现民族独立的非洲国家提出来的，其内在逻辑是存在民族冲突或分裂危险的国家如果支持其他国家的民族分裂运动，就可能招致其他国家的对等反应，引燃本国的民族问题。而且民族分裂的示范效应也可能会启发本国的民族效仿，寻求民族分裂。

1963 年 5 月 22～26 日，31 个非洲独立国家在埃塞俄比亚首都亚的斯亚贝巴举行首脑会议。会议于 5 月 25 日通过了《非洲统一组织宪章》，决定成立非洲统一组织，确定 5 月 25 日为"非洲解放日"。组织的主要宗旨之一就是促进非洲国家的统一与团结，其中一项重要精神就是非洲国家互

---

① 严庆、青觉：《"民族牌"背后的理论透析》，《广西民族研究》2009 年第 1 期，第 24 页。
② 马克斯·韦伯等学者认为，一个独立国家要确定自身的地位，必须达到控制力量及方法的中央集权化，并具备较强的统治领土的能力。他们认为，撒哈拉沙漠以南的非洲国家在这方面能力薄弱，甚至根本没有国家治理的经验。

相不支持彼此境内的民族分裂运动。

例如，1991 年宣布独立的索马里兰共和国就始终面临着不被承认的窘境。索马里兰位于非洲之角索马里的西北部，曾受英国统治。历史上该地区称"英属索马里兰"，是英国的保护国。1960 年 6 月 26 日该地区独立为索马里兰国之后 5 天，即与 7 月 1 日独立的意属索马里兰合并，成立"索马里民主共和国"。索马里兰独立的主要成员为伊萨克氏族的索马里民族运动（Somali National Movement，SNM），1981 年成立于英国伦敦，1982 年在埃塞俄比亚的迪雷达瓦成立总部，致力于索马里西北部地区的独立运动。1991 年，索马里中央政权崩溃之后，索马里民族运动随即控制了索马里西北部地区，并在同年的 5 月 18 日索马里西北部地区宣布独立为"索马里兰共和国"，目前占有原索马里 18 个省中的 5 个。因为索马里兰曾是英国的保护国，所以在前者的独立过程中，英国的支持"功不可没"。但是，非洲国家以及非洲联盟在承认索马里兰独立问题上都非常慎重，防止承认的先例会点燃国内民族分裂主义的激情。

民族分裂的确会产生示范效应，如潘多拉魔盒一样，一旦打开，相关主权国家会纷纷破碎。2008 年 2 月 18 日，塞尔维亚总统塔迪奇在联合国发言时指出，科索沃独立对国际社会的"灾难性影响"。他警告说："如果国际社会纵容此类非法事件的发生，谁能保证其他国家的某一地区不会以同样的方式实现独立呢？""国际社会有很多类似科索沃的地区，他们正在盼望着科索沃的独立，并期望此种行为被国际社会看作是可被接受的范例。"[①] 的确，科索沃独立使很多国家的民族分裂势力备受鼓舞。加拿大是在西方七大工业国都已承认科索沃独立之后才正式做出外交承认的。加拿大外交部长贝尼耶在发表声明时指出，"做出承认科索沃独立的决定，并不是为魁北克民族主义者提出类似主权要求提供先例。"贝尼耶在声明中特别强调科索沃问题的独特性，强调科索沃独立只是一个"特例"，不能把魁北克问题与科索沃相提并论。[②]

然而，事实上，魁北克独立运动一直在密切关注着国际社会对科索沃独立的反应。他们相信，科索沃片面宣布独立可为魁北克独立提供一个可

---

① Boris Tadic, "the Statement of President of the Republic of Serbia to Security Council Meeting", 18 February 2008, http://www.un.int/serbia/Statements/32.pdf.

② Canada Recognizes Independent Kosovo, 19 March 2008, http://www.nationalpost.com/news/canada/story.html?id=384325.

遵循的先例。魁北克早在 1980 年和 1995 年举行过两次全面公投，而后一次，仅仅以 49% 对 51% 的微弱劣势败北。主张独立的魁北克人党议员丹尼尔在接受采访时指出，"一个民族决定成为一个国家，另外一些国家承认这一事实。在这种情况下，塞尔维亚反对其部分领土的独立，美国、法国和其他国家忽视这种反对。所以，如果有一天魁北克决定成为一个国家，加拿大反对，我们将提醒其他国家，一个国家的反对不该高于这一民族的意愿。"[①]

此外，西班牙、罗马尼亚、斯洛伐克、希腊、塞浦路斯等欧盟成员国也因为自身国内民族问题的存在而迟迟不愿承认科索沃独立。2009 年 3 月 19 日，西班牙国防大臣卡梅·查孔在科索沃的西班牙驻军基地视察时宣布，西班牙将在夏天结束前全部撤出驻科索沃的 630 名军人。第二天，西班牙首相萨帕特罗表示，西班牙决定从科索沃撤军是与其不承认科索沃单方面宣布独立的立场一致的。他在回答记者提问时说，西班牙军队"已经完成了在巴尔干维护稳定和安全的任务"，现在决定从科索沃撤军是"自然的"和"合情合理的"。[②]

应该说，脆弱性理论的逻辑普遍适用于当今国际社会，脆弱性理论促生了一些地区组织或国际组织的建立，通过在组织内部形成共识，达成要约，来规约成员国对待彼此民族问题的态度以及处置方式。[③] 例如，上海合作组织成员国之间就有互不支持民族分裂活动的承诺。

总之，民族问题的重要性以及民族冲突后果的严重性是相关国家介入一国内部民族冲突的主要参考变量。一个负责任的国家对待民族冲突应该持何种态度？是为了自身利益的最大化，采取打"民族牌"的策略，削弱对方的实力？还是为了维护世界公平与秩序，不在一国民族问题上"火上浇油"？这是全球治理进程中，为实现国际关系民主化，所有国际关系行为体所必须认真思考的问题。

二　民族纽带理论

戴维·卡门特（David Carment）和帕特里克·詹姆士（Patrick James）

---

① Kosovo Independence Poses Headache for Canada, 19 February 2008, http://www.reuters.com/article/idUSN1929252620080219.

② 《西班牙政府决定从科索沃撤军》，《人民日报》2009 年 3 月 22 日，第 3 版。

③ 严庆、青觉：《"民族牌"背后的理论透析》，《广西民族研究》2009 年第 1 期，第 24 页。

发现民族冲突不同于其他冲突，其动员机制以民族纽带为基础，团结、忠诚、献身贯穿其中。[①] 因此，民族纽带是影响一个国家对待民族冲突态度的决定因素。

民族纽带理论的内在逻辑是：一个国家的民族分裂活动容易得到海外同民族、同种族、同宗教或同语言群体的支持，干预国会通过民族纽带来确定自身的政策取向。例如，在刚果危机中（1960～1963 年），13个国家中有 12 个国家，如比利时、津巴布韦、马拉维、南非、中非共和国、加纳、几内亚、埃塞俄比亚、摩洛哥、突尼斯、刚果（布）、印度，依据民族纽带确定了政策取向；在尼日利亚内战中（1967～1970 年），17 个国家中的 14 个国家，如加蓬、以色列、科特迪瓦、葡萄牙、津巴布韦、南非、赞比亚、塞拉利昂、乌干达、喀麦隆、埃及、尼日尔、索马里、苏丹，依据民族纽带确定了政策取向；在南斯拉夫解体过程中（1991～1995 年），13 个国家中的 11 个国家，如阿尔巴尼亚、奥地利、保加利亚、德国、希腊、匈牙利、伊朗、意大利、罗马尼亚、俄罗斯、土耳其，依据民族纽带确定了政策主张，当时几乎所有的伊斯兰国家都支持波黑。[②]

民族纽带理论在国际关系中的具体表现有以下几个方面。

（1）国家似乎更容易支持与重要选民拥有共同民族纽带的行为者。

（2）政府容易反对与重要选民有历史过节的行为者。

（3）当行为者双方都与选民分享民族纽带时，政府容易采取中立态度或是模糊立场。

（4）当事民族希望通过较宽的身份认同界定自我，以便得到国内外更多的支持。[③]

民族纽带通常和种族、宗教、语言和血统等因素联系在一起。依据民族纽带理论，政府更容易支持与重要选民拥有共同民族纽带的行为者。比

---

① David Carment, Patrick James, "Internal Constraints and Interstate Ethnic Conflict: Toward a Crisis - Based Assessment of Irredentism", *Journal of Conflict Resolution*, Vol. 39, No. 1, 1995, pp. 82 - 109.

② Stephen M. Saideman, *The Ties That Divide: Ethnic Politics, Foreign Policy, and International Conflict*, New York: Columbia University Press, 2001, pp. 37 - 152. 转引自严庆、青觉《"民族牌"背后的理论透析》，《广西民族研究》，2009 年第 1 期，第 23 页。

③ Stephen M. Saideman, *The Ties that Divide: Ethnic Politics, Foreign Policy, and International Conflict*, New York: Columbia University Press, 2001, p. 15.

如，南斯拉夫内战期间，拥有大量穆斯林人口的国家——伊朗、沙特、马来西亚支持同样拥有穆斯林人口的波黑。政府容易反对与重要选民有历史过节的行动者。例如，南斯拉夫内战期间，希腊支持波黑，与希腊因塞浦路斯问题存在敌意的土耳其则支持其对立面——马其顿。当然，有时历史过节会让位给民族纽带。例如，在南斯拉夫内战期间，匈牙利开始支持斯洛文尼亚和克罗地亚，但后来态度逐渐模糊。起初不支持塞尔维亚，是因为两国历史上的相互敌意，后来态度逐步改变，是因为在塞尔维亚伏伊伏丁那的自治民族是 30 万匈牙利族。正是民族纽带因素改变了匈牙利的政策。

民族纽带的力量在于民族成员认同的一致性能够使跨越国界的群体成员形成利益一致、行动一致的自觉，面对民族冲突中同族成员形成一致目标、一个声音和一致行动，通过民族纽带延伸，民族冲突的影响向更大的范围震荡开来，形成"涟漪"与"共振效应"。①民族纽带影响外交政策的原因可以归结为以下三个方面。第一，民族纽带产生对民族整体的忠诚感、成员利益攸关感。国界并不能使民族成员忽视其同族在其他国家的状况，选民将最为关心同族和与其有历史过节民族的现实情况。第二，是否支持海外同族的态度，是对政客们如何处理本国民族事务的"试金石"，符合民族认同意向的政客才能得到国内特定群体的支持。第三，民族纽带也会因分裂主义者的策略发挥作用。为了得到外部支持，分裂主义者需要通过强化某种纽带关系，让外部相关群体认为分裂主义者与其利益相关。分裂主义运动的领袖往往通过身份延伸等方法界定自己，从而影响别人对自己和对手的感知，他们一般强调更为宽泛的身份认同，比如种族和宗教，而不是语言和血统，这样会争取得到更多的外部支持。②

如果国内支持者的民族成分并不同质，政客对他国的民族冲突大多面临三种选择。第一，采取中立的立场或是模糊的态度。例如，在尼日利亚内战期间，由于乌干达和塞拉利昂两国的人口中分别拥有基督教和穆斯林人口，因而，两个国家从国内政治实际出发，各自采取了中立立场。第二，按照国内民族政策竞争的结果进行策略选择。然而，这种选择可能给国内政局稳定留下隐患，因为外部民族冲突的结果会朝向好转或恶化两个方向

---

① 严庆、青觉：《"民族牌"背后的理论透析》，《广西民族研究》2009 年第 1 期，第 26 页。
② 严庆、青觉：《"民族牌"背后的理论透析》，《广西民族研究》2009 年第 1 期，第 26 页。

发展，而发展进程必然会引起国内不同民族群体的反应，反应过度就会在国内引发争执或冲突。第三，用公民民族主义（civic nationalism）代替族裔民主主义（ethnic nationalism）。其用意是强调国家的利益，以此来降低不同民族因支持对象不同而引起本国民族冲突的可能。在这种情况下，执政党或国家领导人必须具有牢固的合法性和很高的权威性，使不同的民族成员共同信服国家的决策。

戴维斯（David R. Davis）和摩尔（Will H. Moore）发现，如果在一个国家的优势民族和另一个国家的劣势民族之间存在民族纽带，两国发生冲突的可能性就高。① 例如，斯里兰卡民族冲突中的印度因素即为典型事例。

斯里兰卡这个印度洋上美丽的岛国，素有"印度洋上的明珠"的美誉，然而斯里兰卡僧伽罗人与泰米尔人之间持续近 30 年的民族冲突却使它变成了"印度洋上的泪珠"。印度是斯里兰卡唯一的近邻，在历史上一直是对斯里兰卡影响最大的国家。印度南部居住着大约 6000 万泰米尔人，他们与斯里兰卡泰米尔人同宗同源。共同的语言、宗教、文化纽带使印度的泰米尔人始终关切斯里兰卡泰米尔人的命运，并向印度中央政府施加压力要求印度介入斯里兰卡民族问题。特别是 1983 年斯里兰卡内战爆发后，更是引起了印度泰米尔人的强烈反响。在这种情况下，印度中央政府决定直接干预斯里兰卡民族问题。

另外，印度对斯里兰卡的政策是由印度的地区政策决定的。1983 年，印度总理英迪拉·甘地提出了"英迪拉主义"，其中对南亚邻国的要求表达得十分清楚："印度将既不干涉任何国家的国内事务，也不容许这样的干涉来自区外力量，假如需要国外援助来平息国内危机，这些国家必须首先在地区内寻求帮助。"后来，拉吉夫·甘地在"英迪拉主义"的基础上进一步提出了"拉吉夫主义"，印度对南亚区内事务的干涉更加直接。特别是斯里兰卡在 20 世纪 70 年代以后实行亲西方的外交路线，印度对此颇为不满，想利用斯里兰卡的民族问题向斯里兰卡政府施加压力和影响，把斯里兰卡政府的外交政策纠正到印度所希望的轨道上来。

基于以上因素，在 1983 年斯里兰卡内战爆发后，印度对斯里兰卡民族问题采取了"双轨政策"，即由印度中央政府公开在斯里兰卡政府和泰米尔

---

① David R. Davis, Will H. Moore, "Ethnicity Matters: Transnational Ethnic Alliances and Foreign Behavior·", *International Studies Quarterly*, Vol. 41, No. 1, 1997, pp. 171 – 184.

武装组织之间充当调停人，同时秘密为泰米尔武装组织提供支持。印度政府对斯里兰卡泰米尔武装组织的支持主要是通过其情报机构"研究与分析署"进行的。而泰米尔纳德邦的一些泰米尔政党更是积极支持斯里兰卡泰米尔武装的独立运动，为他们提供财政援助，甚至提供土地供他们建立军工厂和训练设施，成为猛虎组织从事分离活动和武装斗争的强有力后盾。因此，这一时期印度泰米尔纳德邦实际上成了猛虎组织的大后方和活动基地。[①]

印度对猛虎组织的支持在 1987 年达到高潮，这一年的 6 月 4 日，就在斯里兰卡政府以武力清剿泰米尔武装行动即将取得成功时，印度派出运输机向濒临绝境的猛虎组织空投物资，并派幻影式战斗机护航。印度外交部还发表声明威胁说，如果斯里兰卡方面阻截，印度就会武力还击。在印度军事干涉的威胁下，斯里兰卡政府军停止了进攻。可以说，是印度的这次直接干预给了猛虎组织第二次生命。

然而，尽管从 1983 年开始印度中央政府一直对猛虎组织提供支持，但帮助猛虎组织建立一个独立的泰米尔国却从来没有出现在印度的议事日程上，因为一个独立的、不可预知的"泰米尔伊拉姆国"并不符合印度的利益，而且还会引发印度国内本已存在的分离主义运动（符合脆弱性理论）。随着斯里兰卡内战的扩大和升级，印度日益感到局势失控的危险。于是印度政府的态度开始发生转变，谋求斯里兰卡民族冲突的和平解决。另外，印度对斯里兰卡政府以地区利益作为回报向一些区外大国寻求援助的行为感到不安。比如斯里兰卡从以色列购买武器，与巴基斯坦发展军事关系，甚至传出要把亭可马里港（Trincomalee）租给美国海军。[②] 大国力量进入南亚，是印度所不愿意看到的。

经过谈判，1987 年 7 月 29 日，印度与斯里兰卡签署了《印斯和平协议》。印度政府明确表态不支持斯里兰卡泰米尔人的独立运动，并派遣维和部队进入斯里兰卡监督协议的执行。但是，这一和平协议引起了斯里兰卡僧伽罗人和泰米尔人的强烈反对，在僧伽罗人看来，印度维和部队的进驻是对斯里兰卡主权和领土的侵犯；而猛虎组织则认为协议是印度对泰米尔人独立事业的背叛，并拒绝按协议交出武器，这导致印军与猛虎组织矛盾

---

① 邓刚：《斯里兰卡民族冲突中的印度因素》，《经验管理者》2009 年 21 期，第 248 页。

② 亭可马里港位于斯里兰卡科迪亚尔湾的北岸，是斯里兰卡最大的天然良港，战略要地。曾是英国在亚洲的重要海军基地（1957 年前），现为斯里兰卡全国最大的军、商、渔合用港。

的激化。1987 年 10 月，17 名猛虎组织成员在从印度返回的途中被斯里兰卡海军抓获，全体服毒自杀。猛虎组织将一切责任归咎于印度维和部队，双方发生冲突。这样，斯里兰卡内战演变成猛虎组织与印度维和部队之间的战斗。双方的冲突持续了 3 年，印军最多时有 10 万人在斯里兰卡作战，猛虎组织则在印军的强大攻势下被迫转入丛林进行游击战。

事实表明，印度对斯里兰卡民族问题的干预是失败的，非但没有获取到明显的战略利益，反而使得自身在斯里兰卡陷入两边不讨好的尴尬境地，甚至到后来出现了斯里兰卡政府给猛虎组织提供武器以支持其与印军作战的情况。在此形势下，1990 年 3 月 24 日，在付出了 1200 多名士兵阵亡的巨大代价之后，印度维和部队提前全部撤出了斯里兰卡，并表示不再干预斯里兰卡民族问题，不再支持猛虎组织。

值得一提的是，就在印军清剿猛虎组织的 3 年时间里，泰米尔纳德邦仍然在对抗中央，继续对猛虎组织提供支持。然而猛虎组织却对印度总理拉吉夫·甘地怀恨在心，并于 1991 年 5 月派出自杀式袭击者刺杀了拉吉夫·甘地。拉吉夫·甘地的遇害引发了印度举国上下对猛虎组织一致的声讨。辛格政府进一步调整了在斯里兰卡民族冲突问题上的政策，其政府外交部长古杰拉尔表示，印度将永不派部队到国外进行军事干预，并强调泰米尔族的安全与繁荣最终是斯里兰卡政府的责任。1992 年 5 月，印度宣布猛虎组织为非法组织，禁止其在印度本土的活动，也禁止泰米尔纳德邦支持猛虎组织，并加强了与斯里兰卡政府的合作。此后，印度泰米尔人对猛虎组织的支持虽然并未完全断绝，但已经不成气候。在这种形式下，猛虎组织不得不将它的海外总部从印度泰米尔纳德邦转移到了英国伦敦。

2001 年 "9·11" 事件后，斯里兰卡政府利用国际反恐的有利环境，通过外交运作，使包括印度、美国、加拿大和欧盟国家在内的 30 多个国家将猛虎组织列为恐怖组织。2009 年 5 月 18 日，斯里兰卡政府宣布击毙泰米尔伊拉姆猛虎解放组织的最高领导人普拉巴卡兰，第二天斯里兰卡总统拉贾帕克萨宣布彻底击败了猛虎组织，这场亚洲持续时间最长的内战才终告结束。①

最后，需要强调的是，脆弱性理论同民族纽带理论存有差异。脆弱性理论强调的是存在民族问题隐患国家之间的 "同命相连"，共同境况、共同利益有可能促使国家之间采取同样的立场，其目的是抑制民族冲突的发生

---

① 邓刚：《斯里兰卡民族冲突中的印度因素》，《经验管理者》2009 年 21 期，第 248 页。

及蔓延，目标指向国家利益。而民族纽带理论强调的是民族纽带、宗教渊源等因素对国家外交政策的影响，目标指向的是民族利益。两者之间的差异根源于民族与国家之间的相反张力，国家如果能够成功驾驭本国各民族的意愿，则国家政府将主导对待他国民族冲突的立场；如果本国民族力量影响到国家的决策，则民族主张就会转化为国家的外交政策。在国际关系实践中，上述两种理论常常同时起作用。

例如，同是针对南斯拉夫内战，希腊因为北部生活有马其顿裔人口，因而反对马其顿独立（符合脆弱性理论）；阿尔巴尼亚和保加利亚根据血统分别支持穆斯林和马其顿（符合民族纽带理论）；根据罗马尼亚与南斯拉夫的历史关系和民族纽带关系，罗马尼亚应该支持塞尔维亚，却采取了中立的立场（两种影响同时存在）。[①] 当时，从脆弱性理论来说，罗马尼亚的特兰西瓦尼亚（Transylvania）面临着匈牙利族的分离主义运动。可见，上述两种观点都有其相对的合理性和短板，关键在国家和民族的互动进程中，要看特定时期的主要矛盾是什么。

第二节　民族冲突管理的国际规范

西方有关民族冲突管理的国际规范对民族认同和国家构建等命题的预设，自其肇始既已带着某种错误的胎记降临尘世。"这个错误就是把一块地方视为同一族类、同一文化、同一语言的人们的领地，而不顾其他族类与自己的共生共存。而强调民族与国家的一致性，反过来就会推论国家的同质性，进而推动国家的同质化建构。在这种观念下，排他行为发生了，同化主义产生了，冲突就不可避免了。"[②]

一　西方话语与制度规范

后现代主义认为，人们的主观理性不能认识世界的本来面目，即便是对世界的认识和知识，也只不过是在不同情境下的人们用语言建构起来的意义之网。这种观点虽然带有悲观的不可知论色彩，但它确实提出了一个问题，即话语体系在理解人类行为方面具有重要的意义。根据这种理解，

---

① 严庆、青觉：《从概念厘定到理论运用：西方民族冲突研究述评》，《民族研究》2009 年第 4 期，第 102 页。

② 朱伦：《政治因素依然是民族问题的首要原因》，《中国民族报》2007 年 6 月 22 日。

不同国度的人们处于不同的语语体系，他们用不同的语意来阐释这个世界，用自己的语言来建构这个世界。在用语言建构世界的过程中，西方国家无疑起了关键性作用。在西方语境中，"民族国家"在"民族－国家－人民"三位一体的原理上建立。归属于一个拥有自己国家的民族被认为是拥有启蒙运动所生成的根据人性而赋予每一个人的权利的前提条件。①

（一）文化霸权与"民族国家"规范

文化霸权（Cultural Hegemony），也称为文化领导权，是意大利新马克思主义学者安东尼奥·葛兰西（Antonio Gramsci）所提出的哲学和社会学理论。它指的是，一个社会阶层可以通过操纵社会文化（信仰、解释、认知、价值观等），支配或统治整个多元文化社会，统治阶级的世界观会被强制作为唯一的社会规范，并被认为是有利于全社会的普遍有效的思想，但实际上只有统治阶级受益。

在葛兰西之前，文化霸权的概念从来都不是马克思主义社会理论中的重要概念。文化霸权的概念是葛兰西社会理论和哲学中最核心、最具创造性的思想。其研究的出发点是：解释被统治阶级对统治阶级的服从。由此，文化霸权理论认为，资产阶级统治者对被统治者的统治，并不是单纯依靠"宰制"（dominant），而是建立在统治者与被统治者协商（negotiation）的基础上。统治阶级意识形态中一定要为被统治阶级的意识形态留出空间，才能得到被统治阶级的认同而形成"共识"。② 文化霸权理论，就是研究"道德和哲学的领导权"是如何在社会中产生的问题。

葛兰西认为，以武力为基础的国家"宰制"和以共识为基础的文化霸权"领导"是有分别的。在民族领域，要想寻求国际社会的积极同意，西方国家就不得不时刻彰显其追求普世价值以及全人类共同利益的决心与能力，而非狭隘的西方资产阶级。这里面也就必然包含一种情感的面向：想取得文化霸权的政治领袖，必须要"赢得民心"，而民族问题的工具性以及情感性使赢得民心成为可能。

不容否认，由于历史的原因，欧美西方国家在民族研究中走在前面。值得注意的是，这些国家对非洲及其他一些落后地区的民族研究首先是从人类学开始，主要是靠探险家、传教士、旅行者以及殖民官员来从事资料

---

① 〔英〕爱德华·莫迪默、罗伯特·法恩主编《人民·民族·国家——族性与民族主义的含义》，刘泓、黄海慧译，中央民族大学出版社，2009，第177页。

② 〔英〕波寇克：《文化霸权》，田心喻译，台北远流出版社，1991，第60页。

收集和整理工作的，他们的观察方法、研究选题往往"都不符合科学中立性的原则"①。这些研究成果绝大部分带有"欧洲中心论"的痕迹，曾为殖民政府所利用，并在全球的政界、学术界和新闻界留下了极为负面的影响。葛兰西等人所提出的文化霸权概念，认为统治阶级可以通过各种方式将自己的文化和价值观强加于被统治者。正如非洲学者恩格尔贝特·姆文在1978年所指出的那样，"除亚里士多德、托马斯·阿奎那式的推理法和黑格尔式的辩证法以外，通往真理的道路还有许多条。然而，社会科学和人文科学本身必须要实现非殖民化。"②

从思想史的角度而言，作为不断改变人类社会面貌的重要现象的民族主义，是18世纪启蒙思想家们探索人类进步的一种途径、一种族际政治的西方话语权，它缘起于近代欧洲和北美的资产阶级革命。在民族主义创立者的谱系中，无论是倡导"人道民族主义"的博林布鲁克、赫尔德，抑或是提出"传统民族主义"观念的柏克，还是"民主民族主义"思想的代言人卢梭，虽然他们关注民族的视角不尽相同，但以下两点还是能够涵盖民族主义本义的。

（1）民族是人类自然而神圣的群体划分，对民族的认同和忠诚至高无上。

（2）每一民族都应是一独立的政治单位，一个民族、一个国家是人类幸福安宁的保证。③

具体来说，西方民族主义古典理论是西方国家实现结构霸权的核心支柱。西方民族主义古典理论的精髓是：从民族结构上维护国际秩序，主张民族国家就是单一民族组成的国家。西方民族主义古典理论的思维逻辑是：语言－文化同质的人民（people）应该在政治上消除封建王国的割据状态而成为统一的民族（nation），作为统一的民族应该摆脱异族统治而建立自己的独立国家（state）。④"一个人民，一个民族，一个国家"（one people, one nation, one state）的三段论表述即由此而来。这种表述，最终被缩略为"一个民族，一个国家"的两段论。这种表述既包含结构，也体现了过程，由此奠定了西方国家群体性崛起的支柱。之后，西方国家通过学术影响、

---

① 〔德〕沃勒斯坦等：《开放社会科学》，刘锋译，三联书店，1997，第22页。
② 〔德〕沃勒斯坦等：《开放社会科学》，刘锋译，三联书店，1997，第59～60页。
③ 王希恩：《全球化中的民族过程》，社会科学文献出版社，2009，第158页。
④ 朱伦：《走出西方民族主义古典理论的误区》，《世界民族》2000年第2期，第7页。

媒体舆论等各种策略性手段实现表层霸权的统治。

西方民族主义古典理论与资产阶级提出的民族平等以及民族自决等政治口号一道发挥了舆论支持的独特作用，把具有共同命运的人民结成一致对外的"国家民族"（nation），为迅速地发展资本主义创造了有利的思想基础。在充分肯定西方民族主义古典理论历史意义的同时，必须警醒地注意到，由于这一理论没能充分顾及到世界范围内民族发展的不平衡性、"民族国家"建构的复杂性和民族利益实现形式的多样性，从而构成了它作为应用性理论的致命缺陷。这种缺陷主要表现在：把"是族体就有权利建立独立国家"的西方经验（国家的边界应与族体的边界相一致）上升为国际通则，如此的绝对性必然导致全球范围的"水土不服"。

同时，西方的文化霸权巧妙地维护了部分群体或统治阶级的利益，社会分层现象加重。"19 世纪，中部欧洲的人开始区分'民族'（nation）和'民族性'（nationality）两个概念，认为前者是比后者更宽泛、更高层次的范畴。'我的共同体是一个民族，而你的共同体只有民族属性。'基于这一区分所建立的种种民族理论，其目的旨在于否定其他人的民族地位。"[①] 由于事实上不存在一个符合国际法资质的仲裁者，所以无法判定谁是民族，而谁的共同体只有民族属性。[②] 那么在追求民族国家构建的过程中，西方民族主义古典理论的运用势必会经常出现下述情况：一是以 nationality 偷换nation；二是能否建立民族国家主要遵循胜者为王、败者为寇的铁律，失败者不免接受"民族宿命论"（national determinism）的安排；三是民族国家理念往往成为霸权国家肢解弱小国家的口实。[③]

按照"民族国家"的逻辑推理去做，"在世界各地包括欧洲本土，不仅导致了旨在使族体边界与国家边界一致的族际战争连绵不绝，而且导致了民族复国主义、民族收复失地主义、泛民族主义和民族分离主义等各种民族问题事象的泛滥成灾。"[④] 可以说，所有这些令人类社会难堪的"民族

① 〔英〕爱德华·莫迪默、罗伯特·法恩主编《人民·民族·国家——族性与民族主义的含义》，刘泓、黄海慧译，中央民族大学出版社，2009，第144页。
② 都永浩：《民族的政治和文化属性》，《黑龙江民族丛刊》2011年第6期，第15页。
③ 王建华、堃新、胡琦：《试论美利坚民族国家建构的理论特色》，《黑龙江民族丛刊》2011年第6期，第75页。
④ 朱伦：《走出西方民族主义古典理论的误区》，《世界民族》2000年第2期，第5页。

主义"，其思想动力也都是"民族国家"理念。有鉴于此，在理论上，自20世纪70年代以后，经过西方民族主义理论研究者对民族主义古典理论进行了毫不留情地反诘之后，形成了所谓的现代主义学派，有时也称为工具主义学派。该理论认为：民族国家是建立起统一的中央集权制政府，具有统一的民族阶级利益以及同质的国民文化，由本国的统治阶级治理并在法律上代表全体民族的主权国家。全体国民对主权国家在文化上、政治上的普遍认同才是民族国家的本质。[①] 上述现代国家民族主义理论，证明了国家民族同一性（national identity）的人工性或建构性。[②]

但是，当欧洲出现以新兴民族国家为主导的现代国际秩序后，受到冲击的其他地区政治实体开始主动选择或"被选择"这一标准模式，即在原有疆域范围内，努力把本国统辖下的各群体整合成一个现代"民族"，推行统一的文字，强调各群体间的共性，构建共同的"历史记忆"，在各群体中建立共同的政治认同，以便使各群体所有成员都能够认同和忠诚于这个新的"民族"（nation）。[③]

史密斯把亚洲和东欧地区在外力冲击下被动转型建立的"民族国家"称之为"族群的'民族'模式"（ethnic model of the nation）。其主要特点为：（1）对血统和谱系的重视超过基于领土的认同；（2）在情感上有强大感召力和动员效果；（3）对本土文化传统（语言、价值观、习俗和传统）的重视超过法律。[④] 由于这些国家缺乏现代工业化经济基础和政治思想基础，它们的"民族国家"建构只能是对西欧政体形式的被动模仿，整个进程充满了不适应与群体间冲突。一般来说，在西方文化霸权和"民族国家"

---

① 马曼丽、张树青：《跨国理论问题综论》，民族出版社，2005，第181页。
② 王建华、熊坤新：《世界民族问题作用机制的范式分析》，《西北民族大学学报》2011年第4期，第13页。
③ 民族（nation）具有鲜明的政治性，突出地表现在"民族"在其故乡西欧早已形成的与"国家（state）"的天然联系，它们常常被视为同一对象而交替使用，习惯上已成为同义语。两个概念的相互脱钩是随着西欧在现代国际关系中的"东扩"，即"民族国家"模式的向东扩散而引起的。由于历史和现实的原因，这里的"民族"不能再像西欧那样与"国家"完全吻合在一起，而更多地形成"多民族"的国家。这些国家和地区的民族（nation）概念逐渐脱离原来的浓厚政治色彩而更多地强调文化特点，即族群（ethnic）的意义，使所谓的民族国家（nation-state）实际成为多数族群（majority ethnic group）统治的国家。相关论述参见李红杰《论民族概念的政治属性——从欧洲委员会的相关文件看"民族"与"族群"》，《民族研究》，2002年第4期，第19页。
④ Anthony D. Smith, *National Identity*, London: Penguin Books, 1991, p. 11.

规范的冲击下，传统多部族帝国面对三条出路。

（1）第一条出路：帝国在虚弱无奈中崩溃和解体。如奥斯曼帝国就是在内外力量共同作用下解体，帝国下辖的巴尔干半岛、中东和北非等地区或者获得政治独立，或者沦为他国殖民地。

（2）第二条出路：中央政府努力把下辖各传统部族经过整合"转型"为一个新的"国家民族"（nation），使各群体接受统一的政治认同，从而构建一个内部包含许多族群的"民族国家"。当然，这一"转型"必然面临许多困难，因为一些拥有自己语言和族源历史记忆的群体也可能在"民族国家"规范的影响下，把本群体想象为独立的"民族"，转而追求本"民族"的独立建国。

（3）第三条出路：传统多部族帝国也可能"转型"成为一个多民族的联邦国家。中央政府承认下辖的各群体是"民族"，然后以联邦制政体把这些"民族"包容在一个政治实体内。①

在非洲，对这一大陆上松散的部族实体而言，西方国家通过话语权进行殖民统治。坦桑尼亚著名历史学家艾利夫（John Iliffe）在其著作《坦噶尼喀现代史》第十章"部落的创造"中指出，在前殖民主义时期，坦噶尼喀人民属于各种社会组织，诸如核心家庭（nuclear family）和扩大的家庭（extended family）、家族（lineage）和酋邦（chiefdom）、氏族（clan）和部落（tribe）。各种共同体和社会组织相互交织而无固定界限。在不同的场合，人们强调不同的身份归属。然而，"英国人错误地相信坦噶尼喀人属于部落；而坦噶尼喀人则创造了部落（tribe unit）以便在殖民框架中活动。"②这里，艾利夫说明西方殖民政府为了便于间接统治，强行建立或划分了部落这一新的政治地理，从而强化了人民对部落的归属感。

加纳著名历史学家博亨（A. A du Boahen）在1974年提出对学术研究中所使用词汇进行"非殖民化"的必要性，列出的第一个例子就是"部

---

① 在这样的联邦体制下，现代的工商业和行政体系的发展会使各群体之间的边界比帝国时代更加清晰，每个群体的文化特征也可能会变得更加显著，联邦制使各个群体拥有自己明确的"领土"、凸显各自的"文化"特色和新的官方族称，这些条件无疑会催生并不断加强各群体的现代"民族"意识。而如果维系联邦制的纽带一旦因为某些原因而发生断裂，这个多民族的联邦制国家将会回到第一个出路，并分裂为许多独立的国家。相关论述参见马戎《21世纪的中国是否存在国家分裂的风险》，《领导者》2011年第2期，第95页。
② John Iliffe, *A Modern History of Tanganyika*, London：Cambridge University Press, 1987, pp. 318－324.

落"（tribe）这一词。他指出，"约鲁巴人，或是伊博人，就像苏格兰人或爱尔兰人一样，有他们自己的文化、语言和起源传说，并占据特定的区域，在数量上甚至比苏格兰人还多。然而，欧洲历史学家却将约鲁巴人称为'部落'（tribe），而将苏格兰人称为'民族'（nation）。美国历史学家和社会学家也不会谈论爱尔兰人、意大利人和犹太人的部落，而只会说爱尔兰人、犹太人和意大利人的族体（ethnic groups）；他们绝不会将在美国的爱尔兰人和意大利人之间的冲突像他们描述尼日利亚的伊博人和约鲁巴人之间的冲突那样称为部落主义（tribalism）。这完全是因为'部落'这一词现在已具有轻蔑贬低的含义：这些历史学家因而不愿意将这一词用于欧洲人集团。"①

　　文化霸权的不合理性还表现在：西方国家极力推行世界民族问题上的"双重标准"。不可否认的是，民族问题与国际关系紧密相关，而且民族分裂不完全是民族问题本身，这里还有一个国际政治考量的问题。例如，西方国家对英国的北爱尔兰问题、西班牙的巴斯克和加泰罗尼亚问题、法国的科西嘉问题、加拿大的魁北克问题、印度的"七姐妹邦"（The Seven Sister States）等分裂问题，始终保持"促和"的立场，希望将问题控制在一定的范围内，极力防止问题的激化；但对塞尔维亚的科索沃（已宣布独立）、索马里的索马里兰（已宣布独立）、苏丹的南苏丹（已独立）和达尔富尔等问题，则支持民族分裂势力，希望将民族问题国际化，并不断为国际干预制造借口。

　　总之，"民族国家"规范的建立与传播具有典型的西方式文化霸权的逻辑，把缘起于欧美的政治文化、政治原则加以延伸和国际化，说成是历史的必然性。究其实质，这是西方话语及其制度规范在全球所奉行的一种同化政策，必然无益于世界民族问题的管理与解决。实践证明，"民族国家"并非是一种价值标准。如果是价值标准，就无法在多民族国家的框架下处理民族关系了。② 而且，民族国家不是终极真理，也不是维护民族利益的永久堡垒，否则，就不会出现欧盟这种超越民族国家的新的主权国家关系实体了。

---

① A. A du Boahen, *Clio and Nation – building in Africa*, Accra: Ghana University Press, 1975, pp. 20 – 21.

② 朱伦、关凯：《政治因素依然是民族问题的首要原因》，《中国民族报》2007 年 6 月 22 日。

（二）西方经验与"民族自决"规范

在现代社会，"民族自决"（National Self - Determination）是国家分裂的合法性原则之一。"民族自决"原则及"民族国家"理念，如同一个硬币的两面，被认为是西方世界影响国际关系的最强大的话语权。"一族一国"理念以及"民族自决"原则是目前有关世界民族问题的主流话语体系。但是，这一理论仅仅反映的是"欧洲经验"，而很多非洲国家、东方国家几千年来本就是多民族融合的整体，和欧洲的观念和实际很不一样。但是这种基于族裔的民族主义或民族自决理念不断被西方国家炒作，而成为世界性、权威性的话语，而话语权一旦形成，就成为最强大的、最可怕的枷锁。

在欧洲集体出现"民族国家"框架后，"民族自决"同时成为各国民众和知识界普遍接受的政治理念。总结这一时期欧洲民族自决思想的孕育、形成并指导民族运动的过程，不难得出民族自决的基本内涵：它是与资产阶级普遍人权、人民主权的民主思想相联系的一种政治观念，它反映了资产阶级的利益，同时又具有反封建、反民族压迫的性质，具有一定的合理性和进步性。[1] 然而，随着资产阶级统一国家的建立和统治地位的巩固，资产阶级完全背离了民族自决权旨在反对民族压迫的合理性，转而疯狂地进行殖民地掠夺和殖民扩张，导致新的民族自决问题——殖民地人民争取民族独立的解放战争。而且，民族自决原则有被泛化和滥用的趋势，即任何一个群体，如果自认为是一个独立的"民族"，都可以通过"民族自决"获得政治上独立建国的可能性。

第一次世界大战后，"民族自决"已经成为从现有国家分裂出去的合法性原则。为处理战败帝国统治下的若干"民族"的政治出路问题，美国总统威尔逊主张，任何一个民族均有权自主决定自身的政治存在及其类型，"民族自决在 1918 年之后作为一种新的国际合法性原则被提出来。"[2] 由此，"任何认为自己是'民族'的人民群体都宣称有自决的权利，这就是在自己的疆域内建立主权独立的国家的权利。随着这样的潜在'非历史'民族的增加，族群性和语言转而成为重要的、越来越具决定性的甚至成为

---

① 王建华、熊坤新：《世界民族问题作用机制的范式分析》，《西北民族大学学报》2011 年第 4 期，第 13 页。

② 〔英〕詹姆斯·梅奥尔：《民族主义与国际社会》，王光忠译，中央编译出版社，2009，第 60 页。

唯一潜在的民族建构标准。"① 在那些现代公民意识尚未充分发展起来的国家，族群性（族源和历史记忆）和传统语言便成为这些国家中的一些族群把自身构建成"民族"并要求"民族自决"的主要依据，由此各种类型的民族主义蠢蠢欲动。

此后，"民族自决"原则甚至得到了列宁等人的赞同。列宁提出，"所谓民族自决，就是民族脱离异族集体的国家分离，就是成立独立的民族国家。"② 总之，这一时期，"民族自决"规范的建立源于欧洲经验，即只要一个群体的精英集团自认为本群体是一个"民族"，那么这个"民族"就有权利通过"民族自决"来建立主权独立国家。为此，这个群体的精英集团会努力在本族民众中传播"民族意识"和"自有疆域"历史，并以"民族自决"为旗帜推动民族主义运动。这样的民族主义运动在第二次世界大战之前被视为具有合法性的规范，以至于进入 21 世纪仍有群体以"民族自决"原则要求从现有国家中分裂出去。③ 在国际社会，有关民族自决权"主体"的争议，可以归结为四种观点。

（1）被压迫民族和殖民地民族，独立国家内部的少数民族则无此权利。

（2）主体民族，且适用"仅仅一次"原则，即如果一个主体民族实行自决后组成了独立国家，这类国家内部的其他民族就不能再以自决为由进行分裂活动。

（3）狭义的民族，即拥有共同语言、共同地域、共同经济生活、共同心理素质的集合体，并认为只要一个民族在本国受到歧视，政府不能代表他们的利益时，这个民族就可以借自决要求独立。

（4）国家民族，如中华民族、美利坚民族。④

国家领土是人民群众世代相传、赖以生存和发展的物质基础。一个国家的领土如果遭到分割，不仅会使所在国人民遭受巨大的伤害，而且还会给子孙后代埋下祸根。正因为如此，在第二次世界大战后，按照国际法，即便在发生战争的情况下，也不允许以分割领土作为惩

---

① 〔英〕安东尼·史密斯：《民族主义：理论，意识形态，历史》，叶江译，上海人民出版社，2006，第 96 页。

② 中国社会科学院民族研究所编《列宁论民族问题》，民族出版社，1987，第 312 页。

③ 马戎：《21 世纪的中国是否存在国家分裂的风险》，《领导者》2011 年第 2 期，第 91 页。

④ 高四梅、潘光辉：《民族自决原则的欧洲哲学渊源及在现代的发展》，《世界民族》2003 年第 3 期，第 20 ~ 21 页。

罚战败国的手段。"民族自决"的内涵被重新界定，其适用范围被严格限制。

第一次把"民族自决"提到国际法高度的，是 1960 年第 15 届联大通过的《给予殖民地国家和人民独立宣言》。它为"民族自决"原则奠定了国际法基础。宣言强调，"认识到世界人民迫切希望消灭一切表现的殖民主义"，必须"迅速和无条件地结束一切形式和表现的殖民主义"。宣言表明，必须给前殖民地国家即托管地和非自治领土以及被外国征服、统治和剥削的人民以自决权，允许"他们自由地决定他们的政治地位"，"使他们能享受完全的独立和自由"。至于一国内部一个地区或一个民族，则根本不享有这种权利。为此，宣言第 6 条明确规定，"任何旨在部分地或全面地分裂一个国家的团结和破坏其领土完整的企图，都是与联合国宪章的宗旨和原则相违背的。"

"民族自决"规范在 20 世纪的非殖民化过程中起到了巨大的历史作用，一大批"民族国家"得以创生，世界性的殖民体系土崩瓦解，下一个问题是独立之后的众多国家如何相处。据此，联合国大会于 1970 年通过的《关于各国依联合国宪章建立友好关系及合作之国际法原则之宣言》再次对"民族自决"原则予以规定。宣言指出，必须"迅速铲除殖民主义"，"一个民族自由决定建立自主独立国家，与某一独立国家自由结合或合并，或采取任何其他政治地位，均属该民族实施自决权之方式"。但是，这项权利"不得解释为授权或鼓励采取任何行动，局部或全部破坏或损害自主独立国家之领土完整或政治统一"。因此，任何将民族自决权解释为国内一个民族对抗中央政府的权利，都是不正确的。承认民族自决权与尊重国家主权独立和领土完整是一致的。在实践中，绝大多数国家和国际法学家对民族自决权的解释是：人民和民族有反对殖民主义以及外国侵略、统治和占领的权利，而并非所有少数民族都有从所属国分离出去的权利。

可见，两个文件严格把"民族自决"与"分裂国家"这两个不同的概念区别开来，将前者纳入合法的国际法范畴之内，对后者则斥之为违反联合国宪章和国际法的行为。对此，许多知名国际法学家都做出了基本相同的解释，即民族自决就像离婚，法律规定离婚的自由并不等于鼓励人们离婚；支持民族自决权并不等于支持民族分离主义。英国剑桥大学教授迈尔可姆·肖（Malcolm N. Shaw）指出，"自决只限于公认的殖民地领土范围之内。任何想扩大这个范围的尝试都从未成功过，而且联合国总是极力反对任何旨在部分地或全面地分裂一个国家的团结和破坏其领土完整的企图。"①

正如印度学者兴戈兰尼（R. Hingorani）所说："如果国家是独立的，少数民族地区没有要求脱离的权利。每一社会，以及每一国家，必定有少数民族。如果每一少数民族都要求脱离，那么国家就有四分五裂的危险。这里最好的解决办法是，多数民族应赢得少数民族的信任，并确保少数民族的某些权利。"② 因此，印度政府在参加两个国际人权公约，即《公民权利和政治权利国际公约》《经济、社会和文化权利国际公约》时保留道，自决权只适用于在外国统治下的人民，而"不适用于一个独立主权国家，或其人民或民族的一部分"。

由此，"民族自决"成为一种"人民自治的权利，而非分割的权利"（the right of self-government of peoples and not the right of secession）。涉及独立问题的"民族自决"，有其特定的适用条件：它只适用于被殖民或外国统治下的人民，并不适用于生活在主权国家合法政府统治下的人民。

从"民族自决"在欧洲的起源来看，最初的本意是要用国家主权来保护个人利益。"民族自决的要求，是在资产阶级革命进程中发展起来的，是与自由、平等、博爱的所谓'普遍人权'思想相联系的。"③ 如果民族自决的主体是狭义的民族，那么全世界将分裂成为 2000 甚至 5000 多个国家，必然会造成全球的混乱局面。从欧洲哲学的渊源来看，民族自决的目的主要是实现一种合理的社会安排，使个人利益能得到最大程度的满足。然而，众多的小国在国际舞台上很难获得安全保障。而且，当时欧洲的国家主权与民族自决权并不冲突，国家的政治界限与民族界限基本上是合二为一的（所谓的单一民族国家）。因此，民族自决权的最初主体应该是指国家民族，而非狭义民族。

从国际政治的实践来看，民族自决的主体只能是政治意义上的民族。例如，作为一个政治意义上的民族，东帝汶为了反对殖民压迫实施民族自

①　Malcolm N. Shaw, *International Law*, Second Edition, Cambridge：Cambridge University Press, 1986, p. 161.

②　〔印度〕兴戈兰尼：《现代国际法》，陈宝林译，重庆出版社，1987，第 232 页。

③　潘志平主编《民族自决还是民族分裂》，新疆人民出版社，1999，第 160 页。

决而成为独立的国家，是得到国际社会认可的。但是像俄罗斯的车臣人、加拿大的魁北克人、英国的北爱尔兰人、美国本土的印第安人等族群所进行的所谓民族自决活动，得不到国际社会的承认，除了"民族自决"原则只适用于殖民地民族外，他们是族群而不是民族（nation），不具有实施民族自决的主体资格，也是主要原因之一。从国际关系来看，时至今日，"非殖民化"历程已经基本完成，几乎所有曾由联合国托管的前殖民地都已经实现了独立自治。[①] 逐渐，国际社会就"民族自决"原则的适用条件与适用主体达成了以下的基本共识。

（1）"民族自决"原则的适用条件是：反对殖民统治。对于受殖民统治或外国军事侵略和占领下的民族来说，民族自决权就是摆脱殖民统治，建立或恢复独立的主权国家的权利。对于已经建立独立国家的民族整体来说，作为其组成部分的少数民族不存在这种意义上的民族自决权，他们享有的是属于国家主权范围内的民族自治权利。

（2）"民族自决"原则的适用主体是：政治意义上的民族（国家民族），而不是人类学意义上的族群。具体来说，民族自决权的主体包括两种：对于单一民族国家来说，民族自决权的主体是指单一的民族；对于多民族国家来说，民族自决权的主体则指一定领土范围内多民族构成的整体。[②] 在多民族国家中，少数民族享有与同一国家内其他民族平等的权利，但不是民族自决权的主体。

但由于西方国家所具有的强势地位，其"一族一国"式的"民族自决"原则已经成为国际规范，但是这种主张"文化单位与政治单位一致"的政治原则显然是值得商榷的。

（1）民族识别和文化单位的界定本身太过主观，要求以"民族"为单位重建政治实体或重新划定主权边界，难有标准和定论。

（2）其效用只会让民族问题变得更加棘手：任何一群人只要自认是一个民族，便有权在他们居住的领土上享有独立的国家主权，并拥有自己的

[①] 有一些前殖民地领土没有选择正式独立而是与前宗主国保持某种联邦关系。这些国家拥有相对独立的法律地位，但没有成为联合国正式会员国，属于"自决基础上分离但不独立"，比如波多黎各（美）、西印度群岛（英）、库克群岛（新西兰）。另外，还有一类前殖民地领土在自决的基础上并入宗主国，如格陵兰岛（丹麦）、吉零岛（澳大利亚）、北喀麦隆（尼日利亚）、纽芬兰（加拿大）等，这属于"自决基础上的统一"。
[②] 王英津：《论作为自决权主体的"民族"与"人民"》，《福建论坛》（人文社会科学版）2008年第5期，126页。

政府，全权治理国家。① 但独立之后，依然面临那种"多数中有少数"的无奈情境。

（3）民族矛盾可通过其他途径化解，未必要以争取主权来获得最终解决。②

无论如何，西方版"民族自决"规范的国内化趋势加剧了一些国家，尤其是一些多民族大国的内部紧张，俄罗斯、中国、印度等国均不得幸免。部分学者主张还原"民族"的"文化"本色，将其与"自决权"或"国家"脱钩，即去"政治化"，以"自治权"和"参与权"置换"自决权"。③ 随着国际关系的深入互动，国际话语权的制定者越来越"非西方化"，更多的人开始接受了这样的观点：民族不必然是带有建国意图的集体人群，而国家也不必然预设民族基础的同一性；并不是只有实现民族独立，少数民族的权益才能得到保护；并不是只要建立了单一民族国家，一个民族就能得到发展。④ 但是，话语权的置换谈何容易，它需要时间，更需要实力。

二　理念导向与媒体权力

西方国家认为，自身政治整合的过程，就是通过西方理念塑造国际社会的过程。进入 21 世纪，西方国家在全球经济上感觉越来越力不从心，但它们依旧引以为自豪的是能够向国际社会不断提供新的全球治理经验和民族管理理念，通过媒体权力推广西方价值观。

（一）文化帝国主义、文化多元主义、一元文化主义

欧洲的所谓民族国家，很大程度上是建立在对少数民族的强硬政策上——文化帝国主义，如德国对世居其东部的索布人曾采取同化政策，纳粹德国时期达到高潮，索布语被完全禁止使用。19 世纪末约有 15 万人讲索布语，到 2004 年，即便德国政府开始保护索布文化，会讲索布语的人也下

---

① 〔英〕埃里克·霍布斯鲍姆：《民族与民族主义》，李金梅译，上海人民出版社，2006，第100 页。

② 韩轶：《从"民族认同"到"宪法认同"——立宪主义视角下民族与国家关系之反思与重构》，《法学评论》2011 年第 3 期，第 8 页。

③ 参见任剑涛《难以贯穿的逻辑——民族国家的理论与实践困局》，载许章润主编《历史法学》（第 3 卷·宪法爱国主义），法律出版社，2010，第 9 页。

④ 王珂：《民族与国家：中国多民族统一国家思想的系谱》，冯谊光译，中国社会科学出版社，2001，第 267 页。

降到只有 5 万人。

作为近现代民主政治的发源国，英国同样有着很不光彩的民族政策史。历史上，英国人一直把爱尔兰人描绘成野蛮落后的乌合之众，并试图以此为 16 世纪针对爱尔兰人的大屠杀提供正当性。英格兰人对爱尔兰的盎格鲁化由来已久，1367 年通过的《基尔肯尼法案》（Statutes of Kilkenny），该法案的主要目的就是要盎格鲁化（Anglicization）爱尔兰，具体措施如压制爱尔兰人的语言和习惯，规定说爱尔兰语就没收土地和财产。为了生存，爱尔兰人不得不经历"文化撕裂"。语言是民族认同的表征，承载着民族记忆。英格兰人为了同化爱尔兰人，不遗余力地消灭他们的语言，"子弹让身体臣服，语言使精神臣服"①。1831 年，英国在爱尔兰实施初级教育体系（primary education system），爱尔兰语在学校被禁用，使用者会受到鞭打和挂牌示众。

"对盖尔语②的破坏是英国人在对爱尔兰殖民化过程中犯下的最具破坏力的暴行之一。盖尔语是如此诗意、如此具有力量的语言，它为爱尔兰保留了回忆。当你企图盗窃一个人的语言时，你会使他们的灵魂慌乱"③，"口音成为在英国的爱尔兰人建构'外人'和'内人'双重身份的重要因素"④。

爱尔兰是英国最早的殖民地，"爱尔兰是保证大不列颠取得世界霸权的最大受害者。"⑤ 米歇尔·海克特（Michael Hechter）在《内部殖民主义：英国国家发展中的凯尔特边缘》中强调，英国内部存在着殖民臣属关系：苏格兰、威尔士和爱尔兰是"边缘"，英格兰是"核心"。⑥ 英格兰把施诸

---

① Ngugi wa Thiong'o, *Decolonizing the Mind: The Politics of Language in African Literature*, London: James Currey, 1986, p. 9.

② 盖尔语即 Gaelic，一般来说，盖尔语包括：（1）苏格兰的盖尔语；（2）爱尔兰的盖尔语（Irish Gaelic）。苏格兰盖尔语是苏格兰最古老的语言，公元 3 世纪前后首先出现于苏格兰。5 世纪罗马结束对英国的统治后，盖尔语已成为苏格兰大多数人使用的语言。19、20 世纪，盖尔语逐渐被排斥出苏格兰学校教育和公众生活领域。爱尔兰语正式名称为爱尔兰盖尔语。该语言是一种曲折型语言，属于印欧语系/凯尔特语族/海岛凯尔特语支/戈伊迪利亚次语支/凯尔特语。

③ 〔美〕约翰·多诺修：《凯尔特智慧》，刘镇译，重庆出版社，2005，第 66~67 页。

④ Bronwen Walter, *Outsiders Inside: Whiteness, Place, and Irish Women*, London and New York: Routledge, 2001, p. 164.

⑤ 〔法〕费尔南·布罗代尔：《15~18 世纪的物质文明、经济和资本主义》第三卷，施康强、顾良译，三联书店，1993，第 426 页。

⑥ Michael Hechter, *Internal Colonialism: The Celtic Fringe in British National Development*, Berkeley: University of California Press, 1999, p. 3.

海外殖民地的方法引入对境内边远地区苏格兰、威尔士和爱尔兰的治理，把少数族群居住区当作"殖民地"对待，使其处于不平等的地位，对他们进行政治上的控制和经济上的掠夺，为后来美国对印第安人、澳大利亚对土著提供了样板。

因此，这一时期的欧洲盛行的是文化帝国主义以及知识暴力。其结果是，英国主流社会通过文学艺术和大众传媒，将爱尔兰人陌生化、他者化与妖魔化，从而在少数族裔和主流社会间建立无法逾越的界限。同时，爱尔兰裔英国人内化主流社会的价值观，间接接受自己是落后愚昧族裔的"事实"，进而自轻自贱，找不到自己的文化归属。[①] 在爱尔兰，天主教徒被剥夺了受教育的权利，他们被禁止入学，不允许建立天主教徒学校，以使他们愚昧堕落。恩格斯说："（爱尔兰人）由于老受迫害，已经被人为地变成一个完全赤贫的民族。大家知道，他们现在的专业就是：为英国、美国、澳大利亚等地输送妓女、短工、小偷、骗子、乞丐以及其他游民。"[②] 维多利亚时期爱尔兰人一直被兽化。1862 年，Punch 杂志发表《缺失的一环》说："探险家发现，在伦敦和利物浦的贫民窟生活着一种生物，其特征符合大猩猩与黑人之间的一环。它来自爱尔兰，属于爱尔兰野蛮人，是爱尔兰雅虎（英国作家斯威夫特小说《格列佛游记》中的人行兽）最低等的一种。"[③]

"模拟"是一种殖民策略，通过诱导其臣服者仿效主宰者文化的形式和价值观来巩固权力，但这种策略绝不可能完全实现，因为它还须令从属者至少部分地维持与主宰者的差距，以保持作为殖民权力基础的歧视结构。[④]

第二次世界大战结束后，欧洲、美洲、大洋洲国家开始以文化多元主义解决多民族相处之道。文化多元主义强调社会是一个"沙拉碗"——在各民族交流的同时，注重保持各民族文化的独立性，反对政府对强势文化的确立和扶持。

20 世纪 70 年代，加拿大政府认识到新移民在其社会和经济活动中占有举足轻重的地位，首先将文化多元主义作为基本国策在宪法层面确立下来。

---

① 王苹：《平静地面下的不平静睡眠：〈呼啸山庄〉里的种族政治》，《南京大学学报》（哲学·人文科学·社会科学）2012 年第 2 期，133 页。

② 《马克思恩格斯全集》第 29 卷，人民出版社，2007，第 56～57 页。

③ Lewis P. Curtis, *Apes and Angels：The Irishman in Victorian Caricature*, Newton Abbot：David and Charles, 1971, p. 100.

④ 〔英〕巴特·穆尔·吉尔伯特等编《后殖民批评》，杨乃乔等译，北京大学出版社，2001，第 89 页。

另一个移民国家澳大利亚紧随其后，用文化多元主义替代了此前臭名昭著的同化政策。英国政府对少数民族的政策也大幅宽松，如 20 世纪 90 年代后，分别给予威尔士语以及苏格兰盖尔语在威尔士和苏格兰与英语同等的地位，并于 1998 年的《贝尔法斯特协议》中承认爱尔兰语在英国的合法地位。2000 年，英国签署《欧洲区域或少数民族语言宪章》，承认"语言多样性是英国人民的共同财富"。2006 年，英国政府在和爱尔兰政府签订的《圣安德鲁斯协议》中承诺，要促进旨在保护爱尔兰语的立法工作。但是，长期的同化政策，使如今北爱尔兰会爱尔兰语的人仅剩 10%，以至于《爱尔兰语法案》一直处于难产处境。

其中，文化多元主义在其发源地加拿大被认为是巨大的成功。加拿大政府在 1963 年建立的皇家双语及双文化委员会（Royal Commission on Bilingualism and Biculturalism）被认为是文化多元主义的觉醒。该委员会的建立旨在找到一条"在充分吸收少数族裔文化的前提下，在两大民族（盎格鲁 - 撒克逊人和法国裔）及其文化的基础上发展加拿大联邦"的路子。1988 年，加拿大政府施行《多元文化法案》，进一步对文化多元主义政策进行细化和加强。

加拿大对文化多元主义的重视直接体现在选举手册上，该手册以 38 种语言发行，包括 11 种土著民族语言。① 政府的文化多元主义政策显然得到了加拿大公众的拥护，调查显示，支持文化多元主义的加拿大人从 1989 年的 63% 上升到了 2002 年的 74%，认为文化多元有损加拿大国家认同感的人从 35% 降到 32%。然而，文化多元主义对已处文化强势地位的多数民族没有太强的吸引力。讲法语的魁北克人就对文化多元主义政策充满怀疑，他们担心文化多元主义会使魁北克人仅仅被当作"众多民族之一"，从而公开否认文化多元主义不是魁北克人的价值。

在文化多元主义的指导下，欧洲由一个严苛的种族主义社会，一跃变成一个高度包容开放的社会，但 2005 年英国伦敦地铁爆炸、法国巴黎骚乱，促使部分欧洲国家开始反思自己的民族政策。2010 年 10 月 17 日，德国总理默克尔宣称："多文化和谐共处的童话在德国已经不灵了。"其背后的动因在于欧洲等民族熔炉型国家对由新移民产生的民族问题的深刻忧虑。有媒体预测，到 2025 年，欧洲将有 1/3 的新生儿出生在穆斯林家庭。另有德国一家媒体预测，到 2050 年，德国将成为一个伊斯兰国家。据此，法国

---

① 根据人口普查数据，16.2% 的加拿大人口属于有色人种，人口超过 10 万的民族有 34 个。

出台法律，禁止在公共场合穿戴有宗教特色的衣服或饰物，驱逐流浪的吉卜赛人。英国首相卡梅伦警告说："文化多元主义已经损害到了社会主流价值观。"①

2007 年 6 月，英国种族平等委员会发表的报告称，现在英国"工作场所种族歧视现象仍然十分严重"。简历寄过去，用人单位一看名字是个"外国姓"就直接筛掉。2005 年，BBC 广播 5 台就曝光过一起类似事件。广播 5 台"伪造"了 6 份简历，这 6 个人的学历、资历大致相同，但其中两个人用的是传统的白人名字，两个人是非洲黑人名字，另外两个是阿拉伯名字。他们把这些人的简历寄给从刊登招聘启事的公司中随机挑选的 50 家。结果呢？用白人名字的候选人拿到职位的可能性要大得多。1/4 的公司决定面试 Jenny Hughs、John Andrews，只有 1/9 的公司愿意考虑 Fatima Khan、Nasser Hanif。② 见图 4 - 1。

欧洲此前文化多元主义最大的恶果，是政府对文化多样性的刻意维持，导致少数民族自我封闭，难以融入主流社会。然而，自"9·11"事件尤其是 2005 年伦敦地铁爆炸案之后，越来越多的国家转向一元文化主义。一元文化主义强调的不是同化（纵然可能是最终效果），而是在不同文化的自然交融中保留主流文化最核心的价值观。英国前首相布莱尔如此定义这个价值观："我们的核心价值——对民主、法制、宽容、平等原则的信仰以及对这个国家及其遗产的尊重，才是让我们走在一起的保证，才是我们应该坚持的原则。"③

一元文化主义反对政府刻意追求文化的多元和迥异，要求不同文化尊重和接受普世价值观，与普世价值不符的则予以摒弃。比如德国巴登 - 符腾堡州会对移民进行旨在去除"不可接受的"价值观的测试，有一道题问

① 叶寒：《西方民族政策与多元文化检讨》，《凤凰周刊》2012 年第 9 期，第 41～45 页。

② 2007 年 4 月 18 日，英国国家统计局公布的统计数字显示，英国少数民族的失业率为 11%，几乎相当于全国平均失业率的 2 倍，黑人找不到工作的可能性比白人高 3 倍。2007 年 4 月 30 日，约瑟夫·朗特利基金会的调查报告显示，在就业年龄人口中，只有 20% 的孟加拉裔、30% 的巴基斯坦裔和 40% 的非洲黑人有全职工作，而白人的就业年龄人口中超过 50% 的人有全职工作。就算找到了工作，少数民族的工资也比白人低。以 2004 年为例，与白人男性相比，少数民族男性每小时的平均工资要低 1.8 英镑。相关论述参见苏平《少数民族就业"遭遇三板斧"》，BBC 英伦网，2007 年 6 月 20 日，http://www.bbc.co.uk/china/lifeintheuk/story/2007/06/070620_ discrmigworker. shtml。

③ 苏平：《少数民族就业"遭遇三板斧"》，BBC 英伦网，2007 年 6 月 20 日，http://www.bbc.co.uk/china/lifeintheuk/story/2007/06/070620_ discrmigworker. shtml。

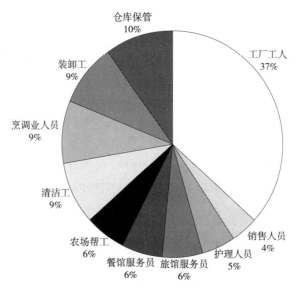

图 4 - 1 英国排名前十名的外国移民从事的工作

移民者，如果孩子告诉自己他是同性恋，父母怎么做，标准答案是"心平气和地接受"。由文化多元主义转为一元文化主义最到位的国家当属荷兰。1985 年，荷兰颁布的基础教育法赋予非荷兰语母语教学以法律地位，并由政府给予扶持。但 20 世纪 90 年代，非荷兰语母语教育即被视为对荷兰国家认同感的威胁。移民的入籍仪式可视为荷兰转向一元文化主义政策的典型。入籍者通常会获赠一件象征国家团结的礼物，或国旗色的蜡烛，或带有郁金香图样的土豆。入籍者被要求学习荷兰历史和文化，对荷兰的英雄传说和橘色威廉这样的历史伟人有所了解。此外，2006 年，澳大利亚政府开始为入籍者进行英语语言能力和澳大利亚历史测试；次年，移民和多元文化事务部（Department of Immigration and Multicultural Affairs）改名为移民和公民部（Department of Immigration and Citizenship）。[①]

从西方理念导向的发展脉络来看，从文化帝国主义到文化多元主义，再到一元文化主义，我们可以发现民族冲突管理的如下发展趋势。

（1）政府最低限度介入原则：在保证少数民族合法权益的前提下，政府尽量少干预民族事务。

（2）少做或不做民族识别：对民族身份的刻意认定，会强化各个民族

---

① 叶寒：《西方民族政策与多元文化检讨》，《凤凰周刊》2012 年第 9 期，第 41~45 页。

的自我认同，人为阻断民族之间的自然交融。

（3）避免民族关系"政治化"：民族关系本是社会自然演进的产物，就应将其置于民间。政府力量的介入，要避免民族关系"政治化"。

（4）由民族认同到价值认同：与其强调民族间的不同，无论是刻意保持其各自外在可视的不同，如服装服饰、行为习惯，还是在政治身份上强调和固化民族间的差异，都不如回归为对核心价值的尊重。

总之，解决民族问题，政府应该做的是提供一个平等而正义的民主与法治环境，让各民族自觉认同与尊重共同价值。只有在如此的前提下，民族间自然存在的文化隔膜，才会通过顺畅而殷切的交流得以消除。

（二）话语霸权与媒体权力

就西方媒体而言，其舆论基于自身的话语空间和意识形态对国内外事件做出阐释。由于信息的不对称，作为受众的普通民众在很大程度上受制于这些媒体精英，为其舆论所引导，更有甚者，民众会受到他们不负责任的误导。例如，在对中国拉萨地区发生的"3·14"事件的报道中，西方主流媒体利用它们的话语体系建构着"中国印象"，同时也在很大程度上误导了它们的民众。

西方主流媒体在"3·14"事件的报道中，不是本着新闻真实性的职业道德加以报道，而是先入为主地做了很多不负责任的报道。例如，德国某电视栏目将发生在尼泊尔境内的警察抓捕示威者的照片险恶地用在对拉萨事件的报道中，并煞有介事地指出，中国警察在西藏拉萨残酷镇压示威者。美国某知名网站将暴徒攻击军车的图片做了煞费苦心的取舍，意在突出暴徒"受害者"形象。在"3·14"事件中，暴徒们殴打无辜群众、烧毁车辆、抢夺财物，这种杀人、放火、掠财的行为被西方媒体描述为"和平示威"。西方媒体对整个事件的报道充斥着捕风捉影、移花接木、道听途说、落井下石。在这些报道中，被西方奉为圭臬的客观公正原则让位于"造谣运动"和话语霸权。①

西方媒体的话语霸权是建立在现代性基础上的，已经获得现代性的西方国家正不失时机地显示出它们的傲慢和优越感，它们也倾向于将自己的价值观强加于其他国家，用它们的话语体系来审视一切、衡量一切。处于

---

① 郭中军：《西方主流媒体的话语霸权》，新华网，2008 年 4 月 6 日，http：//news. xinhua-net. com/comments/2008 - 04/06/content_ 7927999. htm？z＝6i1 aueq5xl6gss5y。

弱势的发展中国家不仅面临着自身结构性问题的压力，而且还要面对西方国家的话语霸权的压力。从根本上说，话语霸权是西方国家推行其政治目标的工具，对发展中国家，尤其是意识形态不同的多民族国家，颠覆其政权、促使其国家解体一直以来都是西方国家的战略目标之一。① 在很大程度上，西方主流媒体是西方实现文化霸权的工具，而民族国家框架与民族自决原则成为西方国家塑造现代国家体系的国际规范。

以话语叙述为例，在国际舞台上有关中国民族问题的话语体系，基本不是"自建"的，而是由西方学界和舆论界所"他建"的。自 20 世纪 70 年代中期开始，西方学界对中国民族政策的研究发生了明显的价值转向，并由此建构起一套渐成体系的关于中国民族问题的话语叙述。

在 20 世纪 90 年代以前，西方学界专门从事中国民族政策研究的学者和代表作并不多，其论点也比较集中。1976 年，美国学者德莱耶尔（June T. Dreyer）发表《中国的四千万：中华人民共和国的少数民族和民族整合》，首开当代理论批评中国民族政策的先河。1989 年，德国学者海博乐（Thomas Heberer）发表了《中国和它的少数民族：自治还是同化？》，在国际学界产生广泛影响。上述两部著作皆为"早期"研究中国民族政策的代表作。在这一阶段，西方学者对中国民族政策提出的主要质疑是：中国的民族区域自治和针对少数民族的特殊优惠政策，其真实目标是要逐步"同化"少数民族。这一时期，国际社会关于中国民族问题的叙述更多地集中在"西藏问题"上。②

20 世纪 80 年代以后，从"西藏问题"开始，中国民族问题在西方持续升温，并渐渐成为一个西方社会公众耳熟能详的"公共话题"。20 世纪 90 年代以后，随着苏联和东欧剧变，伴随着"西藏问题"在西方舆论中的持续发酵，"新疆问题"也渐有国际化趋势，以美国为代表的西方国家通过各种基金会等组织向这个领域投入大量资金，资助一些研究项目、提供奖学金等。西方学界同情和支持"藏独"和"疆独"的声音甚嚣尘上，涌现出大量学术研究成果，其主流大多对中国的民族政策持批判态度。但也有一些例外，如 2008 年拉萨"3·14"事件后，香港科技大学教授沙伯力发表论文，题为《餐间素食者：达赖喇嘛、战争和暴力》，批判号称"和平

① 郭中军：《西方主流媒体的话语霸权》，新华网，2008 年 4 月 6 日，http：//news. xinhua-net. com/comments/2008 - 04/06/content_ 7927999. htm？z = 6il aueq5xl6gss5y。
② 关凯：《中国民族问题的国际叙述》，《中国民族报》2011 年 5 月 13 日。

主义者"的达赖喇嘛在面对其"两大施主"——美国和印度发动的战争等问题上，始终持支持态度，违背"和平主义者"的原则。

西方主流学界在其研究成果中，对于中国民族政策提出的理论挑战主要来自三个维度。

（1）第一个维度是"人权"：大量的西方研究正在创造着包含"压迫、剥夺、歧视"等意义在内的分析中国社会民族关系的语境，将中国社会主要的民族关系——主体民族汉族与少数民族之间的关系，描述为"不平等、不公正的民族关系"。而在这样一种民族关系结构中，少数民族成为汉族"压迫、剥夺、歧视"的对象，少数民族的文化正在被"灭绝"。

（2）第二个维度是"历史"：西方史学界关于中国"长城内外"的一些研究成果正在以少数民族为中心，片面地重新解释历史，在一定程度上解构中国领土完整与国家统一的历史正当性，也在一定程度上挑战中国传统官方史学的知识价值。

（3）第三个维度是"民族理论"本身：斯大林关于民族的定义在中国的民族理论界影响很大。但一方面，在西方理论界，"斯大林主义"几乎是"事实上的俄罗斯沙文主义"的代名词，声名狼藉；另一方面，在20世纪80年代之后，国际学界的主流理论范式已经发生深刻转向，从强调民族是血缘和历史的客观产物（原生论）转向强调民族是"想象的共同体"般的主观性群体认同（建构论），而后者的理论话语至今在中国仍然仅限于学界讨论，理论界的主流话语仍在延续原生论式的叙述。[①]

在西方话语中的中国民族问题，存在四种理论范式的政治逻辑，由此中国社会的民族关系被置放于一种充满偏见的知识想象之中。

（1）"共产主义中国"（Communist China）理论范式：我国民族理论界仍然延续了与苏联民族理论高度相似的话语体系，由此导致以"斯大林主义"解释中国民族问题的西方学者大有人在。当下很多"中国威胁论"的鼓吹者非常关心的一个命题是：斯大林主义民族政策实践的社会后果，是否会在中国重现。

（2）"帝国研究"理论范式：就像西方舆论曾为苏联插上一个"邪恶的苏维埃帝国"标签一样，西方学界时常将对中国现实的观察投放到一种解释"帝国"的知识视野当中，暗示中国在国家性质上仍处于某种"前现

---

①　关凯：《中国民族问题的国际叙述》，《中国民族报》2011年5月13日。

代"阶段。例如在"西藏问题"上，无论是达赖集团还是其西方支持者，都惯于将西藏描述为"中国的殖民地"，而全然不顾将殖民主义实践与中国扯上关系是件多么荒唐的事。①

（3）"建构论"理论范式：建构论强调民族是"想象的共同体"。这种知识转向直接挑战我国的民族理论和民族政策。一个典型的例子是：许多西方研究者提出一个共同的论点，即中国民族政策正在人为地构建出来一些"本不存在"的少数民族，而在这些"民族"的内部，不同群体在文化特点、历史记忆、自我与他者认同等多个维度都缺乏某种同一性。②

（4）"民族主义"理论范式：西方在研究中国社会的民族主义思潮时，通常忽略或淡化始终包含于其中的反对西方霸权的合理诉求与防御性质，而强调中国的公民民族主义，特别是大汉族主义的"攻击性"倾向。而一旦将民族关系置放于这样一种语境之中，少数民族就成为了"大汉族主义"的牺牲品。在这种"厚此薄彼"的分析与解释之间，中国政府处理本国内部事务的合法性受到质疑，而中国少数民族则被描述为受到主流社会的政治、经济与文化力量"压制与迫害"的社会群体。③

总之，今日中国的民族理论正在陷入一种话语的困境。这种困境，对内在一定程度上弱化了民族政策整合社会、强化国家认同的制度功能；对外则被视为理论僵化和实践上路径依赖的象征，从而加深了国际社会对中国民族政策与民族关系的误读与曲解。在这种语境之中，中国社会民族冲突的"反体制性"被外部社会刻意强调与放大，而中国民族政策中所包含的以追求民族平等为终极目标的社会主义原则却被忽视、解构，甚至被解释为对少数民族进行"收买"与"控制"的工具性策略，其价值出发的善意与道义受到质疑。此外，西方舆论在文化上不断销蚀中国民族政策的合

---

① 中国政府每年向西藏自治区提供大量的财政补贴，由国家主导干预财富从内地流向西藏。而在殖民主义历史上，财富永远是从殖民地流向宗主国的。同时，用"帝国"的政治逻辑来解释中国的某些政治与社会现象，不仅彰显出西方在价值上的"政治正确"与优越感，也暗示着中国在国家治理方面很多政策的"不正当性"。相关论述参见关凯《理论范式的政治逻辑——西方话语中的中国民族问题》，《理论视野》2011年第3期，第48页。

② 这些研究包括杜磊（Dru C. Gladney）的《中国的族群认同：穆斯林少数民族的制造》（回族）、郝瑞（Stevan Harrell）的《如何在中国西南成为少数民族》（彝族）以及考普（Katherine Palmer Kaup）的《创造壮族》。相关论述参见关凯《理论范式的政治逻辑——西方话语中的中国民族问题》，《理论视野》2011年第3期，第48~49页。

③ 关凯：《理论范式的政治逻辑——西方话语中的中国民族问题》，《理论视野》2011年第3期，第48~49页。

法性，是一种"潜移默化"的威胁，需要警惕应对。在这个方面，我们面临的主要问题之一就是中国的民族理论在知识意义上过于封闭与"滞涩"、"自说自话"，无法实现与西方知识界平等而有效的沟通与交流。① 总而言之，如何在民族问题叙述上改善中国的国家形象，掌握民族话语权，是亟须客观应对的重大现实议题。

媒体权力被认为是提升话语权的主要渠道。目前，在全球传媒结构中，以美国为首的西方国家拥有绝对的话语权，它们借助在传媒领域的独特优势，在民族问题上攻击对手，同时凸显自身优势的文化与价值观。以美国有线电视新闻网（CNN）为例，CNN 是美国三大电视网中最大的有限电视新闻网。其电视网络覆盖 212 个国家和地区，全球 42 个分部，拥有 1 亿多外国观众，开创了世界上第一个全天候 24 小时滚动播送新闻的频道，② 因此也成为各国民众了解世界的重要窗口。本课题对 2008～2012 年的 CNN 对华报道进行了细致分析。文章选择 2008 年到 2012 年为研究时间段，通过在 CNN 官方网站输入关键词"China"进行检索，共有报道 4158 篇。从总体上看，近 5 年总报道数量变化如图 4 - 2 所示。

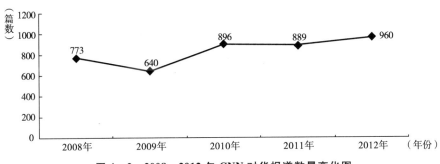

图 4 - 2 2008～2012 年 CNN 对华报道数量变化图

从报道领域来看，政治领域的报道篇幅最多，约占报道总量的 36%；然后是社会领域，约占总报道的 33%；经济领域约占 25%；文化和体育领域报道数量较少，如图 4 - 3 所示。

报道层次选择、报道内容选择是议程设置的重要环节，CNN 对华报道的层次不仅包括中国国内问题，也关注中国的国际交往；报道内容涉及自

---

① 关凯：《中国民族问题的国际叙述》，《中国民族报》2011 年 5 月 13 日。

② 中央电视台总编室研究处：《美国有线电视新闻网（CNN）管理与运作特色》，《环球视窗》2005 年第 6 期，第 72 页。

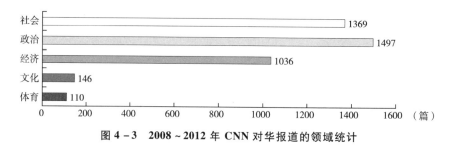

图4-3　2008~2012年CNN对华报道的领域统计

然灾害、经济发展、食品安全等多个方面，其中民族问题是对中国政治领域进行报道的"常客"，具体如表4-2所示。

表4-2　CNN对华报道的领域、层次、内容

报道领域	报道层次	报道内容
社　会	国　内	自然灾害、环境问题、科技发展、食品安全，等等
政　治	国　内	人权、民族问题、社会矛盾、网络自由，等等
	国　际	中国与外国外交往来：高层互访 中国的军事实力增长对美国的影响（军事威胁论） 中国的国际政治地位，等等
经　济	国　内	中国的经济发展态势预测 中国经济存在的问题（假冒伪劣产品） 跨国公司在华状况，等等
	国　际	中国与大国经济关系（能源贸易、中国救市、进出口贸易等） 中国的国际经济地位问题 中美之间经济摩擦（贸易逆差、汇率问题），等等
文　化	国　内	餐饮、娱乐、旅游，等等
	国　际	文化产品进出口问题，等等
体　育	国　际	体育明星，等等

　　民族问题是CNN对华报道偏见和诟病最集中的领域。在国内政治报道中，内容往往集中在人权和民族问题，人权以报道所谓的人权斗士为主，在西藏问题上CNN通过对西藏骚乱，如僧侣自焚等一系列事件的报道，极力渲染西藏僧侣和民众对政府的不满。CNN描述中国民族问题的常见词汇如压迫（oppression）、对宗教的严格控制与压制（strict control and severe suppression over religion）、军事镇压（military crackdown）、文化灭绝（cultural genocide）、文化压制（culture suppression）、经济边缘化（economic marginalization），等等。

通过长期的话语塑造和持续的媒体引导，CNN 镜像中的中国形象被描述为：中国是"独裁封闭的国家"，民族压迫和贪腐严重，政府决策"暗箱操作"，缺乏宗教和新闻自由。[①] 此外，CNN 报道倾向较为隐蔽，尤其在报道一些负面新闻时，记者很少加入自己的观点，而是选取政府对立面的人物和组织作为访谈对象，例如采访社会骚乱中对政府不满的民众、同西藏和新疆相关的反动人士及反华组织。

总之，在当今的国际社会中，国家间的竞争拥有新的内涵，话语权之争成为各国竞争新的方式。CNN 对华报道主要受到意识形态、国家利益等诸方面的影响，这是导致其对中国存有偏见的重要原因。对中国而言，只有抢占国际舆论的制高点，把民族问题的议程设置权牢牢掌握在自己手中，才能从根本上扭转这种局势。新加坡资政李光耀曾建议北京，在和西方恶意媒体针锋相对时，可以学习新加坡的做法，给予西方记者准入渠道；对负面报道不必过激反应，要向商业竞争那样"以彼之道，还施彼身"；按他们的游戏规则加以应对，以此作为保护的底线。具体到民族问题上，我们要正视外媒在构建中国民族形象中的作用，掌握其对华报道的规律，西方媒体对华报道既存在防范和遏制中国的一面，也有借重和利用中国的一面，中国要预见性地看待这些报道。目前，在民族议题的塑造中，CNN 对华报道很大一部分都是由评论构成，这些评论多出自一些对中国有一定研究的智库专家和学者手中。因此，政府要重视和加强与这些专家学者之间的来往，通过举办学术交流、到中国民族地区实地考察等活动，让他们在充分了解中国民族政策的基础上替中国发声。

第三节　民族冲突管理的国际干预

受利益驱使，某个国家或地区纯属自己内部事务的民族问题，被人为地"导演"为国际问题，使国家完全或部分丧失了解决自己民族问题的政

① 对外传播中的国家形象设计项目组：《对外传播中的国家形象设计》，外文出版社，2012，第 51 页。

治自主权，其至促使国家分裂或地区动荡。导致国家民族问题内部因素国际化的直接原因，是政治大国的干预或各种国际势力的介入。

冷战时期，由于受两个超级大国在全球范围内争夺势力范围的制约，国际社会中的民族问题受到了压制。苏东剧变后，世界格局发生了重大变化，一度受压制的民族问题在不同国家和地区显露出来。近年来，美国为了维护其世界霸权，在"人道主义干预"的旗帜下，提出了"人权高于主权"的口号，纠集一些西方国家，蛮横地干涉别国内政，使一些国家的民族问题出现了明显的国际化发展趋势。例如，西方国家对利比亚反对派的支持、对叙利亚反对派的支持，等等。在这种"外力"的作用下，一些国家内部的民族分离主义势力，感觉到有了"靠山"，也力图将国家内部的民族问题国际化，不惜采取极端的手段，以实现其自身的政治目的。

一般来说，国际干预的前提是人道主义灾害的发生。如果民族之间、民族和政府之间不能就彼此极为关注的问题达成和解，那么一方或多方可能付诸武力，其至会发生民族战争。在多数情况下，民族战争的参与方实力并不对等，其中一方往往是平民性的临时组织，它们的力量薄弱，又想扩大影响，因而时常将普通平民作为它们的袭击对象。发动战争的人口往往是混居的，战线一形成，平民不可避免地被杀害或被驱逐。因此，很多民族冲突会涉及武力驱逐、常态性的平民屠杀或民族清洗。1990～1994年在卢旺达胡图族对图西族的屠杀中，胡图族以民族成分为标志，划分你我边界，最后这种不断被强化的符号意义迫使他们改变了最初的认同初衷，甚至被迫杀害自己的邻居和家人。可见，民族主义一旦失去理性，就会滑向狭隘的极端，极端的行动及其结果必将招致极端的报复。从1900年到1999年，世界新发战争250次，每年发生2～3场大规模的战争，死亡人数超过100万，而其中75%的战争都属于民族冲突和战争。[①]

美国马里兰大学帕克学院的研究项目"少数风险数据"（MAR：minorities at stake data）显示全球少数族裔和宗教少数团体派别冲突以及民族分裂活动尚处在高峰期。鉴于民族冲突和民族分裂运动可能会伤害到许多国

---

① 严庆、青觉：《"民族牌"背后的理论透析》，《广西民族研究》2009年第1期，第27页。

家，分析家们普遍认为应优先解决这样的冲突，即防止来自民族战争的危机。弗兰克·哈维（Frank Harvey）建议其他国家应该采取强制行动迫使冲突双方停战，并防止可能的战争。① 乔普拉（Jarat Chopra）和托马斯·维斯（Thomas G. Weiss）认为国际组织应动员有生力量干预民族冲突。② 切姆·考夫曼（Chaim Kaufmann）指出，最好的方法是分隔民族冲突很深的国家，并且国际社会要站在弱者的一方。③ 赛德曼（Stephen M. Saideman）认为，同民族冲突中的民主人士的合作很关键。④

西方博弈派学者对大国的上述干预行为给出了以下的理论解析：民族冲突有可能因为影响国家之间力量的消长进而变革社会秩序和国际关系。从国家之间相互博弈的角度看，一个国家将根据另一个国家对自己的威胁程度决定其对境内民族分裂活动的态度。华尔兹·肯尼特指出，一个国家越强大，其他国家支持这个国家民族分裂活动的可能性就大，因为通过支持和激化强国的民族分裂活动，可以改变这个国家的人口、资源、领土格局，消耗财力、分解力量、破坏经济，从而达到弱化强国的目的。⑤

在主权国家爆发大规模民族流血冲突的情况下，常常有外力介入进行干预。所谓外力，一是联合国，二是地区性国际组织，三是邻国，四是超级大国及其支配的军事联盟。前两种外力的干预在一些情况下相当有效地制止了民族流血冲突的继续发生。譬如在塞浦路斯，希腊族和土耳其族分别在希腊、土耳其的支持下，于 1963 年、1967 年两次爆发大规模流血冲突。1964 年联合国维和部队进驻，1974 年土耳其出兵塞浦路斯，占领了北部 37% 的国土，从此形成两族南北分治的局面。联合国维和部队虽然对于希腊族和土耳其族的对立无能为力，但是对于两族免于经常性的流血冲突，还是起到了应有的作用。又如在利比里亚，多伊的独裁统治被推翻以后，

① Frank Harvey, "Deterrence and Ethnic Conflict: The Case of Bosnia – Herzegovina, 1993 – 1994", *Security Studies*, Vol. 6, No. 3, 1997, pp. 180 – 210.
② Jarat Chopra and Thomas G. Weiss, "Prospects for Containing Conflict in the Former Second World", *Security Studies*, Vol. 4, No. 3, 1995, pp. 552 – 583.
③ Chaim D. Kaufman, "Intervention in Ethnic and Ideological Civil Wars", *Security Studies*, Vol. 6, No. 1, 1996, pp. 62 – 104.
④ Stephen M. Saideman, *The Ties That Divide: Ethnic Politics, Foreign Policy, and International Conflict*, New York: Columbia University Press, 2001, pp. 5 – 93.
⑤ 严庆、青觉:《"民族牌"背后的理论透析》,《广西民族研究》2009 年第 1 期, 第 25 页。

爆发了惨绝人寰的部族大仇杀，西非国家派出维和部队，做了大量的工作，最终使这个国家恢复了较为正常的和平秩序。

值得国际社会高度警惕的是后两种外力的介入。外部强权所做的这种干预，显然是为了达到利己主义的战略目的，却在国际法上引发很多问题。这是因为，美国及其盟国一则常常把联合国安理会的维和决议，解释成干预有关国家内政的正当理由，甚至在行动中不顾联合国决议而自行其是；再则它们也可能不通过联合国安理会而"自我授权"，公然践踏国际法准则，在"人权"和"民主"的名义下对它们不喜欢的国家采取军事行动。从后果来看，这类干预大多于维和无补，更谈不上有效地制止和解决有关国家的民族冲突。如 20 世纪 90 年代中期美国对索马里内部冲突的干预，就没有起到什么好作用。又如北约对科索沃问题的干预，明显地具有进一步肢解南斯拉夫联盟这个主权国家的目的。①

一　作为冲突管理的国际干预

国际干预是民族冲突管理的一个重要方式。相对于传统冲突解决注重国家间的互动与博弈，现在更加注重通过国际社会的共同力量——国际组织或国际法，来解决冲突。在涉及国内民族冲突的情况下，首先要解决有关国际干预与国家主权之间存在的矛盾，其次在实施国际干预时，要坚持相关的原则与规范。例如，指导联合国维和行动的哈马舍尔德三原则：中立、公正和除自卫不得使用武力。

从概念上来说，"干预"具有多重性，从最宽泛的含义上来说，只要一国的内部事务受到来自国外的影响和介入，都被称作"干预"。作为一个令人感到混淆的概念，"部分原因在于这个词具有描述性和规范性两个特征。它不仅描述了正在发生的事实，也作出了价值判断。所以有关干预的讨论经常涉及道德问题。不得干预主权国家内部事务是国际法的一项基本规范，之所以这个规范是强有力的就是因为它影响到秩序和正义两方面。"② 一般来说，国际干预这个概念，更加注重其军事含义，即相对于一国内部的外部力量所采取的军事行动，其目的在于对目标国重新分配

---

①　宁骚：《当代世界国内民族关系的类型与成因分析》，《民族团结》1999 年第 7 期，第 12 页。

②　Joseph S. Nye, JR., *Understanding International Conflicts: An Introduction to Theory and History*, New York: Addison Wesley Longman, 2000, p. 148.

政治权力。①

　　这种冲突当事方以外的行为体，为了预防冲突、防止冲突升级或是解决冲突而通过政治、经济或是军事手段而介入到冲突中的行为，是冷战后冲突解决中一个显著的特征。冷战后国际干预的全球模式有两个特点：一是多边性，另一个是干预国与目标国之间并不一定存在像以前那样重要的地缘战略或经济意义上的关系。② 那么，为什么现在冲突各方可能会愿意接受第三方尤其是以联合国为代表的国际社会的干预，而与冲突各方可能并无利害关系的其他行为体为什么愿意通过各种超国家体系来共同参与以解决冲突呢？ 关于前一个问题，可以大致区分为以下几种不同的情况。

　　（1）当冲突拖长，并日益复杂化，而冲突各当事方自身解决冲突的努力陷入僵局时，冲突的当事方虽然都想早日实现和解，但必须找到一个使双方都能保全脸面的方式，第三方的介入就显得尤其重要。因为解决冲突必然需要双方都做出一定的妥协，如果仅仅当事方自身妥协，可能会面临国内反对派和民众的压力，通过第三方就可以避免这种情况。③

　　（2）冲突的延续已经进一步恶化有关各方利益，而且有关各方之间存在沟通与合作的基础。④

　　（3）从实践来看，当冲突一方是非国家行为体，尤其是不被与其冲突的国家行为体承认的非国家行为体时，它们就倾向于主动要求国际干预，据此通过国际社会来向对方施加压力，而另一方则往往拒绝国际社会介入；当冲突各方都是非国家行为体或都是国家行为体时，则一般在

---

① James N. Rosenau, "Intervention as a Scientific Concept and a Postscript", in Richard A. Falk ed., *The Vietnam War and International Law*, Princeton: Princeton University Press, 1964, pp. 979 – 1015; Oran R. Young, "Systemic Bases of Intervention", in John Norton Moore ed., *Law and Civil War in the Modern Word*, Baltimore, MD & London: Johns Hopkins University Press, 1974, pp. 111 – 126.

② Martha Finnemore, "Military Intervention and the Organization of International Politics", in Joseph Lepgold & Thomas George Weiss ed., *Collective Conflict Management and Changing World Politics*, Albany: SUNY Press, 1998, p. 181.

③ S. Touval, I. W. Zartman, eds., *International Mediation in Theory and Practice*, Boulder, CO: Westview Press, 1985, p. 255.

④ Jacob Bercovitch, *Social Conflicts and Third Parties: Strategies of Conflict Resolution*, Boulder, CO: Westview Press, 1984, p. 13.

冲突初期都不太愿意国际社会介入，而往往会在冲突陷入僵局时才被迫接受国际干预，因为此时各方都认识到长期的冲突对任何一方都没有好处。[①]

传统的国际干预者往往是与被干预方存在某种利害关系，这个原理目前仍然适用，如美国积极介入海地事务，这是与其确保西半球尤其是加勒比地区为美国控制的传统政策相符的，而欧盟积极介入巴尔干事务同样也是为了保持欧洲本土稳定。但现在的干预者并非一定遵循此原则行事，如欧美在卢旺达、索马里、柬埔寨等的行动，这些地区不管是从经济意义还是地缘价值上都与欧美并无直接利害关系，当然从另一个角度分析，这种介入与冷战后欧美热衷于传播民主观念、强调人道主义的价值观有重要关系。从国际干预的具体形式来说，可以归纳为以下六种。

（1）事实调查：在有关冲突中，当事方让第三方介入来调查有争议的事实问题，确认或否认某种特定情形的存在，从而促成冲突问题的解决。

（2）斡旋（good offices）或调停（mediation）：斡旋的特点是，第三方主动进行有助于促成争端当事方之间直接谈判的行动，但斡旋者本身不参加谈判。调停是第三方以中间人的身份推动争端当事方采取和平方法解决他们之间的冲突，包括提出建议作为争端当事方重新谈判的基础，并且直接参加谈判，促成当事方达成妥协。[②]

（3）和解：争端当事方通过条约或其他形式商定把他们之间的争端提交一个由若干人组成的委员会，委员会通过对争端事实的调查和评价，向争端当事方澄清事实并在听取各当事方意见后，提出解决争端的具体办法。

（4）司法解决：主要包括国际仲裁和国际法院判决两种主要的形式。目前国际上相关的机构主要是分别于 1900 年和 1946 年建立的常设仲裁法院及国际法院。

（5）联合国维持和平行动：联合国维持和平人员帮助遭受冲突的国家创造促进持久和平的各种条件。维和人员包括文职人员、警察和军事人员。

---

① 何曜：《作为冲突解决的国际干预》，《世界经济研究》2002 年第 6 期，第 72～76 页。
② 王铁崖主编《国际法》，法律出版社，1999，第 578 页。

（6）其他多边性行动：包括经济制裁、外交施压以及区域性政治、军事组织所实施的集体行动。①

评估国际干预的合法性，需要综合地进行分析。约瑟夫·奈在谈到这个问题时，提供了一个比较综合性的思路：需要综合动机（Motives）、手段（Means）以及结果（Consequences）等三方面的因素来考察。只从动机出发而不认真考虑适合的手段，干预肯定会失败。当然，如果仅仅从结果出发，就等同于"实力即正确"（might makes right），这显然不能真正解决冲突，而只是暂时平息冲突，一旦这种强制力量消失，冲突就会重新爆发。② 不管是采取哪种形式，第三方干预时要明确的一点是冲突解决的宗旨问题。从目前人类面临的挑战来看，维护国际和平与安全仍是首要任务。因此，第三方介入冲突管理，应始终恪守"希波克拉底誓言"（The Oath of Hippocrates）——有利但不伤害原则，即冲突管理不应对目标国国内事务造成伤害，不应煽动族群争斗、民族冲突，不应破坏国内秩序和社会稳定。

二　积极的国际干预

积极的国际干预，是指外界的介入最终导致国内民族冲突向和缓的方向发展。例如，欧洲委员会对成员国促进族群治理的努力。当 1996 年 1 月 25 日俄罗斯在欧洲委员会议会会议上被接纳为第 39 个成员国时，欧洲委员会就向俄罗斯提出许多条件，除要求其遵守《欧洲人权公约》外，还要求俄罗斯在成为正式成员国以后的一年内，批准《保护少数民族框架公约》，用和平方式解决车臣冲突。另一个事例发生在塞浦路斯，2001 年 12 月 4 日塞浦路斯总统、希腊族领导人克莱里季斯和土耳其族领导人登克塔什

---

① 《联合国宪章》中明确了在冲突各当事方将争端提交联合国前，鼓励他们先通过区域性组织来解决。相对于普遍性国际组织，区域性组织具有更多的共同利益，更接近的风俗、语言、文化这些独特的优势，在解决冲突时可能就具备普遍性国际组织所不具备的长处，在实践中一些通过区域性方法解决的冲突也的确取得了良好的效果，如 1963 年阿拉伯国家联盟对阿尔及利亚与摩洛哥之间的边界争端进行的事实调查；美洲国家组织在 1985 年对哥斯达黎加与尼加拉瓜之间的边界冲突的调解；非洲统一组织在 1972 年也成功地调解了坦桑尼亚和乌干达之间的军事冲突；1990 年西非国家共同体为帮助利比亚结束内战，派出了多国维和部队监督利比亚的停火并恢复和平与秩序。相关论述参见何曜《作为冲突解决的国际干预》，《世界经济研究》2002 年第 6 期，第 74～75 页。

② Joseph S. Nye, JR., *Understanding International Conflicts: An Introduction to Theory and History*, New York: Addison Wesley Longman, 2000, pp. 150 – 155.

举行 4 年多来的首次会晤，表态将诚心诚意地讨论各种问题直至实现塞浦路斯问题全面解决。国际舆论普遍认为，这与塞浦路斯、土耳其等当事国基于希望早日加入欧洲大家庭的迫切愿望而接受欧洲委员会的人权观有关。①

（一）芬兰奥兰自治区——国际联盟干预

芬兰奥兰群岛问题是经国际联盟干预，使民族冲突得到解决并具有持久效力的极少数个案之一。1921 年国际联盟通过的《奥兰群岛协议》，一直被认为是一个以前从未有过的、专为少数民族制定的、最具深远影响的国际保障文献。同时它也确立了这样的原则："奥兰人应像一个不能构成独立国家的省那样，确保享有自由安排其存在的机会。"

芬兰共和国最早有 12 个省份，1997 年重新划定行政区后减少到 5 个省和 1 个自治区：东芬兰省、南芬兰省、西芬兰省、拉毕省、奥鲁省和奥兰自治区（Autonomous Region of Aland）。奥兰群岛（Aland Islands）地处芬兰西南部，位于波的尼亚湾入口处，人口仅为 2.6 万人。该群岛距瑞典海岸 4 公里，居民讲瑞典语。

1809 年以前，奥兰群岛以及芬兰均属瑞典领地。1809 年，瑞典在与俄国的交战失败后，被迫将芬兰和奥兰群岛割让给俄国，奥兰群岛成为芬兰大公领地的一部分。俄国在奥兰群岛建立起一个很大的军事要塞，使奥兰群岛成为俄国在波罗的海的保护地。1853 年至 1856 年，奥兰群岛卷入克里米亚战争，英法联合舰队一举摧毁了岛上沙皇所建的博马松堡垒工事，俄国战败。但根据 1856 年 3 月《巴黎和约》，签字国一致主张将波的尼亚湾咽喉奥兰群岛实行非军事化和中立化，但仍隶属芬兰管辖，从而揭开了该岛非军事化和中立化的序幕。

芬兰于 1917 年 12 月宣布独立后，奥兰群岛人开始担心在一个芬兰语为主体的国度中，以瑞典语为主的奥兰群岛人的语言和文化该如何存活下去，奥兰群岛人开始为重新回归他们过去的祖国而进行斗争。在主张回归

---

① 当然，这种干预并不是一帆风顺的。当欧洲委员会议会在 1995 年 4 月的一项动议中表示，如果土耳其不能在两个月内改善其民主和人权状况，特别是改变对库尔德人的态度，委员会的执行机构将重新考虑其成员国资格时，土耳其政府就做出强烈反应，称该动议"含有煽动分裂土耳其的性质"，是"不能接受的"。相关论述参见李红杰《论民族概念的政治属性——从欧洲委员会的相关文件看"民族"与"族群"》，《民族研究》2002 年第 4 期，第 17 页。

瑞典的一份民众请愿书上签名的奥兰群岛人，占达到法定责任年龄的群岛居民的96%。奥兰群岛人企图回归瑞典的计划遭到芬兰政府的强烈反对，但是芬兰政府在1920年3月通过一项自治法案，允许在奥兰地区部分权力下放。这项方案被要求民族自决权的奥兰群岛人所拒绝。新诞生的芬兰共和国曾一直宣称，民族自决原则是芬兰独立的依据，现在则被在芬兰草拟的《奥兰群岛法案》中再次援引，该法案被提交给在奥兰群岛首府玛丽港举行的会议上讨论。该会议由芬兰总理召集，并有奥兰群岛代表参加。会上，当两名奥兰群岛代表被以"严重谋反"的罪名逮捕入狱后，会议出现了戏剧性的变化。除奥兰群岛人自身对重返故国的强烈渴望外，瑞典的介入也是推动奥兰群岛自治的重要力量之一。早在岛上公民进行投票时，瑞典国王就暗中支持这一举动，并于1920年2月派军事人员进驻该岛。[①] 在奥兰群岛代表被逮捕后，瑞典通过外交照会抗议芬兰政府，这一干预使国内冲突演变为国际争端，随后，英国带头向国际联盟（联合国前身）提出了奥兰群岛问题。

1921年6月24日，国际联盟拿出了一个解决奥兰群岛问题的决议案，并获得各方的一致赞同。该决议案认为，在遵循某些条件的情况下，芬兰应继续享有对奥兰群岛的主权，这些条件包括：奥兰群岛可以继续以瑞典语作为学校的教学语言，可以把群岛的土地掌握在群岛居民自己的手中，可以在合理的限度内自行决定与选举和外来移民有关的事务，并保证群岛的最高行政长官（芬兰国家的代表）是奥兰群岛居民可以信任的人。这个决定是对奥兰群岛居民要求和愿望的直接答复，国际联盟对上述决议将承担监督责任。1951年，国际联盟承担监督责任的条款被取消。

1921年，在国际联盟就奥兰群岛地位问题做出决定的同时，还起草了一个国际条约，进一步确认1856年关于奥兰群岛非军事化地位的决定，不过，根据当时的情况，该条约将奥兰群岛中立化也列入了条约。共有10个国家在条约上签了字，但没有苏联。

随着人们各种需求的增长，奥兰群岛的地位也不断发生演变，其自治程度不断提高，1954年奥兰群岛被允许挂起了自己的旗帜；1970年参加了北欧理事会，与丹麦、芬兰、冰岛、挪威及瑞典并列成为成员之一；1984

---

① 巨周：《"一国两制"的奥兰群岛》，《海洋世界》1998年第2期，第11页。

年，奥兰群岛又连续发行了几套本地区专用邮票，这些邮票上有奥兰群岛自己的旗帜、地名，却未标注芬兰字样。[①] 1993 年开始实行的《奥兰群岛自治法》虽然不能被称为"宪法"，但就法律级别而言，它的确具有特别高的地位：该法是由芬兰议会按照制定宪法时的程序完成立法，在未获得奥兰群岛议会认可的情况下，不得修改或以其他法规取而代之。该法的立法程序以及奥兰群岛自治所特有的国际基础，意味着奥兰群岛自治在体制上享有受到宪法强有力保护的特殊地位。[②]

奥兰群岛的自治地位是根深蒂固的，首先它得到了国际法的认可，其次，它只有在芬兰议会和奥兰群岛议会双方同意的基础上才能更改，而后者需要 2/3 的多数同意才可以通过。这项法令在一系列领域给了奥兰群岛议会最基本的立法权，使它可以自己决定本地区的事务，而在其他一些领域，如关税、司法和金融货币方面，芬兰法律则依然适用。

冷战结束后，世界形势趋向以经济建设为中心，奥兰群岛自治政府向芬兰提出了"经济自治"的主张，并在 1993 年 1 月 1 日生效的新自治条例中，赋予奥兰群岛更多的处理经济事务的自由与权利，奥兰群岛既有权自由支配芬兰政府拨给的资金，制定自己的经济政策，又有权处理国际间的经济事务。[③] 如今，国际联盟早已成为历史，但在其斡旋之下建立的奥兰自治区仍在，而且经过近一个世纪的发展，常被人们视为欧洲民族区域自治地方的一个范例，也是国际干预的成功范例。

（二）东帝汶独立——联合国干预

东帝汶独立是联合国进行积极干预的成功事例。东帝汶曾是前葡萄牙和荷兰殖民地，按照支持"非殖民化"的"民族自决"原则，联合国大会于 1975 年和 1982 年两次做出决议支持其独立。1999 年 6 月 11 日，联合国安理会通过决议成立"联合国驻东帝汶特派团"（UNAMET），于 8 月 30 日主持东帝汶全民公决。东帝汶 45 万登记选民中，其中 78.5% 赞成独立。投票后，亲印尼派与独立派发生流血冲突，东帝汶局势恶化，联合国驻东帝汶特派团被迫撤出。9 月，印尼总统哈比比宣布同意多国部队进驻东帝汶。安理会通过决议授权成立以澳大利亚为首、约 8000 人组

---

① 孚威：《表现分裂倾向的奥兰群岛币》，《中国钱币》1999 年第 1 期，第 65 页。
② 李奕萱：《芬兰奥兰府——欧洲民族区域自治地方的范例》，《中国民族报》2012 年 4 月 6日。
③ 巨周：《"一国两制"的奥兰群岛》，《海洋世界》1998 年第 2 期，第 12 页。

成的多国部队，并于 9 月 20 日正式进驻东帝汶，与印尼驻军进行权力移交。10 月，印尼人民协商会议通过决议正式批准东帝汶脱离印尼。同月，安理会通过第 1272 号决议，决定成立"联合国东帝汶过渡行政当局"（UNTAET），全面接管东帝汶内外事务。2002 年 5 月 20 日，东帝汶民主共和国正式成立。此后，联合国继续向东帝汶派驻由军队、民警和文职官员组成的维和部队，协助东帝汶政府开展安全与民事等相关工作。

东帝汶位于东南亚努沙登加拉群岛东端，面积约 1.49 万平方公里，人口 115 万，居民主要是巴布亚人和马来人的后裔，多信奉罗马天主教，通用德顿语。16 世纪和 17 世纪，帝汶岛先后遭到葡萄牙和荷兰的入侵。1859 年，葡荷两国签订条约，重新瓜分帝汶岛，东部归葡萄牙，西部并入荷属东印度（今印度尼西亚）。1942 年，东帝汶落入日本侵略者手中。第二次世界大战后，葡萄牙恢复对东帝汶的殖民统治。1975 年 8 月，东帝汶摆脱葡萄牙殖民统治，举行公民投票，实行民族自决。同年 11 月，东帝汶独立革命战线宣布独立宣言，成立东帝汶民主共和国。12 月，印尼政府出兵占领了东帝汶。1976 年，印尼总统苏哈托签署特别法案，宣布东帝汶为印尼"第二十七个省"。此后，要求独立的东帝汶人同印尼军人的流血冲突时有发生，在 23 年里有 20 万人丧生。为解决东帝汶问题，联合国安理会于 1975～1978 年四次通过决议，要求印尼撤军。此后，在联合国的主持下，印尼与葡萄牙举行过多次谈判，但均未取得实质性成果。1998 年 5 月，印尼领导人发生变动，印尼新政府在东帝汶问题上的立场有所改变。1998 年 8 月，在联合国的主持下，印尼与葡萄牙两国达成协议，同意讨论东帝汶的自治问题。

东帝汶在通往独立的道路上充满了不确定性，而所有的问题都受到"印尼因素"影响。1999 年 1 月，印尼政府提出允许东帝汶享有广泛自治的建议，同意举行公民投票。5 月 5 日，在联合国秘书长安南主持下，印尼与葡萄牙两国外长签署了东帝汶自治方案协议。印尼外长阿拉塔斯、葡萄牙外长伽马、联合国秘书长安南分别代表各方在三个文件和一个附件上签字，从而为东帝汶地位问题的最终解决铺平了道路。协议内容包括：在联合国主持下，境内外东帝汶人将在 8 月 8 日举行投票，以确定东帝汶是实行自治还是脱离印尼实现独立。联合国为此对投票做了必要的准备，即进行选民登记等，印尼和葡萄牙派人监督投票。

1999年2月8日，印尼外长阿拉塔斯和葡萄牙外长伽马在联合国特使马克尔主持下，就东帝汶问题举行会谈并取得进展。两国外长还讨论了东帝汶的政治前途及其具体步骤。印尼首次同意由联合国负责有关东帝汶前途的投票。1999年8月30日，东帝汶43万登记选民从上午6时起陆续来到各个投票站，投下他们决定该地区前途的一票。居住在东帝汶以外的约2万东帝汶人也参加了投票。东帝汶境内的200个投票中心全部开放。在登记投票者中，90%以上的人都参加了投票，除个别意外事件外，整个投票过程总体上进展顺利。东帝汶全民公决结果表明，78.5%的当地居民支持东帝汶独立。

全民公决结果宣布后，东帝汶派别之间的冲突不断，数日内已造成数十人丧生，近10万人逃离家园，还有1.6万人躲到警察局；国际红十字会在东帝汶首府帝力的办事处遭到袭击；澳大利亚驻印尼大使麦卡锡乘车行驶在帝力街头时遭到枪击；受雇于联合国的3名当地雇员被害；一名联合国维和警察顾问腹部中弹受伤……同时，亲印尼民兵强行驱赶数以千计的东帝汶难民前往西帝汶。9月6日，欧盟委员会发言人埃斯特鲁拉斯强烈谴责发生在东帝汶的暴力冲突，主张在该地区部署一支国际维和部队，以监督执行全民公决的结果，帮助恢复东帝汶的和平与稳定。

9月9日，美国总统克林顿决定中断美国与印度尼西亚的军事关系，并坚持要求印度尼西亚"邀请"国际维和部队进驻东帝汶，以帮助恢复那里的治安秩序。与此同时，以联合国驻东帝汶特派团团长伊安·马丁为首的约400名维和人员，10日早晨从东帝汶撤离，乘飞机前往澳大利亚的达尔文。他们的大院因收留了数百名东帝汶难民而遭到大批亲印尼民兵的围困。但联合国驻东帝汶特派团在帝力仍有40人留守，以继续帮助东帝汶实现独立过渡。1999年9月20日，由联合国授权的首批多国维和部队进驻东帝汶，开始履行恢复和平与安全的使命。第一批75名澳大利亚官兵于当地时间6时45分乘坐"大力神"运输机抵达帝力，并控制了机场。在武装直升机护送下，总共2500名士兵相继飞抵帝力和东部城市包考，几艘载有装甲运兵车和后勤装备的澳大利亚军舰也于20日中午抵达帝力。

1999年10月25日，联合国安理会一致通过决议，决定设立"联合国东帝汶过渡行政当局"，在东帝汶独立前，全权管理东帝汶事务。过渡行政当局包括8950名维和部队官兵、200名军事观察员以及1640名维和警察。联合国维和行动将取代之前的多国部队，其主要任务包括：在东帝汶全境保障安全并维持法治；建立有效的行政管理；协助发展公务员制度和社会服务；确保协调和提供人道主义援助和发展援助；支持自治能力的建设，并为可持续发展创造条件，等等。安理会的这项决议标志着东帝汶独立进程的正式启动。

联合国在东帝汶问题上究竟扮演何种角色将直接影响到东帝汶的稳定。当时，东帝汶处于权力真空状态，因此"白手起家"建立行政、立法与司法政治架构，难度相当大。联合国虽然有托管理事会这个机构，但是联合国过去的做法大多是委托一国对殖民地进行托管，像东帝汶这样完全由联合国直接接管的事例非常少见，联合国的政治作用受到考验。国际社会深刻关注和同情东帝汶的悲惨经历，联合国安理会在解决东帝汶问题上也表现出高度的热情和少有的一致性。这是因为，东帝汶问题是战后非殖民化进程中的特殊遗留问题，是冷战国际关系下强加给一个弱小民族的悲剧。它与冷战后的民族分离主义有着本质不同，东帝汶走向独立，并不意味着一定会产生连锁效应。

进入21世纪后，在过渡行政当局的作用下，东帝汶局势趋稳，独立过渡较为顺利。2002年4月14日，东帝汶举行了历史上第一次总统选举，独立运动领袖夏纳纳·古斯芒当选为第一任总统。2002年5月20日，东帝汶举行了开国庆典，正式成立"东帝汶民主共和国"。此后，为帮助东帝汶民主共和国建国后的经济复苏、完善社会服务以及继续推行人道主义援助，2002年5月17日，联合国安理会通过了第1410号决议，决定延长联合国在东帝汶的维和行动，并更名为"联合国东帝汶支助团"（UNMISET）。

东帝汶独立对世界民族问题以及国际关系有着深刻的影响。首先，国际干预要坚持安全与发展并重。东帝汶是全世界最贫穷的国家之一，经济发展滞后、社会缺乏活力，仅仅这一点就为其反复出现动乱埋下最大的隐患。因此，如不解决发展问题，动乱、战火的根源就得不到消除，再多的维和行动也只能起到"消防队"和"隔离墙"的作用，无助于冲突问题的根本解决。

其次，国际干预的安全风险越来越高。安全是国际社会进行干预的先决条件，安全问题不可避免地影响国际干预的部署、进展和成效。在冷战后的复杂安全环境下，国际干预部队的安全风险比任何时候都高，这其中除了疾病、车祸外，政治纷乱、职能的复杂以及恐怖主义袭击等都是重要的原因。此外，东帝汶国内冲突中的有些派别，并不总是信守自己的诺言，他们随时可能撕毁当初签订的和平协议，特别是当他们的要求（往往是无理的要求）没有得到满足时。这些派别往往把自己的失势归结为联合国对其对手的偏袒，或者把联合国的存在当作是妨碍他们行动的绊脚石，因而把国际维和人员当作报复和宣泄的目标。

最后，需要强调的是，联合国对东帝汶的国际干预，也存在一定的消极影响，如对印尼亚齐分离主义运动的推动。当代民族主义呈现两大发展趋势，一是聚合型民族主义，一是离散型民族主义。[①] 在东南亚地区具体表现为，一方面随着大东盟的建立，逐渐形成"被放大了的"区域性的民族主义；另一方面，在一些国家内部地方民族分离主义倾向日益凸显，例如东帝汶于 1999 年通过全民公决获得了独立地位，这促使印尼的民族分离倾向增强，亚齐的民族分离运动便如火如荼地发展起来。需要强调的是，亚齐的民族分离运动和东帝汶的独立运动是性质不同的两类事件。

（1）亚齐的民族分离运动从来没有受到国际社会的认可，东帝汶则是 1975 年后被印尼兼并的一块葡萄牙殖民地；后者符合民族自决原则，而前者是对国家主权的侵害，违背公认的国际法准则。

（2）在经济上，东帝汶是印尼的极大负担，仅财政补贴每年就需要中央政府拿出 5000 万至 7000 万美元。亚齐则是印尼的财富源泉，而且由于其特殊的历史地位，其独立必然会引发"多米诺骨牌效应"，伊里安查亚和南苏拉威西等其他地区的分离主义运动将纷纷效仿，从而直接危害到整个印尼国家的统一。[②]

（三）土耳其库尔德人问题——欧洲联盟干预

土耳其库尔德人问题是土耳其加入欧盟进程中的障碍之一。20 世纪 90 年代以来，欧盟不断地指出土耳其如果不善待国内的库尔德人，将会影响该国加入欧盟。欧盟认为，土耳其在处理与库尔德民族矛盾上方式

---

① 程人乾：《论当代世界民族主义的发展趋势》，《山西大学学报》（哲学社会科学版）1995 年第 3 期，第 1 页。

② 张洁：《从亚齐分离运动看当代印尼发展中的民族分离主义问题》，《当代亚太》2000 年第 7 期，第 49~50 页。

不当，犯下了人权方面的错误，不符合加入欧盟的标准。但是，土耳其则不承认国内存在库尔德人问题，把该问题定性为"恐怖主义"或"分离主义"。

　　库尔德人（Kurds）是古米堤亚人的后裔，是西亚最古老的民族之一，其语言库尔德语（Kurdish）属印欧语系波斯语族。库尔德人的聚集地被称为库尔德斯坦（Kurdistan），它主要指土耳其、伊朗、伊拉克三国交界地区，面积约40万平方公里（库尔德民族主义者认为他们的家园约有50万平方公里，大小与法国相似）。① 土耳其库尔德人问题由来已久，早在第一次世界大战结束后，在战胜的协约国强迫土耳其签订屈辱性的《色佛尔条约》中，规定了有关土耳其库尔德人自治的条款。该条约第六十二条和第六十四条规定，在库尔德人占多数的安纳托利亚东部地区由库尔德人实行自治；根据大多数库尔德人争取独立的政治要求，将建立库尔德自治区。② 土耳其革命领袖穆斯塔法·凯末尔·阿塔图克领导下的土耳其大国民议会政府坚决不承认《色佛尔条约》，该条约因此未能生效。由此，该条约中有关库尔德人的规定随之失效。1923年，土耳其与协约国签订了《洛桑条约》，其中没有出现有关库尔德人自治的相关规定，这也就意味着土耳其的库尔德人重新回到了由土耳其人任意处置的境地。③

　　土耳其申请加入欧盟是欧洲一体化过程中最为特殊的案例。尽管土耳其申请加入欧盟的时间较长，但是欧盟的大门迟迟没有向土耳其敞开。早在1959年，土耳其就向欧盟的前身欧洲经济共同体提出成为联系国的申请。1963年，土耳其与欧共体签署了《安卡拉协议》，成为欧共体联系国。1987年，土耳其提出正式加入欧盟的申请。1996年，土耳其与欧盟实现关税同盟。1999年底，欧盟给予土耳其候选国地位。2005年10月3日，欧盟开始同土耳其就正式"入盟"问题举行谈判。直至现在，土耳其加入欧盟仍旧悬而未决。

　　在库尔德人问题上，欧盟与土耳其有很大的分歧。欧盟认为，土耳其对库尔德人的政策严重地损害了库尔德人的人权，土耳其在这方面的作为，

----

① 王京烈：《困扰多国的库尔德问题》，《西亚非洲》1994年第5期，第54页。
② 王京烈：《困扰多国的库尔德问题》，《西亚非洲》1994年第5期，第55页。
③ 郑东超：《土耳其申请加入欧盟视角下的库尔德问题》，《西亚非洲》2011年第9期，第69页。

不符合欧盟在 1993 年哥本哈根首脑会议上提出的加入欧盟 3 个先决条件（哥本哈根标准）中的第一条，即凡是申请加入欧盟的国家，必须具有确保民主、法治、人权以及尊重与保护少数民族的稳定制度。① 2006 年，曾任欧盟委员会驻土耳其代表的汉斯·约格·克雷奇默呼吁，土耳其应承认库尔德人的民族认同，库尔德人就国籍而言是土耳其公民，在民族属性上却不是土耳其族，这点不能否认。② 但是土耳其不承认本国存在库尔德人问题，更不承认该问题是由于土耳其镇压政策而产生的政治问题，而仅仅把这个问题视为兴起于土耳其东南部的库尔德民族主义而造成的国家分离问题——属国家安全问题，而不是人权问题。

在此认知基础上，欧盟与土耳其对于如何处理库尔德人问题亦有不同的观点。欧盟要求土耳其用民主和政治的方式和平解决库尔德人问题，并把该问题同加入欧盟直接挂钩；土耳其则强调对库尔德人必须加以武力镇压，而不能用温和的手段，因为这意味着向库尔德人投降，会刺激库尔德人采取更加极端的方式，提出更多无理的要求。

1989 年 6 月召开的欧洲议会宣称："土耳其拒绝承认库尔德人问题的存在，对土耳其加入欧盟构成了不可逾越的障碍。"③ 在欧盟看来，如果在土耳其没有妥善解决库尔德人问题的情况下，允许土耳其加入欧盟，这将会破坏欧盟本身所做出的对人权的承诺，违背欧盟存在的价值基础。因此，20 世纪 90 年代以来，欧盟就通过各种方式关注土耳其的库尔德人问题，期待通过合理的干预方式促进土耳其在人权方面有所改进。欧盟在之后出版的有关土耳其的报告和入盟的文件中不断强调，土耳其不应歧视其他各民族，要实现思想、言论、结社、和平集会和宗教自由。④

1998 年，欧盟委员会在其发布的有关土耳其的进步报告中，呼吁用政

---

① 其他两项条件是：拥有行之有效的市场经济，以及应对欧盟内部竞争压力和市场力量的能力；履行成员国职责的能力，包括恪守政治、经济和货币联盟的宗旨。相关论述参见〔法〕法布里斯·拉哈《欧洲一体化史（1945~2004）》，彭姝祎、陈志瑞译，中国社会科学出版社，2005，第 166 页。

② Michael M. Gunter, "Turkey's Floundering EU Candidacy and its Kurdish Problem", *Middle East Policy*, Vol. 14, No. 1, 2007, p. 121.

③ 李秉忠：《欧盟的扩大与土耳其入盟问题》，《南京大学学报》（人文科学·社会科学）2007 年第 4 期，第 42 页。

④ Nathalie Tocci, *The EU and Conflict Resolution: Promoting Peace in the Backyard*, NY: Routledge, 2007, p. 55.

治和非军事的手段解决库尔德人问题。尽管对解决库尔德人问题没有提出应采取的具体政策，欧盟认为只要库尔德人不搞分裂和恐怖活动，土耳其就应承认库尔德民族的文化认同，以及最大限度地允许库尔德人表达这种认同。在2004年和2005年有关土耳其的进步报告中，欧盟指出，为稳定土耳其东南部的局势，土耳其需要把迁移在外的库尔德人返迁到原处，并制定有利于该地区社会和经济发展的战略，创造让库尔德人享受自由的条件。①

因此，如何很好地管控库尔德人问题、达到欧盟的期望值，成为土耳其加入欧盟的先决条件。欧盟对土耳其库尔德人问题的关注，绝不仅仅是因为在人权方面的问题，欧盟还有更深层次的考虑：欧盟需要一个和平的土耳其，而库尔德人问题如果解决不好，将成为土耳其乃至欧盟稳定的隐患。此外，土耳其散居在欧洲的大量库尔德人，日益成为困扰欧洲人的难题。20世纪70年代，欧洲只有三四百名库尔德人，而今天在欧洲的库尔德人有100多万。② 从源头上阻断库尔德人涌向欧洲，欧盟必须向库尔德人比较集中的国家施压，土耳其自然就难脱干系。

在欧盟的持续干预下，土耳其为早日加入欧盟不得不在库尔德人问题上有所让步。土耳其为了达到加入欧盟的标准，进行了一系列亲欧盟的政策改革，并且对宪法进行了修正，其中有涉及库尔德人的法规和条令，这表明欧盟在干预土耳其库尔德人问题上起到了一定的积极作用。

在具体行动中，土耳其政府在解决库尔德人问题上，逐渐摆脱了简单化、暴力化的思维。2000年12月，欧盟发布了关于土耳其入盟的文件，欧盟建议暂时分两个阶段逐步解决库尔德人人权问题，第一阶段是2000～2001年，呼吁土耳其在法律和制度上保证土耳其国内所有公民的言论自由、结社自由、和平示威的自由，以符合《欧洲人权公约》相关规定。③ 在第二阶段，建议土耳其在没有任何歧视下不论语言、种族、肤色、性别、政治观点、宗教信仰，土耳其公民完全享受人权和基本自由，进一步为思想

---

① Nathalie Tocci, *The EU and Conflict Resolution: Promoting Peace in the Backyard*, NY: Routledge, 2007, p. 53.

② Charles G. MacDonald and Carole A. O' Leary, *Kurdish Identity: Human Rights and Political Status*, Gainesville: University Press of Florida, 2007, p. 238.

③ Hale William, "Human Rights, the European Union and the Turkish Accession Process", *Turkish Studies*, Vol. 4, No. 1, 2003, p. 108.

自由、意识自由和宗教自由创造条件。① 土耳其对此做出了回应，2001 年
10 月，土耳其经过一系列酝酿后，议会通过了同意对宪法第三十四条的修
正案，其中涉及言论、组织和集会自由，使用少数民族语言的权利，部分
废除死刑，减少军事因素对政治的干预。这些宪法上的修正，几乎每一条
都对改善库尔德人在土耳其的人权环境起到非常重要的作用。土耳其在人
权方面所进行的改革还包括以下几个方面。

（1）民主权利：对宪法第二十六条和第二十八条进行了删改，这两条
限制土耳其人使用除土耳其语以外的语言，因此，上述删改进一步从法律
上承认土耳其境内包括库尔德族在内的其他民族文化的存在。拓宽了土耳
其人结社的自由空间，允许结社中使用本国任何语言。放松了政党限制，
因为在此之前，土耳其对亲库尔德人的政党进行打击和取缔，随意解散政
党，改革后解散政党须经宪法法院 3/5 的多数通过。

（2）文化权利：土耳其取消了库尔德人不能用库尔德语为孩子自由命
名的限制，他们的文化权得到有限的扩大。另外，政府在对土耳其少数民
族的广播的语言使用上也做了一定让步，允许库尔德人私人开办的广播电
台和电视台用库尔德语广播。2004 年 6 月，土耳其国有库尔德语广播公司
开始运营。2006 年 3 月，土耳其广播电视部门批准库尔德语广播和电视的
区域性频道开播。

（3）教育权利：土耳其允许在私人教学中教授库尔德语课程。②

2005 年 8 月，土耳其总理埃尔多安承认土耳其存在库尔德人问题，现
在需要足够的民主来解决这个问题。同时，土耳其开始按照欧盟的建议改
善库尔德人的处境，以寻求政治解决库尔德人问题，保护库尔德人人权。
土耳其有效实施社会经济发展战略，发展库尔德人居住区经济，解决库尔
德人就业问题，有效地扭转了库尔德人的离心倾向。③ 总体而言，欧盟对土
耳其库尔德人问题的干预是积极的，并产生了良好的效果。不可否认，土
耳其为加入欧盟采取的一系列符合欧盟标准的措施，在很大程度上为解决

---

① Hale William, "Human Rights, the European Union and the Turkish Accession Process", *Turkish Studies*, Vol. 4, No. 1, 2003, p. 109.

② Hale William, "Human Rights, the European Union and the Turkish Accession Process", *Turkish Studies*, Vol. 4, No. 1, 2003, p. 64.

③ 郑东超：《土耳其申请加入欧盟视角下的库尔德问题》，《西亚非洲》2011 年第 9 期，第 75 页。

库尔德人问题起了推动作用，但需要强调的是，库尔德人问题单纯通过欧盟施压是无法从根本上得到解决的。

三　消极的国际干预

殖民主义曾经是西方大国崛起的共同路径，因殖民主义而起的民族冲突也成为西方大国消极干预国际秩序所遗留的最"积重难返"的恶果。撒哈拉沙漠以南的非洲与拉丁美洲相比，最大的不同之处就是前者没有发生大规模的混血现象，其中包括南非、赞比亚、肯尼亚、安哥拉、津巴布韦这些长期由白人统治的国家。撒哈拉沙漠以南的非洲的土著黑人最后被分割成一块一块的殖民地，被不同的白人殖民政府所统治，在每个殖民地里黑人依然保持着人口的绝大多数。

独立之后，很多国家还保留了白人殖民者的经济成分，但是在政治方面，各国的领导人全是黑人。今天，非洲的民族关系，一个问题是当地黑人与少数白人侨民之间的关系。另一个问题就是白人殖民者当年从其他殖民地迁来的其他民族的移民与本地黑人之间的关系，如英国在经营非洲殖民地时曾引入不少来自印度的人口，印度人群体在一定程度上控制了当地的经济，这一现象与华人在一些东南亚国家经济中占有主导地位的现象有些相似。但是撒哈拉沙漠以南的非洲真正的民族问题，发生在那些传统的具有语言、宗族背景的部族之间。①

非洲国家的政治认同，基本上是由殖民者建立起来的。殖民者在划定的国家边界中行使行政权力，采取许多措施来建立新的效忠体系，如推行某种官方语言，建立各级官员的任命制度，组织地方官员来首都参加政府的培训项目，② 各类法律的制定和实施，各地村庄的命名，总之在长期的行政管辖过程中建立了一套符号体系，也逐步培养出了效忠殖民政府的一批土著精英，他们对殖民地的领土、行政制度很认同，等到白人殖民者撤退之后，这些土著精英就成为新独立国家的领袖。但在国家的内部和社会的基层，部族的意识依然存在。换言之，在当地人的心目中，"表"和"里"都存在，"表"是由殖民者建立的政治认同，"里"则是

---

① 马戎：《世界各国民族关系类型特征浅析》，《社会科学战线》2008 年第 1 期，第 187～188 页。

② 安德森称之为"朝圣之旅"，参见〔美〕本尼迪克特·安德森《想像的共同体：民族主义的起源与散布》，吴睿人译，上海世纪出版集团，2003，第 135～148 页。

传统的部族认同。这是撒哈拉沙漠以南的非洲面临的最突出的民族问题。① 直到今天，西方大国依然以不同的方式干预落后国家的内部民族问题，其消极影响依然在全球蔓延。严重的民族冲突的背后，几乎都有外界消极干预的影子。

（一）对科索沃独立的反思

2008 年 2 月 17 日，塞尔维亚共和国的科索沃自治当局在以美国为首的一些西方国家支持下单方面宣布独立，这一挑战现行国际体系的行为在国际社会中引发了激烈争议。至此，成立于 1945 年 11 月的南斯拉夫联邦人民共和国（后于 1963 年 4 月更名为南斯拉夫社会主义联邦共和国）一分为七，②"南斯拉夫"这一国家名称终于成为历史名词。

科索沃原是塞尔维亚共和国的两个自治省之一，面积 10887 平方公里，毗邻阿尔巴尼亚。科索沃地区人口构成的主体是阿尔巴尼亚族。从 1948 年至 1991 年，科索沃地区阿尔巴尼亚族在当地总人口中的比例不断上升，而塞尔维亚族的比例则呈持续下降趋势。1948 年，在科索沃 72.9 万总人口中，阿尔巴尼亚族占 68%，塞尔维亚族占 24%，其他民族人口占 8%。而到了 1991 年南斯拉夫联邦解体时，在科索沃 195.6 万总人口中，阿尔巴尼亚族所占比例上升到 82%，塞尔维亚族的比例则下降至 10%，其他民族人口所占比例依然维持在 8%。③

南斯拉夫联邦人民共和国成立以后，塞尔维亚－克罗地亚语成为国家的官方语言，但宪法同时规定，在少数民族地区，少数民族语言同样是官方行政语言和学校的教育语言。④ 因此在科索沃，阿尔巴尼亚族学生从小学到大学均可以接受阿尔巴尼亚语教育。然而，南斯拉夫联邦政府有关部门和科索沃地方自治政府在发展科索沃的文教事业方面所采取的一些措施并不妥当。例如，过于强化科索沃同阿尔巴尼亚的文化交流，大量聘用阿尔

① 马戎：《世界各国民族关系类型特征浅析》，《社会科学战线》2008 年第 1 期，第 188～189 页。
② 在科索沃宣布独立之前，克罗地亚、斯洛文尼亚均于 1991 年 6 月 25 日独立，马其顿于 1991 年 11 月 17 日独立，波斯尼亚和黑塞哥维那于 1992 年 3 月 3 日独立，黑山于 2006 年 6 月 3 日独立，塞尔维亚议会于 2006 年 6 月 5 日宣布塞尔维亚共和国即日起正式成为一个主权国家。
③ 〔奥〕赫尔穆特·克拉默、维德兰·日希奇：《科索沃问题》，苑建华等译，中央编译出版社，2007，第 2 页。
④ 张文武、赵乃斌、孙祖萌主编《东欧概览》，中国社会科学出版社，1991，第 487～490 页。

巴尼亚籍教师，在学校中大量采用阿尔巴尼亚出版的教材等。这些做法不利于科索沃自治省同南斯拉夫联邦其他地区加强文化交流，也不利于增进科索沃地区不同民族之间的团结。①

南斯拉夫联邦颁布 1974 年宪法之后，阿尔巴尼亚语成为与塞尔维亚语具有平等地位的官方语言。从 1974 年到 1989 年，使用阿尔巴尼亚语的出版物增多。然而，科索沃阿尔巴尼亚民族分离主义分子的活动也日益活跃。尤其是 1980 年铁托逝世后，南斯拉夫联邦内部的民族矛盾日益尖锐，科索沃阿尔巴尼亚民族分离主义分子不断举行抗议活动要求独立，在科索沃人口中占少数的塞尔维亚族处处感到受排挤。在这一背景下，1989 年以米洛舍维奇为最高领导人的南斯拉夫联邦政府取消了科索沃的自治省地位。这一举措加剧了科索沃塞尔维亚族和阿尔巴尼亚族之间的矛盾。②

1991～1992 年，克罗地亚、斯洛文尼亚、马其顿和波黑分别宣布独立后，科索沃仍留在由黑山和塞尔维亚于 1992 年组建的南斯拉夫联盟共和国内。出于对取消自治地位的不满，科索沃阿尔巴尼亚民族分离主义分子建立了"影子国家"，阿尔巴尼亚语则成为其进行分离主义活动的文化工具，因为这个"影子国家"及其机构的一项主要工作就是资助重建独立的阿尔巴尼亚语教育体系。当地的塞尔维亚族和阿尔巴尼亚族围绕语言问题产生了激烈的矛盾。以科索沃历史最悠久、规模最大的普里什蒂纳大学为例，1991 年之前，这所大学一直同时采用阿尔巴尼亚语和塞尔维亚语授课。随着南联盟中央政府和科索沃阿族人矛盾不断激化，1991 年之后，新任校长开始在该校推行塞族化政策，许多阿尔巴尼亚族人离开该校。针对这种情况，科索沃阿族人则建立了一所阿尔巴尼亚语大学并投入使用。1999 年 6月，北约空袭结束后，科索沃阿族人控制了普里什蒂纳大学并拒绝以塞尔维亚语为授课语言。这一结果促使联合国科索沃临时行政当局于 2002 年 2月利用国际援助在普里什蒂纳市塞尔维亚族聚居区另外建立了一所大学。③

2008 年 4 月 9 日，科索沃议会特别会议通过宪法，规定科索沃为"议会制共和国"，官方语言为阿尔巴尼亚语和塞尔维亚语。这一点同克罗地亚

---

① 赵乃斌、汪丽敏：《南斯拉夫的变迁》，广东人民出版社，2002，第 259 页。
② 田鹏：《文化民族主义与前南斯拉夫地区的民族语言问题》，《世界民族》2009 年第 2 期，第 21 页。
③ 〔奥〕赫尔穆特·克拉默、维德兰·日希奇：《科索沃问题》，苑建华等译，中央编译出版社，2007，第 94～100 页。

独立时有所不同。克罗地亚独立后，宪法并没有明确给塞尔维亚语以任何法律地位。科索沃新宪法之所以给塞尔维亚语同阿尔巴尼亚语平等的官方语言地位，一个原因是科索沃在南斯拉夫联邦时期一直是塞尔维亚共和国的一个自治省，塞尔维亚语影响非常广泛；另一个原因是为了有利于争取团结科索沃的塞尔维亚族并得到他们的支持，以巩固团结的基础。①

从科索沃独立的外部因素来说，科索沃独立不是巴尔干半岛"自我分裂"（Self‐disintegration）的缩影，而是被"他者肢解"以及消极国际干预的典型事例。以美国为首的北约为了将强大的南斯拉夫联邦肢解，用一群既弱小又分裂，必须靠北约保护及世界银行救济的国家来取而代之，煞费苦心地炮制了所谓的巴尔干"新战略概念"，借口内部存在严重的民族歧视，从而翻拣出"是民族就有权利建立独立国家"的令旗，于是就有了南斯拉夫联邦惊心动魄的大分家。② 事情到此还远未结束，美国认为有必要继续削弱南联盟的本体塞尔维亚。于是，2008 年 2 月 17 日，在美国等西方国家的唆使下，科索沃议会不顾国际社会的反对，不顾及该地区民族、宗教的复杂性，抛开国际法准则和联合国宪章，单方面通过了独立宣言，宣布科索沃脱离塞尔维亚共和国成为一个主权独立的国家。就像多米诺骨牌一样，该地区的民族分裂在进一步发展：科索沃北部城市米特罗维察和一些塞族飞地仍有进一步分裂的可能。

直到今天，科索沃仍是巴尔干"火药桶"中的易爆点。作为当今世界的民族热点问题，科索沃局势除事关巴尔干地区的和平与稳定外，还关乎国际关系的基本准则及联合国安理会的权威与作用。科索沃独立会在一定程度上加剧国际体系的不稳定性和不可预测性，并对世界民族问题产生重大影响。

2010 年 7 月 23 日，联合国设在荷兰海牙的国际法院发布"参考意见书"，认为科索沃宣布独立"不违反任何可适用的国际法规则"。从本质上说，科索沃独立是一个国家之自治地区的单方面行为，不属于民族自决权范畴，也没有经过全民公决，因此未获得国际社会的广泛承认。如今，"断壁残垣"的科索沃正在欧盟、北约以及美欧国家的帮助下进行着政治民主

---

① 田鹏：《文化民族主义与前南斯拉夫地区的民族语言问题》，《世界民族》2009 年第 2 期，第 22 页。
② 熊坤新、王建华：《2008 年世界宗教热点问题评析》，《黑龙江民族丛刊》2009 年第 2 期，第 177 页。

化进程与市场经济改革，但是，在大国争斗、民族冲突等诸多因素的影响下，"暗流涌动"的科索沃必将对国际关系以及世界民族问题产生重大影响。[①]

科索沃曾是古代诸多民族的定居地，虽然该地区位于巴尔干半岛内陆山区，对外交流并不方便，且资源匮乏，但是自古以来这里便成为不同民族躲避战乱的栖身之地，是该地区两大民族塞尔维亚族与阿尔巴尼亚族长期生存发展的摇篮。[②] 到了中世纪，科索沃成为塞尔维亚王国的政治中心，此后几百年，阿尔巴尼亚族人大量涌入，成为科索沃地区的主体民族。到1910年时，科索沃的阿尔巴尼亚族已占当地总人口的60%以上，而塞尔维亚族只占不到30%。[③] 这样，塞尔维亚族兴起的祖先之地科索沃就逐渐成为阿尔巴尼亚族占多数的地区。[④] 但是，科索沃始终被塞尔维亚族看作是其民族记忆的重要组成部分——科索沃是塞尔维亚国家的发祥地，是代表塞尔维亚归属感的中心地区。[⑤] 所以，2008年，塞尔维亚总理科什图尼察在科索沃宣布独立后明确表示，"只要塞尔维亚人还存在，科索沃就属于塞尔维亚。"[⑥]

很多科索沃人认为，2008年2月17日至今，科索沃并没有获得真正意义上的主权地位，只不过在一定程度上实现了美欧等西方国家"监管"下的独立（supervised independence）。以至于科索沃媒体戏谑地称，在科索沃权力最大的不是科索沃总统，而是美国、英国驻科索沃大使。事实上，美欧国家完全不避讳在这一敏感地区的战略抱负，科索沃大街小巷到处都是美国、英国的国旗，到处都是北约、欧盟的旗帜。2009年11月1日，科索沃在其首府普里什蒂纳正式举行为纪念美国前总统克林顿而树立的青铜纪念碑揭碑仪式。这座纪念碑总体高度约为6米，克林顿右手握着一个文件

---

① 2010年3月3日至3月12日，作为英国"志奋领"高级学者项目（Chevening Fellowship Program）的成员，笔者随其他12个国家的代表一同赴科索沃进行了为期10天的访问。

② A. M. Lidov, *Kosovo: Christian Orthodox Heritage and Contemporary Catastrophe*, Moscow: Indrik, 2007, p. 236.

③ Arshi Pipa and Sami Repishti, eds., *Studies on Kosovo*, Boulder, Colorado: East European Monographs, 1984, pp. 138 – 140.

④ 陈志强：《科索沃民族问题的历史分析》，《南开学报》（哲学社会科学版）2010年第2期，第60页。

⑤ Statement of Boris Tadić the President of the Republic of Serbia in United Nations Security Council 5839th meeting, S/PV. 5839, 18 February 2008, http://daccess-ods.un.org/TMP/1784261.html.

⑥ 《巴尔干地区局势令人关切》，《人民日报》2008年2月19日。

包，寓意 1999 年克林顿做出的向科索沃派遣北约部队的决定。克林顿本人 11 月 1 日亲自出席了纪念碑揭碑仪式。

2008 年至今，美欧基本上控制了科索沃的行政、外交大权，以至于科索沃被外界看作是"北约、欧盟的自治区"。在科索沃境内，有大量的西方代理机构，如国际民事办公室（the International Civilian Office）、欧盟驻科索沃特别代表（the European Union Special Representative in Kosovo）、欧盟委员会驻科索沃联络办公室（the European Commission Liaison Office to Kosovo）、欧盟科索沃法制特派团（the European Union Rule of Law Mission in Kosovo）等。这些机构的主要职责就是向科索沃当局提供必要的政治与财政支持，同时增进科索沃与欧盟的联系，加强科索沃在巴尔干地区的区域一体化进程。2008 年 2 月 16 日，在科索沃对外宣布独立前夕，欧盟通过了设立欧盟科索沃法制特派团的决议。该特派团是欧盟共同安全与防务政策（the Common Security and Defense Policy，CSDP）框架下迄今为止最大的民事任务。其职能主要是为科索沃的警察、司法与海关三大部门提供"监督、指导与建议"（Monitor，Mentor and Advise）支持，最终使科索沃成为一个法治国家。①

有很多人认为，科索沃独立是塞阿两族矛盾不可调和的产物。但是，就笔者在科索沃的访问与观察看，民族问题成为西方大国对其进行消极干预的借口。的确，美欧大国一手导演了科索沃走向独立的大戏。2007 年 2 月，联合国特使阿赫蒂萨里向安理会提交报告，建议"科索沃在国际监督下独立"，这实际上是美国关于科索沃最终地位方案的翻版和具体化，即"带有附加条件的独立"。② 3 月 29 日，欧洲议会举行会议，最终以 490 票同意、80 票反对和 87 票弃权的表决，通过了关于科索沃未来地位问题的决议提案，该决议指出，"在国际社会监督之下获得主权，将是解决科索沃地位问题的最好方式。"③ 此后，欧盟确立了科索沃是其"稳定与协作进程"（Stabilization and Association Process，SAP）的工作对象。该进程的目标主要有三个：（1）确保西巴尔干国家的稳定，并激励它们向市场经济过渡；（2）促进地区合作；（3）确保

---

① On the European Union Rule of Law Mission in Kosovo, Council Joint Action, 2008/124/CFSP of 4 February 2008, Official Journal of the European Union, 16 February 2008, http：//www. eulex - kosovo. eu/en/info/docs/JointActionEULEX_ EN. pdf.

② Colum Lynch, "U. N. Mediator Calls for Kosovo Independence", 21 March 2007, http：// www. washingtonpost. com/wp - dyn/content/article/2007/03/20/AR2007032001795. html.

③ 宋文富：《欧盟开始规划科索沃的未来》，《光明日报》2007 年 4 月 2 日。

成为欧盟成员国。① 与此同时，美国国务卿赖斯也于 2007 年 12 月公开表示，
"即使安理会未通过决议，美国也会承认科索沃独立。"②

可见，美欧极力为科索沃独立创造"良好"的国际舆论氛围。在美欧
的大力支持下，科索沃宣布独立后很快就获得了一定程度的国际承认。截
至 2010 年 5 月，世界上有 69 个国家承认科索沃独立，多数是北美、欧洲
国家以及美欧的伙伴国，其中包括欧盟 27 国中的 22 个国家，西班牙、罗
马尼亚、斯洛伐克、希腊、塞浦路斯等国因担心承认科索沃独立会助长其
国内分离主义运动而暂时未予承认。但是，欧盟对科索沃的政治目标非常
明确，即确保科索沃尽早成为欧盟成员国。笔者在布鲁塞尔与欧盟官员进
行交流时，询问欧盟特派团什么时候从科索沃撤出，对方回答，"科索沃什
么时候加入欧盟，欧盟特派团就什么时候撤出。"③ 目前，欧盟正协助科索
沃说服西班牙等五国承认科索沃的独立地位。

从本质上讲，科索沃只是象征性地拥有"国家主权"。依据马克斯·韦
伯的定义，国家拥有合法使用暴力的垄断权，因此武装部队是主权国家的
基本要素。④ 但是，科索沃没有真正意义上的国防和军队，只有一支 2500
人的安全部队（Kosovo Security Force），并且只配备有轻型武器。科索沃安
全部队的主要职责是：（1）在科索沃境内外进行危机反应行动；（2）在科
索沃境内执行平民保护行动；（3）应对自然灾害和其他紧急情况等。⑤ 因
此，科索沃的安全完全依赖于北约的 1.6 万部队。一名科索沃的著名律师
曾说："在有 1.6 万名外国士兵或者将近 2000 名来自欧盟的警察、法官和
检察官存在的情况下，你不可能拥有主权。"⑥

独立后，科索沃依然步履维艰。科索沃是欧洲最贫穷的地区，人均年

① Stabilization and Association Process, the European Commission Liaison Office to Kosovo, http://www.delprn.ec.europa.eu/? cid=2, 133.
② 《巴尔干地区局势令人关切》，《人民日报》2008 年 2 月 19 日。
③ 在英国"志奋领"高级学者项目的安排下，笔者于 2010 年 3 月 1 日~2 日赴比利时布鲁塞尔北约总部和欧盟议会参观访问。在就科索沃问题与一名欧盟官员交流时，其表达了这一观点。
④ 〔德〕马克斯·韦伯：《学术与政治》，钱永祥等译，广西师范大学出版社，2004，第 197 页。
⑤ Kosovo Security Force, Republic of Kosovo Government, http://www.rks-gov.net/en-US/Qytetaret/Siguria/Pages/FSK.aspx.
⑥ 《科索沃独立搅动世界，恐将激化美俄矛盾》，中国评论新闻网，2008 年 2 月 19 日，http://cn.chinareviewnews.com/doc/1005/7/1/5/100571571_4.html? coluid=37&kindid=711&docid=100571571&mdate=0219095003.

收入只有 2500 美元，失业率高达 43%，非法移民和黑市活动猖獗。目前，科索沃的经济形势依然严峻，其经济发展严重依赖于国际援助以及境外科索沃劳工的海外汇款。据统计，在德国、瑞士等地的科索沃人每年寄往家乡的汇款以及相关的资助数额占科索沃 GDP 的 30% 左右。① 然而，在全球经济危机影响下，海外科索沃人失业的比例越来越高，很多人已经无钱可汇了。科索沃地下有煤、铅、锌、铝、镍、铬、镁等矿物资源，但由于设备老化、人才外流等原因，导致产量不足，且污染严重。科索沃境内有两块盆地，适于种植小麦、玉米等农作物。科索沃战争前，主要是塞族人从事农业和畜牧养殖业，战后，塞族人逃离了科索沃，很多良田都荒芜了。此外，电力严重短缺、水资源不足也成为限制科索沃经济发展的瓶颈。从人口构成而言，科索沃 70% 的人口年龄在 35 岁以下，大量的没有经济来源的年轻人整日无事可做、游手好闲，极有可能从事走私、贩毒、黑社会等违法犯罪活动。俄罗斯世界经济和国际关系研究所专家阿尔巴托夫表示，在欧盟特派团从科索沃撤离后，科索沃将成为"巴尔干地区中心的毒品和走私黑洞"②。美国国际问题专家也承认，若科索沃无法进行自我管理，单纯依靠欧洲国家为其维持秩序，依靠北约提供武装力量，它将成为一个"失败的国家"。③

当前，科索沃阿族和塞族的民族和解进程十分缓慢。科索沃总人口近 218 万，其中阿尔巴尼亚族占人口总数的 92%，塞尔维亚族和其他少数民族只占人口总数的 8%。最近，科索沃的塞族返乡者不断遭受骚扰。此外，科索沃人越来越不满意，也无法接受在美欧监督下的"有限主权"状态，从而发起了科索沃"不妥协 – 完全自决"运动（Albanian for No Negotiation and Self – determination），希望彻底清除美欧在科索沃的政治影响。笔者在科索沃期间与该运动领袖阿宾·柯蒂进行交流，他指出，"由于美欧的广泛干预，科索沃政治腐败、经济恶化，因此必须把所有的美欧势力从科索沃清除出去。"④ 同时，阿宾·柯蒂坚决反对塞尔维亚族人在科索沃土地上进

① Kosovo：Economy Overview, EUbusiness, 8 February 2010, http：//www. eubusiness. com/europe/kosovo/aggregator/econ.

② Kosovo declares independence, 18 February 2008, http：//en. rian. ru/analysis/20080218/99488419. html.

③ 郑兴、敬秋晴：《塞族抗议科索沃独立》，《人民日报海外版》2008 年 2 月 23 日。

④ 2010 年 3 月 8 日，作者在科索沃普里什蒂纳的"不妥协 – 完全自决"运动总部与阿宾·柯蒂交流时，其表达了这一观点。

行民族自治，他认为这是分裂之举，从而将再次引发战争。

　　的确，科索沃还面临着内部"再分裂"的风险。科索沃境内有多处塞族飞地，特别是科索沃北部与塞尔维亚接壤的地方存在着一个"塞族科索沃"——米特罗维察市。科索沃的10万塞族人中有4万居住在那里。米特罗维察市以伊巴尔河为南北分界线，北部是塞族居民的聚居区，南部则是阿族居民的聚居区。双方互不来往，北部说塞尔维亚语，街道上悬挂着塞尔维亚国旗，南部则说阿尔巴尼亚语，到处飘扬着科索沃和阿尔巴尼亚国旗。北面的塞族人接受塞尔维亚的财政支持，使用的货币是塞尔维亚的第纳尔，而不是科索沃其他地方通行的欧元。对于居住在米特罗维察的每个居民来说，行走在这座桥上时常面临来自对岸的流弹袭击。汽车通行伊巴尔河大桥时，还要更换车牌，如到塞尔维亚族居民聚居区必须将科索沃车牌换成塞尔维亚车牌，否则极有可能遭遇不测，反之亦然。

　　2004年3月17日，米特罗维察市发生了大规模的种族冲突事件。传闻塞族人纵容他们的狗追逐阿族男孩，其中两名男孩坠入河中溺死。因此，自17日清晨开始，上千名阿族居民冲入米特罗维察北部塞族居民的住宅区，使用棍棒、枪支和手雷进行袭击。在此后两天的暴力活动中，有19人被杀，954人受伤，30多所东正教教堂遭破坏，730幢房屋被焚毁或受损。① 与此同时，塞尔维亚境内的伊斯兰教清真寺也被愤怒的塞尔维亚族人点燃烧毁。此后，每年的3月份前后，科索沃各地的气氛就会变得异常敏感、紧张，任何突发的小摩擦，都有可能演变为科索沃全境的大规模骚乱。如今，米特罗维察的安全形势依然十分严峻，不排除该地区出现再分裂的可能性。

　　在相关力量的消极干预下，科索沃的独立模式势必会对现存的国际关系格局造成巨大的冲击，并对全球民族问题的解决、联合国维和行动的声誉等问题产生极其负面的影响。

　　首先，科索沃独立对全球民族问题的解决形成"一个危险的先例"。一个有趣的现象是，科索沃"国旗"中间有一金色的科索沃地图，表达科索沃政府和议会希望北部米特罗维察和塞族飞地不会分裂。地图之上是6颗白色五角星，比喻在科索沃内部6个民族和平共处：阿尔巴尼亚族（Alba-

---

① 联合国安全理事会2004年综述，联合国新闻稿SC/8301，2005年1月31日，http：//www. un. org/chinese/aboutun/prinorgs/sc/review/04/europe. html。

nians）、塞尔维亚族（Serbs）、土耳其族（Turks）、戈拉尼族（Gorani）、罗姆族（Roma）、波什尼亚克族（Bosniaks）。科索沃领导人强调，"科索沃政府一定需要科索沃境内的塞族人参与"，"科索沃的塞族是科索沃国家不可分割的一部分"。可见，科索沃分裂分子因民族问题的"不可调和"为借口而寻求独立，独立后的科索沃反而强调民族团结、民族和解，希望各个民族都能够维护科索沃的政治统一与领土完整。

西方国家对科索沃独立进行干预时强调这一事件的独特性，即科索沃经历过残酷的战争、种族清洗等。但是，科索沃完全不同于从南斯拉夫社会主义联邦共和国中独立出来的其他六个国家，科索沃从来都不是南斯拉夫的一个"联邦国"，而只是塞尔维亚的一个自治省。科索沃独立没有经过全民公决，只是一个自治省的单方面政治行为，却很快获得了国际社会的承认。俄罗斯政治学家尼科诺夫认为，美国和欧盟承认科索沃独立是一个重大的政治错误，而且这一做法绕开了国际法准则。他认为，世界上有数十个国家有与科索沃相似的情况，科索沃单方面宣布独立将给这些地区冲突的发展带来危险的先例。① 难怪西方学者自己都承认，"只有在那些有一个地区性强国或超级大国支持分离主义的地方，族裔运动才能成功对现存国家进行挑战，并在分离出来的族裔基础上建立新的民族国家。"②

其次，科索沃独立使联合国维持和平行动的声誉遭受挑战。1999年6月10日，联合国安理会通过了关于政治解决科索沃危机的第1244号决议。该决议的核心内容是重申南联盟对科索沃地区拥有主权，并要求"所有联合国会员国尊重南斯拉夫联盟共和国的主权与领土完整"。决议还重申，要求在科索沃"实行高度自治和有效的自我管理"③。此后，科索沃交由联合国托管，但最终的结果是科索沃走向独立。

联合国派出2000人的特派团维持了科索沃8年多的和平。但在科索沃问题上，安理会成员国一直存有分歧。科索沃在没有得到安理会决议确认的情况下，单方面宣布独立缺乏合法性，并对安理会的权威构成重大挑战。

① 《巴尔干地区局势令人关切》，《人民日报》2008年2月19日。
② 〔英〕安东尼·史密斯：《全球化时代的民族与民族主义》，龚卫斌、良警宇译，中央编译出版，2002，第124页。
③ 联合国安全理事会第4011次会议通过的第1244号决议，S/RES/1244，1999年6月10日，http://www.un.org/chinese/aboutun/prinorgs/sc/sres/99/s1244.htm。

根据第 1244 号决议，联合国科索沃临时行政当局特派团（United Nations Interim Administration Mission in Kosovo，UNMIK）的主要目的是创造条件使科索沃人民可以逐步享有高度自治，但最终的结果是科索沃独立。2008 年 6 月 20 日，在安理会关于科索沃问题特别会议上，科索沃代表法特米尔·塞伊迪乌表示了科索沃对联合国特派团的"感谢"。他说："前南斯拉夫解体后产生的所有七个国家，包括塞尔维亚，都有一个光明和繁荣的未来。联合国在实现这一未来过程中的作用是至关重要的。联合国管理科索沃的时期现在即将结束，因此我谨重申感谢联合国全体有关人员为帮助我国摆脱战争、实现复苏而做的努力。科索沃人民相信，为了不让这一积极成果付诸东流，最好的办法是建立一个致力于实现联合国崇高目标和宗旨的爱好和平的国家。"①

　　具有反讽意味的是，在科索沃阿族人向联合国表示感谢的同时，塞族人则向联合国表达了愤怒的情绪，并向联合国特派团发动了暴力袭击。2008 年 3 月 14 日，塞族民众强行占领了联合国特派团在米特罗维察的地区法院，降下了悬挂在法院建筑上的联合国旗帜，升起了塞尔维亚国旗。到 3 月 17 日，联合国警察与北约部队重新控制了地区法院，大约有 40 名联合国警察在行动中受伤。② 民族之间的问题从来不会轻易解决。科索沃政府继续争取承认科索沃独立的国家，也追求尽早加入联合国等国际组织。同时，塞尔维亚领导人则明确表示，"塞尔维亚永远不会承认科索沃独立"，并将科索沃问题带到了国际法庭。

　　客观地说，国际社会对联合国等国际组织十分挑剔，会以极其严格的高标准来衡量联合国维和行动的成败得失。在很多情况下，国际社会不会记得联合国维和行动的多次成功，但一次失败便会"家喻户晓"。在有些情况下，联合国对一些敏感问题、热点问题表现得无能为力，反而会被一些别有用心的国家加以利用，使联合国维和行动成为国际干预的代名词。此外，国际社会往往不会在意联合国在科索沃具体做了什么，它们只注重最后的结果——科索沃在联合国维和行动后实现独立。因此，科索沃的单方

①　Statement of Fatmir Sejdiu the Permanent Representative of the Republic of Serbia in United Nations Security Council 5917th meeting, S/PV.5917, 20 June 2008, http：//daccess - ods. un. org/TMP/1489085. 40606499. html.

②　UN Police and NATO Troops Take Back Kosovo Courthouse from Serb Mob, United Nations Radio, 17 March 2008, http：//www. unmultimedia. org/radio/english/detail/37510. html.

面独立，在一定程度上反映出联合国在国际政治和会员国国内冲突解决问题上的乏力。2008 年，在科索沃宣布独立之后，联合国特派团宣布进行大规模的缩编和重组计划，其职能也从原先的行政任务转换到局势监督与报告、促进科索沃与塞尔维亚进行对话。与此同时，欧盟科索沃法治特派团将全面部署，接管联合国特派团以前的部分职能。需要强调的是，科索沃独立所造成的影响还不止这些，时至今日，科索沃只有暂时的宁静，而没有永久的和平，联合国也成为自身行为的受害者——今后其他国家在思考是否接受联合国维和行动时自然会十分犹豫，因为它们不希望成为下一个遭受肢解的塞尔维亚。

（二）对卢旺达大屠杀的反思

并非所有的民族问题都演变为暴力冲突，亦非所有存在民族问题的国家都需要国际干预。然而，全球化的趋势使民族问题的国际化日益突出，而这一过程更加剧了国内民族矛盾。

1994 年 4 月至 7 月发生的卢旺达大屠杀是一场极其严重的人道主义灾难。从 4 月 7 日起至 7 月，约有 80 万人被屠杀，约占总人口的 1/9，400 万人无家可归，酿成了举世震惊的人道主义灾难。[①] 作为世界上唯一的超级大国以及最强大的政府间国际组织，美国与联合国本应有义务和能力制止这一悲剧。但是，双边均以"不作为"的方式应对正在进行的大屠杀，最终成为消极国际干预的典型事例。

正如安南所说，20 世纪 90 年代发生在卢旺达的事件"特别让人感到羞耻"，因为国际社会有能力却"缺乏采取行动的意愿"来防止这类事件的发生。曾担任过美国国务院政治军事顾问的马雷也意味深长地说："从（1994 年）7 月以后，一种犯罪感开始出现，或许是因为（美国）什么也没干，也或许因为是它阻止了国际社会采取有效行动。"[②] 在自传《我的生活》一书中，克林顿将未能阻止卢旺达悲剧的发生视为其总统任期内的最大遗憾。[③]

[①] 据卢旺达政府的报告，共有 1074017 人在 1994 年大屠杀中丧生。相关论述参见李安山《论民族、国家与国际政治的互动——对卢旺达大屠杀的反思》，《世界经济与政治》2005 年第 12 期，第 7 页。

[②] 孙永明、郭明芳：《卢旺达种族大屠杀：一场本可避免的悲剧》，《环球》2004 年第 7 期。

[③] 〔美〕克林顿：《我的生活——克林顿回忆录》，李公昭等译，译林出版社，2004，第 650 页。

有证据显示，从 1990 年 10 月起的 3 年内，位处世界上最穷国家行列的卢旺达，变成了非洲第三大武器进口国。据专家估计，在导致屠杀发生的这 3 年间总共有 1.12 亿美元的资金被花在了武器上，[①] 但这并未引起西方国家的警觉更未对其实施武器禁运。同时，卢旺达胡图族政府发动了一场旨在宣扬民族仇恨的运动，创建了名为《Kangura》的刊物和臭名昭著的千丘自由广播电视台（RTLM），在长达 3 年的时间里公开宣扬民族仇恨，竟也未遭到美国等西方国家的谴责。而早在 1994 年 1 月 11 日，大屠杀发生前 3 个月，联合国卢旺达援助团司令达莱尔就预感到可能发生大屠杀，并向联合国维和行动部发出警告，希望维和部队介入，收缴胡图族民兵的武器。[②] 然而，联合国维和行动部以"超越权限"为由，拒绝了达莱尔的请求。

1994 年 4 月 6 日晚，卢旺达总统哈比亚利马纳和布隆迪总统恩塔里亚米拉在出席于坦桑尼亚首都达累斯萨拉姆举行的东非和中非国家首脑会议后，乘专机抵达卢旺达首都基加利机场时遭到火箭袭击。两位总统同时遇难。

卢旺达总统遇难后几小时，以胡图族为主的总统卫队同以图西族为主的卢旺达反对派武装在基加利爆发了大规模武装冲突。卢旺达局势骤然恶化。7 日，1993 年 7 月上台的图西族女总理阿加纳·乌维林吉伊姆扎纳在逃往联合国驻卢旺达机构避难后被胡图族士兵绑架杀害，3 名政府部长也遇害。9 日，卢旺达爱国阵线武装从卢旺达北部基地出发，向首都基加利进逼。联合国安理会 5 月第 2 次派出了联合国卢旺达援助团（UNAMIR Ⅱ），其间，大规模的屠杀约有 50 万人丧生，80 万人逃往坦桑尼亚或扎伊尔（现刚果民主共和国）。爱国阵线武装经过与政府军 3 个月的较量，7 月 4 日攻占首都基加利，控制了全国 2/3 的领土。17 日攻下临时政府控制的最后一座城市吉塞尼。2000 年 3 月，前副总统兼国防部长卡加梅就任新总统，成为卢旺达自 1962 年独立后的首位图西族国家元首。

卢旺达大屠杀的原因错综复杂，可以说是多种矛盾长期积累的结果。

第一，民族矛盾是根源。卢旺达的居民由 3 个民族组成，其中胡图族约占 90%，图西族约占 9%，特瓦族占 1%。[③] 特瓦族是当地原始居民，以

---

① 万静、黄敏：《卢旺达不产石油》，《南方周末》2005 年 12 月 22 日。
② Linda Melvern, *Conspiracy to Murder：The Rwandan Genocide*, London：VERSO press, 2004, p. 57.
③ 徐济明：《卢旺达内战的由来与前景》，《西亚非洲》1994 年第 5 期，第 44 页。

狩猎为生。胡图人大约于公元 2 世纪从乍得湖、尼日尔河一带迁移过来，主要从事农耕。公元 10 世纪以后，图西人游牧部落从索马里半岛南部相继迁入，建立了王国，逐渐统一了全境。图西贵族通过"布哈克"（即"牛群契约"或"放牧契约"）建立了对胡图人农民和特瓦人的封建保护制度，宣称国王是牛群和土地的唯一所有者，也是最高保护人。从而将广大胡图人农牧民降到农奴地位。但在殖民主义入侵以前，图西人和胡图人尚能和平相处。不同民族的人混杂居住，讲同一种语言，信仰同一种宗教，而且异族间经常通婚。

1885 年柏林会议上，卢旺达划为德国的势力范围，1889 年后成为德属东非的一部分。第一次世界大战之后成为国际联盟的委任统治地，1922 年起委托给比利时统治。德国和比利时都实行间接统治，利用原有图西贵族的专制政权实行对广大胡图人的统治。20 世纪 50 年代末，随着民族独立运动的高涨，胡图族上层分子开始对图西贵族长期把持行政和经济部门不满，要求废除图西贵族的特权，胡图人应享有平等权利。为延续殖民统治，比利时殖民者挑起图西人和胡图人的激烈冲突，大量图西人难民流亡邻国。由此埋下了图西人和胡图人之间民族矛盾的祸根。1962 年卢旺达独立后，卡伊班图政府（胡图人）对图西族实行报复和排斥政策，使两族间的矛盾极端尖锐。从此，两个民族间的矛盾成为卢旺达政局不稳的根源。[①]

第二，资源稀缺是隐患。卢旺达国土仅 2.6 万平方公里。人口在独立初期约 300 万，1991 年 8 月 15 日人口调查为 716.4994 万，人口密度为每平方公里 272 人，是非洲人口密度最高的国家，也是世界上出生率最高的国家之一。全国一半土地是农业用地，其余是草场和森林。由于过度垦殖，地力下降，一个农民平均耕种不到半公顷土地。在总统遇难后引发的全国性混战中，许多激进的胡图人组建了民兵和敢死队，没有田地的农家子女也应征加入这支内战大军。他们不分胡图人还是图西人，形成一场自相残杀的混战。从某种意义上讲，卢旺达大屠杀实际上是一场争夺土地等稀缺资源的战争。[②]

第三，经济落后是症结。据世界银行统计，卢旺达 1991 年人均国民生产总值为 260 美元，长期被联合国列为世界上最不发达的国家之一。经济

---

① 徐济明：《卢旺达内战的由来与前景》，《西亚非洲》1994 年第 5 期，第 44 页。
② 徐济明：《卢旺达内战的由来与前景》，《西亚非洲》1994 年第 5 期，第 45 页。

增长率长期低于人口增长率。1980～1991年间国民生产总值实际增长率平均每年为0.5%，而这一期间的人口年增长率为3.3%。卢旺达是农业国，1991年91%的劳动力从事农业，但粮食产量增长缓慢。特别是20世纪80年代末进入90年代的几年间，自然灾害频仍，全国近1/3的地区（主要是中部和南部）因洪灾和虫害而饥荒蔓延。1990年出现前所未有的经济危机，财政赤字倍增。尽管政府被迫接受西方的经济调整计划，如采取货币贬值40%、紧缩预算、调整税率等措施，但未见成效。总之，卢旺达的经济危机使民族矛盾更加尖锐。

第四，外界干预是诱因。正当卢旺达政府全力应付与爱国阵线武装的内战之时，又受到西方多党民主化浪潮的冲击。卢旺达政府不得不两面出击、腹背受敌。在西方以停止经济援助相威胁下，1990年11月13日卢旺达总统被迫宣布实行多党制。1991年6月10日，总统签署实行多党民主的新宪法。1992年4月6日，卢旺达组成多党联合政府，由5个主要政党的成员组成。当时，实行多党政治不仅使卢旺达政府软弱无力，缺少权威，而且派别争斗使局势更加复杂化。[①]

民族问题国际化的一个重要因素是大国的介入。卢旺达大屠杀中，与其有着紧密政治、经济联系的法国积极介入，明显偏袒卢旺达政府，而美国等没有切身利益的国家则采取观望态度，最后大国之间的分歧直接导致了维和行动的失败以及民族之间的血腥仇杀。法国对非洲政策的重要特征有两点：保护亲法政权和追求大国地位。法国历届政府对非洲政策的核心是一心想维护其在法语非洲国家的政治和经济利益，并扩大其在整个非洲的影响。从地缘政治角度看，卢旺达有着特殊的地位。它处在非洲法语地区和英语地区的结合部。其邻国乌干达和坦桑尼亚是前英国殖民地，而布隆迪和扎伊尔曾是比利时海外帝国的一部分。比利时在扎伊尔、卢旺达和布隆迪的殖民统治崩溃之后，法国便力图加强其在这个地区的影响，并逐步取代了比利时的位置。特别从1973年起，历届法国政府都支持和武装哈比亚利马纳政权。

1990年在拉博勒举行的法非首脑会议上，法国总统密特朗宣布将政治民主化作为扩大合作的条件。尽管后来许多法语非洲国家迫于西方的政治经济压力，陆续实行了所谓政治民主化，但在当时的首脑会议上，非洲国

---

①　徐济明：《卢旺达内战的由来与前景》，《西亚非洲》1994年第5期，第46页。

家首脑响应者寥寥，而卢旺达总统哈比亚利马纳即是其中的支持者之一。虽然，卢旺达政府是迫于当时国内政治经济的困境而有求于法国，不得已而为之。但这立刻得到法国的回报：法国立即向卢旺达提供大量武器，赠送一架配有机组人员的专机，加紧帮助训练卢旺达军队和胡图族民兵。

1993 年，在卢旺达爱国阵线的军队逼近基加利时，法国派遣伞兵部队以保护哈比亚利马纳政权。然而，法国在大屠杀发生后并未采取任何行动，只到 6 月底才开始"绿松石行动"，2500 名执行任务的法国干预部队开进卢旺达西部，将吉孔戈罗周围占卢旺达约 1/5 面积的地区划为"人道主义和平区"，禁止任何武装力量进入。1998 年 12 月 25 日，法国议会发表关于法国在卢旺达大屠杀中作用的调查报告，其结论是：法国对卢旺达 1994 年大屠杀没有直接责任，仅犯了判断上的错误。卢旺达对此表示不满。

最令人深思的是美国的行动。美国是得到卢旺达大屠杀情报最早的国家，却一直不愿意干预并极力阻止联合国进行干预。一些西方学者认为美国之所以不出兵干预是害怕索马里事件重演。① 根本原因也许是卢旺达缺乏美国可资利用的战略资源。卢旺达对美国而言，只是一个无关紧要的地方。卢旺达土地贫瘠、资源匮乏、人口众多、地理位置偏僻。

屠杀开始时，联合国在卢旺达仍驻有一定数量的维和部队，虽不足以控制局势，但至少可以拖延时间，等待援军，减少平民的死伤。但当 1994 年 4 月 7 日 10 名比利时维和部队军人被杀害后，作为维和部队主力的比利时部队被全部撤回。而当大屠杀的消息传回华盛顿时，美国政府做的决定仅是迅速关闭在基加利的美国领事馆。② 面对不断恶化的局势。联合国秘书长加利致信安理会，请求增派维和部队以控制卢旺达的局势。但是 4 月 15

---

① 在索马里的失败使美国政府对在非洲用兵慎之又慎，即产生了"索马里阴影"。1992 年 12 月 9 日至 1993 年 3 月底，美国以联合国的名义共派遣 2.8 万军队进入索马里展开"恢复希望"行动，最终死亡 44 人，耗资超过 25 亿美元。尤其是 1993 年 10 月 3 日美军在摩加迪沙行动失败，美军士兵的尸体被索马里人拖过摩加迪沙大街的画面在 CNN 播放，引起了美国民众的强烈不满。盖洛普民意测验显示，2/3 的美国公众认为出兵索马里是一项错误的决策。但不幸的是，卢旺达大屠杀发生在美国从索马里撤军一周之后，刚刚从索马里危机中抽身的美国政府绝不可能再次出兵维和，其他西方国家也无意蹈美国之覆辙，没有了大国支持，联合国也无能为力，于是国际社会就只能坐视卢旺达鲜血横流了。相关论述参见颜旭《卢旺达大屠杀中美国政府的"不作为"政策及其原因》，《大庆师范学院学报》2007 年第 4 期，第 134～135 页。

② Linda Melvern, *Conspiracy to Murder: The Rwandan Genocide*, London: VERSO press, 2004, p. 177.

日美国再次告知安理会，认为在当时情况下维和行动将一无所是。随即，美国驻联合国大使奥尔布赖特建议在基加利只保留"最小限度"的存在以显示联合国的决心。于是在屠杀最疯狂的 4 月 21 日，联合国安理会就此危机首次做出的决定竟然是将维和人员削减到 250 人。[①] 后来，鉴于事态日益严峻，加利再三要求安理会重新考虑其决定，并呼吁采取包括武力在内的一切行动去制止屠杀。但是奥尔布赖特坚持认为，在许多问题未弄清前增兵是"愚蠢的想法"。直至 7 月 15 日，卢旺达爱国阵线攻占基加利并控制全国 2/3 的领土后，美国政府才转变态度匆匆宣布与制造屠杀的胡图族政府断绝外交关系。但为时已晚，卢旺达已如当地一位传教士所哀叹的那样："地狱里的恶魔都不见了，他们全来到了卢旺达，甚至把地狱也搬来了。"[②]

最终，西方大国在卢旺达干预的"不良记录"，使非洲国家对其普遍缺乏信任。而出于对人员伤亡的忌惮，美国等西方国家也逐渐对非洲民族冲突等事务的干预失去"兴趣"。他们希望在尽量少投入的情况下，保持传统影响并获取更多实惠，在地区和国别选择上更是突出重点。例如，美国政府表示，"投票支持维和的标准就是，联合国介入可增进美国的利益"[③]，并表现出重视非洲南、北两端的趋势。法国则优先发展与原法属非洲国家的关系。

实际上，不论是主权国还是联合国，都不愿国际干预频繁发生。换言之，国际干预是一种迫不得已的办法。不容否认，在处理卢旺达危机时，联合国未尽到责任。首先，得到情报后，联合国未采取行动。其次，5 月 17 日，安理会通过第 918 号决议，将联合国卢旺达援助团兵力增至 5500 人。但是，由于美国方面的阻挠，这一计划始终未能落实。非洲统一组织秘书长 6 月 15 日宣布已有 8 个非洲国家同意派兵去卢旺达维持和平，但都迟迟未能付诸行动。[④] 可以说，消极的国际干预（不作为也是消极干预）进一步加剧了卢旺达的民族冲突。

在卢旺达独立后，族群动员被当权者作为达到政治目的的工具，大屠

①　Linda Melvern, *Conspiracy to Murder : The Rwandan Genocide*, London：VERSO press, 2004, p. 215.

②　方舟：《卢旺达的悲剧》，《国际展望》1994 年第 10 期，第 20 页。

③　陈鲁直：《美国与冷战后的联合国维持和平行动》，《国际问题研究》2001 年第 2 期，第 26 页。

④　李安山：《论民族、国家与国际政治的互动——对卢旺达大屠杀的反思》，《世界经济与政治》2005 年第 12 期，第 15 页。

杀是这种政治运作的极端表现。作为大湖地区的一个地缘政治特点，民族问题也影响到周边国家，而国际政治诸因素的参与及国际社会对卢旺达局势的负面干预直接影响到大屠杀的产生、演变及其结果。民族与政治密切相关，民族问题可成为国内政治和国际政治的重要因素。一旦权力参与运作，民族认同可变为煽动民族主义情绪的话语，少数民族可成为政权合法性危机的替罪羊，民族情感可成为排外主义的利器，民族文化可成为对外扩张的工具。帝国主义造成的民族分离及边界设置，殖民统治下的族体身份认定和政治化，族际矛盾的历史遗产和继承，跨境移民造成的民族认同困境，因现实危机对政权合法性产生的怀疑，领导集团对民族心理因素的操纵，都为民族冲突准备了条件。从这个意义上说，卢旺达大屠杀不是一个国家的惨剧，也非大湖地区或非洲的悲哀，它是人类的耻辱。①

（三）国际干预的发展趋势：从维持和平到建设和平

目前为止，国际社会为实现国际和平与安全所开展的活动主要包括"促成和平"（peacemaking）或"预防行动"（preventive action）、"维持和平"（peacekeeping）、"建设和平"（peacebuilding）等三大组成部分。"维持和平"行动是联合国在实践中逐步确立的一项独特而有活力的手段，自1948年首次部署至今已有60多年的历史。"建设和平"是冷战结束后出现的一个新概念。1992年，联合国秘书长加利在《和平议程》（Agenda for Peace）报告中首次提出"建设和平"的概念。这是继维持和平行动形成后，联合国集体安全体制发展史上的又一个里程碑。联合国大会和安理会于2005年12月20日分别通过第60/180号和第1645（2005）号决议，授权建立建设和平委员会。有关决议同时授权设立建设和平基金（Peacebuilding Fund，PBF）和建设和平支助办公室（Peacebuilding Supporting Office，PBSO）。以上三个机构共同构成了联合国建设和平构架。上述努力标志着，国际社会认识到，冲突的结束并不意味着和平的降临。冲突后建设和平对实现有关国家和民族地区的长治久安具有重要意义。

2005年，联合国建设和平委员会的成立，在一定程度上标志着国际干预的发展趋势进入了由"维持和平"向"建设和平"转换的过渡阶段。有

---

① 李安山：《民族、国家与国际政治的互动——对卢旺达大屠杀的反思（下）》，《中国民族报》2006年4月14日。

学者认为，第二次世界大战后的国际和平行动有三代。

（1）第一代维和行动："传统维和行动"（traditional peacekeeping），主要由军事人员组成，其职能集中于监督停火等军事行动。

（2）第二代维和行动："多维度维和行动"（multidimensional peacekeeping），由军人、警察和民事人员共同组成，其职能除军事行动外，还包括维持社会治安、进行人道主义援助、安置难民等行动。

（3）第三代维和行动："综合性维和行动"（integrated peacekeeping）或称"建设和平行动"，同样由军人、警察和民事人员组成，但专业化民事人员的参与力度更大，其职能聚焦于促进民族融合与制度重建。[①]

由"维持和平"向"建设和平"转换的主要原因在于以下几个方面。

（1）国际和平行动的环境越来越复杂，即除军事行动外，外交斡旋与人道主义干预力度加大。

（2）主权国政府在国际关系中的位序和作用发生转变，即由"政府管理"转化为"全球治理"（from government to governance）。传统维和行动中，主权国政府是唯一行为体，并且扮演领导者角色；在建设和平行动中，主权国政府与国际组织、非政府组织、公民团体等众多行为体均为利益攸关者，强调多行为体的合作管理。

（3）国际安全的关注重心由"国家安全"转换到"平民安全"（civilian security），即由确保国家之间无战事转换到确保平民免遭侵犯。

（4）国际社会对和平行动的信心和雄心更足。传统维和行动只强调实现停火，这是"消极和平"的基本条件，冷战后国际社会致力于实现"建设和平"目标，即要实现"积极和平"。[②] 见图4-4。

从理论上讲，"维持和平"的目的是要实现"消极和平"，"建设和平"的目的是要实现"积极和平"。西方国家看待"建设和平"的主要思路是"自由民主模式"（liberal democracy），他们认为解决民族冲突的根本途径在于经济上实现市场经济，政治上实现民主制度；市场经济与民主制度并存才能确保一国内部及国家之间的和平与稳定。为此，在特殊情况下，国际社会可以主动采取人道主义干预等措施推行民主制度。所以，在冲突结束之后，修改宪法、举行大选、建立多党制度、扶植反

---

① 赵磊：《中国的国际和平参与战略》，《国际关系学院学报》2010年第3期，第48页。

② 赵磊：《中国的国际和平参与战略》，《国际关系学院学报》2010年第3期，第48页。

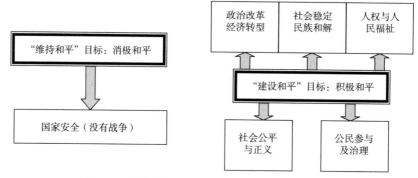

图 4 - 4 "维持和平"与"建设和平"的目标差异

对派、健全公民社会等措施往往就成为西方国家治愈民族冲突的"灵丹妙药"。

笔者认为，每一个国家都有各自不同的优先议程，在冲突后立即推行民主制度并不一定是必选方案，减贫、解决就业等经济发展事宜，在很多情况下往往是促进民族和解的最重要的任务。因此，"无论是预防冲突、维持和平还是建设和平，发展都应成为贯穿始终的主线。"

2009 年 7 月 22 日，中国常驻联合国副代表刘振民大使在"冲突后建设和平"安理会公开辩论会上发言时指出，只有尽快稳定战后安全局势，建立具有广泛代表性的政府，促进民族和解，才能为经济恢复发展创造必要的和平环境。只有尽快实现经济恢复与重建，使人民享受到和平红利，和平进程才能有稳固的政治基础。确立司法公正与法治，是冲突后地区或国家实现稳定与发展的必要条件，但没有发展，公正与法治只能是空中楼阁。

"保护的责任"（Responsibility to Protect，R2P）是同建设和平紧密相关的一个概念。2001 年 12 月，"干预与国家主权国际委员会"（International Commission on Intervention and State Sovereignty，ICISS）发布了《保护的责任》的研究报告。报告的中心观点是，主权国家有责任保护本国公民免遭可以避免的灾难——免遭大规模屠杀和强奸，免遭饥饿，但是当它们不愿或者无力这样做的时候，必须由更广泛的国际社会来承担这一责任。[①] 2005

---

① International Commission on State Sovereignty and Intervention, The Responsibility to Protect, http：//www. iciss. ca/pdf/commission - report. pdf.

年，世界各国领导人决定把"保护的责任"纳入《世界首脑会议成果文件》，并将"保护的责任"的适用范围严格限于"灭绝种族、战争罪、族裔清洗和危害人类罪"等4种严重的国际罪行。2009年7月24日，联合国会员国第一次就"保护的责任"概念召开辩论。中国代表在发言时强调，"各国政府负有保护本国公民的首要责任。国际社会可以提供协助，但保护其民众归根结底还要靠有关国家政府。这与主权原则是一致的。因此，'保护的责任'的履行不应违背主权原则和不干涉内政原则。各国均不应对这一概念作扩大或任意解释，更要避免滥用，要防止将'保护的责任'用作'人道主义干涉'的另一种翻版。"① 客观地说，"保护的责任"迄今还只是一个不成熟的概念，尚不构成一项国际法规则。

联合国对利比亚危机的反应和北约领导下的对利比亚空袭行动，被广泛认为是"保护的责任"的一次实践。2011年2月25日，联合国人权理事会第15届特别会议通过决议称，利比亚境内发生的肆意对平民进行武装攻击、非法杀戮、任意逮捕、拘留和平示威者并对其实施酷刑的行为构成危害人类罪，并指出利比亚政府控制的部队攻击平民行为的责任人必须承担责任。同年3月17日，联合国安理会通过第1973号决议，该项决议被认为是批准对人道主义危机使用武力的先例。决议认为，"目前在利比亚发生的针对平民人口的大规模、有系统的攻击可构成危害人类罪。"决议根据《联合国宪章》第七章采取行动，授权会员国采取一切必要措施保护平民，在利比亚领空禁止一切飞行等，但不在利比亚派驻任何形式的外国占领军。

第1973号决议通过的第二天即2011年3月19日晚，法国、美国和英国开始对利比亚进行军事打击。此后，加拿大、比利时、西班牙、挪威、丹麦等国也宣布加入对利比亚的军事行动。3月23日，美国开始向北约移交部分军事行动主导权，3月28日，北约全面接管执行第1973号决议行动的领导权。

第1973号决议是以10票赞成，5票弃权勉强获得通过的，这反映了联合国成员对军事干预问题的明显分歧。在该决议的表决中，安理会成员国中的德国、巴西、俄罗斯、印度和中国对该决议中的军事干预有严

---

① 联合国大会第六十三届会议第九十八次全体会议正式记录，A/63/PV.98，2009年7月24日，http：//www.un.org/zh/documents/view_doc.asp? symbol = A/63/PV.98&Lang = C。

重保留或持反对意见，认为军事干预有增加平民伤亡的可能，有可能加剧冲突，外部武力将改变中东民主运动的自发性。有英国报纸文章谈及各国对此次西方国家军事干预利比亚行动的态度时指出，中国政府对外国有权干涉一个主权国家、以制止侵犯人权行为的观点非常警惕，经历过车臣问题的俄罗斯亦是如此；对印度、巴西和南非来说，曾经作为殖民地的历史，促使它们对寻求在世界各地使用武力的西方强国的动机抱有怀疑态度。①

北约军事干涉利比亚的一个争议点是，北约的一些军事行动偏向冲突中的反对派一方，违反了中立和客观原则。北约的一些军事行为被指滥用武力打击利比亚政府军。例如北约不仅轰炸向前挺进的政府军，也轰炸正在撤退的政府军。这种与保护平民无关的不必要的武力行为实际上是对反对派的军事援助。南非代表认为，在内部冲突中偏向一方，力图实现利比亚政权更迭的做法形成了一个危险的先例，必将损害安理会及其各项决议的公信力。2011 年 10 月 20 日，卡扎菲在苏尔特附近被俘后身亡。27 日，联合国安理会一致通过结束国际社会对利比亚一切军事行动的决议。此后，北约正式宣布结束对利比亚为期 7 个月的军事干预行动。此次行动中，28 个北约成员国中有 12 个国家直接参与。法国媒体评论此次军事行动时称，从军事上看北约的胜利是建立在不对称作战和绝对空中优势基础上的，但北约宣称的"保护平民"正当性却因平民目标的屡屡被摧毁而显得苍白。对利用保护的责任理论军事干涉他国境内事务的做法，国际社会应保持必要的警觉。②

第四节　国际民族冲突管理的主要方式

武器控制、信任建立是国际民族冲突管理的主要方式。武器是催化民族冲突的客观因素。加强对武器的监控和非法贸易无疑有助于遏止民族冲突的发生与发展。当然，要想制止民族冲突的发生，仅考虑武器的因素是远远不够的，还应从根本做起，即建立民族互信的关系，为此国际社会应努力创造民族互信的政治文化氛围。

---

① 《利比亚：西方干预主义的绝唱》，《参考消息》2011 年 4 月 8 日。
② 黄瑶：《从使用武力法看保护的责任理论》，《法学研究》2012 年第 3 期，第 208 页。

一 武器控制

目前，关于武器的可接触性是否能够导致民族冲突的加剧，有两种主流观点：第一种观点认为如果武器的供应商，尤其是第一世界的国家缩减武器出口，这种冲突就可以避免或被抑制；第二种观点认为武器只是民族冲突的征兆，而不是其发生的原因。减少武器的出口最终会导致冲突中实力较弱的一方没有能力保护自己，从而鼓励实力较强的一方向较弱的另一方开战。① 前者认为民族冲突是机会主义的，是不讲道德的政客利用民族主义来实现自己私利的工具，或者是一些不法分子利用混乱武装自己以掠夺其他民族的强盗行为。因此，他们认为缩减武器供应可以避免此类行为的发生。而后者借鉴了现实主义国际政治理论的看法，认为权力的失衡会引发冲突，而权力的平衡则会抑制战争，在民族冲突中，限制武器的获得有可能会影响实力较弱一方矫正实力失衡的努力，而最终会导致实力较强一方利用这个机会促进暴力。

美国研究冲突管理问题的专家约翰·西斯林（John Sislin）和弗雷德里克·皮尔逊（Frederic S. Pearson）同意第一种看法，他们认为武器的获得，尤其是进口武器的获得，是导致民族冲突爆发的最重要原因。美国罗曼与利特菲尔德出版公司 2001 年出版的由约翰·西斯林和弗雷德里克·皮尔逊所著的《武器与民族冲突》（*Arms and Ethnic Conflict*）一书，深刻剖析了武器与民族冲突之间的复杂关系。

民族具有相当强的内聚力。在多民族聚居的社会，如果某个民族受到歧视或某些权利被剥夺，他们就会产生强烈的不满情绪。这种不满或仇恨是持久的，一旦必要的催化条件出现就会随即浮出水面，与统治民族或其他民族的关系将随之出现紧张。如果这种紧张的关系得不到缓解，就会演变为反抗歧视和争取及维护自身权利的政治行动，并最终导致直接的对抗甚至是武装冲突。催化民族冲突的客观因素是多种多样的，其中主要包括以下四个因素。

（1）外部因素：来自外部的控制消失（如苏联的解体）或帝国的瓦解，被长期压抑的民族不满情绪释放出来。

---

① Chaim Kaufmann, "Arms and Ethnic conflict", *Political Science Quarterly*, Vol. 117, No. 2, 2002, p. 339.

（2）人口因素：移民或其他因素导致某一地区人口中的民族构成比例发生急剧变化。

（3）经济因素：国内经济形势恶化，不同的民族争夺有限的就业机会的矛盾激化。

（4）政治因素：政治改革所引发的一些明显变化，尤其是确定民族身份的法律、受教育机会、社会安全保障等方面的变化。①

总之，通过法律确保自身权益的稳定，对各民族的心理稳定是至关重要的。否则，他们就会感到与其他民族相比，自己的权利、地位和物质利益被剥夺了。一旦外部条件成熟，他们必然会采取强硬的手段来捍卫自己的权利和资源，争取自治或自决以及确保自身的利益和独特的文化特性等。说到底，民族冲突实际上就是不同民族之间的权益之争。

从本质上讲，民族冲突与民族认同直接相关，它涉及民族身份、权力或社会安全等问题，冲突的表现形式往往是为争取自治、法律改革、社会安全保障、经济利益、领土或独立而进行的政治（有时是暴力的）斗争。但是，一个国家文化的非同质性并不一定都将最终导致民族之间的暴力冲突。

民族关系中出现的紧张，有时是可以被导入合法的政治竞争之中的。加拿大魁北克的民族问题就是一个很好的例子。尽管在魁北克的整个民族冲突过程中曾出现过零星的暴力事件，但最终还是采取了公决和谈判等政治手段加以解决。然而，在许多情况下，民族冲突往往都带有明显的暴力色彩。其表现方式有以下几种。

（1）叛乱：居住在特定地域的民族与政府处于尖锐的政治矛盾之中，它们试图保全自己独特的身份，而且对所受到的歧视强烈不满。这样的民族往往采取暴力反抗，以排解强烈的不满情绪和争取自治或独立的地位。

（2）对峙：当一个政府为确保既定的权力结构不受威胁而对某些民族实施压制（甚至是军事镇压）时，这些民族就会奋起反抗，从而与政府形成对峙。

（3）争夺：在一个国家内，当两个或更多的民族意识到国内的政治权

---

① 曾强：《民族冲突研究的独特视角——武器与民族冲突介评》，《现代国际关系》2004 年第 4 期，第 62 页。

力游戏只能产生出"零和"结果时，它们之间的权力争夺就会演变为民族暴力冲突。①

　　民族冲突所引发的破坏力是极其严重的，而武器交易的繁荣是导致世界和地区民族敌对加剧的主要原因，一些地区的政府和黑市通过销售小型武器助长了地区的民族和宗教矛盾。冷战结束后，世界军火市场出现了一些引人注目的重大变化：一是武器交易又趋活跃。1987~1994年间，世界军火市场因冷战结束一度萎缩。但从1995年开始，受海湾战争的影响，世界军火交易有所反弹。此后，全球每年的武器交易额基本保持在220亿~230亿美元之间。在2007年至2011年的4年间，全球的军火总交易量大幅上升了25%，而且交易对象主要是发展中国家。当前，大量采购军火的主要是中东国家和亚洲的一些国家。2012年，斯德哥尔摩国际和平研究所（SIPRI）发布的报告称，亚太地区近5年常规武器的进口量占全球的44%，这个比例遥遥领先于欧洲（19%）、中东（17%）、美洲（11%）和非洲（9%）。② 二是军火市场仍然政治色彩浓厚，超级大国、前超级大国和曾经的殖民主义强国仍在这一市场具有绝对优势，另外新出现了一批军火供应商。根据SIPRI的最新数据，在2008年至2012年的5年间，世界前五大武器供应国分别是美国（30%）、俄罗斯（26%）、德国（7%）、法国（6%）和中国（5%）。而世界前五大主要常规武器进口国全部来自亚洲，分别是印度（12%）、中国（6%）、巴基斯坦（5%）、韩国（5%）和新加坡（4%）。三是出售军火的动机有变。冷战期间，军火交易主要是国与国之间的交易，而且严格限制在"北约"和"华约"两大军事集团成员内部进行。然而，当前的军火销售更多的是逐利，意识形态已不再是制约军火交易的主要因素。美国在全球的军火市场中占据主导地位，在全球十大军火商中，有7个总部位于美国，洛克希德·马丁、波音、雷神、诺思罗普·格鲁曼、通用动力是美国最有名的五大军火商。《财富》世界500强企业排行榜在其2011年公布的榜单中，波音公司名列第114位，年营业总额高达643亿美元，利润33亿美元；洛克希德·

---

① 曾强：《民族冲突研究的独特视角——武器与民族冲突介评》，《现代国际关系》2004年第4期，第62页。

② 《外媒：亚洲成世界最大武器进口地》，新华网，2012年3月20日，http://news.xinhuanet.com/world/2012-03/20/c_122854989.htm。

马丁公司排名第 177 位，年营业额 496 亿美元，利润 29 亿美元。[①] 四是小型武器交易量大增。轻型（小型）武器包括手枪、步枪、冲锋枪、机枪、手榴弹、地雷、反坦克火箭等便携式武器。这类武器是军队军械库最基本的构成成分同时也是最便宜的，因此，更符合成本收益原则。著名的在全球范围流通的苏式 AK - 47 卡拉什尼科夫冲锋枪，在非洲部分地区的售价仅为 6 美元。这种类型的武器都是低技术含量、耐用，便于运输而且很容易隐藏，因此应用广泛而成为后冷战时期一些民族和宗教冲突国家和地区的必然选择。[②] 而且这类武器在国际军火市场上的流通量及去向最难监控，其销售量大幅攀升与当前世界民族冲突数量增加直接有关。

约翰·西斯林和弗雷德里克·皮尔逊在对 1990 年以来爆发的 37 起民族武装冲突进行研究后发现，其中 26 起民族叛乱分子使用的主要是轻型武器，10 起既有轻型武器也有重型武器（坦克、装甲车、火炮等），只有一场是以重型武器为主。民族叛乱分子的武器来源主要分为国内和国外两个渠道。在国内，或是自己制造，或是盗窃，或从政府军手中缴获。由于制造各种小型武器技术难、费用高，而且需要专门的场地，所以民族叛乱分子自制的武器目前主要限于土炸弹或拼装的小型武器等。来自国外的武器主要分为购买和馈赠两类。购买武器的费用主要来自贵重资源或毒品走私，且实际交易多是在黑市上进行。据斯德哥尔摩国际和平研究所统计，截至 2009 年，全球武器的黑市交易额已经由 1992 年的 185 亿美元上升至 1000 亿美元左右，其中海军武器黑市交易占到其中的 30%。黑市交易的供货渠道繁多，交易的主体既包括集团组织如国际上被大家熟知的"基地组织"、意大利"黑手党"等恐怖集团，也包括一些国家的政府和工作人员。由于武器黑市交易牵涉到多方利益，禁运起来极为困难。[③] 冷战结束后，军火提供者的意图也发生了一些微妙的变化，归纳起来有如下特征。

---

① 《世界 500 强中的军火巨头》，观察者网，2012 年 4 月 11 日，http: //www. guancha. cn/ 60297/2012_ 04_ 11_ 68768. shtml。

② Jonathan S. Landay, "Boom in the Trade of Small Arms Fuels World's Ethnic and Regional Rivalries", *Christian Science Monitor*, Vol. 87, No. 90, 1995, p. 1.

③ 《军火商想方设法扩大黑市交易量方式多种多样》，《舰船知识》2009 年 1 月 20 日，http: //mil. news. sina. com. cn/2009 - 01 - 20/0948539454. html。

（1）提供军火完全是为了获利。

（2）通过军援支持一方，打击另一方，以达到左右该国政治走向的目的。

（3）支持战略对手国内的民族叛乱，以达到削弱对手实力的目的。

（4）移居或流亡海外的民族分离主义分子大量购买武器，然后通过秘密网络提供给国内的民族叛乱武装，以实现分裂国家的目的。

（5）一些跨界而居的民族通过相互支持，以达到脱离原来国家和共同组建新国家的目的。①

除第一类外，后四类都是在绝对隐蔽的情况下进行的，而且多数是通过目的国附近的第三方间接操作。约翰·西斯林和弗雷德里克·皮尔逊在对1990年以来发生的133起民族冲突进行归类分析后，得出如下结论。

（1）民族冲突是否带有暴力性，与武器是否容易得到有一定内在联系。在这133起民族冲突中，超过20％为暴力冲突。在这些冲突爆发前，民间都有大量的武器存在，而且非常容易获得。

（2）国际化程度及外部势力介入的意图对民族暴力冲突的走向有至关重要的影响。外部势力恶意介入越深、提供的军火越多越先进，暴力冲突的范围和烈度就越大；而善意的调解、实施武器禁运和采取维和行动等则有助于冲突的缓解。

（3）武器的数量、质量及获得的难易程度与民族冲突的烈度、持续时间、破坏程度、战争方式等有关。

（4）武器与民族冲突之间没有必然的因果关系。一个民族在采取暴力斗争之前，所考虑的并非仅是可否轻易获得武器，而是武装斗争是否是唯一或最佳的选择。②

鉴于小型武器与民族暴力冲突的特殊关系，加强对小型武器的监控无疑有助于遏止民族暴力冲突的发展。据统计，全世界共有6亿多件小型武器，尽管大多数都被合法拥有，但每年还是有50多万人死于小型武器，其中大部分是平民。导致轻型武器难以控制的原因主要有两个：一方面，大国之间仍没有达成关于限制小型武器交易的协定。对大国而言，

---

① 曾强：《民族冲突研究的独特视角——武器与民族冲突介评》，《现代国际关系》2004年第4期，第53、63页。

② 曾强：《民族冲突研究的独特视角——武器与民族冲突介评》，《现代国际关系》2004年第4期，第53页。

阻止数百万的步枪流动远比阻止喷气式战斗机的出口困难。另一方面，利润刺激是导致小型武器交易盛行的重要因素。因此，在打击小型武器非法贸易方面，各国政府负有首要责任。只有通过完善本国法律体系和管理机制，严格管理本国小型武器生产和贸易，才能从源头上解决这一问题。与此同时，鉴于小型武器问题日益成为全球性的问题，其妥善解决离不开国际社会的共同努力，各国应在国家、地区和国际层面开展密切合作，加强对小型武器贸易的监控，追查非法交易网络，应通过有关国际公约使国际小型武器交易透明化，以杜绝小型武器的黑市或"灰市"交易。① 西非地区一直是轻型武器非法扩散最为集中的地区，西非的15个国家中已有12个国家成立了国家反轻型武器扩散委员会。② 2009 年，西非国家经济共同体在马里首都启动了小型武器管制项目（ECOWAS Small Arms Control Programme，ECOSAP），同年 9 月《ECOWAS 轻小武器公约》生效，成为迄今国际上最为完整、最为严格的对轻小武器扩散进行管制的国际公约之一。当然，要想制止民族暴力冲突的发生，仅考虑武器的因素是远远不够的，还应从根上做起，即建立民族平等和互信的关系，使国内每个民族都在政治、经济、文化、社会等方面有安全感。

　　除武器控制外，国际民族冲突管理的最新趋势是对"冲突钻石"的管理。所谓的"冲突钻石"，根据联合国的定义，是指产自那些由与国际公认的合法政府对立的势力或派别控制地区的钻石，这些钻石被用来资助反对这些政府或违反安全理事会决定的军事行动。尽管联合国的定义没有明确规定"冲突钻石"来自非洲，但到目前为止，还没有其他大陆的国家出现"冲突钻石"的例子。而非洲的"冲突钻石"主要来自安哥拉、塞拉利昂和刚果（金）三国。③ 钻石是非洲的主要自然资源之一，非洲每年的钻石产量占世界总产量的 65%，价值 80 亿美元。非洲中西部河流淤积处的钻石易于采集，一度成为安哥拉、塞拉利昂、利比里亚、刚果（金）和科特迪瓦等国反叛武装的资金来源。据估计，国际钻石贸易的 4% 左右属于这类

① 曾强：《民族冲突研究的独特视角——武器与民族冲突介评》，《现代国际关系》2004 年第 4 期，第 53 页。

② 赵裴：《轻小武器非法扩散及其管制机制——以西非地区为例》，《国际观察》2011 年第 2 期，第 61 页。

③ 詹世明：《非洲"冲突钻石"的产生及影响》，《西亚北非》2002 年第 5 期，第 33 页。

"冲突钻石"。受"冲突钻石"影响的国家大多自然资源丰富，但延绵的武装冲突洗劫了这些财富，夺走了数百万人的生命，使国家发展停滞不前，人民生活陷于贫困，人们因此也直观地把反叛武装控制的钻石称作"血腥钻石"（Blood Diamond）。

复杂多变的内部局势再加上外部势力的干涉，因此，"冲突钻石"的解决是一项艰巨的任务，需要相关国家政府、国际组织、非政府组织等各方面的共同参与和协商，才能收到成效。联合国安理会于1998年6月12日通过第1173号决议，其中一项重要内容就是禁止会员国直接、间接从安哥拉进口未经安哥拉政府签发有"产地证明"的钻石。2000年7月5日，联合国安理会通过的第1306号决议指出，"钻石的非法贸易起到了加剧塞拉利昂境内冲突的作用"，因此，要求会员国禁止从塞拉利昂购买钻石原石。2001年3月7日，联合国安理会通过第1343号决议，要求"所有国家应采取必要措施阻止直接、间接从利比里亚进口一切未加工的钻石"。

在联合国安理会的推动下，一项新的有关国际安全的标准——"金伯利制度"诞生了。2002年11月4～5日，金伯利进程会议在瑞士因特拉肯镇召开。有37个国家签署了金伯利进程验证制度，规定钻石原石在进出口时必须配有一份证书，钻石原石将不会出口至该制度的非参与国。2003年1月28日，联合国安理会通过第1459号决议，表示"坚决支持因特拉肯会议通过的金伯利进程验证制度，认为这是对打击冲突钻石贩运的宝贵贡献"。此后，联合国安理会多次通过决议，对违反金伯利进程验证制度国家的进出口钻石实施制裁。[①]

二　信任建立

信任是改善民族关系的前提，民族融合始于互信的确立。信任是"社会中最重要的综合力量之一"，"没有人们相互间享有的普遍的信任，社会本身将瓦解。"[②] 目前，关于信任的研究已经超越范式之间的"不可通约性"，成为心理学、社会学、经济学、行为学、伦理学、政治学等不同学科的研究对象，并逐渐跨越了各自学科的边界，正在形成一种多学科视野的

---

① 赵磊：《世界主要安全问题与安理会的"安全应对"》，《现代国际关系》2011年第10期，第19～20页。

② 〔德〕齐美尔：《货币哲学》，陈戎女等译，华夏出版社，2002，第179页。

互动研究趋势。[1] 目前，对信任还没有一个共同认可的定义，但就信任的内涵已达成了大体一致的意见，认为信任应包含五个方面的内容。

（1）信任是正向的价值判断，"信任是合作的前提条件，也是成功合作的产物"[2]。

（2）信任有两个基本组成要素：信心（belief）和承诺（commitment）。[3]

（3）信任隐含着对潜在利益的关注，也涉及对对方行为、动机的预测。[4]

（4）信任与不确定性、风险性等概念紧密相关。[5]

（5）信任强度是能够变化的。

（一）信任建立的影响因素

在民族冲突管理问题上，信任的"出席"与"缺场"，都决定着民族交往的质量。信任关系的强度决定着合作的深度，即"弱信任支持弱合作，强信任造就强合作"。就像一些学者所说的那样，"信任是合作的润滑剂"[6]。就内涵而言，互信是一种关于彼此利益的计算，是一种相互强化的心理态度，是一种长期的制度安排。就作用而言，互信的建立是化解结构性矛盾的必要前提，也是防止危机发生的最有效防波堤。[7] 从本质上讲，互信是一种"非零和博弈"，是一种高层次的合作模式。然而，在实际操作中，大多数互信刚开始的时候都是雄心壮志，但是合作过程中总是成功者不多。究其原因，猜疑使信任难以为继。在"丛林法则"影响下，大家普

---

① 岳晋，田海平：《信任研究的学术理路——对信任研究的若干路径的考查》，《南京社会科学》2004 年第 6 期，第 19 页。

② 〔波兰〕彼得·什托姆普卡：《信任——一种社会学理论》，程胜利译，中华书局，2005，第 82 页。

③ "信任就是相信他人未来的可能行动的赌博。"相关论述参见〔波兰〕彼得·什托姆普卡《信任——一种社会学理论》，程胜利译，中华书局，2005，第 33 页。

④ 信任包括他者行为的可预测性，他者承诺的可信性，以及他者良好意图的预期。正是从这种意义上说，预期是信任形成的必要条件。彼得·什托姆普卡对信任内涵的最具特色的解释，就是把信任理解为对未来和他人行为的肯定预期。郑也夫也深刻地指出，对预期抱有信心，正是我们定义的信任；而以过去的经验去预见未来，正是信任的一种根据和形式。

⑤ 罗特尔（J. B. Rotter）和科尔曼（J. S. Coleman）等人认为，"风险的存在是信任的一个必要条件。风险的存在为信任创造了机会，而信任令人敢于承担风险。如果绝对没有风险，信任就不必要了。"相关论述参见向长江、陈平《信任问题研究文献综述》，《广州大学学报》（社会科学版）2003 年第 5 期，第 39 页。

⑥ P. Dasgupta, "Trust as a Commodity", in D. Gambetta, ed., *Trust Making and Breaking Cooperative Relations*, Oxford: Basil Blackwell, 1988, p. 49.

⑦ 袁鹏：《战略互信与战略稳定——当前中美关系面临的主要任务》，《现代国际关系》2008 年第 1 期，第 35 页。

遍认为，"怀疑值得信任的人固然不好，但信任值得怀疑的人则更糟。"但也正因为如此，建立互信的意义更显重大，尤其是对民族关系而言。

共同利益是相互信任的基础，也是相互信任的产品。博弈经济学家认为，信任是个体的理性计算，也是个体获得利益最大化的最优途径。因此，依据"经济人"假定，民族以及民族成员做任何事情都是为了增进自己的福祉。那么，在决定是否给予他人信任时会权衡两点：双方的利益基础、自身获益的几率。

有学者认为，民族差异会导致共同利益的基础薄弱，然而，民族差异正从一个侧面反映出双方交流与合作具有资源互补性。资源互补是行为体间具有的独特性资源，其结合可以产生比单一行动更多的价值。只有弥补了各自资源和能力上的弱点，民族之间的合作才更有意义。

另一方面，在一个主权国家内部的各民族面临的风险越来越具有趋同性，而这有利于信任的产生。"在当今充满偶然性、不确定性及全球化条件下，信任变成一个非常急迫的中心问题。"[1] 从理论上讲，不确定性大致包含两层含义：一是对"未来"的不可预测性和不可控制性；一是对"行为"的不可预测性和不可控制性。[2] 今天，气候变化、自然灾害、能源危机、粮食危机等"风险"变得比国家行为更难以预测与控制，这样，原始动因——为了生存，使民族必须寻求互信合作关系的确立。因此，共同风险增强了彼此利益的相互依赖性。

就国际层面的民族冲突管理而言，国际社会应创造良好的信任文化。正如波兰著名社会学家什托姆普卡（Piotr Sztompka）所指出的，对信任的"文化层次的探讨在以前的信任研究和信任理论中相对来说被忽视了。正是文化规则在共同决定某个社会在某一确定的历史时刻的信任或不信任程度时，可能扮演一个强有力的角色"[3]。的确，历史与现实的经验也都证明了这样一个事实，即有些社会萌发了强有力的信任文化，而有些社会却始终被不信任文化所笼罩。[4]

---

[1] B. A. Misztal, *Trust in Modern Societies*: *The Search for the Bases of Social Order*, Cambridge: England Polity Press, 1996, p. 9.

[2] 未来的不确定性是一种纵向的、处于时间流之中的不确定性；他人行为的不确定性是一种横向的、处于现实社会关系中的不确定性。

[3] 〔波兰〕彼得·什托姆普卡：《信任——一种社会学理论》，程胜利译，中华书局，2005，第 134 页。

[4] 〔波兰〕皮奥特·斯托姆卡：《信任、不信任与民主制的悖论》，《经济社会体制比较》2007 年第 5 期，第 72 页。

　　信任文化一旦形成，信任会像基因一样世代相传。① 福山认为信任来自"遗传的伦理习惯"，是本社会共享的道德规范的产物。因此，信任文化是历史的产物，也是集体记忆的产物。在国际舞台，可以发现，有些民族具有较强的信任文化，而其他民族的政治文化却是以低信任度为特征的。

　　相对易损性也影响民族交往中信任的建立。信任的重要基础还在于，甲对乙失信所可能带来的损失有多大的承受能力，也就是甲的相对易损性（Relative Vulnerability）。相对易损性 = 潜在损失的绝对值/潜在受损者所拥有的总资源。② 一个民族如果占有大量资源，可以使其具有一种更加开放、更加乐观、更加豁达的民族品格，而这种品格可以增强其对他人的信任度。反过来说，缺乏资源可能使其对他者充满戒备。这是因为对他们来说，他者失信的潜在损失可能是灾难性的。因此，"灾难线"（Disaster Threshold）的高低与具体民族所拥有的资源多寡有关。一般而言，一个民族掌握的资源越少，其"灾难线"越低，相对易损性越高，越不愿意冒险信任他者。反之，一个民族掌握的资源越多，其"灾难线"越高，相对易损性越低，认为信任他者不算冒险；当力量对比失衡时，相对强大的一方会认为另一方依附于他，因而对弱者不够尊重，甚至可能侵犯弱者的权利。因此，在民族冲突管理进程中，要增强相关民族的相对易损性，唯有如此当事方才愿意"投资"信任。

　　认识发生论也是民族信任关系建立的基础。根据认识发生论，人们（民族）的信任度都是从自身以往的经验里学习来的。信任的认识发生理论特别强调幼年心理发育阶段（民族早期接触阶段）的经验。如果幼年生长在恶劣的社区环境里，目睹暴力和犯罪，见惯了弱肉强食，信任他人是十分危险的。相反，成长于和谐美满的氛围，沉浸在关爱与被关爱的幸福状态，信任感便很容易产生。在这个意义上，高信任感是幸福体验的副产品。

---

① 信任与文化有关，而不仅仅是经济学中理性选择的结果。弗兰西斯·福山指出，一国的福利和竞争能力其实受到文化特征所制约，那就是这个社会中与生俱来的信任程度。亨廷顿也认为，合作有赖于信任，信任最容易从共同的价值观和文化中产生。波兰学者彼得·什托姆普卡同样认为，信任问题必须通过文化来加以解释。相关论述参见〔美〕弗朗西斯·福山《信任——社会美德与创造经济繁荣》，彭志华译，海南出版社，1998；〔美〕塞缪尔·亨廷顿：《文明的冲突与世界秩序的重建》，周琪等译，新华出版社，1999；〔波兰〕彼得·什托姆普卡：《信任——一种社会学理论》，程胜利译，中华书局，2005。
② 王绍光、刘欣：《信任的基础：一种理性的解释》，《社会学研究》2002 年第 3 期，第 31 页。

就民族关系而言，民族之间的交往经验会极大程度地影响民族的信任偏好，也就是说不同的民族有不同的"信任存量"。信任存量一般源于民族在早期接触过程中所受的环境影响，同时也与后天的成长经历息息相关。作为一种心理因素，信任偏好无疑会影响一方对他者可信度的估测。在某些极端的情况下，"信任倾向"的影响力甚至会超过理性预期。①

以 A、B 民族交往为例，如果 A 民族给 B 民族留下了完全负面的印象，使后者感到危机四伏，同时促成了后者长期对 A 民族以及外界的低信任感。如果初期相处就形成了不信任感，日后就需要有大量的幸福体验才能将其克服。所以，"解铃还需系铃人"，A 民族应在互信建设中作出更多有利于缓解 B 民族紧张情绪的贡献。

（二）信任建立的具体路径

就信任建立的具体路径而言，第一，应通过明确的奋斗目标实现民族互信的可持续性。一般来说，合作伙伴在交往过程中只追求各自视野中的利益，只履行那些对自己有益的义务，结果由于目标的分歧而使得互信流产。所以建立民族互信，首先要明确奋斗目标，应包含三个依次递进的目标定位：（1）维护和平；（2）全面合作；（3）增进和谐。和平是最低层次的奋斗目标，意味着民族之间没有冲突、战争。合作是中级层面的奋斗目标，要求双方在不断接触中相互了解、彼此尊重、互利共赢。和谐是最高层面的奋斗目标，要求双方拥有一定的情感认同、集体身份。在具体措施层面，要求当事民族做到以下方面。

（1）注重自我约束：信任是一种对称性的关系，也是一种拒绝任何控制和支配行为的关系。因此，自我约束要求一方在与他者的交往中不追求不合理的利益，也不应试图改变对方。

（2）注重换位思考：换位思考的最大好处是使双方彼此熟悉，不仅认识了对方，更认清了自己。正如吉登斯所言，熟悉是信任的根本。② 此外，换位思考离不开履行承诺。因为，履行承诺是对别人信任的回报。

第二，通过高度的互信文化增强民族双方的亲密性。在两种情况下，民族之间会发生冲突。一种情况是作为对手的双方或其中一方旨在改变现状。另一种情况是双方都希望维持现状，但冲突还是发生了。在这种

---

① 〔波兰〕皮奥特·斯托姆卡：《信任、不信任与民主制的悖论》，《经济社会体制比较》2007 年第 5 期，第 70～71 页。

② 廖小平：《论信任的几个问题》，《哲学动态》2007 年第 12 期，第 43 页。

情况下，冲突发生的重要原因有可能是决策者的错误知觉。[①] 因此，就要从文化层面，即内心深处发掘互信的情感因素，减少猜忌、疑虑，增强彼此的亲密性。信任文化具有循环效应："信任促进信任。当信任和实现信任的惯例变成信任者和被信任者双方都遵守的标准规则时，它产生了信任的文化。"[②] 社会心理学家对信任的研究表明，信任的产生需要一种温暖的、亲近的情感，而亲密性能够增强这种情感。这是因为，亲密性往往意味着有相近的思维习惯、行为规范，容易相互理解，在交往中更容易达成共识。

为发展信任文化，要将"工具性信任"转化为"情绪性信任"[③]，将"认知性信任"转化为"情感性信任"[④]。久而久之，各民族逐渐形成共识，在一次性交往中，利益给予的运作方法较为有效，而在长期合作中，加深情感的运作方法更为根本。

第三，通过积极的言语方式实现民族互信的和睦性。依据阿莱悖论，在预期效用一定的情况下，由于表述方式的不同，致使人们对同一事物做出截然不同的选择。[⑤] 同一效用，用积极认可的方式表达，人们会倾向于配合；用消极指责的方式表达，人们便会倾向于不合作。据此得出结论，表述方式会影响行为体的选择。在很多情况下，冲突很大程度上源于信息不对称，而信息不对称既源于对方的思维定式不易改变，也在于己方不善于

---

① 〔美〕罗伯特·杰维斯：《国际政治中的知觉与错误知觉》，秦亚青译，世界知识出版社，2003，译者前言第 13 页。

② 〔波兰〕彼得·什托姆普卡：《信任——一种社会学理论》，程胜利译，中华书局，2005，第 132 页。

③ "工具性信任"建立在理性选择的基础之上，认为信任是关于动机与意图的判断。"情绪性信任"强调情感在信任中的地位和作用。这种分类方法借鉴了社会学家马克斯·韦伯所提出的工具理性与价值理性概念，前者就是追求效用的最大化，而后者则受情感等社会性因素所驱使，往往不计较利益得失。相关论述参见尹继武《国际关系中的信任概念与联盟信任类型》，《国际论坛》2008 年第 2 期，第 55～61 页。

④ "认知性信任"是指由于对他人的可信程度的理性考察而产生的信任，而"情感性信任"是基于情感联系而产生的信任。相关论述参见 Lewis J. D., Weigert, "Trust as a Social Reality", *Social Forces*, Vol. 63, No. 4, 1985, pp. 967–985.

⑤ 按照传统经济学的预期效用定理，人们应该偏好预期效用更大的选择。但实验结果与此并不完全相同。1988 年诺贝尔经济学奖获得者莫利斯·阿莱最早发现了这一点。举一个简单的例子进行说明。医生对一群癌症患者说，你们如果接受化疗，有 70% 的成活希望，结果是大部分病人同意接受治疗；然后，医生对另一群患者说，即使接受化疗仍有 30% 死亡的可能性，结果接受治疗的人远比第一种情况少。对同一个事实即 70% 的希望、30% 的失败，两种不同的表述方式，得到的结果完全不同。

推销自己的东西。①

此外，积极的言语方式要求双方以平等的心态互动，必要时要进行让步、妥协。正如哈贝马斯"商谈伦理"所昭示的，伦理的公度性是在交流的过程中双方不断妥协的结果。所以，重要的不是结果，而是过程，是交流过程中当事民族对于平等原则的遵守。不管双方存在多么大的差异，都应该尊重对方的关切与情绪。

第四，通过完善的制度建设实现民族互信的通畅性。制度是行为体合作的桥梁，也是信任持续的源泉。制度建设能够减少行为主体间的不确定性，有助于树立民族间的信任，从而有利于合作的形成。有关民族合作的一切努力，都是在某种制度的背景下进行的，只有当最低限度的制度结构支持合作的时候，合作的情景才会出现。②

从宏观层面，要建立民族互信的激励机制。互信一定基于回报。要想成为别人信任的对象，就必须展示自己能给对方带来的好处。③ 所以，民族之间要努力形成一种互惠互利的激励机制。就微观层面，要完善民族互信的沟通渠道。多层面的沟通渠道，恰如一张纵横交错的网络，给民族关系安上了难以轻易拆解的纽带。无论是激励机制，还是渠道建设，其目的只有一个，保障情感要素的顺畅传递，以求得彼此的响应和共鸣。

---

① 袁鹏：《战略互信与战略稳定——当前中美关系面临的主要任务》，《现代国际关系》2008年第1期，第38页。
② Robert O. Keohane, "Neoliberal Institutions: Two Approaches", in Robert O. Keohane, *International Institutions and State Power: Essays in International Relations Theory*, Boulder: Westview Press, 1989, p. 159.
③ 许科、刘永芳：《有限理性信任观：对理性计算和非理性态度的整合》，《心理科学》2007年第5期，第1193页。

第五章
构建和谐的中国民族关系

> 实现中国梦必须凝聚中国力量。这就是中国各族人民大团结的力量。
>
> ——习近平

在中华民族的发展历程中，2000多年前就形成了统一的多民族国家，即费孝通先生所言的"中华民族的多元一体格局"。在中国，少数民族总人口具有相当的规模，根据2011年第六次全国人口普查公布的数据，全国总人口为1339724852人，从民族构成上看，汉族人口占91.51%，比2000年人口普查下降0.08个百分点；少数民族人口占8.49%，比2000年人口普查上升0.08个百分点。少数民族人口10年年均增长0.67%，高于汉族0.11个百分点。中国的民族关系是国际社会中较为成功的典范，但是，由于各种历史与现实的原因，特别是近两个世纪殖民主义、帝国主义在中国和周边地区的侵略扩张活动，我国边疆地区在民族关系上仍存留着一些复杂和敏感的问题。因此，构建和谐的中国民族关系，不仅事关中华民族的伟大复兴，而且对维护世界的和平与发展同样意义重大。

第一节　中国民族关系的基本情况

王桐龄先生在20世纪30年代出版的《中国民族史》中认为，中国各民族经过了几千年的相互交流与融合，实际上都已经成为血缘混合的群体，"实则中国民族本为混合体。"① 费孝通教授亦特别指出，"在看到汉族在形成和发展的过程中大量吸收了其他各民族的成分时，不应忽视汉族也不断给其他民族输出新的血液。从生物基础，或所谓'血统'上讲，可以说中华民族这个一体中经常在发生混合、交杂的作用，没有哪一个民族在血统上可以说是'纯种'。"② 可见，民族融合是中国民族关系发展的总趋势。

一　中国少数民族的类型

有专家建立了人口规模、聚居程度、独立语言、宗教因素、族际通婚、与中央政府关系、是否本族在境外建立独立国家等七个分析指标体系，把中国的少数民族初步归纳为八大类，并以其中具有代表性的某一民族为象征。见表 5 - 1。

表 5 - 1　中国少数民族的主要类型

民族类型	主要特点	包括的其他民族
藏族：本类共 5 族	人口规模较大，高度聚居，有独立语言文字，藏传佛教与其他宗教相比特点突出，族际通婚比例很低	裕固族人口较少（1.4 万），信仰藏传佛教，聚居地邻近青海藏区。门巴族（9000 人）、珞巴族（3000 人）居住在西藏东南边境上，信仰藏传佛教，与藏族联系密切。土族（24 万）居住在青海藏族、回族、汉族杂居区，大多信仰藏传佛教，与藏族关系密切
回族：本类共 4 族	人口规模较大，在全国呈散居，但在部分地区聚居，通用汉语文，普遍信仰伊斯兰教，具有一定的族际通婚率	甘青地区的 3 个穆斯林民族（撒拉族、东乡族、保安族）在历史上与回族联系密切，虽有语言但无文字，通用汉语文
满族：本类共 3 族	人口规模较大，已经通用汉语文，散居在全国各地，与汉族有很高的通婚比例	赫哲族和锡伯族在清朝时期与满族关系密切，语言都属于满语支，除新疆部分锡伯族人口外，两族都通用汉语文

① 王桐龄：《中国民族史》，文化学社，1934，序言第 1 页。
② 费孝通：《中华民族的多元一体格局》，《北京大学学报》1989 年第 4 期，第 11 页。

续表

民族类型	主要特点	包括的其他民族
蒙古族： 本类共 4 族	人口规模较大，有自己的语言文字，南部农业区蒙古族人口与汉族长期杂居，有很高的通婚率。由于历史原因，蒙古族在境外建立有独立的民族国家	鄂伦春族、鄂温克族、达斡尔族与蒙古族族源相近
朝鲜族： 本类共 1 族	人口有一定规模，是 20 世纪从境外迁入的群体，有自己的语言文字，人口相对聚居，与汉族长期杂居，有一定的通婚率（10%左右），境外有独立的民族国家	
维吾尔族： 本类共 1 族	人口规模较大，人口聚居，有自己的语言文字，普遍信仰伊斯兰教，基本上属于族内婚	
新疆其他 4 个穆斯林民族： 本类共 6 族	族源相似、人口聚居、普遍信仰伊斯兰教、有自己的语言文字，族际通婚率低，境外建有独立国家，如哈萨克族、乌孜别克族、塔吉克族、柯尔克孜族	新疆其他两个群体（塔塔尔族、俄罗斯族）人口很少（分别是 0.5 万和 1.6 万），混居在以上各族聚居地中
南方各民族： 除了以上 7大类的 24 族之外的 31 族	民族人口规模不一，本族相对聚居的同时又与汉族和其他民族相互混居，有一定的族际通婚率，且有增加的趋势，大多有自己的语言，没有文字，或虽有文字，但没有普遍使用，主要从事农业，有自己的信仰（小乘佛教或民间宗教），但宗教排外心理不强①	

资料来源：马戎《现代中国民族关系的类型划分》，《社会》2008 年第 1 期，第 18～20 页。

　　从表 5-2 反映出的 14 个民族的情况看，由于 7 个因素相互组合的情况千差万别，使中国各少数民族的族际关系呈现出多种模式，通过一些具体因素或指标的分析可以进行归类或分组，但是在整体上进行简单准确的归类仍有很大难度。以人口规模这个因素为例，会发现即使是人口在 1 万人以下的 20 个民族，它们之间的差别也非常显著，如俄罗斯族、高山族与鄂伦春族之间就缺乏可比性。

---

① 这 31 个民族之间仍然存在差别，如畲族与汉族通婚率已达 50%，而傈僳族和毛南族与汉族通婚率尚不到 10%。

表5－2　14个少数民族的基本特点

	壮族	满族	回族	苗族	维吾尔族	彝族	土家族
人口规模（万）	1600 +	1000 +	1000	900	900	800	800 +
聚居程度	+	−	−	+	+ +	+	+
独立语言文字	+	−	−	+	+ + +	+	−
宗教因素	−	−	+ +	−	+ +	−	−
族际通婚	+	+ + +	+	+	−	+ +	+ +
历史与中央关系	−	−	−	−	+	−	−
境外国家	−	−	−	−	+	−	−

	蒙古族	藏族	布依族	朝鲜族	侗族	瑶族	白族
人口规模（万）	580 +	540 +	250 +	190 +	300	260 +	180 +
聚居程度	+	+ +	+	+	+	+	+
独立语言文字	+ + +	+ + +	+	+ + +	+	−	−
宗教因素	−	+ +	−	−	−	−	−
族际通婚	+ + +	−	+	+	+	+	+
历史与中央关系	−	+ +	−	−	−	−	−
境外国家	+	−	−	+ +	−	−	−

注："＋"、"＋＋"、"＋＋＋"依次表示程度高，"－"表示程度低。

资料来源：马戎《现代中国民族关系的类型划分》，《社会》2008年第1期，第20页。

二　中国民族关系的状况

1949年中华人民共和国成立后，新中国效仿苏联在全国组织了"民族识别"工作，希望以此为进一步实行"民族区域自治"和"帮助少数民族发展"等工作奠定基础。在苏联专家的指导下，中央政府组织了各地的民族识别工作组，1954年时识别出38个民族，1964年时识别出15个民族，1965年和1979年确认珞巴族和基诺族，由此全国55个少数民族都被正式确认并公布。在民族识别工作完成后，"民族成分"成为每个人终身保持的"身份标记"之一，以此享受政府为其制定的优惠政策。如此的"区隔化制度"强化了"民族意识"，并使中国各民族之间的人口和文化边界清晰化。①

———————————

① 马戎：《21世纪的中国是否存在国家分裂的风险》，《领导者》2011年第2期，第101～102页。

与此同时，中央政府为识别出来的各民族根据其人口规模和聚居情况分别设立了各自的"自治区域"，中国的民族自治地方总面积为全国陆地面积的64%。这些"自治区域"都以该地区的"主体民族"来命名，把一个群体与一个固定的、边界清晰的行政地域联系起来，与苏联以民族为加盟共和国、自治共和国、自治区命名的做法一样，这样设置的行政区划在客观上必然催生并加强各民族的"自我"意识。在许多民族自治地方，自治民族（命名民族）在总人口中并不占多数，而自治民族成员在许多方面（计划生育、高考加分、公务员名额与职位等）享受优惠政策。这种政策待遇的差异不仅会激发和强化各群体的"民族意识"，而且会导致族际隔阂和矛盾。[①] "民族意识"被强化，具体表现在以下几个方面。

（1）不欢迎其他民族成员来到自己的"自治地方"。

（2）极力保护本民族语言在学校的使用，对部分民族成员不会讲母语的现象特别关注。

（3）希望培育和发展"本民族经济"。

（4）极力通过宗教、风俗习惯、历史教育等增强本族成员的"民族意识"和凝聚力，抵制民族平等条件下民族之间的自然融合。[②]

另一方面，干部队伍的"民族化"会导致"天花板效应"，即一些优秀的少数民族干部在努力实现个人价值、追求发展空间时会处于某种尴尬境地：想以"国家精英"的角色来更好地为国家和社会服务，但现有的环境和体制仍然把他们限制在"某族干部"的身份定位上，最终把他们推回到"民族干部"的角色中去。在民族自治地区，许多职位是直接与干部的具体"民族身份"挂钩的。这种制度每时每刻都在提醒少数民族干部"他们是谁"，"哪些位置是为他们预留的，哪些位置是不可及的"[③]。

因此，民族教育和宣传工作的总体取向应当是多讲各民族共同创建祖国大家庭，多讲在建设中国特色社会主义事业中各民族利益的共同性、一致性，从而增进各族群众对伟大祖国的认同、对中华民族的认同、对中华文化的认同、对中国特色社会主义道路的认同。现在，我们有的教育和行政措施有意无意地弱化了国家观念和中华民族认同的

① 马戎：《21世纪的中国是否存在国家分裂的风险》，《领导者》2011年第2期，第102页。
② 马戎：《21世纪的中国是否存在国家分裂的风险》，《领导者》2011年第2期，第103页。
③ 马戎：《21世纪的中国是否存在国家分裂的风险》，《领导者》2011年第2期，第105页。

教育。① 此外，评价民族关系，必须实事求是。只有实事求是才能发现问题、解决问题。要做到实事求是，最基础的工作就是开展深入系统的社会调查，通过交朋友来了解普通老百姓的真实情况和真实想法。只有这样，政府对民族关系的现状和发展趋势才不会误判。对现在西部少数民族地区存在的问题，大致可以分为两类。

（1）民生问题：汉族地区也有民生问题，也有腐败和干群关系问题，也发生过恶性的大规模群体性事件，如瓮安事件等。但是同样的民生问题，如果发生在新疆或在西藏，它表现出来的形式和后果可能会很不一样。当地民众会把这些社会矛盾与民族利益联系起来。

（2）认同问题：在少数民族聚居区存在一个认同意识或者"民族意识"问题，当地的少数民族和汉族是否以"民族身份"区隔为两个不同的群体；在少数民族民众的内心里，中华民族认同、自身民族利益，究竟哪个置于首位。②

在民族地区，要高度关注认同问题，特别是代际认同问题。少数民族后代的价值追求、参照系与其父辈是完全不同的。在全球化时代，人口的自由流动，导致社会管理难度加大。另外，信息传播的途径和影响力也是不一样的，如少数民族青年获取信息的途径主要来自网络（思想更为活跃），这使得社会管理和民族冲突管理面临全新的挑战。

目前，在世界范围，民族地区的公共性问题（如教育和工作机会不均等、高失业率等问题）被政治性利用或公共性问题向政治性问题转化，是十分危险的趋势。③ 就我国而言，在拨乱反正之后，中国国内民族问题的政治色彩在客观上被突出和强化了。一方面，政策给予少数民族的特殊权利和各种优惠比原来加强了，但社会管理的力度和利益协调补偿机制在减弱，许多政策落不到实处，激烈竞争的市场机制使许多少数民族青年处在不利和被歧视的状况。另一方面，人们思维和叙述中的另一个误差是有意无意地把汉族等同于中华民族，具体的事例如：

> 现在一提到中华民族的祖先，就是黄帝和炎帝；要寻找一个中华

① 朱维群：《对当前民族领域问题的几点思考》，《学习时报》2012年2月13日。
② 马戎：《如何看待当前中国的民族关系问题》，《理论视野》2011年第3期，第44~45页。
③ 于海洋：《良性治理：维护民族国家体制和化解民族冲突的前提》，《中国民族报》2012年1月6日。

民族的象征，就找到了一直作为中原皇帝象征的龙；一谈到"中国精神"，列举的代表人物都是中原的汉族人；一谈到中国文学，研究的只是汉文典籍与著作；一提到中国历史，研究的对象主要是以汉文记载下来的汉族人和中原王朝的历史；而谈到中国传统文化，就是汉族人和中原王朝的传统文化。简单一句话，就是每当谈到中国时，许多人的头脑里想到的似乎只有汉族人。①

上述片面狭隘的"舆论场"在客观上明显地有损于中华民族凝聚力的增强。总之，评价中国的民族关系必须实事求是，中国民族关系既不是最好的，当然也不是最差的，甚至最好不要用好或坏等极端的词汇来评价或描述中国的民族关系。抱着"发现问题，解决问题"的态度，才能把中国的民族关系维持在健康的轨道上，这也是中国在 21 世纪和平崛起的真正的软实力。

第二节　完善国内的民族冲突管理工作

"中华民族多元一体格局"可以划分出"政治一体"与"文化多元"两个层面。在国家层面上努力构建一个在历史和文化上能够加强全体公民认同的"国家民族"（Nation）文化，是十分必要的，即在"公民国家"的历史条件下，强化 13 亿中国人的集体认同——"中华民族"认同。同时，"文化化"国内民族关系，即将国家内部的民族关系淡化为"主流文化群体"与"亚文化群体"之间的文化整合问题。此外，弱化民族差别、消除贫困、扎实推进双语教学、促进民族融合、从以民族为单位的平等转换为以个人为单位的平等，都是完善国内民族冲突管理工作的重要内容。

一　"政治一体"与"文化多元"

在一个文化多元的社会要建立共同的集体认同，难度是非常大的。中国社会应该对涉及民族的知识建构有一个开放性的态度，理解"民族"实际上是一种在现实环境下实时发生的动态建构过程，更重要的是我们能在

---

①　马戎：《中国和中华民族不等于汉族》，《中国民族报》2010 年 6 月 11 日。

对民族的关注和研究中，寻觅到一条文化的路径，以消弭至少是缓解当代中国社会的民族问题。[①]

（一）对民族关系"去政治化"与"文化化"的反思

罗斯柴尔德（Joseph Rothschild）认为，"与传统国家不同，在现代国家和转型国家中，政治化的族群问题（Politicized ethnicity）已经成为体制、国家、统治集团和政府取得或丧失其政治合法性的一个决定性的原则问题。与此同时，它也已经成为在权力、身份和财富的社会竞争中得到世俗利益的一个有效工具。"[②]

近年来，北京大学马戎教授提出民族关系"去政治化"的观点引起了国内外学界的激烈争论。无独有偶，胡鞍钢、胡联合在《新疆师范大学学报》（哲学社会科学版）2011年第5期上发表文章《第二代民族政策：促进民族交融一体和繁荣一体》，提出所谓"第二代民族政策"。"第二代民族政策"的实质也是要实现民族关系"去政治化"，即不断淡化公民的族群意识和56个民族的观念，不断强化"中华民族"整体的身份意识和身份认同，切实推进中华民族一体化。民族关系"政治化"、民族关系"文化化"、民族关系"去政治化"等概念的基本内涵如下。

（1）民族关系"政治化"：就是政府将民族诉求政治化，通过宪法等制度化的方式对少数民族群体权利予以政治承认。

（2）民族关系"文化化"：通过宪法等制度化的方式，在文化诉求上，将之作为民族；在政治诉求上，将之作为国家内部的社会群体，而非政治群体。

（3）民族关系"去政治化"：政府从"公民"角度对民族成员予以保障，将所有民族的成员都视作平等的国家公民，针对每个成员的具体情况采取个案处理的形式，尽可能不把它们视为具有某种独立性的政治群体。[③]

第二代民族政策是清华大学国情研究中心主任胡鞍钢与胡联合提出来的民族政策思路，倡议从政治、经济、文化三方面加强国家认同。

（1）政治上推行法律面前一律平等，坚持平等地向每个民族推行计划

---

① 关凯：《当代中国社会的民族想象》，《中国民族报》2010年7月9日。

② Joseph Rothschild, *Ethnopolitics*, New York: Columbia University Press, 1981, p. 2.

③ 马戎：《理解民族关系的新思路——少数族群问题的"去政治化"》，《北京大学学报》（哲学社会科学版）2004年第11期，第122~133页。

生育基本国策。

（2）经济上促进民族之间的经济交流，推进各族公民混居杂居。

（3）文化上推行普通话，防止宗教极端主义。促使人人争当遵纪守法的好公民、好国民，以工作为天职，培养对中国特色社会主义的认同感。①

民族关系"政治化"的结果是，"民族越来越带有'政治集团'的色彩"，"民族因而成为实现集体诉求的政治工具"。在学术界，马戎提出的民族关系"去政治化"以及"文化化"民族关系的政策思路引起了广泛的争鸣。其中，香港科技大学教授沙伯力针对马戎的观点展开了系统性批评。沙伯力的核心论点是，"去政治化"的提议，"会在不同程度上损害少数民族的利益，从而恶化民族之间和民族与国家之间的关系。而改善这两大关系的最优途径，应是进一步扩大而非限制少数民族的权利。"② 在沙伯力看来，扩大少数民族权利是当今世界的普遍趋势。

然而，民族关系"去政治化"的思路，并不是要削弱或剥夺少数民族的现有权利，而是要突出在国内社会转型、国际和平崛起的"双背景"下，努力使少数民族以平等的公民身份，加入中国的现代化进程，并使其获得更快的发展。在马戎看来，特定的优惠政策在本质上属于不平等政策，其负面效果可能会使少数民族产生"被政策保护"的心理，进而从另一个角度伤害了社会平等（如部分汉族民众对民族优惠政策有不满情绪），也直接影响到国家建构与社会和谐。实际上，关于中国民族政策的讨论，始终涉及两个维度，一是如何保护少数民族的权益；二是如何强化国家建构。在实践中，这两个方面是一体两面，缺一不可。③

在世界各国不同类型的民族政策中，民族被视为两种不同性质的实体：一种是政治实体，即民族拥有与地域、语言、文化、经济以及立法与司法权力相联系的特定政治权利，社会的民族关系表现为政治关系；另一种是文化实体，即民族拥有在语言与文化上保持特殊性的特定文化权利，民族关系表现为不同文化群体之间的关系。对主权国家而言，民族政策需要解决的核心问题就是民族主义对主权国家的挑战，而在这个问题上，民族关系"政治化"显然比"文化化"更容易为民族主义运动提供更多的资源和

① 《第二代民族政策探讨》，中国民族宗教网，http://www.mzb.com.cn/html/folder/292573-1.htm.

② 关凯：《民族"去政治化"：一种被挑战的理论?》，《中国民族报》2010年11月5日。

③ 关凯：《民族"去政治化"：一种被挑战的理论?》，《中国民族报》2010年11月5日。

合法性基础。①

中国传统的民族观也是以文化为核心，中国儒家传统文化中"夷夏之辨"的核心并不是体现在体质、语言等差别上，而主要体现在以价值观念为核心的"文化"之别上。"在儒家思想中，'华'与'夷'主要是一个文化、礼仪上的分野而不是种族、民族上的界限。华夷之辨并不含有种族或民族上的排他性，而是对一个社会文化发展水平的认识和区分。"② 金耀基教授认为，作为一个政治实体的国家，中国不同于近代任何其他的"民族国家"（Nation - state），而是"一个以文化而非种族为华夷区别的独立发展的政治文化体，有者称之为'文明体国家'（Civilizational state），它有一独特的文明秩序"③。因此，中国文化传统强调"四海之内皆兄弟也"，这一观念明确提出了民族平等的基本理念，淡化各民族在语言、宗教、习俗等方面的差异，强调群体差别主要是"文化"差异，而且"优势文化"有能力统合其他文化群体。可见，"文化化"民族关系正是相对发达的中原地区核心民族得以凝聚、融合周边民族的思想法宝。④

就全球经验而言，"文化化"民族关系是族群治理的一种趋向。如果说民族（Nation）具有与国家（State）相对应的政治性含义的话，族群（ethnic group）则较少政治色彩。欧美各国普遍把本国少数族群视为"文化群体"，对于这些族群成员作为本国公民所应当拥有的各项权利，政府从这一角度予以保障，而尽可能不把他们视为具有某种独立性的政治群体。这就是西方工业化国家在"民族国家"建立之后在本国族群问题上所表现出来的"文化化"民族关系的趋向。不同的民族政策在实际效果上可能将民族关系推向"政治化"，也可以将其引向"文化化"，"文化化"民族关系的具体做法包括以下方面。

（1）将国家内部的民族问题淡化为"主流文化群体"与"亚文化群体"之间的文化整合问题。

（2）淡化民族与地域之间的联系，从而限制民族主义与"民族自决"诉求的天然联系。

---

① 关凯：《多元文化主义与民族区域自治——民族政策国际经验分析（下）》，《西北民族研究》2004 年第 2 期，第 50 页。

② 张磊、孔庆榕主编《中华民族凝聚力学》，中国社会科学出版社，1999，第 338 页。

③ 金耀基：《中国政治与文化》，香港牛津大学出版社，1997，第 177 页。

④ 熊彦清、马戎：《"文化化"民族关系》，《中华读书报》2007 年 10 月 24 日。

（3）将少数民族的群体认同限制在"文化认同"范围内，使少数民族群体成为仅仅在文化传统上保留某些特点的、边界模糊的社会群体。①

所以"文化化"民族关系对中国而言，不是要另辟蹊径，而是要回归自我。

（二）弱化民族差别：从群体平等到个体平等

弱化民族差别，即从群体平等过渡到个体平等。今天我国由 56 个民族组成的民族格局，是 20 世纪 50 年代政府组织"民族识别"工作的结果。官方的"民族"识别和每个公民同"民族成分"相挂钩的社会秩序，导致民族差别"显著化"。民族识别不仅是一个民族学问题，同时是一个涉及民族团结与国家稳定的政治问题。中国的民族识别工作从 1953 年开始，进行了几十年。在民族识别的过程中，一些氏族和部落成分极其浓厚的人们共同体均被列为民族。例如，佤族当时尚处于原始社会末期；赫哲族以捕鱼、狩猎为生，1982 年人口统计尚为 1489 人；独龙族则保留了较多的原始公社制残余，人口统计为 4633 人。在我国，类似的民族还很多。当时的很多事例表明，民族识别没有绝对的标准，民族识别工作中确实存在着偶然性和民族科学定义之外的其他因素（经济利益、政治权利）的实际考虑。

人们在分析中国社会结构与社会问题时，对"城乡二元结构"给予很多关注，但是通常会忽视在中国社会中存在的另一类"二元结构"，即是在许多领域中存在于汉族公民与"少数民族"公民之间的系统性制度化区隔，这一客观上普遍存在的群体区隔在另外一个维度上同样把中国社会一分为二。② 在中国，民族身份最典型的特点是自上而下的构建。这个身份是国家强力干预且被国家认定、很难更改的。这个分类背后是一套知识体系。但这套符号系统、知识体系的设置和规范是自上而下，而不是每个民族的自身表达。③ 最后，56 个民族的识别，成为汉族与少数民族的二元结构：少数民族变成了一个整体，所以对少数民族有一整套的优惠政策，且高度制度化，但不是基于个体，而是群体性优惠政策。

在国际社会，很多国家拒绝进行民族识别。例如，虽然日本北方的阿

---

① 马戎：《理解民族关系的新思路——少数族群问题的"去政治化"》，《北京大学学报》（哲学社会科学版）2004 年第 11 期，第 122～133 页。

② 马戎：《中国社会的另一类"二元结构"》，中国民族宗教网，http://www.mzb.com.cn/html/Home/report/190701-1.htm。

③ 关凯：《当代中国社会的民族想象》，《中国民族报》2010 年 7 月 9 日。

伊努人和琉球群岛土著人与占日本人口主体的"大和民族"在许多方面不同，但是日本官方决不把他们称为"民族"，不进行民族识别，也不对其人口进行分别统计。① 近年，在阿伊努人的不懈努力下，日本宪法终于决定包含"尊重阿伊努人权利"的若干内容，其中包括人权保护、振兴民族文化等项内容。2008 年 6 月 6 日，日本国会议员一致通过法案正式将阿伊努人定为日本原住民族。

在荷兰，虽然法律上对少数民族的划分依然存在，荷兰政府却越来越多地使用"Allochtoon"一词来指代父母至少有一方为外国人的荷兰人，而避免使用具体的民族名称。即使这样，2013 年 2 月，荷兰阿姆斯特丹市接受工党提议，不再使用"Allochtoon"来称呼外裔居民，同时也不再用"Autochtoon"来称呼本地人。工党认为，使用这样的称呼会造成本地人同外国裔居民两个阵营的对立。无独有偶，1/4 居民为外国裔的比利时城市根特（Gent）市政府也宣布，日后在官方文件以及日常用语中，将废除使用"Allochtoon"的称呼，同时也不会使用与之相应的"Autochtoon"。该市副市长 Resul Tapmaz 说，很多少数族裔对使用这个称呼非常反感。

这两个词均来自古希腊语，Allochtoon 的意义是"来自另一个地区的人"，而 Autochtoon 的意思则是"来自同一地区的本地人"。两个词在荷兰语中存在已经有很长的历史。基于 20 世纪 50 年代后期开始陆续有大量外籍劳工的涌入，不少人稍后得到荷兰居留权，因此到了 1970 年，有社会学家建议用 Allochtoon 一词取代"外来移民"（immigrant）、"客籍劳工"（gastarbeiders）或者"劳工移民"（arbeidsmigrant）的提法，泛指那些来自外国的荷兰居民。据称，荷兰的工党认为，Allochtoon 具有贬义，因此从 2006 年开始就要求废除。然而，废除了这个称呼用什么代替？阿姆斯特丹方面是用"来自摩洛哥的阿姆斯特丹人、来自土耳其的阿姆斯特丹人"代替，比利时根特方面是用"根特的土耳其人，根特的摩洛哥人或者根特的新移民"代替。几乎就在同时，荷兰工党的社会部长、原阿姆斯特丹副市长 Lodewijk Asscher 提出，日后移民抵达荷兰，都要签署一份《参与协议》（participatie contract），其目的是"让移民更好地认识和尊重荷兰的社会规

① 马戎：《关于"民族"定义》，《云南民族学院学报》（哲学社会科学版）2000 年第 1 期，第 13 页。

范和价值"。

因此，弱化民族差异的核心是：不人为地进行"民族区隔"。在中国，当我们谈论中国的文学和电影时，似乎存在"普通文学"、"普通题材电影"和"少数民族文学"、"少数民族题材电影"这样的区分。在我国的"少数民族题材电影"中，无论是故事的主线还是主要角色都必然是少数民族。而在"普通题材电影"中，观众是很少能见到有少数民族身份的角色的。以"民族"为界限对影视作品进行分类的结果是：观众在日常文化娱乐中无法捕捉到"我们的社会是一个多民族社会"这样的重要信息，更难以通过这样的文化娱乐节目了解我国各少数民族的历史、语言、宗教和风俗习惯。① 彼此若不能够"心相知"，"心相亲"就根本无从谈起。

在美国，拍摄的电影几乎找不到纯白人角色。这样的影视节目使得美国民众在日常休闲娱乐生活的每时每刻，都会感受到美国是一个多元文化的社会，让人们把"多元文化"这一观念深深地印刻在脑海里，并对美国族裔关系的改善起到了潜移默化的促进作用。现在我国电影中很少有少数民族主人公，这就使广大民众在日常生活中缺乏与民族相关知识的积累，如果来到民族地区寻求就业机会，他们对于民族知识的极度匮乏就很容易使他们误解当地少数民族文化以及产生心理隔膜和感情疏离，这对民族交往和民族团结，无疑是非常不利的。②

在我国，新闻报道、电影电视节目、书籍等媒介对少数民族地区的关涉很少（即使有往往也是自焚、恐怖事件等负面内容），因为题材太过敏感，所以能不涉及就不涉及了。其结果是，大家对民族地区存在诸多

---

① 马戎：《警惕艺术制作中的民族区隔》，《中国民族报》2010 年 3 月 12 日。

② 有人也许会从另一个角度提出问题：过去有个别文艺作品或出版物的内容被一些少数民族认为是对自己所属民族历史、传统、宗教、习俗的不尊重，相关单位和当事人为此受到上级政府部门的处罚。发生若干起这样的事件之后，广大汉族文艺工作者和出版机构、主管部门为了"少惹麻烦"，尽量回避与少数民族有关的创作内容。应当如何看待这个问题呢？一是汉族文艺工作者需要对占我国总人口近 10% 的少数民族有更多的了解，更多地与少数民族知识分子交往，尽量避免发生因为缺乏知识或文化误解所造成的矛盾，决不能"因噎废食"。二是出版机构、主管部门要聘请熟悉少数民族历史文化的人员来做相关内容的编审，发现有可能导致误解的内容时，及时与创作者沟通，进行修订。三是少数民族读者和观众需要敞开心扉，欢迎汉族文艺工作者和作家关注少数民族题材，对他们的创作要有一个更加宽容的心态。相关论述参见马戎《警惕艺术制作中的民族区隔》，《中国民族报》2010 年 3 月 12 日。

误解甚至担忧，担心民族地区的社会治安不好、民族之间的关系紧张……笔者2010～2011年参加中组部、团中央博士服务团赴宁夏回族自治区挂职锻炼，在去之前很多朋友提醒我到宁夏要注意安全，甚至有朋友说："民族地区不安全，晚上最好别出门，别单独活动。"但当我到了宁夏之后，发现情况同想象的完全不同，那里的民风极其淳朴，社会治安甚至比很多沿海发达地区还要好。可见，媒体对民族事务的报道缺位，导致人们内心的疏离，当主流媒体、正面报道缺位时，谣言、小道消息就会四起。在技术上，不一定非得介绍少数民族地区，而是要介绍祖国的边疆地区，加强全国人民对边疆地区的了解，了解少就会不重视、就会有偏见。

随着我国经济社会发展和城市化进程的加快，各民族人口流动日益频繁，特别是西部少数民族地区人口加快向东部沿海地区流动。在这个过程中，难免会发生一些社会问题。为此，人口输出地政府要加强对外出务工人员的行前培训，加强协调服务。另外，输入地政府要从劳动就业、子女入学、医疗保障、法律援助等方面逐步实现流入人口的市民待遇，保护他们的合法权益，照顾他们的合理要求。同时要加强法律政策的宣传教育和依法管理，不能消极应付、放任自流，不能对违法行为采取"息事宁人"态度，不能允许任何人以"民族身份"躲避或抗拒法律的实施。基本原则是，在帮助这部分群众解决实际困难的时候，不要再刻意把他们从社会人群中区别出来，突出其民族身份，给予超市民待遇。要把他们的社会活动引入到城市现有的社团、社区中来，防止形成体制外的什么"民族村"、"民族社区"、"民族团体"。[①]

可见，人为加剧的民族差别必然导致民族意识的增强以及民族矛盾的频发，因此，对社会学意义的民族（56个民族），要保护、尊重和传承各民族历史文化的独特基因；对政治学意义的民族（中华民族），要建立统一的国家意识、增强民族共同体认同。两者并不矛盾，文化差别不应妨碍政治一体，这是全体中国人的共同责任。要实现这一目标，不人为地制造"民族区隔"是关键。

民族平等，是中国民族政策的基石。实行民族平等是中国的宪法原则，《中华人民共和国宪法》规定："中华人民共和国各民族一律平等。"在中

[①]　朱维群：《对当前民族领域问题的几点思考》，《学习时报》2012年2月13日。

国，群体平等的基础是，少数民族在经济社会发展等方面与汉族相比有一定差距。从民族构成、分布与发展状况来看，我国 55 个少数民族及其聚居区在经济、文化和社会发展程度上明显低于汉族同期发展水平，如果不采取有效的政策措施促进其经济、文化和社会发展，改变其落后面貌，必然会限制作为少数民族成员的公民实现其平等享有的法律权利。[①] 在这种背景下，如果不加区分地对汉族和少数民族实施"一视同仁"的政策，就可能导致统一性的政策不能适应少数民族的实际状况，无法满足少数民族成员迫切发展与实现平等的需要。

因此，在社会主义初级阶段，要兼顾群体平等与个体平等，但最终的趋势应实现从群体平等到个体平等的转换。从群体平等到个体平等的含义是：从以民族为单位的平等转为以个人为单位的平等。我国目前实施以少数民族为对象的集体性优惠政策，这些政策的内容涉及教育、就业、计划生育、干部任命等诸多方面。在我国的不同地区（如在少数民族自治地区和非自治地区），针对不同民族（对待"自治民族"和"非自治少数民族"），在不同的领域（大学招生、计划生育等），优惠政策的涵盖面和执行力度有所不同。

在国际社会，平等观念主要关注两个层面：一是对于整体社会来说，国家宪法和政府强调的是"个人之间的竞争机会平等"，即法律上的平等，使少数民族因优惠政策而产生的依赖心理的副作用尽可能降低；二是在特定地区以民族或个人为对象来制定和执行各项具体政策时，仍然会考虑和照顾到民族差异的协调，对弱势民族和个人给予适当照顾。前者强调的是个体平等，后者强调的是群体平等。

我国的民族优惠政策在理论和宣传方面时常强调以民族而不是以个人为单位的"事实上的平等"，同时没有指出，现时的优惠政策只是过渡时期的暂时性政策；没有指出，只有改变民族社会分层的结构性差距才有可能达到真正的"事实上的平等"。这种政策实施的后果是汉族和少数民族对政府实施的相应优惠政策都有看法：汉族成员从个人角度考虑，认为自己受到不应有的不公平待遇（没有在法律或制度上得到平等的竞争机会），从而降低了帮助少数民族的积极性；而得到优待的少数民族同

---

① 田钒平：《民族平等的实质内涵与政策限度》，《湖北民族学院学报》（哲学社会科学版）2011 年第 5 期，第 89 页。

样不满意，他们从民族层面考虑，认为与其他民族相比，本民族在整体上尚未达到真正的"事实上的平等"，如高级官员少、高级知识分子少、高级企业精英少，等等。这种各自从不同层面（少数民族的参照系是民族群体，汉族的参照系是个体）、不同角度（少数民族考虑的是竞争的结果，汉族考虑的是竞争中的机会平等）考虑"平等"的思路，会加强民族之间的隔阂和不满。①

总的来说，随着社会发展和民族融合的历史进程，各个民族之间由历史造成的发展差距会逐渐缩小，需要在考虑群体平等（争取民族之间利益分配的平等）的同时，兼顾个体平等（争取个人之间竞争机会的平等）。唯有这样，才能充分调动人的积极性，摆脱"照顾式"发展的束缚，通过消除"民族分层"的结构性差异，最终达到在个人竞争实力基础上的民族间真正的"事实上的平等"。

简而言之，群体平等是将优惠政策建立在"民族身份"的特性上，而实现个体平等则要将国家政策建立在"公民身份"的基础之上。中长期，应深入分析民族特殊性的具体表现，针对区域发展的落后性问题，需要建立一个科学的评价指标体系，合理评价各民族自治地方的发展情况，并以此作为政策调整的依据，当特定的民族自治地方的发展水平与发达地区处于均衡状态时，就应当在这一地区停止执行相应的优惠政策，直至消除或减弱"民族分层"，从而实现每一个中国公民的均衡化发展。一些西方国家认为，在中国，"人民"重于"个人"（people matter, not the individual）。对此，我们的政策制定以及对外传播要关注一个个鲜活的个体，凸显中国老百姓的喜怒哀乐，如此才能增强中国的现代化国家性质，从而真正超越传统的群体色彩浓厚的部族社会以及帝国阶段。

二　推动民族融合

民族融合问题，在民族工作领域是比较敏感的问题。斯大林认为，到共产主义社会，各民族的民族语言消失和全人类共同语言的形成，是民族差别消失和民族融合实现的主要标志。也有学者认为，历史上两个以上的

---

① 马戎：《当前中国民族问题研究的选题与思路》，《中央民族大学学报》（哲学社会科学版）2007年第3期，第23~24页。

民族，由于互相接近、互相影响，最终成为一个民族的现象，也可称为民族融合。这两种看法都成立，前者是讲人类社会民族的最终融合，后者是讲现实生活中具体民族的融合。1957 年，周恩来同志有过重要论述，他用了一个更为敏感的词"同化"："如果同化是一个民族用暴力摧残另一个民族，那是反动的。如果同化是各民族自然融合起来走向繁荣，那是进步的。汉族同化别的民族，别的民族也同化汉族，回族是这样，满族是这样，其他民族也是这样。"①

中国历史上，一些民族不断融合，一些新的民族又不断产生，这是普遍的、经常的现象。自司马迁著《史记》以来，历朝历代社会政治舞台上民族格局没有完全一样的。如果不是北魏孝文帝主动推动自己的鲜卑族与中原民族同化，就没有后来隋的统一和唐的盛世。中国历史上民族融合的类型包括：（1）少数民族融入汉族；（2）汉族融入少数民族；（3）少数民族相互融合。② 有学者认为，"民族结合有四类：民族聚合、民族整合、民族同化、民族融合。"③

社会主义初级阶段是各民族共同发展繁荣的阶段，不能用行政手段强制实行民族融合。我国的民族工作史上对于这个问题有过深刻教训。20 世纪 50 年代末期，在民族融合的问题上曾有过操之过急的"左"的做法，不适当地提出"民族大融合"口号，刮起了一股民族融合风。"文化大革命"更是把民族风俗习惯、语言文字、经济生活、文化特点和民族特征都统统斥之为"封资修"加以"荡涤和扫除"，烧族谱、拆寺庙等，极大地伤害了少数民族群众的民族感情。④

改革开放后，在处理民族关系的问题上也有一些值得反思的地方。例如，刻意为原本没有自己文字的民族创造文字。这种做法，是在人为地制造差异和隔阂，不利于民族的交往和融合。又如对少数民族实行宽松的生育政策。在民族地区人口状况有很大改变的今天，继续实行宽松的生育政策，鼓励本来就比较贫困落后的少数民族多生孩子不合时宜。近 20 年间，各少数民族占中国总人口的比重已经从 5% 迅速飙升到 10%。少数民族地

① 朱维群：《对当前民族领域问题的几点思考》，《学习时报》2012 年 2 月 13 日。
② 何星亮：《中国历史上民族融合的特点和类型》，《中南民族大学学报》（人文社会科学版）2010 年第 2 期，第 36～43 页。
③ 靳薇：《重读〈家庭、私有制和国家的起源〉》，《学习时报》2001 年 8 月 6 日。
④ 朱维群：《对当前民族领域问题的几点思考》，《学习时报》2012 年 2 月 13 日。

区人口增长过快，给民族地区经济发展、劳动就业、文化教育、人民生活的改善以及全面小康目标的实现，造成许多难以解决的问题。当今中国，经济社会发展的差距，与其说是民族差距，不如说是地区差距。同一地区的各民族发展差别不大。如果仅仅对少数民族实行优惠和照顾政策，对当地汉族居民也不平等。以"地区优惠"政策逐渐代替"民族优惠"政策，也许是一个理性的选择。[①]

要把尊重差异、包容多样、促进交融作为民族工作的基本取向。例如，有越来越多的学者和专家倾向于将来居民身份证中取消"民族"一栏，不再增设民族区域自治地方，推行各民族学生混校。[②] 当然，民族融合、交融不是"汉化"，而是各民族的优点、长处为大家共有共享，各民族的一致性能够得到增强。

（一）族际通婚的血缘融合

在国际社会，普遍认为跨民族的婚姻对促进族际沟通和融合，推动社会整合将起到积极的作用。在中国古代，常把族际通婚称为"和亲"。评价和亲对促进民族关系的作用，无论全面肯定还是全面否定，都是片面的：把和亲看作封建社会时代改善民族关系的最好方式，这夸大了和亲的作用；把和亲视为屈辱，看不到它在客观上所起的作用，也不符合历史事实。有些民族之间在历史上长期存在着密切的血缘关系，所以体质差异就很小，彼此的距离感就很低。如我国青海的撒拉族，从历史上就有与藏族联姻的传统；甘肃的东乡族与回族通婚始终很普遍……这些有着较多通婚的民族之间的血缘关系比较近，体质差异小，相互之间很容易形成和保持融洽的民族关系。

在历史中，和亲主要是我国各民族统治集团上层人物之间的关系。然而，和亲在客观上对促进各民族之间的经济文化交流起着一定的作用。卢勋在考察唐蕃联姻的史实后指出，"毫无疑问，历史上和亲双方都带有明显的政治目的……对中央王朝来说，大多数情况都是把它作为缓和矛盾或实现羁縻的一种手段。其次，和亲后，在或长或短的一段时间内，大多加强了相互之间的政治及经济和文化交往，从而有利于中央王朝与边疆民族之间关系的改善。从这个意义上来说，纵观历史上的和亲，在

---

① 莫岳云：《马克思主义民族融合理论的当代思考——兼论李维汉对民族融合的理论贡献》，《广东社会科学》2011年第6期，第136页。

② 朱维群：《对当前民族领域问题的几点思考》，《学习时报》2012年2月13日。

客观上大多（而不是所有）都起到某种进步作用。"①

在现实中，宗教禁忌是影响族际通婚的首要因素。例如，穆斯林与非穆斯林的通婚在伊斯兰教规中是被明确禁止的。伊斯兰教有严格的宗教内婚的规定：男子可与"有经人"（即基督教徒、犹太教徒女子）通婚，女子只能在教内通婚。根据伊斯兰教规，女子从夫，改信夫方的信仰或遵循夫方的宗教生活习惯当属自然；女子不能嫁异教男子，要嫁，男方必须先举行入教仪式成为穆斯林方可。而且从实际情况看，宗教内婚进一步缩小为族内婚。例如，维吾尔族、哈萨克族、柯尔克孜族三族人口99%分布于新疆，其人口总数占新疆人口总数的53%，三族族际通婚率为55个少数民族中最少的三位，如维吾尔族（1.05%）、哈萨克族（2.21%）、柯尔克孜族（5.15%）。②

政策导向也是影响族际通婚的关键因素。新疆社会科学院社会学研究所所长李晓霞对新疆的族际通婚做了扎实系统的研究。③ 新疆民族众多，但族际通婚在全国属于低水平状态。据2000年人口普查资料，新疆有1846万人，少数民族人口占到59.4%，有55个民族成分，民族混合户总数达8.39万户，占全疆家庭户总数的1.75%，比全国同类平均值低1.25个百分点（全国同类数值则为3.0%）。新疆民族混合户少，主要原因是族际婚姻数量小。④

20世纪50年代，新疆维吾尔自治区党委曾一再禁止汉族男性和本地各少数民族女性（主要是穆斯林女性）的通婚。1955年，自治区人民政府明确确定族际通婚个人利益服从整体利益的原则："新疆少数民族地区的通婚问题，必须慎重处理，以免引起群众反感。如汉族男女与维吾尔、回族男女要求登记结婚时，应本着个人利益服从整体利益的原则，向男女双方进

---

① 陈克进：《历史上的民族同化、民族融合与和亲政策——学界关于中国古代民族关系若干问题讨论述略（下）》，《中国民族报》2009年7月17日。

② 李晓霞：《新疆族际婚姻的调查与分析》，《新疆大学学报》（哲学·人文社会科学版）2008年第3期，第87页。

③ 在对新疆族际通婚的研究中，新疆社会科学院社会学研究所所长李晓霞作出了很大贡献。相关研究如李晓霞《新疆南部农村的维汉通婚调查分析》，《新疆社会科学》2012年第4期；《聚居与散居——新疆南部汉族农民的居住格局与维汉关系》，《新疆大学学报》2011年第3期；《新疆民族混合家庭研究》，社会科学文献出版社，2011；《新疆民族群体构成及其关系分析》，《新疆社会科学》2009年第6期；《新疆两乡民族混合家庭调查》，《新疆社会科学》2005年第3期，等等。

④ 李晓霞：《国家政策对族际婚姻状况的影响》，《新疆社会科学》2010年第5期，第107页。

行说服教育，使其自动放弃。如说服无效，男女双方仍坚持不肯放弃时，必须取得双方家长同意，以及群众和民族代表人士表示无异议者，始得准其登记结婚。"[1] 1957 年 2 月 27 日，自治区党委总字（082）号规定，禁止汉族男干部与本地少数民族妇女结婚。[2] 可见，汉族男性的禁婚范围已由穆斯林女性扩大到本地各少数民族女性。当时，与少数民族妇女结婚甚至与调戏妇女并列。1958 年 1 月，新疆维吾尔自治区民族宗教事务处和自治区伊斯兰教协会组联合下发了"民伊党总字（002）号"文件，对族际通婚问题提出了以下几点补充意见。

（1）对内地来新疆的不同民族的男女要求结婚者，如确实出于双方自愿，可以允许结婚。

（2）俄罗斯族在新疆固然是少数民族，但在国际上则是大民族。俄罗斯族群众对本民族妇女与其他民族男子结婚问题，过去没有表示异议，今后如有俄罗斯族女子要求与其他民族男子结婚时，可以考虑同意。

（3）汉族女子与其他少数民族男子要求结婚时，只要双方能保证互相尊重风俗习惯，互助互爱，并在取得双方家长主要是少数民族一方家长的同意后，可以准许。

（4）对某些过去曾和汉族男子结婚后又离婚的少数民族妇女，和从小就被汉族人抚养、在生活习惯上与汉族差别不大的女子，如因与本民族男子结婚困难，要求与汉族男子结婚者，可以考虑其结婚。

（5）各少数民族的男女要求结婚者，依民族习惯办理。

（6）当事人双方或一方系混血儿，要求结婚者，首先应由本人肯定其民族成分，然后根据具体情况办理。[3]

如此看来，20 世纪 50 年代新疆区域内发生的族际婚姻，只要遭到一方民族群众的反对，就被认为会对民族团结带来损害，其个人的感情就必须服从整体的利益。这种族际婚姻政策，是以相对弱势的少数民族的群体需求为着眼点，而不是出于社会整合的角度。而且，如此的政策长期延续，

---

[1]　新疆维吾尔自治区地方志编纂委员会：《新疆通志·民政志》，新疆人民出版社，1992，第239 页。

[2]　李晓霞：《国家政策对族际婚姻状况的影响》，《新疆社会科学》2010 年第 5 期，第108 页。

[3]　新疆维吾尔自治区地方志编纂委员会：《新疆通志·民政志》，新疆人民出版社，1992，第841 页。

就可能表现出政府对族际婚姻持负面态度，影响公众对族际婚姻的认识与选择，不利于社会整合和个人婚姻自主权利的保护，客观上不利于民族关系的融合。①

1981 年 1 月 1 日，《中华人民共和国婚姻法》正式实施，族际婚姻的问题再次被提了出来。一些民族自治地方在法律上规定不得阻挠自愿的族际婚姻，如 1981 年 6 月 15 日颁布实施的《宁夏回族自治区执行中华人民共和国婚姻法的补充规定》：回族同其他民族的男女自愿结婚，任何人不得干涉。1983 年 7 月 16 日颁布实施的《海北藏族自治州关于施行中华人民共和国婚姻法的补充规定》：不同民族的男女通婚受法律保护，不允许以任何借口干涉和阻挠。新疆于 1982 年对如何处理族际婚姻问题正式提出了"一不提倡，二加以保护"的原则，不提倡是指教育双方认真考虑，不得草率；加以保护是指如果双方坚持结婚就不允许第三方伤害。婚姻当事人的个人权益开始被重视，并要求依法保护其自主权益。

1986 年，《新疆维吾尔自治区执行〈婚姻登记办法〉的补充规定》第一次以法规条例的形式对族际通婚的问题做出了规定："不同民族、特别是宗教信仰不同民族的通婚问题应慎重处理。一般应在申请与发证之间有间隔期。对其中感情较深、双方态度坚决的，按照《婚姻法》和《婚姻登记办法》的规定办理结婚登记。"不同民族的婚姻登记由县（市、区）民政局办理，而同一民族的婚姻登记，当时则由乡或街道办事处的人民政府办理，若符合结婚条件的当场登记并发给结婚证。可见，族际婚姻的登记以延长办证时间、提高登记机构的门槛来增加登记的难度，其目的仍然是要申请结婚者能够慎重地考虑自己的婚事。②

1996 年实施的《新疆维吾尔自治区婚姻登记管理办法》（新疆维吾尔自治区人民政府令〔第 62 号〕）规定，"宗教信仰或者民族不同的男女双方当事人，依法自愿申请办理婚姻登记的，任何组织和个人不得非法干涉。"不同民族结婚暂缓登记的规定被取消，他们享有与其他人同样的婚姻登记程序。之后，新疆族际婚姻的数量总体呈上升态势，其特点是北疆地区多于南疆地区，城市多于农村，多民族混居区多于单一民族聚居区，具

① 李晓霞：《国家政策对族际婚姻状况的影响》，《新疆社会科学》2010 年第 5 期，第 109 页。
② 李晓霞：《国家政策对族际婚姻状况的影响》，《新疆社会科学》2010 年第 5 期，第 109 页。

体表现为如下。

（1）以汉族为通婚对象的民族群体最多，汉族的族际婚姻数量最大，多数地区又主要表现为回汉通婚。

（2）散居民族成员的族际婚姻发生率较高，如散居在乌鲁木齐市、伊宁市、塔城市的锡伯、达斡尔、蒙古等民族。

（3）文化相近的民族之间更容易通婚，如维吾尔族、哈萨克族与乌孜别克族、塔塔尔族，汉族与满、蒙古、锡伯等民族间的通婚。[①]

在新疆，维吾尔族与汉族通婚的难度最大。近20年，在维吾尔族人与汉族人之间往来愈益频繁的同时，维吾尔族与汉族之间的界线却更趋严格，对本民族的认同与异民族的认异心理在增强，宗教对维吾尔族民众社会日常生活的干预程度加深，通婚者往往要承受主要来自维吾尔族社会的巨大压力。上述变化无疑与民族分裂势力和宗教极端势力的宣传和活动有关。同时，这也反映出物质生活水平的提高或族际交往的增加不必然能够促进民族之间深层次的融合。

鉴于族际通婚的复杂性本质，需要全社会能给予更多的理解与尊重族际婚姻者，新闻媒体不宜过于渲染族际婚姻或混合家庭的"积极作用"，以免产生事与愿违的效果，但可以进行引导，如客观报道一些和睦的族际婚姻、幸福的混合家庭的个案，有助于消除人们对族际婚姻的偏见和歧视。在全社会提倡婚姻自主，有利于减少社会和家庭对子女婚姻选择的干涉，为婚姻自主创造宽松的社会氛围。[②] 政府应该继续保持尊重个人选择意愿，对族际婚姻采取不干涉、不鼓励的态度。它所体现的是政府支持所有人合法的婚姻权利，即提倡个人的婚姻自由，体现出整个社会由重视群体利益向重视个人利益的变化。[③] 总之，国家政策对族际婚姻状况的影响是显而易见的，但政策导向要适度，要符合社会发展对族群通婚的要求以及人民群众对民族融合的诉求。

（二）经济一体的利益融合

经济发展是民族团结进步的物质基础。马克思主义的唯物史观认为：

---

① 李晓霞：《新疆族际婚姻的调查与分析》，《新疆大学学报》（哲学·人文社会科学版）2008年第3期，第82页。

② 李晓霞：《国家政策对族际婚姻状况的影响》，《新疆社会科学》2010年第5期，第112页。

③ 李晓霞：《国家政策对族际婚姻状况的影响》，《新疆社会科学》2010年第5期，第109页。

物质资料生产是民族团结存在与发展的先决条件；共同经济利益是民族团结的直接动因；民族问题归根到底要靠发展经济来解决。[①] 费孝通先生认为，中华民族在形成和发展中每前进一步，都是经济基础为其开辟道路。他指出，"比如在新石器时期，在黄河中下游都有不同的文化区，这些文化区逐步融合出现汉族的前身华夏的初级统一体，当时长城外牧区还是一个以匈奴为主的统一体和华夏及后来的汉族相对峙。经过多次北方民族进入中原地区及中原地区的汉族向四方扩散，才逐步汇合了长城内外的农牧两大统一体。又经过各民族流动、混杂、分合的过程，汉族成了特大的核心，但还是主要聚居在平原和盆地等适宜发展农业的地区。同时，汉族通过屯垦移民和通商在各非汉民族地区形成一个点线结合的网络，把东亚这一片土地上的各民族串联在一起，形成了中华民族自在的民族实体，并取得大一统的格局。"[②]

如同利益竞争导致国家间冲突一样，国家内部不同民族之间也存在着这种竞争关系。历史经验表明，利益格局是民族关系的核心。因此，有人评价甚至信奉："民族团结"始终需要靠经济发展来解决，而不是仅靠长期灌输的友谊和理性。从经济角度解决民族问题，被认为是进行民族冲突管理的主要途径。但经济发展不是解决民族问题的"万能药"。而且，共同的经济利益和经济空间可以把不同民族紧密联系在一起。但是，这一进程应坚持市场经济的自然调节作用。例如，苏联长期排斥市场经济，用行政手段管理国家，人为地在全国搞劳动分工，常常违反经济发展规律：乌兹别克斯坦生产棉花，自己却不能生产棉布；土库曼斯坦产天然气，90%的居民用不上天然气；哈萨克斯坦是畜牧业基地，肉的供应却很紧张。中央的计划经济使中亚国家向单一经济发展，把哈萨克斯坦适宜种棉花的土地划给乌兹别克斯坦，把乌兹别克斯坦适宜种粮食的土地划给哈萨克斯坦，又把乌兹别克斯坦适宜放牧的土地划给塔吉克斯坦。[③]

为了消除民族地区的不满，勃列日涅夫曾在经济上加大向民族地区倾斜的力度，实行低水平的"拉平"政策，让发达地区支持不发达地区。这种企图在短时间内实现拉平的政策既助长了一些落后民族的依赖心理，

[①] 陈辅逵：《经济发展是民族团结进步的物质基础》，《贵州民族研究》2000 年第 2 期，第 50 页。

[②] 费孝通等著《中华民族多元一体格局》，中央民族学院出版社，1989，第 33 页。

[③] 左凤荣：《民族政策与苏联解体》，《当代世界与社会主义》2010 年第 2 期，第 145 页。

也引起了一些发达民族地区的不满，反而助长了民族意识，加剧了民族矛盾以及中央与地方的矛盾。这种两边不讨好的做法使多数民族和少数民族都对联盟不满，增强了疏离感，一旦政治高压消失，联盟很难维系。① 2000 年 5 月，普京将俄联邦和民族事务部改为俄联邦事务、民族和移民政策事务部。2001 年 10 月 16 日，普京颁布总统令将该部撤销，其职能移交俄联邦内务部、俄联邦外交部和俄联邦经济发展与贸易部。2004 年 9 月 13 日，根据普京的命令成立了俄联邦地区发展部，俄联邦国家民族政策和民族关系以及保护俄联邦少数族裔和少数原住民权利的问题是该部的职权范围，意在通过促进民族地区的经济发展来解决民族问题。②

2009 年，世界银行考察了中国贫困的基本情况，发现"中国的贫困人口几乎都居住在或来自乡村地区"。中国 99% 的贫困人口来自农村地区，即使不把农民工算作农村人口，中国 90% 的贫困人口依然居住在农村。虽然地理和民族因素与贫困有关，但非贫困的唯一决定因素。尽管中国西部地区的贫困现象更普遍、更严重，但中国有近一半的贫困人口生活在国内其他地区。边远山区人口的贫困率是较中心地区居民的两到三倍，少数民族人口的贫困率是汉族人口的两到三倍。③ 此外，目前中国各民族在行业结构、职业结构中依然存在着一定程度的"民族分层"，这是经济一体建设的重大障碍，更是民族融合的巨大瓶颈。见表 5 - 3、表 5 - 4。

表 5 - 3　中国部分民族 2010 年各行业人口情况

单位：人

	农林牧渔业	采矿业	制造业	电力、燃气及水的生产和供应业	建筑业
壮　族	671180	3998	104039	3882	24868
满　族	326645	11159	44625	4237	21453
回　族	271879	134402	45893	4104	18302
维吾尔族	452827	1810	12396	1218	6180

① 左凤荣：《苏联处理民族问题的方法值得借鉴吗》，《同舟共进》2011 年第 8 期。
② 左凤荣：《现今俄罗斯的民族问题与民族政策》，《学习时报》2011 年 3 月 7 日。
③ 《中国贫困问题没那么简单》，《华尔街日报》2009 年 4 月 14 日，http：//www.cn.wsj.com/gb/20090414/chj135948.asp。

续表

	农林牧渔业	采矿业	制造业	电力、燃气及水的生产和供应业	建筑业
蒙 古 族	192666	3246	13128	2514	8265
藏 族	265616	619	4043	900	4932
朝 鲜 族	19142	408	9211	728	4261
哈萨克族	49694	435	1372	172	514
汉 族	30464154	762339	11586321	468186	3757220
全 国	34652177	809633	12078306	496115	3923145

	交通运输、仓储和邮政业	信息传输、计算机服务和软件业	批发和零售业	住宿和餐饮业	金融业
壮 族	19021	3149	53944	15075	3539
满 族	22422	3563	41676	13837	5255
回 族	24961	3421	51145	30295	4437
维吾尔族	8631	899	18305	4676	1063
蒙 古 族	9432	1763	17427	7124	3006
藏 族	3743	569	7476	4238	836
朝 鲜 族	3317	1121	10663	9100	1187
哈萨克族	1114	115	1405	640	172
汉 族	2411043	418085	6362189	1826988	553562
全 国	2545477	439621	6662783	1959534	581213

	房地产业	租赁和商业服务业	科学研究、技术服务和地质勘查业	水利、环境和公共设施管理业	居民服务和其他服务业
壮 族	2682	2817	1319	1857	10891
满 族	2998	3580	1908	1956	10539
回 族	3284	3753	1574	2161	7098
维吾尔族	686	2033	540	1473	3807
蒙 古 族	1336	1476	1021	1108	5355
藏 族	195	428	304	636	1226
朝 鲜 族	617	1141	352	311	2589
哈萨克族	88	167	114	292	479
汉 族	464280	469003	219738	252757	1322557
全 国	481146	491541	229670	267651	1391303

续表

	教育	卫生、社会保障和社会福利业	文化、体育和娱乐业	公共管理和社会组织	国际组织
壮　族	19403	7838	2249	16574	5
满　族	15282	7496	2574	17280	6
回　族	11883	6086	2768	16139	16
维吾尔族	12825	4566	3155	13195	2
蒙古族	12207	4946	2137	15255	2
藏　族	5552	2286	1140	18293	2
朝鲜族	3168	1490	901	2639	3
哈萨克族	2704	896	280	2786	3
汉　族	1520227	779654	305161	1680146	605
全　国	1651675	834148	324857	1836496	658

资料来源:《全国各民族分性别、行业的人口》,载国务院人口普查办公室、国家统计局人口和就业统计司编《中国 2010 年人口普查资料》,http://www.stats.gov.cn/tjsj/pcsj/rkpc/6rp/index-ch.htm。

表 5 - 4　中国部分民族 2010 年各职业人口情况

单位:人

	国家机关、党群组织、企业、事业单位负责人	专业技术人员	办事人员和有关人员	商业、服务业人员	农林牧渔水利业生产人员	生产、运输设备操作人员及有关人员	不便分类的其他从业人员
壮　族	6234	39916	22994	91072	670162	136922	1030
满　族	10113	41045	22227	73514	326434	84954	240
回　族	9006	34351	22733	99878	271415	76987	464
苗　族	2670	15904	9710	33616	355536	87289	288
白　族	955	6378	3594	10573	72560	14738	43
维吾尔族	2555	23275	10593	32616	453667	24948	640
彝　族	2681	14494	8432	25873	426372	38307	145
土家族	3707	21457	12952	44659	252307	83562	502
蒙古族	4933	27573	15334	33569	191916	29799	290
藏　族	2453	16433	8855	15769	267990	11301	233
布依族	853	5419	3293	9396	105149	27558	79
侗　族	1187	7203	4294	14360	101477	31485	164

续表

	国家机关、党群组织、企业、事业单位负责人	专业技术人员	办事人员和有关人员	商业、服务业人员	农林牧渔水利业生产人员	生产、运输设备操作人员及有关人员	不便分类的其他从业人员
瑶　族	905	5725	3456	9786	115493	20942	176
朝鲜族	2796	9730	4727	23857	19068	12104	67
哈尼族	420	2634	1508	7137	80244	9981	42
黎　族	465	2364	1855	5824	66254	4775	21
哈萨克族	782	4677	2337	3270	49210	3136	30
傣　族	334	2507	1507	6153	63752	4968	10
汉　族	1212401	4594688	2923525	11016430	30448221	15363859	65091
全　国	1268771	4892468	3093870	11588170	34633444	16110735	69691

资料来源：《全国各民族分性别、职业的人口》，载国务院人口普查办公室、国家统计局人口和就业统计司编《中国 2010 年人口普查资料》，http：//www.stats.gov.cn/tjsj/pcsj/rkpc/6rp/index-ch.htm。

中国政府多年来对少数民族贫困地区加大扶持力度并取得明显成效，虽然民族八省区（指少数民族人口相对集中的内蒙古、广西、西藏、宁夏、新疆五个自治区和贵州、云南、青海三个省）贫困面与全国相比仍然较大，但从其贫困发生率与全国相差百分点数值逐年减少情况分析，民族八省区减贫速度快于全国，贫困程度正在逐步缓解。据国家统计局 2011 年数据分析，2010 年末，民族八省区农村贫困人口为 1034.0 万人，比上年减少 417.2 万人；贫困发生率为 8.7%，下降 3.3 个百分点。2006～2010 年间，民族八省区农村贫困人口占全国农村贫困人口的比重分别为 36.7%、39.3%、39.6%、40.3% 和 38.5%，所占比重在 2006～2009 年呈逐年增加趋势，到 2010 年开始下降。2006 年至 2010 年的这 5 年民族八省区农村贫困发生率分别为 16.9%、13.8%、13.0%、12.0% 和 8.7%，虽逐年有所下降，但与全国农村同期贫困发生率（6.0%、4.6%、4.2%、3.8% 和 2.8%）相比，分别高 10.9、9.2、8.8、8.2 和 5.9 个百分点。[1]

2011 年 6 月 22 日，国家民委等 5 部门印发《扶持人口较少民族发展规

①　《2010 年少数民族地区农村贫困监测结果》，国家民委网站，2011 年 7 月 29 日，http：//www.seac.gov.cn/art/2011/7/29/art_144_131405.html。

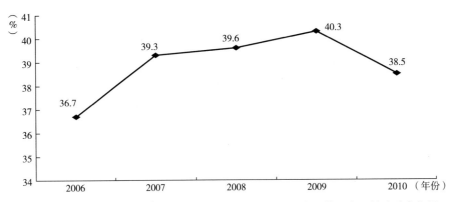

图 5 - 1　2006～2010 年民族八省区农村贫困人口占全国农村贫困人口的比重变化图

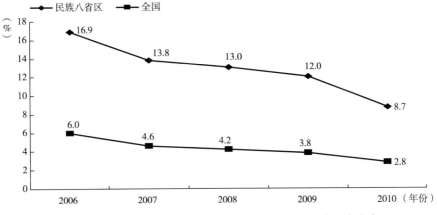

图 5 - 2　2006～2010 年民族八省区农村与全国农村贫困发生率

划（2011～2015 年）》，增加景颇、达斡尔、柯尔克孜、锡伯、仫佬、土族等 6 个民族为人口较少民族加以扶持。人口较少民族是指全国总人口在 30 万人以下的 28 个民族，这些民族是"珞巴族、高山族、赫哲族、塔塔尔族、独龙族、鄂伦春族、门巴族、乌孜别克族、裕固族、俄罗斯族、保安族、德昂族、基诺族、京族、怒族、鄂温克族、普米族、阿昌族、塔吉克族、布朗族、撒拉族、毛南族、景颇族、达斡尔族、柯尔克孜族、锡伯族、仫佬族、土族。根据全国第五次人口普查，28 个人口较少民族总人口为 169. 5 万人。"①

---

① 《扶持人口较少民族发展规划（2011～2015 年）》，http：//www.gov.cn/gzdt/2011 - 07/01/ content_ 1897797. htm。

　　总体而言，我国民族地区往往自然条件恶劣，基础设施建设滞后，基础教育和社会保障不足，社会发育程度较低，群众自我发展能力较弱，是国家扶贫开发最难攻克的堡垒。2012 年，中国少数民族地区农村贫困人口数近 4000 万。在广西，贫困人口中，80% 以上是少数民族人口。在新疆，有"两个 80%"，即南疆 80% 是贫困人口，北疆贫困人口中 80% 是少数民族。因此，国家扶贫开发的对象主要是少数民族群众。自 20 世纪 50 年代以来，中央政府在人力、物力和财力上对上述欠发达地区的建设事业给予大力支持和政策倾斜，是完全必要的，也取得了显著的成果。

　　从我国当前民族分布的现实出发，国家对少数民族地区的支持中，民族因素和地域因素的考虑仍将在相当长一个时期内并存，但随着民族混居程度的加深，随着少数民族群众生活和文化水平的提高，要有意识地向强调地域因素的方向引导。也就是说，经济支持要更多地强调以自然环境艰苦、群众生活贫困等地域因素为标准，更多地强调对贫困地区、对生活在那里的所有民族群众的支持，比如"西部大开发"、"兴边富民计划"，而不是过分强调对特定民族的支持。以地域因素为主要着眼点，国家大部分支持仍然会落实到少数民族群众，但是其社会政治导向作用是不一样的。①

　　此外，推动民族地区的经济发展，要坚持"输血"不如"造血"、"富口袋"不如"富脑袋"的原则，只有增强少数民族贫困地区的自我发展能力，以区域发展带动扶贫攻坚，才能真正使少数民族贫困人口，尤其是深度贫困人口走上致富之路。经济发展的"溢出效应"才能真正对民族融合产生积极的促进作用。但是，在致力于经济一体的时候，要超越"援助与感恩"式的传统思路，否则善意也会导致反感："中央政府为加强西藏和新疆等西部民族地区各项事业发展所提供的必要的资金、物资、技术人员等，如果称之为'援助'，并把一些建设项目称之为'援藏项目'，把一些人员称之为'援藏人员'，可能并不是一个恰当的称谓。"②

　　　　在西藏各地的那些"援藏项目"建筑物旁边都可以见到一面墙一样大小的"感谢碑"，上面写着"感谢 ×× 人民对西藏的支援"等赫然汉文大字。在国际藏学会议上放映的纪录片中，那些批评中国的境外人士是把这样的"感谢碑"作为负面图像来展示的，用来表明汉族

①　朱维群：《对当前民族领域问题的几点思考》，《学习时报》2012 年 2 月 13 日。
②　马戎：《超越"援助"和"感恩"》，《南风窗》2010 年第 10 期，第 16 页。

和东部省市要求当地藏人"感恩"和藏民的反感，但正是这些"感谢碑"，在东部"援藏干部"的眼里往往还是自己"政绩"的标志。这样的反差暴露出我们在处理民族关系时诸多值得深思的问题。在一个大家庭里，根据客观需要，家长组织一些兄弟姐妹向另一些兄弟姐妹提供一些帮助，难道还要求他们向提供帮助的兄弟"感恩"吗？如果兄弟姐妹之间是这样一种"施舍"和"感恩"的关系，那么这个家还能够成其为一个共同的家吗？①

的确，每个人或每个群体都有自己的尊严，在社会经济发展中处在相对优势地位的汉族，一定要特别注意对其他兄弟民族的尊重。这种尊重并不只是口头表示或需要做出什么姿态，而需要用自己的心去体验，要设身处地站到对方的角度上去体会对方的心情。"援助与感恩"模式会触及少数民族同胞的自尊心。一个国家内的兄弟姐妹之间，只有双向互助，没有单向的"援助"，只有大家的心息相通，不需要再三地强调"感恩"。事实上，感情交流是双向的，经济一体也是双向的。笔者在青海玉树地震后去了灾区，玉树的干部群众常说的一句话是"他们知道感恩，感谢全国人民对玉树的挂念与关心"，但笔者认为，我们也要对玉树这样的民族地区"心存感激"，因为，他们宁可牺牲自己的经济发展，也要守卫这片"净土"，他们不愿让可可西里保护区、三江源头的生态环境受到任何破坏。

（三）教育发展的思想融合

1949 年以前，全国没有一所正规的少数民族高等学校，全国少数民族和民族地区适龄儿童的入学率极低，如新疆地区 1928 年学龄儿童的入学率只有 2%，宁夏 1949 年适龄儿童的入学率为 10%，西藏为 2%。教育发展的落后，导致少数民族和民族地区文盲率极高。20 世纪三四十年代，全国有 22 个少数民族人口的文盲率在 95% 以上。即使文盲率较低的朝鲜、蒙古、乌孜别克等民族的文盲率也在 40% ~60% 之间。② 1951 年 9 月，教育部在北京召开了第一次全国民族教育工作会议，确定了新中国民族教育发展的方针和任务，并决定在教育部设立民族教育司，各省教育厅也设立相应的机构，主要负责少数民族和民族地区教育的发展。随后又分别于 1956 年、1981 年、1992 年召开了第二次、第三次、第四次全国少数民族教育工

① 马戎：《超越"援助"和"感恩"》，《南风窗》2010 年第 10 期，第 16 ~17 页。
② 杨军：《西北少数民族地区基础教育均衡发展研究》，民族出版社，2006，第 63 页。

作会议，对少数民族和民族地区教育发展的经验、问题进行总结分析，并就如何加快少数民族和民族地区教育事业的发展提出了任务。[①]

2002 年，国务院颁布了《关于深化改革加快发展民族教育的决定》，对新时期少数民族教育工作提出了明确的发展目标和发展要求。近年来，我国政府为促进少数民族教育发展采取了一系列重大措施，少数民族教育事业获得了巨大发展，与其他地区教育发展的差距不断缩小。1951 年，全国共有少数民族小学生 94.3 万人，2007 年增长到 1081.28 万人，是 1951 年的 11.5 倍；1951 年全国共有少数民族普通中学生 4.031 万人，2007 年达到 689.39 万人，是 1951 年的 171 倍；2007 年全国高等学校共有少数民族在校学生 112.69 万人，是 1951 年在校生的 877 倍。[②]

当然，在实现个体平等之前，在过渡期内，通过优惠政策提升民族群体的整体能力是十分必要的。以教育为例，由于历史原因以及教育资源分配的地域因素等现实原因，各民族群体的受教育程度上存在很大差异（见表 5 - 5）。在如此差异上，实现充分和真正的个体平等几乎是不可能的。因此，2010 年 7 月 29 日，公布的《国家中长期教育改革和发展规划纲要（2010 ~ 2020 年)》（以下简称《教育规划纲要》）提出：公共教育资源要向民族地区倾斜。

表 5 - 5　中国部分民族 2010 年"未上过学"、"大学及以上"学历情况

单位：人

	6 岁及以上人口	未上过学	大学专科	大学本科	研究生
壮　族	15450124	734370	560431	296407	15980
满　族	9644853	206212	576376	477022	43161
回　族	9684824	859803	504660	371555	30222
苗　族	8509677	872566	235032	132635	7177
白　族	1785320	104148	79341	59298	3550
维吾尔族	8911219	312376	382935	178129	4566
彝　族	7792892	1114281	183627	106949	4276
土 家 族	7630400	466043	330121	204943	14567
蒙 古 族	5493484	181845	420682	335274	26536

---

① 孙百才、孙善鑫：《我国发展少数民族教育的重大举措与主要经验》，《西北师大学报》（社会科学版）2009 年第 1 期，第 80 页。

② 孙百才、孙善鑫：《我国发展少数民族教育的重大举措与主要经验》，《西北师大学报》（社会科学版）2009 年第 1 期，第 83 页。

续表

	6 岁及以上人口	未上过学	大学专科	大学本科	研究生
藏　　族	5652093	1727358	192834	111515	4964
布 依 族	2598781	317940	72622	43878	1622
侗　　族	2619132	173293	101127	57878	2620
瑶　　族	2496825	166437	81596	28889	3554
朝 鲜 族	1764882	22789	130639	141342	9675
哈 尼 族	1495794	217182	29350	15456	507
黎　　族	1317322	85524	35779	15722	561
哈萨克族	1305071	20763	79416	34739	963
傣　　族	1154883	130337	30213	15860	526
汉　　族	1140804980	53726722	64353701	42822692	3955659
全　　国	1242546122	62136405	68610519	45625793	4138585

　　《教育规划纲要》还要求，加强教育对口支援。从 20 世纪 80 年代开始，在全国部分重点高校和有关省、自治区的高校开办高校民族班、预科班；从 1984 年起在内地举办西藏班（校）；1987 年起举办内地高校新疆民族班、预科班；从 2000 年起举办内地新疆高中班，等等，这些特殊的政策和措施极大地促进了少数民族地区的教育发展、社会进步。迄今，内地民族班已为少数民族地区培养输送 26 万名各类建设人才。在 300 所高校举办民族预科班，已累计招生 26.5 万人，在校生 3.1 万人；少数民族骨干人才硕士研究生基础强化培训累计 8500 人，在校生近 3000 人。

　　但由于社会、历史、自然等原因，与沿海和内地发达地区相比，少数民族地区的社会发展仍然比较缓慢，生产力发展水平还比较低，劳动者素质亟待提高，特别是博士、硕士毕业的高层次骨干人才严重匮乏。据统计，西部地区各类专业人才仅占全国总量的 20.4%，高级专业技术人才只占 13.6%，两院院士仅占 8.3%，特别是少数民族院士更是凤毛麟角；少数民族地区专业技术人员中，工程技术人员和科学研究人员仅分别占 15.4% 和 8.8%。① 因此，在目前阶段以群体平等为基础，采取特殊措施大力培养少数民族高层次骨干人才的确是一项迫切的任务。当然，最终的政策导向是

① 《教育部、国家发展改革委、国家民委、财政部、人事部关于大力培养少数民族高层次骨干人才的意见》，《中华人民共和国教育部公报》2004 年第 9 期。

培养各类型、高层次的社会主义优秀人才，以个体的全面发展，实现中华民族的繁荣富强。

在实践操作中，在一些民族自治地方，少数民族与汉族不仅使用同一种语言文字，文化传统也非常相似，而且从小学到高中都在同一所学校或者教育质量相近的学校就读，但在高考录取时，因为外在的"民族身份"却能够享受高等教育招生优惠政策的照顾，实质上背离了平等的基本精神。① 不可否认，对少数民族考生实施优惠政策是很有必要的，但它的确增加了一些人的依赖心理。

> 阿克苏地区师范学校一位维吾尔族副校长：照顾政策对少数民族快速发展有利。由于当地经济发展落后、家庭教育资金投入少，国家对边远地区教育投入也较少，教育水平和学生素质都较低，照顾会给少数民族学生提供更多的机会。但照顾后，就有了依赖心理，认为我们是少数民族，应该照顾。在升学上是不公平的竞争，到就业时却是公平竞争，没有什么照顾。应该把握住升学的机会，通过个人努力学习来缩小差距，从而在就业时的公平竞争中不处于劣势。②

目前，很多的应对策略主要集中在加强民族身份更改的管理上，忽视了优惠政策的内在合理性检视，难以从根本上杜绝此类行为。本质上，教育资源供给的非同质化主要是由于区域之间的教育发展不均衡造成的。因此，长远的考虑应当是区域性政策取代民族性政策，即针对同一区域的每一个个体执行同样的政策。

民族学院是中国少数民族教育的一大特色，是党和国家为解决我国民

---

① 例如，新疆 1985 年高等学校、中等专业学校招生补充规定：父母双方为 11 个少数民族（维吾尔、哈萨克、蒙古、柯尔克孜、塔塔尔、乌孜别克、塔吉克、藏、达斡尔、锡伯、俄罗斯族）的考生，在录取时降低控制分数线，比汉族考生降低 100 分；父母有一方属 11 个少数民族，一方是汉族的，享受降低 30 分的照顾。1987 年自治区在招生工作补充规定中，又增加了照顾的幅度：父母双方为 11 个少数民族者，报考内地院校的考生照顾幅度为 100 分；报考本地院校的考生照顾幅度为 150 分；父母一方为汉族者，报考内地院校或本地院校的考生，均照顾 80 分。回族考生在录取时照顾 10 分。从短期看，上述政策有一定的针对性和必要性，但从长期看，如此的差异性政策必然导致"民族区隔"的增强，不利于民族融合。相关论述见李晓霞《新疆高校招生中的少数民族考生优惠政策分析》，《新疆大学学报》2005 年第 1 期，第 79 页。

② 李晓霞：《新疆高校招生中的少数民族考生优惠政策分析》，《新疆大学学报》2005 年第 1 期，第 83 页。

族教育问题而创办的专门培养少数民族干部和各类专业人才的综合性普通高等学校。从教育对象来说，民族学院的学生以我国 55 个少数民族的青年为主体，少数民族学生占在校生总数的 70% 以上。[①] 早在 1941 年 9 月，中国共产党在延安就创办了延安民族学院。第一批学员有 200 多人，其中蒙古族最多，占学员总数的 40%。在艰苦的战争年代，后方物资紧缺，需要大力精简人员，而前方军情紧迫，需要大量补充战士。但是，党中央仍把延安民族学院的少数民族学员全部留在延安，尽可能地为他们创造条件，让他们安心学习。当党中央撤离延安时，少数民族学员被送往内蒙古大草原的深处，在中国共产党建立的第一个少数民族自治区得到了从事民族工作的锻炼。[②]

　　1950 年 11 月 24 日，中央人民政府政务院第 60 次政务会议批准了《培养少数民族干部试行方案》和《筹办中央民族学院试行方案》，决定"在北京设立中央民族学院，并在西北、西南、中南各设立中央民族学院分院一处"。从 1950 年到 1958 年，我国先后建立了西北、西南、贵州、中央、云南、中南、广东、广西、青海、西藏等 10 所民族学院。目前，国家民委所属 6 所民族院校，地方所属有 8 所民族院校。见表 5-6。民族学院的招生已经到文、理、农、工、医、师范、财经、政法、体育、艺术等各科类，使其更加适应少数民族和民族社会经济发展的需要。

表 5-6　中国的 14 所民族院校

国家民委所属的 6 所民族院校	地方所属的 8 所民族院校
中央民族大学（Minzu University of China） 中南民族大学（South - Central University for Nationalities） 西北民族大学（Northwest University for Nationalities） 西南民族大学（Southwest University for Nationalities） 北方民族大学（原西北第二民族学院，Beifang University of Nationalities） 大连民族学院（Dalian Nationalities University）	内蒙古民族大学（Inner Mongolia University for the Nationalities） 湖北民族学院（Hubei University for Nationalities） 广西民族大学（Guangxi University for Nationalities） 云南民族大学（Yunnan University of Nationalities） 贵州民族大学（Guizhou Minzu University） 西藏民族学院（Tibet University for Nationalities） 青海民族大学（Qinhai University for Nationalities） 四川民族学院（Sichuan University for Nationalities）

① 唐纪南：《和共和国一起成长——我国民族学院历史和现状的调查研究报告》，《民族研究》1995 年第 1 期，第 33 页。
② 钟荷：《抗日战争中的少数民族：延安民族学院的师生们》，《中国民族报》2010 年 10 月 22 日。

　　语言政策同教育政策密切相关，语言平等是民族平等的一个重要内容和关键指标。因此，在民族地区，双语教育成为民族教育的一个重要组成部分。1951 年，政务院决定："在政务院文化教育委员会内设民族语言文字研究指导委员会，指导和组织关于少数民族语言文字的研究工作，帮助尚无文字的民族创造文字，帮助文字不完备的民族逐渐充实其文字。"①1956 年，国家组织了有 700 多人参加的 7 个民族语言调查队，在 16 个省、自治区对 33 种民族语言进行了大规模的普查工作，之后又根据各民族"自愿自择"和有利于本民族发展繁荣的方针，在民族语言方面做了以下几项工作，如表 5 - 7 所示。

表 5 - 7　20 世纪 50 年代，国家对民族语言的主要工作及具体规定

主要工作	具体规定
① 帮助壮、彝、布依、苗、侗、哈尼、傈僳、黎、佤和纳西这 10 个民族制定了以拉丁字母为基础的文字 ② 帮助傣族在西双版纳、德宏两大方言区傣文的基础上，设计了两种傣文改革方案 ③ 帮助景颇族、拉祜族改进了原有的拉丁字母形式的文字 ④ 帮助原来使用阿拉伯文字母的维吾尔族和哈萨克族设计了以拉丁字母为基础的新文字	① 民族自治地方的自治机关都把本民族的语言作为主要工作语言之一 ② 各自治地方人大选举时，使用当地民族语言 ③ 在少数民族地区用当地民族语言文字进行审判或发布布告和文件，各民族成员有使用本民族语言进行诉讼的权利 ④ 有本民族通用文字的少数民族地区，在学校里注意使用当地民族的语言文字进行教学 ⑤ 在有条件的自治地方，建立使用本民族语言文字的新闻、广播、出版事业

　　目前，全国使用民族语言、汉语双语教学的学校有 1 万多所，在校学生达 600 多万人，还有 21 个民族的文字在中小学不同层次开展民族语文教学。② 这既保证了少数民族学生使用本民族语言，也积极推广了汉语，使得少数民族学生在保持民族文化传统的同时，还能够适应全球化竞争的新形势。需要强调的是，任何语言（不管其是否有文字）都是人类社会文明发展历史留下的宝贵遗产，都应受到应有的保护与尊重。学习多种语言，能帮助儿童增进对文化多样性和差异性的理解与尊重，从而提高沟通能力和包容心，能够更好地认知自我和他者。在实践中，要实现民族地区双语教

---

① 马寅主编《中国少数民族》，人民出版社，1981，第 17 页。
② 孙百才、孙善鑫：《我国发展少数民族教育的重大举措与主要经验》，《西北师大学报》（社会科学版）2009 年第 1 期，第 80 页。

育健康稳步发展，应坚持如下几个基本原则。

（1）尊重语言发展以及民众的选择意愿，避免强制推行某种语言。任何依靠行政命令和强制手段来推动汉语教学的方法，只能刺激少数民族在感情上的反弹和抵制，产生适得其反的效果。

（2）因地制宜，多种模式，切忌"一刀切"。我国各地区的民族聚居情况、语言使用情况千差万别，在推动双语教育时必须考虑学校所在地区的语言使用环境，参考当地实际情况提出不同的语言教学模式，不能"一刀切"地简单推行某一种语言教学模式。

（3）要推动汉族和少数民族之间的双向语言学习。逐步改变我国长期以来"少数民族学汉语，汉族不学少数民族语言"的单向语言学习模式，对于我国的民族平等和民族团结将起到极为重要的作用。[1]

（4）要把保证教学质量放在第一位，实事求是，稳步推进。要有一定规模的受过语言学训练、能够使用双语教学的合格教师队伍。要有高质量的双语教材和课外阅读参考读物。要有一定的语言环境。无论从促进民族交流还是从改善语言环境的角度考虑，各族学生合校、合班都是十分有益的。总之，绝不能不顾实际，盲目追求"大干快上"，反而会因为教学质量下降而严重损害双语教育的声誉，挫伤民众的双语学习积极性。[2]

总体来说，在双语教学问题上，应适当淡化政策因素，少数民族会自然而然地根据自身发展的实际需要来选择语言的学习——群众的意愿是唯一的参照系。在正常的社会氛围下，大多数群众的意愿反映出来的是语言的实际应用性和他们的就业考虑。语言是学习的工具，是生存与发展的工具，在涉及学习国内"族际共同语"和世界"国际共同语"的问题时，理性应当胜过感情。[3]

---

[1]　在新中国成立初期来到蒙古族地区特别是到基层工作的汉族、回族、满族职工当中，学习蒙古语的热情很高，政府专门印制了蒙古语学习读本，鼓励职工学习蒙古语言文字。西藏的情况十分相似，20世纪50年代初中国人民解放军第十八军入藏时，中央出于对西藏民族问题的关注，要求各连队都要配备藏语翻译，同时要求在藏工作的干部、工人、士兵都应学习说简单的藏语，也要求主要领导干部通晓藏语。所以那时候在藏族地区工作的汉族干部，学习藏语的热情很高，甚至在很多场合主动使用藏语。而现在很少有汉族人主动学习少数民族的语言。相关论述参见马戎《语言使用与族群关系》，《西北民族研究》2004年第1期，第33页。

[2]　马戎：《民族地区开展双语教育必须坚持的几个原则（下）》，《中国民族报》2011年2月25日。

[3]　马戎：《语言使用与族群关系》，《西北民族研究》2004年第1期，第43页。

我国《宪法》里有这样两条：一是各民族都有使用和发展本民族语言文字的自由；二是国家推广全国通用的普通话。对这两句话应该科学地、辩证地、统一地去认识，而不是把它们对立起来。在我国的社会生活和民族交往中，应用性最强、最普遍的语言是汉语。[①] 汉语文在中国几千年的文化发展史和现代社会发展过程中，已经在客观上成为中华民族大家庭的"通用语言"、"公共语言"或"族际共同语"。所以不能根据名称简单地把今天的"汉语"顾名思义地只看作是"汉族的语言"。[②] 要批评两种极端的思想：一学普通话，就说搞"同化"，这是错的；一说民族语言，就说是有狭隘的民族主义思想，这同样是错误的理解。

第三节　完善国际的民族冲突管理工作

中国的民族问题是中国的内部事务。中国政府坚决反对和抵制一切外部势力打着"民族"、"宗教"、"人权"的旗号插手、干预中国的民族问题，严密防范和依法打击境内外各种恐怖主义势力、分裂主义势力、极端主义势力对中国的渗透、破坏、颠覆活动。

目前，我国民族工作总的形势是好的，但依然存在一些问题。有一类问题是由于改革开放以来社会深刻变革引起的，总体上属于人民内部矛盾，属于教育、管理、引导问题。还有一类是西方敌对势力不愿意看到一个统一、富强的中国崛起于当今世界，利用民族、宗教问题对我国实行渗透和颠覆，这类矛盾属于敌我矛盾，是要针锋相对开展斗争的问题。

完善国际层面的民族冲突管理工作，一则需要加强世界民族问题的国际调研，二来在此基础上学习各国反分裂斗争的先进经验，并能够针对性地做好各项工作，根本目的是要使我们的制度设计和政策制定更有利于增

---

① 据统计，全世界有6000多种语言，而包括汉语在内有130种语言被中国的13亿人口使用。目前，中国13亿人口中有12.6亿人使用汉语，只有5835万人使用余下的129种语言。在我国每年的出版物中，有99%是汉文出版物，如能熟练地掌握汉语文，就意味着可以接触和使用国内信息总量的99%，这是数量巨大和无法替代的资源。相关论述参见刘思湘《汉语全球影响力第六》，《教育时报》2011年7月29日。

② 有一些少数民族（回、满、赫哲、土家、锡伯、畲族等）的绝大多数以汉语为自己的语言，一些少数民族（蒙古、藏、壮、撒拉、苗、瑶、东乡、土、保安、羌、仫佬、白族等）人口中有相当大比例的干部群众通用汉语，其他少数民族的知识分子和干部也大部分通晓汉语。相关论述参见马戎《语言使用与族群关系》，《西北民族研究》2004年第1期，第22页。

进中华民族的凝聚力，能够及时化解社会发展过程中出现的影响民族关系的各类矛盾和突出问题。

毫无疑问，民族团结是中国的国家核心利益问题，民族工作可能比其他工作更需要注重细节，但在一些具体事情上我们到目前做得还不够理想。例如，在一定意义上，"中国民族问题"中核心词汇的翻译导致我们在国际语境中比较困难。

第一，如何翻译"中国"，即 CHINESE 的翻译。CHINESE 可以翻译成"中国人"，也常常被人翻译成"汉族"，这是个很大的问题。例如，国内高校的中文系往往成为汉语言文学专业（Chinese Language and Literature）的代名词，给人的误区是中文等同于汉语。北京大学中国语言文学系共设有 4 个本科专业：中国文学（Chinese Literature）、汉语语言学（Chinese Linguistics）、古典文献学（Study of Chinese Classics and Archives）、应用语言学（Applied Linguistics：Chinese Information Processing）。其中的问题是，将汉语（Chinese）等同于中文（Chinese），这显然不对。中文应是中国语言文学的缩写，是 56 个民族共同智慧的结晶。因此，建议汉族就用"Han"或"Han Chinese"，而 CHINESE 是代表由汉、藏、回族等 56 个成员共同组成的中华民族整体，即"中国人"。

目前，做得比较好的是中国人民大学国学院，于 2008 年 6 月 22 日成立了"汉藏佛学研究中心"。其初衷是，认为汉藏佛学比较研究有助于加深汉藏两个民族相互了解，促进在宗教文化上的相互理解，培养和建立两个民族之间在文化和情感方面的亲和力。其深刻含义是，国学既包括汉学也包括藏学等，要向国际社会展现汉藏等民族均是中华民族大家庭中平等的一分子。

第二，如何翻译"民族"。德国汉学家托马斯·海博尔（Thomas Heberer）指出，"中文从未对 peoples，nation，nationality and ethnos 做出区分，所有的这些单词混合为一个单一的术语：'民族'。"[1] 如果把中华民族翻译成 NATION，把 56 个民族翻译成 NATIONALITY，这会给我们带来很大的困扰。[2]

---

[1]　Thomas Heberer, *China and its National Minorities：Autonomy or Assimilation?*, New York：M. E. Sharp, Inc., 1989, p. 9.

[2]　"Nationality"的词根是"nation"，苏联学者普遍把"民族"译成英文时译做"Nationality"。中国政府组织的英文翻译，承袭苏联的译法，也把"民族"统一译为"Nationality"，把少数民族译为"Minority nationalities"。

因为，NATIONALITY 在英文语境中常常表示"国籍"，在西方人看来任何一个 NATIONALITY，本来就该独立建国。此外，将"地方民族主义"翻译成英文 REGIONAL NATIONALISM，同样会造成极大的误导，会有人误以为相关地区出现了民族独立的问题。

根据 1997 年的《欧洲国民协定》，NATIONALITY 是指个人与国家在法律上的结合，而与其族源（ethnic origin）无关。根据这一界定和在该《协定》中所使用的情况，这里的 NATIONALITY 应译为"国民"，而不宜译成"民族"。尽管这两个概念之间有密切的联系，但侧重点有所不同。与此相关，"multiple nationality"可译为"多重国籍"。

汉语的"中华民族"与 CHINESE NATION 对应严整。但国内对少数民族的翻译基本上是"五花八门"、没有统一，如中华人民共和国国家民族事务委员会（State Ethnic Affairs Commission of the People's Republic of China）；中央民族大学（Minzu University of China）；贵州民族大学（Guizhou Minzu University）；北方民族大学（Beifang University of Nationalities）；西藏民族学院（Tibet University for Nationalities）；大连民族学院（Dalian Nationalities University），等等。其产生的负面影响如下。

（1）民族翻译的不统一，不利于建立统一的民族意识，不利于对外准确描述中国的民族事务。

（2）用 NATIONALITY 来翻译中国的少数民族，极不准确。因为对外国人来讲，NATIONALITY 让人首先想到的是"国家、国籍"，而非民族。

（3）在 Google 上搜索 NATIONALITY UNIVERSITY，基本全是中国的；国外只有 NATIONAL UNIVERSITY（国立大学）。①

因此，建议"中华民族就用 NATION，五十六民族用汉语拼音 MINZU"。类似的问题，如把"中国龙"译成"Chinese dragon"，无论怎么解释，西方人都会把 dragon 看作是"邪恶、丑陋的化身"。所以，不如直接

① 在美国，有部落学院（Tribal Colleges），与中国的民族学院有些类似，但差别很大。1968 年，美国第一所部落学院纳瓦霍社区学院（Navajo Community College）成立，此后其他部落学院相继在加州、北达科他州和南达科他州建立。从其英文名称可见，强调的是社区（community），而不是族群（ethnic group）。此外，美国部落学院的学生规模一般比较小，全美部落学院只有 3 所超过 1000 人，分别是迪内学院（Dine College）、俄克拉荷马州东北州立大学（Northeastern State University of Oklahoma）和亚利桑那州北方先锋学院（Northland Pioneer College of Arizona）。

用汉语拼音，即"Chinese Long"①，以突出中西差异，让他们自己去理解，时间长了，这个话语就形成了。

第三，如何使用"问题"。西方人把不同的"问题"用不同的单词进行表述，如表示"领域"的 Issue、表示"疑问"的 Question、表示"棘手的事情、麻烦"的 Problem。但在中国，我们只用一个词表述——"问题"。今天，我们在很多场合都谈论"民族问题"，三个层面的意义往往最后都偏转到了"麻烦"语意上，这有可能造成"中国民族关系真的出事了"的错觉，久而久之，"民族问题"成为"自我实现的预言"。因此，建议慎用、慎谈"民族问题"四个字，或用其他不带有负面导向意味（如民族事务、民族关系等）的表述方法。

在政治实践中，表述或修辞的作用不可低估，对问题的表述包含着实践性的政治智慧。完善中国民族事务的话语表述，需要用现代性话语表述中国民族事务，需要用正面话语引导中国民族关系，等等，具体内容包括以下五个方面。

第一，需要用现代性话语表述中国民族事务。首先，要摆脱历史依赖。② 中国是拥有 5000 年不间断历史的文明古国，众多民族在漫长的岁月中创造了灿烂辉煌的文化遗产。所以，我们的话语叙述对历史有着强烈的依赖性，但是国际关系是很健忘的，国际社会往往关注一个国家正在做什么，而不是历史上做过什么。2010 年，笔者在科索沃访问时遇到一位美国外交官，他说："科索沃已经独立两年，不论其独立理由是否充分，但独立的科索沃已经成为现实。中国是一个大国，要承认这个国际事实，而不是不负责任的'视而不见'。"我对他说："我不跟你讲元朝、明朝，只讲1949 年中华人民共和国成立到现在，西藏、新疆是中国领土的一部分是一个全球公认的事实，为什么有些美国人还在否认这个事实，如此是不是真正的不负责任。"听后，这位美国外交官哑口无言。因此，我们要摆脱历史依赖，从现实中找寻"麻烦制造者"的软肋，用他的话语来封他的嘴。

其次，要注意话语叙述的针对性问题。例如，我们在国外对待达赖是

---

① 不过，用"Long"来翻译龙容易引起歧义，即"长"。这个问题翻译界早有热论，类似的还有"宋朝"，译成"Song Dynasty"容易导致西方受众尤其是英语受众的困扰，可能会误以为这个时代诗歌繁盛，所以以为名。可以用音译变音的方法解决，比如龙可以译成"Loong"，宋译成"Sung"。

② 关凯:《当代中国社会的民族想象》,《中国民族报》2010 年 7 月 9 日。

从反分裂、维护主权这个角度应对的，而达赖说的是另外一个问题，即西藏的民族宗教问题、文化保护问题、人权问题等，导致我们的应对缺乏针对性。此外，达赖在国外的活动主要依靠公民社会，而我们靠的是外交部、驻外使领馆，效果自然不够理想。所以，我们的话语对象和交流平台不仅要针对国际社会的各国政府、知识精英，也要针对国际社会的普通民众、一般受众。

第二，需要用正面话语引导中国民族关系。马戎教授 2011 年发表了一篇重要论文《21 世纪的中国是否存在国家分裂的风险》，提出了迫使中国学界、政界认真思考的重大命题。马戎指出，中国在 21 世纪将要面临的最大风险就是国家分裂，"不得不说，看到苏联和南斯拉夫解体的前车之鉴，假如继续坚持现在的思路和做法，中国在未来始终存在着以现有的'民族'为单元分裂的风险。"[①] 有学者指出，如此的分析可能会遭遇"皮格马利翁效应"（Pygmalion Effect），又称"毕马龙效应"，它与"自我应验预言"或"自我实现预言"同义。[②] 皮格马利翁效应的内涵就是：如果我们把对某民族的强烈预期作为环境信息传达给对方，就会影响对方的行为，从而导致这种预期变成现实。简单地说，如果舆论总是在谈论"分裂"的前景与可能，久而久之，负面预期终究会自我实现。

2012 年夏天，笔者赴美国科罗拉多州参加中欧美学术论坛。中欧美三方最重要的战略家和政府官员会聚于此，阵容强大。在会议进程中，一位美国战略家指出，希望中国人不要老是谈论"美国衰落"，"因为谈多了，美国就真的衰落了"。美国学者强调，实力"衰落"是非常不好的描述方法，更准确的描述是国家间"实力的相对接近"。他担心，一旦民众感知国家实力下降，民族主义情绪便得以提升或动员，而恐惧会导致非理性的政策制定。笔者对这位美国战略家说："请美国朋友也不要老谈论中国民族问题、人权问题等这样那样的问题，因为谈论久了，我们也担心各种话语层

① 马戎：《21 世纪的中国是否存在国家分裂的风险》，《领导者》2011 年第 2 期，第 106 页。
② 皮格马利翁是古希腊神话中塞浦路斯国王。这个国王性情孤僻，常年独居。他善于雕刻，孤寂中用象牙雕刻了一座表现了他理想中的女性的美女像。久而久之，他竟对自己的作品产生了爱慕之情。他祈求爱神阿佛罗狄忒赋予雕像以生命。阿佛罗狄忒为他的真诚所感动，就使这座美女雕像活了起来。皮格马利翁遂称她为伽拉忒亚，并娶她为妻。后人就把由期望而产生实际效果的现象叫做皮格马利翁效应。相关论述参见张海洋《汉语"民族"的语境中性与皮格马利翁效应——马戎教授"21 世纪的中国是否存在国家分裂的风险"述评》，《思想战线》2011 年第 4 期，第 17～19 页。

面的问题会成为现实。"

第三，要注重民族工作"宣传"与"传播"的区别：宣传重时机，传播重时效；宣传重观点，传播重事实；宣传可重复，传播讲新意；宣传讲重点，传播讲平衡。美国传播学者瞿夫兰在研究"劝服理论"时曾得出结论：如果受众群体从一开始就倾向于反对传播者的观点，那么将正反两面的意见都提出来比只谈一面内容更为有效。因此，最好回避"我们的民族政策是最好的"等类似的表述。

第四，民族工作一定要有责任心。民族问题无小事，如果处理不好就可能引发国家的根本性衰落，但不能把民族问题神秘化、敏感化。民族问题很复杂，但复杂并不意味着无解，更不应看到问题绕着走。在今天的中国，民族问题上有一个奇怪的现象，往往中央高层越强调其重要，一般基层公务人员越不敢"第一时间"进行处理。总之，民族工作不是一个很虚的问题，更不是雷区，而是一个需要动脑筋、需要勇气和责任心的问题。

在实践中，民族工作可能比其他工作更需要注重统筹规划。例如，孔子学院是否能代表中国文化？在孔子学院内除了推广汉族文化外，藏族、蒙古族、维吾尔族、回族等其他具有中国特色的民族文化是否也应该进行国际传播、综合推广？当我们宣传中医的时候，是否应把蒙医、藏医等也包括进去？

第五，加强对中国民族事务话语叙述的学术研究。目前，中国民族问题的国际叙述有一个困境：当我们和国际社会交流时，往往用别人的概念、用别人的话语来阐释中国自身的问题，这样总会比较被动。因此，要加强对相关话语叙述问题的重点研究力度，如系统阐述中国宗教与中国民族之间的互动关系。宗教是人类社会发展中出现的重要文化现象，简单地予以否定并称之为"精神鸦片"是过于简单了。但是，自从允许朝觐之后，境外极端宗教势力开始渗透进中国的一些地区，一些地区新建或加建的清真寺的建筑风格有了一些新的变化，一些不再流行的服饰习俗又重新恢复起来，这些方面的变化标志着一些信众在政治和文化认同方面产生新的倾向。

因此，我们在提高警惕的同时，要增强学术研究的分量和前瞻性，探究宗教信仰自由与公民责任的关系，探究如何处理民族工作与宗教信仰的关系、如何处理民族习俗与党员行为规范的关系、如何处理民族工作和基层民主建设的关系，等等。

结　语
从民族共同体到价值共同体

　　民族关系就如同人的十个手指，去比较哪个长、哪个粗、哪个重要，毫无意义。各自的情况、彼此的特性虽然有所差别，但最大的共性是：不可或缺，即一个都不能少！

——笔者

　　民族关系是动态的，需要"现代化"民族关系。今天，历史环境的变化为各国的民族政策铺垫出一个共同背景——以"现代化"为目标的国家发展战略和以国家间竞争与合作为基础的国际秩序。一种成功的民族政策，需要以政策本身对社会普遍价值的认可与遵从而获得政策感召力，从而突破它所固有的面对复杂社会问题的技术局限。① 当民族根据自己的需要真正认同"现代化"理念，潜移默化地以"现代性"行为准则和道德规范衡量自己和社会，民族关系才会真正进入有利于彼此的和谐共存与发展的新时期。

　　随着社会主义现代化进程的不断推进，中国民族的分布格局、交往格局和发展格局不断改变，民族融合悄然推进，中国的民族关系呈现出"嵌入式发展"的良性阶段。未来的挑战和严峻的工作是，要建立各民族普遍认可的价值认同，即通过共同价值来凝聚全体中国人。见图1。

---

① 关凯：《多元文化主义与民族区域自治——民族政策国际经验分析（下）》，《西北民族研究》2004年第2期，第53页。

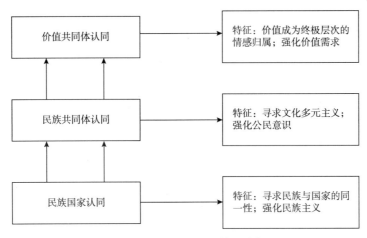

图 1　民族－国家认同的三阶段

在民族国家认同阶段，民族的辨识标准成为主权国家的界定标准，即"民族之所以存在，大量的是以国家形式表现出来的"①。由此，民族与国家的同一性，导致以民族主义理路来思考国家认同之内涵，似乎是最"自然而然"的方式。②"民族国家"通常被界定为"由同一个民族（或主要由一个民族）所构成的政治共同体"，因此，国家认同无可避免与民族意识或民族主义发生关联。

民族国家认同试图建立作为立国基础的一整套信念或符号系统，将一个国家分散的人们团结起来——我归属于我的民族，并归属和忠诚于与民族同一的国家。在民族国家认同建设中，"民族表现了族裔的和公民的两种要素之间有时不和谐却是必要的共生关系，这种关系是建立在官僚制以及广泛职业化的社会基础之上。在现代世界中，任何一个国家的成功，都依赖于这种共生关系和这种社会基础。"③

但是，在寻求民族与国家实现同一性的过程中，几乎所有国家都面临民族分离主义的危险。目前的国际政治体系并不接受"民族与国家同一"的概念。在"当今全世界的 180 多个国家中，真正有资格宣称其国民皆隶

---

① 徐迅：《民族主义》，中国社会科学出版社，2005，第 13 页。
② 江宜桦：《自由主义、民族主义与国家认同》，台湾扬智文化事业股份公司，1998，第 139 页。
③ 〔英〕安东尼·史密斯：《全球时代的民族与民族主义》，龚维斌、良警宇译，中央编译出版社，2002，第 118 页。

属于同一种族或语言团体者，不会超过 12 国。想要在这样一个世界里，主张族群和语言民族主义，不仅不受欢迎，甚至可能自取灭亡"，"以当今的情形观之，大国对文化自由及多元主义的保护，绝对胜于以追求族裔、语言和文化同质性为目标的小国，因为大国人民深知他们生活在一个多民族、多文化的国度内，因此必须彼此包容"①。

在民族共同体认同阶段，对于多民族国家而言，政权的合理性、正当性基础来源于"统治者与被统治者同属于共同的民族共同体，并彼此共享利益"。由此，成员的归属感从"民族国家"转移到"多民族国家"，而不再追求民族与国家的同一。"为了民族共同体"，而不是狭隘的"为了民族"，作为一种政治导向，使共同体成员对多民族国家保有持久的热诚和忠心。"民族共同体认同"被奉为最高政治权威的依据，它努力消融内部不同民族的利益分歧，并造就共同体内在的稳定性和一致性。

在国际关系中，建构民族共同体的意义在于，"一个能够维持更高层次的文化的现代国家，不能小于一定的最低规模（除非它实际上是寄生于邻国的）；而这个地球上只能容纳数量有限的这种国家。"② 在无政府状态的国际秩序下，多民族国家的建构，意味着正视各民族的凝聚力量，通过民族共同体认同来整合各种社会力量，并将整合的社会力量投放到国际间的力量博弈中。因此，联合而不是分离成为大家的共同利益。③ 当然，多民族国家建设会遇到比相对单一的民族国家建构更复杂的理论和实践问题。例如，少数民族的公民为了获得个人权利平等，可能要付出比主体民族的公民更大的代价，如全民通用语的掌握和文化适应过程。④

在一个存在主体民族的多民族国家中，通常国家意识与主体民族的意识一致性较高，因而主体民族对公民身份的认同也相对明确，而在一定的情况下，少数民族则可能在公民身份与民族身份之间有不同程度的摇摆，在国家主权、公民权和族群主义之间，呈现出一种动态的三角形关系。⑤ 在中国，强调"民族共同体认同"，就是要强化中华民族意识：要反思苏联解

① 〔英〕埃里克·霍布斯鲍姆：《民族与民族主义》，李金梅译，上海人民出版社，2000，第218 页。
② 〔英〕厄内斯特·盖尔纳：《民族与民族主义》，韩红译，中央编译出版社，2002，第 63 页。
③ 马戎：《强化中华民族的"民族意识"》，《人民论坛》2008 年总第 230 期，第 30~31 页。
④ 朱伦、关凯：《政治因素依然是民族问题的首要原因》，《中国民族报》2007 年 6 月 22 日。
⑤ 关凯：《民族关系的社会整合与民族政策的类型——民族政策国际经验分析（上）》，《西北民族研究》2003 年第 2 期，第 120 页。

体的教训和苏联民族理论对我国的影响，不断强化中华民族意识以及现代主权国家的公民意识；要充分尊重和保护少数民族的传统文化和民族语言，以"公民权利"的名义对那些需要特殊帮助的少数民族成员给予扶助。

在实践中，即便建立了"民族共同体认同"，"民族"仍然难以彻底为"国家"所取代。尤其是，一种普遍的现象在于，人们愈来愈坚定、愈来愈有组织地在肯定自己的历史、文化、宗教、族类和领土之根。换句话说，就是人们在重新肯定自己的特殊认同，呼唤保留自己的历史记忆。① 因此，相比较"民族共同体"建设，"价值共同体"建构已不再单纯着眼于对文化传统的承继，而更强调通过对共同价值的打造，加强成员之间的内聚力和共同价值的国际影响力。

在价值共同体认同阶段，需要为民族关系持续地注入价值要素，需要通过价值认同来为民族关系供给忠诚情感。因此，从长远来看，价值共同体认同建设对促进民族关系具有更本质的作用。民族终究是一种无意识的标签认同，而信仰与追求、权利与责任则是具有实质意义的选择认同，价值是终极层次的情感归属。这种全人类在社会进化过程中逐渐趋同的价值要素所带来的凝聚力将超越民族，把人类社会由生存需求、发展需求阶段提升到价值需求阶段。

软实力的核心是文化，而文化的核心是价值观。面对文化多元化和异质性同时存在可能触发的"社会离心力量"，需要加强民族间的价值认同建设。一个典型的事例是，2012 年 12 月 12 日，普京在莫斯科克里姆林宫的乔治大厅发表了一年一度的国情咨文演讲。普京用大量篇幅谈论价值观、民族精神和性格品质。普京提到俄罗斯几百年历史上的"内在力量"，哀叹目前"极度缺乏精神纽带"。普京希望培育一种观念，即俄罗斯不是西方，对选举民主和人权有自己独特的理解。② 可见，俄罗斯希望通过价值建设来增强内部的凝聚力和国际的竞争力。

在前两个阶段（民族国家认同、民族共同体认同阶段），为了最大限度地避免因为存在民族异质性而发生冲突，国家往往通过各种方式在它行使主权的领土内努力实现族类和文化的同质性。在第三个阶段，建构的价值不是"主导民族的价值"，而是各民族群体与成员共同的价值。具体而言，

---

① 〔西〕胡安·诺格：《民族主义与领土》，徐鹤林、朱伦译，中央民族大学出版社，2009，第 27～28 页。

② 吕虹：《缺乏信任阻碍俄建立新的民族认同》，《中国社会科学报》2013 年 2 月 12 日。

价值共同体认同建构需从两方面入手：一是将各民族文化尽量纳入所创造的文化中，不以对各民族文化的简单同化为目标，从而使各个民族能在新文化中找到本民族文化的影子；二是从内涵上，特别是从文化的核心哲学思想、价值观上对各民族文化进行挖掘整理，以创造出为各民族都能接受的价值体系。①

对于一个多民族国家来说，创造各民族都认同的价值体系，其可行性已为实践所验证。时任新加坡总统的黄金辉在1981年指出，每一个民族都有不同的社会价值观，新加坡人不能把别人的价值观念和思想观念一成不变地全盘照搬，更不能把自身的文化全盘抛弃。因此，新加坡需要把基本的共同价值观念归入国家意识。1991年，新加坡政府发表《共同价值观白皮书》，提出了力图为新加坡国内各民族、各阶级、不同宗教信仰民众所共同接受和认同的五大"共同价值观"，即国家至上，社会优先；家庭为根，社会为本；关怀扶持，同舟共济；求同存异，协商共识；种族和谐，宗教宽容。

新加坡政府向国会提交《共同价值观白皮书》时指出，如果新加坡的这一代人民不引导在不同环境下成长的下一代，就无从知道他们最终将会接受哪一种价值观念；他们可能会无可避免地失去方向或放弃促使新加坡成功的原有价值观。新加坡是在多元文化社会基础上寻求价值认同的典范，其核心精神既继承了儒家伦理，又吸收了包括马来族、印度族等多元文化的价值准则，因而容易为各个民族所接受。为了实践共同价值，新加坡政府运用中和思维制定政策，如把握竞争力与凝聚力之间的中间点，让人民分享经济发展成果，强调劳、资、政共乘一条船，等等。由于价值观念的"共同"与思维方式的"中和"，新加坡在推动民族和谐的进程中具有很大的凝聚力。

总之，价值共同体认同的实现需要国家制度认同与民族文化认同的协调与统一。现代民族认同的重心，已经不仅是一种族群文化的认同，更重要的在于对共同价值体系的实质性的关注和尊重。在此前提下的"民族认同"，也不仅仅是在形式上对民族国家外壳的认同，而是包含了对国家内在的价值体系和政治体制的认同。② 因此，民族冲突管理的最高境界是：注重

① 韩轶：《从"民族认同"到"宪法认同"——立宪主义视角下民族与国家关系之反思与重构》，《法学评论》2011年第3期，第6页。
② 参见许纪霖《中国的民族主义：一个巨大而空洞的符号》，转引自乐山主编《潜流——对狭隘民族主义的批判与反思》，华东师范大学出版社，2004，第47页。

民族价值的共存与融合，包括文化的融入、生活方式的接受以及价值观的尊重。张海洋教授认为，中国知识界在当前国家社会剧烈转型期的当务之急是通过思想解放来实现在民族观念上的认知范式转型，即由先前的"社会发展史"转型为"文化生态学"。①

在中国，价值共同体认同的精神实质是通过内心归属感与社会幸福感的良性建构，最终实现中华民族的价值整合以及中华民族对世界的价值贡献。中华民族是拥有世界使命的国家，英国历史学家汤因比早就断言，"中国肩负着不止给半个世界而且给整个世界带来政治统一与和平的命运。"②汤因比深信中国有很多遗产，"这些都可以使其成为全世界统一的地理和文化上的主轴。"除了中华民族拥有几千年来始终保持走向世界王国的经验，以及培育了世界精神的这些遗产之外，汤因比还特别指出了中国传统文化中的一些优良品质，即儒教世界观中存在的人道主义、儒教和佛教所具有的合理主义以及中国人对宇宙神秘性持有的敏感，即"人的目的不是狂妄地支配自己以外的自然，而是有一种必须和自然保持协调而生存的信念"③。2012 年 7 月，笔者在以色列访问期间，一位犹太裔学者认真地说："中国人和犹太人是世界上最伟大的两大民族，因为你们中国影响了整个东方文明，而我们犹太人则影响了整个西方文明。"

第一，内心归属感建设。2009 年，笔者在加拿大访学时，有加拿大学者对笔者说：他们十分钦佩中国人的归属感（sense of belonging）——对家庭的归属感、对国家的归属感。他认为，"谁说中国人没有宗教，归属感就是中国人的宗教，因为宗教就是解决归属感问题的。"从某种程度上说，核心价值，就是国家公民的信仰。目前，中国发展遭遇两大悖论——"崛起悖论"。

（1）中国是一个重要的国家，但还不是一个受尊重的国家。

（2）改革开放三十年，中国取得了举世瞩目、令人振奋的经济成就，但是飞速发展的经济成就还没有转换为解决实际问题的能力。

破除上述两大悖论的路径就是要加强中国公民内心的归属感建设，唯

---

① 张海洋：《汉语"民族"的语境中性与皮格马利翁效应——马戎教授"21 世纪的中国是否存在国家分裂的风险"述评》，《思想战线》2011 年第 4 期，第 17～19 页。

② 〔英〕汤因比、〔日〕池田大作：《展望 21 世纪——汤因比与池田大作对话录》，荀春生等译，国际文化出版公司，1985，第 289 页。

③ 《君子和而不同》，人民网，2005 年 8 月 29 日，http://military.people.com.cn/GB/8221/51757/52478/52506/3651489.html。

有如此，国际社会才能够积极地、正面地看待中国的发展，才能够增进中国与国际社会的相互欣赏。需要强调的是，归属感是中国独特的竞争优势，我们必须呵护这最为宝贵的精神财富。有外国朋友对我讲，"到底多久才是可持续发展（sustainable development）？中国 5000 年文明的延续就是最成功的可持续，其中，归属感功不可没。"的确，每一个中国人都深爱着这片土地，"为什么我的眼中常含着泪水，因为我对这土地爱得深沉。"

第二，社会幸福感建设。2013 年 4 月 12 日，Skoll World Forum 发布了"世界各国社会进步指数排名"，报告显示，瑞典被评为全球社会进步指数最高的国家，其次是英国、瑞士、加拿大、德国和美国，中国排名第 32 位。[①] 社会进步指数不考虑 GDP 之类的经济指标，而是关注营养、基本医疗保障、住房、生态可持续性等社会福利。中国总体排名第 32 位，排名最高的是"住房"（8 位）、"个人自由和选择"（11 位）、"健康与幸福"（20位）；排名最低的是"平等与包容"（44 位）、"人权"（48 位）、"信息获取及通信"（39 位）。见表 1。

表 1　中国的社会进步指数

一般人类需要 Basic Human Needs		幸福的基础 Foundations of Wellbeing		机遇 Opportunity	
住房 Shelter	第 8 位	健康与幸福 Health and Wellness	第 20 位	个人自由和选择 Personal Freedom and Choice	第 11 位
基本医疗卫生保障 Nutrition and Basic Medical Care	第 29 位	获取基本知识 Access to Basic Knowledge	第 32 位	获取高等教育 Access to Higher Education	第 34 位
空气、水、卫生设施 Air, Water, and Sanitation	第 32 位	生态可持续 Ecosystem Sustainability	第 33 位	平等与包容 Equity and Inclusion	第 44 位
个人安全 Personal Safety	第 30 位	信息获取及通信 Access to Information and Communicatiosn	第 39 位	人权 Personial Rights	第 48 位

① 2013 社会进步指数发布（Social Progress Index）旨在对 50 个国家的社会和环保表现进行评选，由哈佛、麻省理工及来自商界、学界、慈善界机构及德勤、Skoll World Forum 一起合作，以世界银行、世界卫生组织的权威数据为标准，进行全球各国社会进步指数的排名。http：//www. socialprogressimperative. org/data/spi/countries/CHN。

　　在看到进步的同时，更要关注和解决一些深层次的问题，如中国的
"平等与包容"性不够理想、"信息获取及通信"有待提高，等等。总之，
在社会治理、民族管理进程中，我们既要讲维稳，也要讲维权；既要讲民
生，也要讲民主；既要讲顶层设计，也要讲基层创新；既要讲无私奉献，
也要讲合理待遇、体面生活；既要讲经济发展、物质基础（小康社会），也
要讲公平正义、文明道德（和谐社会）。事实上，后面的工作做好了，前面
的问题恐怕也就迎刃而解了。

　　内心归属感以及社会幸福感是中华民族价值共同体建设的两大支柱，
其目的就是要增强全体中国人民的安全、健康、追求与信仰。没有归属感、
幸福感就没有民族和谐，更谈不上国家强盛。"中国梦"和"美国梦"是
当今世界经济最强大的两国人民的梦想和愿望，但事实上"中国梦"和
"美国梦"不仅仅只是地缘上的区别，而是两国对自身核心价值的提炼。
1931年，亚当斯在《美国史诗》中如此描述"美国梦"："在那里每个人都
可以生活得更好，更富足，更充实，每个人都有依照自己的能力实现目标
的机会。"有人认为，"中国梦"的本质内涵是国家富强、民族振兴、人民
幸福。但上述三大目标几乎是世界上所有国家的共同追求，我们真正要贡
献的是中国人靠什么实现这些目标，而且这一路径需要具有世界意义。一
句话，梦的核心是价值。

　　简而言之，中华民族的伟大，在于她不仅要成为一个伟大的民族共同
体，更要成为一个伟大的价值共同体。"厚德载物，自强不息"，为实现上
述目标，中国人的内心要有归属，中国社会要有幸福，中华民族要有价值
追求和价值贡献。

参考文献

一 中文著作/译著

A. 布莱顿：《理解民主——经济的与政治的视角》，毛丹等译，学林出版社，2000。

B. A. 季什科夫：《民族政治学论集》，高永久、韩莉译，民族出版社，2008。

埃德加·莫林、安娜·布里吉特·凯恩：《地球祖国》，马胜利译，三联书店，1997。

埃里·凯杜里：《民族主义》，张明明译，中央编译出版社，2002。

埃里克·霍布斯鲍姆：《民族与民族主义》，李金梅译，上海人民出版社，2000。

爱·麦·伯恩斯：《当代世界政治理论》，曾炳钧译，商务印书馆，1990。

爱德华·莫迪默、罗伯特·法恩主编《人民·民族·国家——族性与民族主义的含义》，刘泓、黄海慧译，中央民族大学出版社，2009。

安东尼·吉登斯：《民族-国家与暴力》，胡宗泽、赵力涛译，三联书店，1998。

安东尼·史密斯：《民族主义：理论，意识形态，历史》，叶江译，上海人民出版社，2006。

安东尼·史密斯：《全球化时代的民族与民族主义》，龚维斌、良警宇译，中央编译出版社，2002。

安吉拉·默克罗比：《后现代主义与大众文化》，田晓菲译，中央编译出版社，2001。

巴特·穆尔·吉尔伯特等编《后殖民批评》，杨乃乔等译，北京大学出版社，2001。

鲍里斯·尼古拉耶维奇·米罗诺夫：《俄国社会史》，张广翔等译，山东大学出版社，2006。

本尼迪克特·安德森：《想像的共同体：民族主义的起源与散布》，吴睿人译，上海世纪出版集团，2003。

彼得·什托姆普卡：《信任——一种社会学理论》，程胜利译，中华书局，2005。

彼特·布劳：《不平等和异质性》，王春光、谢圣赞译，中国社会科学出版社，1991。

戴超武：《美国移民政策与亚洲移民》，中国社会科学出版社，1999。

戴维·波普诺：《社会学》，李强等译，中国人民大学出版社，1999。

丹尼斯·吉尔伯特、约瑟夫·卡尔：《美国阶级结构》，彭华民、齐善鸿等译，中国社会科学出版社，1992。

道格拉斯·凯尔纳、斯蒂文·贝斯特：《后现代理论批判性的质疑》，张志斌译，中央编译出版社，2001。

邓蜀生：《世代悲欢"美国梦"——美国的移民历程及种族矛盾（1607～2000）》，中国社会科学出版社，2001。

厄内斯特·盖尔纳：《民族和民族主义》，韩红译，中央编译出版社，2002。

菲利克斯·格罗斯：《公民与国家》，王建娥、魏强译，新华出版社，2003。

费孝通：《费孝通民族研究文集》，民族出版社，1988。

费孝通等著《中华民族多元一体格局》，中央民族学院出版社，1989。

弗·斯卡皮蒂：《美国社会问题》，刘泰星、张世灏译，中国社会科学出版社，1986。

郭小丽：《俄罗斯的弥赛亚意识》，人民出版社，2009。

韩方明：《华人与马来西亚的现代化进程》，商务印书馆，2002。

胡安·诺格：《民族主义与领土》，徐鹤林、朱伦译，中央民族大学出版社，2009。

江宜桦：《自由主义、民族主义与国家认同》，台湾扬智文化事业股份公司，1998。

金炳镐：《民族理论通论》，中央民族大学出版社，1994。

卡尔·博格斯：《政治的终结》，陈家刚译，社会科学文献出版社，2001。

卡尔·科恩：《论民主》，聂崇信、朱秀贤译，商务印书馆，1988。

刘祖熙：《改革与革命——俄罗斯现代化研究》，北京大学出版社，2001。

罗伯特·杰维斯：《国际政治中的知觉与错误知觉》，秦亚青译，世界知识出版社，2003。

马丁·N. 麦格：《族群社会学》，祖力亚提·司马义译，华夏出版社，2007。

马克斯·韦伯：《学术与政治》，钱永祥等译，广西师范大学出版社，2004。

马曼丽、张树青：《跨国理论问题综论》，民族出版社，2005。

马戎、周星主编《中华民族凝聚力形成与发展》，北京大学出版社，1999。

马戎：《民族与社会发展》，民族出版社，2001。

马戎主编《民族社会学——社会学的族群关系研究》，北京大学出版社，2004。

马戎主编《西方民族社会学的理论与方法》，天津人民出版社，1997。

马寅主编《中国少数民族》，人民出版社，1981。

宁骚：《民族与国家》，北京大学出版社，1995。

潘志平主编《民族自决还是民族分裂》，新疆人民出版社，1999。

乔纳森·H. 特纳：《社会学理论的结构》，吴曲辉等译，浙江人民出版社，1987。

任军锋：《地域本位与国族认同：美国政治发展中的区域结构分析》，天津人民出版社，2004。

塞缪尔·亨廷顿：《文明的冲突与世界秩序的重建》，周琪等译，新华出版社，1999。

沈桂萍、石亚洲：《民族政策科学导论：当代中国民族政策理论研究》，中央民族大学出版社，1998。

斯塔夫里阿诺斯：《全球通史》，董书慧等译，北京大学出版社，2005。

瓦列里·季什科夫：《苏联及其解体后的族性、民族主义及冲突——炽热的头脑》，姜德顺译，中央民族大学出版社，2009。

王珂：《民族与国家：中国多民族统一国家思想的系谱》，冯谊光译，中国社会科学出版社，2001。

王天玺：《民族法概论》，云南人民出版社，1988。

王希恩：《全球化中的民族过程》，社会科学文献出版社，2009。

威尔科姆·E. 沃什伯恩：《美国印第安人》，陆毅译，商务印书馆，1997。

沃尔特·G. 莫斯：《俄国史》（1855－1996），张冰译，海南出版社，2008。

沃勒斯坦等：《开放社会科学》，刘锋译，三联书店，1997。

徐杰舜：《从磨合到整合》，广西民族出版社，2001。

徐迅：《民族主义》，中国社会科学出版社，2005。

严庆：《冲突与整合：民族政治关系模式研究》，社会科学文献出版社，2011。

杨军：《西北少数民族地区基础教育均衡发展研究》，民族出版社，2006。

耶尔·塔米尔：《自由主义的民族主义》，陶东风译，上海译文出版社，2005。

约翰·富兰克林：《美国黑人史》，张冰姿等译，商务印书馆，1988。

詹姆斯·梅奥尔：《民族主义与国际社会》，王光忠译，中央编译出版社，2009。

赵常庆、陈联璧主编《苏联民族问题文献选编》，社会科学文献出版社，1987。

赵常庆等：《苏联民族问题研究》，社会科学文献出版社，2007。

赵乃斌、汪丽敏：《南斯拉夫的变迁》，广东人民出版社，2002。

郑杭生主编《民族社会学概论》，中国人民大学出版社，2005。

周勇：《少数人权利的法理》，社会科学文献出版社，2002。

二　中文期刊论文

曹兴：《跨界民族问题及其对地缘政治的影响》，《民族研究》1999 年第 6 期。

曹兴：《全球化中最严重族教冲突的根源与出路解析》，《河北师范大学学报》（哲学社会科学版）2009 年第 1 期。

曾强：《民族冲突研究的独特视角——武器与民族冲突介评》，《现代国际关系》2004 年第 4 期。

陈晶：《民族分层抑或民族社会分层——当前中国民族社会结构的解读视角》，《西北民族大学学报》（哲学社会科学版）2012 年第 1 期。

陈奕平：《二战后美国黑人人口演变及其影响》，《世界民族》2010 年第 5 期。

程人乾：《论当代世界民族主义的发展趋势》，《山西大学学报》（哲学社会科学版）1995 年第 3 期。

程雪阳：《联邦制应否基于民族政治自治？——从俄罗斯联邦制与民族主义的关系谈起》，《清华法治论衡》2009 年第 2 期。

费孝通：《简述我国的民族研究经历和思考》，《北京大学学报》（哲学社会科学版）1997 年第 2 期。

费孝通：《中华民族的多元一体格局》，《北京大学学报》1989 年第 4 期。

高歌：《中东欧国家的民族冲突、民主转轨与政治稳定》，《世界民族》2011 年第 4 期。

高四梅、潘光辉：《民族自决原则的欧洲哲学渊源及在现代的发展》，《世界民族》2003 年第 3 期。

葛壮：《前南斯拉夫的崩解及其警示》，《世界经济研究》2003 年第 5 期。

关凯：《多元文化主义与民族区域自治——民族政策国际经验分析（下）》，《西北民族研究》2004 年第 2 期。

关凯：《理论范式的政治逻辑——西方话语中的中国民族问题》，《理论视野》2011 年第 3 期。

关凯：《论 20 世纪 90 年代初的俄罗斯民族关系》，《黑龙江民族丛刊》2003 年第 1 期。

关凯：《民族关系的社会整合与民族政策的类型——民族政策国际经验分析（上）》，《西北民族研究》2003 年第 2 期。

韩建萍：《试论奥朗则布宗教政策的改变》，《喀什师范学院学报》2007 年第 1 期。

韩轶：《从"民族认同"到"宪法认同"——立宪主义视角下民族与

国家关系之反思与重构》,《法学评论》2011 年第 3 期。

郝时远:《Ethnos(民族)和 Ethnic group(族群)的早期含义与应用》,《民族研究》2002 年第 4 期。

郝时远:《对西方学界有关族群(ethnic group)释义的辨析》,《广西民族学院学报》(哲学社会科学版)2002 年第 4 期。

郝时远:《美国等西方国家社会裂变中的"认同群体"与 ethnic group》,《世界民族》2002 年第 4 期。

何俊芳:《苏联时期俄罗斯人的族际婚姻》,《世界民族》2003 年第 1 期。

何群:《论民族认同性与多民族国家民族政策的成功调整》,《内蒙古大学学报》(人文社会科学版)2001 年第 1 期。

何星亮:《中国历史上民族融合的特点和类型》,《中南民族大学学报》(人文社会科学版)2010 年第 2 期。

胡鞍钢、胡联合:《第二代民族政策:促进民族交融一体和繁荣一体》,《新疆师范大学学报》(哲学社会科学版)2011 年第 5 期。

胡春艳:《民族社会学视角:制度规约下的马来西亚族群关系》,《世界民族》2009 年第 5 期。

解建群:《俄罗斯学者关于民族概念的争论》,《国外理论动态》2000 年第 9 期。

巨英、嵇雷:《民族自治与政治整合——西班牙民族政策评析》,《湖北经济学院学报》2012 年第 4 期。

李安山:《论民族、国家与国际政治的互动——对卢旺达大屠杀的反思》,《世界经济与政治》2005 年第 12 期。

李秉忠:《欧盟的扩大与土耳其入盟问题》,《南京大学学报》(人文科学·社会科学)2007 年第 4 期。

李春华:《文化民族主义:原初形态与全球化语境下的解读》,《当代世界与社会主义》2004 年第 5 期。

李福泉:《埃及科普特人问题探析》,《世界民族》2007 年第 5 期。

李红杰:《论民族概念的政治属性——从欧洲委员会的相关文件看"民族"与"族群"》,《民族研究》2002 年第 4 期。

李峻:《美国干涉与所谓"西藏问题"》,《南京社会科学》2001 年第 8 期。

李文祥：《我国少数民族农村社区的社会保障统筹研究——以哈尔滨鄂伦春族为例》，《社会科学战线》2010 年第 2 期。

李晓岗：《和平是一种人际关系状态——读桑德斯的〈公众和平进程：通过长期对话化解民族冲突〉》，《美国研究》2001 年第 4 期。

李晓霞：《新疆族际婚姻的调查与分析》，《新疆大学学报》（哲学·人文社会科学版）2008 年第 3 期。

李占荣：《宪法的民族观——兼论"中华民族"入宪》，《浙江大学学报》（人文社会科学版）2009 年第 3 期。

李资源：《西方多民族国家的自治立法与中国民族法制建设研究》，《贵州民族研究》2006 年第 5 期。

廉思、潘维：《民族自决原则的演变与困境——以全民公决制度为视角的分析》，《社会科学》2008 年第 6 期。

刘力、杨晓莉：《民族冲突的社会心理机制》，《心理科学进展》2011 年第 6 期。

刘毅、吴宇驹：《接触抑或冲突——两种民族关系的心理学假说》，《西北师大学报》（社会科学版）2009 年第 1 期。

刘毅：《化解民族冲突的策略——民族接触与相互依存》，《心理科学进展》2007 年第 1 期。

马戎：《21 世纪的中国是否存在国家分裂的风险》，《领导者》2011 年第 2 期。

马戎：《超越"援助"和"感恩"》，《南风窗》2010 年第 10 期。

马戎：《当前中国民族问题研究的选题与思路》，《中央民族大学学报》（哲学社会科学版）2007 年第 3 期。

马戎：《对苏联民族政策实践效果的反思——读萨尼教授（Ronald G. Suny）的〈历史的报复：民族主义、革命和苏联的崩溃〉》，《西北民族研究》2010 年第 4 期。

马戎：《关于"民族"定义》，《云南民族学院学报》（哲学社会科学版）2000 年第 1 期。

马戎：《理解民族关系的新思路：少数族群问题的"去政治化"》，《北京大学学报》2004 年第 6 期。

马戎：《美国的种族与少数民族问题》，《北京大学学报》（哲学社会科学版）1997 年第 1 期。

马戎：《强化中华民族的"民族意识"》，《人民论坛》2008 年总第 230 期。

马戎：《社会学的族群关系研究》，《中南民族大学学报》（人文社会科学版）2004 年第 3 期。

马戎：《世界各国民族关系类型特征浅析》，《社会科学战线》2008 年第 1 期。

马戎：《现代中国民族关系的类型划分》，《社会》2008 年第 1 期。

马戎：《引用文献不能断章取义——联合国开发计划署对印度"民族构建"的评价》，《中央民族大学学报》（哲学社会科学版）2006 年第 3 期。

马戎：《语言使用与族群关系》，《西北民族研究》2004 年第 1 期。

马戎：《中国各族群之间的结构性差异》，《社会科学战线》2003 年第 4 期。

马戎：《重建中华民族多元一体格局的新的历史条件》，《北京大学学报》1989 年第 4 期。

毛维准、阙天舒：《灾难外交：一种新的外交方式？——印度洋地震海啸启示录》，《世界经济与政治》2005 年第 6 期。

莫岳云：《马克思主义民族融合理论的当代思考——兼论李维汉对民族融合的理论贡献》，《广东社会科学》2011 年第 6 期。

纳日碧力戈：《全球场景下的"族群"对话》，《世界民族》2001 年第 1 期。

宁骚：《当代世界国内民族关系的类型与成因分析》，《民族团结》1999 年第 7 期。

潘忠岐、谭晓梅：《论未来世界冲突趋势》，《欧洲》1997 年第 5 期。

阙天舒：《灾难外交的解析、评估及路径》，《国际观察》2007 年第 3 期。

孙百才、孙善鑫：《我国发展少数民族教育的重大举措与主要经验》，《西北师大学报》（社会科学版）2009 年第 1 期。

孙代尧：《解释民族冲突的三种理论图式》，《贵州民族研究》1999 年第 3 期。

孙进己：《论民族融合的不同类型及中华民族融合的不同状况》，《史学集刊》2003 年第 1 期。

田钒平：《民族平等的实质内涵与政策限度》，《湖北民族学院学报》（哲学社会科学版）2011 年第 5 期。

田飞龙：《瑞士族群治理模式评说——基于"宪法爱国主义"的公民联邦制》，《法学》2010 年第 10 期。

汪丽敏：《前南斯拉夫的民族问题》，《东欧中亚研究》2000 年第 2 期。

王建华、堃新、胡琦：《试论美利坚民族国家建构的理论特色》，《黑龙江民族丛刊》2011 年第 6 期。

王建华、熊坤新：《世界民族问题作用机制的范式分析》，《西北民族大学学报》2011 年第 4 期。

王兰：《关于境外俄罗斯人问题》，《当代亚太》1994 年第 6 期。

王立新：《在龙的映衬下：对中国的想象与美国国家身份的建构》，《中国社会科学》2008 年第 3 期。

王韬洋：《正义的共同体与未来世代——代际正义的可能性及其限度》，《华东师范大学学报》（哲学社会科学版）2010 年第 5 期。

王英津：《论作为自决权主体的"民族"与"人民"》，《福建论坛》（人文社会科学版）2008 年第 5 期。

熊坤新、贺金瑞：《现代国际民族冲突与民族和解案例分析》，载《黑龙江民族丛刊》，2007 年第 6 期。

熊坤新、王建华：《2008 年世界宗教热点问题评析》，《黑龙江民族丛刊》2009 年第 2 期。

徐步：《美国 2010 年人口普查反映出的一些重要动向》，《国际观察》2012 年第 3 期。

徐济明：《卢旺达内战的由来与前景》，《西亚非洲》1994 年第 5 期。

许彩丽：《化解民族冲突的民间路径——来自北爱尔兰萨福克－列拿度沟通组织的经验》，《世界民族》2011 年第 1 期。

许科，刘永芳：《有限理性信任观：对理性计算和非理性态度的整合》，《心理科学》2007 年第 5 期。

严庆、青觉：《"民族牌"背后的理论透析》，《广西民族研究》2009 年第 1 期。

严庆、青觉：《从概念厘定到理论运用：西方民族冲突研究述评》，《民族研究》2009 年第 4 期。

严庆：《族群动员：一个化族裔认同为工具的族际政治理论》，《广西民族研究》2010 年第 3 期。

杨恕、李捷：《当代美国民族政策述评》，《世界民族》2008 年第 1 期。

杨育才：《普京时期的俄罗斯境外同胞政策》，《俄罗斯研究》2008 年第 1 期。

杨育才：《原苏联地区俄罗斯人问题研究综述》，《俄罗斯研究》2008 年第 6 期。

叶寒：《西方民族政策与多元文化检讨》，《凤凰周刊》2012 年第 9 期。

张洁：《从亚齐分离运动看印尼的民族分离主义问题》，《当代亚太》2000 年第 7 期。

张洁：《灾难外交与民族冲突解决的路径选择——以印尼和斯里兰卡为比较样本》，《太平洋学报》2011 年第 11 期。

张俊杰：《俄罗斯避免民族纠纷与冲突的法律机制》，《辽宁大学学报》（哲学社会科学版）2008 年第 1 期。

张婍、冯江平、王二平：《群际威胁的分类及其对群体偏见的影响》，《心理科学进展》2009 年第 17 期。

张祥云：《关于列宁民族自决权理论的几个问题》，《当代世界与社会主义》2011 年第 1 期。

赵竹成：《认同的选择——以"境外俄罗斯人"为案例的分析》，《问题与研究》2007 年第 2 期。

郑东超：《土耳其申请加入欧盟视角下的库尔德问题》，《西亚非洲》2011 年第 9 期。

周庆生：《罗斯化与俄罗斯化：俄罗斯/苏联语言政策演变》，《世界民族》2011 年第 4 期。

朱伦：《走出西方民族主义古典理论的误区》，《世界民族》2000 年第 2 期。

朱毓朝：《国际法和国际政治中的分离主义》，《国际政治科学》2005 年第 2 期。

左凤荣：《民族政策与苏联解体》，《当代世界与社会主义》2010 年第 2 期。

左凤荣：《苏联处理民族问题的方法值得借鉴吗》，《同舟共进》2011 年第 8 期。

三　中文报纸

陈克进：《历史上的民族同化、民族融合与和亲政策——学界关于中国古代民族关系若干问题讨论述略（下）》，《中国民族报》2009年7月17日。

关凯：《当代中国社会的民族想象》，《中国民族报》2010年7月9日。

关凯：《民族"去政治化"：一种被挑战的理论?》，《中国民族报》2010年11月5日。

关凯：《中国民族问题的国际叙述》，《中国民族报》2011年5月13日。

管健：《刻板印象威胁研究开启全新审视视角》，《中国社会科学报》2012年7月25日。

郝时远：《中国的民族区域自治不是"苏联模式"》，《中国民族报》2011年4月15日。

靳薇：《重读〈家庭、私有制和国家的起源〉》，《学习时报》2001年8月6日。

李奕萱：《芬兰奥兰府——欧洲民族区域自治地方的范例》，《中国民族报》2012年4月6日。

马戎：《创新中国民族问题研究的三个前提》，《中国民族报》2007年8月3日。

马戎：《关于苏联的民族政策——读萨尼〈历史的报复：民族主义、革命和苏联的崩溃〉》，《中国民族报》2010年10月15日。

马戎：《警惕艺术制作中的民族区隔》，《中国民族报》2010年3月12日。

马戎：《美国如何处理"民族问题"》，《南方周末》2009年7月16日。

马戎：《前苏联在民族问题上出了什么错?》，《南方周末》2008年10月23日。

马戎：《中国和中华民族不等于汉族》，《中国民族报》2010年6月11日。

明浩：《当代"民族区域自治"的内涵与主要类型》，《中国民族报》2012年4月6日。

沙力克：《"族群"与"民族"的国际对话》，《人民日报》2001年11月2日。

宋文富：《欧盟开始规划科索沃的未来》，《光明日报》2007年4月2日。

熊彦清、马戎：《"文化化"民族关系》，《中华读书报》2007 年 10 月 24 日。

杨灿、李奕萱：《立法权的部分给予：意大利的地区自治制度》，《中国民族报》2012 年 4 月 13 日。

杨虎德：《正确认识我国的民族优惠政策》，《中国民族报》2011 年 10 月 21 日。

于海洋：《良性治理：维护民族国家体制和化解民族冲突的前提》，《中国民族报》2012 年 1 月 6 日。

朱伦、关凯：《政治因素依然是民族问题的首要原因》，《中国民族报》2007 年 6 月 22 日。

朱维群：《对当前民族领域问题的几点思考》，《学习时报》2012 年 2 月 13 日。

左凤荣：《苏联处理民族问题的经验与教训（中）》，《中国民族报》2011 年 8 月 19 日。

左凤荣：《现今俄罗斯的民族问题与民族政策》，《学习时报》2011 年 3 月 7 日。

四　英文著作

Anderson, Benedict (1991), *Imagined Communities: Reflections on the Origin and Spread of Nationalism*, London and New York: Verso.

Aronson, E. (2005), *Social Psychology*, *Fifth Edition*, New Jersey: Person Education.

Banks, M. (1996), *Ethnology: Anthropological Constructions*, London and New York: Rutledge.

Baruah, Sahib (1999), *India against Itself: Assam and the Politics of Nationality*, Philadelphia: University of Pennsylvania Press.

Bercovitch, Jacob (1984), *Social Conflicts and Third Parties: Strategies of Conflict Resolution*, Boulder, CO: Westview Press.

Bloomfield, David (1997), *Peacemaking Strategies in Northern Ireland: Building Complementarity in Conflict Management Theory*, London: Macmillan Publishers Limited.

Byman, Daniel L. (2001), *Keeping the Peace, Lasting Solutions to Ethnic*

Conflicts, Baltimore and London: The Johns Hopkins University Press.

Cashmore, E., et al (1988), *Dictionary of Race and Ethnic Relations*, 2nd ed., London: Rutledge.

Colley, Linda (1992), *Britons: Forging the Nation 1707 – 1837*, New Haven: Yale University Press.

Curtis, Lewis P. (1971), *Apes and Angels: The Irishman in Victorian Caricature*, Newton Abbot: David and Charles.

Darby, John (1986), *Intimidation and the Control of Conflict in Northern Ireland*, Dublin: Gill and MacMillan.

Dawisha, Karen and Bruce Parrott (1997), eds., *Politics, Power, and the Struggle for Democracy in South – East Europe*, Cambridge: Cambridge University Press.

Deutsch, K. (1954), *Nationalism and Social Communication*, Cambridge, MA: MIT Press.

Dinstein, Yoram (1981), ed., *Models of Autonomy*, New Brunswick: Transaction Publishers.

Duverger, Maurice (1954), *Political Parties: Their Organization and Activity in the Modern State*, London: Methuen.

Feagin, Joe R. and Clairece B. Feagin (1996), *Racial and Ethnic Relations* 5th, New Jersey: Prentice Hall.

Gambetta, D. (1988), ed., *Trust Making and Breaking Cooperative Relations*, Oxford: Basil Blackwell.

Geertz, Clifford (1963), *Old Societies and New States: The Quest for Modernity in Asia and Africa*, New York: Free Press of Glencoe.

Ghosh, Amitav (1988), *The Shadow Lines*, New Delhi: Ravi Dayal Publisher.

Glazer, Nathan and Daniel P. Moynihan (1975), eds., *Ethnicity: Theory and Experience*, Cambridge, Mass. : Harvard University Press.

Gross, Feliks (1998), *The Civic and the Tribal State: The State, Ethnicity, and the Multiethnic State*, Westport: Greenwood Press.

Haufler, V. and E. Uslaner (1998), ed., *Institutions and Social Order*, Ann Arbor: University of Michigan Press.

Horowitz, Irving Louis (1972), *Three Worlds of Development: the Theory and Practice of International Stratification*, New York: Oxford University Press.

Iliffe, John (1987), *A Modern History of Tanganyika*, London: Cambridge University Press.

Kellas, James G. (1991), *The Politics of Nationalism and Ethnicity*, New York: St. Martin's Press.

Kobrin, F. E. and C. Goldscheider (1978), *The Ethnic Factor in Family Structure and Mobility*, Cambridge: Ballinger Publishing Company.

Lee, Y. T. (2004), eds., *The psychology of ethnic and cultural conflict*, CT: Praeger Publishers.

Lidov, A. M. (2007), *Kosovo: Christian Orthodox Heritage and Contemporary Catastrophe*, Moscow: Indrik.

MacDonald, Charles G. and Carole A. O'Leary (2007), *Kurdish Identity: Human Rights and Political Status*, Gainesville: University Press of Florida.

Melvern, Linda (2004), *Conspiracy to Murder: The Rwandan Genocide*, London: VERSO Press.

Misztal, B. A. (1996), *Trust in Modern Societies: the Search for the Bases of Social Order*, Cambridge: England Polity Press.

Neher, Clark and Ross Marlay (1995), *Democracy and Development in Southeast Asia*, Boulder: Westview Press.

Panja, Shormishtha (1999), *Many Indias, Many Literatures*, London: Oxford University Press.

Paulston, Christina (1988), ed., *International Hand book of Bilingualism and Bilingual Education*, New York: Greewood Press.

Pipa, Arshi and Sami Repishti (1984), eds., *Studies on Kosovo*, Boulder, Colorado: East European Monographs.

Reilly, Benjamin (2006), *Democracy and Diversity: Political Engineering in the Asia - Pacific*, Oxford: Oxford University Press.

Rex, John and David Mason (1986), eds., *Theories of Race and Ethnic Relations*, New York: Cambridge University Press.

Roosens, Eugeen E. (1989), *Creating Ethnicity: The Process of Ethnogenesis*, London: Sage Publications.

Saideman, Stephen M. (2001), *The Ties That Divide: Ethnic Politics, Foreign Policy, and International Conflict*, New York: Columbia University Press.

Saunders, Harold (1999), *A Public Peace Process: Sustained Dialogue to Transform Racial and Ethnic Conflicts*, New York: S t. Martin's Press.

Shakya, Tsering (1999), *The Dragon in the Land of Snows – A History of Modern Tibet Since* 1947, New York: Columbia University Press.

Simpson, George E and J. Milton Yinger (1985), *Racial and Cultural Minorities: An Analysis of Prejudice and Discrimination*, New York: Plenum Press.

Smith, Anthony D. (1991), *National Identity*, London: Penguin Books.

Suny, Ronald (1993), *The Revenge of the Past: Nationalism, Revolution, and the Collapse of the Soviet Union*, Stanford: Stanford University Press.

Tajfel, H. (1978), ed., *Differentiation between Social Groups: Studies in the Social Psychology of Intergroup Relations*, London: Academic Press.

Tannen, Deborah (1998), *The Argument Culture: Moving from Debate to Dialogue*, New York: Random House.

Tocci, Nathalie (2007), *The EU and Conflict Resolution: Promoting Peace in the Backyard*, NY: Routledge.

Touval, S. and I. W. Zartman (1985), eds., *International Mediation in Theory and Practice*, Boulder, CO: Westview Press.

Walter, Bronwen (2001), *Outsiders Inside: Whiteness, Place, and Irish Women*, London and New York: Routledge.

Zanden, Vander (1963), *American Minority Relations: The Sociology of Race and Ethnic Groups*, New York: Ronald Press.

五　英文期刊论文

Bastian, B. and N. Haslam (2008), "Immigration from the Perspective of Hosts and Immigrants: Roles of Psychological Essentialism and Social Identity", *Asian Journal of Social Psychology*, Vol. 11, No. 2.

Bloom P. and S. Gelman (2008), "Psychological Essentialism in Selecting the 14th Dalai Lama", *Trends in Cognitive Science*, Vol. 12, No. 7.

Brubaker, Rogers (1998), "Ethnic and Nationalist Violence", *Annual Review of Sociology*, Vol. 24, No. 1.

Carment, David and Patrick James (1995), "Internal Constraints and Interstate Ethnic Conflict: Toward a Crisis – Based Assessment of Irredentism", *Journal of Conflict Resolution*, Vol. 39, No. 1.

Comfort, Louise K. (2000), "Disaster: Agent of Diplomacy or Change in International Affairs?", *Cambridge Review of International Affairs*, Vol. 14, No. 1.

Dach – Gruschow, K. and Y. Hong (2006), "The Racial Divide in Response to the Aftermath of Katrina: A Boundary Condition for Common Ingroup Identity Model", *Analyses of Social Issues and Public Policy*, Vol. 6, No. 1.

Davis, David R. (1997), "Ethnicity Matters: Transnational Ethnic Alliances and Foreign Behavior·", *International Studies Quarterly*, Vol. 41, No. 1.

Dunaway, Wilma A. (2003), "Ethnic Conflict in the Modern World – System: The Dialectics of Counter – Hegemonic Resistance in an Age of Transition", *Journal of World – Systems Research*, Vol. 9, No. 1.

Fearon, James D. (2003), "Ethnic and Cultural Diversity by Country", *Journal of Economic Growth*, Vol. 8, No. 2.

Ferrer, F. (2000), "Languages, Minorities and Education in Spain: The Case of Catalonia", *Comparative Education*, Vol. 36, No. 2.

Ghosh, Amitav (1995), "The Fundamentalist Challenge", *Wilson Quarterly*, Vol. 19, No. 2.

Guibernau, Montserrat (2004), "Anthony D. Smith on Nations and National Identity: A Critical Assessment", *Nation and Nationalism*, Vol. 10, No. 1/2.

Halev, Jeff (2008), "Democracy, Solidarity and Post – Nationalism", *Political Studies*, Vol. 56, No. 3.

Harvey, Frank (1997), "Deterrence and Ethnic Conflict: The Case of Bosnia – Herzegovina, 1993 – 1994", *Security Studies*, Vol. 6, No. 3.

Haslam, N. (2000), "Essentialist Beliefs about Social Categories", *British Journal of Social Psychology*, Vol. 39, No. 1.

Henderson, Errol A. (1997), "Culture or Contiguity: Ethnic Conflict, the Similarity of States, and the Onset of War, 1820 – 1989", *Journal of Conflict Resolution*, Vol. 41, No. 5.

Heraclides, Alexis (1987), "Janus or Sisyphus: the Southern Problem of the Sudan", *Journal of Modern African Studies*, Vol. 25.

Horowitz, Donald L. (2003), "Ethnic Groups in Conflict", *Journal of Democratic*, Vol. 14, No. 2.

Huntington, Samuel P. (1997), "The Erosion of American National Interests", *Foreign Affairs*, Vol. 76, No. 5.

Katicic, Radoslav (2006), "Croatian Linguistic Loyalty", *International Journal of the Sociology of Language*, Vol. 2001, No. 147.

Kaufman, Chaim D. (1996), "Intervention in Ethnic and Ideological Civil Wars", *Security Studies*, Vol. 6, No. 1.

Kaufmann, Chaim (2002), "Arms and Ethnic Conflict", *Political Science Quarterly*, Vol. 117, No. 2.

King, H. and F. B. Locke (1980), "Chinese in the U. S. : A Century of Occupational Transition", *International Migration Review*, Vol. 14, No. 1.

Krauss, Micheal (2009), "The Condition of Native American Languages: The Need for Realistic Assessment and Action", *International Journal of the Sociology of Language*, Vol. 132, No. 1.

Landay, Jonathan S. (1995), "Boom in the Trade of Small Arms Fuels World's Ethnic and Regional Rivalries", *Christian Science Monitor*, Vol. 87, No. 90.

Pettigrew, Thomas F. (1998), "Intergroup Contact Theory", *Annual Review of Psychology*, No. 49, No. 1.

Prentice, D. A. and D. T. Miller (2007), "Psychological Essentialism of Human Categories", *Current Directions in Psychological Science*, Vol. 16, No. 4.

Sutherland, Margaret B. (2000), "Problems of Diversity in Policy and Practice: Celtic Languages in the United Kingdom", *Comparative Education*, Vol. 36, No. 2.

Triandafyllidou, Anna (1998), "National Identity and the 'other'", *Ethnic and Racial Studies*, Vol. 21, No. 4.

Trumbore, Peter F. (1998), "Public Opinion as a Domestic Constraint in International Negotiations: Two – Level Games in the Anglo – Irish Peace Process", *International Studies Quarterly*, Vol. 42, No. 3.

William, Hale (2003), "Human Rights, the European Union and the Turkish Accession Process", *Turkish Studies*, Vol. 4, No. 1.

后　记

　　本书是我所主持的 2011 年国家社会科学基金一般项目的最终结项成果（项目号 11BGJ002）。自 2006 年以来，我长期在中央党校为西藏班、新疆班县处级、厅局级学员授课；自 2011 年以来，受邀为中央民族干部学院授课。久而久之，我对民族研究、对民族地区的学员产生了深厚的感情，他们淳朴憨厚、求知欲强。希望以此书，表达我对民族干部以及民族地区干部群众的敬意。

　　2010 年 11 月～2011 年 11 月，我参加中组部、团中央第 11 批"博士服务团"赴宁夏回族自治区党校挂任校委委员、校长助理一职。这一年，虽然时间短暂，但对我个人影响深刻。这种影响，一方面使我对中国民族事务有了直接的接触和了解，我充分利用宁夏作为民族地区的地理优势，对新疆、西藏、内蒙古、广西、青海等民族省市进行学术调研、社会调查；另一方面，深切感受到民族地区的干部群众迫切需要有新的知识武装自己的头脑，以应对国际、国内的各种压力。事实上，"化压力为动力"始终是我们前进的法宝。2011 年 1 月 8 日，本人在中央党校主持召开了"国际视野中的民族冲突与管理"学术研讨会，与会专家的真知灼见更增添了我对本课题的研究兴趣和学术责任感。

　　研究过程中，我先后赴加拿大、英国、瑞士、科索沃、以色列等国家和地区访学交流，深感和平与稳定如同空气，空气充足的时候你可能感觉不到它的存在，但没有的时候，那种"无能为力"的紧张却令人窒息。因此，爱护我们的民族团结，应当像爱护空气一样，不能等到"空气稀薄"时，才意识到它的"弥足珍贵"。

　　今天中国正处在一个和平崛起的关键历史时刻，我们无疑应当关心科学技术进步、军事实力发展、经济影响扩展，应当警惕国外势力的"挑衅"和边境线上的"风波"，但对国内民族关系的调整与改善应予以同样的重视。我国少数民族总人口超过 1.1 亿人，少数民族自治地方占我国陆地面积的 64%。努力改善民族关系，加强民族团结，促进民族融合，逐步建立全体公民对中华民族和中国价值的核心认同，这将是决定中国能否在 21 世纪顺利崛起的根本保障。

2010 年，我成为中央党校研究生导师，但我前进的每一步都不会忘记我的导师，他们的学术造诣与高尚品格是我前进的"基石"。看到他们渐白的两鬓，我思绪万千。在此我特别由衷地感谢他们对我的教诲与支持：中央党校国际战略研究所亓成章教授（硕士生导师，2000～2003 年）、中国国际问题研究所所长曲星教授以及外交学院熊志勇教授（博士生导师，2003～2006 年）、清华大学公共管理学院国际战略与发展研究所副所长楚树龙教授（博士后合作导师，2007～2009 年）……与他们接触，总能让人感受到，"学术责任、社会责任在肩"是一种幸福。

感谢为此书作出贡献的朋友。感谢全国政协外事委员会副主任韩方明，外交学院党委书记、常务副院长秦亚青教授，北京大学社会学系前任系主任马戎教授，欣然为本书作序。感谢中央社会主义学院党组书记叶小文、北京大学国际关系学院副院长王逸舟教授为本书写了推荐语。尤其感谢中央民族大学的关凯副教授，他是"国际视野中的民族冲突与管理"这一题目的首创者，他的倡议与学术造诣是本书研究的起点。感谢察哈尔学会以及柯银斌秘书长对本书出版的资助。此书的出版同样得到了社会科学文献出版社谢寿光社长、社会政法分社王绯社长、黄金平编辑的大力支持，他们的专业素养令人钦佩。此外，中央党校国际战略研究所的研究生刘刚、幸尧，我所带的研究生张环环、王贝、朱伟婧、黄景源等，都为此书内容的完善作出了重要的贡献，相信他们会青出于蓝而胜于蓝。

感谢我的家人。这些年来，我对学术研究的关注超过对家人的关心，在办公室的时间远远超过在家的时间，陪电脑和书本的时间远远超过陪妻子的时间，即使身已回到家里，心和思绪还留在办公室……感谢他们的理解和支持。

总之，希望以我微薄的努力为中国民族研究以及构建和谐的民族关系作出些许贡献。文中定有诸多不当之处，敬请各位专家、同人批评指正！

赵　磊

2013 年 7 月 17 日

北京市海淀区大有庄 100 号

图书在版编目（CIP）数据

国际视野中的民族冲突与管理／赵磊著．—北京：社会
科学文献出版社，2013.9（2014.7 重印）
ISBN 978 - 7 - 5097 - 4980 - 7

Ⅰ.①国…　Ⅱ.①赵…　Ⅲ.①民族问题 - 研究 - 世界
Ⅳ.①D562

中国版本图书馆 CIP 数据核字（2013）第 194625 号

国际视野中的民族冲突与管理

著　　者／赵　磊

出 版 人／谢寿光
出 版 者／社会科学文献出版社
地　　址／北京市西城区北三环中路甲 29 号院 3 号楼华龙大厦
邮政编码／100029

责任部门／社会政法分社（010）59367156　　　责任编辑／黄金平　关晶焱
电子信箱／shekebu@ ssap. cn　　　　　　　　责任校对／李卫华　徐兵臣
项目统筹／王　绯　　　　　　　　　　　　　责任印制／岳　阳
经　　销／社会科学文献出版社市场营销中心（010）59367081　59367089
读者服务／读者服务中心（010）59367028

印　　装／北京鹏润伟业印刷有限公司
开　　本／787mm×1092mm　1/16　　　　　印　　张／30
版　　次／2013 年 9 月第 1 版　　　　　　　字　　数／505 千字
印　　次／2014 年 7 月第 2 次印刷
书　　号／ISBN 978 - 7 - 5097 - 4980 - 7
定　　价／98.00 元